M000250166

ARGENTINOS

TOMO 2

JORGE LANATA

ARGENTINOS

Tomo 2
Siglo XX: desde Yrigoyen hasta
la caída de De la Rúa

EDICIONES **B**
GRUPO ZETA

Barcelona · Bogotá · Buenos Aires · Caracas · Madrid · México D.F. · Montevideo · Quito · Santiago de Chile

Imagen de Tapa
"Bandera", Obra de Ernesto Bertani
Colección Zurbarán, Cerrito 1522, Buenos Aires, Argentina

Edición y Producción
Carolina Di Bella

© 2003   Jorge Lanata
           lanata@data54.com
           c/o Guillermo Schavelzon, Agencia Literaria
           info@schavelzon.com
© 2003   Ediciones B y Ediciones B Argentina SA
           Av. Paseo Colón 221, piso 6 - Ciudad Autónoma de
           Buenos Aires, Argentina
           www.edicionesb.es

Primera edición, mayo 2003
Segunda edición, mayo 2003
Tercera edición, julio 2003
Cuarta edición, septiembre 2003

ISBN 950-15-2259-8
Impreso en la Argentina / Printed in Argentine
Depositado de acuerdo a la Ley 11.723

Esta edición se terminó de imprimir en Encuadernación Aráoz,
Av. San Martín 1265, Ramos Mejía, (1407) Buenos Aires, Argentina en el
mes de septiembre de 2003.

Todos los derechos reservados. Bajo las sanciones establecidas en las leyes, queda
rigurosamente prohibida, sin autorización escrita de los titulares del *copyright*, la
reproducción total o parcial de esta obra por cualquier medio o procedimiento,
comprendidos la reprografía y el tratamiento informático, así como la distribución
de ejemplares mediante alquiler o préstamo públicos.

A mis mamás, Angélica y Nélida
A mi hija, Bárbara Lanata
A mi mujer, Sarah Stewart Brown

ÍNDICE

PRÓLOGO

*"Interrogamos al pasado para obtener la
respuesta del futuro, no para volver a él
en melancólica contemplación o para restaurar formas abolidas, sino para que nos
enseñe cuáles son los métodos con que se
defrauda el presente, e impedirlo."*

Arturo Jauretche, *Escritos inéditos*

Terminar un libro es un esfuerzo inútil. Un libro no termina nunca. Los
hombres necesitamos fechas ciertas, cuadros sinópticos, datos concretos: de
otro modo nos ahogaríamos en la angustia por el infinito. ¿Cuándo nace
una vida? ¿Cuando se la sueña, cuando el espermatozoide fecunda al óvulo,
cuando la mujer da a luz? ¿Cuándo termina? ¿Cuando el corazón deja de
latir o el cerebro de imaginar? ¿Cuándo esa vida es condenada al olvido? ¿Las
personas renacen en el recuerdo? No tengo respuestas, y éstas son sólo una
pequeña parte de las preguntas. Somos pequeños y voluntariosos observadores de un todo que no alcanzamos a comprender. Preguntarnos sobre el
ser nacional nos lleva, por lo pronto, a aceptar dos supuestos básicos: que el
ser y la nación existen. La definición de cualquiera de los dos conceptos aún
sigue abierta, y ha ocupado dos mil años de filosofía. Nos sentimos argentinos cada día, al abrir los ojos pero, a la hora de explicar por qué, las palabras
nunca alcanzan y los estereotipos son insuficientes.

Somos argentinos: reyes de la improvisación, ególatras, ingenuos, trágicos como nórdicos, apasionados, inseguros. Perón no pudo haber sido sino argentino, pero también Borges lo fue, *argentinados* ambos en su contradicción, exiliados adentro y afuera, con odios antiguos sobre los hombros y la fatalidad del destino guiando sus pasos. Argentinos como el Che, y como Gardel, y como los soldados correntinos de las *Fucklands*.

La Historia es muchas veces un espejo atroz en el que nos negamos a mirarnos: argentinos enfrentados a los hechos, momentos en los que el ser, simplemente, es. En la Historia, como en el cine, "las excusas no se filman", y son los hechos, crudos, los que nos definen.

Los hechos que se relatan en este libro corresponden al siglo XX, y la aparición sombría de la sangre cruzando la bandera en la tapa de esta edición sintetiza la herida de aquellos años, que se mantiene abierta. Hemos caído, inevitablemente, en la trampa del espectador contemporáneo: gran parte de la tristeza y de la indignación y de la felicidad que este libro exhibe no ha sido sino tristeza, felicidad o indignación propia del autor, circunstancial protagonista o testigo de los hechos que relata. Argentina dolió, y duele, pero también sueña, y es soñada ahora mismo, en ésta y en otras casas, alrededor, arriba, abajo, a los costados de esta máquina de escribir. Argentina se reescribe sola, en cada uno de los que no quieren darse por vencidos.

Ésta es también una historia de amor: la historia de un amor a veces no correspondido, siempre presente, fatal y esquivo como los amores verdaderos, potente como las tormentas, con un país que nunca alcanzamos a tener del todo y que recién podemos ver entero al alejarnos. Y este libro no termina porque también es, por último, el testimonio de un trabajo pendiente, la constancia de lo mucho que queda por hacer, la convocatoria a una tarea trascendente: aquella que no haremos por nosotros mismos, sino por el futuro de los que vendrán.

Esto fuimos. Esto fui. Esto soy.

¿Continuará?

Jorge Lanata
Buenos Aires-Faro José Ignacio, Maldonado
Abril de 2003

NOTA DEL AUTOR

El orden de los capítulos de este libro respeta la cronología de los hechos reseñados. Pero son los personajes y los hechos los que, muchas veces, se burlan de los almanaques.

PRIMERA PARTE

Suéltame, Pasado

Hasta su instalación definitiva en el gobierno mediante la Ley Sáenz Peña de voto universal, secreto y obligatorio (que demoró otros veinte años en incluir a las mujeres) el radicalismo intentó en varias oportunidades el asalto armado al poder para, recién entonces, instalar un gobierno democrático. La fantasía del golpe de Estado como mal necesario no fue, por cierto, exclusivamente radical, sino que terminó fagocitando a sus propios padres en la década del treinta y subsistió como motor retórico de cada golpe hasta 1976 cuando se declaró el último y más sangriento golpe del siglo XX.

La paradoja del golpe como atajo hacia la democracia encerró a radicales, a liberales "al uso nostro" y a militares desde los años treinta; en todos los casos se trató de hacer la guerra para lograr la paz, o de iniciar una guerra civil para después ordenar las sobras. La secuencia (¿lógica?) de los hechos era inalterable: frente al "calamitoso estado de las cosas" un sector determinado se consagraba al "sacrificio republicano" de tomar las riendas del Ejecutivo, "terminar con la corrupción y restablecer la democracia" que ellos mismos quebraban. Como veremos, según las épocas las vanguardias golpistas se purificaban en la acción, y ya reiniciado el "cauce natural" de las cosas convocarían a elecciones abiertas hecha la salvedad de que, para aquel entonces, el pueblo ya habría aprendido la lección de turno.

CRÓNICAS DEL ABISMO

*"Bajo el sol radiante y alegre, bajo el inmaculado
cielo azul, la sociedad de Buenos Aires se
precipita por la barranca de la Recoleta."*

Julián Martel, *La Bolsa*, 1890

El último año de Juárez Celman en el gobierno puede resumirse en dos cifras: Rentas del Estado: 29.143.767 pesos; Gastos: 38. 145. 542 pesos.

El aumento de la deuda pública para financiar el déficit era cada vez mayor. La reducción del oro circulante y la depreciación del papel moneda afectó seriamente al comercio y a la industria y, finalmente, a toda la población. La Unión Cívica, el primer partido orgánico argentino, bajo el control de Alem, se convirtió en el motor para derrocar al Presidente. A pesar de pasadas diferencias lo acompañaron Mitre, Aristóbulo del Valle y hasta Roca, pariente de Juárez Celman, que se unió al grupo de sediciosos. Cuatro días de balazos desvelaron entonces a Buenos Aires. Se luchó en las plazas Lavalle y Libertad y entre los fusileros del Parque de Artillería peleó Marcelo Torcuato de Alvear, más tarde Presidente electo. El entonces subteniente José Félix Uriburu también formó parte de la avanzada militar. Junto a Alem se movía Hipólito Yrigoyen, a quien la proclama revolucionaria presentó como futuro Jefe de Policía. Los militares sublevados no estaban

solos: más de cuatro mil civiles armados, con la boina blanca como distin-
tivo y una escarapela verde, blanca y rosa sobre el pecho avanzaron con
Alem hacia la Casa de Gobierno. Juárez Celman resistió instalando su trinchera en el Cuartel del Retiro y embarcó hacia Rosario, dejando a cargo de
las operaciones a Carlos Pellegrini, su ministro de Guerra, y al general Levalle.
El ataque final de los rebeldes nunca se produjo y los leales avanzaron logrando el triunfo gracias a su capacidad de armamento. Juárez Celman,
victorioso en lo militar, mordió el polvo de la política y debió abandonar el
gobierno, delegándolo en Pellegrini. Alem e Yrigoyen compartieron la de-
sazón desde el otro lado de la trinchera: habían logrado cambiar algo para
que nada cambiara; su pelea contra Juárez Celman sólo había impuesto
nuevos nombres en el viejo sistema.

En 1891, cuando Mitre buscó un acuerdo con Roca desplazando la
candidatura de Bernardo de Irigoyen, la Unión Cívica se dividió en la
Unión Cívica Nacional (con Mitre) y la Unión Cívica Radical, liderada
por Alem. La división arrinconó a Hipólito a ejercer su influencia en la
provincia de Buenos Aires.

Al cumplirse tres años de la Revolución del Parque, Alem fue electo
Senador por la Capital Federal. Pero su verdadero objetivo era derrocar al
entonces presidente Luis Sáenz Peña; así coordinó los estallidos de julio y
agosto de 1893 en Santa Fe y San Luis y su sobrino encendió la mecha
simultáneamente en ochenta y ocho localidades de la provincia de Buenos
Aires y triunfó en toda la línea, a excepción de La Plata. Los insurrectos
fueron unos ocho mil y se congregaron en Temperley. La Convención Radical, reunida de urgencia en Lomas de Zamora, decidió elegir a Hipólito
Yrigoyen gobernador provisional de Buenos Aires. Don Hipólito renunció
al ofrecimiento y se nombró a Juan Carlos Belgrano. Los sediciosos se des-
armaron y al poco tiempo el Congreso —controlado por el oficialismo—
dispuso intervenir la provincia con las tropas del ejército de línea. El
gobierno nacional sofocó luego los núcleos rebeldes en el interior
(Tucumán, Corrientes y Santa Fe) enviando al general Roca a imponer
el orden. Pese a contar con inmunidad como Senador, Alem fue llevado
a la cárcel e Yrigoyen deportado a Montevideo.

La "revolución" radical del 4 de febrero de 1905 fue definida por la
prensa de la época como "un rayo en un día sin nubes", a ese punto
sorprendió a la opinión pública que, con el apoyo de algunas unidades
militares, los golpistas tomaran Bahía Blanca, Mendoza y Córdoba (donde
detuvieron al vicepresidente José Figueroa Alcorta y al hijo del ex presidente Roca), pero fracasaron en Buenos Aires y en Rosario. El presidente

Manuel Quintana, luego de una severa represión, normalizó el país al cabo de tres días. Hipólito Yrigoyen, jefe de la "revolución", declaró como tal ante el juzgado federal porteño. Al año siguiente, cuando asumió la presidencia, Figueroa Alcorta amnistió a los presos radicales.

El golpe de febrero de 1905 fue planificado en su totalidad por Yrigoyen luego de su estrategia partidaria de "abstención larga", entre 1891 y 1904, acentuada con el suicidio de Alem en 1896. El debate interno del radicalismo de aquellos años pasó entre la abstención y el denominado concurrencismo. Yrigoyen no dudaba: hizo del estado constante de conspiración su vida de aquellos años. Mantenía contactos con la oficialidad joven del ejército y seleccionaba a los dirigentes civiles del movimiento.

El golpe de 1905 fracasó porque los radicales no lograron apoderarse del Arsenal de Guerra de Buenos Aires, donde debían concentrarse los conspiradores. Sin embargo, lograron tomar algunas comisarías de la Capital Federal y se impusieron en Córdoba, Rosario, Mendoza (donde los rebeldes se robaron 300. 000 pesos del Banco Nación y atacaron los cuarteles defendidos por el teniente Basilio Pertiné) y Bahía Blanca con la ayuda de varios regimientos y centenares de civiles.

Las rebeliones para derrocar al gobierno nacional se sucedieron en 1874, 1876, 1880, 1893 y 1905. En casi todos los casos se autodenominaron "revoluciones" y estuvieron conformadas por sectores del radicalismo y de las Fuerzas Armadas como institución, quienes quebrantaron el principio de disciplina rebelándose contra el Presidente, su jefe constitucional. La participación reiterada de las Fuerzas Armadas en la Guerra por la Independencia creo una tradición que las habilitó para opinar e intervenir en los asuntos internos del Estado. La tentación de opinar y la obligación de intervenir se convirtieron, finalmente, en dos lados de una misma moneda. En su manifiesto de 1874 el general Mitre habló de crear un "derecho a la revolución", "deber, derecho y necesidad", abundó.

Cuando el derecho de sufragio queda suprimido de hecho, cuando se ahoga el sistema republicano o se viola la Constitución "en su parte fundamental" y se "impide la solución pacífica en cuestiones de interés común, entonces la Revolución tiene su razón de ser y es bandera la defensa de las libertades públicas", dijo Mitre. Este "casillero" de condiciones políticas antes de romper el vidrio, muy pocas veces se cumplía en su totalidad: había elecciones fraudulentas por parte de ambos bandos, y los golpistas eran indultados al poco tiempo.

RAYOS EN UN
DÍA SIN NUBES

Aunque tenía poco más de veinte años y ya había sido nombrado Comisario de Balvanera gracias a los contactos de su tío Leandro Alem, Hipólito Yrigoyen no era lo que en la época podría llamarse "un compadrito". Manuel Gálvez, en *Vida de Hipólito Yrigoyen, el hombre del misterio* lo define más bien como "un compadre, un gaucho venido a menos, con una fachada vistosa que quiere aparentar, sobre todo, el coraje". Hipólito tenía "aspiraciones". Su etapa prehistórico-política quedó marcada por dos hechos: su pedido de afiliación a la francmasonería, como buen discípulo de don Leandro, y una relación clandestina con Antonia Pavón, hija de un suboficial de la policía y acompañante de Luisa Alem, con quien tuvo una hija natural.

"Dos partidos existen en 1873 –sintetiza Gálvez– el Autonomista y el Nacionalista, Adolfo Alsina acaudilla al primero y el general Mitre al segundo. Alsina es vicepresidente de la República, y debate con Mitre la sucesión del presidente Sarmiento. Casi todos los antiguos "rosistas" acompañan a Alsina. El diario de los Mitre, *La Nación*, llama "mazorqueros" a los alsinistas.

"Alem e Yrigoyen también lo son. El mitrismo liberal, europeizante, es la continuación del Partido Unitario." Aclara el propio Gálvez: "Por preconizar la pureza del sufragio aunque no la practique, por gustar de los métodos violentos y expeditivos, por invocar declamatoriamente a las libertades, por tener algo de demagógico, por agrupar a la clase media y a la plebe, debe ser considerado como el precursor de la Unión Cívica Radical".

A finales de 1873 Alsina renunció a su candidatura en favor de Nicolás Avellaneda. Había asaltos y clima de combate cotidiano, y así se llegó a las elecciones de diputados nacionales en febrero de 1874. Leandro Alem presidía el club electoral alsinista: había cumplido su mandato como Diputado provincial y competía ahora como nacional; lo acompañaban en la lista Carlos Pellegrini —quien sería más adelante Presidente de la Nación— y Bernardo de Irigoyen, sin parentesco con Hipólito.

El relato de Gálvez da una idea exacta del clima electoral de la época: "Se realizan las elecciones en plena epidemia del cólera. Escándalo en Balvanera. Algunos alsinistas atropellan el atrio, mientras otros suben con fusiles, carabinas y rifles a una azotea. Se levantan los fiscales, que son mitristas. Otros mitristas, desde una azotea frente a la Iglesia, vociferan que se les hace trampa. Lucha de gritos injuriosos y de mutuas acusaciones de fraude. Luego, pedradas y por fin, tiros. El combate, que dura media hora, termina con la llegada de un batallón. Muertos y heridos, casi toda gente de Alsina. La policía se lleva presos a sesenta y seis mitristas. Los alsinistas, dueños del campo —cuentan con la policía, con las tropas de Ejército y con el comisario especial nombrado por el gobierno de la Provincia— se apoderan de las mesas y continúan la elección con nuevos registros. (...) Las gentes de Mitre gritan contra lo que creen obra del fraude. Recuerdan que Alem, en Balvanera, después de adelantar el reloj de la Iglesia, pretendió imponerse a los conjueces y que su hermano, su sobrino Roque y un oficial de policía dieron la voz de fuego. (...) Luego del recuento oficial "la suerte" favorece a ciento sesenta y dos alsinistas, entre ellos a Lucio Alem, Roque Yrigoyen y a varios íntimos de Leandro. A los mitristas no les toca ni un solo empadronador... Elecciones presidenciales. Los mitristas son vencidos. El 24 de septiembre Mitre y sus amigos se levantan en armas. No se combate en la ciudad. Con la batalla de Santa Rosa se termina el levantamiento. Los sublevados se rinden. Los Alem y los Yrigoyen han estado de parte de las autoridades. El poder de Leandro ha aumentado. El gobierno de la provincia nombra comisario a su hermano Lucio".

PUERTAS Y VENTANAS

Dos meses antes de la "revolución", Hipólito Yrigoyen se presentó en la Universidad decidido a estudiar Derecho. Sus estudios secundarios estaban incompletos, y no presentó certificado alguno. La misma razón lo excluyó del examen de ingreso. El joven comisario de Balvanera "está ahí", vestido de punta en blanco, con el sombrero inclinado al descuido y dos sobres discretos en las manos: uno de ellos firmado por su tío Leandro y el otro por dos profesores del ya entonces extinguido Colegio de la América del Sur. Los profesores atestiguan, en papel de carta regular, sin sellos ni otras formalidades, que Hipólito cursó los estudios de Matemáticas, Latinidad y primero y segundo años de Filosofía. En su pedido, citado por Gálvez, el joven comisario elogia al Colegio y afirma que "circunstancias poderosas" lo obligaron a "interrumpir su carrera literaria" y "pide al rector una concesión muy equitativa y liberal y que no puede ofrecer dificultad seria: la exoneración de un doble examen".

El tío Leandro es "amigo político" de Lucio López, el futuro novelista de *La Gran Aldea*, hijo del rector, don Vicente Fidel López, nieto del Himno Nacional Argentino. El secretario se hace eco favorable del pedido; dice que lo solicitado por Yrigoyen ha sido "repetidísimas veces concedido", que se "ha otorgado matrículas a quienes debían algunas asignaturas, cuando no todas".

Escribe Gálvez: "Ya está Hipólito en la Facultad. No ha entrado por la puerta, sino por la ventana. Tengo la impresión de que el joven comisario, para hablar en nuestra jerga actual, le metió una mula a la universidad o, para decirlo en mejor español, le dio gato por liebre. No frunza el ceño moralista. Hipólito es un muchacho, y esas cosas, entre nosotros, fueron siempre vivezas".

El camino universitario de Hipólito fue igualmente sinuoso: en 1874 aprobó el primer curso. En octubre de 1876 pidió la matrícula de tercer año. La solicitud se perdió, pero existe una anotación en el libro de actas de la Facultad de Derecho según la cual Yrigoyen no tiene aprobado sino el primer año. Más tarde aprobó asignaturas de cuarto. Alguna vez rindió segundo y tercero, ya que el reglamento prohibía las matrículas condicionales, pero esos exámenes no constan en ningún registro. Figuran los exámenes y las clasificaciones de miles de estudiantes, pero en el caso de Yrigoyen los libros se vuelven sorprendentemente incorrectos. No se hallan tampoco, claro, exámenes finales ni copia del título de abogado que Yrigoyen usó el resto de su vida.

Ajetreado en su propio laberinto universitario, Hipólito no tardó en olvidar a Antonia ni a su hija, y tenía 25 años cuando conoció a Dominga Campos, de 17, hija de un Coronel y hermana de quien será, más adelante, Senador provincial. Hipólito y Dominga nunca llegaron a convivir ni tampoco se casaron. La chica dejó su casa familiar y luego tuvo al menos dos hijos que nunca bautizó. Para testigos de la época, aquella fue la confirmación de que Yrigoyen era masón. El sobrino de Alem, alto grado de la masonería, había sido aceptado en la Logia.

Dos años después el tío Leandro llegó a ocupar la candidatura de vicegobernador de Aristóbulo del Valle, nuevo líder del Partido Autonomista. Sus íntimos y sus parientes se integraron a la lista sábana de la provincia de Buenos Aires. Días antes de la elección se repartieron armas, y las urnas se abrieron bajo estado de sitio: la piedra del escándalo fue nuevamente Balvanera. Allí dos balazos cruzaron a Alem sin herirlo: uno por su barba y otro en el saco. Las tropas de Del Valle triunfaron, pero no lograron retener el gobierno de la provincia. Los vencidos propusieron al comisario de Balvanera como pato de la boda. Hipólito fue exonerado el 3 de abril de 1877. Las consecuencias de la "vendetta" llegaron a la casa del tío Leandro, donde intentaron asesinar al caudillo quedando un saldo de varios heridos. Durante el allanamiento, la policía encontró un verdadero arsenal. Alem le escribió entonces al ministro de Guerra Alsina asegurándole que "todas las armas se encontraban allí desde la anterior revolución y con conocimiento de las autoridades".

En 1878 Hipólito Yrigoyen ya llevaba varios años en la pobreza, y en la oposición nacional y provincial. Dedicó algunos de aquellos semestres a cursar materias de su misteriosa carrera inconclusa. En los días anteriores a su examen de Derecho Civil Yrigoyen fue proclamado candidato a diputado provincial por una escisión del Partido Autonomista. La mano del tío Leandro volvió a ponerlo al calor del fuego. El 31 de marzo Hipólito fue elegido por la sexta sección electoral, y como bien resumió Gálvez, "no ha hecho campaña electoral, ni ha pronunciado un discurso, ni ha pisado la zona de esa sección. Costumbres de la época, frecuentes aun ahora en Europa, sin que nadie las considere inmorales ni antidemocráticas".

El diputado Yrigoyen tenía entonces 25 años, pero a golpe de vista cualquiera le daría 40. Se sentía parte de una sutil cadena del destino que desembocaba en el poder; todo lo que debía hacer era dejarse llevar por la mano de la Historia que le había sido prometida.

Dos meses después de las elecciones un diario autonomista aseguró la existencia de fraude en el recuento de votos: la sección que abarcaba Yrigoyen era la Sexta, y estaba dividida en veinte partidos o departamentos. La denuncia señalaba que Balvanera había votado en la mitad de los departamentos que le correspondían. Peor todavía: para completar diez de los departamentos fue necesario falsificar registros. En la sesión de ese día aliados de Alem e Yrigoyen –como el diputado Marcelino Ugarte, hijo del defensor de Alem– se pronunciaron por realizar un recuento imparcial de los votos. Héctor Varela le replicó desde la trinchera yrigoyenista:

"Desde el año '52 todos han hecho fraudes electorales.

"Cuando fue necesario derrotar a Urquiza, Mitre desenterró los muertos del cementerio para que dieran vida a las instituciones."

Exaltado por la barra de Alem y de Yrigoyen, Varela preguntó, en plena catarsis electoral: "–¿Acaso alguno de Ustedes se cree bien elegido?".

Los partidarios de Hipólito y de don Leandro se rieron a las carcajadas.

En 1904 Yrigoyen seguía dando sus clases de Instrucción Cívica y Moral en la escuela normal. Fue dejado cesante después de la fallida Revolución de 1905. Ese año una de sus alumnas fue Alicia Moreau de Justo, quien recordó años después, durante una entrevista, los amores de Yrigoyen con una o más de sus alumnas. "Detrás de mí se sentaba una chica que era muy bonita, la más bonita de la clase, pero era un poco, demasiado ingenua. Yo la quería mucho y la empujé para que diera una clase. La dio y le fue bien. Entonces él se fijó en ella. La hizo bajar a la Dirección y delante de la directora le dio un sermón, como hacía con todas las alumnas que él distinguía. (...) ¡Todas las cosas que ese hombre me dijo sobre lo que yo debía hacer, lo que debía estudiar y cómo trató de conquistarme a través de los elogios! No recuerdo a nadie que me haya elogiado como él. (...) Y a la muchacha la conquistó así. Pero la conquistó de verdad. Esa pobre chica acabó por tener un hijo de él. Se llamaba Rosalba."

Si la anécdota es cierta, el niño en cuestión sería el décimo hijo de Yrigoyen como padre soltero.

En julio de 1880, veinte días después de terminados los enfrentamientos que llevaron a Avellaneda al gobierno, desde donde ordenó disolver la Legislatura Provincial y cesantear a veinticuatro diputados nacionales de la oposición, Alem escribió una carta al jefe de su partido rogándole que consiguiera un puesto oficial para Hipólito. Quien pide, el tío, no había apoyado al gobierno de Avellaneda, e hizo constar en su carta que "no participaría en la confección de las listas de candidatos". Hipólito, el sobrino, necesita un empleo pero no quiere pedirlo, ha acompañado a Avellaneda, es miembro del Partido Autonomista Nacional y actuó en el Consejo Directivo como delegado del Comité de San Telmo. El 13 de julio Avellaneda nombró al sobrino como Administrador General de Sellos y Patentes.

El 19 de septiembre el gobierno convocó a elecciones para reemplazar a los veinticuatro diputados cesantes.

"Hasta el mismo día de los comicios Yrigoyen no estaba muy seguro de ser candidato", relata Gálvez. "Las elecciones no han sido muy correctas. Ninguna lo era en aquellos tiempos. Se han hecho fraudes e Yrigoyen, que tiene fieles amigos, es el beneficiario de alguno de esos fraudes: en las listas de votantes y aun en los mismos registros se han borrado ciertos nombres para poner el suyo y el de otro candidato. La Cámara le rebajó a Yrigoyen estos votos que no eran para él y luego le aceptó su diploma. El 9 de julio juran los compañeros de Yrigoyen. Él lo hizo dos días después."

Los diez años siguientes en la vida de Yrigoyen transcurrieron en un virtual e inexplicable retiro de la vida pública. Diez años de misterioso silencio en los que se anudan y crecen preguntas, asfixiantes y desordenadas, como crecen los arbustos en los jardines ingleses. Esa década que pasó lentamente bajo la hiedra fue la época que hizo de Yrigoyen la Esfinge, el reconcentrado, el hombre que tenía pánico a las fotografías.

En diciembre de 1880 fue nombrado profesor en la Escuela Normal de Maestras; su cátedra comprendía Instrucción Cívica, Historia argentina y Filosofía. Ya Gálvez como sus contemporáneos coinciden en señalar a Hipólito como un mal profesor, "pero no por falta de conocimientos —aclara— sino porque es lento, silencioso y carece del don de la palabra".

Sin contar con el título de abogado y resuelto a abandonar la política, Yrigoyen se dedicó a trabajar el campo. Todavía como legislador obtuvo un crédito en el Banco de la Provincia con el que compró los campos Santa

María y Santa Isabel, en el partido de 9 de Julio. No cultivó la tierra, dedicándose a la invernada: compraba animales para hacerlos engordar y luego revenderlos. Tampoco vivió en el campo, pero vigilaba sus propiedades y los negocios con viajes frecuentes. El campo le reportó a Yrigoyen importantes ingresos, sus contactos aportaron nuevos créditos y así pocos años más tarde, en 1888, compró El Trigo, una valiosa estancia en el partido de Las Flores. Bajo su silencioso retiro creció una considerable fortuna, contrastante con el Yrigoyen asceta, lector de Krause, un filósofo alemán de segunda línea pero absolutamente de moda en la España de entonces. Krause fue una especie de cuáquero de la democracia, austero, autoproclamado continuador de Kant, con un concepto religioso de la humanidad. También fue masón y escribió un libro sobre los primitivos monumentos de la Masonería.

La influencia de Krause –en verdad, del belga Tiberghien, ya que Yrigoyen leyó más que nada a los comentadores del alemán– provocó en Hipólito un estado de "efervescencia espiritual" que dejó su marca en una fuerte conversión por la caridad. A mediados de 1884, por ejemplo, resolvió donar todos sus sueldos de profesor al Hospital de Niños. Estos gestos –ampliamente criticados por sus opositores– coincidieron con su alejamiento total de la vida social, su fobia a las fotografías, desde la convicción de que lo importante en el hombre era el alma y no su envoltura. Su aislamiento adquirió también otros ribetes menos pintorescos: en aquel período Yrigoyen cortó en su totalidad cualquier contacto con hijos, mujeres, amigos, parientes, sin escribirles jamás. Ningún amigo de Yrigoyen recibió jamás una confidencia sentimental de sus labios. Tres de sus hijos naturales, nacidos en los años 1880, 1881 y 1882 habían muerto, y también murió Dominga, una de sus primeras mujeres clandestinas. En 1886 murió su hermano Roque y dos años después su padre. Hipólito se aisló más y su carácter se tornó más grave.

LA
SOMBRA

*"Cuidado, Doctor, que lo van a ver —le advirtió uno
de sus fieles cuando descubrió a Yrigoyen frente
a uno de los balcones abiertos."*

Manuel Gálvez,
Vida de Hipólito Yrigoyen, el hombre del misterio

Cuando finalmente fue sombra, cuando supo que nada podía tocarlo, entonces don Hipólito llegó al poder. Yrigoyen fue el primer Presidente elegido por la Ley Sáenz Peña, de voto universal, secreto y obligatorio. El hombre al que sus propios amigos llamaban "La Esfinge" recién conoció a Victorino de la Plaza, el presidente saliente, en el acto de traspaso.

Llegó a la Casa de Gobierno en un carruaje tirado a pulso por el público, que desenganchó los caballos y lo llevó en medio de ovaciones. "El Hombre" —así también lo habían bautizado— acababa de atravesar su desierto de diez años de silencio y sombra: muy pocas fotografías mostraban su rostro, no hablaba por teléfono con nadie ni tenía teléfono en su casa y sólo se comunicaba con los demás por medio de mensajes orales que llevaban y traían sus acólitos. Durante años sus íntimos ignoraron que tenía una hija que vivía con él, y jamás supieron nada sobre sus otros hijos naturales.

"La Sombra" asistía con cierta regularidad a una sociedad espiritista en la que evocaba el alma del dictador paraguayo Francisco Solano López y consultaba esporádicamente a una adivina. "El Hombre" se había formado como un revolucionario profesional: espiaba a los amigos que vacilaban, a los que tenían poca fe, a los tibios; hacía espiar a unos con otros y todos sabían perfectamente que "desde tiempos de Alem no hay reunión de radicales sin la presencia de algún desconocido que nadie sabe cómo entró y que es un espía de Yrigoyen".

La Unión Cívica Radical ganó con 340.802 votos, el 45,6 por ciento del total obtenido. Durante su primera administración (1916-1922) Yrigoyen enfrentó un auge creciente del desempleo, marcado por el final de la primera guerra mundial y un sensible deterioro de las importaciones y exportaciones. También mantuvo la neutralidad en el conflicto mundial. Entre 1918 y 1930 la creación de cargos públicos resultó un paliativo para los argentinos de clase media que se integraban al mercado de trabajo. Pero había que financiar los sueldos, de modo que para reducir el déficit se aumentaron los aranceles de importación, medida que terminó perjudicando a los sectores que se pretendían beneficiar.

La grieta abierta entre la economía privada y la pública obligó a Yrigoyen a intervenir en los mercados para equilibrar los costos sociales: con las leyes 11.156 y 11.157 se puso un tope en los alquileres y los arriendos de tierras productivas. En 1920, luego de un extenso trámite en el Congreso, el Presidente le expropió a los grupos acaparadores más de doscientas mil toneladas de azúcar que repartió a precios razonables entre la población. Sus intentos de participar, desde el Estado, en el mercado financiero, quedaron truncos: no pudo obtener la creación del Banco de la República ni de un Banco Agrícola que impulsara la colonización rural.

La Reforma Universitaria de 1918, que no nació como una iniciativa del gobierno pero fue bien acogida por él, le permitió a Yrigoyen contar con un importante apoyo de la clase media, al flexibilizar las condiciones de ingreso, actualizar los planes de enseñanza, nacionalizar la Universidad de Tucumán y crear la del Litoral. El 15 de junio de 1918 los estudiantes cordobeses, en protesta por estar recibiendo una enseñanza rígida, conservadora y clerical, y por el cierre del Hospital de Clínicas, la gota que rebalsó el vaso, lanzaron un Manifiesto Liminar a los Hombres Libres de Sudamérica que rápidamente contó con la adhesión de las Universidades de La Plata y Buenos Aires: pedían el cogobierno estudiantil, extensión universitaria, asistencia libre y democratización del sistema docente.

Durante aquellos años, entre 1914 y 1918, el salario descendió más de un 38 por ciento, y sólo en 1919 la cantidad de huelguistas triplicó a los de 1917. Las huelgas se extendían por meses (ferrocarriles –junio a diciembre de 1917– marítimos, municipales, etcétera) mientras la prensa y las empresas acusaban al gobierno de favorecer a los huelguistas y dominaban la situación contratando a trabajadores "rompehuelgas".

A comienzos de 1919 la huelga de los Talleres Metalúrgicos Vasena, ubicados en las calles Urquiza y Cochabamba de la Capital, desató una violenta represión policial como consecuencia de la muerte de un suboficial. El 9 de enero el cortejo fúnebre de los obreros caídos fue reprimido por la policía con un saldo de cuarenta muertos. Los enfrentamientos se trasladaron desde el Cementerio de Chacarita a distintas partes de la ciudad: participaban jóvenes armados de la clase alta y oficiales del Ejército y la Marina que provocaban a los grupos de obreros. Cuando a última hora del día 9 de enero la Federación Obrera Regional Argentina (FORA) y la Confederación Obrera Regional Argentina (CORA) convocaron a una huelga general, los muertos sumaban más de cien. Según fuentes sindicales, luego de algunos días de estado de sitio los muertos llegaron a setecientos y los heridos a cuatro mil.

La secuela de aquellos acontecimientos no fue solamente el odio, o un íntimo y creciente deseo de venganza: nació entonces la Asociación Nacional del Trabajo como entidad patronal, para financiar a los rompehuelgas y, desde la clandestinidad, a la Liga Patriótica Argentina.

En 1919 también se levantaron contra la explotación laboral los hacheros de Chaco y Santa Fe, de quienes se aprovechaban empresas de capitales británicos. A comienzos de 1921, en Santa Cruz, durante una huelga de peones rurales promovida por dirigentes anarquistas, se ocuparon estancias y se tomaron rehenes. Yrigoyen mandó al Sur al teniente coronel Héctor Varela, el que suponiendo una conspiración chilena en apoyo a los obreros, fusiló a la mayoría de los huelguistas.

A pesar de los episodios de la Patagonia –relatados exhaustivamente en un brillante texto de Osvaldo Bayer– y de la Semana Trágica, la actitud de Yrigoyen respecto de la clase obrera contrastó con la del régimen: se logró legislar un salario mínimo y una jornada máxima de ocho horas de trabajo, y se cuadruplicaron las indemnizaciones. Durante la huelga ferroviaria de 1917, la Casa de Gobierno abrió por primera vez sus puertas a las delegaciones obreras, y los huelguistas no fueron considerados criminales a perseguir.

En *El radicalismo argentino 1890-1930*, David Rock señala el crecimiento desmedido del empleo público como la principal estrategia de Yrigoyen para consolidar su base electoral entre las clases medias urbanas. La élite crecía gracias a la inflación en los precios de los productos primarios, provocada por el desarrollo de la Gran Guerra, y el gobierno debía crear una táctica que le permitiera seguir contando con el apoyo de los burócratas y profesionales, disputados por el Partido Socialista. Con base en el empleo público, Yrigoyen reconstruyó el clientelismo político del régimen: como era imposible dar un empleo a cada simpatizante, se repartieron los cargos entre los titulares de los Comités del Partido, a modo de patronazgo. Su programa de "Reorganización Moral" nunca se inició ya que, incluso, la mayoría de los funcionarios nombrados por las administraciones anteriores fueron mantenidos en sus puestos.

LA REVOLUCIÓN
DE PALOMITA

"Es absurdo hablar de aristocracia en la Argentina. En las grandes fami-
lias porteñas basta trepar un poco el árbol genealógico para topar con el
abuelo contrabandista o bolichero. Y las viejas cepas del interior, que a
través de los antepasados conquistadores entroncan con linajes españoles
han padecido tantos siglos de oscuridad y pobreza
que su lustre perdió el brillo y sólo les queda una hidalguía de gotera, un
procerato municipal."

Félix Luna, *Alvear*

Una cosa es sangre azul; otra muy distinta, celeste y blanca. A pesar de
su escepticismo, el propio Félix Luna advirtió en la biografía de Alvear que
era, aquella, una de las pocas familias argentinas que podía jactarse de una
real aristocracia. Los Alvear tenían origen castellano, radicado en el siglo
XVIII en Andalucía. Los argentinos venían de don Diego Estanislao de Alvear
y Ponce de León, que llegó a ser Brigadier General de la Real Armada
Española y en 1770 enviado al Río de la Plata para trazar los límites con
Portugal. Aquí se casó con una Balbastro. Murió a los ochenta años con dos
matrimonios y veinte hijos. Regresaba en 1804 a España con toda su familia cuando fueron atacados por buques ingleses. En el combate murieron
su mujer y todos sus hijos, menos uno, que fue llevado prisionero junto

con él. El sobreviviente, Carlos María de Alvear, que luego fuera guerrero de la Independencia y diplomático de Rosas, estaba casado con una andaluza, y también tuvo otros diez hijos, el quinto de los cuales fue Torcuato, nacido en Montevideo en 1822, primer Intendente de Buenos Aires. En 1854 Torcuato contrajo matrimonio con doña Elvira Pacheco, con quien tuvo siete hijos. El menor se llamó Máximo Marcelo Torcuato, y nació en 1868. Una semana después asumiría Sarmiento la presidencia del país y, como recuerda Luna, "aún ardía la Guerra del Paraguay".

Máximo Marcelo Torcuato de Alvear se crió en un palacio de la calle Juncal 1082, en el nuevo barrio residencial de Buenos Aires al que emigraron las familias tradicionales desde el Barrio Sur, luego de la epidemia de fiebre amarilla. La mansión cercana a la Iglesia del Socorro, tenía un inmenso portal para los coches, sala de armas y un imponente perro San Bernardo que custodiaba la galería. Los Quintana, Cobo, Uriburu, Drago, Paz, Pereyra Iraola eran algunos de los vecinos de las barrancas del Retiro, a dos cuadras del río.

Marcelo T. ingresó al Colegio Nacional de Buenos Aires, donde cursó sus estudios de forma "irregular": rindió segundo y tercer año en 1881, y dos años después el cuarto y el quinto. Concluyó el bachillerato en el Colegio Nacional de Rosario, con dificultades en latín y griego. En febrero de 1886 solicitó la matrícula como estudiante regular de Derecho, y ese mismo año fracasó en Introducción al Derecho y apenas aprobó Derecho Internacional Público. Finalmente se recibió en 1891, año de la división de la Unión Cívica, y Marcelo T. se quedó al lado de Alem como secretario privado, tarea que había comenzado antes de la Revolución del Parque.

La conspiración de 1893 cayó sobre Marcelo T. con un nuevo destino: sería el Jefe de Estado Mayor de la Revolución, con asiento en el nudo ferroviario de Temperley. El "Reich" de Alvear tuvo un aire de Armada Brancaleone: lo secundaron sus amigos de tertulias en el teatro Nacional y en la peluquería de Bonifacio. Los guiaba un natural de la zona, Aurelio Bagú, jockey de Lomas de Zamora, rengo a consecuencia de una rodada. La Revolución –como toda buena revolución que se precie de tal– se adelantó, y desde la tarde del 30 de julio, habiendo partido Yrigoyen hacia Las Flores, el naciente Estado Mayor se dedicó a ubicar a Marcelo T., que no aparecía en ningún lado: ni en su casa del Retiro, ni con amigos, ni en sus departamentos de soltero. Ya era de noche y Marcelo T. no aparecía. Lo encontraron, finalmente, en una función de gala del Teatro Lírico, rodeado de señoras y algunos amigos. Marcelo T. partió de inmediato hacia Temperley. Su trabajo fue exitoso y tres días después, cuando Yrigoyen llegó a Temperley al frente de mil quinientos hombres después de sublevar el centro de la provincia, se encontró con un Marcelo T. agotado pero pleno: llevaba tres días de ajetreo y combates y, debajo del sobretodo negro de *cashemere*, todavía el frac arrugado que vestía en el teatro.

A los 25 años, el revolucionario de palomita fue nombrado por Yrigoyen Ministro de Obras Públicas. A fines de agosto el gobierno nacional intervino Buenos Aires.

A los 30 años Marcelo T. dilapidó una de las mayores fortunas del país: don Torcuato le dejó una estancia de dos mil quinientas hectáreas en el partido de Las Conchas, otras dieciocho mil hectáreas en Chacabuco y cien mil más en La Pampa. Si se cuentan las tres propiedades, el ganado vacuno superaba las veinticinco mil cabezas vacunas y cincuenta mil lanares. En la Capital, Marcelo T. tenía su casa del Retiro, valuada en unos cuatrocientos mil pesos, otra en México al 900, valuada en ochenta mil pesos y otra más en Callao esquina Guido, de precio similar. A esa fortuna se sumó luego la de su madre, con tierras en Escobar, Pacheco y San Isidro.

Cuentan los que creen en el destino que el general Alvear, abuelo de Marcelo T., se enamoró en Chuquisaca, mientras estaba al mando del ejército patriota. Y que fue aquél un amor "a primer susurro", ya que el General cayó postrado ante una de las monjas que cantaba en el coro de la Iglesia, apenas escuchó su voz. El militar enamorado no dudó un instante, y raptó a la religiosa con voz de sirena.

El amor de su nieto Marcelo T. por la cantante portuguesa Regina Pacini fue menos violento pero no menos tumultuoso: durante ocho años Marcelo T. persiguió a Regina, hasta arrancarle el sí. La conoció en Buenos Aires, en 1898, enviándole cada noche flores y regalos que Regina puntualmente devolvió; la siguió hasta San Petersburgo y luego por cada rincón de Europa. Ya la política como Buenos Aires habían pasado al olvido: nadie movería a Roca de su sitio, e Yrigoyen planificaba cada noche una revolución que nunca iba a estallar. Marcelo T. y Regina se casaron el 26 de abril de 1906. Marcelo T. le regaló a su flamante esposa el "Manoir de Couer Volant", una villa cercana a París con varias hectáreas de parque.

Los contactos de Marcelo T. con el radicalismo fueron espaciándose, pero no así con los del llamado grupo Azul, de más alta extracción social: Melo, Gallo y particularmente Saguier y Le Breton.

Ya vigente la Ley Sáenz Peña, en 1912, se convocó a elecciones para diputados nacionales y Marcelo T. ocupó el tercer lugar. Fue una especie de nombramiento en comisión: estaba en París y no participó ni de su postulación ni de la campaña. *Caras y Caretas*, al dar la noticia, resumió la situación de Alvear con un epígrafe de dos palabras: "En viaje". Finalmente Marcelo T., el hijo pródigo, volvió a casa: el Jockey Club lo recibió ofreciéndole su sillón de Presidente.

Cuando Yrigoyen asumió la presidencia en 1916, el destino de Marcelo T. volvió a torcer hacia París, como ministro argentino: allí estuvo cinco años, dos de ellos en plena Gran Guerra, donde tomó pública posición respecto de los aliados y complicó el discurso neutralista de Yrigoyen. Ambas posiciones entraron en conflicto en la Asamblea de 1920 de la Sociedad de las Naciones.

¿TÚ TAMBIÉN, BRUTO?

"Je donnerai mon coeur et mon corp a la Presidence. Seulement, je ne vous le caché pas, bien des fois je me surprendrai á compter inconsciemment les jours qui me sépareront de mon retour. Car vous pensez bien que je ne dis pas adieu a notre Paris. Je luis diz simplement "au revoir". Et je le dis avec tristesse parce que je sais qu'a mon retour j'aurai six ans de plus... Je deviendrai vieux..."

Marcelo T. de Alvear, página de despedida a París,
citada por Félix Luna.

En 1922 Yrigoyen designó a Alvear como su sucesor.

El 2 de abril de 1922 ganó con el 47,5 por ciento de los votos, unos cuatrocientos diecinueve mil. Marcelo T., entonces embajador argentino en París, volvió a Buenos Aires un mes antes de su asunción, en septiembre. Don Hipólito lo esperó en el puerto:

—Usted sabe que yo siempre seré su amigo fiel —susurró Marcelo.

Las discrepancias comenzaron a la hora de nombrar el gabinete, e hicieron eclosión en 1928, cuando Marcelo T. fundó el Partido de la Unión Antipersonalista (*léase* anti yrigoyenista), aliándose con varios partidos conservadores. Cuando le preguntaron el nombre del futuro

Ministro de Guerra, Alvear pronunció un apellido que parecía dictado por una broma del destino:

—El general Uriburu —dijo, con soltura, sin ni siquiera sospechar que allí anidaba el huevo de la serpiente: ocho años después el general Uriburu sería el responsable de la inauguración de los golpes de Estado en la Argentina.

Marcelo T. conocía al general José Félix Uriburu desde la juventud: ahora era uno de los jefes más antiguos del Ejército, y había sido diputado conservador en 1914. Pero el destino se quedó sin broma: Uriburu fue objetado por sus simpatías germanófilas y se impuso entre los candidatos un remedio casi tan malo como la enfermedad: el general Agustín P. Justo, ex director del Colegio Militar, que sería al poco tiempo acérrimo enemigo de Alvear.

En sus *Escritos inéditos*, conocidos a finales de 2002 bajo el sello de Corregidor con prólogo de Norberto Galasso, Arturo Jauretche traza un perfil del general Justo, el nuevo ministro "radical": "En 1921 se ha constituido la logia General San Martín, que dirige el general Justo. Yrigoyen lo sabe y no toma medidas. La primera exteriorización importante ocurre el día del aniversario del nacimiento del general Mitre. Ese centenario del nacimiento fue celebrado por *La Nación* y todo el aparato (la universidad, la escuela, los maestros, los diarios) no sólo como un homenaje a Mitre sino como un enfrentamiento de Mitre con Yrigoyen. Mitre es la civilización, Yrigoyen "la barbarie", ésa es la repetición del esquema. Y todo el país se pone de pie en el homenaje a Mitre, entre ellos yo —recuerda Jauretche— que hablé en dos o tres actos de homenaje a Mitre, porque en ese tiempo era conservador y liberal y tenía el más despectivo concepto sobre don Hipólito. El día del homenaje amaneció neblinoso, casi lluvioso y una de las ofensas más grandes, que yo remarqué en los dos o tres discursos que pronuncié, era que el gobierno nacional no dijo 'esta boca es mía', no adhirió al homenaje, ni se dio por aludido con el centenario del nacimiento del general Mitre, cosa que era una ofensa para toda la cultura argentina empezando, desde luego, por los maestros de escuela. Bueno, ese día el general Justo llegó al Colegio Militar, sin armas, y lo hizo hacer formación de homenaje, en la calle San Martín, frente a la casa que le regalaron a Mitre los proveedores del Ejército de la Guerra contra el Paraguay, e Yrigoyen no tomó ninguna medida con el director del Colegio Militar (...) Casi todos los regimientos tenían jefes radicales.

"Yrigoyen creía en la disciplina del Ejército. Él, que ha sido viejo conspirador, no cree que esta conspiración tenga importancia".

Marcelo T. cumplió su período como Presidente poco antes del crack económico mundial de 1929, y su gobierno transcurrió con relativa calma, con el agregado del desembarco de las inversiones norteamericanas en la Argentina. Como analiza Félix Luna en el libro homónimo, Alvear es más criticable por lo que no hizo que por lo que hizo: Marcelo T. interrumpió la obra de Yrigoyen, su gobierno tuvo más puntos de coincidencia con el "Régimen" contra el que tantas veces habían conspirado. Muchas veces autoritario y otras plagado de contradicciones, Yrigoyen había abierto dos nuevos frentes en la política local: por un lado, la emancipación nacional y la incorporación de las clases menos favorecidas a la mesa de las decisiones; y por otra, la autonomía americana en la política internacional, el control de los servicios públicos y la figura de un Estado contenedor en la política social.

Pocos meses después de asumir, Marcelo T. alquiló una imponente mansión en la calle 11 de Septiembre, en Belgrano, y allí vivió durante todo el período presidencial. A mitad de su gestión construyó en Mar del Plata "Villa Regina", un chalet en Playa Grande, y vendió su Rolls Royce importado de Europa. Contrariamente a don Hipólito, Marcelo T. salió en todas las fotografías: inauguró decenas de monumentos públicos y el edificio del Palacio de Correos.

Un coletazo de la vida real sacudió a su gobierno en 1928 cuando el Gobernador de Salta decretó la caducidad de los permisos de cateo a las compañías petroleras, y la Standard Oil demandó al Estado.

EL OTOÑO DEL PATRIARCA

"Yo creo que Yrigoyen, en su segundo gobierno, centró su política en el asunto del petróleo. Pero Yrigoyen al llegar al gobierno en 1916 firmó su sentencia de muerte, porque debía haber liquidado a todos los poderes. Nunca tuvo Senado. Por primera vez iba a tener mayoría en el Senado en 1930, entrando los dos senadores de San Juan y Mendoza, con cuatro senadores, para sancionar la ley del petróleo. La elección —fraudulenta, es cierto— era el 7 de septiembre. La revolución fue el 6, creo que las fechas lo están diciendo todo. En momentos en que iba a tener mayoría para sancionar la ley del monopolio petrolero por el Estado, estalló el golpe."

Arturo Jauretche, *Escritos inéditos*

Mientras salía por el pasillo principal de la Casa de Gobierno, en 1922, Hipólito Yrigoyen se había jurado no volver jamás. El primero de abril de 1928, a los 76 años, triunfó con ochocientos mil votos contra el binomio conservador Melo-Gallo, que obtuvo cuatrocientos mil.

Yrigoyen asumió bajo el fantasma de una solicitada publicada por el ministro de Guerra en febrero, ante la inminencia "de una dictadura militar". Llevaba la firma del inefable Justo, que meses atrás, durante un banquete había aceptado en silencio que se propusiera su nombre como dictador si

Yrigoyen resultaba electo. Dos meses antes de las elecciones el general Justo desechó la hipótesis por "absurda", asegurando que él nunca utilizaría su puesto "para alzarse contra el amigo". "Lo que el país necesita es higiene política", dijo.

El segundo mandato de Yrigoyen inició desde su primera hora aquella profecía autocumplida.

Manuel Gálvez, en la ya citada *Vida de Hipólito Yrigoyen, el hombre del misterio* describe al Yrigoyen de aquellos días: "Su egolatría adquiere proporciones morbosas, tanto que sus más próximos amigos, al día siguiente de la toma del mando, a la pregunta de alguien sobre lo que hará Yrigoyen ahora, contesta que: 'Saldrá a un balcón de la Casa de Gobierno, levantará la cabeza al cielo, se encarará con Dios y le dirá: Ya estamos los dos mano a mano'".

Don Hipólito, el hombre que evitaba a los fotógrafos y nunca respondía su correspondencia, el ex comisario de Balvanera, el conspirador, el amante furtivo, el padre desconocido de hijos ignotos, la sombra de las bambalinas, el doctor Frankenstein condenado a su propio mito, comenzó a librar entonces su batalla contra la muerte. El temor a la muerte le chupa el alma y prohíbe a su entorno que se haga cualquier referencia a su edad. "Le entristece –escribe Gálvez– el pensar que no ha tenido juventud, que no ha gozado de la vida. Fuera de los amores, no ha conocido ningún placer. Como un monje renunció a todo en plena juventud. No ha ido a fiestas sociales, ni a espectáculos, ni a una alegre reunión de amigos. Ignora en absoluto el goce de llevar de la cintura a una bella mujer, al ritmo de una música voluptuosa. Ignora el placer de los viajes, las alegrías del hogar. Su manía de vivir en el pasado se advierte hasta en lo administrativo. Quiere los antecedentes de cada asunto, quiere saber todo lo que antes se ha hecho. Pero si no quiere morir, no es tanto por cobardía como por amor a la vida, precisamente porque no ha vivido."

Durante el segundo gobierno de Yrigoyen el país vivió en estado casi constante de "parálisis administrativa": en los primeros cinco meses don Hipólito firmó solamente trescientos cinco decretos, a un ritmo de dos por día, comprendiendo esta cifra todas las áreas del gobierno nacional, en todos los campos: los acreedores del gobierno se amontonaban, pero también lo hacían ochenta y tres subtenientes que debían recibir su título y sólo se les entregó un Boletín Oficial donde figuraba el decreto de promoción.

No valía la pena quejarse: ver a don Hipólito para hacerlo era todavía más difícil. En aquellos días, en la Casa de Gobierno, nació el término "amansadora". La amansadora, tal como ha llegado hasta nuestros días, es aquella máquina aceitada y fatal que fagocita el tiempo en los pasillos; el paso por la amansadora vuelve más sumiso al visitante. Ni los ministros, diplomáticos u obispos se salvaban de aquella máquina mortal. En los corrillos se contaba el caso de un funcionario provincial al que, luego de cumplir un año de amansadora, se lo homenajeó con un banquete.

Las versiones sobre el tráfico de audiencias presidenciales estaban a la orden del día: don Hipólito recibía con total arbitrariedad, con la única constante de preferir a las mujeres y a las personas que recomendaban muy especialmente sus asistentes, sospechados de montar un negocio de empleos.

Mientras esta lenta telaraña se tejía a su alrededor, Yrigoyen –paradójicamente– producía despidos masivos en la administración pública, herencia de la gestión de Marcelo T. Se trataba, en la mayor parte de los casos, de las llamadas "partidas globales": no se nombraba a un ciudadano equis para equis puesto, sino a un grupo de ciudadanos para prestar servicios en determinada repartición. En el Ministerio de Agricultura, por ejemplo, tres mil doscientos empleados fueron cesados en sus cargos en un solo día. A los cinco meses de gobierno se habían cesado más de diez mil empleados. En la Aduana figuraban tres mil peones, pero al hacerse cargo el nuevo administrador sólo se presentaron mil cuatrocientos. En Ferrocarriles del Estado se descubrió la compra de 1.100 vagones sin previa licitación.

En sus *Escritos inéditos* Arturo Jauretche analiza al "cesante radical y al cesante peronista". Refiriéndose al primero, que ahora nos ocupa, dice Jauretche que "el Comité era un medio de vida, porque no había otro medio de vida para el tipo que tenía el hábito de bañarse, de ponerse corbata, que no era un peón, ¿comprende? No era tan dramático para el peón, porque vivía miserablemente y estaba acostumbrado, pero para el tipo así era espantoso, o la carrera universitaria o el empleo público. La carrera si los padres aguantaban... el empleo público venía del Comité, de donde fuera (...) He conocido cesantes radicales increíbles, que murieron y vivieron en su ley, como cesantes radicales. El radicalismo cesante consideró siempre que tenía que volver al mismo lugar; era un problema de jerarquía. Y no podía ser".

En mayo de 1929, la oposición a don Hipólito había crecido de manera geométrica: a los cesantes y los ninguneados por la amansadora, se sumaron numerosos jefes y oficiales del Ejército luego de una serie de reformas y ascensos que incluyeron el pase a disponibilidad del general Justo. En su mensaje al Congreso, Yrigoyen describió la "pesada herencia" recibida: la administración de Alvear había dejado que el analfabetismo aumentara sin proporciones, suspendió las obras públicas de su primera presidencia, y elevó las cifras de mortalidad.

Luego de prohibir la realización de un acto contra los Estados Unidos, Yrigoyen rompió lanzas con la Federación Universitaria, que lo acusaba de "tirano, partidario del imperialismo". La prohibición de otro acto, esta vez contra el dictador español Primo de Rivera, no hizo más que echar leña al fuego. La prensa, encabezada por el diario *Crítica* se hizo eco de las acusaciones, en muchos casos fomentándolas.

En aquellos días aterrizó en Buenos Aires la bailarina negra Josephine Baker, quien bailó desnuda sobre el escenario. Yrigoyen se persignaba y prohibió que Mrs. Baker bailara sin malla. También en aquel verano había ordenado a la Policía que detuviera a los bañistas que usaran mallas muy pequeñas o provocativas. Estas medidas terminan de poner la frutilla sobre el helado. La prensa ruge: "La espalda del país no se presta al látigo de los tiranos".

El aumento de las agresiones generó su contrapartida: un grupo de acólitos yrigoyenistas creó el Klan Radical, un nombre evidentemente poco feliz e inspirado en el Ku Kux Klan norteamericano. Su primer volante decía: "El Klan Radical declara públicamente que la aprobación de los diplomas de San Juan y Mendoza significaría legalizar el crimen y el latrocinio. El Senado rechazará esos diplomas o tendrá que enfrentar a muchos argentinos dispuestos al sacrificio, en salvaguardia de la dignidad nacional. Aspiración del Klan Radical: ciento por ciento de radicalismo". Los diarios bautizaron al Klan como "la amenaza mazorquera". Yrigoyen recibía el abrazo del oso.

Numerosos ciudadanos fueron asesinados durante la campaña electoral en Mendoza. Lencinas, caudillo provincial y claro opositor, afirmó en Buenos Aires que intentaban asesinarlo apenas regresara a su provincia. Lo mataron apenas llegó a la estación provincial. El prestigio de Yrigoyen, hasta entonces vapuleado pero existente, se desmoronó. Comenzó a circular un rumor inquietante: el presidente estaba secuestrado. El hecho no era exactamente cierto, pero ¿no fue así, en verdad? El entorno y la amansadora habían vaciado su despacho; los visitantes que lograban entrar eran vigilados. Yrigoyen no estaba solo ni un minuto, abrían sus cartas y su secretario conocía al detalle el contenido de cada reunión. Quienes observaban este comportamiento del entorno con buena fe aseguraban que se trataba de proteger al Presidente hasta de sí mismo: a veces parecía decir cosas ajenas a la conversación y creían que había comenzado a desvariar. Todos temían a la catástrofe que podría desencadenar esa noticia.

"Yrigoyen firma —escribe Gálvez— en un estado de cansancio mental tan profundo que se parece en algo a la inconsciencia." Le hacían tomar champaña y habían llevado a la Casa de Gobierno a dos o tres chicas de pocos escrúpulos. El círculo íntimo las llamaba las "habitués" del Presidente; una de ellas, que apenas pasaba de los veinte años, pudo lograr empleos en su provincia para su padre, hermanos y un considerable grupo de amigos.

El cerco político y social sobre don Hipólito se completó con un cerco policial potenciado por el miedo a un magnicidio. En diciembre de 1929, a poco de andar cien metros de la Casa de Gobierno, alguien saltó desde un zaguán hasta la vereda e hizo fuego sobre el vehículo de Yrigoyen. Varios disparos de la custodia lo abatieron. El Presidente, en estado de shock, fue subido a un taxi desde donde continuó su marcha: "–¡Y yo –se lamentaba Yrigoyen– que nunca hice mal a nadie!".

Llegó hasta la comisaría más próxima, donde habían llevado al cadáver del agresor, y se dirigió más tarde al hospital para confortar a los policías heridos.

El aire de la ciudad se volvía cada vez más denso; los comités radicales organizaban marchas de adhesión a Yrigoyen: doscientos hombres por cada comité se subían a camiones, taxis, ómnibus de línea y de turismo, junto a la "vanguardia" del Klan y sus consignas sangrientas anunciando la ley marcial. El resultado fue contraproducente.

El gobierno estaba en bancarrota; las entradas aduaneras eran insignificantes y no había efectivo para pagar el mes siguiente a los empleados estatales. Los comentarios sobre la quiebra oficial se diseminaron en la prensa, aunque más tarde resultaron inexactos: se publicó que el Banco Nación había sido saqueado, debido a una deuda del gobierno de ciento cincuenta millones de pesos. Más tarde se supo que aquello era falso: la deuda oficial ascendía a treinta millones, y el Banco produjo en nueve meses de 1930 utilidades por sesenta y ocho millones. Se decía que el gobierno estaba sin dinero y una semana antes del golpe la Casa Chatham Phoenix le había ofrecido un crédito por trescientos millones. Pero a pesar de todo las dificultades eran serias, y la actitud oficial de desconocerlas no lograba sino agravar el panorama: había un alto grado de corrupción, y un deseo general de "salir del pantano", una desesperada búsqueda de aire puro. Y la mayoría creyó que esos vientos soplarían desde los cuarteles.

El 1 de septiembre Yrigoyen faltó a su trabajo y se dijo sin mayores precisiones que estaba levemente enfermo. En los buques de guerra de Puerto Nuevo las tropas estaban listas para el desembarco. El peso fue devaluado. El día 2 de septiembre Yrigoyen tenía casi treinta y nueve grados de temperatura. Esa noche, en una gala del Colón, se repartieron insignias revolucionarias. La policía detuvo a algunos militares y el general Uriburu tenía orden de captura. El 3 de septiembre renunció el Ministro de Guerra, mencionando en un comunicado la presencia de "una marea que nadie detendrá". En la noche del día 4 una marcha con cinco mil estudiantes cantando el himno pidió la renuncia del Presidente. La policía a caballo intentó dispersarlos:

–¡¡Asesinos!! ¡¡Muera el mazorquero!! –gritaron los manifestantes.

Luego vinieron los disparos. Un estudiante muerto y varios heridos. En el otro extremo de la ciudad, más allá del límite de la vida real, don Hipólito mejoraba de su congestión pulmonar. Recibió aquella tarde del día 4 a su vicepresidente y al ministro de Instrucción; ambos insistieron en que la revolución estaba a punto de estallar. Los dos esperaban alguna respuesta que salvara al partido y al país, pero se retiraron con una vaga promesa: don Hipólito les pidió que lo dejaran reflexionar hasta el lunes.

El día 5, con las primeras planas entintadas con la sangre de la represión estudiantil, Yrigoyen se resignó a delegar el mando en el vicepresidente, quien decretó el estado de sitio.

La mañana del día 6 de septiembre de 1930 fue de una ansiosa expectativa: las calles estaban llenas de gente, y también los balcones. La gente conversaba en las esquinas, y aguardaba las novedades con cierto temor. La pizarra de *Crítica* informó a las nueve en punto de la mañana que "se han sublevado las tropas de Campo de Mayo al mando del general Uriburu". La onda expansiva llegó minutos después a la casa del Presidente. En el entorno se debatió cómo sacarlo de ahí, temiendo por la vida de Yrigoyen. Un buque de guerra, una quinta del conurbano, la embajada de Chile. Don Hipólito estaba abatido. Un médico le dio una inyección a las cuatro de la tarde, cuando Uriburu y sus tropas se acercaban al centro de la ciudad. En realidad, Uriburu avanzó sólo con los cadetes y tres escuadrones de distintos regimientos, juntos con algunas decenas de ciudadanos armados. No encontraron ninguna resistencia en su camino. El General entró a la ciudad en un automóvil abierto, de pie. Desde los balcones de la Avenida Callao le arrojaron flores. En el Congreso, una pequeña célula del Klan intentó un atentado: hubo ráfagas de ametralladoras, quince muertos, más de doscientos heridos. Uriburu resultó ileso.

Yrigoyen cubrió el trayecto de una hora y media hacia La Plata, donde decidió entregarse preso. "La Sombra" lloraba mientras dictaba su renuncia a un grupo de amigos:

–Me quedo aquí, si me es permitido –dijo en el Regimiento 9 de La Plata–. Estoy mal y no tengo adónde ir.

Su casa de la Capital fue asaltada por desconocidos que quemaron los muebles en la calle y destrozaron sus libros y papeles. A la mañana siguiente un comunicado de Uriburu advirtió que "todo aquel que sea sorprendido *in fraganti* delito contra bienes y seguridad de los habitantes será pasado por las armas, sin forma alguna de proceso". Cuatro personas fueron fusiladas, y todo volvió a la calma.

El 8 de septiembre, frente a cien mil personas que llenaron la Plaza de Mayo, Uriburu juró como Presidente. Los festejos unían el agua y el aceite: sectores de la alta burguesía junto a cesantes radicales, socialistas y espontáneos. Un rápido vistazo a los apellidos de los adherentes a la Legión de Mayo, publicada en 1931 en un folleto apologético del golpe titulado "6 de septiembre de 1930" no sólo nos recuerda varias calles de Buenos Aires, sino también gabinetes y conspiraciones futuras: Pedro Amadeo, Pedro Acevedo Estrada, José Artaza, Carlos Ayerza, Martín Aberg Cobo, Pedro Alcorta, Teodoro Argerich, Juan Sandrini, Torcuato de Alvear, Alejandro Arroyo, Félix Bunge, Diógenes Blaquier, Jorge Bunge, Cosme Béccar Varela, Hugo Bunge Guerrico, Raúl Caferatta, Vicente Caride, Emilio Cano Frers, Hugo Cullen, Sebastián Casares, José Cetrá, Emilio Carabelli, Pedro Cazenave, Alfredo Capdevila, Horacio Durañona, Marcelo Dupont, José Devoto, Franklin Dellepiane Rawson, Carlos Alberto Fragueiro, Ricardo Frers, Hernán Figueroa Bunge, Antonio Gallotti, Alberto García Victorica, Enrique González Videla, Eduardo Gowland, Carlos Giménez Zapiola, David Gowland, Alfredo Güiraldes, Abel Houssay, Luis de Iriondo, Ricardo Jofré, Miguel Juárez Celman, Héctor Bunge, Francisco Laiño, Antonio Llambí, Federico Lanús, Oscar Sergio Lozano, Alfredo Lanari, Narciso Lozano, Alfredo Luna, Héctor Lanús, Edgardo Martínez Seeber, Manuel Mujica Láinez, Adolfo Mitre, Julio Menditeguy, Carlos Menditeguy, Raúl Monsegur, Carlos Montes de Oca, Mario Molina Pico, Manuel Masó, Roberto Mujica Láinez, Víctor Martínez, Arturo Nazar, Enrique Navarro Viola, Carlos O'Donnell, Ernesto Oyuela, Enrique Palacios Álzaga, Carlos Pueyrredón, Luis Peralta Ramos, Felipe Pereyra Lucena, Cirilo Quintana, Enrique Quintana, Eduardo Ramos Oromí, Marcos Roca, Arturo Rodríguez Jurado, León Rebollo Paz, Hernán Rawson Paz, Julio Sánchez Sorondo, Alberto Schoó, Augusto Savorido, Enrique Pou, Horacio Stegmann, Marcelo Sánchez Sorondo, Jorge Seeber, Santiago Sánchez Elía, Héctor Sáenz Quesada, Bernardino Santamarina, Víctor Videla, Alberto Vidal Molina, Reynaldo Del Viso, Santiago Varela, Alberto Zorraquín,

Francisco Zavalía, Ricardo Zemborain, Roberto Zimmermann e Ignacio Zuberbühler.

Ese mismo día se conocieron en Buenos Aires los comentarios de Nueva York: "No cabe duda de que para la República Argentina la revolución es el mejor acontecimiento que ha ocurrido en el país en la última década". El director del *New York Times*, en comunicación telefónica con el general Uriburu le dijo que "el pueblo americano había sentido la frialdad con la que el Sr. Yrigoyen encaraba la relación entre ambas naciones". El editorial de *The Sun* afirmó que "la nación argentina no tiene nada que temer del nuevo régimen instaurado en Buenos Aires. Los capitales norteamericanos que han plantado fuertes jalones en la Argentina están naturalmente interesados en el desarrollo de la actual situación".

El 10 de septiembre, Hipólito Yrigoyen comenzó a vivir la letanía de la espera: lo embarcaron en el acorazado Belgrano, que quedó fondeado a cuatro millas de la rada de La Plata.

Esperando a Godot

Estar viejo duele. Duele en el corazón, en el pecho, en los músculos vencidos, en las articulaciones y, sobre todo, duele en la memoria. Quien sabe cómo las lágrimas quedan a flor de piel, dispuestas a saltar ante cualquier error, hacen equilibrio en el borde del vaso, el hecho más nimio las vuelca y nada las detiene, lágrimas atrasadas, o nuevas, inexplicables, moco de nuevos berrinches, líquidos de la vejez. Y para colmo el miedo.

El general Uriburu le ha mandado a decir que será fusilado si se produce un solo hecho contrarrevolucionario. Don Hipólito tiembla como una hoja: escribe varias cartas al gobierno "reiterando su deseo del restablecimiento de la tranquilidad nacional" y ordena a sus fieles por medio de los parientes que guarden a la autoridad el debido respeto. Dos días después de su última carta a Uriburu sufre un ataque cardíaco. Tenía también problemas en la vejiga, y cada noche debían cambiarle la cama. Pasaba la mayor parte del tiempo solo, y ya no leía. Tenía cincuenta y cinco pulsaciones, y temor a ser envenenado. El médico del barco probaba las comidas antes que él.

Llegaron a sus manos declaraciones de Marcelo T. publicadas por el diario *La Razón*: "Tenía que ser así –dice, justificando el golpe– Yrigoyen, con una ignorancia absoluta de toda práctica de gobierno democrático, parece que se hubiera complacido en menoscabar a las instituciones. Gobernar no es payar. (...) Para él no existían ni la opinión pública, ni los cargos, ni los hombres. Humilló a sus ministros y desvalorizó las más altas investiduras. Quien siembra vientos recoge tempestades".

En la tarde del 29 de noviembre Yrigoyen fue trasladado a la isla Martín García. Allí no podía conciliar el sueño por miedo a las ratas; le contaron que una rata mordió en el cuello al oficial jefe de la isla, y lo llamó varias veces para preguntarle si era verdad aquella historia. Lo de las ratas era lo primero que le contaba a sus parientes cada vez que llegaban de visita, un sinnúmero de veces. "¡Yo soy el presidente de los argentinos!" gritaba para terminar una discusión, agregando que fue "plebiscitado".

Lo acompañaron en su destierro su hija y su secretaria. Todas las noches a las nueve la hija lo llevaba hasta su cuarto:

–Dios la haga buena –la despedía don Hipólito con la bendición.

Y su hija colocaba una medallita en el picaporte por el temor de que alguien intentara matarlo en la vigilia.

Afuera, inexplicablemente, el gobierno de Uriburu le temía y vigilaba: rodeó la isla con un collar de reflectores y aumentó en cuatrocientos hombres la dotación de la guarnición Martín García.

A los pocos meses de asumir el mando, Uriburu hizo declaraciones despectivas hacia el sistema democrático e intentó reformar la Constitución y la Ley Sáenz Peña. Intervino *manu militari* en la justicia y se enfrentó con los estudiantes desconociendo la conquista de la Reforma. El diario de Natalio Botana, *Crítica*, que había sido el peor enemigo de Yrigoyen se convirtió entonces en el peor enemigo de Uriburu. En mayo el gobierno clausuró *Crítica* "por razones de higiene".

El proyecto electoral de Uriburu no se detuvo sólo en la modificación de la Ley Sáenz Peña sino que soñaba con un vuelco conceptual: implantar el voto calificado. Así lo señaló en un discurso en la Escuela Superior de Guerra: "Debemos tratar de conseguir una autoridad política que sea una realidad para no vivir puramente de teorías... La democracia fue definida por Aristóteles como el gobierno de los más ejercitados por los mejores. La dificultad está justamente en hacer que lo ejerciten los mejores. Eso es difícil en cualquier país que, como el nuestro, tiene un sesenta por ciento de analfabetos, de lo que resulta claro y evidente que estamos gobernados por ese sesenta por ciento, porque en elecciones legales ellos son una mayoría".

En París, Marcelo T. de Alvear volvió a soñar con el poder: se tuteaba con el presidente "Pepe" Uriburu, tenía una antigua amistad con el ex ministro de Guerra, Justo, mientras Yrigoyen desvariaba en su destierro forzado. Las cartas de otros amigos de Buenos Aires atizaban su sueño en la mansión de Coeur Volant.

Eugenio Pini le escribió a Alvear: "El domingo he tenido una larga conferencia con el común amigo general Justo en su casa de Belgrano y hoy seré recibido por S.E. el general Uriburu. La situación general es calma y segura. ¡El odio contra el Peludo (Yrigoyen) y todo su régimen es tal que nadie reconoce hoy ser yrigoyenista!". Otra esquela, pero de Remigio Lupo agrega: "A mi llegada visité a Uriburu, que me recibió muy amablemente: le transmití tu saludo, que agradeció efusivamente, y me pidió que te lo retribuyera con las expresiones de su mayor afecto. En el curso de la conversación me manifestó que había llegado al poder sin compromiso con partido político alguno, que nada ambicionaba y que estaba dispuesto a cumplir lo que había jurado, es decir, dar al pueblo toda la libertad necesaria para que elija al presidente que su voluntad soberana determine".

Buscando descomprimir la situación social, Uriburu convocó a elecciones en la provincia de Buenos Aires el 5 de abril de 1931. Todos descontaban el triunfo del gobierno, representado por el Partido Conservador.

En la isla Martín García, don Hipólito hizo una apuesta con el médico del batallón: el radicalismo iba a ganar por treinta mil votos. Los soldados creían que desvariaba, y el médico aceptó divertido. Los radicales ganaron la elección por treinta y un mil votos. La sorpresa de la dictadura fue tal que el Ministro del Interior tuvo que renunciar y decidieron anular los comicios.

A los pocos días llegó a Buenos Aires Marcelo T. de Alvear, apoyado por todos: los golpistas le agradecían aquellas declaraciones contra Yrigoyen y sus secuaces, y los yrigoyenistas lo veían como el único capaz de volver a unir al Partido. Marcelo T. se instaló en un piso del City Hotel y empezó a recibir a todo el mundo, pero el equilibrio de fuerzas era precario y empezó a tambalear a la hora de tomar las primeras decisiones. La relación con "Pepe" Uriburu se volvió tensa después de la primera reunión en la Casa de Gobierno. Por su parte, Alvear percibió que la verdadera fuerza del radicalismo –y quizá la única– se hallaba en los retazos del yrigoyenismo, ahora con la vital necesidad de un líder.

La ilusión duró poco: el 20 de julio estalló en el Litoral una sublevación dirigida por el teniente coronel Pomar con el fin de desalojar a Uriburu y entregar el poder a la Corte Suprema para que convocara a elecciones. El movimiento fue sofocado, pero la gravedad del momento favoreció las presiones de Justo a Uriburu para que llamara a elecciones el 8 de noviembre.

El 24 de julio un acuerdo del gabinete resolvió eliminar a todos los implicados directa o indirectamente en la revolución litoraleña del día 20, y suspendió las elecciones convocadas en Santa Fe, Corrientes y Córdoba. El operador entre las sombras era el general Justo: "Con una duplicidad sin parangón –escribe Félix Luna en *Alvear*– alienta a sus amigos a provocar una revolución contra el gobierno de facto en la que están comprometidos no pocos militares yrigoyenistas. El golpe perseguía un doble fin, urgir a Uriburu la convocatoria presidencial y comprometer a la jefatura del radicalismo en un movimiento al que era ajena, pero que seguramente provocaría una represión destinada a desbaratar la organización partidaria".

La tenaza de Justo cerró con precisión: los locales radicales fueron allanados, se clausuraron diarios y se detuvo a dirigentes de todo el país: Pueyrredón, Guido, Ratto, Noel, Tamborini y Torello fueron invitados a abandonar el país. Alvear se exilió en Brasil, y su Junta del City se transformó en la Junta del Copacabana Palace.

En los diarios uruguayos ya se hablaba de la "tiranía" de Uriburu, y comenzaron a circular diversas versiones sobre torturas a los presos políticos en las comisarías.

En la soledad de Martín García, don Hipólito recibió a un periodista de *La Nación* que afirmó luego en su artículo: "Este hombre me parece doblemente un desterrado: no solamente de la actuación cívica, sino también de la realidad de nuestro mundo contemporáneo, como si Martín García se encontrara a una distancia astronómica de Buenos Aires, y como si muchas dinastías de faraones hubiesen actuado desde el 6 de septiembre de 1930 hasta hoy".

El 31 de agosto se produjo una alianza entre los Partidos Socialista y Demócrata Progresista, que habían apoyado activamente el golpe del 6 de septiembre. La alianza proclamó la fórmula presidencial Lisandro de la Torre-Nicolás Repetto. En uno de sus discursos proselitistas dijo De la Torre: "Queremos realizar la obra que el pueblo esperó el 6 de septiembre". Los radicales juntaron filas y proclamaron a Marcelo T.-Adolfo Güemes. Alvear buscó un *pied-a terre* en Montevideo y en esos días se conoció el veto de la dictadura, que afirmó en un decreto que "los ciudadanos Dr. Marcelo T. de Alvear y Dr. Adolfo Güemes están inhabilitados para figurar como candidatos en las elecciones del 8 de noviembre próximo". El radicalismo resolvió abstenerse. Entretanto la Concordancia (formada por el Partido Demócrata Nacional, el Socialista Independiente y el Radical Antipersonalista) proclamó la fórmula del general Agustín P. Justo y Julio Roca (hijo), que el 8 de noviembre se impuso en todo el país con excepción de la Capital Federal y Santa Fe, donde triunfó Lisandro de la Torre y Alfredo Palacios juró como Senador por la Capital. "En esa elección fraudulenta los socialistas sacaron 44 legisladores —recuerda Jauretche—. Yo alguna vez he referido, sobre este señor Palacios, que las dos veces que ha sido senador lo ha sido por exclusión de la mayoría, y se llena la boca de democracia. Palacios fue senador por exclusión del radicalismo y en 1961, por exclusión del peronismo.

De Palacios hay una leyenda. Él se había creado una imagen. Es graciosísimo. Yo me acuerdo de mi sorpresa un día, en la Facultad, que lo tuve al lado y vi que era un hombre petisito. Yo siempre había creído que era un hombre alto. Él había creado esa imagen, y cuando lo vi petiso no lo podía creer, porque yo tenía la imagen de Palacios de un hombre alto, la voz engolada, parado sobre la punta de los pies. Creo que, a la larga, él fue una víctima de todo eso."

El 20 de febrero de 1932 el general Justo asumió la presidencia. Esa madrugada Yrigoyen –que el día anterior había sido indultado por Justo, dispensa que rechazó– fue trasladado al guardacostas *Independencia*, donde se esperaban órdenes del Ministerio de Marina para traerlo a la Capital. Ha cambiado el gobierno, pero la aprehensión militar sigue vigente: no quieren a Yrigoyen llegando a Buenos Aires de día, y ordenan que el barco atraque a las 22.00 en la zona militar de Puerto Nuevo. Aunque la noticia no fue publicada en los diarios, más de mil personas van al puerto a recibirlo. Durante los meses siguientes, Yrigoyen ejerció en las sombras la jefatura del radicalismo y se mantuvo distante de las conspiraciones, aunque las fomentaba entre bambalinas. En diciembre, el estallido de varias bombas en los suburbios precipitó la detención de Marcelo T., otros políticos y varios militares.

–¡Yo, con bombas! ¡Yo, con explosivos! –se indignó Yrigoyen–. Eran las diez de la noche y le comunicaron que quedaba nuevamente detenido.

–Quiero hacer constar que soy el Presidente de la República y que, por lo tanto, no pueden sacarme de mi casa –se quejó.

Lo llevaron hasta el buque *Golondrina* y nuevamente a la isla Martín García.

Su estado de salud empeoró, y durante ocho semanas vivió en manos de los médicos. El pánico a la muerte le acercó luego a varios curanderos: un fraile capuchino y un milagrero japonés. El 1 de julio lo asaltó una bronconeumonía. Yrigoyen, que no se confesaba desde su infancia, pidió la presencia de un fraile dominico. En sus oídos susurró que "no quiero una gota de sangre, y quiero la unión del partido". Su cadáver fue embalsamado y –como protector que era de la Orden Dominicana– vestido con el hábito de Santo Domingo. En las manos llevaba el rosario que rodeaba su cuello durante la agonía. El velorio se extendió durante dos días y medio, desde la noche del día 3 de julio hasta el mediodía del 6 de julio.

Su miedo a la muerte terminó.

Nace el mito.

DÉBIL ES
LA CARNE

"Argentina es, desde el punto de vista económico,
parte integrante del Imperio Británico."

Julio Roca (hijo) vicepresidente de la Nación

A mediados de enero de 1933 el gobierno envió a Londres una misión
de técnicos y funcionarios encabezada por el vicepresidente Julio Roca (hijo)
para convenir un acuerdo comercial que resguardara al país de una serie de
medidas proteccionistas adoptadas por Inglaterra el año anterior, en los
llamados Acuerdos de Ottawa. Junto a Roca integraron la misión Manuel
A. Malbrán (embajador argentino en Londres), Miguel Ángel Cárcano,
Guillermo F. Leguizamón, Raúl Prebisch, Aníbal Fernández Beyró y Carlos Brebbia. La delegación británica estaba encabezada por Walter Runciman.
La delegación argentina seguía ciegamente una obsesión, eje central del
acuerdo: evitar una baja en la cuota de carne enfriada destinada al Reino
Unido. Los británicos persiguieron mucho más: el desbloqueo de las libras
pertenecientes a las empresas inglesas en la Argentina, la disponibilidad del
cambio a favor de dichas empresas, el control casi monopólico del mercado
local de carne enfriada (*véase Argentinos. De Pedro de Mendoza hasta la Ar-*
gentina del Centenario. Tomo 1) y un acuerdo global de trato preferencial
para sus empresas.

En marzo de 1933 Roca envió desde Londres un telegrama al canciller Saavedra Lamas, dándole a entender la conveniencia de aceptar un arreglo, aunque no fuese el buscado inicialmente: "El fracaso de las negociaciones entabladas con el gobierno británico tendrá, a mi juicio, consecuencias altamente perjudiciales y entrañaría positivos peligros para la economía de nuestro país. No es posible pensar que si la misión argentina se retira de Londres sin haber concluido un acuerdo satisfactorio, pueda mantenerse sin empeorarse la situación existente con anterioridad a la llegada de la misión", escribió Roca.

Debido a una serie de medidas proteccionistas en el control de cambios, las empresas extranjeras sufrían dificultades para remitir sus ganancias a los países de origen. Según estimaciones del Board of Trade, esto afectó a 373 compañías británicas en la Argentina. De acuerdo a los cálculos del Ministerio de Relaciones Exteriores había por lo menos 49 compañías británicas con pesos bloqueados. Como consecuencia del control de cambios, fueron bloqueados 51.530.000 pesos en ferrocarriles, 4.090.000 en tierras y colonias, 35.550.000 en compañías de importación, 2.770.000 en aguas corrientes y 6.990.000 en compañías varias.

La exigencia británica hizo cortocircuito en Buenos Aires: el ministro de Hacienda Alberto Hueyo polemizó con Roca advirtiendo que, descongeladas las libras pertenecientes a las compañías ferroviarias inglesas, el gobierno argentino se vería obligado a pedir préstamos al exterior para mantener el nivel de divisas adecuado. Hueyo también se opuso a que se otorgaran concesiones adicionales sobre los derechos de aduana a Gran Bretaña cuando ya el 54 por ciento de los productos ingleses entraban, en 1932, sin pagar derechos en el mercado argentino. Por otro lado, nadie discutía la posibilidad de medidas recíprocas del lado inglés hacia el argentino.

Roca sostuvo que había que vincular aún más la economía argentina con la británica, aun a costa de resignar la protección cambiaria, "de modo que las empresas británicas fuesen dependientes de la prosperidad del país anfitrión para poder sobrevivir".

¿Cándido, no?

El 1 de mayo Julio Roca (hijo) y Walter Runciman llegaron a firmar un acuerdo, comprendido por una convención y un protocolo. El acuerdo Roca-Runciman fue calificado por Jauretche como el "estatuto legal del coloniaje". En él se resolvió:

1. "que las empresas británicas y sus capitales tendrían un tratamiento benévolo que tienda a asegurar el desarrollo económico del país";

2. "que junto al gobierno argentino su par británico cooperaría en

investigar la estructura económico-financiera y el funcionamiento del comercio de carnes, con especial referencia a los medios a adoptarse para asegurar un razonable beneficio a los ganaderos", lo que significaba la intromisión directa de un gobierno extranjero sobre la política de precios.

3. El gobierno del Reino Unido estaba dispuesto a ceder el 15 por ciento del mercado de carne enfriada a los productores argentinos, conservando el 85 por ciento.

4. Tanto el carbón como todas las mercaderías inglesas que en ese momento se importaban de la Argentina seguirían libres del pago de derechos aduaneros.

5. Fueron, a la vez, disminuidos los derechos aduaneros sobre 235 artículos ingleses.

6. Gran Bretaña se comprometía a no modificar (en realidad a no bajar, pero nunca a subir) la cuota de carne enfriada desde la Argentina.

Luego de la firma del tratado, renunció el ministro de Hacienda. El diario *La Nación*, en Buenos Aires, saludó "el hecho original de un pronto restablecimiento en las actividades económicas argentinas y un modelo de convenciones de reciprocidad comercial, en el que podrían inspirarse los tratados venideros".

UNA LUZ ENTRE LAS SOMBRAS

"En la famosa década infame –que no fue tanto comparando con otras que vendrían– hubo algunos negociados como el de la CHADE, el de los colectiveros o el de las tierras de Palomar, que en general fueron de poca monta, a nivel municipal, e inclusive en el último caso llegó a haber un suicidio porque el honor todavía formaba parte de un elenco de condiciones imprescindibles para ejercer los cargos públicos. En la década infame el país se construía a sí mismo. Se levantaba el dique de La Viña, que en su momento fue el arco de gravedad de hormigón armado más alto del mundo, se tendió la línea del hoy llamado "Tren de las Nubes", se edificó el Casino y el Hotel Provincial de Mar del Plata, el Hotel Llao-Llao, tres líneas de subterráneos y los edificios del Banco Nación, el Hipotecario, el Ministerio de Guerra, el de Obras Públicas y la Facultad de Medicina."

Patricio H. Randle, *La Prensa*
7 de diciembre de 1992

Lejos estamos del "roban, pero hacen", o del concepto que reduce la política de un país a un asunto edilicio. Pero el artículo publicado en su oportunidad por Randle expresa otro sentimiento: que la "década infame" (aquella definición creada por el periodista José Luis Torres para definir el decenio 1930-1940) fue, a vistas de los años posteriores, un calificativo exagerado. ¿Fue así, en verdad? ¿Las elecciones internas del radicalismo en el verano de 2003, o las peleas furtivas en el justicialismo para nombrar al sucesor del presidente Duhalde son tan distintas del "fraude patriótico", manotazo de los conservadores, radicales y socialistas de los treinta? ¿La década de las privatizaciones menemistas en los noventa difiere tanto de las coimas de la CHADE? El dulce aire podrido de la basura flota sobre los mismos hechos, y sobre la posterior impunidad para cada caso.

Escribió Álvaro Abós en *Delitos ejemplares* que "en 1934, las hermanas María Antonia y María Luisa Pereyra Iraola decidieron vender unos terrenos que tenían junto al actual Círculo Militar. Dos intermediarios los ofrecieron al Ministerio de Guerra por un peso y diez centavos el metro cuadrado, aunque no valían más de veinte centavos. Primero Baldasarre, Torre y Casás –los intermediarios– venden al Estado las tierras de El Palomar, de las que ni siquiera eran dueños, en dos millones quinientos mil pesos. En la escritura siguiente compran a las hermanas Pereyra Iraola esas mismas tierras por un millón quinientos mil pesos, y en la tercera escritura levantan las hipotecas pendientes. Sin desembolsar nada, los gestores obtuvieron una ganancia de un millón de pesos, una suma inmensa entonces". La investigación de aquel desfalco al Tesoro fue dirigida por el senador Benjamín Villafañe, del Partido Conservador. El presidente Ortiz, dándose por aludido por la acusación ofreció como garantía de inocencia su renuncia, que no le fue aceptada, y después dejó el gobierno por razones de enfermedad.

El escándalo de la CHADE –o CADE– fue una combinación magistral del comienzo del desguace del Estado argentino. En su ensayo *CHADE, el robo del siglo*, Miguel Ángel Scenna cuenta pormenorizadamente la historia de este ilícito que es, a la vez, la historia del sistema eléctrico de la Capital. Comenzó en 1898 con la CATE (Compañía Alemana Transatlántica de Electricidad), en momentos de gran expansión poblacional y puesta en funcionamiento del tranvía eléctrico. La CATE desembarcó en el mercado porteño y fue fagocitando, una a una, al resto de las pequeñas compañías de la competencia, incluida una empresa de la propia Municipalidad, comprando también una línea de tranvías. En la otra punta del mercado la compañía Anglo Argentina llevó adelante una política similar, intentando ambas convertirse en proveedores monopólicos. Llegada la hora del "armisticio", alemanes e ingleses se pusieron de acuerdo sin una gota de sangre: la Anglo se quedó con los tranvías y la CATE con la luz. Durante su gestión como intendente de Buenos Aires, Alberto Casares intentó organizar un sistema de usinas municipales que precisamente evitara el monopolio y garantizara el servicio público, obligando a las compañías tranviarias a comprar un cupo de electricidad en aquel emprendimiento. Casares sufrió entonces una intensa campaña de prensa en su contra, y el Concejo Deliberante rechazó el proyecto. La usina municipal, que finalmente se construyó, quedó en poder de la CATE, y los alemanes aprendieron una lección: lo mejor en la Argentina era ganarle de mano al adversario.

Así los alemanes, durante la intendencia de Carlos T. de Alvear, lograron filtrar un proyecto de concesión que fue estudiado por el Concejo Deliberante. Al volver de la Comisión, el proyecto batió todos los récords de velocidad legislativa: "En una sola sesión fue discutido, aceptado y aprobado", recuerda Scenna. Aunque era práctica de aquella época otorgar concesiones a un plazo no mayor de veinte años, CATE logró que los concejales aprobaran un período de cincuenta, venciendo en 1957, cuando "todos los bienes de la compañía pasarían al Municipio, sin cargo alguno". La llamada "cláusula de reversión" consignó que, para asegurarse del buen estado de los bienes retornables, quedaba establecido un "Fondo de Renovación", por el cual la compañía depositaría anualmente en el Banco Nación un porcentaje del dos por ciento sobre las entradas brutas hasta 1928, y del tres por ciento en adelante, hasta 1957, cuando el saldo pasaría al municipio. Cinco años después, con el apoyo del intendente Joaquín S. de Anchorena y del secretario de Obras Públicas Atanasio Iturbe, la Compañía Ítalo Argentina de Electricidad (CIADE) solicitó una concesión para brindar sus servicios. Jorge del Río, miembro de FORJA y autor de *Política argentina y los monopolios eléctricos* señala que "la nueva concesión se otorga, el ingeniero Iturbe deja de ser secretario de la Municipalidad y entra a formar parte del directorio de la nueva empresa, posteriormente ocurre lo mismo con el intendente Anchorena". El gobierno autorizó el ingreso al mercado de la CIADE argumentando que de ese modo, al romperse la exclusividad de la CATE, rebajarían las tarifas y mejorarían los servicios. CATE y CIADE se pusieron rápidamente de acuerdo dividiéndose las zonas de servicio eléctrico de la Capital.

"Instalado el pool termoeléctrico –se pregunta Norberto Galasso en *La economía bajo el signo de la entrega*– ¿a quién podría ocurrírsele, desde ese día, la construcción de usinas termoeléctricas en la Argentina? Por eso durante años y años nuestros ríos vuelcan su poderoso torrente sin encontrar jamás en el camino la usina que se digne a convertir esa fuerza en electricidad. Durante décadas se elaboran mil proyectos para construir Salto Grande, para aprovechar Apipé, para instalar El Chocón". La derrota alemana en la Gran Guerra provocó que los accionistas de la CATE vendieran sus paquetes en países neutrales, lo que en efecto hicieron –a precio vil– a un consorcio español, testaferro de un grupo de diversos inversores reunidos en la Societé Financière de Transports et d'Enterprises Industrielles (SOFINA) con sede en Bruselas. La CATE se convirtió así en CHADE (Compañía Hispano Americana de Electricidad), aunque la "Societé" tuviera poco de "espagnol". El hecho de la marca fue menor en 1930 ya que su "competencia", la CIADE (Compañía Ítalo Argentina...) dependía de la Motor Columbus, con sede en Suiza. El interior del país –a excepción de Rosario, controlado por la CHADE– que durante años contó con usinas comunales o de capital argentino, ya había caído bajo el poder de la Electric Bond and Share Company (EBASCO), una subsidiaria de la Banca Morgan con intereses en más de una docena de países latinoamericanos. La EBASCO controlaba 172 usinas argentinas, divididas en cinco grupos: Andes, Norte, Sur, Este y Centro. Jorge del Río recuerda que la EBASCO cargaba con una escandalosa biografía en su país de origen, lo que obligó a Washington a intervenir en el asunto, llevando adelante una investigación oficial por explotar al consumidor, defraudar al fisco y convertirse en factor de corrupción política. El Congreso norteamericano decidió fiscalizar y controlar la labor de la EBASCO en los Estados Unidos, permitiendo el libre arbitrio de sus negocios en el exterior.

Escribió Scenna que "para 1933 eran tantos los abusos cometidos por la CADE y la CIADE en detrimento de los consumidores, que el ambiente se caldeó lo bastante para que, a mediados de ese año, se nuclearan varias sociedades de fomento en una Junta para poner en vereda a los monopolios, logrando una justa rebaja de las abultadas tarifas". El presidente de la comisión que surgió de aquellas asambleas fue, precisamente, Jorge del Río. Se acusó a las compañías eléctricas de:

1. No haber fomentado jamás el consumo ni tratado de extender el área de sus redes, limitándose a tender cables únicamente donde la población era lo bastante densa como para hacer rentable el negocio.

2. Cálculos violatorios de la concesión en materia de tarifas.

3. Estafa a la población mediante aumentos no autorizados de tarifas (entre 1924 y 1936 el monto de lo que las compañías deberían devolver al público era de 87.300.000 pesos).

4. Exigencia ilegal a los usuarios de un depósito de garantía para prevenir la falta de pago.

5. Transferencia del monto correspondiente al aporte patronal hacia las tarifas impuestas a los usuarios.

6. Empleo de tensión de 220 voltios, superior al permitido en otras naciones.

7. No reducción de las tarifas por disminución de los costos de producción.

8. Tendido ilegal de cables desde la Capital hacia pueblos vecinos.

La CHADE contraatacó con enormes avisos en los diarios de la época. Tan enormes que los diarios prefirieron ir ocultando la posición de los usuarios hasta que ésta desapareció, a tal punto que la Comisión debió crear un órgano periodístico propio para difundir su trabajo.

En 1932 Germinal Rodríguez, socialista independiente, presidente de la Comisión de Servicios Públicos del Concejo Deliberante, presentó una denuncia contra la CHADE para investigar los abusos del monopolio.

Transcurría el gobierno del general Justo y, siendo Rodríguez parte de la coalición oficial, se pensó que finalmente el Estado avanzaría sobre el tema. La Comisión de Servicios Públicos, ante discrepancias internas para investigar a la empresa, se partió en dos, y la parte mayoritaria propuso la formación de una Comisión Conciliadora con la CHADE. Así se formó un "ente conciliador" integrado por un representante de la Municipalidad, los decanos de Ingeniería, Ciencias Económicas y Derecho, y un miembro de la CHADE.

El mismo Germinal Rodríguez, ante una Comisión Investigadora creada en 1943, explicó lo sucedido: la CHADE había presentado una queja al presidente Justo, Justo pasó el asunto a su ministro de Hacienda Federico Pinedo, quien era, a la vez, abogado consultor de la CHADE. Llamó a los concejales socialistas y concordancistas a su despacho y, según cita Scenna, les dijo: "Es menester poner las cosas en su terreno de inteligencia. No es posible que partan de la base de que el gobierno nacional les va a dar fuerza pública para cortar los cables a la provincia, porque es una idiotez pensarlo. Hay que arreglar el problema porque el gobierno necesita de la CHADE para arreglar sus problemas financieros. En estos días nos han prestado 7.000.000 de pesos y no es posible que el gobierno, que no ha podido colocar un empréstito, pueda ponerse a joder con una empresa que tanto le sirve".

La Comisión Rodríguez Conde, en el informe de 1943, transcribió "que el Dr. Germinal Rodríguez, de profesión médico, se ha negado a explicar ante la Comisión el motivo que lo impulsó a alquilar caja de seguridad en el City Bank y a efectuar excepcionales depósitos en su exigua cuenta del mismo banco, precisamente en ese ínterin del 6 al 19 de octubre de 1933, lapso en el cual se produjo su entonces inexplicable cambio de opinión hacia la empresa".

Pero todavía falta lo mejor: el 20 de junio de 1936 un pasajero de primera clase del Conte Biancamano desembarcó de incógnito en Buenos Aires. Sus datos señalaban: "Daniel Heineman, de 64 años, casado, ingeniero israelita, procedente de Barcelona". Muy pocos sabían que se trataba del vicepresidente de la CHADE, presidente de SOFINA y de la Compañía Anglo Argentina de Tranvías. Viajaba a Buenos Aires con dos objetivos concretos: lograr que el gobierno pusiera en marcha la Coordinación de Transportes acordada por el Tratado Roca-Runciman, lo que convertiría a SOFINA, a través de la Anglo Argentina, en dueña de todas las líneas de pasajeros de la Capital, ya fueran a motor como a electricidad. Y como vicepresidente de la CHADE se proponía convencer al gobierno para "nacionalizar" la empresa.

El contexto histórico explica este desprendido gesto de Heineman: la sede central de la CHADE estaba instalada en Madrid y Barcelona, y en 1936, en España, se avecinaba la guerra civil. Lo mejor para sacar a la CHADE de España era que Argentina la nacionalizara. El 5 de agosto de 1936 Carlos Meyer Pellegrini, ex interventor en Buenos Aires durante la dictadura de Uriburu y hombre muy vinculado con la CHADE, reunió en su casa al presidente Justo y señora, al canciller Carlos Saavedra Lamas y cónyuge y a Daniel Heineman y sus buenas intenciones. Al día siguiente Heineman volvió a su oficina de SOFINA en Bruselas. Rodolfo Puiggrós enumera en *La democracia fraudulenta* a los integrantes del directorio de SOFINA: Reginald Mac Kenna (presidente del Midland Bank, director del Banco de Inglaterra, ex canciller del Tesoro y ex Primer Lord del Almirantazgo), el Conde Giusseppe Volpi (senador, miembro del Gran Consejo Fascista, ex ministro de Hacienda de Mussolini), el Duque de Alba (ex canciller de España y embajador de Franco en Londres), Francisco Cambó (ex ministro de la República Española), Herbert Schultess (ex presidente de la Confederación Helvética y ministro de Economía de Suiza), Paul Van Zeeland (dos veces Primer Ministro de Bélgica) y René Richard (ministro de Economía de Bélgica y mano derecha de Heineman). La nobleza de Bélgica, Gran Bretaña y España estaba representada en el Vizconde Van Vyvere (ministro de Hacienda, Relaciones Exteriores y Agricultura de Bélgica entre 1912 y 1926), el Conde Patoul, el Barón Allard, el Barón Cassel, el Vizconde Swinton of Masham, Lord Wilgram, el Vizconde Greenwood, y el Marqués Mariano de Foronda Vallarano (Grande de España). Detrás de SOFINA-CHADE estaban los bancos más importantes de Europa Occidental, desde el Midland Bank de la democrática Inglaterra hasta el Deutsche Bank de la Alemania nazi".

En 1936 Jorge del Río señaló la íntima relación entre el monopolio eléctrico de Buenos Aires con el negocio del carbón y con el transporte de las exportaciones argentinas: la CHADE, que durante años taponó la posibilidad de que Argentina tuviera usinas hidroeléctricas, mantenía el sistema termoeléctrico porque requería carbón. Y ese carbón se importaba de Inglaterra y se extraía de minas que también eran de SOFINA y que entraba sin pagar ningún gravamen.

Después de descargar en Buenos Aires su carbón los cargueros eran aprovechados para llevar la cosecha a Europa. SOFINA tenía, también, muy buenos negocios en común con Dreyfus y Bunge & Born. Ésta sociedad utilizó a la CADE (Compañía Argentina de Electricidad, una pequeña subsidiaria que tenía en Buenos Aires) para pasar las acciones de la CHADE previa "nacionalización". Para que todo fuera perfecto –y verosímil también en España– SOFINA debía aparecer como "cediendo" ante la presión argentina, y recién entonces abandonar la península. El oficialismo ya estaba garantizado con la presencia de Federico Pinedo y Heineman encontró la mejor solución para el golpe final: que el proyecto de nacionalización partiera del radicalismo, el partido mayoritario y de gran prestigio ético. El 18 de agosto de 1936, días después del retorno de Heineman a Europa, los trece ediles del bloque de concejales radicales elevaron un proyecto por el que se "intimó" a la CHADE a convertirse en una sociedad argentina. El 2 de octubre el proyecto se convirtió en la Ordenanza 7749 entre los aplausos del público y la prensa. La Comisión Rodríguez Conde probó años más tarde que el borrador del proyecto había sido redactado en las oficinas de la CHADE.

Así la CHADE se convirtió en la CADE.

Fue entonces cuando llegó el momento de pagar el Impuesto a los sellos por la transferencia de empresa, lo que constituía una suma considerable. La CHADE pensó primero en promover un decreto de exención a las compañías que se nacionalizaran (o sea, a ellos), pero al ministro Pinedo se le ocurrió presentarlo dentro de la Ley de Presupuesto 1937: "Quedan exentas del impuesto de sellos todas las operaciones que sean necesarias para transformar en entidades argentinas, constituidas en el país de acuerdo con legislación nacional, las sociedades extranjeras concesionarias de servicios públicos o sus sucursales, actualmente establecidas en la República, siempre que la transformación haya tenido lugar en el período comprendido entre el 1 de enero de 1936 y el 31 de diciembre de 1937": lo que se dice un decreto a medida.

El 8 de octubre de 1936 la CADE elevó al Concejo Deliberante una propuesta para extender los servicios eléctricos a la provincia, solicitando al pasar algunos cambios en los términos de la concesión, pidiendo que ésta fuera prorrogada por 25 años (1957-1982) con opción a 25 años más (1982-2007). También la CIADE se apresuró a pedir medio siglo extra. La Comisión correspondiente tenía mayoría socialista, y el pedido se cajoneó; pero el 6 de diciembre el Concejo decidió reorganizar sus comisiones y aumentó los miembros de 5 a 7, quedando constituida por cuatro radicales y tres socialistas. Recuerda Félix Luna en *Alvear* que los pedidos de extensión de la concesión "alarmaron a la opinión pública. Empieza entonces una intensa campaña por parte de los movimientos de consumidores para denunciar la gravedad de sus consecuencias. *La Prensa* critica exhaustivamente la propuesta de las empresas, y *La Nación* también lo hace, aunque con menos rigor". El mismo día en que la Comisión de Servicios Públicos cambió su relación de fuerzas, el 6 de noviembre, el concejal radical Carlos F. Rophille presentó un proyecto con la firma de todo su bloque proponiendo la prórroga de las concesiones de la CADE y la CIADE, con una modificación adicional: cuando se venciera el plazo la Municipalidad compraría a la empresa en lugar de, como se había firmado en el contrato original, que la empresa retornara sus bienes y propiedades al Estado, con lo que quedaba anulado el Fondo de Reversión que Puiggrós valuó en 113.177.576,07 pesos de la época. Tres días después, el 9 de noviembre, la Comisión dio el visto bueno, retirándose los tres concejales socialistas. El negociado fue tan vergonzoso –y público– que el 20 de noviembre el Comité Metropolitano del radicalismo pidió a sus concejales que retiraran el proyecto; el jefe del partido –don Marcelo T.– estaba como casi siempre en París, donde recibió a directivos de SOFINA, aunque sin, por el momento, tomar partido. "De regreso al país, Alvear se convenció de que, de enfrentarse con SOFINA y CADE, éstos pactarían con el general Justo y la Concordancia, cerrándole el camino al poder", sostiene Scenna. Su primera entrevista en Buenos Aires fue con Rafael Vehils, director de la CADE y lobbysta de la negociación. El 16 de diciembre –había llegado recién el día 13– Alvear se reunió en su casa con los cinco miembros de la comisión investigadora del partido, nombrada al efecto. Simplemente les ordenó que debían deponer a favor de la CADE y la concesión. De los cinco miembros, tres elevaron un informe favorable, dejando en libertad a los concejales. La decisión de los "investigadores" fue rechazada por 54 votos contra 11 en el Comité partidario. Desde Bruselas llegó un telegrama de Heineman: "En cualquier caso, triunfé", sugería el último párrafo. El 15 de diciembre el concejal radical Enrique Descalzo tomó la palabra para informar acerca del dictamen favorable a la CADE: del Río recuerda que "fue un discurso larguísimo, que abarca desde la página 3.032 a 3.099 del Diario de Sesiones, nutrido de planillas, demostraciones matemáticas, gráficos para los que cualquier persona hubiera necesitado años de estudio. Descalzo había llegado a la política desde los matarifes, y ahora aparecía poseído de una inagotable erudición eléctrica". SOFINA envió a Sir George Graham a Buenos Aires para entrevistarse con Marcelo T.: "Le rogamos que emplee todos los medios posibles para decidir al Dr. Alvear cesar sus vacilaciones y a darnos un apoyo firme". Sir Graham había sido embajador inglés en Madrid y en Bruselas, y tenía a Heineman y a Alvear como amigos comunes.

En la mañana del 21 de diciembre Alvear habló con varios concejales y volcó todo el peso de su nombre a favor de las concesiones. Al concejal Turano le dijo: "Vaya y vote, cumpla con su deber". Al concejal Vago: "Ustedes tienen que votar sin ningún escrúpulo". Años después se supo que cada concejal había recibido cien mil pesos, una verdadera fortuna para la época. Un día antes de reunirse la Convención de la Capital del radicalismo, el 22 de diciembre de 1936, se dio comienzo al debate final sobre la prórroga de las concesiones. Entonces sucedió lo inesperado: el general Agustín P. Justo, presidente de la República, le solicitó al Concejo que suspendiera el debate.

¿Exceso de patriotismo? Todo lo contrario: Justo se había enterado de la decisión de la CADE de solventar los gastos de la campaña electoral de Alvear y no era aquella una sociedad conveniente para su futuro. En pocas horas enviados de la CADE lo convencieron de que jamás intervendrían en la política argentina, y de que también habría dinero para la Concordancia. A las nueve de la noche el debate obtuvo luz verde para continuar, y se extendió hasta las dos de la tarde del día siguiente minutos antes de que comenzara la reunión de la Convención, cuando se votaron las ordenanzas 8.028 y 8.029 prorrogando por cuarenta años la concesión de la CADE y hasta el siglo XXI la de la CIADE.

El dictamen final de la Comisión Investigadora Rodríguez Conde de 1943 concluyó que: "Tanto la CADE como su antecesora, la CHADE, resultan ser focos potentes de explotación pública y de explotación social, política y administrativa, y hasta elementos perturbadores de la función del Estado. En su afán de lucro y poderío, el gran consorcio internacional SOFINA ha pervertido la conciencia de afamados profesionales a los que el pueblo ha dispensado y/o dispensa inmerecido respeto y jerarquía, ha prostituido en su provecho a gran parte de la prensa en esta Capital, ha contribuido a la corrupción de algunos partidos políticos, ha defraudado al Estado impunemente, ha mancillado los estrados de la Justicia, paralizando juicios o haciendo dictar fallos injustos para beneficiar su nombre, intereses y situación, ha puesto a su servicio poderes y funcionarios del Estado, ha atentado, en fin hasta contra el ejercicio pleno de la soberanía". La Comisión propuso anular la personería jurídica de la CADE-CIADE, dejar sin efecto las ordenanzas 8.028 y 8.029, revocar las concesiones y expropiar ambas empresas sin más trámite.

Los mil ejemplares impresos con las conclusiones de la Comisión Rodríguez Conde, junto al informe original, desaparecieron de la faz de la Tierra. Según *Primera Plana* del 2 de agosto de 1966, los directivos de la CADE movilizaron al entonces coronel Perón –durante la presidencia de Farrell– quien hizo desaparecer el expediente a cambio de un millón de pesos. De acuerdo a la fuente aquella suma se entregó en efectivo, oculta en el forro de un sobretodo que abrigó al coronel Domingo Mercante en su camino hasta el domicilio de Perón. Durante el peronismo, bajo una administración estatizante y proteccionista, ni la CADE ni la CIADE fueron tocadas.

NOS MERECEMOS A ROCA

"El Senado puede ser un recinto de alta política o convertirse, degradado, en una cueva de ladrones."

Lisandro de la Torre, 5 de julio de 1935

Su desacuerdo con el mundo comenzó temprano: el 6 de diciembre de 1868, en Rosario, el hijo de doña Virginia Paganini estuvo a punto de quedarse sin nombre. Lisandro, el nombre de su padre, no figuraba en el martirologio católico, por lo que el párroco de la basílica de Nuestra Señora del Rosario se negó a bautizarlo. Una solución de emergencia zanjó la cuestión: el niño llevaría Nicolás como primer nombre y Lisandro como segundo. Lisandro fue un chico reservado, de pocos amigos, y excelente alumno. Su relación con la Iglesia –que, en verdad, nunca llegó a comenzar debido al rechazo bautismal– terminó en las aulas de la primaria, cuando el chico fue involuntario testigo de los amores del padre Jiménez –su rector– con una amiga de su madre. El segundo hecho que marcó a fuego aquellos años fue la quiebra de la empresa familiar: su padre era mitrista acérrimo y quisieron los vaivenes de la política que el poder cayera en manos de Avellaneda, en momentos en que el viejo de la Torre estaba tapado de deudas. El Banco Provincia desplegó la bandera de remate en la casa familiar y el chico vio cómo los muebles se escurrían como la arena bajo el martillo del rematador.

Lisandro viajó a Buenos Aires, a vivir en lo de unas tías. En la Capital, ciudad en la que completó sus estudios y se recibió de abogado, asistió al parto de la Unión Cívica, que sintetizaba en aquellos años las contradicciones de todo el arco político: había mitristas del Barrio Norte, orilleros, caudillos de los suburbios, católicos militantes y espectadores ocasionales. También había líderes tan opuestos como Alem y Aristóbulo del Valle. Lisandro, alineado con este último, tomó parte de la Revolución del Parque, que terminaría destituyendo a Juárez Celman por su vicepresidente Carlos Pellegrini. Aquel fue su segundo triunfo vestido de fracaso: otra vez Nicolás delante de Lisandro, echar a Juárez Celman para saltar al fuego de Pellegrini. En 1893 se puso al frente de un nuevo conato revolucionario en Rosario, y se mantuvo por tres semanas al frente de un gobierno sostenido por brigadas armadas de militantes y extranjeros que luego capitularon.

La tercera contrariedad fue demasiado: Lisandro decidió abandonar su profesión de abogado y volver a la casa familiar. Su padre, algo recuperado de las penurias financieras, le regaló un campo en Barrancas, provincia de Santa Fe, y el destino volvió a tironearlo desde el sitio menos pensado: fue presidente de la Sociedad Rural de Rosario en 1907, 1909 y 1910, y director del primer Mercado de Hacienda en 1911. A los 28 años, por encargo de Del Valle, asumió la dirección del periódico partidario *El Argentino*. En 1896 dos muertes lo sacudieron: en enero el sorpresivo deceso de Del Valle y luego el suicidio de Leandro Alem, de un tiro, en su carruaje. La continuación del "abstencionismo conspirativo" propuesta por el ascendente Yrigoyen, fue vista por Lisandro como un juego de infiltración del roquismo.

–Nos merecemos a Roca –diagnosticó en esos días.

Su juicio le valió batirse a duelo con Yrigoyen el 6 de septiembre de 1897: se enfrentaron a espada en los galpones de Las Catalinas. Lisandro salió con una herida en la mejilla izquierda e Yrigoyen con un sablazo en la cintura.

En la campaña presidencial de 1916, en la que Yrigoyen se presentó como candidato del radicalismo, Lisandro se postuló con el partido Demócrata Progresista. En 1920 volvió a perder las elecciones en su provincia pero terminó protagonizando un escándalo de proyección nacional: a partir de una propuesta del gobierno radical de Santa Fe presentó en la Legislatura un proyecto de reforma constitucional –de alcance local– en el que se proponía la neutralidad religiosa del Estado. Tanto el entonces presidente Yrigoyen como el gobernador Mosca cedieron a las presiones de la Iglesia, anulando el texto votado. El tema llegó al Congreso Nacional y fue objeto de debate entre reformistas y conservadores. La cláusula nunca pasó. El ánimo de Lisandro tenía otra muesca. Desde entonces, su enfrentamiento con Yrigoyen se acentuaría aún más.

En las elecciones de noviembre de 1931 la fórmula del general Agustín Pedro Justo y Julio Roca (hijo) se "impuso" por más de 600.000 votos contra 487.955 de la Alianza de la Torre-Repetto. Se "impuso" con voto cantado, urnas desaparecidas, libretas de identidad secuestradas. La quiebra de su establecimiento agrícola Las Pinas gracias a una larga sequía le dio el golpe de gracia: Lisandro intentó abandonar la política pero sus correligionarios lo presionaron para que aceptara postularse como senador. Lo hizo, y denunció varios hechos de corrupción con más fuerza que nunca: fueron los días del vergonzoso pacto Roca-Runciman, y de la Torre puso en evidencia negociados con los cupos de exportación de carnes, evasión de impuestos y cohecho. Y también los días de los coletazos del acuerdo: la creación del Banco Central para emitir moneda y regular la tasa de interés, en cuyo directorio había gran cantidad de funcionarios ingleses; el monopolio inglés de los transportes de la Capital Federal, etcétera.

"El gobierno inglés no nos permite fomentar la organización de compañías que le hagan competencia a los frigoríficos extranjeros –explica Lisandro–. En esas condiciones no puede decirse que Argentina se haya convertido en un dominio británico, porque Inglaterra no se toma la libertad de imponer a los dominios británicos tales humillaciones. Los dominios británicos tienen, cada uno, su cuota de importación de carne y es administrada por ellos mismos. Es Argentina quien no podrá administrar su cuota. No se sí después de esto alguien podrá seguir diciendo: Al Gran Pueblo argentino ¡¡Salud!!"

De la Torre acusó por fraude y evasión impositiva al frigorífico Anglo, y aportó pruebas que comprometían directamente a dos ministros de Justo: Pinedo, de Economía, y Duhau, de Hacienda. El senador demócrata progresista probó cómo se ocultaba información contable en cajas selladas por el Ministerio de Hacienda, y demostró la impunidad de los capitales ingleses. Esos fueron los cargos que tuvo que enfrentar en el Congreso el entonces ministro de Agricultura Luis Duhau. La discusión subió de tono hasta que el ministro empezó a increpar a los gritos a Lisandro, quien estaba de pie, y de golpe se desplomó sobre su banca. Su compañero Enzo Bordabehere se acercó a asistirlo cuando el ex policía y guardaespaldas de los conservadores Ramón Valdés Cora gatilló un disparo que terminó con la vida de Bordabehere.

Al poco tiempo el gobierno de Justo decretó la intervención de la provincia de Santa Fe, expulsando al gobierno demócrata progresista de Luciano Molinas. Lisandro estaba cada vez más abatido. Su última intervención en el Senado tuvo lugar durante el debate de un proyecto de ley sobre represión del comunismo. "El peligro comunista es un pretexto –dijo Lisandro– es el ropaje con el que se visten los que saben que no pueden contar con las fuerzas populares para conservar el gobierno, y se agarran del anticomunismo como una tabla de salvación. Bajo esa bandera se pueden cometer toda clase de excesos y quedarse con el gobierno sin votos. Yo soy un afiliado a la democracia liberal y progresista que, al proponerse disminuir las injusticias sociales, trabaja contra la revolución comunista, mientras los reaccionarios trabajan a favor de ella con su incomprensión de las ideas y de los tiempos."

Terminado el debate, Lisandro presentó su renuncia al Senado, retirándose a su casa de la calle Esmeralda 22.

Al mediodía del 5 de enero de 1939 se disparó un balazo al corazón. Su muerte no fue a la noche, fruto de un desesperado desvelo, ni al atardecer de un domingo melancólico; fue al mediodía, con el sol sobre la cabeza, la hora que eligió Lisandro para poner fin a su cansancio.

"Les ruego que se hagan cargo de la cremación de mi cadáver. Deseo que no haya acompañamiento público ni ceremonia laica ni religiosa alguna. Mucha gente buena me respeta y me quiere y sentirá mi muerte. Eso me basta como recompensa. No debe darse importancia excesiva al final de una vida. Si ustedes no lo desaprueban, desearía que mis cenizas fueran arrojadas al viento. Me parece una forma excelente de volver a la nada, confundiéndome con todo lo que muere en el Universo. Me autoriza a darles este encargo el afecto invariable que nos ha unido. Adiós", dijo en una carta para sus amigos que fue encontrada junto a su cuerpo sin vida.

ALREDEDOR DEL EJE

En septiembre de 1937, en una nueva elección fraudulenta, la Concordancia –con la fórmula Roberto M. Ortiz y Ramón Castillo– derrotó al binomio radical Marcelo T. de Alvear y Enrique Mosca. Los comicios transcurrieron entre diversos escándalos, con muertos y heridos durante tiroteos en Buenos Aires, Santa Fe y Mendoza. En las tres provincias los fiscales de la oposición abandonaron las mesas electorales. La UCR triunfó en la Capital Federal, Córdoba, Tucumán y La Rioja. Roberto Ortiz no era sólo el caballo del comisario Agustín P. Justo, también era síndico y abogado de la empresa Tornsquist, ligada a los ferrocarriles británicos. El catamarqueño Castillo era un dirigente conservador que ya se había desempeñado como Ministro de Justicia y como Interventor Federal en Tucumán durante la dictadura de Uriburu. El "fraude patriótico" permitió el ascenso de Ortiz pero éste decidió, una vez en el poder, volver al espíritu de la Ley Sáenz Peña. No fue ésta la única diferencia que tuvo con su vicepresidente Castillo; estallada la Guerra Europea Ortiz, a pesar de mantener la posición argentina de "no beligerante", tenía simpatías aliadófilas, en tanto Castillo se inclinaba por el Eje. En septiembre de 1940 el canciller José María Cantilo fue reemplazado por Julio Roca (hijo) –quien firmó como vicepresidente el acuerdo con Runciman– que llevó adelante una firme política probritánica. El presidente Ortiz, gravemente enfermo de diabetes fue alejándose de las tareas del gobierno hasta dejarlo definitivamente. Castillo cubrió extraoficialmente ese interregno, y junto a la presión de varios ministros simpatizantes de Alemania provocó la renuncia de Roca, designó como canciller interino a Guillermo Rothe y cuatro meses después a Enrique Ruiz Guiñazú, que asumió en junio de 1941. Finalmente Ortiz cedió el poder a su vicepresidente en junio de 1942, falleciendo el 15 de julio siguiente.

Fue precisamente Ruiz Guiñazú quien motorizó la llamada "política de neutralidad", observada por los Estados Unidos y la comunidad judía en la Argentina como un ejercicio de "incondicionales admiradores del Eje", ya del Reich alemán como del fascismo de Mussolini.

La presión norteamericana para lograr que la Argentina rompiera relaciones con Alemania fue desgastante. El embajador de Estados Unidos en Buenos Aires, Norman Armour, comenzó por afirmar que las organizaciones nazifascistas en la Argentina eran "un Estado dentro de otro Estado" – algo que no estaba demasiado lejos de la realidad y que en la época fue percibido como una exageración–. A partir del cuestionado ataque japonés a Pearl Harbour, Estados Unidos introdujo la tesis de la "solidaridad continental", procurando que toda América abandonara la neutralidad. Al poco tiempo sólo Argentina y Chile se resistían a hacerlo. Armour hizo entonces sucesivas presentaciones al gobierno de Castillo denunciando actividades de espionaje del Eje y un supuesto complot dirigido desde la embajada alemana en Buenos Aires, y envió una lista de empresas con actividad beneficiosa para Alemania e Italia y perjudicial para los intereses norteamericanos.

Ruiz Guiñazú la devolvió sosteniendo que en la lista figuraban 289 firmas comerciales de la República Argentina. Documentos posteriores, daban gran parte de la razón al embajador Armour: los nazis estaban enquistados en el GOU y en el Ejército; una discriminatoria política de inmigración excluía a los refugiados judíos y, posteriormente, la "importación" de científicos nazis por Perón. Argentina se mantuvo en su posición, Chile cedió y el país quedó solo. El 22 de enero de 1941 *New York Times* publicó un exabrupto del senador Tom Connally sobre el punto: "El señor Castillo va a cambiar de opinión, o bien los argentinos cambiarán de presidente".

En la Conferencia Interamericana de junio de 1942 el presidente Castillo se preocupó por aclarar "que conste que yo no soy nazi, sino americano", mientras el *Washington Post* afirmaba que "no se considera a Castillo como un germanófilo conciente". Ruiz Guiñazú, por su parte, sostenía que, de formularse en aquel momento un plebiscito, "la mayoría del pueblo argentino apoyaría al Dr. Castillo". El 5 de mayo de 1941 la revista *Time* llevó a la tapa al presidente argentino: "La Argentina aún no se ha decidido a ceder bases para la defensa del hemisferio. Sin mucha confianza en las buenas intenciones de cualquier potencia poderosa, la Argentina trata de ser neutral en un mundo no neutral. Así lo expresó el presidente Castillo la semana pasada: la Argentina continuará manteniéndose neutral en la guerra europea".

Recién el 26 de enero de 1944, cuando ya se descontaba el triunfo aliado, Argentina anunció la ruptura de relaciones con el Eje, hecho que formalizó el 4 de febrero de ese año.

Quizá el exceso y el descaro de la presión norteamericana produjera en muchos argentinos de la época el efecto contrario: sostener a rajatablas –por primera o segunda vez, tomando en cuenta la política exterior del primer gobierno de Yrigoyen– una postura internacional independiente. Pero ¿ése fue el resultado en los hechos? Los mismos gobiernos conservadores que asaltaron el poder por el fraude o el golpe, y que contribuyeron como pocos a tornar irrespirable el aire de la corrupción, que integraron los directorios o las "cadenas de la felicidad" (y las coimas) de las empresas norteamericanas en la Argentina estaban, de pronto, decididos a "sostener una neutralidad militante e irrenunciable, con Castillo como protagonista central, enhiesto y firme", según recuerda Marcos Tomás Muñiz en su ensayo sobre la época publicado en el número 119 de la revista *Todo es Historia*.

Dijo el actor y director norteamericano Woody Allen en uno de sus filmes que "no me asombra el nazismo, observando el mundo, lo que me asombra es que no haya vuelto a suceder". El mundo reaccionó tarde ante el mayor Genocidio de la historia. Pero la Argentina no reaccionó nunca. El problema central de la Guerra Europea fue la opción entre la alineación continental o el avance devastador de Hitler y sus seis millones de judíos muertos en los campos.

El costo de la relación con el Reich fue Auschwitz.

Mientras el canciller Ruiz Guiñazú discurría academicismos de la política internacional en la Conferencia de Río, existían Dachau y Treblinka. La embajada argentina en Alemania informó de todo aquello con puntual rigurosidad. Castillo supo del gas zyklon-B antes que la opinión pública. ¿Enhiesto y firme? Si las muertes fueran necesarias –en ningún caso lo son– podría decirse que fueron necesarios seis millones de muertos para que el mundo comprendiera que el genocidio es un delito contra la humanidad.

Como siempre, se comprendió a destiempo. Un rápido repaso de la "línea de tiempo" del nazismo nos permite asociar lo que sucedía en Alemania con su contrapartida en la Argentina. Nuestro país fue neutral ante lo que sigue:

1939

21 DE FEBRERO: los nazis forzaron a los judíos a entregar sus pertenencias de oro y plata.

30 DE ABRIL: los judíos perdieron su derecho de propiedad sobre cualquier bien y fueron realojados en "casas judías".

MAYO: el barco Saint Louis repleto con 930 refugiados judíos fue rechazado por Cuba, los Estados Unidos y otros países y regresó a Europa.

4 DE JULIO: se despidió de todo empleo oficial a los judíos alemanes.

1 DE SEPTIEMBRE: se establecieron horarios para la circulación de los judíos en Alemania. No podían estar en la calle después de las 20.00 en invierno y de las 21.00 en verano.

21 DE SEPTIEMBRE: Heydrich envió instrucciones a la SS Einsatzgruppen (Escuadrones de la Muerte) en Polonia sobre el trato a los judíos (allí eran 3.350.000, la mayor población judía europea) ordenando que se los reuniera en guettos cerca de las vías del ferrocarril para, en un futuro, trasladarlos.

23 DE SEPTIEMBRE: se le prohibió a los judíos alemanes tener equipos caseros de radio.

OCTUBRE: los nazis comenzaron a practicar la eutanasia en enfermos y discapacitados judíos.

12 DE OCTUBRE: fueron evacuados los judíos de Viena.

26 DE OCTUBRE: los judíos polacos de entre 14 y 60 años fueron obligados a formar parte de la fuerza de trabajo.

23 DE NOVIEMBRE: se obligó al uso de la estrella amarilla a los judíos polacos de más de diez años.

1940

25 DE ENERO: se inauguró el campo de concentración de Auschwitz, cerca de Cracovia.

12 DE FEBRERO: primera deportación de judíos alemanes a los campos de Polonia.

30 DE ABRIL: el gueto de Lodz, en Polonia ocupada, fue separado y sellado del mundo exterior con 230.000 judíos prisioneros.

17 DE JULIO: se tomaron las primeras medidas antijudías en Vichy, Francia.

8 DE AGOSTO: se restringieron la educación y el empleo a los judíos de Rumania, y se nacionalizaron sus empresas.

NOVIEMBRE: quedó sellado el gueto de Cracovia, con 70.000 judíos prisioneros.

15 DE NOVIEMBRE: se selló el gueto de Varsovia.

1941

El gobernador nazi de Polonia, Hans Frank, aseguró que "no le pido nada a los judíos, excepto que desaparezcan".

Enero: una revuelta en Rumania dejó un saldo de 2.000 judíos muertos.

7 DE MARZO: se obligó al régimen de trabajos forzados a los judíos alemanes.

14 DE MAYO: 1.600 judíos arrestados en París.

29 Y 30 DE JUNIO: en la ciudad de Jassy, las tropas rumanas liquidaron a 10.000 judíos.

JULIO: Himmler comunicó al comandante Hoss, de Auschwitz, que "Hitler ha ordenado la Solución Final al asunto judío, nosotros, la SS debemos llevar a cabo esta orden, y para ello he elegido a Auschwitz como centro de esta operación". Se establecieron guettos en Kovno, Minsk, Vitebsk y Zhitomer.

25 Y 26 DE JULIO: 3.800 judíos fueron asesinados en Lituania.

AGOSTO: se establecieron guettos en Bialystok y en Lvov.

26 DE AGOSTO: el ejército húngaro encerró a 18.000 judíos.

1 DE SEPTIEMBRE: se obligó a los judíos alemanes al uso de la estrella amarilla.

3 DE SEPTIEMBRE: el gas zyklon-B se usó por primera vez en Auswichtz.

6 DE SEPTIEMBRE: se estableció el gueto de Vilna con 40.000 judíos.

27 Y 28 DE SEPTIEMBRE: 23.000 judíos fueron asesinados en Ucrania.

29 Y 30 DE SEPTIEMBRE: los Escuadrones de la Muerte asesinaron a 33.771 judíos en Babi-Yar, cerca de Kiev.

OCTUBRE: fusilaron a 35.000 judíos en Odessa.

23 DE OCTUBRE: se prohibió la emigración de judíos del Reich.

NOVIEMBRE: los Escuadrones reportaron 45.476 judíos asesinados.

24 DE NOVIEMBRE: se estableció el gueto de Theresienstadt, cerca de Praga.

30 DE NOVIEMBRE: fusilamientos masivos en Lituania.

8 DE DICIEMBRE: se inauguró el campo de concentración de Chelmno, cerca de Lodz. Allí se utilizaron por primera vez camiones jaula con monóxido de carbono en el traslado de los judíos. Los primeros muertos de Chelmno fueron 5.000 gitanos.

16 DE DICIEMBRE: durante una reunión de gabinete Hans Frank, gobernador nazi de Polonia expresó: "Caballeros, debo pedirles que
dejen a un lado cualquier sentimiento de piedad. Debemos aniquilar
a los judíos donde sea que los encontremos, y cada vez que sea posible para poder mantener la unidad del Reich".

1942

ENERO: se llevaron a cabo matanzas masivas utilizando zyklon-B en
Auschwitz y en Birkenau. Se enterró a las víctimas en fosas comunes.
20 DE ENERO: en la Conferencia de Wannsee se coordinó la Solución
Final.
31 DE ENERO: los Escuadrones reportaron un total de 229.052 judíos
asesinados.
MARZO: comenzó a funcionar el campo de exterminación de Belzec,
equipado con cámaras de gas permanentes que utilizan monóxido
de carbono o zyklon-B. Diversas deportaciones de judíos desde Francia, Eslovaquia y Lublin a Belzec y Auschwitz.
20 DE ABRIL: se prohibió la utilización de transportes públicos a los
judíos alemanes.
MAYO: se inauguró el campo de concentración Sobibor en Polonia
ocupada, con tres cámaras de gas.
18 DE MAYO: *New York Times* informó en una página interior que los
nazis fusilaron con ametralladora a 100.000 judíos en los Estados
Bálticos, a 100.000 en Polonia y al doble en el oeste ruso.
JUNIO: comenzaron a utilizarse camiones jaula con trampas de gas en
Riga.
1 DE JUNIO: los judíos de Francia, Holanda, Bélgica, Croacia,
Eslovaquia y Rumania fueron obligados a usar la estrella amarilla.
5 DE JUNIO: la SS reportó que 97.000 personas fueron "procesadas"
en camiones de gas.
30 DE JUNIO: se inauguró en Auschwitz una segunda cámara de gas,
el Bunker 2.
2 DE JULIO: *New York Times* informó que más de un millón de judíos
ya habían sido asesinados por los nazis.
7 DE JULIO: Himmler autorizó experimentos de esterilización en
Auschwitz.
16 Y 17 DE JULIO: 12.887 judíos franceses fueron capturados en París
y trasladados al campo de concentración de Drancy. Aproximadamente

74.000 judíos, incluyendo 11.000 niños, fueron enviados desde Drancy a Auschwitz, Majdanek y Sobibor.

22 DE JULIO: comenzaron las deportaciones del gueto de Varsovia al campo de Treblinka, y la de los judíos belgas y alemanes a Auschwitz.

23 DE JULIO: se inauguró el campo de concentración de Treblinka, equipado con dos edificios que contienen diez cámaras de gas (cada una con capacidad para doscientas personas). Los cuerpos eran quemados en fosas abiertas.

26 AL 28 DE AGOSTO: 7.000 judíos fueron arrestados en la Francia no ocupada.

9 DE SEPTIEMBRE: para prevenir la contaminación del agua, se comenzaron a quemar a las víctimas en Auschwitz. Con el mismo sentido se desenterraron 107.000 cuerpos, que fueron incinerados.

18 DE SEPTIEMBRE: redujeron las raciones de comida a los judíos alemanes.

26 DE SEPTIEMBRE: La SS despojó de sus bienes a los judíos de Auschwitz y Majdanek. Los billetes alemanes se remitieron al Banco del Reich, la moneda extranjera, el oro y las joyas se enviaron al Cuartel Cental de la SS, los relojes y lapiceras se distribuyeron entre las tropas y la ropa se entregó a las familias alemanas. Para febrero de 1943 más de ochocientos camiones con bienes confiscados habían salido de Auschwitz.

5 DE OCTUBRE: un testigo ocular alemán observó un fusilamiento en masa a cargo de la SS.

NOVIEMBRE: matanza de 170.000 judíos en Bialystok.

DICIEMBRE: desmantelaron el campo de Belzec, donde fueron asesinados 600.000 judíos. Luego fue sembrado.

28 DE DICIEMBRE: comenzó la esterilización de mujeres en Birkenau.

1943

El número de judíos asesinados por la SS superaba el millón. Los nazis se valían de unidades especiales de trabajadores esclavos para cavar y quemar los cuerpos, procurando eliminar cualquier rastro.

18 DE ENERO: se produjo el primer movimiento de resistencia judía en el guetto de Varsovia.

29 DE ENERO: los nazis ordenaron el arresto y envío a campo de exterminio de todos los gitanos.

FEBRERO: se confinó a guettos a los judíos griegos.

14 DE MARZO: los nazis liquidaron al gueto de Cracovia.

22 DE MARZO: se inauguraron las cámaras de gas 3, 4 y 5 en Auschwitz.

9 DE ABRIL: la actividad en el campo de Chelmno quedó suspendida hasta la primavera del año siguiente, cuando fue reabierta para liquidar a los guettos. Chelmno sumó en total 300.000 muertes.

MAYO: el doctor Josef Mengele llegó a Auschwitz.

19 DE MAYO: los nazis declararon a la ciudad de Berlín como *judenfrei* (libre de judíos).

11 DE JUNIO: Himmler ordenó la liquidación de todos los guettos judíos en Polonia ocupada. Los crematorios de Auschwitz funcionaban con una capacidad de eliminación diaria de 4.756 cuerpos.

2 DE AGOSTO: después de una revuelta, doscientos judíos escaparon del campo de exterminación de Treblinka. Los nazis los cazaron uno por uno.

16 DE AGOSTO: liquidaron el gueto de Bialystok.

AGOSTO: cesaron los exterminios en Treblinka después de, aproximadamente, 870.000 muertes.

SEPTIEMBRE: los nazis liquidaron los guetos de Vilna y Minsk.

4 DE OCTUBRE: Himmler habló abiertamente sobre el asunto de la Solución Final en Posen.

14 DE OCTUBRE: terminaron los exterminios en Sobibor después de 250.000 muertos. Los nazis plantaron árboles.

NOVIEMBRE: los nazis liquidaron el gueto de Riga.

3 DE NOVIEMBRE: los nazis llevaron adelante la Operación Festival Harvest en Polonia ocupada asesinando a 42.000 judíos.

16 de diciembre: el Cirujano en Jefe de Auschwitz reportó ciento seis castraciones realizadas.

1944

25 DE ENERO: Hans Frank, gobernador nazi de Polonia escribió en su diario que "quizá queden aún unos cien mil judíos en el país". Los judíos polacos eran dos millones y medio.

26 DE ENERO: Argentina rompió relaciones con Alemania.

ZONA NEUTRAL

"¡¡Viva Alemania, Viva Austria, Viva Argentina!!"

Últimas palabras del nazi Adolf Eichmann,
antes de ser ejecutado en Israel.

Un sesgo agresivamente exportador, basado en el desarrollo industrial, convirtió a Alemania en uno de los primeros socios comerciales de la Argentina durante el Segundo Reich. Como señala Mario Rapaport en *Aliados o Neutrales*, "la primera guerra mundial puso a prueba la continuidad de la relación bilateral. Si bien el gobierno argentino asumió una posición de neutralidad, los intereses alemanes se vieron muy perjudicados. La derrota de Alemania y los acuerdos de Versailles, que castigaron al vencido con reparaciones de guerra y el control de sus fuentes productivas, empeoraron la situación". Pero no pasó mucho tiempo para que Alemania, impedida de vender acero, comenzara a exportar ideas: la profesionalización del Ejército Argentino, que había comenzado en 1900, renovó sus vínculos militares con Alemania en 1921, cuando se volvió a contratar el asesoramiento de una comisión militar germana. Robert Potash recuerda que no pasó mucho tiempo hasta que volviera a imponerse el viejo esquema alemán en la Academia de Guerra: ya el director como cuatro de sus diez profesores eran oficiales alemanes. La "universalidad del fascismo", proclamada por Mussolini en 1933, comenzó a aportar sus ideas sobre el "nuevo orden" y el "renacimiento latino" a los sectores nacionalistas de la clase alta argentina. En *Poder militar y sociedad política en Argentina*, Alain Rouquié completa el cuadro: "El arribo de los nazis al poder en 1933 –escribe– el éxito de las políticas expansivas en Etiopía y Renania en 1936, el levantamiento franquista en España y la firma del Pacto Anti Komintern, a fines de noviembre de ese año, fueron otros acontecimientos que respaldaron a los partidarios de ideas antidemocráticas".

Cuando los opositores políticos al nazismo, judíos y no judíos, buscaron refugiarse en la Argentina, se toparon con la existencia del Registro Único de Extranjeros. Según la *Memoria* de 1936 del Ministerio de Agricultura, las autoridades argentinas concluyeron que debía evitarse "ser el receptáculo de lo que expele Europa". El mencionado Registro funcionó bajo la jurisdiscción de la Dirección de Inmigración, "a fin de controlar el ingreso de personas con sentimientos e ideologías contrarias al sentir de los argentinos". Por el borde de estas restricciones hasta 1938 pudieron seguir ingresando a la Argentina algunos judíos alemanes amparados por la legislación que permitía la "reunión de familias". El decreto 8.972 modificó en 1938 el régimen inmigratorio poniéndolo bajo estricto control de un Comité Consultivo Interministerial, que fue interpelado en el Congreso en agosto de 1939, acusado de poner en práctica un "régimen de puertas prácticamente cerradas". El canciller José María Cantilo dijo, en su descargo, que los que intentaban emigrar eran personas con "falta de documentación, pertenecientes en su mayoría a la raza hebrea, con características de personas sin patria, agregadas a las taras psíquicas que pueden haber adquirido durante el curso de la guerra". Cantilo hizo hincapié en que estos nuevos inmigrantes eran los "expulsados y los perseguidos", "no el español, el vasco, el italiano que venían en otras épocas y no llegan ahora". Pero la displicente preocupación filonazi por las fronteras sólo alcanzó a los puertos: a pesar de las restricciones impuestas por el gobierno argentino, aproximadamente entre treinta y cuarenta y cinco mil alemanes judíos y no judíos, calcula Carlota Jackish en *Todo es Historia*, ingresaron entre 1933 y 1945. Ronald C. Newton, investigador del Centro de Estudios Migratorios Latinoamericanos, destaca que, a excepción de Palestina, la Argentina recibió en esos años más refugiados judíos *per cápita* que ningún otro lugar del mundo. Los consulados de Chile, Bolivia y Paraguay encontraron en aquel período en Europa un lucrativo negocio: otorgar permisos de ingreso.

EL HUEVO DE LA SERPIENTE

Los judíos alemanes que lograron escapar descubrieron azorados que la serpiente también anidaba en Buenos Aires. Los nazis se organizaron en la ciudad financiados por los marineros mercantes de dos líneas de Hamburgo: la Hamburg Sud y Hapag-Lloyd. Según describe Ronald Newton en *El cuarto lado del triángulo: la amenaza nazi en la Argentina 1931-1947*, los marinos inauguraron el 7 de abril de 1931 el Landesgruppe argentino, con cincuenta y nueve miembros, bajo el título de *Auslandsabteilung der Reichsleitung der NSDAP* (Departamento de Ultramar de la Dirección Nacional del Partido Nazi). Rudolf Seyd, su líder, condujo a la delegación nazi a las ceremonias anuales que se realizaban en el memorial de guerra del cementerio alemán. Allí se exhibió por primera vez en público la esvástica. El grupo fue reorganizado en 1933 como la *Gau Ausland* (Región de Ultramar) y luego como la *Auslandorganisation* (Organización de Ultramar) del Partido Nazi.

Según registros descubiertos en Alemania al final de la guerra el Partido Nazi Argentino tenía 315 miembros en 1933 y 2.110 a principios de 1936. En 1937 era, en números absolutos, el cuarto partido nazi fuera del Reich, después de los de Brasil, Holanda y Austria.

El Frente de Trabajo Alemán (*Deutsche Arbeits-Front* o DAF) se constituyó como la rama gremial del partido, y llegó a tener doce mil miembros activos, todos alemanes o hijos de alemanes con derecho de sangre a la nacionalidad, en su mayoría empleados de firmas alemanas del Gran Buenos

Aires. En 1939 a partir de una moderada presión del gobierno argentino debió pasar a la clandestinidad junto al NSDAP, y cambió su nombre por el de Unión Alemana de Gremios. La NSDAP y la DAF reconocían, a principios de siglo, un antecedente común: la Liga del Pueblo Alemán para Argentina, DVA o *Deutscher Volksbund fur Argentinien*, fundada por la embajada alemana en 1916, que llegó a reunir unos doscientos miembros en setenta locales. En la década del treinta y bajo la conducción de Wilhem Romer, fue utilizada como enlace entre el Partido Nazi y sus simpatizantes del interior. Otras asociaciones intermedias fueron utilizadas para el adoctrinamiento: la *Deutsch Argentinisches Pfadfinderkorps* (Organización de Boy Scouts Germano Argentinos), a la que podían entrar hijos argentinos de padres alemanes; la Juventud Hitlerista y su Liga de Doncellas Alemanas (*Bund Deutscher Madl*), asiduos participantes de todos los actos convocados por la comunidad. El 1 de mayo de 1935 doce mil alemanes festejaron el Día del Trabajo y en 1936 quince mil se reunieron en el Luna Park.

Según Juan C. Mendoza en *La Argentina y la esvástica*, "cuando dejaban la Juventud Hitlerista los jóvenes más brillantes podían continuar su carrera en las escuelas de liderazgo de las SS en Alemania o en la Escuela del Reich para Marinos y Alemanes de Ultramar en Altona. Los miembros de las SS provenientes de Argentina se calculan en unos trescientos setenta".

Según un Informe de la Embajada de Estados Unidos –el 11168 a DS fechado en Buenos Aires, 1943– "el nacionalsocialismo alcanzó también a las comunidades alemanas del interior". En el Chaco residían 1.800 colonos alemanes que habían alcanzado cierta prosperidad, y muchos de ellos recibieron ayuda social nazi para superar los perjuicios de las sequías de 1937. En Entre Ríos vivían unos 64.000 alemanes, y quince de sus iglesias bajo influencia nazi fueron intervenidas en 1945 por el gobierno provincial. Concordia, dada su fácil comunicación con el Uruguay, resultó ser el centro de las actividades nazis de la provincia.

A mediados de 1936 y a instancias de la embajada alemana en la Argentina, se fundó una Comisión de Cooperación Intelectual integrada por diecinueve destacados argentinos proalemanes entre quienes estaban Gustavo Martínez Zuviría (escritor conocido bajo el seudónimo de Hugo Wast), el Premio Nobel de Biología Bernardo Houssay, el decano de la Facultad de Derecho de la UBA Juan P. Ramos, el político Matías Sánchez Sorondo, los médicos Gregorio Aráoz Alfaro y Mariano Castex y los historiadores Ricardo Levene, Carlos Ibarguren y Roberto Levillier. En 1937 la embajada subsidió la fundación de un Instituto de Estudios Germánicos dentro de la

Facultad de Filosofía y Letras de Buenos Aires, y en esos años el embajador von Thermann dispuso que las universidades alemanas otorgaran títulos honorarios a personajes de la política argentina como Saavedra Lamas, Castex y Ramón Castillo.

En 1933, el presidente Justo le comunicó al embajador von Thermann su deseo de designar en puestos del ejército a oficiales entrenados en Alemania; en 1936 cinco oficiales alemanes, nominalmente retirados de la Wehrmacht fueron reclutados para trabajar bajo contrato y uniforme argentino: el general Gunther Niedenfuhr, el coronel Friedrich Wolf, de artillería, el mayor Rudolf Berghammer, de caballería, el mayor Joaquim Hans Moering, comisario y el mayor Otto Kriesche, de la Luftwaffe.

Las conexiones entre el ejército argentino y el alemán se remontan, en verdad, a principios de siglo: oficiales alemanes tuvieron un importante papel en la organización de instituciones tales como la Escuela Superior del Ejército y el Instituto Geográfico Militar. Alemania era, a la vez, el principal proveedor de armas del Ejército argentino.

Una fotografía de la época, publicada por el *Deutsche La Plata Zeitung* el 3 de octubre de 1937 muestra que algunos militares argentinos no tenían pruritos en mostrarse públicamente con elementos asociados al Reich: en la ilustración se ve a los generales Rodolfo Martínez Pita, Carlos von der Becke, Armando Verdaguer y Francisco Reynolds en una ceremonia inundada por saludos hitleristas. Otros militares argentinos no se contentaron sólo con salir en las fotos: el general Juan Pistarini recibió una medalla y una comisión de las autoridades alemanas como jefe de la Misión Argentina de compras militares enviada por Uriburu en 1930. Más tarde, ya como ministro de Obras Públicas, Pistarini entregó importantes concesiones a la firma GEOPE, famosa mundialmente por su sistema de retornos. Por su parte, el general Juan Bautista Molina, estaba en la lista de personas de confianza del embajador von Thermann y recibía regularmente fondos enviados por firmas alemanas a través de la delegación consular.

La influencia alemana en el ejército se mantuvo más allá del resultado de la guerra: en 1941, mientras la prensa nacional e internacional hostigaba al gobierno argentino por su quinta columna nazi el general (R) Basilio Pertiné, de pública tendencia progermana, fue reelecto como presidente del Círculo Militar.

Matías Sánchez Sorondo, ministro del Interior de Uriburu y luego senador por Buenos Aires, se entrevistó en 1937 con Hitler como invitado oficial del gobierno alemán; en 1938 se convirtió en gestor de la Sociedad Importadora Exportadora Argentina Oriente, y contribuyó a la creación del Instituto Cultural Japonés Argentino, del que luego se supo que era un centro de espionaje. Durante la presidencia de Castillo Sánchez Sorondo llegó a ser jefe del instituto estatal de Promoción Cinematográfica y presidente del Banco Provincia de Buenos Aires. Carlos Ibarguren, otro de los políticos cercanos al Reich, era consejero de la Compañía de Seguros Germano Argentina, abogado del Banco Nación y lobbysta de GEOPE. Manuel Fresco, médico al servicio de los ferrocarriles británicos fue gobernador de Buenos Aires como resultado de una intervención federal en 1934; Fresco era admirador confeso de Mussolini, dictó un decreto provincial obligando a la enseñanza religiosa, persiguió a las cooperativas eléctricas, legalizó el juego y obtuvo apoyo financiero alemán para financiar dos publicaciones filonazis: *La Fronda* y *Tribuna*.

Otros incondicionales de la embajada alemana en la Argentina fueron: Luis Hipólito Yrigoyen (sobrino del ex presidente), el embajador Oscar Ibarra García, Alberto Uriburu y Mario Amadeo, Alberto Baldrich, interventor en Tucumán, León Scasso (ministro naval de Ortiz), Justo Bergadá Mujica (después de 1939 consejero legal de la embajada alemana), Adolfo Mugica, Ramón Godofredo Loyarte (diputado nacional e interventor en el Consejo Federal de Educación), Alejandro von der Becke, Guillermo Zorraquín (presidente de los Amigos de Alemania) y Leopoldo Lugones hijo.

En sus *Instrucciones* de septiembre de 1933, Joseph Goebbels, ministro de Propaganda de Hitler, dividió a la prensa extranjera en cuatro clases:

1. La prensa antifascista, que debía ser atacada por todos los medios incluyendo el boicot de avisadores, y la filtración de información falsa que minara su credibilidad: en esta clase estaban incluidos el diario en idioma alemán antinazi en la Argentina *Argentinisches Tageblatt*, de la familia Alemann, el diario *Crítica* y el periódico socialista *La Vanguardia*.

2. la prensa "independiente" seria: los diarios *La Prensa* y *La Nación*.

3. la prensa provincial, vulnerable desde el punto de vista financiero y blanco predilecto de la propaganda subsidiada desde Alemania. El Servicio Mundial de Prensa les enviaba artículos proalemanes, antibritánicos o antinorteamericanos en español, para influir en las preocupaciones y los prejuicios de los lectores de las provincias. Según la embajada norteamericana en 1939 *La Provincia* de Salta, *Restauración* de Victoria, Entre Ríos, *La Voz del Chaco* de Resistencia, *El Día* de Jujuy, *La Opinión* de Balcarce, *El Imparcial* de Bolívar y *El Atlántico* de Bahía Blanca editaban regularmente ese material.

4. la cuarta clase comprendía a la prensa abiertamente profascista que recibía apoyo mediante subsidios directos: el *Deutsche La Plata Zeitung*,

Der Trommler, Der Ruslandsdeutsche y *Der Deutsche in Argentinien,* editados en alemán; los periódicos locales *Caras y Caretas, La Razón, Clarinada, La Fronda, Afirmación de una Nueva Argentina, Reconquista* (fundada en 1939 por Scalabrini Ortiz), *América Alerta, Cabildo, El Federal, La Voz Nacionalista* y *El Pampero.* A estas publicaciones se agregaban las revistas antisemitas de grupos católicos como *Criterio,* del Padre Gustavo Franceschi, *Crisol* y *Bandera Argentina.*

En el incipiente desarrollo de la radio, Goebbels encontró su medio multiplicador por excelencia: en 1934 la Compañía Alemana de Transmisión en Ultramar comenzó a difundir programas de onda corta en español. Durante los años de la guerra las radios Prieto, Splendid, Cuyo, Callao, Cultura, Stentor, Del Pueblo y Municipal transmitieron propaganda alemana producida localmente y auspiciada por la empresa Siemens-Schukert.

En el caso de la educación la penetración nazi fue tan importante que obligó a los alemanes disidentes judíos y no judíos a crear su propia escuela, el Colegio Pestalozzi ya que el resto de las escuelas alemanas (salvo dos, la Germania Schule y la Cangallo Schule) respondían a las directivas provenientes de Berlín. La cruz gamada, el himno Horst Wessel y los retratos de Hitler fueron utilizados en los colegios alemanes ante la displicencia oficial argentina. Incluso se adoptó la costumbre de cantar el himno nacional argentino manteniendo el brazo levantado, en el característico saludo impuesto por Hitler en Alemania.

En los vértices de esta red pública se tejía otra red, secreta, financiada por el Reich: la del espionaje alemán en la que Ludwig Freude, poderoso empresario de la colectividad alemana, se desempeñó como el más cercano contacto alemán de Juan Domingo Perón. Rodolfo Freude, hijo de Ludwig, fue secretario privado de Perón cuando éste accedió a la presidencia. Desde su puesto de amanuense presidencial, Freude creó la División de Informaciones y fue el encargado de coordinar una Comisión de Allegados entre 1946 y 1949 que se dedicó a recibir fugitivos del Tercer Reich: la Comisión incluía entre sus miembros a un colaboracionista nazi sentenciado a muerte en Bélgica en 1947, un ex miembro de la Waffen SS de Francia, el embajador de la Croacia nazi ante Hitler y un ex capitán de las SS en Alemania. La Comisión funcionó en dependencias de la Dirección de Migraciones aunque también se reunían en la oficina de Freude en la Casa Rosada o en el despacho de Juan Duarte, hermano de Evita. Rodolfo Freude hoy tiene más de setenta y cinco años y fue entrevistado por Uki Goñi para su libro *Perón y los alemanes,* en el piso 19 de la torre del edificio Goethe, donde funciona su empresa Araya S.A. "Se escriben muchas idioteces sobre aquella época" le dijo, escuetamente, Freude a Goñi antes de declinar cualquier posibilidad de conversación. La existencia de la Comisión de Allegados fue verificada en los 22.000 documentos que recopiló el Centro de Estudios Sociales de la DAIA en 1997, y forma parte de las 650 páginas del *Proyecto Testimonio: el Estado argentino ante las víctimas y los perpetradores de genocidio.*

La historia de Freude padre ha sido investigada por el profesor Ronald Newton. La salida a la luz de documentos clasificados e interrogatorios de los aliados una vez terminada la guerra le brindó a Newton otras precisiones sobre Freude hijo. "Yo he leído el interrogatorio del agregado militar de la embajada, general Friedrich Wolf, que declaró ante los ingleses haber dejado 200.000 pesos de la embajada en manos de Freude conformando la base de un fondo de retaguardia del Partido Nazi. Inclusive otro diplomático de la embajada, Wilhelm von Pochhammer, le entregó a Freude otros 48.000 pesos para su resguardo." Newton sostiene que Freude hijo fue, probablemente, el representante local de la Oficina Tres de Inteligencia Secreta del canciller alemán Joachim von Ribbentrop. Según Newton, su padre, Ludwig Freude "era en 1946 uno de los diez hombres más ricos de Sudamérica".

Ludwig Freude conoció a Perón en Mendoza, donde el joven militar era Jefe de la Agrupación de Montaña Cuyo, y la compañía de Ludwig construía una ruta entre Mendoza y San Juan. Freude padre ya había desarrollado otros contactos con el ejército, incluyendo el de los generales Pistarini, Molina y Domingo Martínez. En 1943 Freude y Perón encabezaron una misión secreta a Europa procurando importar armas alemanas.

John Cabot, encargado de negocios de los Estados Unidos en Buenos Aires envió en septiembre de 1945 una carta al entonces canciller Juan Cooke en la que caracterizaba a Freude como "un caso testigo fundamental que, en el caso de ser extraditado, nos mostrará si se puede desarmar la maquinaria nazi en la Argentina". El 11 de septiembre de aquel año el entonces presidente Edelmiro J. Farrell dispuso mediante un decreto la detención y el arresto de Freude. Este último pudo defenderse mediante chicanas legales y presentó una urgente solicitud de naturalización, que le fue rechazada. Aquellos también fueron días difíciles para el coronel Perón, relevado por Farrell de la vicepresidencia y del Ministerio de Guerra. Rodolfo Freude, a instancias de su padre Ludwig, le ofreció a Perón un refugio familiar, Ostende, su casa de verano en una isla del Tigre. El profesor Holger Meding, investigador de la Universidad de Colonia, señala que "en la isla, con la única compañía de Eva Duarte, más tarde su esposa, y un sirviente de nombre Otto que apenas entendía el español, Perón esperó el desarrollo de los acontecimientos". Fue la casa veraniega de Freude desde donde Perón fue llevado preso a la isla Martín García. "Ese acto de amistad nunca fue olvidado –escribió Meding– en lo sucesivo se pasaron por alto las demandas de extradición británicas y norteamericanas y las investigaciones contra las actividades de Freude quedaron en la nada". "En mayo de 1946 Freude organizó una pomposa fiesta de cumpleaños para Eva Perón; en abril su hijo Rodolfo había ascendido a Secretario del Presidente. Al poco tiempo creó para Perón un servicio de información del Estado, la Secretaría de Informaciones y organizó, junto a otros germano argentinos, la emigración ilegal de alemanes al Río de la Plata a través de Italia."

El grupo de "allegados" coordinado por Freude incluía a Pierre Daye, un colaboracionista belga condenado a muerte en Bruselas en 1947, a Jacques Marie de Mahieu, un antropólogo de la Waffen SS francesa que escribía libros sobre biopolítica y teoría racial, y a Branko Benzon, ex embajador de Croacia en Berlín, amigo personal de Hitler y Goering que pasó a convertirse luego en el médico personal de Perón acompañándolo en su exilio a partir de 1955.

El nexo entre Migraciones y la oficina de Freude era Carlos Horst Fuldner, un ex capitán de las SS alemanas, fundador de la empresa CAPRI, donde trabajó años más tarde Adolf Eichmann, quien fuera raptado por un comando israelí en 1960. Las últimas palabras del arquitecto del Holocausto judío fueron: "¡Viva Alemania! ¡Viva Argentina! ¡Viva Austria! ¡No olvidaré!".

EXIT

El sumario que da cuenta de la investigación administrativa por corrupción en la Dirección General de Migraciones entre 1947 y 1949 tiene 937 páginas. La punta del ovillo que investigó la gestión de Pablo Diana comenzó con una serie de rumores sobre cobro de sobornos para otorgar permisos de entrada a "indeseables" judíos y comunistas. En todos los interrogatorios los empleados de Migraciones confesaron la existencia de un mecanismo informal coordinado por la Casa Rosada. Dice el sumario: "El señor Carlos Fuldner revistaba como empleado de la Dirección y prestaba servicios a las órdenes del Jefe de la División Informaciones de la Presidencia de la Nación, señor Rodolfo Freude, con misiones reservadas y confidenciales en materia de entrada al país que se consideraban indispensables para las cuestiones de gobierno". Ciertas iniciales al borde de los expedientes agilizaban el trámite en la Dirección de Migraciones: la inicial F señalaba que la entrada había sido aprobada por el ex capitán de las SS Fuldner. "B no J" quería decir que Branko Benzon, el médico croata de Perón, recomendaba denegar el ingreso a un judío.

Fuldner también fue el responsable de la apertura de la "vía danesa", ruta por la que llegaron la mayoría de los técnicos en aviación de Hitler que proveyeron el *know how* para la construcción del Pulque, el primer jet argentino. La agencia de viajes Vía Nord y la Secretaría de Aeronáutica coordinaron aquellas operaciones. La mayoría de los "allegados" venían vía Dinamarca, Suecia y España por la compañía Dodero. Uki Goñi recuerda que entre los "técnicos" alemanes que emigraron a la Argentina estuvieron Adolf Eichmann, Joseph Schwamberger, Eduard Roschmann y el croata Ante Pavelic. Algunos llegaron como "ingenieros", y otros como "mecánicos", tal es el caso de Josef Mengele, "El Ángel de la Muerte", responsable de experimentos biológicos en Auschwitz.

La presión norteamericana para lograr la expulsión de la Argentina de los agentes nazis no tuvo demasiados resultados: hacia junio de 1946 habían sido expulsadas 46 personas, y los posibles deportados habían disminuido de una lista inicial de 900 a 227.

La Vía Vaticana y la ruta española fueron otros dos conductos de tránsito de refugiados nazis hacia la Argentina. José Figuerola, ex colaborador del dictador Miguel Primo de Rivera en España y nacionalizado argentino, jefe de la Secretaría General de la Presidencia de Perón, utilizó el apoyo de la compañía Iberia para los traslados. La Vía Vaticana tuvo monasterios establecidos en Zagreb, Ljubljana, Trieste, Venecia, Roma y Grumo y centralizó la asistencia a criminales de guerra croatas y eslovenos; Jan Durkanski, ex ministro de Eslovaquia llegó junto a ocho colaboradores por esta vía en 1948; también Erich Priebke, el responsable de la matanza de las Fosas Ardentinas en Roma. El "Carnicero de Lyon", oficial SS Klaus Barbie, obtuvo su visa en el consulado argentino de Génova y llegó a Bolivia vía Buenos Aires. Los técnicos que el diseñador nazi Kurt Tank necesitaba para la fábrica de aviones de Córdoba recibieron pasaportes de la Cruz Roja y fueron recibidos en el convento de monjas Centocelle hasta que tomaron un avión de la Flota Aeromercante Argentina. En este grupo llegó escondido el criminal de guerra Gerhard Bohne, encargado del programa de eutanasia del Reich.

El consulado argentino en Génova contaba con la colaboración de Reinhard Kopps (ex espía militar, conocido luego en Bariloche como Juan Maler) y del obispo austríaco Alois Hudal. Los permisos eran concedidos por Migraciones de Buenos Aires, los pasaportes por la Cruz Roja y el transporte por la empresa Dodero. Miles de "inmigrantes" llegaron por esta vía, entre ellos Vittorio Mussolini, hijo del Duce, y dirigentes partidarios del fascismo como Carlo Scorza y Ettore Mutti.

A finales de agosto de 1946 el Congreso argentino ratificó el Acta de Chapultepec, lo cual significaba que el país no podría permitir el ingreso de responsables de crímenes de guerra. En su libro *Flug vor Nuremberg, Deutsche und Osterreichische Einwanderung in Argentinien, 1945-1955*, el profesor Meding estima en ochenta mil la cantidad de alemanes, austríacos y croatas que ingresaron irregularmente en la posguerra. Tres mil a ocho mil de ellos estuvieron vinculados con el nazismo y alrededor de cincuenta fueron criminales de guerra con pedido de captura internacional.

Desde entonces, una sombra envuelve a la sombra y las vías de escape se redujeron a pistas cada vez más pequeñas, reguero de miguitas de pan y gotas de sangre que se transformaban en panaderías alemanas, pósters de la Selva Negra, nombres falsos que el tiempo volvió verdaderos, hijos argentinos, viajes misteriosos, salones de té, ancianos alemanes solitarios.

En 1998 Michel Fauré escribió en el semanario francés *L'Express* la historia de Fridolin Guth, vecino de Agua de Oro, cerca de Córdoba, donde murió a los 90 años. "Cuando lo visitaba él siempre me pedía que le hablara en alemán", recordó una vecina al diario *La Voz del Interior*. El melancólico don Guth era el dueño de *La Tirol*, un comercio de masas finas sobre la ruta que se dirige a Ascochinga, decorado como un típico salón de té bávaro derritiéndose bajo los cuarenta grados de las sierras en verano. Fridolin Guth era el nombre verdadero de un oficial de la policía política alemana en Francia, y formaba parte de una lista de otros diecinueve criminales de guerra establecida por la historiadora Carlota Jackisch, de la Fundación Conrad Adenauer en Buenos Aires.

La historia de Argentina como refugio nazi, o –citando el libro de Jorge Camarasa– como una "Odessa al Sur", trascendió de hecho la administración de Perón, llegando hasta nuestros días. Los alfileres de ese mapa señalan pequeñas comunidades en el Norte, cerca de la frontera con Paraguay y Uruguay, la provincia de Córdoba, al pie de la cordillera en Mendoza, cerca de la frontera con Chile y en la ciudad y alrededores de Bariloche.

Fue precisamente en este último lugar donde se estableció Erich Priebke, responsable de la matanza de 335 civiles en 1944, como represalia a un atentado contra soldados alemanes. Priebke fue extraditado en 1994 a Italia y condenado luego a prisión perpetua.

También en Bariloche el antiguo piloto de la Luftwaffe Hans, Ulrich Rudel, participó de los torneos de esquí del Club Andino, y Friedrich Lantchsner, antiguo gobernador nazi del Tirol austríaco fundó una empresa constructora. Vivieron en Bariloche Juan Maler, agente de los servicios de la Armada alemana, el banquero nazi Carlos Fuldner, responsable de la Gestapo y oficiales de las SS como Max Naumann, Ernest Hamann y Winfried Schroppe. Era habitual cruzarse con alguno de ellos tomando cerveza por las tardes en el Deutsche Klub o festejando el aniversario de Adolf Hitler todos los 20 de abril en el último piso del Hotel Colonial.

La lista de los diecinueve investigados por Carlota Jackisch se completa así:

• Cuatro de ellos son bien conocidos y han sido arrestados o están muertos: Joseph Mengele, el maníaco de la higiene racial, llamado "El Ángel de la Muerte", quien con pasaporte de la Cruz Roja Internacional ingresó al país en 1949 con el nombre de Helmut Gregor encontrando la muerte en una playa brasilera en 1979 según la evidencia descubierta en 1985; Adolf Eichmann, secuestrado por los servicios de inteligencia israelíes en 1960 y ejecutado en 1962; Walter Kutschmann, jefe de la Gestapo en Polonia fue arrestado en Buenos Aires en 1985 y murió dos años más tarde sin haber sido juzgado; el cuarto es Erich Priebke.

• Los quince restantes serían: Gerhard Bohne, acusado de haber participado de una masacre de enfermos mentales en Alemania, fue arrestado en la Argentina y extraditado en 1966 a Alemania; Friedrich Rauch, un ex SS que ayudó a Mengele en su exilio argentino y vivió en Villa Ballester bajo el nombre de Pavic; Eduardo Roschmann, capitán de las SS, el carnicero de Riga, asesinó a cuarenta mil judíos en Letonia, registrado en inmigración como Federico Wegener; Erich Müller responsable de propaganda bajo las órdenes de Goebbels y Fridolin Guth, por sus actividades contra la Resistencia en Francia.

Camarasa señala que desde 1947 la Argentina recibió 35 demandas de extradición, entre ellas las de Ludolf von Albensleven (cinco mil asesinatos en Polonia), Franz Rademacher (dos mil quinientos muertos entre serbios y belgas), Hans Fischboek, Jan Durcansky y Vojtech Hora (treinta mil asesinatos en Checoslovaquia), Ante Pavelic (ochocientos mil asesinatos de serbios y gitanos en Croacia), Friedrich Warzok (comandante del campo de exterminio de Janowska), Wilhem Sassen, etcétera.

LOS ACANTILADOS DE RUGEN

No todo aquel que nació en una isla vive condenado al mar: también nacen en las islas boxeadores y poetas. Pero unos y otros vivirán husmeando el mar como los tigres husmean, con terca desesperación, los bordes de su jaula. Para colmo, la isla en cuestión se llama Rugen.

Rugen es la mayor isla alemana en el Mar Báltico, tiene cincuenta kilómetros de largo y entre veinte y cuarenta y cinco de ancho, y es un exabrupto de roca al noroeste de Mecklenburgo-Pomerania: sus acantilados alcanzan los ciento veinte metros en toda la costa oriental, y el punto más alto es Peikberg, a ciento setenta y cinco metros de donde se corta el aliento. Los precipicios de Rugen, pintados a comienzos del siglo XIX por Caspar David Friedrich, son puntiagudos pedazos de piedra arrancados de un jirón. En *Acantilados de Rugen* (1818-1819), tal vez su cuadro más famoso, Friedrich muestra a tres personas asomadas a algo que no alcanzamos a ver: son una pareja y un sirviente de espaldas al cuadro, hipnotizados por el abismo, guardando para sí lo que el espectador del cuadro jamás descubrirá. Frente a ellos los tajos de roca y cielo y después el mar.

En esta cornisa de la naturaleza nació Hans Langsdorff quien por supuesto fue marino, y llevó a la Armada Británica a la persecución más larga de su historia para rastrear un barco.

Hay vidas que necesitan el mundo entero para volcarse, en tanto que las claves de otras apenas caben en pocas cuadras o en un cajón bajo llave. El filósofo Immanuel Kant, por ejemplo, vivió entre 1724 y 1804 en su

Konisburg natal; nunca salió de allí y sin embargo logró que el mundo se diera vuelta para observar a aquel profesor prusiano tan metódico que los vecinos ajustaban el reloj al verlo pasar. El capitán de Navío Hans Langsdorff salió de su isla de Rugen a recorrer los Siete Mares sin saber que su destino le pisaba los talones, y que las claves de su desenlace siempre habían estado cerca, siempre ahí, frente a su nariz, al lado de su casa.

Hans nació en Rugen en 1894, hijo del matrimonio entre un abogado y la hija de un pastor. Ya tenía un hermano, Reinhardt, cuando la familia decidió trasladarse a Dusseldorff, donde su padre llegó a ser juez de la Alta Corte. En Dusseldorff, donde nació su hermana Annelise, los Langsdorff compraron una cómoda mansión, vecina a la del Conde Maximilian von Spee. Allí Hans comprendió que también los hombres podían mirarse absortos, como los precipicios de Rugen: von Spee se transformó en héroe nacional del Imperio alemán en la batalla de Malvinas de 1914, donde fue sorprendido por las naves del Almirantazgo: la batalla registró 6 bajas británicas y 2.040 marinos alemanes que perdieron la vida.

En 1912, dos años antes de comenzar la primera guerra mundial, en la Academia de Kiel Langsdorff eligió su destino naval, alentado por los hijos de von Spee, que habían ingresado en la Marina de Guerra. Comenzada la guerra el cadete Langsdorff prestó servicios como artillero en el acorazado Kurfurst y fue ascendido a Teniente en 1915, en mérito a su valor en combate.

Ganó su primera Cruz de Hierro en 1916 y luego comandó barreminas hasta 1922. Durante la República de Weimar, en una Alemania empobrecida y presionada por las pesadas deudas de guerra que debía pagar a los vencedores, Langsdorff fue trasladado a Berlín para coordinar las relaciones entre la Armada y el Ejército. Cuando Hitler llegó al poder en 1933 Langsdorff fue desplazado por fanáticos civiles que ocuparon posiciones de marinos de carrera.

El 30 de junio de 1934 la condesa Huberta Spee botó el Panzerschiff Admiral Graf Spee, bautizado así en honor a su padre. El Graf Spee fue parte de un programa de construcción naval para sustituir dos viejos acorazados dentro de las condiciones del Tratado de Versailles a los vencidos en la Gran Guerra: los buques no podían superar las diez mil toneladas. La solución hallada mejoró al proyecto original: los alemanes construyeron un buque que tenía el peso de un crucero de batalla pero mucho menor blindaje, gran superioridad artillera y una velocidad ligeramente inferior. El Graf Spee, bautizado popularmente como "acorazado de bolsillo" tenía 926 tripulantes, 186 metros de eslora, una autonomía de 37.040 kilómetros a

15 nudos, 26 nudos de velocidad, seis cañones de 279 milímetros y ocho de 150 milímetros.

En 1935 Langsdorff fue ascendido a Capitán de Fragata. En 1936 murió Klauschen, su hijo de siete años de edad. Durante el mismo año Langsdorff participó, en Ginebra, de la Conferencia de las Armadas, donde trató el tema de la "Humanización de la Guerra en el mar". En 1936 y 1937 intervino, a bordo del Graf Spee, en la guerra civil española y en la Operación Cóndor. Langsdorff fue ascendido a capitán de Navío, cuando el gobierno designó al Spee como buque insignia de la armada alemana.

En medio de una densa bruma, en la noche del 21 de agosto de 1939 el Admiral Graf Spee se escurrió entre la niebla para cumplir su misión más secreta: destruir la marina mercante inglesa. El 1 de septiembre se reunió en el Atlántico con el Altmark, su barco nodriza, que lo abasteció de combustible, municiones y provisiones para la tripulación. El día 3, cuando las tropas alemanas invadieron Polonia, Langsdorff recibió la noticia de que Inglaterra y Francia habían declarado la guerra al Tercer Reich.

El 30 de septiembre, cuando el mercante Clement estuvo frente a la mira de los cañones del Graf Spee, Langsdorff se vio a sí mismo parado en una de las esquinas de su destino, su acantilado personal del que no podría volver: atacar barcos mercantes indefensos era una misión triste y por cierto innoble; pero era también una orden que debía cumplir, y que le había sido impartida por Hitler, quien ejercía directamente el alto mando. Langsdorff se juró a sí mismo cumplir a rajatablas las normas de la Convención de La Haya sobre la guerra marítima. Y lo hizo en cada uno de los casos. En sus ciento veinte días de fuga hacia adelante por aguas del Atlántico, el Graf Spee hundió nueve buques ingleses: aquel 30 de septiembre fue el Clement, de 5.050 toneladas, hundido a cañonazos luego de disparar dos torpedos que erraron en el blanco; el 4 de octubre hundió al Newton Beech, de 4.651 toneladas, con cargas explosivas además de retener prisioneros. El 7 de octubre hundió el Ashlea, de 4.222 toneladas. El 10 de octubre capturó el SS Hunstman, de 8.196 toneladas y retuvo prisioneros. El 22 de octubre hundió con cargas explosivas al Trevanion, de 5.229 toneladas; el 15 de noviembre hizo lo propio con el África Shell, de 706 toneladas; el 2 de diciembre, con cargas explosivas, cañonazos y torpedos, hundió al Doric Star, de 10.806 toneladas. El 3 de diciembre hundió del mismo modo al Tairoa y el día 7 capturó al Streonshalh, de 3.895 toneladas.

Langsdorff navegaba hacia el Norte en los primeros días de diciembre de 1939 cuando recibió órdenes de observar la salida del Río de la Plata, de donde partían cargados numerosos barcos ingleses. Puso rumbo al sudeste, se acercó a costas brasileñas y a 280 millas al este de Rocha, en Uruguay, chocó de frente con tres cruceros ingleses que lo estaban esperando: el crucero pesado Éxeter, y los cruceros livianos Ájax y Achilles. Langsdorff creyó que se trataba de un crucero y dos destructores que protegían la marcha de un convoy de mercantes. A las 6.20 de la mañana el Graf Spee abrió el fuego contra sus enemigos, y alcanzó pronto al Éxeter, que en una hora tuvo siete impactos de 280 milímetros. A las siete de la mañana el Éxeter abandonó el combate con sus torres inutilizadas, pero mientras los dos buques grandes se cañoneaban los dos cruceros ligeros ingleses acertaron numerosos impactos sobre el Spee con su artillería de 152 milímetros. El comodoro Hartwood ordenó retirada a las 7.38 y se sorprendió al ver que el acorazado alemán se alejaba sin perseguirlos ni dispararles. Langsdorff, levemente herido en un brazo y en la cabeza, recorrió la cubierta de su buque, bañada en sangre, contó treinta y seis muertos entre sus marineros y más de cincuenta heridos, y decidió internarse en Montevideo tratando de reparar los daños y poner fin a la masacre.

A la medianoche del 13 de diciembre, cuando la segunda guerra mundial tocó a su puerta, el doctor Alberto Guani, ministro de Relaciones Exteriores del Uruguay, disfrutaba de un agasajo. Impecable, vestido de gala y con una o dos copas de más, el canciller uruguayo recibió al maltrecho capitán del Graf Spee, la pesadilla de la Royal Navy que acababa de atracar a la rada del Puerto de Montevideo.

—Por hoy no hay más guerra para nosotros —le dijo Hans Langsdorff a sus hombres—. Y la guerra se disfrazó de política.

DECISIONES

Anclado en Montevideo, Langsdorff no podía contar ni con el embajador alemán allí, Herr Otto Langmann, ex pastor protestante, quien era el ministro nazi en Uruguay; su visión de la guerra era exactamente opuesta y hasta llegaron a discutir en público, en medio de las negociaciones. Federico Guillermo Rasenack, artillero del Spee y autor de *La Batalla del Río de la Plata* escribió sobre aquellos días: "Trabajamos febrilmente para reparar los daños causados por la batalla. Los astilleros locales no nos proporcionaron ni un solo hombre ni un solo tornillo y obedecían las instrucciones del ministro británico Millington-Drake, ya que sus empresas pertenecían a capitales británicos". Rasenack sabía que en pocos días deberían poner nuevamente al Spee en el mar, con las cocinas averiadas y la planta potabilizadora de agua destruida: era casi imposible llegar a un puerto alemán. Langsdorff solicitó treinta días de asilo. "El gobierno uruguayo nos mandó al diablo", sintetizó Rasenack. En la madrugada del jueves 14 de diciembre, en el despacho del atildado canciller Guani coincidieron el embajador inglés Millington-Drake y monsieur Gentil, su par francés. Ambos tenían la Convención de La Haya bajo el brazo, y presionaron para que el permiso de estadía no excediera las veinticuatro horas. A las 19.00 una Comisión de Inspección recorrió el acorazado: su veredicto señaló "daños menores", y en él se basó el decreto del presidente uruguayo Alfredo Baldomir por el que sólo se le otorgaron al Graf Spee setenta y dos horas de asilo. A las 20.40 del sábado 16 de diciembre una lluvia pesada y gris caía sobre Montevideo.

Langsdorff telegrafió a Berlín su decisión de volar al Admiral Graf Spee. *Das schiff wird gesprengt*: "El barco será volado".

Sus hombres lo escucharon mareado, como un boxeador en medio de una golpiza: debían destruir todo lo que fuera utilizable a bordo, y colocar después seis cabezas de torpedo que abrirían el casco. A las 6.15 del domingo el Graf Spee aflojó amarras, seguido por el Tacoma, un mercante alemán. Miles de personas lo vieron alejarse por el canal de acceso, esperando que el acorazado virara enfilando hacia sus adversarios. Pero el Spee detuvo su marcha y Langsdorff observó cómo sus hombres abandonaban el buque. Pasaron a su lado; él los contó, saludándolos uno a uno. Al rato una columna de humo de cien metros se elevó del buque, y de inmediato varias explosiones terminaron por hundirlo. El capitán Hans Langsdorff fue el último en abandonar el barco. El silencio en Montevideo era casi absoluto.

Cuando la tripulación del Spee llegó al puerto de Buenos Aires, acorazado y capitán ya formaban parte de la leyenda. Algunos marinos comentaban que Langsdorff había ordenado hacer ropas de abrigo a medida para un capitán inglés que tenía frío por el cambio de latitud. Patrick Dove, capitán del África Shell, recibió de Langsdorff un comprobante oficial por los sextantes de su buque capturado. Dove escribió años después: "Yo fui prisionero del Graf Spee", y recordaba la admiración de Langsdorff hacia los hombres del Éxeter: "Fueron magníficos, espléndidos luchadores. Con mis disparos puse fuera de acción sus cañones delanteros. Les aplasté el puente. Pero volvieron a pelearme con un solo cañón. Mucho después que creí dejarlos fuera de combate, volvieron a atacarme. Cuando se pelea con bravos como ésos no se puede sentir ninguna enemistad, sólo se quiere estrecharles las manos. Ustedes los ingleses son duros, no saben cuando están derrotados. El Éxeter estaba derrotado, pero no quiso saberlo!". "Luego –sigue Dove– me entregó dos cintas de gorras que habían pertenecido a dos de sus marineros muertos en batalla."

Ya en Buenos Aires, en su habitación del City Hotel, Langsdorff escribió dos cartas: una a Ruth, su esposa y a su pequeña hija Ingrid, y otra a sus superiores. En esta última decía que "para un capitán que tenga sentido del honor, el destino propio no puede ser distinto al de su buque". Dejó ambas cartas en su mesa de luz, se envolvió en la bandera alemana y se pegó un tiro en la cabeza. Fue la última vez que pensó en los acantilados de Rugen.

SANGRE Y SUELO

*"El ser humano es un abismo. Me da
vértigo cuando lo miro."*

Georg Buchner

*"Si comprendiste lo que te conté, puedes repetirlo a quien quiera escucharte.
Nadie te creerá. A pesar de que cada uno, a poco que se esfuerce, podrá ver y
comprender lo que nos espera en el futuro. Es como el huevo de una serpiente;
a través de la membrana ya se puede distinguir el reptil perfecto."*

Ingmar Bergman, *El huevo
de la serpiente*

La tarea de crear una "raza superior" que poblara el mundo fue encomendada por Hitler a un argentino: Ricardo Walther Oscar Darré, un vecino del barrio de Belgrano que fue ministro de Agricultura del Tercer Reich
y uno de los dos teóricos más importantes en el adoctrinamiento del
nacionalsocialismo. Su padre se llamaba Richard Darré y, a pesar del apellido vasco francés, era alemán: llegó a Buenos Aires en 1890 para abrir la
oficina local de Engebert Hardt & Co., una compañía de comercio de
granos. En Buenos Aires, Richard conoció a Emilia Lagergren con la que

tuvo cuatro hijos. El primogénito fue Walther Darré, el ministro argentino del Reich: nació el 14 de julio de 1895, a las cinco de la tarde, en una casa que ya no existe de la calle 11 de septiembre 769, casi esquina Maure. Walther fue bautizado el 8 de diciembre de 1895 en la iglesia de la Congregación Evangélica Alemana de la calle Esmeralda 162, y cursó sus estudios primarios en el Colegio Alemán de Belgrano. Según señala Uki Goñi, un asistente de Joseph Goebbels, ministro de Propaganda del Tercer Reich, recuerda que el gabinete de Hitler estaba perfectamente enterado de la procedencia de Darré: "Era argentino y esto se conocía", dice Wilfred von Owen, quien hoy tiene 85 años, vive en Bella Vista y acompañó a Goebbels hasta su suicidio en el búnker de Berlín. "En el gobierno había bastantes personalidades nacidas en el exterior –agrega von Owen–. Rudolf Hess nació en Egipto. Yo nací en Bolivia. Pero eso no tenía ninguna importancia en el Reich; el lugar de nacimiento era un dato mínimo, siempre que la sangre fuera germana."

Walther Darré cursó parte de su escuela secundaria en Alemania, como alumno de un colegio evangelista. Luego fue enviado a Inglaterra como pupilo al Wimbledon Kings College School. Finalmente ingresó al Colegio Witzenhausen para "campesinos de las colonias", donde se entrenaba a los jóvenes que luego colonizarían los territorios alemanes en África. Pero al comenzar la Gran Guerra sus planes cambiaron.

Darré se alistó, luchó en Francia como oficial y recibió varias condecoraciones. Luego de la guerra se recibió de ingeniero agrónomo y administró algunos campos en Alemania hasta 1922, cuando ingresó a la Universidad de Halle y se recibió de biólogo, interesado en investigar las "desigualdades hereditarias entre los hombres".

En la primavera de 1930, recluido en la casa de la familia Schultze-Naubumrg en Saaleck, escribió *Sangre y suelo* (*Blut und Boden*), un texto iniciático del nazismo donde afirmaba que los alemanes no eran en realidad una raza, "sino una especie". Las "máximas" de *Sangre y suelo* pueden encontrarse aún hoy en cientos de páginas de neonazis o skinheads en internet.

Tres hombres marcaron el pensamiento nazi: Rosemberg, Darré y el propio Hitler.

Alfred Rosemberg (1893-1946) introdujo los conceptos de raza, anticomunismo y espacio vital. Para Rosemberg la historia del mundo era la historia del conflicto entre los nórdicos arios contra los semitas. Fue precisamente el responsable del renacer mitológico alemán, la apología del dios Odín y la caballería. Darré, también llamado el "Fuhrer de los campesinos", escribió, entre otras obras: *El campesino como fuente de vida de la raza nórdica* y *Una nueva nobleza*. El ministro argentino de Hitler quiso demostrar que la raza nórdica, como campesina, fue colonizadora y guerrera, y nunca nómade. El campesino nórdico era, para él, la primera forma de oficial prusiano.

Hitler, en *Mein Kampf,* insistía en germanizar las tierras alemanas.

En *Política racial nacionalsocialista* (Ediciones Wotan de Barcelona), uno de los textos básicos de difusión del nazismo en nuestros días, Friedrich Schmidt, jefe de la División Adoctrinamiento del NSDAP, se muestra desde el prólogo como un exégeta contemporáneo de Darré, recomendándolo calurosamente a los iniciados. "La frase de Darré que señala que la única y verdadera línea orientadora para nuestro Pueblo es su Sangre, es una verdad tan fundamentada que debemos tenerla como premisa diaria", escribe Schmidt.

El ensayo de Darré sobre política racial fue escrito en Munich en 1941. Allí afirma que "lo que somos y aun lo que podemos ser como Pueblo, eso lo decide nuestra composición étnica". "No deseamos ser malinterpretados –solicita Darré– siempre sucede que aun el mejor de los suelos permite el crecimiento de la cizaña si el campesino no la elimina por algún medio."

"En este sentido, las medidas de profilaxis que nuestra Revolución ha previsto, sólo consiguen alejar del campo la maleza, preparándolo para una buena siembra. Pero corresponde a todos y a cada uno de nosotros el efectuar realmente esa siembra y continuar cuidando de nuestro campo."

Darré sostenía que las leyes de la Naturaleza "no aceptan ningún degenerado, ningún subhombre", y propiciaba "restringir, al menos, la proliferación de seres inferiores" mediante planes de esterilización masiva de mujeres. Apenas llegado Hitler al poder, en 1933, Darré redactó la ley que prohibía a los judíos ser dueños de tierras en Alemania. En ese año el Fuhrer lo nombró Jefe de la Oficina Central para la Raza y el Reasentamiento, cuya sigla popular era RUSHA (*Rasse und Siedlungs HauptAmt*). La RUSHA comenzó como una oficina de casamientos en la que se verificaba la ascendencia de las mujeres de los oficiales de las SS, para asegurar que su descendencia fuera "racialmente pura". Darré, que comenzó su carrera burocrática como empleado experto en crianza de animales en el Ministerio de Agricultura, puso en práctica en la RUSHA algunos de los lineamientos de sus ensayos: "La reconstitución de la raza en el hombre, utilizando las mismas normas que sirven de base a la cría de los animales". Darré sostenía que "un alma perfectamente pura no puede más que expresarse en un cuerpo perfecto". La RUSHA también extendía los certificados de "pureza racial" que diferenciaban a los miembros de la "Nueva Alemania".

El 9 de noviembre de 1937 Darré fue designado Guardián de la Ley de la Sangre de la Vida de las SS por su amigo el Jefe de las SS Heinrich Himmler.

Ya como ministro de Agricultura, el 29 de septiembre de 1933, inició la Revolución agrícola que multiplicó la popularidad de Hitler entre los agricultores. La ley creó la figura del *bauer* (campesino), cuyo *erbhof* (bien hereditario) era indivisible, inembargable, heredable solamente por el hijo primogénito y exento de impuestos. El objetivo era "conservar al campesinado como fuente de la sangre del pueblo alemán". La ley llevó las firmas del canciller del Reich, Adolf Hitler, y del ministro de Agricultura, R. Walther Darré.

También fue sancionada en 1933 la ley eugenésica fundamental, creada por Darré bajo el nombre de "Ley para la prevención de descendencia hereditariamente enferma", autorizando a esterilizar a un individuo cuando padeciera imbecilidad, esquizofrenia, locura maníaco depresiva, epilepsia, baile de San Vito, ceguera o sordera hereditarias, alcoholismo grave y malformaciones físicas hereditarias.

Otro grupo de leyes, conocido como las Leyes de Nuremberg, trató el aspecto de la situación legal de las "personas biológicamente indeseables para el Estado y para el Pueblo": prohibió el casamiento entre judíos y súbditos de sangre alemana; también las relaciones extramatrimoniales entre ambos, y prohibió a los judíos izar la bandera nacional del Reich.

La estrella de Darré comenzó a opacarse a partir de sus enfrentamientos con el mariscal Hermann Goering, que controló el conglomerado industrial y luego las fuentes de producción agrícola. Al poco tiempo fue desplazado, y para esa fecha ya daba indicios de serios problemas psicológicos. En abril de 1945, al terminar la guerra, fue apresado por tropas norteamericanas.

Los procesos de Nuremberg de 1945 y 1946 fueron el comienzo de una larga cadena de juicios divididos por responsabilidades; el llamado juicio Wilhelmstrasse fue llevado a cabo contra los integrantes civiles del Tercer Reich: Darré estaba entre los veintiún procesados. Pero ya transcurría 1949 y los intereses de Estados Unidos estaban puestos en la Unión Soviética. Las condenas fueron livianas: Darré fue sentenciado a siete años de cárcel, y se lo excarceló en 1950, poco antes de su muerte que, según Simón Wiesenthal, ocurrió en 1953.

Señala Uki Goñi que el legajo de Darré, que se encuentra en el National Archive de los Estados Unidos, en las afueras de Washington DC, fue minuciosamente estudiado por Christel Converse, una historiadora norteamericana nacida en Alemania. Converse descubrió que el legajo de Darré fue depurado por los mismos nazis: la Gestapo se interesó por él y exigió la entrega de las crónicas de guerra de su padre, quien combatió en la Gran

Guerra, quizá junto a Hitler. El legajo muestra también que Darré padecía de constantes problemas de salud. El documento más inquietante del legajo es un papel suelto de 1942, época en que Darré fue separado de todos sus cargos por Hitler. En esa hoja hay garabateado un juego de letras sobre la palabra *wahnsinnig* (loco). La palabra está dividida en w/ahn/sin/ig, lo que podría leerse como un juego de palabras sobre ancestría y pecado. Al pie de la nota se lee: "der Sohn sinnt in einem Trance" (el hijo refleja en un trance).

Finalizada la guerra, Darré renovó su contacto con la Argentina escribiendo para la revista *Der Weg* (*El sendero*). Durante el Tercer Reich, en el barrio de Belgrano, se recolectó con regularidad entre los alemanes la denominada *Darré-Spende* (Donativo Darré) para ayudar a los alemanes pobres de la colectividad.

BERÓN, BERÓN

"Nos dijo todo lo que hasta ese momento —alrededor de las diez horas— sabía: "Vienen Rawson y Ramírez y además un tal coronel Berón. Nosotros escuchábamos por primera vez ese nombre y Pomar parecía no saber nada más sobre él. Pero sí sabía algo concreto esa mañana:
—Berón quiere conversar con dirigentes políticos, ¿por qué no vamos a su encuentro?
Y, tomándome del brazo, vivamente, me instó:
—Vamos a conversar con él. ¡¡Viene con las tropas!! ¡¡Vamos!!"

Del dirigente comunista Ernesto Giúdici, a la revista *Todo es
Historia*, evocando la Revolución de 1943.

El presidente Castillo detestaba todo aquello que tuviera que ver con las mayorías, a punto tal que se consideraba "elector único" y propició como salida de su gobierno la "unanimidad de uno", remedo caricaturesco de aquel famoso "l'etat c'est moi".

El hecho detonante del Golpe del 4 de junio de 1943, llamado también la Revolución de los Coroneles, fue justamente el desacuerdo mayoritario frente al candidato oficial al recambio, Robustiano Patrón Costas. El país – señala Alfredo Galetti en *Todo es Historia*– "se había convertido en un desierto moral. Los oropeles de una súbita prosperidad al amparo del neutralismo ocultaban a medias que (...) el fraude lo corroía todo. No sólo el fraude en el acto de elegir: lo era en todos los aspectos de la vida nacional. Desde 1931 se había burlado la voluntad popular con la anulación de los comicios del 31 de abril".

¿Quién era Robustiano Patrón Costas? La caracterización hecha por la embajada británica en Buenos Aires nos permite arrojar alguna luz sobre el personaje. En la correspondencia interna del Foreign Office publicada por Mario Rapoport en su ensayo *Patrón Costas y la Revolución del '43*, Rapoport señala que Sir David Kelly escribió al canciller Anthony Eden el 12 de abril de 1944, analizando retrospectivamente los acontecimientos del año anterior: "Patrón Costas es un miembro representativo del grupo proaliado de los terratenientes; habría representado en el gobierno a la oligarquía conservadora de los terratenientes anglófilos y de los financistas pronorteamericanos".

La percepción de la opinión pública proaliada era precisamente opuesta: apoyaban la salida militar por miedo al golpe profascista. El propio Patrón Costas era una prueba de esa contradicción. Evelyn Baring se entrevistó con él en 1943 y su narración del hecho –contenida en otra carta dirigida al Foreign Office– es uno de los pocos documentos que existen acerca de las ideas personales de Patrón Costas. En un almuerzo informal se encontraron Baring, Patrón Costas y representantes de empresas argentinas como Alberto Dodero, Federico Zorraquín y Raúl Prebisch. Según Baring, sólo se abordaron dos temas en los que Patrón Costas parecía estar interesado: la amenaza rusa y el miedo a la dominación norteamericana. Patrón Costas expresó a los postres su deseo de que la Argentina fuera "el último país en abandonar las viejas tradiciones", e insistió en "considerar seriamente la amenaza norteamericana".

Anticipando el obvio fraude que se preparaba, la oposición puso en marcha el proyecto de la llamada Unión Democrática, impulsado en la asamblea del radicalismo, partido entonces mayoritario. Ovidio Arturo Andrada relató en *La década infame* que "el Partido Comunista había adquirido durante los últimos tiempos de Castillo y aun después de junio, una inusitada importancia, debido a su activa participación para lograr la unificación de los partidos opositores". Si se observa la composición de la Cámara de Diputados en 1942, el partido más perjudicado fue el radicalismo, aunque continuaba siendo mayoritario: había descendido, en cuatro años, de 76 a 63 diputados a costa del ascenso socialista de 5 a 17 legisladores. La elección del 1 de mayo de 1942 en la Capital fue ganada por el socialismo, que reunió a los partidos opositores con 309.619 votos, contra

91.055 de la Concordancia (el partido oficial); de modo que sin fraude no había modo de que el gobierno ganara la elección.

Patrón Costas no fue sólo "El Señor del Azúcar", típico paternalista dispensador de beneficios para la peonada, sino que a la vez estaba ligado al directorio de las más importantes empresas de la Capital.

En aquellos años se produjo en la Argentina un hecho de la mayor relevancia en la composición social: el recambio de las zonas rurales por los conglomerados urbanos, urgido por el naciente proceso de industrialización del país. De acuerdo a publicaciones de Naciones Unidas sobre la época, el cambio estructural se inició en 1940 y desde entonces y hasta 1967 se mantuvo relativamente sostenido y apreciable. La industrialización provocó el crecimiento desordenado de las ciudades centrales y la aparición de una nueva clase social que, tiempo después, llevaría adelante roles activos. Según apreciaciones de Jorge Abelardo Ramos, "en 1937 el valor de la producción agropecuaria se estimaba en 4.017 millones de pesos, mientras que el valor agregado de la industria era de 2.633 millones". Sólo cinco años más tarde, en 1943, la situación era exactamente al revés, y tal hecho "no encontraba expresión en la política económica ni en la estructura del trabajo estatal". Alfredo Galletti escribe que "el proceso de transferencia del proletariado rural al proletariado industrial, en un proceso desordenado, produjo que los recién llegados debieran entrenarse para amoldarse a nuevas situaciones de toda índole. Este proletariado industrial, tímidamente en principio y más resueltamente después, no se encauzó dentro de los carriles del gremialismo". La CGT estaba dividida y la dirigencia gremial "tradicional" atravesaba una seria crisis ideológica. Dos años antes del pronunciamiento del 4 de junio más del cincuenta por ciento de los obreros no estaba afiliado a los sindicatos; pero en el período 1945-1949 ya había cuatro millones de afiliados. Ése fue el proceso histórico que Perón vislumbró cuando estaba en ciernes: de allí su interés por ocupar el oscuro y olvidado Departamento del Trabajo.

A las dos de la mañana del 4 de junio de 1943 el presidente Castillo preguntó qué pasaba a un asistente en la quinta de Olivos. El asistente se limitó a decir que había cierto nerviosismo en las fuerzas acantonadas en Campo de Mayo. A las cinco el Presidente estaba en la Casa Rosada. Las fuerzas de Campo de Mayo marcharon por la mañana hacia la ciudad, mientras se hablaba de aprestos bélicos en Ciudadela, promovidos por el Octavo Cuerpo de Caballería y el Primer Regimiento de Artillería Montada. Por razones que nunca se aclararon hubo un conato de resistencia desde la Escuela de Mecánica de la Armada en Núñez, lo que dio como resultado la muerte de dos subtenientes y dos suboficiales, aunque, según otros testimonios, el número de muertos fue bastante mayor. La resistencia terminó con el izamiento de la bandera blanca en la Escuela de Guerra Naval.

Castillo dejó la Casa de Gobierno a las 9.25, acompañado de sus candidatos Patrón Costas y Manuel de Iriondo. El ex presidente se embarcó en el rastreador Drummond, pero al llegar a Colonia decidió volver y presentar su renuncia, bastante escueta: "Presento al Señor Comandante mi renuncia al cargo que desempeño", escribió. El domingo 6 de junio los diarios anunciaron la renuncia del Presidente y la asunción del general Rawson, "un distinguido clubman", según la definición de Alain Rouquié, "vinculado a los conservadores y al radicalismo". Por disidencias internas entre los golpistas, Rawson renunció ese mismo día. Los diarios del lunes 7 de junio anunciaron: "Esta mañana renunció el general Rawson y entregó el poder al general Pedro P. Ramírez".

"La Revolución del '43 fue apolítica", sostiene aún hoy el discurso militar, como si la apoliticidad fuese posible. Lleve Ud. a la Política a un laboratorio, enciérrela al vacío en un frasco grande, y espere. Todo eso si no le interesa la física cuántica, porque aquello sería una invisible y caótica pelea de partículas elementales. En su ensayo *Ambigüedades e Incongruencias en la Revolución de los Coroneles*, Galetti se acercó a una descripción más certera: "La Revolución del 4 de junio fue estrictamente militar –dice–. No tuvo programa elaborado de ninguna naturaleza. Fue una Revolución sin programa ni principios. –*Nota del autor*: no sabían qué hacer–. El 4 de junio quiso ser apolítico. Y así lo proclamó a los cuatro vientos. Hizo anatema de los partidos, pero luego –como no podía ser de otra manera– intentó la formación de uno propio."

El número 4 de un panfleto que, bajo el título de *¡Urquiza despierta!*, circuló después del Golpe, sintetizó bien el panorama político a los seis meses del "movimiento depurador": "Están corroídos por intrigas y ambiciones, y ya ni siquiera pueden ponerse de acuerdo sobre cómo, para qué ni por qué se hizo la Revolución. Espectáculo que los peores partidos políticos argentinos jamás han dado". Sostuvo Emilio Corbière que "tanto neutralistas como partidarios del Eje y aliadófilos llegaron a coincidir, lo mismo que nacionalistas y liberales, en la necesidad de defenestrar a Castillo". Según Robert Potash, dos hechos incidieron en la determinación final de sacarlo del poder: el uso que Castillo hiciera de las Fuerzas Armadas con intenciones partidistas que lo había llevado, por ejemplo, a presentar a su delfín Patrón Costas en actos oficiales en los cuarteles y, por otro lado, la protección del "espíritu de cuerpo" frente a lo que significaría para el Ejército avalar una candidatura presidencial fraudulenta. Por eso fue posible que se esparciera rápidamente la prédica del GOU preconizando que sobre los personalismos debía imponerse "una absoluta falta de ambiciones personales". Entre otros tantos, circuló entre los militares un documento fechado el 3 de mayo de 1943 por el que un grupo de oficiales sostenía que "la era de la Nación va siendo paulatinamente sustituida por la era del Continente" y así como Alemania "realizaba un esfuerzo titánico para unificar el continente europeo" la Argentina debía seguir aquellos pasos. En Sudamérica faltaba una Nación Rectora y sólo dos podían tomar la delantera: Brasil o Argentina. Había que pensar en una Argentina grande y poderosa, para lo que se hacía necesaria la toma del poder.

Potash asegura que el rol de la logia en 1943 fue, contra lo que se cree, marginal aunque creciente cuando ya se había tomado el gobierno. El GOU (Obra de Unificación, luego Grupo de Oficiales Unidos) fue fundado formalmente el 10 de marzo de 1943, con poca antelación al golpe militar. El GOU estaba compuesto por dos sectores, uno de ellos era manejado por el coronel Perón y el otro por el teniente coronel Enrique P. González. El documento más significativo de la logia se tituló *Nuevas Bases para el GOU* (publicado íntegramente en *Todo es Historia* número 188, enero de 1983). De su lectura se desprende que el GOU no tuvo una ideología precisa fuera de su nacionalismo, anticomunismo y declamado apoliticismo. Todos creían, sin excepción, en un triunfo del Eje. Se decía que después de la Revolución debían "mantener un nuevo sistema, llegado para purificar y restaurar los valores morales y las buenas costumbres".

La línea de Enrique González sostenía la candidatura a Presidente del general Pedro Pablo Ramírez, y contaba con el apoyo de varios sectores del radicalismo, quienes creían que un triunfo del GOU "empalmaría con algunas viejas aspiraciones yrigoyenistas". Recuérdese que, tradicionalmente, todo el radicalismo veía con agrado las actitudes golpistas. Los diputados radicales Mario Castex y Juan Carlos Vázquez –asegura Potash– estuvieron en las tratativas con los militares, además de dirigentes de otros sectores como Emilio Ravignani. El mismo día 4 de junio un grupo de parlamentarios radicales formado por el senador Laurencena y los diputados Oddone y Mosca resolvieron presentar sus saludos al nuevo gobierno, con motivo de la llegada de Rawson al poder.

Finalmente no pudieron hacerlo: Rawson duró en el poder sólo un día.

El historiador radical Emilio Perina recordó que "nosotros, los militantes radicales no estábamos solos en la Plaza de Mayo aquel 4 de junio de 1943. Allí nomás, en la otra esquina, Bolívar y Victoria –que es como se denominaba entonces a la actual Hipólito Yrigoyen– los comunistas también se habían agrupado para expresar sus esperanzas, a través de los clásicos lemas en boga: 'Unidad popular contra el nazifascismo', y unos prolijos carteles en los que se vivaba al 'Ejército democrático'. A su vez, la derecha –con ultras y pronazis encabezando las columnas– acampó frente a la Catedral, al grito de que la Revolución se hacía para terminar con la demagogia radical y el avance comunista. Por otro lado, a pesar de no haberse registrado graves hechos de violencia, la ira popular supo enfocarse hacia el sistema de transporte, incendiando doce colectivos, símbolo cotidiano de las empresas extranjeras y los monopolios". Sigue Perina: "El pueblo, todo el pueblo, inclusive en los barrios más humildes, salió aquel 4 de junio a tenderle la mano a su Ejército, salió a aclamarlo. Salió a aplaudirlo. Y me atrevo a decir más: salió a renovarle una confianza que trece años de fraude habían deteriorado".

El intelectual comunista Ernesto Giúdici evocó: "El viernes 4 de junio a las seis de la mañana recibí un llamado telefónico de Emilio Ravignani para decirme:

"–Estalló un golpe contra Castillo... Parece que es de los nuestros...

"Ravignani era diputado por el radicalismo y decano de la Facultad de Filosofía.

"A media mañana fui, como todos los días, a *Crítica*, diario del cual era redactor. Ahí supe que Amadeo Sabattini, desde Córdoba, también veía el golpe con buenos ojos. Sabattini, sin embargo, como yrigoyenista intransigente, enfrentaba a la conducción de su partido. En el despacho de Raúl Damonte Taborda, jefe de redacción y también diputado radical, estaba ya el teniente coronel Gregorio Pomar, radical, ex edecán de Yrigoyen. (...) Nos dijo todo lo que hasta ese momento –alrededor de las 10.00 hs– sabía:

"–Vienen Rawson y Ramírez, y además un tal coronel Berón'.

"Nosotros escuchábamos por primera vez ese nombre, 'Berón', y Pomar parecía no saber más sobre él. Pero sí sabía algo concreto esa mañana:

"–Berón quiere conversar con dirigentes políticos, ¿por qué no vamos a su encuentro?'

"Y tomándome del brazo, vivamente, me instó:

"–Vamos a conversar con él. ¡Viene con las tropas! ¡¡Vamos!!'."

Giúdici era el encargado de escribir el editorial de *La Hora*, el periódico oficial del Partido Comunista, en reemplazo del director Rodolfo Ghioldi, confinado por el gobierno de Castillo al interior del país. "Había una manera fácil de editorializar –sigue Giúdici– de acuerdo al esquema o a deseos. Según el esquema debía decir: 'Como el Partido lo previó con mucha anticipación'; según los deseos debía compartir esa euforia revolucionaria que en parte llegó a la redacción del mismo diario *La Hora*."

El neutralismo de Castillo les convenía a Inglaterra y a Alemania por igual: los barcos van y vienen, algunos vía España (comercio clandestino con Alemania) y Castillo debía comprar 16 barcos a Italia para satisfacer algunas necesidades comerciales; con ellos se crea la Marina Mercante nacional, que se reclamaba desde 1940. Así también, con esa "neutralidad pronazi", la Argentina acumuló las barras de oro que llenarían los pasillos del Palacio de Hacienda al decir de Perón y permitieron a éste, desde 1946, prometer y dar.

¿Fue derribado Castillo a causa de esa neutralidad para que la Argentina entrara en guerra con el Eje? ¿Ramírez estaba movido por hilos yanquis? ¿O se temió que Patrón Costas, el candidato oficial, fuese un paso más efectivo hacia Inglaterra? ¿O a Estados Unidos? ¿O el GOU representó el golpe nazi?

Todas esas fuerzas se cruzaban, coincidían y disentían.

Así es la Historia.

La Historia, contra lo que pensaban, se presentó como una aplanadora: la represión del golpe contra los comunistas comenzó el mismo día 4 de junio, con la actuación de grupos fascitas y antisemitas avalados por la policía. *La Hora* fue clausurada el día 6, y los comunistas fueron atacados y reprimidos sin cuartel: unos dos mil pasaron por las cárceles del interior o fueron torturados en la Sección Especial, organismo heredado de Orden Político, que había estado a cargo de Lugones hijo (*Véase* el tomo 1 de *Argentinos*).

El 8 de junio Perón asumió como titular del Departamento del Trabajo. El 11 de noviembre, en una entrevista concedida al diario *El Mercurio* de Chile, Perón diría que: "El Ejército argentino cuenta con más o menos 3.600 oficiales combatientes. Llamamos así a todos los que se encuentran en servicio activo. Pues bien, todos, con excepción de unos 300 que no nos interesan, estamos unidos y juramentados, todos tenemos firmadas ante el Ministerio de Guerra las respectivas solicitudes de retiro". Luego dijo sobre el movimiento obrero: "Me defino como espiritualista, sindicalista, anticomunista y anticapitalista (...) la situación obrera del país está perfectamente fiscalizada y no por imposición de la fuerza sino por la conciliación de las partes".

La primera medida del nuevo Presidente fue disolver el Congreso. La Corte Suprema, continuando con la jurisprudencia sentada desde 1930, reconoció la continuidad del "gobierno provisional". "El programa inmediato —se explayó Ramírez el 16 de junio— es cumplir con el propósito de sanear, sanear, sanear... castigando a los delincuentes y restituyendo al pueblo los dineros que son del pueblo". El 9 de julio el gobierno vedó toda actividad de tipo "comunista" e intervino las Universidades de Cuyo y del Litoral. El 14 del mismo mes clausuró la Junta de la Victoria, la CGT, la Confederación Democrática de Solidaridad y Ayuda a los Pueblos Libres y la Junta Juvenil por la Libertad. El 5 de agosto prohibió a todos los partidos políticos y con ellos a "toda propaganda o acción proselitista, facilitándose toda actividad que no sea política, como ser la práctica de los deportes". A finales de diciembre, "para resguardo del orden público" creó la Policía Federal, que no sólo sería policía de seguridad en las provincias, sino que también ejercería funciones judiciales. Además implantó la enseñanza religiosa en todas las escuelas públicas y privadas.

Dos frutillas sobre el helado de Ramírez: Alberto Baldrich como interventor en Tucumán, declarado admirador de los nazis, y Gustavo Martínez Zuviría (novelista conocido con el seudónimo de Hugo Wast) un católico del medioevo, como ministro.

En su ensayo *El 4 de junio de 1943 y los judíos*, Leonardo Senkman recuerda que "el temor que cundió en la calle Corrientes, entre Callao y Azcuénaga, y las transversales, después del Golpe del 4 de junio, sólo puede comprenderse si nos imaginamos los rostros angustiados de los judíos leyendo las tapas de las revistas nacionalistas que, como *Clarinada*, propalaban la euforia antisemita con titulares y caricaturas copiadas del *Der Sturner*". En la edición de agosto, la tapa en rojo y negro mostraba a judíos que huían de una tormenta titulada "4 de junio" (la estrella de David pintada en un cerdo y en el lomo de una serpiente) con el siguiente estribillo: "Bien está que bien los mires / que al desatar el ciclón / mil bichos barrió Ramírez / para bien de la Nación". La tapa de la edición de noviembre fue la caricatura de un judío usurero metido en el cepo cerrado con un candado que decía: "Ramírez". En el número de diciembre se representó a judíos con sendas bolsas de plata protegidos por un paraguas con una leyenda en la parte superior que decía: "4 de junio", y abajo: "Ti asiguro Jacoibos qui con estas tormentas ya no nos sirve para nada este paraguas".

Clarinada se editaba desde mayo de 1937, estaba dirigida por Carlos Sylveira y contaba con una popular sección fija: "Matajacoibos".

La Comisión de Actividades Anticomunistas del Senado, presidida por Matías Sánchez Sorondo, se ensañó también con las escuelas laicas y obreras judías hasta lograr clausurarlas y allanarlas.

La reestructuración del gabinete de Ramírez en octubre de 1943 —escribe Senkman— llevó al general Perlinger a la cartera de Interior y a Martínez Zuviría a Educación. Las medidas tomadas por Perlinger recibieron duras críticas del exterior, ya que cerró agencias extranjeras de noticias, obligó a las estaciones de radio a obtener las noticias de agencias argentinas y presionó a periodistas de la United Press hasta que obtuvo una "confesión" de deshonestidad profesional. También prohibió la edición de diarios en idish, medida que el gobierno revirtió luego de una protesta del presidente Roosevelt. El 13 de agosto siguiente se prohibió el faenamiento de carne de acuerdo al ritual judío.

El decreto 18.411 del 31 de diciembre de 1943 implantó la enseñanza religiosa en las escuelas, hecho que fue saludado por la jerarquía eclesiástica como la "restauración espiritual de la educación argentina". Paralelamente, la dictadura introdujo algunas medidas de gobierno de corte social: rebajó los alquileres, impuso precios máximos a ciertos productos básicos, dispuso la distribución de combustibles a cargo de YPF, lanzó créditos para la construcción de casas baratas y rebajó los arrendamientos rurales en un veinte por ciento.

El coronel Perón, entretanto, transformó al Departamento del Trabajo en un organismo "ómnibus": de él dependían las Juntas de Conciliación y Arbitraje, las asociaciones mutualistas, la Caja Nacional de Jubilaciones y Pensiones Civiles, la Caja Nacional de Jubilaciones Ferroviarias, la de Bancarios, la de Empresarios de obras particulares, la de Ahorro Postal, la de Maternidad, la Caja Nacional de Jubilaciones y Pensiones de Periodistas, la de la Marina Mercante y otras dependencias; tenía siete Direcciones Generales, un Consejo Superior de Trabajo y Previsión y manejaba créditos con discrecionalidad. El 2 de diciembre de 1943, tras asumir como Secretario de Trabajo y Previsión, dijo Perón: "Con la creación de esta Secretaría se inicia la era de la política social en la Argentina. Atrás quedará para siempre la época de la inestabilidad y del desorden en que estaban sumidas las relaciones entre patrones y trabajadores". Afirma Galetti en el ensayo ya citado: "Desde la creación de la Secretaría del Trabajo comenzaba una nueva etapa y terminaba definitivamente la revolución juniana. Las nuevas posiciones eran las siguientes:

1. Pasar de un gobierno impersonal a la formación de un nuevo tipo de caudillo.

2. Del antisindicalismo al sindicalismo institucionalizado.

3. Del nacionalismo integrista al nacionalismo populista.

4. De las logias a la responsabilidad personal, de "los coroneles" al "coronel".

5. Del apoliticismo total a la formación de alianzas partidarias.

6. Del tradicionalismo hispanista al tradicionalismo popular.

7. De las fuerzas vivas a las fuerzas populistas.

8. Del autoritarismo elitista al autoritarismo paternalista.

TODO ENEMIGO
DEBERÍA SER DESTRUIDO

Robert Potash compiló y comentó gran parte de los documentos internos del GOU. Potash explica que "la carta original de la Logia está explicada en *Las Bases*, que fueron redactadas muy probablemente por el coronel Juan Perón y adaptadas por sus colegas en febrero o a principios de marzo de 1943. El reglamento contempló, entre otras cosas, una dirigencia de doce miembros que sería conocida como Grupo Organizador y Unificador. Cada uno de los doce debería reclutar a cuatro afiliados que a su vez reclutarían a otros cuatro, y así sucesivamente". "El 10 de julio, un mes después del triunfante golpe militar, se publicó una edición revisada de la carta, las "Nuevas Bases" que cambiaba el nombre por el de Grupo Obra de Unificación y extendía su composición a diecinueve miembros (...) Estos oficiales se designaban sólo por su número de código dentro de la organización. El diagrama revelaba que los miembros numerados del 1 al 4 estaban a cargo del Registro de Enrolados, del 6 al 10, Directivas y Noticias, del 11 al 15 de la Central de Informes, el 16 era el denominado Agente Informes, el 17 Agente Unión y los 18 y 19, Coordinadores". Las identidades de los miembros estaban consignadas en el Reglamento Interno, donde cada miembro figuraba con su número: el Agente Informes era nada menos que el Jefe de Inteligencia del Ejército, el teniente coronel Urbano de la Vega; el Agente Unión era el ex secretario asistente del ministro de Guerra Ramírez y, después del 7 de junio, jefe de la secretaría presidencial de la Casa Rosada, el teniente coronel Enrique P. González; los puestos de coordinadores pertenecían a dos de los miembros de mayor graduación, los coroneles Emilio Ramírez y Juan Perón, que llegaron a ser jefe de Policía y jefe de la secretaría del Ministerio de Guerra, respectivamente.

Según los documentos internos, ésta era la lista completa del grupo directivo:

1. Teniente Coronel Domingo Mercante.
2. Teniente Coronel Severo Eizaguirre.
3. Mayor Raúl Pizales.
4. Mayor León Bengoa.
5. Capitán Francisco Filipi.
6. Teniente Coronel Juan C. Montes.
7. Teniente Coronel Julio Lagos.
8. Mayor Mario Villagrán.
9. Mayor Fernando González.
10. Capitán Arias Duval.
11. Teniente Coronel Agustín de la Vega.
12. Teniente Coronel Arturo Saavedra.
13. Teniente Coronel Bernardo Guillenteguy.
14. Teniente Coronel Héctor Ladvocat.
15. Teniente Coronel Bernardo Menéndez.
16. Teniente Coronel Urbano de la Vega.
17. Teniente Coronel Enrique P. González.
18. Coronel Emilio Ramírez.
19. Coronel Juan Perón.

En sus "Bases", bajo el subtítulo "Objeto" se afirmaba que "la obra de unificación persigue unir espiritual y materialmente a los Jefes y Oficiales combatientes del Ejército, por entender que en esa unión reside la verdadera cohesión de los cuadros y que de ella nace la voluntad de acción, base de todo esfuerzo colectivo racional. Un todo animado de una sola doctrina y con una sola voluntad es la consigna de la hora, porque la defensa del Ejército contra todos sus enemigos, internos y externos, no es posible si no se antepone a las conveniencias personales o de grupos, el interés de la Institución y si no todos sentimos de la misma manera el santo orgullo de ser sus servidores". Sobre la situación y sus peligros, continúa el documento del GOU: "Estamos abocados a una situación tan grave como no ha habido otra desde la organización del país. Estamos frente a un peligro de guerra, con el frente interno en plena descomposición. Se perciben claramente dos acciones de los enemigos:

"1. una presión en fuerza por Estados Unidos a hacerse efectiva por ese país o por sus personeros.

"2. la destrucción del frente interior iniciada por la penetración y agitación del país por agentes de espionaje y propaganda a la que amenaza seguir con la conquista del gobierno en las próximas elecciones y luego con la renovación comunista tipo Frente Popular.

"Pensamos que no pueden llegar al gobierno del país las fuerzas comunistas o las asociadas con ellas de cualquier forma. El Frente Popular deberá ser destruido antes de su éxito político o durante el mismo, para evitar la guerra civil, que tampoco tememos, pero que estamos en la obligación patriótica de evitar."

Dentro del acápite "La defensa contra el comunismo", se detallaba que "es necesario organizar un servicio secreto en cada unidad para saber lo que se piensa y lo que se dice en cada corrillo. No descuidar este aspecto que, de la mañana a la noche, puede despojar del mando al oficial y con ello poner en peligro su eficiencia y su propia vida".

En la "Noticia Nº 1", una especie de boletín interno de actualización se caracterizaron diversas organizaciones: "La Masonería: es una creación judía apoyada por fuerzas de extraordinaria importancia. Es una temible organización secreta de carácter internacional y, por lo tanto, enemiga del Ejército y del Estado por antonomasia. La Masonería es una mafia en grande: en vez de secuestrar al hombre, secuestran a la Nación y en vez de exigirle una suma de dinero por su rescate, la obliga a pagar el tributo por su soberanía (caso de Francia, España, Chile, etc.). (...) El Rotary Club: es una institución similar y verdadera red de espionaje y propaganda internacional judía al servicio de Estados Unidos, donde funciona su sede central. Esta asociación de intereses y orientación absolutamente foráneos ha sabido disimularse en todas partes del mundo explotando la ingenuidad, la ambición, la presuntuosidad y otras pasiones humanas. Así ha llevado a sus filas a hombres que, engañados o no, sirven a sus inconfesables fines".

El GOU, en sus boletines, incorporó a Bolivia como posible enemigo en términos geopolíticos: "Si hacemos un poco de memoria, recordaremos que Bolivia ha venido reclamando sistemáticamente una salida al mar, quiere tener su litoral marítimo, ya sea a costa de Chile o de la Argentina... y nunca mejor oportunidad que ahora, para la consecución de esos fines, pues cree que la guerra le dará derechos".

El boletín número 9 del GOU, del 24 de julio de 1943, citado por Potash, identifica al "enemigo": "Quien atenta contra el GOU –dice– procede contra la unificación del Ejército, busca la destrucción del único factor infalible de nuestro poder, y está al servicio de las fuerzas contrarias a la Institución; por eso, todo enemigo del GOU deberá ser destruido". Respecto de los partidos políticos, los boletines internos aseguran:

a) "La Concordancia: Demócratas Nacionales y Radicales Antipersonalistas, han llegado a la fórmula Patrón Costas-Iriondo, aceptada por una parte de las fuerzas conservadoras, resistida por otra parte de ellas y por la mayoría de las fuerzas independientes. Combatida por una gran parte de los nacionalistas. Es de hacer notar que esta fórmula está apoyada por la banca internacional, los diarios y las fuerzas extranjeras que actúan en defensa de intereses extraños al país. Se considera que esta fórmula necesita hacer uso del fraude electoral para triunfar".

b) "La Unión Democrática Argentina: no ha llegado aún a la total unificación material, ni menos aún a fórmula alguna. Se prevé que puede ser, de acuerdo con la tesis radical, Pueyrredón-Molinas o, de acuerdo a la línea socialista, Pueyrredón-Saavedra Lamas. Esta agrupación, pese a su nominación disimulada, es el Frente Popular con otro nombre. En ese concepto agrupa, con tendencia netamente izquierdista, a las fuerzas comunistas, socialistas, gremiales, demócrata-progresistas, radicales, etc.. Su unión obedece a presiones extrañas, originadas y mantenidas desde el exterior, financiadas con abundante dinero extranjero y vigiladas y propulsadas por los agentes propios que actúan en nuestro medio al servicio de países extranjeros. Se trata de una agrupación netamente revolucionaria que pretende reeditar el panorama rojo de España, donde las fuerzas moderadas caen finalmente para ser instrumento de los comunistas".

El 7 de junio de 1943 circuló el siguiente memorando interno del GOU: "Imperiosa necesidad del momento actual: la renuncia del general Rawson ha demostrado que quienes se juntaron para el Movimiento, lo hicieron sobre una base simplista. Ahora hay que ir a fondo: hay que precisar una idea. No importa que antes no se pensara, no se hiciera un plan concreto; no importa; pero hay que hacerlo ahora. No es posible continuar así. Hay peligro de muerte. (...) El Movimiento necesita un cerebro. Es urgentísimo e imprescindible constituirlo. (...) Si el pueblo se siente interpretado y defendido no se moverá, porque lo que quiere no son elecciones sino gobierno, que es lo que hace años faltaba. (...) Este Movimiento tiene un cuerpo: la fuerza de las armas, pero necesita un alma para vivir: una idea que aúne y coordine todos los actos y todos los esfuerzos".

Esa idea con forma de alma, ese Jefe, no iba a tardar en aparecer.

Juan Sosa y
Eva María Ibarguren

En su nacimiento, los dos fueron otros: según relata Hugo Gambini en
Historia del Peronismo, recopilando datos de Enrique Pavón Pereyra,
Reynaldo Pastor, Otelo Borroni y Roberto Vacca: "los dos nacieron otros".
Perón fue el segundo hijo de Mario Tomás Perón y Juana Sosa Toledo.
Nació el 7 de octubre de 1893 y fue bautizado en la Parroquia Nuestra
Señora del Carmen de Roque Pérez, Saladillo, pero el padre tardó varios
años en reconocerlo. Fue al nacer, entonces, Juan Sosa. Don Mario lo reconoció el 8 de octubre de 1895 en Lobos, y el nacimiento quedó registrado
como si hubiera sucedido el día anterior. "Juan Domingo Perón", decía el
folio 228, acta 450 del registro local. Para borrar el antecedente de Juan
Sosa, su madre volvió a bautizarlo el 14 de enero de 1898, lo que consta
en la iglesia de Lobos donde se dice que "Juan Domingo nació el 8 de
octubre de 1895, hijo natural de Juana Sosa". El casillero con el nombre del padre figura en blanco. Don Mario y Juana se casaron en la
Capital el 25 de septiembre de 1901, cuando Juan Domingo tenía ocho
años y su hermano Mario, doce.

Eva María Ibarguren nació en Los Toldos, General Viamonte, el 7 de
mayo de 1919, y fue la quinta hija ilegítima de Juan Duarte, que nunca la
reconoció. El acta de nacimiento "se ha perdido". En una carta de lectores
publicada por la revista *Primera Plana, el* hermano de Evaristo Rodríguez
del Pino, jefe del Registro Civil de Los Toldos, reveló que éste se negó a
fraguar una partida con el apellido Duarte a pedido de Elisa Ibarguren,

hermana de Eva "ya que iba a casarse con Perón y él iba a ser Presidente". En el Registro Civil de Junín apareció una partida apócrifa de Eva, anotada como María Eva Duarte, nacida el 7 de mayo de 1922, gracias a la cual Evita tendría apellido paterno y tres años menos.

Perón fue un soldado profesional que ingresó a los 15 años en el Colegio Militar. El 31 de diciembre de 1915 ascendió a Teniente. Como tal prestó servicios en el Arsenal Esteban de Luca y como Teniente Primero en la Escuela de Suboficiales Sargento Cabral. Fue ascendido a Capitán en 1924. En 1929 egresó de la Escuela Superior de Guerra como oficial de Estado Mayor. Fue ayudante del Estado Mayor del arma, y luego tuvo a su cargo la cátedra de Historia Militar en la Escuela Superior de Guerra, donde fue promovido a Mayor. Participó activamente del golpe de estado de septiembre de 1930, cuyo Estado Mayor Revolucionario estuvo formado por el teniente general José Félix Uriburu y los tenientes coroneles Álvaro Alsogaray, Emilio Kinkelin y Juan Bautista Molina. El "programa de acción" del Golpe fue aprobado por los oficiales Di Pasquo, Ramayón, Manni, Daguerre, Perón y Descalzo, y la "proclama" fue redactada por Leopoldo Lugones: "La inercia y la corrupción administrativa –decía– la ausencia de justicia, la anarquía universitaria, la improvisación y el despilfarro en materia económica y financiera, la politiquería como tarea principal del gobierno, (...) el abuso, el atropello, el fraude, el latrocinio y el crimen, son apenas un pálido reflejo de lo que ha tenido que soportar el país". En verdad, como señala Juan P. Ramos en *La ideología de la revolución de septiembre*, "Uriburu tenía otros propósitos, otro programa de acción, otra ideología". El teniente coronel Pedro Pablo Ramírez, jefe de la Segunda Sección del Estado Mayor Revolucionario decía en una carta a *La Nación* el 13 de noviembre de 1930: "No es nuestro propósito primordial derribar a un gobierno despótico e incapaz, esa sola acción no nos llevaría a nada práctico; lo necesario, lo fundamental, es cambiar de sistema, debemos suprimir el profesionalismo político. Ello requiere modificar ciertos aspectos de la vida política del país. La Ley Sáenz Peña, con ser excelente, parece no ser la que mejor se adapta a una población que contiene un cuarenta por ciento de analfabetos. El sistema parlamentario actual no es el más adecuado para el progreso y los intereses de las fuerzas vivas de la Nación". "La revolución tuvo una ideología definida –dice Ramos–. Uriburu iba a un cambio del sistema democrático." Obviamente, propiciaba la implantación del voto calificado.

Perón intentó convertirse, dentro del complot golpista, en el encargado de unir a su agrupación con otras que pudieran existir, concepto en el que insistiría en los comienzos de 1943 al fundar el GOU (Grupo Obra de

Unificación). Pero ni Alsogaray ni el mismo Uriburu lo tomaron en cuenta. En *Algunos apuntes en borrador sobre lo que yo vi de la preparación y realización de la Revolución del 6 de septiembre de 1930*, Juan Perón recuerda una reunión previa, en los altos de la casa del teniente coronel Kinkelin, el 12 de agosto: "Éramos cien oficiales que formábamos una agrupación rebelde, estábamos desorganizados, mal dirigidos, se habían puesto de manifiesto intereses y pasiones, el progreso era evidentemente lento y parecía que la gente, como yo, empezaba a desmoralizarse, como una consecuencia lógica de la falta de firmeza del comando y lo inferior del elemento que rodeaba al General. Esa noche tuve la franca sensación de la derrota". Perón decidió separarse del grupo que rodeaba a Uriburu y, a invitación del teniente coronel Descalzo, se incorporó a la línea del general Justo.

El día del Golpe acompañó a Descalzo a la Escuela Superior de Guerra y, mientras el Teniente Coronel escoltó en un auto blindado a dos escuadrones de granaderos que habían salido del cuartel en camiones, Perón, en otro blindado, marchó cerrando la columna. "Cuando llegamos a la Casa Rosada –recordó Perón en el libro citado– flameaba en ésta un mantel como bandera de parlamento. El pueblo, que en esos momentos empezaba a reunirse en enorme cantidad, estaba agolpado a las puertas del palacio.

"Como era de suponer, hizo irrupción e invadió toda la casa en un instante a los gritos de '¡¡Viva la Patria, muera el Peludo!!'. Recuerdo un episodio gracioso que me ocurrió en una de las puertas: un ciudadano salió gritando '¡¡Viva la Revolución, muera Yrigoyen!!', el hombre llevaba una bandera argentina bajo el brazo. Lo detuve en la puerta y le pregunté qué hacía. Me contestó:

"'–Llevo una bandera para los muchachos, mi oficial'.

"Pero aquello no era sólo una bandera, según se podía apreciar. Se la quité y el hombre desapareció entre el maremágnum de personas. Dentro de la bandera había una máquina de escribir."

En 1936 Perón fue nombrado agregado militar de la embajada argentina en Chile y ascendido a teniente coronel. A partir de febrero de 1939 residió en Italia, en misión de estudio en las escuelas de alpinismo.

Según recuerda el propio Perón en *Yo, Juan Domingo Perón*, relato autobiográfico tomado de testimonios directos por los periodistas Esteban Peicovich, Luis Calvo y Torcuato Luca de Tena, Perón entró en París en 1940 con las tropas nazis victoriosas, y su primer afán en Roma fue pedir una audiencia con Mussolini: "No me hubiera perdonado nunca –dijo Perón– el llegar a viejo, el haber estado en Italia y el no haber conocido a un hombre tan grande como Mussolini. Me hizo la impresión de un coloso cuando me recibió en el Palacio Venecia. No puede decirse que fuera yo en aquella época un bisoño y que sintiera timidez ante los grandes hombres. Ya había conocido a muchos. Además, mi italiano era tan perfecto como mi castellano. Entré directamente a su despacho donde estaba él escribiendo; levantó la vista hacia mí con atención y vino a saludarme. Yo le dije que, conocedor de su gigantesca obra, no me hubiera ido contento a mi país sin haber estrechado su mano". Como agregado militar de la embajada argentina en Roma, Perón tuvo la oportunidad de recorrer Europa y visitar Berlín por segunda vez, aunque nunca conoció a Hitler. "Le oí hablar únicamente –dijo Perón en su "Autobiografía"– y Alemania me produjo la impresión de una nación monstruosa y excepcional en tanto que Estado moderno. No lo entendíamos bien, pero con lo que nos traducían y lo que nosotros comprendíamos nos dimos cuenta de que hablaba de cuestiones de racionamiento, que en aquella época era muy riguroso. No había mantequilla."

"De Alemania volví a Italia –sigue Perón– y me dediqué a estudiar el asunto del fascismo y el nacionalsocialismo. El fascismo italiano llevó a las organizaciones populares a una participación efectiva en la vida nacional, de la cual había estado siempre apartado el pueblo. Hasta la ascensión de Mussolini al poder, la nación iba por un lado y el trabajador por otro, y este último no tenía ninguna participación en aquella. Descubrí el resurgimiento de las corporaciones y las estudié a fondo. Empecé a descubrir que la evolución nos conduciría, si no a las corporaciones o gremios –pues no era posible retroceder hasta la Edad Media– a una fórmula en la cual el pueblo tuviera participación activa y no fuera convidado de piedra de la comunidad. Al descubrir esto pensé que en Alemania ocurría exactamente el mismo fenómeno, o sea, un estado organizado para una comunidad perfectamente ordenada, para un pueblo perfectamente ordenado también; una comunidad donde el Estado era el instrumento de ese pueblo y cuya representación era, a mi juicio, efectiva. Pensé que tal debería ser la forma política del futuro, es decir, la verdadera democracia popular, la verdadera democracia social."

No fue casual, entonces, el aluvión de criminales nazis que llegaron luego como refugiados al país con el consentimiento del gobierno. Perón insistió en su "autobiografía" que hubo de acogerlos "por un sentido de humanidad", y agregó: "En Nuremberg se estaba realizando entonces algo que yo, a título personal, juzgaba como una infamia y como una funesta lección para el futuro de la humanidad. Y no sólo yo, sino el pueblo argentino. Adquirí la certeza de que los argentinos también consideraban al proceso de Nuremberg como una infamia, indigna de los vencedores, que se comportaban como si no lo fueran. ¡Cuántas veces durante mi gobierno pronuncié discursos a cargo de Nuremberg, que es la enormidad más grande que no perdonará la Historia!". Con relación a los científicos nazis, dijo Perón: "¿Qué mejor negocio para la República Argentina que traer a hombres de ciencia y técnicos? Lo que a nosotros nos costaba un pasaje de avión, a Alemania le había costado millones de marcos, invertidos en la formación de esos científicos y técnicos (...) Fueron varios miles de alemanes los que entraron a la Argentina –reconoció el propio Perón–. Entraron también casi cinco mil croatas, amenazados de muerte por Tito.

"Gente muy cultivada, disciplinada y absolutamente anticomunista. (...) Recuerdo ahora que uno de los alemanes que fueron a la Argentina después de la derrota me hablaba del problema de los hebreos, y yo le dije: '¿Cómo se figura usted que yo voy a meterme en esa maraña del problema judío cuando usted sabe muy bien que Hitler, con sus cien millones de habitantes no lo pudo resolver? ¿Qué voy a hacer yo con quince, veinte millones de argentinos? Si aquí viven los judíos, matarlos, no podemos; ni expulsarlos, tampoco. No queda otra solución que ponerlos a trabajar dentro de la comunidad y en una forma que beneficie a nuestra comunidad, incorporándolos a la nacionalidad argentina, asimilándolos, impidiéndoles que formen organizaciones sionistas separadas.' Y así fue como llegamos a formar la OIA (Organización Israelita Argentina) que tomó en sus manos el gobierno de la colectividad incorporada a la nacionalidad argentina. Teníamos ya a un embajador nuestro en Israel, Pablo Manguel. Poco a poco los judíos y los nacionalistas se tranquilizaron, porque cuando usted lo mete en el negocio, el judío entra en él. Es, por encima de todo, negociante."

MI PASADO
ME CONDENA

La sociedad ideológica –y eventualmente financiera– Perón-Hitler-Franco-Mussolini fue uno de los eternos caballitos de batalla del antiperonismo montados sobre evidencias que ni el propio Perón discutió. Pero el problema estaba, como siempre, en quienes podían tirarle la primera piedra. Cuando el embajador norteamericano Spruille Braden publicó sus denuncias contra el régimen en el *Libro Azul*, Perón decidió responder con el *Libro Azul y Blanco*, donde, entre otras cosas, pasó revista a las adhesiones al fascismo de gran parte de la clase dirigente argentina, luego reunida en la Unión Democrática. Emilio J Corbière, en su interesante libro *Mamá me mima, Evita me ama* cita algunos de esos casos: "El Dr. Carlos A. Pueyrredón, amigo personal de Braden, era partidario de Mussolini: El ingeniero E. C. Boatti, figura destacada del radicalismo alvearista, figuraba en el directorio de varias empresas hitleristas. Lo mismo Ricardo Peralta Ramos o Joaquín de Anchorena, entre otros. También el radical antipersonalista Vicente Gallo. La oligarquía patricia argentina viajaba a Roma a fotografiarse junto al Duce, como hicieron en 1933, durante su participación en la Muestra de la Revolución Fascista, Lucrecia Guerrico de Ramos Mejía, Carlos Alberto Pueyrredón y Ezequiel Ramos Mejía. En muchas firmas alemanas de la época, que aportaban a colectas prohitleristas, o personas que proponían transferir la Patagonia a Alemania figuraban, también, Carlos Santamarina, Ramón S. Castillo (hijo), Ernesto Aguirre, el ingeniero Carlos Agote, el Dr. Eduardo Terrero, Ernesto Padilla, Otto E. Bemberg, Carlos Meyer

Pellegrini (sobrino del presidente), o aparecen entrelazados con la trama económico-financiera nazi empresas como Erwin Pallavicini y Cia., Bunge & Born, Tornquist, la empresa naviera Delfino, Loma Negra de Alfredo Fortabat a través de S.A. Fortalit, entre otros".

Un dato curioso alrededor de dicha cofradía fue la presencia de Roberto J. Noble quien el 28 de agosto de 1945 fundó el diario *Clarín*. Noble pertenecía a una escisión por derecha del Partido Socialista, llamado Socialismo Independiente, y tuvo cierta actividad como legislador durante la época de Uriburu a favor del movimiento golpista, y más tarde como autor de la Ley de Propiedad Intelectual. Pero la "historia oficial" borró los años en que Noble se desempeñó como ministro de Gobierno de la provincia de Buenos Aires, durante el período fraudulento de Justo y la gobernación de Manuel Fresco, el llamado "Mussolini criollo", fundador de otro diario, *Cabildo*, socio político del caudillo conservador de Avellaneda Alberto Barceló. En la interesante página de la Red "http://www.efdeport.com.ar" puede encontrarse un ensayo titulado *De frente... March. Inicios, autoritarismo y Educación Física en la Provincia de Buenos Aires, 1936-1940,* escrito por Patricio Calvo, Master en Educación de la Universidad de La Plata. Allí se describe detalladamente el rol de Fresco y Noble. "Fresco –dice Calvo— había conocido a Mussolini en 1934 y estaba profundamente impactado por la experiencia corporativista italiana. Participó del Golpe del general Uriburu y expuso su pensamiento sobre la Educación Física en distintos discursos públicos de campaña pronunciados en 1935". Fue Fresco, precisamente, quien creó el primer aparato estatal institucional de la disciplina: la Dirección de Educación Física y Cultura de la Provincia de Buenos Aires, dependiente del ministro de Gobierno Roberto J. Noble. Sus partidas de sueldo provinieron de la policía de la provincia. El 18 de febrero de 1937 declaró Fresco en La Plata: "Para los niños y los jóvenes se ha creado la Dirección General de Educación Física y Cultura, en obsequio de la cual pido a mis colaboradores que le presten el cuidado que merece por ser la base de defensa civil contra el comunismo". "En un concepto de otro orden, relativo a la salud y vigor de la raza atribuyo suma importancia a la obra encomendada", continuó Fresco. La Dirección estuvo a cargo del coronel Cliffton Goldney y luego de Daniel Videla Dorna, y tuvo el siguiente plan de trabajo:
  • media hora de gimnasia diaria en la escuela.
  • práctica de deportes una vez por semana.
  • instrucción teórica y práctica de tiro una vez por semana para los varones de sexto grado, optativo para las niñas.

Dijo en aquel tiempo su ministro de Gobierno Roberto J. Noble, citado por Corbière: "Mussolini es el modelo viviente del moderno hombre de Estado, y en lo que al genio de su raza se refiere, constituye una expansión típica y egregia de la excepcional capacidad que el pueblo italiano ha demostrado en todos los tiempos. (...) El sueño anheloso de Nietzsche que predecía para el futuro la implantación de una estirpe directora de superhombres, sueño que el Duce también acarició en su juventud tormentosa, parece concretarse en este espléndido retoño de los grandes de la Antigua Roma. (...) Los argentinos nos regocijamos con alegría de hermanos por la gloria de Italia y de Mussolini".

LA HORA SEÑALADA

Escribió Carlos S. Fayt en su brillante ensayo *Naturaleza del Peronismo*: "El GOU tomó la decisión, el 31 de diciembre de 1943, de centrar toda la publicidad en uno de sus hombres. En el transcurso de esa reunión, Perón pidió la palabra y dijo:

"–La situación es grave pero de ninguna manera desesperada, mis camaradas amigos. A mí no me preocupa que se haga girar mi nombre y que en él se concentren todas las intrigas. No me preocupa personalmente, pero conviene indagar los porqués que impulsan a los opositores a ensañarse tanto con mi modesta persona. En mi opinión, a quienes quieren destruir es al GOU, pero como éste se les escapa entre los dedos, se vuelven contra mí. Por razones circunstanciales yo he estado sacando la cara últimamente por ustedes. Es lógico entonces que ellos enfoquen sus armas en mi dirección. Y vuelvo a repetir. Yo no estoy preocupado personalmente. Pero sí por el GOU. Si desaparecido yo del escenario se arreglara el problema, el asunto sería muy fácil. Mi renuncia también está allí. Y la voy a presentar, pero cuando salvemos la situación... Se nos está atacando en todos los frentes. Nosotros no podemos rebajarnos a contestar en la misma forma. En mi opinión, sugiero, lo que hay que hacer es apelar a la publicidad. La propaganda es una poderosa arma, sobre todo cuando se dispone de todos los medios. Ésta es el arma que debemos empuñar. Si se intensifica la diatriba, se intensifica la publicidad."

"La idea –sigue Fayt– prendió en los presentes. Como siempre, Perón tenía razón. Había que darlo a publicidad. El asunto hubiera quedado resuelto genéricamente, si el Coronel no hubiera intervenido agregando:

"–Ahora tenemos que pensar cómo vamos a encarar la publicidad. En primer término, al GOU no le podemos hacer publicidad. El GOU es una institución eminentemente castrense, que no va a entrar nunca en la mente de los civiles, por más propaganda que gastemos en él. Tenemos que elegir un hombre de los nuestros y enfocar sobre él los reflectores. El trabajo siguiente es hacerlo simpático. Eso es muy fácil: basta que su firma aparezca respaldando todas las disposiciones que repercuten favorablemente en lo popular.

"Y Perón preguntó:

"–¿A ustedes no les parece lo mismo?

"Ninguno objetó la más mínima parte del plan. Uno sólo se atrevió a preguntar:

"–¿Y a quién elegimos?

"–Siempre hemos tomado las decisiones por mayoría –acotó Perón–. Esta vez no tenemos por qué cambiar.

"Todos los votos tuvieron el nombre de Perón. Sólo uno votó otro apellido, el del general Perlinger. LRA Radio del Estado y la cadena de radiodifusión estuvieron, a partir de entonces, a disposición del coronel Perón."

El 15 de enero de 1944 el terremoto de San Juan acrecentó la popularidad de Perón, quien convirtió a la Secretaría de Trabajo y Previsión en centro de las contribuciones en dinero destinadas a ayudar al pueblo sanjuanino. En el festival de artistas de cine, teatro y radio realizado en el Luna Park, Perón y Eva se cruzaron por primera vez.

En aquellos días los diarios informaron sobre la detención en Puerto Trinidad del cónsul argentino Osmar Alberto Hellmuth, acusado por Inglaterra de ser espía al servicio de los nazis. Estados Unidos discutió la posibilidad cierta de restringir las importaciones argentinas y congelar las reservas de oro de nuestro país. La Argentina estaba considerada como base de operaciones del espionaje alemán, y Washington caracterizaba a los miembros del gobierno como "sustentando una ideología totalitaria o, al menos de gran simpatía por el Eje". El 25 de enero de 1944 el GOU decidió la ruptura de relaciones con Alemania, hecho que provocó una grieta insuperable entre algunos de sus miembros, Perón entre ellos, aunque acató la decisión "con espíritu de cuerpo". Perón propuso que Ramírez hiciera abandono del poder, lo que fue aprobado por todo el Grupo. Dice Bonifacio del Carril en su *Crónica Interna de la Revolución Libertadora*: "El paso de Farrell de ministro a presidente fue dispuesto por Perón a fin de tener de esa manera en sus manos el control de lo que hiciera el primer magistrado".

–¿Ustedes han pensado qué pasaría si Farrell se enfermara y tuviera que resignar el cargo? –preguntó Perón unas semanas después.

Fue designado vicepresidente el 7 de julio de 1944 y el GOU, como organización, desapareció al poco tiempo.

Perón era, al mismo tiempo, vicepresidente de la Nación, ministro de Guerra, secretario de Trabajo y Previsión y presidente del Consejo de Economía de Posguerra.

Recuerda Gambini, en el libro ya citado, "diversos intentos de Perón por convencer a la clase dirigente": "Perón logró que Mauro Herlitzka (*Nota del Autor*: directivo de SOFINA) le organizara una importante cena en su casa el 12 de diciembre de 1944. Estuvieron en ella Alfredo Hirsch (presidente de Bunge & Born), José María Cantilo (ex canciller), Augusto Rodríguez Larreta (ex magistrado, periodista), Rodolfo Moltedo (hacendado), Manuel Ordoñez (abogado de *La Prensa*), Santiago Baqué (jurista y empresario), y Adolfo Bioy (ex canciller).

Perón llegó acompañado de Figuerola (asesor de la CADE) y trató de impresionar a los comensales con su propuesta sobre "la necesidad de controlar los sindicatos desde el Estado, para evitar el peligro comunista". Se jactó de haber puesto presos a todos los dirigentes sindicales comunistas, anticipándose a una supuesta huelga general revolucionaria y de haber transado luego con ellos. "La situación era grave –dramatizó– por eso les digo a quienes se quejan de algunas medidas del gobierno que les resultan onerosas, que es mejor resignarse a entregar una parte de lo que se tiene, que no perderlo todo".

En la *Revista de Trabajo y Previsión* de marzo del mismo año, bajo el título "Palabras Iniciales", Perón desplegó una teoría paternalista conceptualmente similar, pero esta vez dirigida a los obreros. "Muchas veces me dicen –dice Perón– '¡¡Cuidado, mi coronel, que me altera la disciplina!!'. Yo estoy hecho en la disciplina. Hace treinta y cinco años que ejercito y hago ejercitar la disciplina y durante ellos he aprendido que la disciplina tiene una base fundamental: la justicia. Y que nadie conserva ni impone disciplina si no ha impuesto primero la justicia. Por eso creo que si yo fuera dueño de una fábrica, no me costaría ganarme el afecto de mis obreros con una obra social realizada con inteligencia. Muchas veces ello se logra con el médico que va a la casa de un obrero que tiene un hijo enfermo; con un pequeño regalo en un día particular; el patrón que pasa y palmea amablemente a sus hombres, y les habla de cuando en cuando, así como nosotros hacemos con nuestros soldados. Para que los obreros sean eficaces han de ser manejados con el corazón. El hombre es más sensible al comando cuando el comando va al corazón que cuando va a la cabeza. También los obreros pueden ser dirigidos así. Sólo es necesario que los hombres que tienen obreros a sus órdenes lleguen hasta ellos para dominarlos, para hacerlos verdaderos colaboradores y cooperadores, como se hace en muchas partes de Europa que he visitado, en que el patrón de la fábrica, o el Estado cuando éste es el dueño, a fin de año, en lugar de dar un aguinaldo, les da una acción de la fábrica. De esa manera un hombre que lleva treinta años de trabajo tiene treinta acciones de la fábrica, se siente patrón, se sacrifica, ya no le interesan las horas de trabajo. Para llegar a esto hay cincuenta mil caminos. Es necesario modernizar la conducción de los obreros en las fábricas. Si ese fenómeno, si ese milagro lo realizamos, será mucho más fácil para el gobierno hacer justicia social. (...) Le diremos a la CGT hay que hacer tal cosa por tal gremio y ellos se encargarán de hacerlo. Les garantizo que son disciplinados y tienen buena voluntad para hacer las cosas."

Nuevamente Fayt: "Era incuestionable que las mejoras sociales eran producto de la participación obrera (...) esto aparecía confirmado en los hechos. Durante los años 1944 y 1945 la actividad de la Secretaría de Trabajo se dirigió a satisfacer concretas aspiraciones de la clase trabajadora sobre aumentos de salarios, vacaciones pagas y estabilidad en el empleo a través de convenios colectivos. En la Capital Federal, en el año 1944, se firmaron 26 convenios con intervención de las asociaciones patronales y 142 con intervención de las asociaciones obreras, que contenían en total 280 disposiciones especiales sobre salarios y 28 de carácter general; 105 disposiciones normativas relativas a vacaciones pagas, 86 referentes a despidos y suspensiones y 69 a duración del trabajo, horarios y descansos, y 39 para condiciones generales del trabajo y accidentes. En 1945 se firmaron, también en la Capital, 23 convenios colectivos con intervención patronal y 184 con asociaciones obreras, que contenían 187 disposiciones sobre mejoras especiales de salarios y 23 mejoras de carácter general sobre salarios, 104 relativas a vacaciones pagas, 91 relacionadas con despidos y suspensiones, 63 vinculadas a la duración del trabajo, horarios y descansos y 65 disposiciones referentes a condiciones generales del trabajo. En el resto del país los convenios firmados en 1944 fueron 101 con intervención de entidades patronales y 279 con obreros. En diez meses la Secretaría de Trabajo y Previsión incorporó mediante decretos a dos millones de personas en los beneficios del régimen jubilatorio y creó desde los Tribunales del Trabajo hasta el Estatuto del Peón".

"A mediados de 1945 –escribe Gambini– la clase media lanzó a la calle su mejor fuerza de choque: los estudiantes reformistas. La oposición soportaba entonces una prosecución cada vez más violenta, desatada por un gobierno dispuesto a impedir su derrocamiento. Estimulados por la activa gestión del embajador norteamericano Spruille Braden, los opositores convinieron en organizar una demostración de fuerza y prepararon una gigantesca marcha por el centro de Buenos Aires." Perón recuerda, en su autobiografía, quién era Braden: "Yo lo conocí mucho –dice– porque el general Farrell me había encomendado el trato con los embajadores y como éste, más que un hombre, era un búfalo, había que hacerlo enojar". Braden pesaba más de cien kilos y había sido nombrado por Roosevelt, de modo que era un típico liberal del "New Deal". En los setenta, ya anciano y delgado, era miembro del Consejo de Directores de la John Birch Society, una organización semisecreta y neofascista, y formaba parte de otros grupos de la ultraderecha norteamericana. Sigue Perón: "[Braden] bajaba la cabeza, se apoyaba en la pared, y ahí terminaba el hombre. Yo tenía la habilidad de hacerlo enojar y, en cuanto se enojaba, perdía, por impulsivo, toda capacidad de reflexión". En un encuentro entre ambos –que también fue relatado por cada uno en distintos libros– Perón lo increpó por la participación de periodistas norteamericanos como agentes infiltrados en los movimientos opositores al gobierno. Braden lo negó una y otra vez, pero este dato era en efecto verdadero: Stanley Ross relató a Peicovich que él tenía relaciones y asistía a reuniones de Patria Libre, un movimiento clandestino para derrocar al gobierno. "Hice informes confidenciales –confesaría Ross años más tarde– sobre dichos planes.

"Esto fue en 1944, poco antes de llegar Braden a Buenos Aires, cuando Norman Armour estaba a cargo de la embajada. Fui detenido, acusado de ser espía norteamericano el 23 de junio de 1944. Dieciocho años después, cuando entrevisté a Perón en Madrid le dije al entrar:

"–General, Usted no me recordará.

"–Sí, le recuerdo muy bien –me contestó Perón–. Yo lo encarcelé a Usted en la Argentina."

"En verdad –agrega el propio Perón con cinismo– Braden no sólo fue el que aunó la Unión Democrática. Su actividad nos convenía. Él asoció a la oligarquía con los comunistas y, dado que el pueblo consideraba enemigos a los dos, Braden nos prestó un gran servicio en nuestra propaganda electoral."

La marcha opositora se realizó el 19 de septiembre y se llamó Marcha de la Constitución y la Libertad. Hubo radicales, conservadores, socialistas, comunistas, demócrata-progresistas y católicos democráticos. El 28 de septiembre se reimplantó el estado de sitio y una redada en todas las facultades terminó con más de mil quinientos detenidos a principios de octubre.

Diferencias entre Perón y el resto de los oficiales respecto del nombramiento del director de Correos y Telecomunicaciones, sumadas a otras tensiones internas, hicieron eclosión el 8 de octubre, cuando Perón festejó sus cincuenta años: el Jefe de la Guarnición de Campo de Mayo, general Eduardo Ávalos fue a exigirle la renuncia y a informarle que le retiraba su apoyo militar. Ávalos y su grupo disidente contaban con el apoyo de la Marina. En la mañana del día 9, luego de chequear que en efecto se encontraba sin apoyo, Perón decidió renunciar a sus cargos. En la tarde del mismo día los dirigentes obreros se enteraron de la novedad en la Secretaría de Trabajo, y convocaron a una reunión en el Club de Obreros Cerveceros, en Quilmes, a la que asistieron setenta dirigentes. Perón se encontraba en su casa del cuarto piso de Posadas 1567, donde vivía con Evita, y hasta allí llegó al mediodía siguiente una delegación obrera encabezada por Cipriano Reyes, titular del Sindicato Autónomo de Obreros de la Carne. Los sindicatos se movilizaron en pocas horas, concentrándose frente a la Secretaría de Trabajo. Perón habló con Farrell, a quien le solicitó permiso para despedirse personalmente de la gente de su Secretaría. Su discurso fue transmitido por Radio del Estado, y presenciado por cincuenta mil obreros presentes en el acto: "Esta revolución está en marcha –les dijo– y, cualesquiera sean los acontecimientos, no podrá ser desvirtuada en su contenido fundamental. La obra social es de una consistencia tan firme que no cederá ante nada y la aprecian no los que la denigran, sino los obreros que la sienten. Esta obra social que sólo los trabajadores aprecian en su verdadero valor, debe ser defendida por ellos en todos los terrenos. También dejo firmado un decreto de extraordinaria importancia para los trabajadores: es el que se refiere al aumento de sueldos y salarios, implantación del salario móvil, vital y básico y la participación en las ganancias. (...) Recuerden y mantengan grabado el lema 'De casa al trabajo, y del trabajo a casa' y con eso venceremos.

"Para terminar, no voy a decirles 'Adiós'. Les voy a decir 'Hasta siempre', porque desde hoy en adelante estaré entre ustedes, más cerca que nunca."

Perón decidió entonces salir de la Capital y aceptar una invitación del abogado Román Subiza para visitar su estancia de San Nicolás de los Arroyos. Así se lo informó al general Ávalos: "Comunico a V. E. que a fin de esperar mi retiro he solicitado licencia. Desde la fecha me encuentro en la estancia del Dr. Subiza en San Nicolás, Teléfono 79". Pero, temeroso de un atentado, decidió cambiar de rumbo al ofrecido por Rodolfo Freude, amigo personal y testaferro de capitales nazis en la Argentina. Recordó el propio Perón: "Rudi Freude, un buen amigo mío alemán, me dijo:

"–Bueno, Coronel, si usted se va a ausentar le ofrezco mi casa de veraneo Ostende, ubicada en una de las islas del Tigre, donde encontrará una tranquilidad absoluta. La casita está provista con todo lo necesario, incluso alimentos. Váyanse ustedes ahí y nadie sabrá dónde se encuentran.

"Acepté. Preparé mis maletas y Evita las suyas y nos fuimos a esta pequeña isla del Delta, de la que tomamos posesión. En toda la isla no había más que una casa cuidada por un alemán que hablaba bastante mal el castellano. Se llamaba Otto y, como decía continuamente 'Jawohl' (que en alemán quiere decir 'sí') nosotros lo llamábamos Otto Jawohl. Allí estuvimos tres días dedicados exclusivamente a nosotros. Los únicos tres días de verdadera vida en común, magníficos tres días de una verdadera luna de miel anticipada. Nadie, salvo Rudi Freude, sabía que estábamos allí, ni siquiera el gobierno."

Según Gambini fue en Tres Bocas, en esa isla del Tigre, donde se le revelaron a Perón los primeros síntomas de una enfermedad que lo aquejó durante años: pleuresía, una dolorosa irritación de la membrana que envuelve los pulmones.

En la noche del 12 de octubre el jefe de Policía, coronel Mittelbach, tocó a las puertas del Paraíso con la orden de detener a Perón:

—Me niego a ser sacado de jurisdicción del Ejército y trasladado a jurisdicción de la Marina –protestó el Coronel.

Mittelbach consultó ante Farrell, sin resultado positivo.

—¡Si cometí algún delito como funcionario que me lleven a Devoto! –gritó Perón.

—Nada –fue la orden terminante de Farrell–. Que vaya preso a Martín García.

Mittelbach desistió de llevar a cabo la orden (tiempo después Perón le devolvería el favor dándole la gobernación de Santiago del Estero) y quien lo hizo fue el mayor Héctor D'Andrea, subjefe de Policía.

El sábado 13 de octubre de 1945 Juan Domingo Perón intentó escaparse del destino: soñó con abandonar la lucha e irse del país.

En su libro El '45, Félix Luna publicó, por primera vez, dos cartas en las que Perón confiesa su deseo secreto desde la isla. Una de ellas fue enviada a Mercante: "En cuanto me den el retiro me caso y me voy al diablo", escribió. La otra, llegó entregada en mano por Mazza, a Eva: "Hoy he escrito a Farrell pidiéndole que me acelere el retiro –le decía–. En cuanto salga nos casamos e iremos a cualquier parte a vivir tranquilos".

Pero la Historia no le soltó la mano: en la tarde del lunes 15 los obreros de los frigoríficos salieron a recorrer las calles de Berisso y Ensenada pidiendo por la libertad de Perón. Al día siguiente Reyes había comenzado a pensar en una marcha sobre Buenos Aires: primero reunió a su propio sindicato, y luego una delegación viajó hasta Avellaneda, donde impidieron la entrada en el frigorífico Wilson y armaron un piquete en los talleres de Siam Di Tella para evitar el ingreso del turno de la mañana. En la tarde de ese mismo día la Federación Obrera de la Carne, manejada por los comunistas, y La Fraternidad, que agrupaba al personal ferroviario de locomotoras, emitieron sendos comunicados para que sus trabajadores no se plegaran "a las maniobras del nazi-fascismo".

FUENTEOVEJUNA

"El 17 de octubre fue una Fuenteovejuna, nadie y todos hicieron el 17 de octubre: lo hizo Evita, lo hizo Mercante, que se movió con mucha intensidad; indiscutiblemente lo hizo Cipriano Reyes, que actuó con eficacia, lo hizo Colom apoderándose prácticamente del balcón de la Casa de Gobierno y del auditorio de la Plaza de Mayo; lo hicieron los cañeros de Tucumán, que desde el día 15 estaban en movimiento. Es difícil explicar cómo se hizo el 17 de octubre."

Arturo Jauretche, *Escritos Inéditos*

A las dos de la mañana del miércoles 17 de octubre se recibió en Martín García la orden de trasladar a Perón al Hospital Militar. La lancha llegó al puerto luego de cuatro horas de navegación complicada por la marea.

Gambini describe que en las primeras horas del miércoles 17, frente a las fábricas de Avellaneda y Lanús y junto a los frigoríficos de Berisso, comenzaron a formarse grupos de obreros dispuestos a marchar hacia la Capital. Entrada la mañana la jefatura de Campo de Mayo comenzó a recibir partes policiales informando sobre "el avance de columnas obreras sobre la Capital". Se hablaba de decenas de miles de personas saliendo de Sarandí y Avellaneda. Los obreros de la carne se reunían en Berisso para organizar la huelga general. En La Plata, oradores improvisados arengaban a la gente para que formara parte de las columnas, y varios miles se subieron a camiones que los llevarían hacia el centro. Cuando los manifestantes de Berisso y Ensenada llegaron al puente de Barracas se encontraron con que había sido levantado. Lo mismo sucedió con todos los puentes de acceso a la Capital que cruzaban el Riachuelo, y con los grupos procedentes de La Plata, Quilmes y Lanús.

El caos en Avellaneda, al encontrarse todas las columnas sin poder seguir, fue considerable. Al mediodía cientos de manifestantes ya habían podido cruzar el río: algunos en botes y otros, más audaces, a nado. A esa hora comenzó a funcionar el trasbordador ubicado frente al frigorífico La Blanca y por allí cruzaron más trabajadores. A la ciudad, por Avenida de Mayo, llegaron columnas de Mataderos, Liniers, Villa Lugano, Flores Sur, Villa Luro, Floresta Norte, Villa Urquiza y La Paternal. A la una de la tarde Farrell recibió en su despacho a una delegación de la CGT encabezada por su secretario general Silvio Pontieri. En la reunión Ávalos les informó que Perón "no se hallaba detenido". Pontieri le entregó una resolución en la que 300 sindicatos declaraban la huelga general por un día a partir de la cero hora del jueves 18 y se pronunciaban en contra de la entrega del gobierno a la Corte Suprema. También contra todo gabinete de la oligarquía. Querían que se realizaran elecciones libres, se levantara el estado de sitio y fueran liberados todos los presos políticos, civiles y militares.

Unos mil obreros se concentraron desde las diez de la mañana frente al Hospital Militar. Pasado el mediodía se entrevistaron con Perón:

—Hagan sus manifestaciones demostrando cultura —les pidió el Coronel— y permanezcan reunidos frente a la casa de gobierno, no aquí.

Según Gambini, esa misma tarde dirigentes del PC se entrevistaron con el gobierno y le manifestaron estar dispuestos a "terminar con la concentración en pocos minutos". "La idea comunista era muy concreta: lanzar piquetes de obreros armados contra la plaza, para dispersar a los peronistas, con la garantía de que ni la Policía ni el Ejército iban a actuar. Pero el ministro de Marina no se animó a cargar con la responsabilidad de una masacre."

Cuando la concentración estallaba en la Plaza el general Ávalos envió a Eduardo Colom, director del diario peronista *La Época* a decir desde el balcón que Perón ya estaba en libertad, invitando a la gente a retirarse.

—¡No le creemos! ¡Ávalos miente! —fue la respuesta de la multitud.

Entonces Colom se ofreció a ir a buscar a Perón al Hospital Militar y llevarlo al balcón.

—¡Vuelvo en quince minutos! —avisó.

Colom salió de la Casa Rosada y paró un auto en el medio de la calle. El conductor era un funcionario de la presidencia:

—Lléveme al Hospital Militar. Su coche va a ser histórico. Vamos a buscar al coronel Perón.

En el libro que Colom editó al año siguiente recordaba que: "Encontré a nuestro líder en cama, con un pijama azul y un pañuelo de seda al cuello. En su semblante de líneas enérgicas se notaban los rastros del insomnio y la inquietud de las horas vividas. Lo rodeaban, de pie, el general Pistarini, el brigadier De la Colina, los coroneles Descalzo y Lucero, el teniente coronel Mercante y el doctor Antille. Avancé resueltamente hacia él y nos estrechamos en un fuerte abrazo. Cuando pude recobrarme de mi emoción y de su afecto, le dije:

"—Coronel, en la Plaza de Mayo el pueblo, representado por más de medio millón de personas, acaba de proclamarlo Presidente de la Nación. Vengo a buscarlo. Ya no interesan los cargos que la conjura de Ávalos le arrebató. Usted ya pertenece al pueblo y en su nombre vengo a invitarlo, para que le hable desde los balcones de la Casa Rosada."

Farrell, poco después, abandonó la casa de Gobierno argumentando estar "cansado de tanto bochinche". A las nueve y media de la noche el ministro Armando Antille llegó al hospital para avisarle a Perón que Farrell quería verlo en su residencia de la calle Alvear. Perón se vistió y fue en un Plymouth conducido por Mazza. El encuentro fue reservado y en él Farrell aceptó todas las imposiciones de Perón: eliminación de Ávalos y Vernengo Lima, formación de un gabinete peronista, y que el propio Farrell lo acompañara a la casa de Gobierno: "Usted tiene que estar al lado mío y hablar antes que yo" le exigió.

A las once y diez de la noche, al ver la silueta del líder en el balcón, la plaza estalló en un grito. Perón se acercó al micrófono y anunció que hablaría el Presidente de la Nación. Farrell expresó:

"Trabajadores, les hablo con una profunda emoción. (...) Otra vez está con ustedes el hombre que por su dedicación y por su empeño se ha sabido ganar el corazón de todos: el coronel Perón. De acuerdo con el pedido que me han formulado, el gabinete actual ha renunciado. El señor teniente coronel Mercante será designado Secretario de Trabajo y Previsión. Atención, señores, de acuerdo con la voluntad de ustedes, el gobierno no será entregado a la Suprema Corte de Justicia."

A las doce menos diez Perón propuso a la plaza que, todos juntos, cantaran el Himno Nacional. Luego un locutor anunció que Perón hablaría despacio "porque se halla enfermo y no puede forzar la voz".

"Trabajadores –comenzó Perón– hace casi dos años les dije, desde estos mismos balcones, que tenía tres honras en mi vida: la de ser soldado, la de ser un patriota y la de ser el primer trabajador argentino.

"Hoy a la tarde el Poder Ejecutivo ha firmado mi solicitud de retiro del servicio activo del Ejército. Con ello he renunciado voluntariamente al honor más insigne al que puede aspirar un soldado: llevar las palmas y laureles de General de la Nación. Ello lo he hecho porque quiero seguir siendo el coronel Perón y ponerme con ese nombre al servicio integral del auténtico pueblo argentino. Dejo el honroso y sagrado uniforme que me entregó la Patria, para vestir la casaca del civil y mezclarme en esa masa sufriente y sudorosa que elabora el trabajo y la grandeza de la Patria. (...) Preguntan ustedes ¿dónde estuve? Estuve realizando un sacrificio que lo haría mil veces por ustedes."

La multitud, insatisfecha, volvió a preguntar:

"Ante tanta nueva insistencia –les dijo Perón– les pido que no me pregunten ni me recuerden lo que hoy yo ya he olvidado. Porque los hombres que no son capaces de olvidar, no merecen ser queridos y respetados por sus semejantes. Y yo aspiro a ser querido por ustedes y no quiero empañar este acto con ningún mal recuerdo."

Dijo, por último:

"Les recomiendo que abandonen esta asamblea con muchísimo cuidado. Recuerden que entre todos hay numerosas mujeres obreras, que han de ser protegidas aquí y en la vida por los mismos obreros y, finalmente, recuerden que necesito un descanso, que me tomaré en el Chubut ahora, para reponer fuerzas y volver a luchar codo con codo con ustedes, hasta quedar exhausto si es preciso. Pido a todos que nos quedemos por lo menos quince minutos más reunidos, porque quiero estar desde este sitio contemplando este espectáculo que me saca la tristeza que he vivido en estos días."

Quince minutos después, la plaza entera comenzó a desconcentrarse.

Días más tarde Perón se abrazó con Cipriano Reyes, a quien llamaría "el héroe del 17 de octubre", encargándole la creación de un partido "parecido al *Labour Party*" de los ingleses. Reyes ni siquiera sospechaba entonces que no iba a pasar mucho tiempo hasta que Perón lo considerara traidor al movimiento, encarcelándolo durante siete años. Según Fayt los militantes del movimiento obrero se reunieron el 24 de octubre de 1945 en la casa del escultor Leguizamón Pondal, calle Seaver 1634. Allí se nombró una Mesa Directiva Provisional integrada por Luis Gay, Luis Monsalvo, Cipriano Reyes, Ramón Tejada, Manuel García y Vicente Garófalo, junto a una Comisión Organizadora de 52 miembros, todos provenientes de los sindicatos. Se decidió que el nuevo partido se llamara Laborista. En su manifiesto se expresaba que "el Partido excluye de sus filas a los reaccionarios, los totalitarios y los integrantes de la oligarquía". Su programa de gobierno comprendía: la intervención del Estado y los trabajadores en las empresas de energía eléctrica, transportes, teléfonos y frigoríficos y su participación en los directorios; la nacionalización de las fuentes de materias primas, la subdivisión y limitación de los latifundios y la entrega de tierras a las organizaciones agrarias, cooperativas y organizaciones sindicales del campo, la liquidación de los monopolios de los trusts cerealistas, la creación de Comités de Fábricas con la función de determinar los costos de producción y las ganancias de la actividad en que se desempeñan, la reducción de la jornada a cinco horas en los trabajos insalubres, seis en tareas nocturnas y siete en el resto de las ocupaciones, la construcción de redes camineras a cubrirse con el impuesto a las naftas, la promoción de la vivienda obrera y el apoyo al Estatuto del Peón, y la creación de los Tribunales del Trabajo.

A medida que se acercaba la fecha de las elecciones –febrero de 1946– los enfrentamientos entre Perón y la oposición fueron en aumento. Perón denunció que Braden "era el inspirador, creador u organizador, y jefe verdadero de la Unión Democrática". Paralelamente, hombres como Carlos Saavedra Lamas, José María Cantilo, Adolfo Bioy, Otto Bemberg, Federico Pinedo, Alberto Hueyo, Jorge Eduardo Coll, José María Paz Anchorena, Celedonio Pereda, Alfonso de Laferrère, no vacilaron en aplaudir la causa de Braden, a quien habían bautizado "el domador de coroneles".

La muerte de trescientos obreros en una mina de la Braden Copper en Chile fue utilizada con habilidad por la propaganda electoral de Perón. La fórmula antiperonista era José Tamborini-Enrique Mosca y contó con la adhesión de todos los partidos a excepción de los conservadores: la apoyaron la UCR, el socialismo, los demócrata-progresistas, el Partido Comunista, la Unión Industrial, la Bolsa de Comercio, las organizaciones estudiantiles y profesionales y la mayoría de los intelectuales.

En un artículo publicado por *La Nación* el 12 de noviembre de 1998 Ramiro de Casasbellas aseguró que los comicios del '46 fueron programados para el 24 de febrero por una insinuación llegada de Londres. "Iban a ser el 7 de abril, pero en el nuevo gobierno laborista de Gran Bretaña –escribe– había alguien con ganas de ayudar a Perón. Era nada menos que el ministro de Asuntos Exteriores, Ernest Bevin, quien el 1 de noviembre de 1945 citó al Foreing Office al embajador Miguel Ángel Cárcano, cercano a Perón, para insinuarle que a su gobierno le convenía adelantar los comicios

si quería aprovechar los efectos del 17 de octubre, antes de que se diluye-
ran. La idea fue asimilada y el 14 de noviembre Farrell adelantó cuarenta
días las elecciones."

El Laborismo —que se presentó con la Junta Renovadora del radicalismo— obtuvo, el 24 de febrero de 1946, 1.479.511 votos, contra 1.210.822
de la Unión Democrática. Perón logró 304 electores contra 72 de Tamborini.

En su libro sobre Perón, Page cita al historiador norteamericano Hubert
Herring, quien escribió en esos días: "Tenemos una Argentina obstinada-
mente fuera de alcance, es decir, una Argentina que no va a permitir que le
elijamos el Presidente".

En su autobiografía, Perón sintetizó su visión sobre los norteamericanos
recordando "el mejor artículo que escribí en mi vida", publicado en el diario *Democracia*, y que "no tenía más de diez renglones". "Napoleón —escribió Perón— después de la campaña de 1797 en Italia, regresa triunfante a
París y allí le reciben con grandes fiestas en las Tullerías. Un general del
Ejército que acompañaba al Emperador, ni siquiera en los salones se quita-
ba su sable y su quepis. Una francesita que no se imaginaba cómo este
hombre podía enamorar a nadie, le preguntó por embromarle:

"–Dígame, General, ¿cómo hace usted el amor?

"–Señorita —respondió el militar— yo no hago el amor, lo compro ya hecho.

"Pues bien, a los americanos les pasa lo mismo que a aquel general francés. Ellos no quieren hacer amigos; quieren comprar amigos. Y comprar
amigos es como comprar prostitutas."

En mayo de 1946, a tres meses del triunfo electoral, Perón dispuso la
virtual disolución del Partido Laborista, al ordenar, durante un discurso
que fue difundido por la cadena nacional de radio, que las fuerzas que lo
habían apoyado debían fundirse en el Partido Único de la Revolución Nacional (que, al poco tiempo, iba a llamarse Partido Peronista).

El radicalismo se negó a participar de la Asamblea Legislativa que tomó
juramento al presidente Perón, y el diputado Arturo Frondizi encontró una
complicada argumentación jurídica para oponerse a la entrega del mando.
El propio Frondizi, en 1966, entrevistado por Gambini, admitió que "no
hay duda de que nuestra actitud era políticamente equivocada, al margen
de las consideraciones jurídicas que se pudieran hacer y aún de la forma en
que se cumplió la campaña electoral".

Pero la mayor dificultad a sortear en el Congreso surgía de la propia
bancada: Cipriano Reyes amenazó con dividir al bloque peronista, denunciando contradicciones entre el tono antinorteamericano de la campaña y
la actual política de Perón de acercamiento a los Estados Unidos. "Pongo el

espíritu de la Justicia por encima del Poder Judicial. La Justicia, además de independiente, debe ser eficaz. Y no puede ser eficaz si sus conceptos no marchan al compás del sentimiento público", dijo Perón en un discurso del 4 de junio de 1946. La traducción más elemental revelaba que, en breve, modificaría la composición de la Corte Suprema.

Los miembros del Tribunal habían sobrevivido al golpe de 1943 al reconocer al gobierno de facto, siguiendo la jurisprudencia iniciada con el golpe de 1930. El 8 de julio el gobierno inició el juicio político contra los jueces de la Corte, argumentando que se los encontraba responsables de "haber legitimado gobiernos de facto". El asunto era serio, aunque hubiera podido tomarse a broma: Perón había sido vicepresidente de uno de esos gobiernos ahora cuestionados. El diputado Rodolfo Decker, titular del bloque peronista, salió al cruce de este cuestionamiento: "Perón, es cierto, formó parte de aquel gobierno, pero sólo cuando la Corte hubo de declararlo legal". El perro se mordía la cola.

También en Santa Fe la justicia fue "reorganizada", y en la provincia de Buenos Aires el gobernador Mercante se encargó de una similar purga judicial.

En mayo de 1947 Perón intervino Córdoba (donde perdió en la fórmula presidencial pero ganó ajustadamente la gobernación con Argentino Autcher, de la Junta Renovadora Radical y Ramón Asís, del Partido Laborista) "porque las autoridades provinciales han olvidado el espíritu de la revolución del 17 de octubre". Perón envió allí como interventor a su amigo Subiza que entregó luego la gobernación al general Aristóbulo Vargas Belmonte. El 28 de enero de 1948 intervino las provincias de Catamarca, La Rioja y Santiago del Estero, y a principios de 1949 firmó el decreto para intervenir Santa Fe.

TIEMPO NUEVO

Juan Perón y José Miguel Figuerola se conocieron en el Departamento Nacional del Trabajo, donde este último era Jefe de Estadísticas. Luego de una charla inicial que se extendió hasta la madrugada, fue justamente Figuerola quien fundamentó la idea de Perón de transformar aquel departamento en una Secretaría de Estado. Perón se llevó aquella noche las planillas con los índices de desnutrición y la deficiencia de minerales y vitaminas en los trabajadores: sobre un mínimo indispensable de 32.000 unidades de vitamina A, las familias registradas sólo consumían 12.000.

Subiza, Silva y Figuerola se transformaron en los tres asesores principales de Perón en la Secretaría Técnica de la Presidencia. Con ellos diseñó el Plan Quinquenal 1947-1951. Era la primera vez que un gobierno argentino formulaba un plan de crecimiento a mediano plazo y fue también la primera vez que un gobierno pudo tener una idea científica de las necesidades del país. El plan inicial tenía cuatro etapas:

1. Establecer las necesidades previsibles de materias primas de origen nacional, combustibles, energía, maquinaria y transportes.

2. Verificar el estado y grado de eficiencia de los sistemas de producción, explotación y distribución de aquellos elementos.

3. Programa mínimo de cinco años de las obras e inversiones necesarias.

4. Descentralización industrial y formación de nuevas zonas.

La otra figura clave en el desarrollo del plan fue Miguel Miranda, el ministro de Economía. Miranda era considerado en *la city* como una especie de "mago de las finanzas". Perón pensó entonces que alguien que podía llevar bien sus negocios haría lo mismo con el país. Arturo Jauretche formó parte de su equipo, como presidente del Banco de la Provincia de Buenos Aires. "Miranda llegó justo –le dijo Jauretche a Gambini en 1966– porque en ese momento el país necesitaba un hombre sin prejuicios de escuela, con una sólida formación empresaria, no universitaria, y con la suficiente audacia para construir." Miranda nacionalizó el Banco Central y creó el Instituto Argentino de Promoción del Intercambio (IAPI), desde donde controló el comercio exterior. "Tenía un claro concepto de la inflación –decía Jauretche– y sabía que era inevitable a raíz del cambio de condiciones del mercado. Entonces creó los instrumentos de regulación a través de la banca. Todavía se acusa a Miranda de haber usado los ahorros de los bancos para las operaciones del IAPI, pero se oculta que los consorcios exportadores nunca han operado con otro capital que los préstamos bancarios."

"El primer plan quinquenal –dice Perón en su biografía– lo completamos con 75.000 obras públicas (aeropuertos, oleoductos, autopistas, etc..), 8.000 escuelas, cambiamos el aspecto de la ciudad de Buenos Aires, donde antes había terrenos baldíos levantamos jardines, paseos públicos, hogares infantiles, establecimos hospitales en todo el país, hasta en la Tierra del Fuego, y dimos asistencia social a todos; terminamos con el paludismo, la lepra y la tuberculosis, casi logramos terminar con el analfabetismo y lanzamos al país a un desarrollo industrial increíble. Ya no hicimos importación de maquinaria. Sólo importábamos máquinas matrices para producir en el país toda la maquinaria necesaria. Produjimos toda clase de vehículos: automóviles, camiones, tractores. Construimos buques de hasta treinta mil toneladas."

Convencido de la utilidad de la propaganda política el peronismo también volcó su operación publicitaria electoral en los contenidos de la educación. En el ya citado *Mamá me mima, Evita me ama*, Emilio Corbière escribe que "el peronismo significó una ruptura en la sociedad argentina y la educación no estuvo ajena al fenómeno sociopolítico. Sin embargo, la cartilla escolar no sufrió cambios con respecto a la orientación positivista anterior. El agregado del peronismo fue la propaganda de la nueva ideología". El libro reproduce imágenes de *Privilegiados*, libro de lectura inicial de Ángela Gutiérrez Bueno, editado por Kapelusz y *Ronda Infantil*, de María Alicia Domínguez. La trilogía que se traza en el imaginario infantil –chicos de seis a siete años– es la de "Madre, Evita y Perón". El capítulo "Tita votó" refleja las conquistas de la mujer, y otras láminas reproducen la actividad de los obreros industriales. *Ronda Infantil* menciona al 17 de octubre, el Plan Quinquenal, la independencia económica, "la tierra para el que la trabaja" y la consigna de que "los únicos privilegiados son los niños". *Privilegiados*, justamente, se inicia en la página 1 con un retrato de Eva, y en las subsiguientes se deletrea el nombre y se lo ubica en la oración y entre palabras similares: "E-V-A, Viva Eva, ave, uva, viva, vivo, veo, vía, va, Eva amó a mamá, Eva me amó, veo a mamá, mi mamá me ve, Evita vino a mí, tomá nene, tomá nena, Tito tomó un monopatín y Evita una muñeca". Más adelante puede leerse: "Perón, Pe-rón, Sara y su esposo aplauden a Perón, Son peronistas, votaron a Perón, Perón y Eva Perón, Esa dama es Evita, era tierna y dadivosa, Dio su ayuda a todos, Nadie la olvidará, Perón nos dio [junto a dibujos de teléfonos, gas, ferrocarriles, fábricas y aviones] y nos dará más, Nuestro presidente es el Primer Trabajador, dijo: 'La consigna de la hora presente es trabajar más, producir más, ahorrar más'". Y en las adivinanzas: "¿Quien creó el justicialismo para la felicidad de un pueblo que ahora tiene trabajo, alegría y paz?".

DON'T MISS
THE TRAIN

El 28 de diciembre de 1938, en su mensaje al Senado, el entonces Presidente, general Justo, anticipó "la adquisición paulatina, por el Estado, dentro de sus posibilidades financieras, de las empresas particulares que hoy explotan el servicio ferroviario". Federico Pinedo, su ministro de Hacienda, había sido contratado por las compañías inglesas para que intercediera como *lobbysta* ante el Estado. Gran Bretaña adeudaba al final de la guerra 140 millones de libras esterlinas a la Argentina por embarques de carne y prefería saldar su deuda con la red ferroviaria. Gambini agrega que "hace ocho años que los ingleses querían sacarse a los trenes de encima, pues la explotación del servicio ya no redituaba, el material rodante estaba obsoleto y se avecinaba el vencimiento de la exención de impuestos; había que venderlos antes de enero de 1947". El flanco del Senado también fue cubierto por los británicos: desde su banca el conservador Matías Sánchez Sorondo reclamó una fórmula que "respetando esos derechos y atendiendo esos intereses, prepare para el porvenir la nacionalización de los ferrocarriles". Se refería, claro, a los derechos e intereses de las compañías inglesas, agregando que con ellas debíamos ser "justos, equitativos y agradecidos", como se publicó en el *Diario de Sesiones del Senado* del mismo 28 de diciembre.

Pinedo volvió a ser ministro con el presidente Castillo, sin abandonar su oscuro objeto del deseo: reflotó el asunto de los trenes en 1940 y propuso "repatriar en pago de parte de los productos, nuestros propios títulos de deuda pública u otros valores argentinos, como ser los ferrocarriles".

Con el correr de los años diversos testimonios coincidieron en señalar que Pinedo había cobrado diez mil libras esterlinas por sus convicciones.

El 17 de septiembre de 1946 Miguel Miranda llegó a un rápido acuerdo con los ingleses, gracias al cual los ferrocarriles se convirtieron en una sociedad mixta a la que el Estado argentino incorporó quinientos millones de pesos de capital en cinco años, para ser aplicados a la modernización de la flota, y asegurándole al capital británico un rendimiento mínimo del cuatro por ciento, lo que significó una ganancia de ochenta millones. Pero la nueva empresa tuvo otra ventaja adicional: caducaba el artículo octavo de la llamada Ley Mitre (por el ingeniero Emilio Mitre) del 30 de septiembre de 1907 que concedía una franquicia aduanera a los ferrocarriles para todos los materiales de construcción y explotación que entraran al país; su artículo octavo señalaba el vencimiento de esta franquicia el 1 de enero del año siguiente; ahora "sería prorrogado indefinidamente". Según Gustavo Polit en *Orígenes y resultado de la nacionalización de los ferrocarriles,* "la subcomisión técnico-asesora designada por el propio gobierno para establecer el valor de los trenes había estimado que éstos valían menos de mil millones de pesos. Sin embargo, en el contrato firmado con Miranda se estableció un precio de dos mil millones y se concedió a la compañía la gracia de no pagar impuestos por la operación, ni escrituras, contadores, dejarle al Estado las deudas con las Cajas de Jubilación y los juicios contra éste, todo lo que fue estimado en otros 600 millones de pesos. El acuerdo fue cerrado por Sir Montague Eddy el 13 de febrero de 1947 con Miranda, y se acordó el plazo de un año para fijar las formas de pago. Horas más tarde el Jefe de la Misión Británica, Wilfred Eady, despachó un telegrama a Londres, dirigido al Ministro del Tesoro, H. Dalton. El texto decía, simplemente: "¡Lo logramos!".

En los días siguientes el centro de la Capital amaneció embanderado y con inmensos afiches en las paredes: en ellos podía verse la figura de un gaucho sosteniendo una locomotora y un texto que anunciaba: "¡Perón cumple! ¡¡Ya son nuestros!!".

En su libro *El engaño de las nacionalizaciones totalitarias,* el dirigente socialista Héctor Íñigo Carrera calculó que "en el sólo caso del ferrocarril General Belgrano, durante los primeros cinco años de explotación, las pérdidas sumaron 1.373 millones de pesos. O sea que un solo ferrocarril perdió en ese período, 1947-1951, más de la mitad de lo que costó comprar toda la red".

En el caso del gas, se construyó en el período el gasoducto Llavallol-Comodoro Rivadavia, inaugurado el 29 de diciembre de 1949, y que fue en su momento el más largo del mundo. Costó cincuenta millones de dólares y sirvió para aumentar la distribución de gas de 300.000 metros cúbicos por día a quince millones, y para abaratar notablemente las tarifas.

La Unión Telefónica era, en verdad, la United River Plate Telephone Company Limited, filial de la International Telegraph and Telephone (ITT). Pasó a manos del Estado por 95 millones de dólares (319 millones de pesos). El presidente de la ITT, coronel Sosthenes Behn y su vice, Henry Arnold, firmaron con Perón la venta de la compañía. El presidente argentino entregó al coronel norteamericano una réplica del sable corvo de San Martín y el monopolio de una concesión para proveer de asistencia técnica y material telefónico a la nueva compañía por espacio de diez años.

El caso de la energía eléctrica fue distinto: la CADE, filial de SOFINA, resultó intocable durante el gobierno peronista. Entrevistado por Félix Luna en 1969, Perón explicó su posición: "Siempre he sido contrario a arrojar lodo sobre los argentinos, porque en el fondo la Argentina está formada por argentinos... Si se llegaba a probar, a través de la investigación, que lo de la CADE había sido una coima infame... entonces, ¿qué iba a hacer con eso? ¿Matarlos?... Claro, se había demostrado que era una coima y a la compañía no se la podía castigar.

"Brossens me dijo una cosa muy lógica, me dijo: 'Es como si uno fuera por la calle, le ponen el revólver en el pecho y le dicen que entregue la cartera. Yo saco la cartera y se la doy... ¿Y usted me quiere meter preso a mí?'. ¡Tenía toda la razón del mundo!"

El gobierno de Castillo compró en agosto de 1941 dieciséis barcos italianos bloqueados en puertos argentinos por los aliados, y creó así la Flota Mercante del Estado. Eran buques obsoletos —asegura Gambini— pero en ese momento representaban 136.000 toneladas de porte bruto que servían para movilizar el comercio exterior. En 1946 Perón decidió modernizar la flota y encargó la construcción de tres naves en Génova para cubrir la línea de carga y pasaje con el puerto de Nueva York: fueron los buques Río de la Plata, Río Jáchal y Río Tunuyán. Pero la principal operación del gobierno para ampliar la flota fue adquirir los barcos de la Compañía Argentina de Navegación Dodero.

La empresa Dodero se remontaba al siglo XIX cuando el yugoeslavo Nicolás Mihanovich se desempeñó como botero proveedor de las tropas en la guerra contra el Paraguay. Mihanovich compró los primeros remolcadores y balleneros, y luego amplió su empresa con el aporte de capitales ingleses. En 1931 tenía 324 barcos y en noviembre de 1942 vendió todo a los hermanos Alberto, Nicolás y José Dodero, los que sumaron 25 buques de ultramar comprados a bajo precio en Estados Unidos. Dodero obtuvo, con ayuda del peronismo, el monopolio del transporte de treinta mil inmigrantes a razón de 600 pesos cada uno. Pero ni siquiera con eso logró equilibrar las cuentas deficitarias de su compañía. En mayo de 1949 se firmó un decreto declarando "servicios públicos, esenciales a la independencia económica nacional, los prestados por la Compañía Dodero", que fue comprada por el IAPI en 264 millones de pesos. El periódico *La Vanguardia* del 30 de noviembre de 1949 denunció que Dodero "había costeado el viaje de Evita a Europa y le obsequió, luego de la operación de venta de la compañía, una casa ubicada en el Boulevard Artigas de Montevideo; otra en Biarritz, Francia, y el diez por ciento de su propia participación en los beneficios de un hotel en Uruguay".

En marzo de 1950 el gobierno compró la totalidad de tres empresas mixtas de aviación que se encontraban en funcionamiento (FAMA, ZONDA y ALFA) y fundó Aerolíneas Argentinas, que monopolizó el servicio de cabotaje.

El comienzo de la gestión peronista en materia de agricultura, a cargo del abogado Antonio Manuel Molinari y el ingeniero agrónomo Mauricio Birabent provocó una fuerte reacción por parte de los terratenientes. Ambos eran "georgistas", seguidores del economista norteamericano Henry George (1839-1897) que propuso un impuesto a la propiedad de la tierra libre de mejoras e inició un movimiento mundial a favor de la reforma agraria y el sistema impositivo. El 7 de diciembre de 1945 el diario *Democracia* (editado por los mismos Molinari y Birabent) tituló en su primera plana "La Revolución va a expropiar feudos de Patrón Costas", informando que el Consejo Agrario había resuelto expropiar un millón de hectáreas en la Puna de Atacama. "La tierra ha de ser de quien la trabaje", había dicho Perón. Al poco tiempo el propio Presidente anunció en Jujuy la "expropiación de trescientas mil hectáreas que serían devueltas a sus primitivos habitantes". El Consejo Agrario anunció luego la expropiación de El Potrero en Gualeguaychú, un latifundio de 25.000 hectáreas que incluía campos de Concepción Unzué de Casares, María Unzué de Alvear, Delia Álzaga de Pereyra Iraola y Martín Gómez Álzaga. El mismo destino le cupo a un campo de Salto, denominado El Rincón de Estrugamou. Pero luego, y parafraseando a John Lennon, *the dream is over*: Picazo Elordy, miembro de la Sociedad Rural, asumió como ministro del gabinete con el objetivo de "recomponer la relación con la entidad" presidida entonces por José Alfredo Martínez de Hoz. Perón devolvió entonces la CAP a los productores, entre los que se encontraba el propio Martínez de Hoz. El logro más importante en el área durante el primer gobierno peronista fue terminar con la plaga de langosta, que anualmente se comía 500 millones de pesos del campo. José Luis de Imaz escribió en su libro *Los que mandan* que "el hecho es que los grandes terratenientes atravesaron incólumes el período peronista, y si las leyes de arrendamientos congelados perjudicaron a muchos, cayó el peronismo sin que más allá de las expresiones verbales se hubiera expropiado hectárea alguna".

El IAPI enfrentó duras críticas dentro del propio gobierno, y a comienzos de 1949 Miranda abandonó su cargo. El 20 de enero asumió la cartera de Economía Roberto Ares, y Alfredo Gómez Morales el Ministerio de Finanzas. En marzo de aquel año vencían los precios de la carne previstos en el convenio Andes, firmado con Inglaterra y fueron renegociados hasta el 30 de junio de 1950. "Aquel día —según lo recordó el propio Ares entrevistado en julio de 1966 por Gambini— el embajador británico John Balfour llegó hasta mi despacho para discutir la renovación:

"—El estudio técnico de nuestro ministerio considera que de 97,5 libras la tonelada debemos ir a 120 libras esterlinas, señor embajador.

"—Estimo que todo se arreglará satisfactoriamente, señor ministro. Lo comunicaré a mi gobierno.

"Cuatro días después Balfour retornó compungido.

"—Mucho lamento entregarle esta nota de mi gobierno rechazando su propuesta.

"—¿Así que nosotros queremos elevar el precio de 97,5 a 120 y ustedes ofrecen bajarlo a 90? Me parece, señor embajador, que esto no es serio..."

Ares planteó entonces la necesidad de suspender los embarques de carne hacia Gran Bretaña. En aquel momento había cuatro vapores británicos en el puerto esperando llevarse su cargamento de carnes. El IAPI comunicó oficialmente que la "Argentina no venderá carnes por menos de 97,5 libras la tonelada". La decisión argentina produjo agitación en Londres, donde se exigía al gobierno medidas urgentes para solucionar la escasez de carne vacuna. En Buenos Aires, en tanto, aumentaron las exportaciones de carnes conservadas a Estados Unidos. El precio del ganado en pie continuó su tendencia ascendente, lo que dio al gobierno más chances de mantener su posición.

Cuando Gran Bretaña aceptó volver a negociar a través de John Edwards, el ministro del Tesoro, ya transcurría abril de 1951. La Argentina pidió entonces 160 libras por tonelada y firmó el acuerdo en 150. "Habíamos triunfado aplicando por primera vez una nueva política de negociaciones con Gran Bretaña", recordó Ares.

En su biografía de Perón dice Joseph Page que "sus muchos libros, artículos, panfletos, discursos, cartas y charlas grabadas están impregnados de contradicciones, exageraciones y falsedad que deben ser utilizados con extremo cuidado. (...) El poderoso mito peronista irremediablemente confunde realidad con ilusión".

Algunas de estas cifras, sin embargo, son indiscutibles:

• los aumentos de salarios entre 1946 y 1952 alcanzaron un promedio del 56 por ciento anual.

• a finales de 1951 había siete millones de obreros, esto es el 39 por ciento de la población, y el 70 por ciento de ellos, unos cinco millones, estaban sindicalizados, lo que significa amparados por convenios y con los correspondientes aportes jubilatorios y obra social.

• En 1952 la Argentina presentaba el más alto índice de nivel de vida de América Latina.

• En 1954 los obreros argentinos alcanzaron la mayor participación de la historia local en lo que se refiere a la distribución del ingreso nacional: el 50,8 por ciento.

EUROPA, EUROPA

El 12 de diciembre de 1946 la Asamblea General de la ONU, por 34 votos a favor, 8 en contra, 13 abstenciones y la ausencia de Irak, aprobó una Resolución en la que se "prohibía" al gobierno de Franco, calificado de fascista, pertenecer a cualquier organismo internacional. Recuerda Perón en su *Autobiografía*: "Ocupando yo la presidencia de la Argentina, a principios de 1947, nos pidieron los norteamericanos el voto contra España en las Naciones Unidas. No me sorprendió. Semanas antes había venido a mi despacho de la Casa Rosada el embajador de Estados Unidos y al preguntarle yo qué planes estaban ya concertados con relación a España, me dijo rotundamente: 'A España le aplicaremos las mismas sanciones que a los demás países derrotados en la guerra y Franco tendrá que ir a Nuremberg, como han ido todos los criminales de guerra, pues él también lo es'. Le repliqué: 'Me gustaría saber si ésa es una opinión particular de Usted, señor embajador'. Y me contestó: 'No, es la opinión del presidente Truman' (...) Los únicos [comentó Perón, cometiendo un error] que en las Naciones Unidas votamos contra la propuesta fuimos Trujillo y yo. [Nota del Autor: también lo hicieron Portugal, Suiza y la Santa Sede] Muchas veces –sigue Perón– dije entonces a los americanos del Norte: 'Llegará un momento en que se arrepentirán ustedes de lo que están haciendo con España porque, en lo futuro, la necesitarán ustedes. Esto hoy no lo comprenden; carecen de visión; España les será un día necesaria. Fue entonces cuando me apresuré a mandar barcos con trigo, enviando medio millón de toneladas". Luego se firmó, entre ambos países, el llamado Protocolo Franco-Perón por el que España recibió más de cuatrocientos millones de dólares.

A principios de febrero de 1947 Eva recibió una invitación del Generalísimo Francisco Franco para visitar Madrid y Sevilla. Eva viajó junto a los tres edecanes militares de Perón, dos diplomáticos españoles, su amiga personal Lilian Lagomarsino de Guardo (esposa del Presidente de la Cámara de Diputados y hermana del Ministro de Industria), el padre Hernán Benítez, su hermano Juan Duarte, su peluquero Julio Alcaraz, las modistas Asunta y Juanita y el escritor y *ghost-writer* Francisco José Muñoz Azpiri, encargado de redactar los discursos. Lo hicieron en dos aviones: la comitiva en un DC-4 de Iberia y el equipaje en un avión de FAMA (Flota Aérea Mercante Argentina). La recepción del pueblo español fue apoteótica: en todo el trayecto desde el aeropuerto de Barajas se veían banderas y mantones y se escuchaban los vivas de la muchedumbre. El Ministerio de Educación había decretado asueto escolar y los trabajadores tenían autorización para faltar. Franco le impuso la Orden de Isabel La Católica y Eva aseguró que sentía "en este momento la misma emoción que Perón siente cuando es aclamado por los descamisados". Recorrió cada aldea en el camino hacia Sevilla, y en cada una se produjo un revuelo de mujeres y niños que se peleaban por los billetes de cien pesetas que Eva repartía a discreción. Sesenta mil gallegos fueron a recibirla al pueblo de Berbes, y le obsequiaron la réplica de una barcaza. "En la Argentina trabajamos para que haya menos pobres y menos ricos. Hagan ustedes lo mismo", les dijo Eva.

Barcelona la despidió triunfalmente el 25 de junio y de allí viajó hasta Roma. El empresario Dodero la acompañó a su entrevista con el papa Pío XII. Recuerda Lilian Lagomarsino en sus *Memorias* (ella fue testigo directa del viaje) que Eva llegó a la audiencia esperando recibir del Papa el Marquesado Pontificio o la Rosa de Oro. Había establecido un sistema de contraseñas con Dodero: "A mí me dijeron —le dijo Eva— que el Marquesado vale 160.000 pesos y que hay que entregarlos como donación a la salida. Pero para no ensartarnos vamos a hacer una cosa. Usted, Dodero, me pregunta cómo me fue. Si yo digo 'excelente', es el Marquesado; 'muy bien' la Rosa de Oro y 'bien' equivale a un regalo más chico".

"Señora. ¿Cómo le fue?", preguntó Dodero.

"Bien", dijo, secamente, Evita.

Lilian Guardo también mencionó en su libro "motivos oscuros" de un itinerario "algo sinuoso", refiriéndose a la "imprevista" visita de Eva a Suiza. Alicia Dujovne Ortiz sostiene que "su verdadero objetivo habría sido depositar en bancos suizos la fortuna heredada de los nazis: el fabuloso tesoro de

Martín Borman". Vera Pichel, en *Evita Íntima* afirmó que "iba a depositar fuertes sumas de dinero en los bancos, y para atestiguar esas presunciones se hacía hincapié en la presencia de Juan Duarte en la comitiva". Jorge Camarasa, en su artículo "La pista dorada de Eva Perón", publicado por *La Nación* el 13 de julio de 1997, afirmó: "La sospecha de que aquella noche del 8 de agosto, en Bar-au-Lac, Eva hizo los trámites para abrir unas cajas de seguridad en el más importante banco del país, y que depositó en ellas una fortuna considerable, no es una suposición antojadiza ni forma parte de la mitología antiperonista. La prueba más concluyente es que el propio Perón procuró por lo menos media docena de veces en veinticinco años acceder a esas cajas, y que no cesó en sus intentos sino hasta los días previos a su retorno definitivo a la Argentina en 1973". Como dato complementario Camarasa señala las entrevistas de Eva con Hjalmar Schacht (el economista de Hitler) en Madrid, con el mariscal fascista Rodolfo Graziani en Lisboa y con Giovanni Maggio (alcalde de Rapallo) que era el contacto con los banqueros suizos. Desde Ginebra partió en tren hacia Berna, donde tuvo una llegada conflictiva entre tomatazos que llovieron contra su automóvil.

"Cuidá a los Grasitas"

"Si el pueblo fuera feliz y la Patria grande, ser peronista sería un derecho; en nuestros días ser peronista es un deber. Por eso soy peronista."

Eva Perón, en el diario *Democracia*
21 de julio de 1948

"Lo de Evita era así, vea, yo le voy a contar una cosa. Una mañana entro al despacho de Evita (Evita a mí no me quería, en general no quería a los intelectuales, a los que ella consideraba "cráneos". Tenía razón en no darle confianza a los "bochos", tenía razón, los intelectuales lo han demostrado) y me quedo en el pasillo... Había mujeres con hijos cargados, embarazadas con hijos en brazos, sucias, enfermas, en fin, todo ahí, treinta, cuarenta sentadas, y ella atendiéndolas una por una, una por una. Ella operaba así, fulana venía y planteaba su problema: marido borracho, quiere una máquina de coser para poder coser para Fulano; entonces ella hacía el papelito y se lo daba a un tipo, éste salía y antes de que terminara ya tenía que venir el tipo, con la constatación de si era cierto o no era cierto; entonces Evita se despedía de la mujer y la besaba en la boca y le decía: pasado mañana va a tener solucionado su problema, o fulano va a ocupar de su asunto a ver si se puede arreglar. A veces, no se podía. Bueno, le digo lo de la despedida por esto: Evita besaba en la boca a todas estas mujeres, al despedirse; ella se levantaba y la mujer la

besaba. Y una vez había una mujer que tenía un absceso repugnante en el labio y estaba Castiñeira de Dios, el poeta, que fue chupamedias de Evita, en la punta de la mesa, y Castiñeira para evitarle a Evita eso se echó sobre el escritorio, se interpuso entre la mujer y Evita y dijo: 'Señora, yo le quería decir...' Para dar una oportunidad, para que Evita la salteara y Evita lo sacó a Castiñeira y la besó en la boca. Pero cuando terminó la audiencia lo llamó y le dijo: 'Castiñeira, nunca más vuelva a hacer eso porque éste es el precio que yo pago'."

Arturo Jauretche, *Escritos Inéditos*

"*Yo era el ejecutor fuerte y decidido de un destino argentino. Evita, en cambio, era el destino mismo.*"

Juan Perón, *Coloquios* con Enrique Pavón Pereyra

El 19 de junio de 1948, con un aporte personal de diez mil pesos, Evita abrió la cuenta bancaria de la Fundación Ayuda Social María Eva Duarte de Perón. El gobierno instituyó entonces dos días anuales de aportes obligatorios que las empresas debían descontar por planilla a sus obreros y empleados: el 1 de mayo y el 12 de octubre. El activo de la Fundación se elevó en cinco meses a 23 millones de pesos. En 1949 el balance registró un capital de 122 millones y en el cierre de ejercicio de 1952 la entidad giraba con 2.000 millones de pesos.

"Para los que acusan —escribió la propia Eva en su columna del diario *Democracia*— bueno es recordarles que la ayuda social que se practica ahora nada tiene en común con la de antes. No llega a manera de limosna como caso excepcional, ni tiene antifaz de pensión graciable. No se hace para cubrir los gastos de un lujoso departamento o el cuidado de un perrito de raza."

La Fundación se encargó de la construcción de hogares de tránsito, escuelas de enfermería, ciudades estudiantiles, colonias de vacaciones, hogares para ancianos y clínicas de recuperación infantil. Edificaron más de mil escuelas en todo el país y construyeron modernas policlínicas en el Gran Buenos Aires y las provincias del Norte y el Litoral. A la vez, se encargaron de organizar los Campeonatos Infantiles Evita, que permitieron a miles de chicos calzarse medias y zapatos por primera vez y, también primera vez, tener una revisación médica completa.

El 26 de julio de 1949 se realizó el acto inaugural del Partido Peronista Femenino. Eva fijó allí sus objetivos: "Para la mujer ser peronista es, ante todo, fidelidad a Perón, subordinación a Perón y confianza ciega en Perón. Hace dos años –dijo en aquel acto– recibí de manos del líder la Ley 13.010, que en su primer artículo dice que las mujeres argentinas tendrán los mismos derechos políticos y estarán sujetas a las mismas obligaciones que les acuerdan o imponen las leyes a los varones argentinos".

En varios pasajes de su autobiografía Perón relató diversas escenas de su relación con Eva: "Lo primero que hacía al levantarme era ver si Evita estaba acostada pues yo era un gran madrugador y ella trabajaba mucho de noche, hasta que se hacía de día. (...) Los días de fiesta comíamos juntos. Ella me contaba lo que había hecho y me preguntaba por lo que había hecho yo. (...) Un día le conté lo último que había sabido de Yanquelevich. Éste era un ruso-judío con el que Eva había trabajado en Radio Belgrano. Era uno de esos patrones que se peleaba con todos, porque si podía le metía a uno la mano en el bolsillo y le robaba los fósforos. Por otra parte era un hombre inculto y ordinario, y además un sinvergüenza. A Evita le decía: '¡Muy bien, le vamos a pagar un sueldo de quinientos pesos!'. Y a fin de mes le pagaba cuatrocientos ochenta. ¡Le robaba! Ningún artista que haya trabajado con Jaime Yanquelevich, que ya murió, el pobre hombre, ha dejado de pelearse con él porque si no le podía robar el sueldo, mientras hablaba con él le robaba los ojos. Bueno, le conté a Eva lo que había pasado con él aquel día. Estaba en la radio y no quería contratar a unos artistas para trabajar en su programa. '¿Por qué?', preguntaron éstos. Y él les contestó: 'Por órdenes de arriba'. Un funcionario del Estado se enteró y le pidió que se aclarara. '¿Ha dicho Usted que no se puede contratar a éstos por órdenes de arriba?' 'Sí –respondió, señalando al techo– por órdenes del director artístico, que tiene su despacho arriba, en el piso de arriba'. ¡¡Famoso ruso Yanquelevich!! ¡No hay quién no le conozca en Buenos Aires! Con las malas pulgas que tenía Eva, cuántas veces no le habrá dicho 'ruso de mierda'."

Hablando de los mitos que se tejían alrededor de su relación con Eva, decía Perón en el libro ya citado: "¿Y cuando dijeron que me enfadé con Evita y la llamé 'negra'? Si era más blanca que la leche y yo no era corto de vista, ¿cómo la iba a llamar negra?".

Prosigue: "Juan Duarte era un muchacho muy bueno, hermano de Evita, que trabajó siempre con nosotros pues yo le llevé como secretario privado de la presidencia en un primer momento. Antes de colocarse conmigo era corredor de comercio y se ganaba la vida vendiendo mercaderías por todas partes. El muchacho no tenía una gran preparación pero sí un gran corazón, le gustaba mucho la farra, cosa que a mí no me importaba con tal de que cumpliera su deber dentro del cargo que tenía. Le calumniaron mucho. Empezaron a decir que tenía varias estancias, que se había comprado un castillo en Suiza y no sé cuántas cosas más. Todo mentira. Cuando empezaron a arreciar los ataques contra él le dije 'Juancito, le están calumniando... hágase un viajecito, estése tranquilo, pásese cuatro o cinco meses por ahí para que la gente se olvide de usted'. Fui yo el que le dio el dinero para los gastos. Se fue con Cámpora y cuando regresó tenía menos dinero que cuando se fue. Yo sabía que uno de los que más hablaba era el general Bengoa, que era un charlatán, y lo nombré por decreto para que lo investigara a Juan. Y no vio nada. No descubrió nada. Juancito era un chico muy sensible y, por otra parte, había pasado una sífilis en sus noches de farra y estaba ya en los comienzos de una ataxia locomotriz. Él descubrió su enfermedad cuando estaba ya en el segundo grado, le estaba atacando el cerebro y tenía dificultades para caminar. Todo esto, más las calumnias y la muerte de Evita, se combinó para provocarle una gran depresión. (...) Una noche en la que cenó tranquilamente conmigo se fue a su casa y se pegó un tiro en la cabeza".

Según publicó la revista *Primera Plana* el 2 de julio de 1968, la siguiente nota, manuscrita por Juan Duarte se encontró encima de su mesa de luz: "Mi querido General Perón: la maldad de algunos traidores de Perón, del pueblo trabajador... y de los enemigos de la Patria me han querido separar de Usted, enconados por saber lo mucho que me quiere y lo leal que le soy; ellos recurren a difamarme y lo consiguieron: me llenaron de vergüenza... He sido honesto y nadie podrá probar la contrario. (...) Vine con Eva, me voy con ella, gritando ¡Viva Perón!, ¡Viva la Patria! y ¡Que Dios y su pueblo lo acompañen para siempre!. Mi último abrazo para mi madre y para usted". "Juan R Duarte", se lee la firma, con el siguiente agregado: "Perdón por la letra, perdón por todo". J. Page dice, en el segundo tomo de su biografía: "En el Barrio Norte la broma favorita era: Todo el mundo sabe que se suicidó, pero nadie sabe quién lo hizo".

En enero de 1950, durante la inauguración de la nueva sede del Sindicato de Conductores de Taxis en Puerto Nuevo, Eva comenzó a sentir un fuerte dolor en la ingle. Tres días después el entonces ministro Ivanissevich la operó de apendicitis aguda en el Instituto Argentino del Diagnóstico. Almorzando con Perón en la clínica, el médico comentó que, luego de varios análisis, habían descubierto un cáncer probablemente terminal. Ivanissevich, entonces, le sugirió a Eva una operación de matriz.

"A mí usted no me toca porque yo no tengo nada. Lo que pasa es que me quieren eliminar para que no me meta en política... y ¡no lo van a conseguir!" Un año y medio después debió internarse de apuro en el policlínico Avellaneda, y allí fue operada por Ricardo Finochietto. Ya en aquel momento su mal no tenía cura. En pocos días iban a realizarse los comicios para la reelección de Perón y Quijano, el 11 de noviembre. Era, también, la primera vez que las mujeres iban a participar de una elección en la Argentina.

Eva había dirigido toda su actividad de aquel año y de los anteriores a posicionar a "su gente" en el gabinete, y aspiraba a ocupar la fórmula para la vicepresidencia.

Perón puso como excusa la oposición de las Fuerzas Armadas para desaconsejárselo. El peluquero Alcaraz fue testigo involuntario de una escena que relató años más tarde al periodista Tomas Eloy Martínez: "Alcaraz quedó encerrado en la salita contigua al dormitorio presidencial, y ahí escuchó la voz de Perón: "–Tenés cáncer –le dijo a Eva–. Estás muriéndote de cáncer, y eso no tiene remedio."

El viernes 31 de agosto, a las ocho de la noche, Eva dijo por la cadena nacional de radiodifusión: "Quiero comunicar al pueblo mi decisión irrevocable y definitiva de renunciar al honor con que los trabajadores y el pueblo de mi Patria quisieron brindarme en el histórico Cabildo Abierto del 22 de agosto. En primer lugar declaro que esta decisión surge de lo más íntimo de mi conciencia y por eso es totalmente libre, y surge de mi voluntad". Aquella vicepresidencia estaba maldita: Quijano tampoco alcanzó a ocuparla, porque falleció el 4 de abril de 1952, dos meses antes de asumir el cargo.

En septiembre de 1951 se publicó *La razón de mi vida*, el libro escrito por el *ghost-writer* español Manuel Penella de Silva, firmado y corregido por Eva. Héctor J. Cámpora, el presidente de la Cámara de Diputados, presentó un proyecto para convertirlo en texto escolar con obligación de ser comentado por los maestros en primaria, secundaria, enseñanza normal, técnica, especial y universitaria. Penella cobró 50.000 pesos como adelanto de derechos de autor, aunque fue éste su único pago. El libro fue editado por Jacobo Peuser, quien llegó a imprimir 1.300.000 ejemplares.

El 7 de mayo de 1952 Eva, quien ya había sido nombrada como Abanderada de los Pobres, Hada de los Niños, Mártir del Trabajo y Dama de la Esperanza, y había dado su nombre a la provincia de La Pampa fue declarada por el Congreso como Jefa Espiritual de la Nación.

El 4 de junio de 1952 Eva le escribió una carta a Perón: "Tú sabes que a ese privilegio respondí haciendo de mi vida una llama que ardió en una vigilia permanente, sin descanso y con alegría...".

Perón, en Madrid, recordaba que: "Desde que Evita comenzó a enfermar traté de mantenerla en casa y de que no saliera. Esto era muy difícil, pues no quería otra cosa que trabajar. (...) Tuve que prometerle que yo haría personalmente las tareas que ella desarrollaba, y por las mañanas iba a Casa de Gobierno y a la tarde a la Secretaría de Trabajo y Previsión Social, sólo así conseguí que se quedara en casa. (...) Ya entonces sabía que no le quedaba mucho de vida. 'No te preocupes', le decía yo. Ya casi no podía hablar. Volvió a quedarse semidormida y toda la noche y toda la mañana siguiente entró en estado de coma sin volver a reaccionar, y a la tarde murió. Sus últimas palabras fueron 'Cuidá a los obreros y no te olvides de los grasitas'. Con esta palabra, 'grasitas', se refería ella a los pobres".

Memorias del Fuego

En la tarde del 15 de abril de 1952 la CGT convocó a una huelga con movilización a la Plaza de Mayo; el objeto era dar apoyo a Perón frente a la crisis inflacionaria y otras dificultades económicas que comenzaban a insinuarse. La plaza estaba llena pero, citando a Page, "la muchedumbre no compartía el mismo grado de entusiasmo: muchos de los concurrentes habían asistido porque los delegados pasaban asistencia en la misma plaza". De pronto, de la planta baja de un hotel ubicado frente a la Plaza comenzó a salir humo.

—Compañeros —dijo entonces Perón— estos mismos que hacen circular rumores todos los días parece que hoy se han sentido más rumorosos queriéndonos colocar una bomba...

Entonces hubo otra explosión en la boca del subterráneo:

—Creo, compañeros —acotó Perón, tratando de mantener la calma— que según se puede ir observando, vamos a tener que volver a la época de andar con el alambre de fardo en el bolsillo...

—¡Perón! ¡Perón! —gritó la multitud—. ¡Leña! ¡Leña!

—Eso de la leña que ustedes me aconsejan, ¿por qué no empiezan ustedes a darla? —les dijo el Presidente.

Como siempre, Perón les pidió que se dispersaran en calma pero es evidente que los grupos de ultraderecha presentes en la Plaza sentían en su interior que ahora tenían una orden que cumplir. Un grupo se dirigió a la Casa del Pueblo, del partido socialista, y tirando piedras contra el edificio les gritaron "¡Judíos! ¡Váyanse a Moscú!". Un camión derribó el portón de entrada al edificio –donde también se hallaba el periódico *La Vanguardia*– y la muchedumbre le prendió fuego, destruyendo también la Biblioteca Obrera Juan B. Justo. Otros grupos atacaron la Casa Radical y la sede del Partido Demócrata Nacional, y tres *jeeps* se detuvieron en la calle Tucumán, frente a la puerta del Jockey Club, entraron allí a los golpes, quemaron los óleos de Goya que colgaban en el primer piso y luego hicieron trizas una estatua de Diana Cazadora.

Cuando el intendente del Jockey Club llamó al cuartel de bomberos le respondieron: "No tenemos instrucciones de apagar ningún incendio en el Jockey Club".

"La quema de obras de arte del Jockey Club –señala Page– significó el mayor acto de vandalismo de obras de arte jamás ocurrido." Las bombas de aquel día mataron a cinco personas e hirieron a noventa y tres. A la mañana siguiente, el diario *Democracia* escribió una apología de las "llamas purificadoras".

El 1 de mayo de 1953, poco después de la quema del Jockey Club, dijo Perón en su discurso del Día del Trabajo: "Cuando haya que quemar, voy a salir yo a la cabeza de ustedes; pero entonces, si fuera necesario, la Historia recordará la más grande hoguera que haya encendido la Humanidad hasta nuestros días".

A medida que iba endureciéndose la represión interna Perón intentó un inesperado acercamiento con los Estados Unidos. Albert Nufer, diplomático de carrera, había sido nombrado Embajador de Estados Unidos poco antes de la muerte de Eva, y logró una buena relación con Perón. La elección del general Dwight Eisenhower como nuevo presidente de la Unión abría más posibilidades de relación con los republicanos en el gobierno. Milton Eisenhower, hermano del Presidente, inició en esos días una gira por Latinoamérica y no podía obviar a la Argentina, aunque no fuera de la simpatía del Departamento de Estado. Perón llevó a su nuevo amigo Milton a ver Boca-River, y a presenciar una pelea de box en el Luna Park. Milton Eisenhower, según publicó *Primera Plana* en la nota ya citada, escribió años después que "Perón era, al mismo tiempo, uno de los hombres más atractivos y más crueles que he conocido". A partir de la visita comenzó a registrarse un creciente desembarco de capitales norteamericanos en la Argentina.

La figura clave del Segundo Plan Quinquenal 1953-1957 fue el financista de origen sirio Jorge Antonio, quien en 1950 fracasó en sus gestiones para que la General Motors se estableciera en la Argentina y luego viajó a

Frankfurt donde consiguió el sí de la Mercedes Benz, que prometió construir una fábrica de camiones y exportar 500 ómnibus.

Perón, por su parte, negoció con el industrial Henry Kaiser y con la Standard Oil de California. Kaiser instaló como empresa mixta, asociado con la Fuerza Aérea, las industrias que llevaban su nombre, con venta de acciones al público.

Hacia mediados de 1954 cuatro grupos petroleros negociaban activamente con el gobierno: Standard Oil de New Jersey, Standard Oil de California, Royal Dutch Shell y un consorcio que unía la Atlas Corporation con las industrias Dresser. Con Standard Oil se firmó el 25 de abril de 1955 un importante contrato de explotación de la zona de Santa Cruz.

GORILAS
EN LA NIEBLA

Lo que sigue es la palabra del propio Perón relatando los complots militares armados en su contra que culminaron en 1955 con la llamada Revolución Libertadora: "La insurrección del 28 de septiembre de 1951 fue dirigida por el general Benjamín Menéndez, retirado. Él hizo entrar en la conspiración a algunos oficiales y durante la noche, con su ayuda, se metió en Campo de Mayo y produjo el levantamiento por la mañana. Antes de eso pelearon y mataron a un suboficial. Pero los muchachos de la CGT, por su cuenta, se agruparon en la avenida de circunvalación de la ciudad y cerraron la entrada a Buenos Aires. Los oficiales escaparon y los soldados quedaron ahí".

Perón decidió desde aquel momento declarar al país en "estado de guerra interna", situación que se prolongó hasta su caída. Aunque la cara visible del complot era Menéndez, fue la Marina quien se opuso con mayor fuerza a Perón y, de hecho, la responsable del golpe de 1955. "Yo a la Marina la corro con el Cuerpo de Bomberos", había dicho Perón en su segundo gobierno. "La historia con la Marina es una cosa un poco larga –dijo en su autobiografía–. Casi todas las marinas del mundo están un poco desligadas de su país. Viven más bien en el océano que en su país. Y, dentro de eso, también están un poco ligadas a la marina inglesa. Todavía llevan el luto por Nelson en el pañuelo negro que usan. En la Argentina mucho más, porque han sido instruidos por los ingleses y, como bien se sabe, la revolución de 1955 nos la hicieron los ingleses por un motivo económico. (Cuando asumí el gobierno) Argentina era una colonia de Inglaterra.

"Nuestra independencia económica sirvió para librarnos de Inglaterra. La Marina está formada por jefes y oficiales que son en su mayoría masones del rito celeste escocés, rito al que pertenece la marina inglesa. Nosotros sabíamos que Inglaterra estaba dirigiendo y financiando esto y por eso le retiramos toda la munición a la Marina. No les dejamos ni las espoletas de los cañones. Pero los ingleses, desde las bases de las Islas Malvinas, no solamente les facilitaron esas municiones sino que también los abastecieron de combustible y de alimentos desde Montevideo. (...) Proyectaban sacar a la Infantería de Marina, que se hallaba en el Arsenal de Buenos Aires para que atacara la Casa de Gobierno y me matara ahí adentro. Tiraron bombas desde el aire y atacaron también con bazucas, pero yo no estaba en ese lugar, sino en el Ministerio de Guerra. No estaba sólo Toranzo Calderón –sigue Perón– también se encontraba el almirante Isaac Rojas, que había sido un peronista furioso. Le daba recepciones a la CGT y le entregó medallas al secretario general Espejo, le regaló alhajas a la esposa del gobernador de Buenos Aires. Siendo agregado naval en Brasil le quiso dar adoctrinamiento peronista al embajador Cooke... este Rojas fue un hombre que se hizo pasar por peronista, un traidor al movimiento, un individuo emboscado en el movimiento. Decía Napoleón: 'Todos los hombres tienen un precio, es cuestión de encontrarlo'. Pues a Rojas se lo encontraron. Hombres como él son hombres pagados. (...) Estos fenómenos generalmente nacen de defecciones dentro del propio gobierno. Son los intereses, y los hombres débiles, y los flojos, y los mentirosos. Porque si en política se quisiera actuar con hombres buenos y leales, no quedarían sino tres o cuatro, como mucho. Los demás son todos malos y mentirosos. Si esta revolución se hubiera producido en el año 1945... ¡Dios los libre! Pero hacía ya diez años que yo gobernaba el país y ya estaba harto y desilusionado de los hombres, del gobierno y de todo. Porque uno termina por tenerle asco a tanta inmundicia y tanta perversidad. Es algo que le pasa a todos los hombres que gobiernan. Wellington, probablemente, no hubiera ganado Waterloo ni con Blücher ni con nadie. Le ganaron a Napoleón porque esa noche llovía, debía esperar el coche, estaba viejo, naturalmente. Cuando tuvimos noticias de que en Córdoba, la guarnición más grande del país, se habían producido algunas cosas lo llamé al general Lucero, ministro de Guerra y el 14 de septiembre lo mandé para allá. 'Sólo a un loco se le puede ocurrir que esta gente se levante', me dijo al volver. El día 16 se levantó Córdoba. Cuando uno cuenta con tipos así, ¿qué va a hacer? Está perdido.

Yo estoy seguro de que el Comando en Jefe también era traidor. Eran todos traidores. (...) Yo también estaba un poquitito cansado. Por otra parte, nuestro pueblo, que había recibido enormes ventajas y reivindicaciones debía haber tenido un mayor entusiasmo por defender lo que se le había dado. Pero no lo defendió porque todos eran "pancistas". ¡Pensaban con la panza y no con la cabeza y el corazón! Yo vi este panorama y pensé si debía ser más papista que el Papa y sacrificar todo por estos señores que no querían sacrificar nada por ellos. Esta ingratitud me llevó a pensar que darle conquistas y reivindicaciones a un pueblo que no es capaz de defenderlas, es perder el tiempo. (...) Tenía yo la Primera División con el general Fatigatti, que era el único general bueno que encontré. Podía haberlos llamado junto al regimiento de Granaderos, y salir. ¿Y qué iban a hacer ellos contra eso? Pero era una cosa espantosa. Los demás generales más bien eran obispos. Les gustaba pronunciar conferencias, pero lo que no les gustaba era pelear. ¡Tenían miedo de morir! Ésa es la verdad (...) Yo hubiera podido llamar al pueblo y entregarles las armas. Pero, ¿qué iba a pasar? ¿Iba a hacer yo matar miles de hombres para defender una cosa que esos mismos miles de hombres no estaban dispuestos a defender? También me desilusionaron los gremios. La huelga general estaba preparada y no salieron. Trataron de arreglarse con los que venían. Uno mira ese panorama y se dice: ¿pero... yo he trabajado tanto, me he sacrificado tanto para esto? Entonces llega a la conclusión de que el pueblo argentino merecía un castigo terrible por lo que había hecho. Ahí lo tiene. Allí está ahora hambriento, desesperado. Es la suerte que merece. Ahora estos años de dolor le están haciendo recapacitar. (...) Todos los demás acontecimientos militares fueron secundarios. Eran una partida de cobardes que no quisieron pelear de un lado ni del otro. ¡Los pueblos tienen la suerte que merecen! (...) Yo vi que todo esto era una porquería y en esa situación el embajador del Paraguay, Juan Chávez, me dijo: 'Véngase a mi casa. Este asunto se pone muy malo y Usted no tiene por qué sacrificarse inútilmente. Salí vestido de civil y llevándome solamente la ropa. Y de ahí fuimos a la cañonera, donde el capitán me cedió su camarote. Pero carecíamos de combustible, y no podíamos zarpar. La Marina estaba en el muelle, armada hasta los dientes, y no nos proporcionaba ayuda. Entonces el presidente Stroessner me envió un hidroavión para recogerme."

PUNTOS DE VISTA

A mediados de la década de los sesenta la Cátedra de Derecho Político de la Facultad de Derecho y Ciencias Sociales de la Universidad de Buenos Aires realizó un estudio sobre la *Naturaleza del Peronismo* que luego fue reunido en un libro con el mismo título publicado en 1967 por Carlos S. Fayt. Su hipótesis de trabajo partió de las siguientes premisas:

1. El peronismo es simplemente Perón.

2. El peronismo es la versión argentina del fascismo italiano.

3. El peronismo es la respuesta política a las condiciones sociales y económicas imperantes en 1943. Fue una necesidad histórica que facilitó el acceso del proletariado a la escena política, como etapa preparatoria de una revolución profunda.

En sus conclusiones personales, Fayt detalló que:

a) El peronismo es una forma del autoritarismo basada en el poder de las masas y, a la vez, una figura original, idéntica sólo a sí misma.

b) Sin ideología ni fisonomía definida, el peronismo elaboró su doctrina después de captar el poder por vía del sufragio universal. Al sindicalismo de clase le opuso el sindicalismo corporativo.

c) Su doctrina, elaborada en forma de "verdades" procura poner el capital al servicio de la economía y la economía al servicio del bienestar social.

d) El peronismo no hubiera existido sin el apoyo del Ejército, la Iglesia y la clase obrera. Tampoco sin el desamparo social y cultural de las masas populares argentinas.

e) Tuvo mucha semejanza con el fascismo, promovió el servilismo y la adulación, las concentraciones multitudinarias, el despliegue de banderas y carteles, la dramatización de las apariciones del líder, etcétera.

f) El proletariado adscripto al peronismo no es antidemocrático. Lo prueba el intento frustrado de organizarse políticamente en el Partido Laborista y la necesidad de propaganda, erigida en función principal del Estado peronista.

A continuación se publica una extensa serie de puntos de vista que servirá para enriquecer un debate que aún persiste.

GINO GERMANI en su libro *Política y Sociedad*: "El peronismo es un fascismo basado en el proletariado y con una oposición democrática representada por las clases medias, a diferencia del modelo italiano que ha sido una ideología de la clase media. El fascismo italiano contó con el apoyo de las clases medias urbanas, el 60 por ciento de la población, trabajadores agrícolas, el 25 por ciento, lumpenproletariado, obreros desocupados, el 15 por ciento. El peronismo, en cambio, se formó sobre la base de grandes sectores de trabajadores urbanos y rurales. (...) Hubo, sí, demagogia, pero lo positivo de tal demagogia no se encuentra en las ventajas materiales sino en haber dado al pueblo la experiencia, ficticia o real, de que había logrado ciertos derechos y los estaba ejerciendo. Los trabajadores que apoyaban la dictadura, lejos de sentirse sin libertad, estaban convencidos de haberla conquistado".

JOSÉ LUIS ROMERO en *Las ideas políticas en la Argentina*: "Perón constituyó el más activo de los elementos pronazis del gobierno revolucionario y comenzó a utilizar los típicos métodos aconsejados por la tradición nazi fascista. Para cumplir esa finalidad, Perón descubrió un instrumento de acción inestimable: su capacidad de orador capaz de usar el tono, el vocabulario y las ideas más apropiadas para convencer a las masas argentinas, en especial a las masas suburbanas. Este elemento, cuyo valor acrecentaba la radiotelefonía, había de constituir en lo futuro un imponderable de la política argentina. Poco a poco la revolución impopular comenzó a hacerse popular, sin que los políticos de las clases medias lo advirtieran".

ALFREDO GALLETI en *La Política y los partidos*: "El peronismo fue una dictadura de corte totalitario, con graves e irreductibles contradicciones. La presunta teoría justicialista no es más que una amalgama hecha de

retazos, de detritos nazifascistas con ciertas reminiscencias marxistas. Si bien
Perón fue llevado al poder por la razón de las urnas, con posterioridad
montó a punto una complicada maquinaria que no permitía el uso de libertades esenciales".

SILVIO FRONDIZI en *La realidad argentina*: "El proceso demagógico
presentó algunos resultados beneficiosos, particularmente en el orden social y político. Al apoyarse en el pueblo, la dirección capitalista, aún en el
caso de que en realidad no otorgue ninguna ventaja económica al obrero, le
desarrolla la conciencia de clase y le da la suficiente personalidad como
para sentirse amo del Estado. Se produce en esta forma una maduración
acelerada de la clase obrera, que hubiera necesitado muchos años de luchas
sociales para llegar al mismo resultado".

TORCUATO S. DI TELLA en *El sistema político argentino: la clase obrera*:
"El peronismo fue una versión local del bonapartismo. (...) Lo que sí es
bastante parecido entre el peronismo y el fascismo es la naturaleza de las
élites políticas que lo iniciaron. Se trataba de grupos de ideología nacionalista, germanófilos durante la guerra, ligados a sectores clericales, militares
admiradores de las proezas de Hitler y exégetas del estado corporativo
mussoliniano".

JORGE ABELARDO RAMOS en *Revolución y contrarrevolución en la
Argentina*: "Fue un régimen bonapartista que se elevó por encima de la
sociedad y gobernó con la ayuda de la Policía, el Ejército y la burocracia".

ALBERTO BELLONI en *Del anarquismo al peronismo*: "Fueron los
partidos de izquierda los que empujaron a la clase obrera al peronismo.
El 17 de octubre fue el reencuentro del proletariado argentino con la
tradición nacional y popular, cuyos antecedentes históricos se encuentran en los criollos que acompañaron los movimientos emancipadores.
Si bien la política social de Perón tiene mucho de bonapartismo, entendiendo como tal la pretensión de gobernar para todas las clases sociales,
el peronismo fue el primer gobierno nacional con apoyo masivo de los
trabajadores, y el laborismo fue el primer partido nacional de la clase
obrera. (...) El peronismo cayó en 1955 por la acción de una Unión
Democrática reorganizada: curas y comunistas, socialistas, conservadores y radicales... dentro del peronismo estaba la traición".

ENRIQUE RIVERA en *Peronismo y frondizismo*: "Durante largos años Perón se había narcotizado con la idea de que al país sólo le hacía falta un hombre de buena voluntad, un hombre que fuera capaz de sentir al pueblo, sus intereses, sus necesidades, como propios. El resultado fue el silencio de las tumbas. (...) Perón le dio expresión a la conciencia antiimperialista del país, una conciencia nacional tendiente a la defensa del productor, y de lucha contra el papel esquilmante del capital extranjero".

J. J. HERNÁNDEZ ARREGUI en *Tres revoluciones*: "El peronismo se explica por el crecimiento industrial asociado al fortalecimiento de la conciencia histórica de la comunidad nacional. Fue un régimen autoritario al que las masas le sirvieron de sostén, apareciendo por primera vez como un factor en la vida política".

ERNESTO SABATO en *Tres revoluciones*: "El 17 de octubre yo estaba en mi casa de Santos Lugares cuando se produjo aquel profundo acontecimiento. No había diarios, no había teléfonos ni transportes, el silencio era un silencio profundo, un silencio de muerte. Y yo pensé para mí: esto es realmente una Revolución. No hago un juicio de valor; ignoro las intenciones que tenía este señor, puede ser que no fueran buenas. Personalmente no tengo simpatía por Perón. Pero si fuéramos a juzgar la Historia y los hechos políticos por la simpatía o antipatía que nos merecen sus líderes, evidentemente resultaría una Historia muy curiosa. Lo cierto es que aquellas masas eran multitudes que habían sido sistemáticamente escarnecidas y expoliadas, que ni siquiera eran gentes, que no eran personas. Ese concepto de "persona" que tan profundamente la Iglesia reivindicó para el hombre, y que trajo a la civilización occidental una revolución espiritual tan trascendente. Pues bien, esa multitud de parias había encontrado un conductor, un líder que había sabido moverlas, que había sabido despertar su amor. Nada de malo veo en la existencia de un líder. Se oye decir en este país, especialmente en los sectores llamados democráticos, que es malo que exista un conductor, como si eso fuera cosa de pueblos atrasados o de multitudes bárbaras o fanáticas. Nunca ha habido, por otra parte, Historia sin líderes. El propio Marx ha dicho que la Historia se hace en condiciones determinadas, ajenas a la voluntad de los seres humanos pero que la Historia, no obstante, la hacen los seres humanos y sobre todo, naturalmente, los grandes hombres. No alcanzo a comprender porqué Churchill, por el solo hecho de ser inglés haya de ser un líder aceptable y no han de serlo otros que no gozan de una nacionalidad tan privilegiada. No hay nada repudiable en que un conductor que sabe lo que debe hacerse por su pueblo, lo haga. No es que defienda particularmente el liderazgo de Perón, porque en ese caso habría que hablar mucho y analizar muchos matices. Sólo quiero significar que su condición de conductor no es, en este caso, un argumento en su contra, como se ha pretendido hacer valer, sino más bien a su favor. Se oye decir que las masas peronistas fueron subyugadas por mendrugos y por botellas de sidra. Ésa es otra de las grandes falsedades que se repiten. Nunca una revolución se ha hecho por simple hambre. Lo saben bien los teóricos comunistas, para citar el caso de una posición materialista de la Historia, es decir, el caso más desfavorable. La gente se mueve por ideas y por ideales, por odio y por amor. Así se hizo nuestra revolución de 1810, la revolución del '89 en Francia, la del '17 en Rusia y todas las grandes revoluciones de la Historia. Un pueblo no sigue a un líder porque tenga el estómago vacío: hay pueblos hambrientos que viven en la esclavitud. Por el contrario, los desheredados siguen a un conductor cuando él sabe despertar en ellos pasiones profundas. En este caso, los hombres de los frigoríficos y quebrachales, de las fábricas y talleres, porque encontraron a un hombre que supo encarnar y personificar sus sentimientos y anhelos más recónditos. Por eso fueron tras él. Y estoy seguro de que conservarán ese sentimiento de fidelidad hasta que se mueran".

LEÓNIDAS BARLETTA en *Tres revoluciones*: "Debe distinguirse entre el peronismo de los aprovechados jerarcas del movimiento y el de las masas populares, necesitadas, esperanzadas y siempre engañadas. Perón fue el gran demagogo diversionista que utilizó la táctica de ceder para neutralizar, frustrando así un seguro progreso democrático".

EZEQUIEL MARTÍNEZ ESTRADA en *¿Qué es esto?*: "Fue una mezcla de bonapartismo y fascismo, y Perón un cínico, locuaz y mendaz dominador, con odio a la cultura, resentido, de conciencia fría y demagogo. Perón se dirigió a los resentidos, a los iconoclastas, a los individuos sin nobleza, a ese populacho desdichadamente mayoritario y dueño de un poder nunca antes ejercido. (...) Tenía en sus manos un instrumento de fascinación omnipotente: el dinero; de él usan los tiranos más que del látigo, con el dinero hipnotizó a las masas, lo usó como una droga, era el opio que le daba al pueblo. (...) Perón les decía 'compañeros' en sus discursos, pero la muchedumbre no sabía que a la noche, vestido de elegante smoking y entre escotes y bicornios cenaría opíparamente con prelados, banqueros, damas de su corte, etc.. y luego se acostaría en cama de sándalo, con pijama de raso, aunque se proclamara ante ellos como el 'primer trabajador'".

JORGE LUIS BORGES en "L'illusion comique", publicado en el número 237 de la revista *Sur*, noviembre/diciembre de 1955: "Durante años de oprobio y de bobería, los métodos de la propaganda comercial y de la *littérature pour concierges* fueron aplicados al gobierno de la República. Hubo así dos historias: una, de índole criminal, hecha de cárceles, torturas, prostituciones, robos, muertes e incendios; otra, de carácter escénico, hecha de necedades y de fábulas para consumo de patanes. La dictadura abominó (simuló abominar) del capitalismo, pero copió sus métodos, como en Rusia, y dictó nombres y consignas al pueblo, con la tenacidad que usan las empresas para imponer navajas, cigarrillos o máquinas de lavar... Más curioso fue el manejo político de los procedimientos del drama o del melodrama. El día 17 de octubre de 1945 se simuló que un coronel había sido arrestado y secuestrado, y que el pueblo de Buenos Aires lo rescataba; nadie se detuvo a explicar quiénes lo habían secuestrado ni cómo se sabía de su paradero. Tampoco hubo sanciones para los supuestos culpables, ni se revelaron o conjeturaron sus nombres".

LEON ROZITCHNER en "Experiencia proletaria y experiencia burguesa", revista *Contorno*, julio de 1956: "El peronismo fue la respuesta de nuestra burguesía hacia el proletariado, y en tal sentido, un producto de nuestra burguesía. No es un fenómeno originario de las masas sino que se origina en la consciente miseria a que la burguesía reduce una parte del país, hacia la que sólo siente desprecio. A fin de cuentas el proletariado, víctima de la loca pero necesaria aventura, fue el único que se conformó con ilusiones, el único que no lucró con el peronismo, el único que se satisfizo con la adoración y el afecto sin solicitar por ello un aumento paralelo en la cuenta del banco, el único que fue engañado sin remisión. (...) Se quiso eludir el drama. Obtener lo que se obtiene con el esfuerzo, pero sin el esfuerzo. Y creer que es lo mismo".

JUAN JOSÉ SEBRELLI en "Aventura y revolución peronista", revista *Contorno*, 1956: "El peronismo desmanteló tanto la moral privada como la moral pública, toda vez que no estaba destinado a crear ni a construir, sino a disolver, quebrantar y perturbar el viejo orden, instando a crear uno nuevo. Vino a turbar la vida cotidiana, sin riesgos ni temeridad; a terminar con el 'no te metás' de la disponibilidad individual y la indiferencia. Desnudos ante la mirada implacable del psicólogo, los peronistas no pueden verse sino tal como los ven: resentidos, rencorosos, envidiosos, inferiores, fracasados. Cada uno, desde el líder hasta el último de sus colaboradores, trabajó en la revolución para alimentar un vicio cualquiera o mantener oculto un fracaso. Sí, es verdad, el peronismo aglutinó a su alrededor a todo ese submundo de desasimilados, de desheredados, de marginales, de tránsfugas, de incomprendidos, de separados y separatistas, de intocables. Formaron sus filas todos aquellos que no podían agregarse a ningún grupo porque nadie los quería y estaban más solos y desamparados aún que el proletariado o las minorías raciales y étnicas: expatriados, vagabundos, burgueses en decadencia, chicos abandonados, mujeres desencantadas, viejas pordioseras, lisiados físicos y morales, intelectuales fracasados, revolucionarios profesionales dispuestos a venderse, trabajadores de cosas impuras: sirvientes, espías, policías, en fin, el lumpenproletariado, la clase de los que no encajan en ninguna clase, bohemios, ciudadanos de la tierra de nadie de la sociedad, cesantes de cualquier cosa, echados de cualquier lugar que no sabían para qué lado mirar, desesperados arriesgando porque no perdían nada. ¡¡Cómo no iban a aferrarse a su resentimiento estos parias, si era lo único que los dignificaba en un mundo de injusticia y opresión!! Cuando se vive en una cloaca, la rata es la mejor equipada para subsistir. El peronismo hizo que se volcara en las calles, que buscara un lugar todo ese mundo de resaca... El peronismo fue su gran oportunidad. Perón hacía por ellos los gestos que ellos hubieran querido hacer, pero nunca se hubieran atrevido. Pero las historias clínicas del laboratorio experimental no explican porqué razón Perón y Evita eligieron ese modo peculiar de sublimación y no otro cualquiera. Tampoco nos explican –al mostrarnos en Perón y Evita a dos paranoicos, exhibicionistas e histriones– cómo esos dos seres grotescos, dignos de lástima, han podido cambiar el curso de la historia de su país y definir con su nombre toda una época. ¿Por qué extraña razón un pueblo eligió para su conducción a un aventurero y a una mundana? ¿Será tal vez que el pueblo entero se había vuelto loco? Aislando a Perón de las condiciones históricas que hicieron posible su encumbramiento, se lo engrandece en lugar de empequeñecerlo".

PREGUNTAS

¿De qué democracia hablamos al hablar de democracia?

¿Era democrática la Unión Democrática?

¿Cuál ha sido, a lo largo del siglo XX, el valor de la democracia en la Argentina? ¿El de un medio o el de un fin en sí mismo?

Hagamos un rápido repaso de las críticas más estereotipadas que se le han hecho al peronismo:

1. EL PERONISMO FUE UN GOBIERNO TOTALITARIO.

Esto es falso, por varios motivos:

a) Perón llegó al poder por medio del sufragio universal, en elecciones no fraudulentas.

b) A pesar de la creación del Partido Único de la Revolución Nacional (luego Partido Peronista), no fue aquello más que una exageración semántica. Durante sus gobiernos funcionó el sistema partidario aunque el gobierno persiguió y detuvo a dirigentes de la oposición. Un "gobierno totalitario" (Stalin, Pinochet, Videla, Mussolini, Castro) hubiera eliminado la actividad partidaria de cualquier tipo y, autoadjudicándose la voluntad popular, no hubiera llamado a elecciones libres.

c) ¿Eran verdaderamente democráticos quienes demandaban democracia en Perón? Los radicales crecieron en intentonas fallidas de golpes de Estado desde la Revolución del Parque en adelante. Los gobiernos que intentaron desplazar (a los que llamaron genéricamente "el Régimen") eran obviamente fraudulentos, pero ¿eso convierte a los golpes en justos? ¿Es aconsejable comerse al caníbal?

Los socialistas y los comunistas, y una escisión del radicalismo, apoyaron el Golpe de septiembre de 1930 que encabezó Uriburu, y el posterior gobierno del General Justo, y todos juntos, radicales, liberales, conservadores, socialistas y comunistas apoyaron primero el proyecto del embajador norteamericano Braden y luego el golpe de la llamada Revolución Libertadora.

d) En nuestra opinión el gobierno de Perón podría definirse como "autoritario", pero no como "totalitario", lo que significa más que una discusión semántica.

2. PERÓN NO HIZO MÁS QUE LLEVAR A LA PRÁCTICA VIEJOS PROYECTOS SOCIALISTAS QUE DORMÍAN EN EL CONGRESO.

Todo aquel que haya llevado adelante cualquier idea sabe que lo importante no es tenerlas sino llevarlas a cabo. El mundo está repleto de soluciones de café y de moral abstracta, pero necesitado de moral concreta.

3. PERÓN FUE PRO NAZI, FASCISTA Y ANTISEMITA.

De sus declaraciones a favor del Eje y de ciertos comentarios antijudíos no caben dudas y han sido registrados en este libro.

Debe notarse, sin embargo, que Perón vivió sobre la base de contradicciones: en diversos momentos de su gobierno colaboró con las entidades judías locales y nombró a Pablo Manguel como primer embajador argentino en Israel.

Respecto de la inmigración nazi, tal como se mostró en capítulos anteriores, ésta fue promovida inequívocamente por el gobierno y denunciada por el gobierno norteamericano, que hizo lo mismo en Estados Unidos con los científicos del Reich y varios criminales de guerra.

También hubo en Perón uso y abuso de la "escenografía" y el "dramatismo" fascista, básicamente en los actos populares y en la manipulación de la radio como elemento de propaganda, a semejanza de las tácticas empleadas por Goebbels en Alemania.

4. EL PERONISMO RETRASÓ O EVITÓ EL CRECIMIENTO DE LA IZQUIERDA EN LA ARGENTINA, Y SU CONTENIDO FUE REACCIONARIO Y ANTIRREVOLUCIONARIO.

Recurrimos una vez más a Jauretche: "Habíamos descubierto que el peor enemigo del enfermo era el médico". Quizás haya que preguntarse si no estaban equivocados los "diagnósticos" de la izquierda argentina, como lo estuvieron en 1976 al defender a Videla, supuesta "línea blanda" por sugerencia de Moscú. Para usar un vocabulario acorde, creo que el peronismo aceleró la toma de conciencia de clase de las masas mucho más que decenios de prédica del gueto de la izquierda; no se propuso adaptar al hombre a la ideología, sino al revés: no intentó la creación de un "hombre nuevo", sino que le dio al "hombre viejo" gran parte de los derechos que le correspondían.

EL MITO DEL
ETERNO RETORNO

El 16 de junio de 1955 los grupos conspiradores atacaron la Casa de Gobierno con aviones de la Marina y la Fuerza Aérea, apoyados por algunas tropas del Ejército. El bombardeo de la Plaza de Mayo sobre la población civil dejó un saldo de más de mil víctimas.

El objetivo era matar a Perón –objetivo que tampoco abandonarían durante el exilio de Perón en Venezuela y Panamá contratando sicarios o enviando "grupos de tareas" especiales– pero el Presidente se había refugiado en el Ministerio de Guerra. Perón ganó aquella batalla pero, en pocos meses, perdería la guerra: la oposición se reorganizó y el Ejército junto a la Marina se levantaron el 16 de septiembre. El movimiento comenzó en Córdoba encabezado por el general Lonardi; luego la Marina se movilizó en bloque contra Perón: sus naves bloquearon Buenos Aires y amenazaron con disparar sobre los depósitos de combustible de La Plata y Dock Sud, planteando un ultimátum. Antes de que se cumpliera la hora señalada el general Lucero, ministro de Guerra, planteó la negociación de un acuerdo, y presentó una carta de Perón que describía su actitud como un "renunciamiento", luego del cual se refugió en la embajada del Paraguay, como el mismo Perón recordaba en el capítulo anterior. El 23 de septiembre una multitud de miembros de la clase media llenó la Playa de Mayo para escuchar la palabra de Lonardi, quien lanzó su publicitado: "Ni vencedores ni vencidos". Lo acompañaba, como vicepresidente, el almirante Isaac Rojas.

La también llamada "Revolución Fusiladora", según expresó en su proclama, tuvo las siguientes finalidades:

1. "La finalidad primera y esencial de la Revolución ha sido derrocar al régimen de la dictadura (*Nota del Autor*: dijo la nueva dictadura). Hemos triunfado en la lucha armada. Debemos ahora suprimir todos los vestigios de totalitarismo para restablecer el imperio de la moral, de la justicia, del derecho, de la libertad y de la democracia.

"Cumplido ese objetivo y alcanzadas aquellas condiciones que permitan a la ciudadanía expresar su auténtica voluntad, ella decidirá sobre sus destinos. Y quedará reservado a los gobiernos constitucionales que sucedan a este Gobierno Provisional, la solución de los grandes problemas argentinos que no hagan a la esencia misma de los objetivos revolucionarios."

2. "Este gobierno es un gobierno provisional y sus hombres carecen de toda pretensión de continuismo. En consecuencia, reiteramos el compromiso formal de que ninguno de sus miembros aceptará cargos electivos a los que pudiere ser propuesto como candidato en los próximos comicios. El gobierno revolucionario mantendrá también estricta neutralidad e independencia frente a las distintas tendencias y partidos políticos democráticos."

3. "El desquiciamiento total de la Nación producido por el régimen depuesto, exige un mínimo de realizaciones inmediatas para el cumplimiento efectivo de los postulados de la Revolución, así como la adopción de medidas previas a la consulta electoral para que ésta sea verdaderamente libre y auténtico su resultado. Estamos dispuestos a adoptar todas las medidas necesarias, por trascendentes que ellas sean, para alcanzar aquellos objetivos."

La proclama nueva estaba, como casi todas, llena de palabras vacías. En un ensayo publicado por *Clarín* el 19 de diciembre de 1999, titulado "Perón o el eterno enigma", Fernando Devoto analizó la contradictoria dicotomía peronismo-antiperonismo, instalada y fomentada por la Libertadora. "Intolerancia y persecución –escribió– generaron una cultura de la simulación y del eufemismo. Los vencidos debían encontrar el modo de poder expresar su hostilidad sin poder nombrar el objeto de su odio. Los argentinos se hicieron expertos en alusiones y metáforas rústicas. Los antiperonistas eran especialistas en sugerir parangones, en especial para Evita, aludida también con epítetos irreproducibles. Cuando luego de 1955 comenzaron a ser los perseguidores, Perón devino el "ex tirano prófugo". Su nombre o el del movimiento se convirtieron en impronunciables."

En efecto la de la Libertadora fue, también, una trágica e ingenua pelea contra las palabras iniciadoras de lo que luego sería una tradición de los militares argentinos: pelear contra las palabras, los libros y las ideas; intentando dar batalla en las conciencias ajenas.

Batallas que estaban perdidas antes de dar comienzo.

En el libro ya citado, Rogelio García Lupo describió otra herencia del '55, en un ensayo titulado "La cruzada militar": "En unos pocos años posteriores al derrocamiento de Perón en 1955 los generales que lo derribaron estaban retirados, habían muerto o retenían algunos comandos con dificultad. En su lugar había una generación de nuevos jefes que sin mayores escrúpulos emprendieron la tarea de crear el tercer partido, el Partido Militar".

El tercer actor que ingresó a la escena política y fue adquiriendo creciente importancia y real protagonismo en las décadas del sesenta y setenta fue la "Resistencia Peronista".

En una entrevista de María Esther Gilio publicada en *Brecha* de Montevideo, el ex militante montonero Envar El Kadri dio detalles sobre aquel comienzo y sobre otra figura que dominaría la escena en la década siguiente y persistiría hasta hoy como mito, el *Che* Guevara.

"–Siempre quise saber de las conversaciones del *Che* con obreros y campesinos –recuerda El Kadri–. Me pregunté, tantas veces, de qué podía haber hablado en aquella Argentina de los cincuenta si no era del peronismo. Él tiene frases que recuerdan otras de Perón o Evita. Por ejemplo: "Endurecerse sin perder la ternura", que parece sacada del libro *La razón de mi vida*, o "El verdadero revolucionario se mueve por un sentimiento de indignación ante la injusticia", que Evita repitió cien veces.

M.E. Gilio: "–Lo que en general se dice es que tuvo siempre una gran indiferencia por el peronismo. Evita muere durante el viaje del *Che* por Bolivia, pero nada aparece sobre el hecho en su Diario –dice el mexicano Jorge Castañeda en *La vida en rojo*.

El Kadri: "–Sin embargo, creo que aquel muchacho no puede haber pasado indemne por todo ese tejido que era mitad propaganda, mitad verdad, demagogia, solidaridad. Y, lo más importante, según afirmó Hilda, su primera mujer, nunca fue antiperonista. Hay una carta que Ernesto Sabato le envía a Cuba donde le dice que aquí en la Argentina hay un equívoco entre peronismo y castrismo. Que la gente en la calle grita "¡Muera Castro!" porque creen que Castro es un gorila. Y le pide que lo ayude a disipar ese equívoco. "Aquí la Revolución Libertadora –dice Sabato– empezó escribiendo todo con mayúsculas pero pronto pasó a escribirlo todo entre comillas." El *Che* le contesta una carta lindísima donde dice, entre otras cosas, que a la Revolución Libertadora le vio las comillas desde el primer día. Y, respondiendo a una alusión que hace Sabato de las sirvientas llorando la

caída de Perón por los rincones, el *Che* le dice: "Aquí las sirvienticas llora-
ron, pero de alegría, cuando cayó Batista".

M. E. Gilio: "–Sé que al *Che* lo puso furioso el bombardeo a Plaza de Mayo
en 1955. Pero de allí tal vez no se pueda deducir que estaba a favor de Perón.

El Kadri: "–En una carta a su madre él le habla de "esos mierdas" que
después de bombardear la plaza se refugiaron en Montevideo. Y algo más,
en respuesta a una carta de su madre, donde ésta le habla del dolor de un
amigo que perdió a un hijo en el bombardeo, él dice que no duda de su
tristeza, pero que él está pensando en esos negros de los que pocos se acuerdan que murieron allí y también tienen familia.

M. E. Gilio: "–¿Cómo repercutió en Usted la Revolución Libertadora?

El Kadri: "–La Libertadora me marcó profundamente por los fusilamientos en ese año y en el siguiente, el '56. El 9 de junio de 1956 un grupo
de militares, entre los cuales estaba el papá de un compañero de clase, se
subleva. ¿Usted sabe lo triste que puede ser cuando uno tiene quince años y
llaman a la dirección al compañero con quien convive a toda hora, para
comunicarle que su padre ha sido fusilado? Se llamaba Cogorno y esa tristeza que sentí no se me olvida. Fusilaron a 28.

M. E. Gilio: "–De estas cosas se enteraron años más tarde.

El Kadri: "–Nooo, enseguida, por transmisión oral. Los jóvenes peronistas nos juntábamos en Corrientes y Esmeralda y ahí se sabía todo. Julio
Troxler, uno de los que se había salvado en esa Operación Masacre, estaba
en Bolivia, desde donde nos llegaban armas y dinamita.

M. E. Gilio: "–¿Llegaba para qué?

El Kadri: "–Para lo que genéricamente se llamaba la "Resistencia Peronista".

Entre las medidas tomadas por la dictadura de 1955 estuvieron la clau-
sura del Congreso, la intervención de las provincias, la intervención de las
universidades, la formación de una Junta Consultiva formada por representantes de todos los partidos (a excepción, claro, del peronismo), la ya
mencionada proscripción de Perón y del peronismo seguida por la prohibición de la publicación del nombre de Perón y de "cualquier símbolo, palabra o imagen que lo recordara", la intervención de la CGT y la suspensión
de las convenciones colectivas de trabajo.

Un ensayo publicado por la Federación Universitaria del Litoral de Santa Fe recuerda que el denominado "estudiantado reformista" participó activamente en los preparativos del golpe de septiembre. Una semana antes ya
no había clase en las Universidades. La Federación Universitaria Argentina
(FUA) se apresuró a emitir un comunicado en el que "los estudiantes

argentinos han saludado la caída de un régimen opresor y falaz que intentó conculcar todo vestigio de democracia. Mientras los estudiantes debaten en asambleas la forma de implementar lo que se entiende como 'recuperación universitaria' –dice el trabajo– el 28 de septiembre el general Lonardi designó Ministro de Educación a un hombre del conservadurismo católico, Atilio Dell'Oro Maini".

El historiador José Luis Romero fue designado interventor en la Universidad de Buenos Aires y Gino Germani asumió como director de estudios en Filosofía y Letras. La censura impuesta en todo el país también se reflejó en la Universidad: se decidió eliminar de las cátedras a todo profesor que fuera sospechoso de adherir al peronismo, se cambió el nombre de la Universidad Obrera por el de Universidad Tecnológica, todos los docentes fueron declarados en comisión, se garantizó la "autonomía" de las casas de estudio y se incorporó un párrafo de importancia al artículo 28 del decreto: "La iniciativa privada podrá crear universidades con capacidad para expedir títulos y/o diplomas académicos". Otro decreto, el número 32, ordenó que no fueran admitidos para presentarse a concursos docentes aquellos que "hayan realizado actos positivos y ostensibles que prueben objetivamente la promoción de doctrinas totalitarias adversas a la dignidad del hombre libre y a la vigencia de las instituciones republicanas". A los pocos meses la dictadura decidió reducir sensiblemente el presupuesto del área y en febrero de 1956 se impuso el examen de ingreso en las escuelas secundarias.

A pesar de todo el mérito acumulado, grupos de oficiales marcadamente antiperonistas, denominados popularmente "gorilas", creían que Lonardi era demasiado blando y no llevaba adelante la tarea de "desperonizar" al país con energía. En noviembre un golpe interno lo depuso removiéndolo del cargo y poniendo en su lugar, el 13 de noviembre de 1955, al general Pedro Eugenio Aramburu, que disolvió el Partido Peronista e intervino los sindicatos.

El almirante Rojas, por su parte, continuó en la vicepresidencia. Según recuerda Rosendo Fraga en su ensayo "La significación de Aramburu", publicado por *La Nación* el 25 de mayo de 2000, "Aramburu no se encontró entre los oficiales que conspiraron en 1930 ni en 1943, manteniéndose al margen de ambos movimientos". Fue, en la última etapa del peronismo, Director de la Escuela Nacional de Guerra y "participó con prudencia en las conspiraciones, porque sostenía que el movimiento debía tener suficiente base militar para no fracasar". En su gabinete participaron el radical Carlos Alconada Aramburú, que treinta años después fuera el ministro de Educación y Justicia de Alfonsín, y Alfredo Palacios como embajador argentino en Uruguay. En su artículo Fraga intentaba exculpar a Aramburu de los fusilamientos de 1956: "Aramburu no llevó un diario ni escribió sus memorias –sostiene– sólo ha dejado algunos apuntes con reflexiones que están en poder de su hijo Eugenio y que hasta hoy no han visto la luz pública. Uno de ellos lleva el título "Los fusilamientos" y dice: 'Los actos de violencia se iniciaron en circunstancias en que me encontraba en la ciudad de Rosario, completamente ajeno a los hechos que se preparaban'. Dado que el gobierno provisional estaba a cargo del almirante Rojas –sigue Fraga– es éste el que adopta la decisión de iniciar los fusilamientos. Aun así, en su reflexión, Aramburu no rehuye la responsabilidad".

OPERACIÓN
MASACRE

"Esa mujer", un relato sobre el devenir del cadáver embalsamado de Eva Perón es, desde mi punto de vista, el mejor cuento argentino, muestra de un lenguaje ajustado y una brillante construcción del clima que no libera al lector hasta el final del texto. Su autor es Rodolfo Walsh, periodista y escritor fundacional de la literatura de *non fiction* en la Argentina y, quizá, en el mundo. (El otro gran texto del género es *A sangre fría*, la electrizante novela del norteamericano Truman Capote.) Gran parte de sus textos se publicaron seriados, como los históricos folletines de finales de siglo XIX, en el periódico CGT y luego fueron editados en volúmenes separados: "Caso Satanowsky" (una investigación sobre la historia y los vínculos del vespertino *La Razón* con el Ejército), "¿Quién mató a Rosendo?" (sobre el asesinato del sindicalista Rosendo García en una confitería de Avellaneda) y "Operación Masacre", del que nos ocuparemos en este capítulo.

Walsh investigó la detención de diecisiete personas en el barrio obrero de Boulogne. El grupo estaba allí reunido para escuchar las noticias del levantamiento militar del general Juan José Valle durante la Revolución Libertadora. Los obreros eran obviamente peronistas y estaban atentos al devenir de la intentona de Valle. El jefe de Policía de la provincia de Buenos Aires, coronel Desiderio Fernández Suárez, liberó a algunos pocos y ordenó el fusilamiento de doce integrantes del grupo. La policía los trasladó a un basural de José León Suárez: siete de ellos, algunos gravemente heridos, lograron sobrevivir, y cinco fueron asesinados.

En el epílogo de la edición de 1972, escribió Rodolfo Walsh:

"Una de mis preocupaciones, al descubrir y relatar esta matanza cuando sus ejecutores aún estaban en el poder, fue mantenerla separada, en lo posible, de los otros fusilamientos cuyas víctimas fueron en su mayoría militares. Aquí había un episodio al que la Revolución Libertadora no podía responder ni siquiera con sofismas. (...) Las ejecuciones de militares en los cuarteles fueron, por supuesto, tan bárbaras, ilegales y arbitrarias como la de los civiles en el basural. El 12 de junio se entregó el general Valle, a cambio de que cesara la matanza. Lo fusilaron esa misma noche. Sumaron 27 ejecuciones en menos de 72 horas en seis lugares. Todas ellas estaban calificadas por el artículo 18 de la Constitución Nacional, vigente en ese momento, que decía: 'Queda abolida para siempre la pena de muerte por motivos políticos'. En algunos casos se aplicó retroactivamente la ley marcial. En otros, se volvió abusivamente sobre la cosa juzgada. En otros, no se tomó en cuenta el desistimiento de la acción armada que hicieron los acusados a la primera intimación. Se trató, en suma, de un vasto asesinato, arbitrario e ilegal, cuyos responsables máximos fueron los firmantes de los decretos que pretendieron convalidarlos: generales Aramburu y Ossorio Arana, almirantes Rojas y Hartung, brigadier Krause. (...) El 29 de mayo de 1970 un comando montonero secuestró en su domicilio al teniente general Aramburu. Dos días después esa organización lo condenaba a muerte y enumeraba los cargos que el pueblo peronista alzaba contra él. Los dos primeros incluían 'la matanza de 27 argentinos sin juicio previo ni causa justificada el 9 de junio de 1956'. El comando llevaba el nombre del general Valle. Aramburu fue ejecutado a las siete de la mañana del 1 de junio. (...) La matanza de junio ejemplifica pero no agota la perversidad de ese régimen. El gobierno de Aramburu encarceló a millares de trabajadores, reprimió cada huelga, arrasó la organización sindical. La tortura se masificó y se extendió a todo el país. El decreto que prohíbe nombrar a Perón o la operación clandestina que arrebata el cadáver de su esposa, lo mutila y lo saca del país, son expresiones de un odio al que no escapan ni los objetos inanimados, sábanas y cubiertos de la Fundación incinerados y fundidos porque llevaban estampado ese nombre que se concibe como demoníaco. Toda una obra social se destruye, se llegan a cerrar piscinas populares que evocan el "hecho maldito", el humanismo liberal retrocede a fondos medievales: pocas veces se ha visto aquí ese odio, pocas veces se han enfrentado con tanta claridad las clases sociales. Pero si este género de violencia pone al descubierto la verdadera sociedad argentina, fatalmente escindida, otra violencia menos espectacular y más perniciosa se instala en el país con Aramburu. Su gobierno modela la segunda Década Infame, aparecen los Alsogaray, los

Krieger, los Verrier, que van a anudar prolijamente los lazos de la dependencia desatados durante el gobierno de Perón. La República Argentina, uno de los países con más baja inversión extranjera (cinco por ciento del total invertido), que apenas remesaba mensualmente al extranjero un dólar por habitante, empieza a gestionar esos préstamos que sólo benefician al prestamista, a adquirir etiquetas de colores con el nombre de tecnologías, a radicar capitales extranjeros formados con el ahorro nacional y a acumular esa deuda que hoy grava el 25 por ciento de nuestras exportaciones. Un solo decreto, el 13.125, despoja al país de dos mil millones de dólares en depósitos bancarios nacionalizados y los pone a disposición de la banca internacional que ahora podrá controlar el crédito, estrangular a la pequeña industria y preparar el ingreso masivo de los grandes monopolios."

LA REPÚBLICA
DE OTARIA

La Revolución Libertadora tuvo, entre sus objetivos económicos, aumentar las exportaciones y fomentar la acumulación de capital. Los lineamientos de esa política correspondieron a un documento titulado *Informe preliminar acerca de la situación económica*, firmado por Raúl Prebisch, uno de los integrantes de la comisión argentina que negoció el acuerdo con Inglaterra denominado Pacto Roca-Runciman.

Los primeros pasos económicos del gobierno estuvieron dirigidos a limitar los aumentos salariales y devaluar la moneda. Prebisch sugirió también lo que significaría un nuevo capítulo en la trágica historia del endeudamiento argentino: participar activamente en las instituciones internacionales creadas por los acuerdos de Bretton Woods (el Fondo Monetario Internacional y el Banco Internacional de Reconstrucción y Fomento), así como también el envío de una misión financiera a los Estados Unidos para gestionar nuevos créditos. A principios de 1956 se iniciaron las gestiones para el ingreso de la Argentina en el FMI, que se concretó en agosto de ese año luego de pagar una "cuota de ingreso" de 150 millones de dólares al Fondo y una suma similar al Banco de Reconstrucción. También ese año se acordó un crédito del Export-Import Bank por 60 millones, teóricamente destinado a adquirir los equipos para instalar una planta siderúrgica. Caído Lonardi, Aramburu designó como ministro de Economía a Eugenio Blanco, quien suprimió los subsidios que el sector agropecuario recibía a través del IAPI y disolvió dicho organismo, creando el Instituto

Nacional de Tecnología Agropecuaria (INTA). Los precios de las exportaciones argentinas cayeron y el gobierno volvió a recurrir a préstamos externos, en este caso con el Club de París, el Exim-Bank de Estados Unidos y algunos bancos privados.

Desacuerdos internos del gabinete desalojaron a Blanco reemplazándolo por Adalbert Krieger Vasena, que congeló los salarios por un año y suspendió las inversiones derivadas del gasto público.

En *Bases para la Reconstrucción Nacional*, Raúl Scalabrini Ortiz escribió un ensayo satírico sobre la Revolución Libertadora titulado "La República de Otaria". El texto de Scalabrini tiene el tono brillante y cínico de todos sus escritos y, aunque algunos nombres de personajes han sido levemente alterados (Postbisch por Prebisch, por ejemplo) resulta de absoluta actualidad. Mientras Scalabrini Ortiz publicaba estos textos en la revista *Qué*, la Libertadora primero y Frondizi después se abrazaban con los banqueros de Wall Street, endeudando artificialmente a la Argentina.

"Supongamos –escribió Scalabrini– que en la vasta extensión del Océano Atlántico, entre Sudáfrica y el Río de la Plata, existe una comarca aún desconocida. Es un país fértil cuyas tierras arables suman casi treinta millones de hectáreas. Tiene una población de veinte millones de habitantes. Se denomina en el planisferio del imaginario Mercator, República de Otaria. Sus habitantes responden, pues, a la denominación genérica de otarios, lo cual resulta simbólico, pues si bien la palabra otario no figura en el diccionario de la Real Academia, en el lenguaje vernáculo tiene una acepción precisa: otario es el que cambia una cosa real y cotizable por algo sin valor: una palabra, un concepto, una ilusión, un halago interesado; el que cambia, por ejemplo un jugoso bife por un elogio a su generosidad y su espíritu democrático. El cuervo era un otario; el zorro, un vivo.

"Otaria produce más de lo que necesita para vivir. Cada otario consume anualmente cien kilos de carne, doscientos kilos de trigo, cien litros de leche y cien kilos de maíz que en parte se transforma en huevos y en carne de ave. El exceso de producción lo trueca por combustible.

"No nos ocuparemos de este comercio y daremos por sentado que sus valores se equivalen. Los otarios necesitan emprender algunas obras públicas para abrir horizontes a la vida larval en que viven. Sus economistas los han convencido de que deben recurrir al capital extranjero, porque Otaria está huérfana de ellos. Nosotros nos disponemos a cumplir esa misión civilizadora. Para ello es indispensable que efectuemos una pequeña revolución y asumamos el poder. Nunca faltarán otros otarios dispuestos a servir a altos ideales que simbolizamos nosotros y las grandes empresas que nos aprontamos a ejecutar.

"La unidad monetaria de aquel simpático país es el otarino. Tiene el mismo valor legal que un peso argentino y se cotiza a la par. Los alimentos y la materia prima de Otaria valen exactamente lo mismo que sus similares argentinos. Para simplificación del ejemplo y de la interpretación usaremos cifras globales. La técnica no se altera por centavo de más o de menos. Quizá nos convenga abrir una institución de crédito en Otaria. Quizá no la necesitemos; los instrumentos de crédito internacional pueden suplir perfectamente la ausencia de un banco local. Si queremos abrir un banco nos munimos de una carta de crédito en que el Banco Central de la República Argentina afirme que tiene depositada a nuestra disposición una suma dada, cien millones, por ejemplo, en oro o moneda convertible, o que se responsabiliza por ellos. Eso basta. La carta de crédito del Banco Central de la República Argentina es palabra sagrada en la República de Otaria. Por otra parte una carta de crédito –digamos de presentación– fue todo el capital que invirtieron en este país los más poderosos bancos extranjeros: el Banco de Londres y América del Sud, el ex Banco Anglo-Sudamericano, el First National Bank of Boston y el National City Bank of New York. Nos preocuparemos, eso sí, de que la memoria del Banco Central de Otaria diga algo similar a lo que el Banco Central de la República Argentina afirmó en su memoria de 1938, la conveniencia de 'transformar las divisas en oro y dejar ese oro depositado en custodia en los grandes centros del exterior... no sólo por la economía que significa no mover físicamente el metal, sino principalmente por facilitarse de este modo su pronta y libre disposición con el mínimo de repercusiones psicológicas'. Este argumento, que fue convincente para nosotros, puede ser aceptado por los otarios a quienes nos complacemos en imaginar tan confiados, liberales y democráticos ciudadanos como nosotros. En los Estados Unidos la operación no hubiera podido efectuarse, porque aquellos *cowboys* son tan desconfiados que hasta 1914 no permitieron el ingreso de ningún banco extranjero y, para impedir filtraciones subrepticias, ni siquiera permitían que sus propios bancos tuvieran agencias en el exterior. Con posterioridad accedieron al establecimiento de sucursales de bancos extranjeros, los que no podían prestar nada más que un dólar más que el capital que genuinamente habían importado desde el exterior. Pero en Otaria son tan liberales como nosotros.

"Ya estamos instalados en Otaria y disponemos de un capital virtual –como son todos los capitales– de cien millones de pesos argentinos que respaldan nuestra responsabilidad sin necesidad de salir de esta República.

En Otaria vive habitualmente un técnico de gran reputación, el Dr. Postbisch, cuyos servicios profesionales nos hemos asegurado con la debida anticipación y cuya consecuencia y lealtad hacia nosotros se acrecienta en la medida en que nos sirve. El Dr. Postbisch, tras un breve estudio de una semana, descubre que los otarios estaban viviendo sobre un volcán. Sin darse cuenta atravesaban 'la crisis más aguda de su historia'. Los otarios no se habían percatado de ello, primero porque los otarios estaban muy ocupados en crearse una industria que abriera los cerrados horizontes de la monocultura; segundo, porque habían pagado sus deudas y no debían nada a nadie, con excepción de algunos pequeños saldos comerciales; tercero, porque vivían aceptablemente bien y cuarto porque en realidad se trataba de una "crisis oculta" que necesitaba la pericia clínica del Dr. Postbisch para ser diagnosticada. Para equilibrar el presupuesto nacional –que se desequilibrará más que nunca, para nivelar la balanza de pagos con el exterior, que daba superávit y dará déficit en adelante– el Dr. Postbisch, dotado de poderes ejecutivos tan extraordinarios que envidiaría el mismo Superhombre de las historietas infantiles, decide desvalorizar la moneda de Otaria a la tercera parte de su valor. El otarino, que valía un peso moneda nacional, desciende hasta no valer más que treinta y tres centavos de los nuestros. El Dr. Postbisch designa a esta operación 'corrimiento de los tipos de cambio'. Nuestro capital de cien millones, que permanecía en expectativa en su moneda originaria, se triplica si se lo calcula en otarinos. Los productos de Otaria siguen, como es lógico, cotizándose en otarinos y el alza que el Dr. Postbisch les acuerda es tan pequeña que desdeñaremos considerarla, porque de todas formas no varían los resultados en su conjunto. Postbisch, cuya verborragia es asombrosa, ha convencido a los otarios de que tanto la desvalorización de su moneda como la estabilización de los precios son indispensables para escapar del vórtice de la espiral inflacionista y que esas medidas deben ser complementadas con la inmovilización de los salarios y de los sueldos. En Otaria, pues, todo queda como antes de la devaluación. Pero el genio creador de Postbisch se revelará en todo su poder en la multiplicación de nuestro capital. Jesucristo multiplicó los panes. Postbisch multiplicó el dinero extranjero con que se adquieren los panes. Vamos a usar la nueva capacidad adquisitiva de nuestros capitales.

"Utilizaremos un solo peso, por si acaso nos equivocamos. Ni siquiera en los ejemplos deben arriesgarse los capitales que se confían a nuestra custodia. En Otaria con un peso argentino se compraba un kilo de carne, que en el mercado interno de Otaria valía un otarino. La devaluación de la moneda de Otaria por recomendación de Postbisch no ha alterado los precios internos. Con un peso argentino virtual se adquieren tres kilos de carne. Si exporto a la República Argentina un kilo de carne, como allí sigue valiendo un peso moneda nacional, con ese kilo de carne saldo la deuda que había contraído en mi país con la apertura del crédito. Me quedan dos kilos de carne que vendo en la misma República de Otaria a un otarino cada uno. Y de esta manera, el capital virtual que había movilizado en el papel, se transforma en un fondo real de doscientos millones de otarinos, con el que podemos iniciar la ejecución de grandes obras que son indispensables para la vida de esta República, pero que los otarios no hubieran podido emprender nunca por falta de capitales. La ración diaria de los otarios habrá descendido en un tercio", concluye Scalabrini Ortiz.

La batalla por las palabras peleada por la Libertadora no llegó a ninguna parte, y se convirtió en una trampa involuntaria: a menos Perón, más Perón; el nombre prohibido circuló entre el pueblo como una secreta consigna de bienestar. La paranoica actitud del gorilismo generó el efecto contrario. Aquel también fue, debe decirse, un odio marcado a fuego. Hasta el día de hoy subsiste en Internet una página web apologética del golpe de septiembre, sostenida por la denominada Comisión de Afirmación de la Revolución Libertadora, "creada en 1963 –señalan– por un grupo de ciudadanos civiles y militares, cuyo propósito fue mantener vivo el espíritu de la revolución (...) y vigente la condena a la tiranía peronista abatida". Su primer presidente fue el doctor Alejandro Dussaut. A su muerte lo continuó el general Federico Toranzo Montero y luego el almirante Isaac Francisco Rojas. En 1980, al cumplir veinticinco años se le realizó un importante acto reivindicatorio en el Luna Park. Actualmente está presidida por el contraalmirante (RE) Jorge Julio Palma, tiene dos vicepresidentes: los doctores Víctor Guerrero Leconte y Juan Thomas, su secretario es el capitán de navío (RE) Héctor Vergnaud, el protesorero el capitán de navío (RE) Hugo Dietrich y entre sus vocales se encuentran: Silvia de García Venturini, el Dr. Juan Lezica, el capitán Luis Pita, el Dr. Rafael Sarmiento, Eugenio Salguero, el Dr. Isidoro Ruiz Moreno, Sara de Castro Madero y el Dr. Jaime Smart.

Rey
en Jaque

*"Una tarde me visitó en la residencia de Olivos Raúl Scalabrini Ortiz.
Yo estaba muy fatigado y me había quedado en cama. Él se sentó en una
silla junto a la cama y conversamos muy largamente sobre los problemas
del país. En determinado momento, Scalabrini me dijo: ';Ha pensado
que ningún presidente de la República, desde Rivadavia hasta hoy, ha
escrito sus Memorias?'. Le contesté que así era. ';Y sabe por qué? Porque
ninguno de los presidentes, cuando han dejado el cargo, han tenido el
coraje de confesar todas las malas cosas que tuvieron que hacer desde esa
función'. Yo le contesté con firmeza: 'Vea, Scalabrini: si quedo con vida
y salud, escribiré mis Memorias de la presidencia para que, como Ud.
dice, se sepa todo lo malo que uno se ve obligado a realizar y también
para explicar cuáles y cómo actúan las distintas fuerzas que se mueven
detrás y alrededor de un presidente. Y también para que se sepa todo lo
que se sufre y cuántas angustias se padecen cada minuto."*

Arturo Frondizi a Félix Luna
Diálogos con Frondizi

La dictadura del '55 había prometido elecciones para el 23 de febrero de
1958. Pero a pocos meses de esa fecha el declamado propósito de lograr la
"desaparición" del peronismo estaba aún sin completarse: seguía intervenida la CGT y se había prohibido ocupar cargos sindicales a los dirigentes

que actuaron durante el gobierno de Perón, pero los afiliados seguían respondiendo al peronismo. En paralelo, un grupo de dirigentes clandestinos de la CGT que recibía directivas de Perón, incentivó las actitudes de protesta. En septiembre y octubre de 1957 se realizaron dos huelgas generales y decenas de paros, demandando aumentos de salarios, lo que provocó una grieta en el propio gobierno: Aramburu y algunos de sus ministros eran partidarios de otorgar un aumento salarial moderado, y el vicepresidente Rojas con el apoyo del ministro de Marina Hartung arengó en favor de una línea dura que no concediera nada y arrestara a los insurrectos.

Aramburu se negó a firmar decretos leyes de la Junta Militar —cuyo texto en un principio había acordado— que ordenaban la proscripción del partido comunista y el arresto de sindicalistas peronistas. Rojas, a su vez, comenzó a sospechar de las actitudes contemporizadoras del presidente: ¿tendrían un objetivo político detrás? El 6 de octubre, luego de una intensa discusión, llegó a plantearse la destitución de uno u otro en el cargo: Aramburu acusó a Rojas de querer perpetuarse en una dictadura, y Rojas, a la vez, acusó al presidente de favorecer con su actitud a la Unión Cívica Radical del Pueblo.

Con el peronismo proscripto, dos candidatos con posibilidades llegaron a la elección de febrero: Ricardo Balbín por la UCRP y Arturo Frondizi por la UCRI.

Balbín significaba una especie de continuidad de la Libertadora y fue percibido por el público como el candidato oficial; Frondizi, por el contrario, proponía terminar con la prosecución política, dictar una amnistía y desarrollar la industria pesada. El dirigente peronista John William Cooke se entrevistó con Perón en Caracas y le propuso el respaldo partidario a Frondizi. Semanas después se conoció una carta de Perón ordenando votar por Frondizi. La hipótesis de un pacto Perón-Frondizi era tan insólita que, al comienzo, no fue creída por los militares. En una reunión urgente el canciller de Laferrère presentó documentos diplomáticos dando fiel testimonio de contactos entre los representantes de Frondizi y Perón, y demostrando la existencia de un acuerdo político: el empresario Rogelio Frigerio, principal asesor económico del entonces candidato, viajó a Caracas los días 3 y 18 de enero de 1958. Su segunda visita coincidió con la caída del dictador venezolano Marcos Pérez Jiménez, y Perón tuvo que trasladarse a Santo Domingo. Frigerio regresó a Buenos Aires, donde se ultimaron detalles del documento a firmar que fue remitido a Santo Domingo el 5 de febrero, con un enviado especial. Frente a las versiones que señalaron que el pacto nunca había existido, el propio Perón dio a conocer el texto del acuerdo en junio de 1959. Según ese texto —cuya veracidad aún hoy algunos cuestionan— Frondizi se comprometía a revisar todas las medidas económicas y revocar todas aquellas de persecución política, la devolución de propiedades incluidas las de la Fundación Eva Perón, la normalización de los sindicatos y la CGT y la restitución a la legalidad del partido peronista.

Gracias al pacto, la fórmula Arturo Frondizi-Alejandro Gómez obtuvo 4.070.000 votos contra 2.550.000 de Balbín. Los militares llegaron, incluso, a discutir la hipótesis de no entregar el poder, pero luego se impuso la línea "legalista": Frondizi sería un rey en constante jaque, ejercería la presidencia pero las Fuerzas Armadas conservarían el poder. "El presidente Aramburu y gran parte de las Fuerzas Armadas no estaban conformes con el resultado de la elección —recordaba Frondizi— pero sin embargo sostenían la tesis de que el gobierno debía ser entregado. (...) La Junta Militar había dispuesto que el 1 de mayo yo fuera buscado en mi casa por los jefes más antiguos de las tres fuerzas: los partidarios del golpe sostenían que los tres jefes debían ir a detenerme y continuar el gobierno revolucionario."

Señala Félix Luna en sus *Diálogos con Frondizi* que "aunque el presidente contaba con una firme mayoría en el Congreso y la solidaridad de todos los gobiernos provinciales, carecía de base real en los que se dieron en llamar, eufemísticamente, 'factores de poder': los militares cuestionaban su legitimidad, y coincidían con los nacionalistas respecto de las críticas hacia el 'entreguismo' económico, la izquierda acordaba en los mismos puntos, agregándole su protesta contra la ingerencia del clero en las aulas, el campo fustigaba al presidente por no haber sido contemplado dentro de su plan de desarrollo inmediato, básicamente industrial y los sindicatos se le enfrentaban por las medidas de ajuste salarial.

Recibió Frondizi una "pesada herencia": la circulación monetaria había pasado en los últimos diez años de 7.000 millones a 70.000 millones, la deuda externa superaba en 1.100 millones a las reservas de oro y divisas existentes en el Central, el déficit del intercambio comercial era de casi 360 millones y el presupuesto proyectado indicaba un déficit del 50 por ciento.

—¿Cree Usted que ha cometido errores durante su gobierno? —le preguntó Luna.

—¡Por supuesto! ¡Muchísimos! —respondió Frondizi.

—¿El más grande de ellos?

—Haberlo aceptado...

—¿Lo dice en serio?

—Cuando uno recuerda las condiciones en que lo recibí, no es fácil determinar si lo que acabo de decirle es una humorada o una verdad.

La política desarrollista fue, de algún modo, sinónimo de industrialización. El plan no relegaba el rol del Estado, ya que éste debía redireccionar las inversiones, orientarlas hacia la producción de materias primas elaboradas, etcétera. Afirma Frondizi: "Siderurgia, energía, química pesada, industria de maquinarias y un sistema de transportes y comunicaciones que unifique el mercado interno, tal es el orden de prioridades que forzosamente deben establecer nuestros países para superar el atraso y el aislamiento". Se persiguió, además, una política de explotación plena de los recursos naturales, léase petróleo y gas natural. Los contenidos y la estrategia del plan desarrollista eran manejados por el propio Presidente y su secretario de Relaciones Socio-Económicas, Rogelio Frigerio, con mucha mayor influencia que el ministro de Economía de entonces, Emilio Donato del Carril.

Gobernando bajo presión constante, el tiempo se convirtió en la principal obsesión de Frondizi. La incertidumbre sobre cuándo se lograrían los primeros resultados superó en importancia a la pregunta de cómo lograrlos. El presidente, contra lo que había sostenido desde la oposición y durante la campaña electoral, se convenció de que "el capital extranjero, aplicado a inversiones productivas, opera como factor de aceleración del proceso". Estos capitales, decía Frondizi, serían un recurso temporario que de ningún modo generarían dependencia: "El capital extranjero no es colonialista ni retrógrado por su origen; tan retrógrado es el capital nacional que se aplica a perpetuar la estructura subdesarrollada como progresista, es el capital extranjero que viene a invertirse en los rubros que contribuyen a modificarla. En este caso, el capital extranjero se nacionaliza, pues sirve a los objetivos nacionales".

Pero su pasado lo puso en aprietos: en 1955, estando al frente del Comité Nacional de la UCR, Frondizi se había opuesto a la decisión de Perón de otorgar una concesión petrolera a la compañía California Argentina de Petróleo (subsidiaria de la Standard Oil de California). Asimismo, un año antes publicó su libro *Petróleo y política, una contribución al estudio de la historia argentina y las relaciones entre el imperialismo y nuestra vida nacional*, donde defendió la nacionalización de las industrias claves y una industria petrolera estatal "antiimperialista".

"Cuando llegué al gobierno –dijo Frondizi– me enfrenté a una realidad que no correspondía a esa postura teórica [la sostenida en su libro] por dos razones: la primera era porque el Estado no tenía los recursos suficientes para explotar por sí solo nuestro petróleo y, la segunda, no había tiempo para reunir los recursos necesarios. La opción era muy simple: o me aferraba a mi postulación teórica de años anteriores y el petróleo seguía durmiendo bajo tierra, o se extraía el petróleo con el auxilio del capital extranjero para aliviar nuestra avalancha de pagos y alimentar adecuadamente nuestra industria."

Frondizi anunció, el 24 de julio de 1958, el lanzamiento de la "Batalla del Petróleo". La ley 14.780, sancionada entonces, permitió la libre transferencia de utilidades y del capital extranjero, una disposición totalmente dirigida a captar el interés de potenciales inversores, lo que evidentemente sucedió: de una inversión total de ocho millones de dólares entre 1953 y 1955 se pasó a un volumen de 387 millones de dólares para este período. La mayor parte de ellas provino de los Estados Unidos, 193 millones, siguiéndoles en orden de importancia, Suiza, Inglaterra, Holanda, Alemania, Canadá, Italia y Francia. En septiembre de 1959 el Poder Ejecutivo autorizó cuatro pedidos de radicación de capitales extranjeros por un monto total de ochenta millones de dólares:

1. La compañía norteamericana Texas Butadiene and Chemical Corporation que propuso construir un complejo petroquímico para la producción de caucho sintético en Puerto Deseado.

2. La General Motors Corporation que propuso construir la filial argentina como fábrica de camiones.

3. La Extramar Panamá S.A., que se interesó por la adquisición de un buque mercante.

4. La N.V. de Bataafse Internationale Maatschappij que radicaría en el país ocho millones con destino a la firma Diadema de petróleo.

Otro ejemplo típico fue el contrato con la compañía Pan American Oil Co., subsidiaria de la Standard Oil de Indiana, que empezó a regir el 21 de julio de 1958. Dicha firma recibiría por treinta años los derechos para perforar y extraer petróleo de entre 300 y 400 pozos, en un territorio de 4.000 kilómetros cuadrados cercano a Comodoro Rivadavia, con una producción diaria estimada de 3.000 toneladas. Las ganancias de la empresa contratista estaban libres de impuestos y no sujetas a límites para su repatriación. Convenios similares se firmaron con la Union Oil Co. de California, con la Tennessee Argentina S.A., con la Sea-Drilling Corporation para explotar la plataforma submarina, con un consorcio de firmas británicas, con la Southestern Drilling Co. para perforar mil pozos en cuatro años, con la Transworld para quinientos pozos en cuatro años y con la italiana Saipem, trescientos pozos en el mismo período. A la Continental Oil Co., por el plazo de cuarenta años, se le entregó un área de 36.000 kilómetros cuadrados en Santiago del Estero y Santa Fe, y a la Ohio Co. el permiso para operar sobre un área de 32.000 kilómetros cuadrados en Tucumán y Salta.

En los primeros meses de gestión, la administración Frondizi adoptó medidas económicas más acordes con el carácter distribucionista de la campaña electoral: se aumentaron los salarios un 60 por ciento para compensar la pérdida de poder adquisitivo por efecto de la inflación, se extendieron los controles de precios, se bajó el boleto ferroviario un 20 por ciento, se aumentaron las pensiones y se envió al Congreso un proyecto de reforma agraria, junto a una amplia amnistía para los acusados de delitos políticos y militares, y se dieron los primeros pasos para la normalización de la actividad gremial.

Pero la fiesta duró poco: en 1959 cayeron seriamente los niveles de producción y empleo, especialmente en el sector industrial, se devaluó el peso, hubo importantes aumentos del costo de vida, se eliminaron los subsidios y controles de precios y aumentaron las tarifas de los servicios públicos. Desde mediados de ese año el gobierno enfrentó varios conatos de pronunciamientos militares que fueron minando la actividad política y ello, obviamente, repercutió en la marcha de la economía doméstica. En noviembre del mismo año la conspiración militar alcanzó al vicepresidente Alejandro Gómez, que renunció entre acusaciones de haber formado parte de un complot para derribar al gobierno electo. En su lugar asumió el vicepresidente primero del Senado, José María Guido.

1959 transcurrió entre huelgas de médicos, del sector petrolero y de los frigoríficos, y hubo levantamientos militares en junio y septiembre. "Ese año, el '59, fue el peor —escribió Félix Luna en el prólogo de su libro sobre Frondizi— fue el año del terrorismo peronista, enfrentado por una represión que el gobierno trató de limitar a lo indispensable contra los intentos de los sectores 'gorilas' de instaurar la pena de muerte y de fiscalizar la acción represiva en varias provincias, lo que significó una serie de conflictos institucionales que fueron otros tantos factores de retroceso. Fue el año de la intranquilidad social y del generalizado malestar ante el aumento del costo de vida. Fue también el año de la suma incomprensión, cuando grandes sectores populares sintiéronse traicionados por un gobierno cuyos planes eran ejecutados por un elenco del que desconfiaban."

En ese mismo año, el 22 de junio, asumió como ministro de Economía Álvaro Alsogaray.

EL CAPITÁN INVIERNO

"La designación del capitán ingeniero Álvaro Alsogaray fue, en su momento, un factor de estabilización político-militar."

Arturo Frondizi

"La inteligencia política de Frondizi era de marca radical. Consistía en hablar de un problema hasta enronquecer. A este parloteo verborrágico los radicales lo llaman resolver problemas. Yo lo llamo hacerse gárgaras. (...) Frondizi me parecía una suerte de domador de leones hambrientos, capaz de asegurar el éxito del espectáculo con el sacrificio gradual y paulatino del equipo de sus colaboradores. Una vez les entregaba como carnada un ministro, otra vez, un vicepresidente; en alguna otra oportunidad un asesor técnico, o un amigo íntimo. Cuando se le acabaron las víctimas de su lista, él mismo pasó a ser pasto de los leones. Frondizi no respondió a ninguno de los compromisos contraídos con el pueblo porque nunca pensó en cumplirlos. No hubo más remedio que organizarle una derrota, así como le organizamos una victoria."

Juan Perón, *Coloquios con Enrique Pavón Pereyra*

Según se desprende del "Cuadro genealógico de los antepasados judeo-españoles y judeo-portugueses de la familia Alsogaray", realizado por el profesor Mario Javier Saban y publicado en el libro de Fabián Doman y Martín Olivera *Los Alsogaray, secretos de una dinastía y su corte,* "al igual que muchas familias argentinas, los Alsogaray también tienen antepasados judíos. Su ascendencia se rastrea a partir del bisabuelo del ingeniero, el coronel de Marina Álvaro José Alsogaray, ayudante del almirante Brown, y encargado de llevar su libro de órdenes. Como Brown solamente hablaba inglés, Alsogaray era quien se ocupaba de traducir las órdenes a sus subordinados. La madre de éste, Mercedes Echagüe y Maciel es descendiente en décima generación de María de Toledo, madre de Jerónimo Luis de Cabrera, fundador de Córdoba quien "era hijo de penitenciado de nación hebrea" que, hacia finales del siglo XVI se convirtió cambiando su nombre de Mozen Amoma a Fernando Díaz de Toledo. Por otra rama, los Cabrera descendían del Rabí David de Cuenca, luego llamado Pedro López de Madrid. El bilingüe Álvaro tuvo también una destacada actuación en la derrota de la Vuelta de Obligado, estando a cargo de la Batería Restaurador. Derrotado Rosas, Alsogaray cayó en desgracia y fue nombrado Jefe de Correos de la ciudad de Santa Fe.

Allí el primer Álvaro comenzó a dar muestras de la versatilidad familiar que luego caracterizaría a su descendencia: se incorporó a la masonería en la Logia de San Juan de la Fe en Paraná, y pasó del rosismo al mitrismo en menos de lo que gruñe un chancho. Tuvo dos hijos, y el primero según la tradición familiar también se llamó Álvaro y fue militar. Cuando murió en 1901 el abuelo del capitán ingeniero era teniente coronel. También fue masón y mitrista, como su padre, y peleó en la Guerra de la Triple Alianza contra Paraguay. Tuvo un hijo que nació en 1882 y que también se llamó Álvaro y siguió la carrera militar, retirándose con el grado de Coronel. Fue el padre del actual economista. Se casó con Julia Elena Bosch, de origen suizo y fueron fundadores de la Colonia Esperanza, cerca de la ciudad de Santa Fe. Tuvo activa participación del golpe de septiembre de 1930, convirtiéndose en Jefe de la Casa Militar del gobierno de Uriburu. Tuvo tres hijos: Álvaro, Julio y Federico, todos siguieron la carrera militar, los primeros en el Ejército (Infantería y Caballería) y el menor en la Aeronáutica, de la que se retiró como Brigadier. Álvaro nació el 22 de junio de 1913 en Esperanza e ingresó al Colegio Militar en 1929, donde llegó a ser abanderado en el primer año. El diario *La Nación* del 26 de diciembre de 1929 le dedicó un espacio bajo el título "El abanderado del Colegio Militar": "Por primera vez en los anales de esta casa que es una verdadera escuela de hidalgos, corresponde el honor de ser abanderado a un cadete que ha obtenido el más alto promedio de calificaciones y que ha demostrado aptitudes sobresalientes: Álvaro C. Alsogaray". No sólo el padre participó del golpe de Uriburu; el cadete también lo hizo y fue tal su adhesión que, aun con una pierna enyesada, desfiló en el side car de una motocicleta.

Años más tarde, el 21 de septiembre de 1948, luego de representar al capital privado en la empresa de aviación mixta Zonda se hizo cargo de FAMA (Flota Aérea Mercante Argentina), durante la presidencia de Perón. FAMA le duró poco: hasta el 8 de abril de 1949; Alsogaray hizo desaparecer los cuarenta retratos de Eva Perón que había en la empresa y remitió al Presidente boletas por la suma de 900.000 pesos por los gastos que ocasionara Evita en su gira europea al utilizar un avión de la empresa para trasladar el equipaje. En el libro *Hola Perón*, el periodista Esteban Peicovich cita al General hablando del episodio: "A Alsogaray lo tuve que sacar a los empujones por los desastres que cometió". Fue subsecretario de Comercio con Lonardi en 1955 y ministro de Industria de Aramburu hasta el 9 de junio de 1956 cuando renunció por diferencias con Raúl Prebisch.

Ya ministro de Frondizi, pronunció el 25 de junio de 1959, su frase inmortal: "Debemos pasar el invierno, por lo menos hasta que se puedan advertir los beneficios del plan de estabilización y de desarrollo en la nueva fase de ejecución". El nombramiento de Alsogaray, como el propio Frondizi reconoció elípticamente, fue el resultado de presiones ejercidas por los militares. Alsogaray profundizó los lineamientos austeros y restrictivos del plan de estabilización monitoreado por el FMI en las misiones de septiembre de 1959 y noviembre de 1960, que autorizaron dos nuevos créditos stand-by de cien millones de dólares cada uno, y recomendaron aplicar con mayor rigor las medidas ortodoxas. En adelante no se concedieron más aumentos en el sector público, se redujo el nivel de recargos a las importaciones y se liberalizaron aún más las relaciones comerciales externas: a fines de 1959 se redujeron los recargos a las importaciones del 300 por ciento al 150 por ciento, los de algunas maquinarias y equipos se suprimieron por completo y se dejó sin efecto la obligatoriedad de los importadores de constituir depósitos previos. También se produjeron despidos en la administración pública y se aumentaron las tarifas ferroviarias.

En la elección de renovación del Parlamento de mayo de 1960 y en las de febrero de 1961, Frondizi sufrió un revés, adjudicado a las medidas antipopulares de Alsogaray: en 1959 cayeron un 25,8 por ciento los ingresos reales de los trabajadores de la industria, y la participación de los salarios en el ingreso nacional alcanzó el nivel más bajo de la posguerra. El presidente le pidió la renuncia y lo reemplazó en agosto de 1961 por Roberto T. Alemann. Para ese momento la deuda externa se había triplicado y la balanza de pagos volvía a ser deficitaria. Alemann no se conmovió: vendió varias empresas públicas (en seis meses transfirió 40 de las 44 empresas agrupadas en la Dirección de Empresas del Estado), aumentó drásticamente las tarifas de los servicios públicos e intentó, sin éxito, racionalizar el funcionamiento de los trenes. Alemann renunció en enero de 1962 luego de discutir con Frondizi, oponiéndose a la concesión de incrementos salariales. Fue reemplazado por Carlos Coll Benegas.

Vale la pena detenerse en algunos detalles que explican el desmesurado crecimiento de la deuda.

Al lanzarse el Plan de Estabilización el FMI le prestó a la Argentina 75 millones de dólares que luego fueron ampliados a cien millones y renovados tres veces consecutivas entre 1959 y 1961. En ocasión de obtenerse el primer *stand-by*, firmas privadas de Estados Unidos concedieron un préstamo de 254 millones. En septiembre de 1958 se obtuvo un crédito de 50 millones de libras esterlinas (unos 140 millones de dólares al cambio de la época) por parte de un consorcio de firmas británicas: Henry Balfour and Company Limited, General Electric Company Limited, Mitchell Engineering Group Limited, William Press and Son Limited y Paterson Engineering Company Limited. En octubre de 1958 se acordó con el Exim-Bank la concesión de créditos a largo plazo por 150 millones de dólares. También se llevaron adelante negociaciones con el First National City Bank of New York, el Chase Manhattan Bank y el Bank of América.

Alsogaray en persona viajó a Europa para gestionar nuevas fuentes de apoyo financiero, obteniendo 300 millones de dólares: entre otros, el Tesoro de Estados Unidos otorgó 50 millones, 75 millones se acordaron con bancos europeos y otros 75 con nueve bancos norteamericanos. De esta última operación participaron el First National City Bank, el Bank of América y el Chase, con 14 millones cada uno, el Morgan Guaranty Trust Company con 10 millones, el Bank of Boston con 7 millones, el Manufacturer's Trust y el Hannover Bank con 6 millones cada uno, el Royal Bank of Canada con 3 millones y el Philadelphia National Bank con un millón.

EL DESTINO DE SATURNO

> *"...redeunt Saturnia regna."*
> *("He aquí que retornan los tiempos de Saturno".)*
>
> Virgilio, *Bucólicas (IV)*

El dios romano Saturno –Cronos, en Grecia– fue anterior a las divinidades del Olimpo. Saturno era hijo de Urano (el Cielo) y Gea (la Tierra), y el menor de una larga serie de hermanos. Saturno y su hermana Cibeles fueron los padres de la mitad de los dioses que luego formaron el Olimpo, entre los que se destacó Júpiter. Entre el 17 y 19 de diciembre los romanos festejaban las Saturnales, al pie de la colina del Capitolio, en el período del año donde los días eran más cortos y por ende más oscuros. Durante las Saturnales los esclavos eran liberados y –sólo por esos días– cambiaban de rol con sus dueños. Los alquimistas denominaron Saturno al plomo, un metal frío, y de allí nació la palabra "saturnismo" para definir a la intoxicación con sales de plomo. Para el historiador del arte Erwin Panofsky, Saturno fue también el dios de la Melancolía, asociado como estaba al tiempo que, incansablemente, se consume. A las palabras de Virgilio citadas arriba pueden agregársele las de Gérard de Nerval en su poema *Délfica*: "¡Regresarán aquellos tiempos que tanto lloras! El tiempo traerá el orden de los días antiguos".

Charles Baudelaire, en su "Epígrafe por un libro condenado" de *Las Flores del Mal*, le pide al lector que arroje lejos de sí "a este libro saturnino orgiástico y melancólico".

Y Verlaine quedó atrapado por la misma fascinación al titular *Poemas Saturninos* a su primer libro, en 1866, invocando en su prólogo al "fiero planeta, caro a los nigromantes", cuyo influjo marca a los artistas condenándolos al infortunio.

Para los astrólogos, Saturno es considerado el planeta del tiempo y del karma. Pero ¿cuál era el karma de Saturno? ¿Cuál el destino fatal del dios Tiempo, que llegara a regir el Universo? Ese sino trágico de Saturno se encuentra en su propia historia: cuando Gea quiso rescatar a los tres Hecantonquiros que tenía apresados Urano, el único de los hermanos que acudió fue Saturno. Al vencer a Urano, Saturno se convirtió en el Regidor del Universo pero, siendo el hermano menor, necesitó el permiso del primogénito, Titán, para reinar. Y Titán le puso como condición que matase a toda su descendencia, de modo tal que el trono siempre volviera a los Titanes. Así fue como Saturno devoró a cada uno de los hijos que fueron naciendo de su matrimonio con Cibeles: del mismo modo que el tiempo devora todo lo que crea. A comienzos del siglo XIX Francisco de Goya y Lucientes pintó esa escena, la de Saturno devorando a sus hijos, como si la hubiera visto: la mirada de Saturno inyectada en sangre, su rostro casi desfigurado por el esfuerzo, y el brazo de uno de sus hijos ya dentro de su boca.

Hay quienes dicen que una de las deidades modernas, la Revolución, comparte con Saturno o Cronos aquel destino atroz, aunque en sentido contrario: comerse a los padres que le dieron la vida.

EL VIAJE

Era, sin dudas, una de esas cosas del Destino: cuando estaba a punto de tomar los hábitos Celia de la Serna conoció a Ernesto Guevara Lynch, militante socialista, expulsado del Nacional Buenos Aires y, para colmo, atractivo. Celia era menor, había nacido en una familia católica de buen pasar y vivía en una casona con sus seis hermanos. Su padre, Juan Martín de la Serna, era un viejo militante radical que participó de la Revolución del Parque junto al tío de Ernesto, Guillermo Lynch. La familia de Celia se opuso a que contrajera matrimonio y la chica, decidida, se mudó a lo de una tía para casarse al año entrante: en 1927.

Gracias a la herencia paterna de Ernesto compraron varias hectáreas de tierra en Puerto Caraguataí (Alto Paraná), donde se dedicaron al cultivo de la yerba mate.

En 1928 viajaron a Buenos Aires para el nacimiento de su primer bebé, pero el crío nació en Rosario, antes de llegar a destino: el 14 de junio de 1928, a las 3.05 de la madrugada, en la maternidad del Hospital Centenario. Hugo Gambini, uno de los más interesantes y equilibrados biógrafos del *Che* sostiene en *El Che Guevara, la biografía*, que la estancia de la familia Guevara-de la Serna en Rosario no fue casual. Gambini afirma que Ernesto Guevara Lynch llegó a Rosario intentando concretar un viejo proyecto: la instalación de un molino yerbatero en el lugar, y que el matrimonio pensó desde un primer momento en dar a luz en Rosario ya que la ciudad cumplía con las condiciones de seguridad e higiene suficientes para el parto.

Finalmente, siguiendo a Gambini, el dinero necesario para montar aquel emprendimiento en Rosario resultó demasiado y Guevara era un "empresario poco próspero, con escasa visión para los negocios". En uno de los pocos reportajes que concedió en su vida, Ernesto Guevara Lynch le contó al periodista italiano Franco Pierini: "No me avergüenzo de confesar que no soy un hombre rico. En verdad, no he tenido jamás una gran fortuna, pero nadie puede decir que yo soy un haragán, que no haya tratado de realizar empresas de todos los géneros, siempre con criterios nuevos. He tenido cultivos de yerba mate en la provincia de Misiones, donde aplicaba sistemas humanos. ¿Sabe lo que quiero decir? Le explicaré. La yerba mate fue siempre cultivada con prisioneros sacados de las cárceles o con verdaderos esclavos conchabados por el patrón a los que les pagaban con víveres. Esos hombres se liberaban de las deudas sólo con la muerte. Yo he cultivado la yerba mate en Misiones con sistemas científicos, con pocos cultivadores pero bien remunerados, sin utilizar ladrones ni asesinos condenados a vivir en aquellos lugares infernales. Y fue a raíz de aquella empresa que bajé a Rosario, donde nació Ernesto. Pensaba que para hacer rendir mis cultivos debía completar el ciclo de elaboración instalando un molino para manufacturar y empaquetar la yerba y vender el producto terminado. No lo pude concretar porque hacía falta demasiado dinero. Entonces vendí todo y nos fuimos a vivir a la provincia de Córdoba, a Alta Gracia. Allí creció Ernestito".

Antes de mudarse a Alta Gracia vivieron unos años en San Isidro, donde Ernesto regenteó un astillero, y realizaban con frecuencia viajes a Entre Ríos, donde vivía Edelmira de la Serna en una gran estancia junto a su familia. Durante el verano pasaban los días en el Club Náutico. Allí un médico le diagnosticó bronquitis al pequeño Ernesto que, una vez recuperado, tuvo como secuela un asma de la que nunca se pudo recuperar.

En 1929 Celia dio a luz una hija que llevó su nombre. El aire del río y la humedad del ambiente empeoraron la salud de Ernesto, y la familia decidió mudarse al centro, a un departamento de la calle Bustamante, en el Barrio Norte. Allí nació Roberto, el tercer hijo. Otro de los programas de la familia en aquellos años era pasar largas temporadas en Santa Ana de Irineo Portela, en la provincia de Buenos Aires, donde la abuela Ana Isabel Lynch Ortiz tenía una importante estancia. Los cotidianos ataques de asma hicieron imposible que Ernestito asistiera regularmente a la escuela. Sólo cursó como alumno regular segundo y tercer grado. Su madre le enseñó las primeras letras y cuarto, quinto y sexto los hizo "yendo como podía. Sus hermanos copiaban los deberes y él estudiaba en casa", recuerda Celia, citada por Gambini. Cursó el bachillerato en el Liceo Deán Funes, una escuela pública en la ciudad de Córdoba y en 1946 tenía pensado ingresar a la carrera de Ingeniería pero debió viajar a Buenos Aires ante un derrame cerebral sufrido por su abuela. Durante diecisiete días vivió la muerte de su abuela y fue durante aquellas horas, sintiéndose impotente para ayudarla, cuando decidió estudiar medicina.

A mediados de 1949 compró un motor Micrón, italiano, y lo adosó a su bicicleta de media carrera. En su improvisada moto-bicicleta se fue a recorrer el interior cargando una mochila: viajó por Salta, Jujuy, Tucumán, Santiago del Estero, Chaco, Formosa, Catamarca, Cuyo, Córdoba y San Luis. A su regreso fue a la casa donde había comprado el motor ("Amerimex") para pedir que lo reacondicionaran: los ingenieros no podían creer que hubiera hecho semejante viaje. Ernesto les mostró varias fotografías que había tomado, en las que se lo veía con su moto-bicicleta, y él montado con antiparras oscuras. El gerente le ofreció arreglarle el motor gratis, a cambio de que permitiera la publicación de algunas de las tomas. A la semana, un aviso ilustrado con una foto de "Ernesto Guevara Serna" salía publicado en la revista *El Gráfico* en febrero de 1950. "Les envío para su revisión el motor Micrón que ustedes representan y con el que realicé una gira de cuatro mil kilómetros a través de doce provincias argentinas. El funcionamiento del mismo durante mi extensa gira ha sido perfecto y sólo noté al final que había perdido compresión, motivo por el cual se lo remito para que lo dejen en condiciones." Aquel trasplante mecánico ya tenía nombre: Motorino. El resto de la familia se trasladó a Buenos Aires y compraron una casa en Aráoz 2180, casi esquina Mansilla, en Palermo Viejo. Ernesto vivía saltando entre trabajos eventuales –deliberadamente, para no arruinar sus constantes proyectos de viajes– y a pesar del asma jugaba al rugby en el San Isidro Club (SIC), como tacleador. Fue enfermero de la Flota Mercante del Estado en barcos petroleros, practicante en Sanidad Municipal, empleado de Abastecimientos del municipio y asistente en el laboratorio de alergia del Dr. Pisani.

Junto a Alberto Granado (hermano mayor de Tomás, uno de sus amigos más íntimos de los años de Alta Gracia), que había sido bioquímico de un hospital de leprosos situado a ciento ochenta kilómetros de la capital cordobesa, emprendió un viaje en moto por Latinoamérica. El 29 de diciembre de 1951 Guevara y Granado montaron en "una moto llena de utensilios, donde no faltaba ni el jabón de afeitar ni una pistola automática", según recuerda Granado, y partieron a la aventura. Desde Buenos Aires cruzaron a Chile, y al llegar a Santiago la motocicleta dejó de funcionar. La abandonaron y siguieron a pie. "Fuimos transportadores de mercancías

–recuerda Granado, citado por Gambini– hombreadores de bolsas, marineros, polizones, fregadores de platos y médicos." Desde Chile llegaron a la selva peruana, donde se internaron doce horas a lomo de mula hasta llegar al leprosario de Huambo, a tres mil metros de altura. De ahí bajaron a Machu Picchu y por el río Ucayali (uno de los afluentes del Amazonas) llegaron hasta Iquitos. Navegaron por el Amazonas hasta el punto donde se encuentran las fronteras de tres países: Perú, Brasil y Colombia. El azar estaba de su lado: en Leticia (Colombia) los contrataron para jugar un partido de fútbol, ganaron el campeonato y con él dos pasajes en avión hasta Bogotá, y de allí a Caracas. En Venezuela el destino los dividió: Granado aceptó una oferta para trabajar como médico en un leprosario local y unos amigos que Guevara encontró circunstancialmente en Caracas tenían un avión que transportaba caballos de carrera hacia Miami y luego volvían a Buenos Aires. Los amigos se despidieron y Ernesto quedó en volver a Caracas una vez recibido de médico, para trabajar con Alberto. Al llegar a Miami el avión de carga se descompuso y Guevara tuvo que vivir veinte días con un dólar en el bolsillo, hasta volver a Ezeiza en septiembre de 1952. En un año dio las doce materias que le faltaban para llegar al título.

Entonces comenzó a planear el viaje a Venezuela para cumplir con su promesa. Esta vez fue otro amigo de Alta Gracia, Carlos Ferrer, "Calica", su compañero de viaje. Ernesto y Calica llegaron a Bolivia en días convulsionados: el gobierno de Paz Estenssoro hablaba de reforma agraria y cambios estructurales: uno de ellos fue la nacionalización de las minas de Patiño, Hoschild y Aramayo, ricas en antimonio y estaño. El 26 de julio de aquel año, 1953, muy lejos de Bolivia, se producía el asalto al cuartel Moncada, ubicado en la ciudad de Santiago de Cuba. Era la segunda fortaleza militar de la isla y uno de los apoyos claves del dictador Fulgencio Batista, un sargento encaramado en el poder desde 1934 que había dado otro golpe de Estado a ochenta días de las elecciones nacionales en 1952. El saldo militar de la batalla del Moncada fue de treinta y tres guerrilleros y quince "leales" muertos, pero las cifras de la guerra que Batista comenzó entonces fueron mucho más atroces. La venganza del dictador entre 1953 y 1958 dejó a veinte mil cubanos sin vida. Fidel Castro y su hermano Raúl fueron detenidos después de la acción.

El Tribunal de Urgencia cometió, entonces, el peor de los errores: dejó que Fidel Castro hiciera personalmente su defensa. El juicio en su contra se transformó en un alegato contra la dictadura de Batista. Los jueces resolvieron "enfermar" al acusado y certificaron su imposibilidad de concurrir al tribunal. Pero en la audiencia siguiente la doctora Melba Hernández, una de las dos mujeres que formó parte del asalto al Moncada, interrumpió la marcha del juicio para anunciar que Fidel no estaba enfermo, y leyó un mensaje de Castro denunciando un complot para eliminarlo. Finalmente el 16 de octubre Castro compareció ante el Tribunal: sólo estaban los tres jueces, dos fiscales, seis periodistas adictos al gobierno y una guardia de cien soldados. Allí Castro expresó: "En cuanto a mí, sé que la cárcel será dura como no la ha sido nunca para nadie, preñada de amenazas, de ruin y cobarde ensañamiento, pero no la temo, como no temo la furia del tirano miserable que arrancó la vida a setenta hermanos míos. ¡Condenadme! No importa, la Historia me absolverá". Tenía 27 años, sólo dos más que Guevara. Los jueces lo condenaron, junto a su hermano, a quince años de prisión.

A finales de aquel año Ernesto y Calica salieron de Bolivia y cruzaron Perú a pie. En Ecuador consiguieron pasajes en barco hasta Panamá, y otra vez el azar le jugó una broma: así como años atrás tuvieron que dormir en las minas chilenas de Braden (aquel de "Braden o Perón"), ahora Guevara llegó a Panamá en un buque de la United Fruit, la más famosa y explotadora compañía norteamericana en Centroamérica. Luego de una temporada en América Central Ernesto subió hasta México, refugio obligado de todos los opositores latinoamericanos en busca de asilo: en México estaban los guatemaltecos corridos por Castillo Armas, los peruanos apristas, los nicaragüenses antisomocistas y los dominicanos contrarios a Trujillo. Por medio de su amiga Hilda Gadea, Guevara se incorporó a las tertulias de exiliados.

El 24 de febrero de 1955 Batista dictó una amnistía convencido de que ésta constituiría un buen golpe de efecto sobre el descontento de la población: Fidel y Raúl Castro fueron liberados, y ambos también viajaron a México. Hilda conoció a Raúl, y luego Raúl conoció a Ernesto, y finalmente Ernesto conoció a Fidel. Aquello sucedió en un pequeño departamento del Distrito Federal, en la calle Emparán número 49. Su primera charla fue interminable, y también lo fueron la segunda, y la tercera, y finalmente Hilda se arrepintió de haberlos presentado, y como recordó años después se dijo entonces a sí misma: "Esos dos no hablaban más que de revolución. Perdí a mi marido por culpa de la Revolución cubana".

El grupo invasor, destinado a liberar a Cuba, se llamó Movimiento 26 de Julio, en homenaje al día del Asalto al Moncada. Castro viajó a Estados Unidos a tratar de conseguir fondos para financiar la empresa. Entre algunos cubanos ricos y muchos cubanos pobres que odiaban a Batista logró reunir cincuenta y cinco mil dólares. Entretanto, el "ejército invasor" ya sumaba ochenta voluntarios. Fidel descubrió trabajando en una mueblería mexicana al hombre ideal para entrenar a los reclutas: el coronel Alberto

Bayo, un cubano de sesenta y tres años graduado en la Academia de Infantería de España primero y en la Escuela Militar de Aviación después, ex capitán de la Legión Extranjera en la lucha de los españoles contra los moros en África. El entrenamiento se realizó en una finca prestada en el distrito de Chalco. Allí, durante el curso sobre guerra de guerrillas, Ernesto Guevara comenzó a ser el *Che*.

El 25 de noviembre partieron de Puerto Tuxpán, en el Golfo de México, con una bandera rojinegra izada en la popa, identificando al Movimiento. Eran ochenta y dos hombres en un yate de paseo, el Granma, con capacidad para veinte pasajeros. El 2 de diciembre pudieron ver tierra firme, sin saber que se trataba de la playa Las Coloradas. Quedaron varados a dos mil metros de la costa y debieron avanzar a nado y chapoteando en el barro. La aviación de Batista los detectó y comenzó a bombardearlos. El 5 de diciembre una parte del grupo llegó a Alegría del Pío: llevaban tres días de caminata sin detenerse, con pocos minutos de descanso. Se detuvieron a comer y al rato una lluvia de balas se descargó sobre el campamento: en ese momento supieron que el campesino que los había guiado hasta ahí, también los había delatado. El desconcierto fue total. Guevara escribió sobre aquel día:

"Quizás ésa fue la primera vez que tuve planteado prácticamente ante mí el dilema de mi dedicación a la medicina o a mi deber de soldado revolucionario. Tenía delante una mochila llena de medicamentos y una caja de balas; las dos eran mucho peso para transportarlas juntas, tomé la caja de balas, dejando la mochila para cruzar el claro que me separaba de las cañas. Recuerdo perfectamente a Faustino Pérez, de rodillas en la guardarraya, disparando su pistola ametralladora. Cerca de mí un compañero llamado Arbentosa caminaba hacia el cañaveral. Una ráfaga que se distinguió de las demás nos alcanzó a los dos. Sentí un fuerte golpe en el pecho y una herida en el cuello; me dí a mí mismo por muerto. Arbentosa, vomitando sangre por la nariz, la boca y la enorme herida de la bala 45, gritó algo así como '¡Me mataron!' y empezó a disparar alocadamente, pues no se veía a nadie en aquel momento. Le dije a Faustino, desde el suelo, '¡Me jodieron!'. Faustino me echó una mirada en medio de su tarea y me dijo que no era nada, pero en sus ojos se leía la condena que significaba mi herida. Quedé tendido; disparé un tiro hacia el monte siguiendo el mismo oscuro impulso del herido. Inmediatamente me puse a pensar en la mejor manera de morir en ese minuto en que todo parecía perdido. Recordé un viejo cuento de Jack London donde el protagonista, apoyado en un tronco de árbol, se dispone a acabar con dignidad su vida, al saberse condenado a muerte por congelación, en las zonas heladas de Alaska. Es la única imagen que recuerdo.

Alguien, de rodillas, gritaba que había que rendirse y se oyó atrás una voz, que después supe pertenecía a Camilo Cienfuegos, gritando: '¡Aquí no se rinde nadie, carajo!'. Ponce se acercó, gritando, con la respiración anhelante, mostrando un balazo que aparentemente le atravesaba el pulmón. Me dijo que estaba herido y le manifesté, con toda indiferencia, que yo también. Siguió Ponce arrastrándose hacia el cañaveral, así como otros compañeros ilesos. Por un momento quedé sólo, tendido allí esperando la muerte. Almeida llegó hasta mí y me dio ánimos para seguir, a pesar de los dolores lo hice y entramos en el cañaveral. Allí vi al gran compañero Raúl Suárez, con su dedo pulgar destrozado por una bala, y a Faustino Pérez vendándoselo junto a un tronco; después todo se confundía en medio de las avionetas que pasaban bajo, tirando algunos disparos de ametralladora, sembrando más confusión en medio de escenas a veces dantescas y a veces grotescas, como la de un corpulento combatiente que quería esconderse tras de una caña, y otro que pedía silencio en medio de la batahola tremenda de los tiros, sin saberse bien para qué."

Gambini relata que luego del caos se produjo cierto abatimiento en el grupo: los sobrevivientes de Alegría de Pío estuvieron ocho días alimentándose con jugo de caña y sin poder reagruparse. "El primer encuentro fue el de los hermanos Castro. Fidel se mostró eufórico, mientras abrazaba a Raúl como si nada hubiese pasado y gritaba a voz en cuello: '¡Los días de la dictadura están contados!'."

Quedaban doce soldados: Fidel, Raúl, Camilo, Almeida, Calixto García, Faustino Pérez, Universo Sánchez, Calixto Morales, Efigenio Almejeiras, Ciro Redondo, René Rodríguez y el *Che* Guevara.

Fidel Castro ordenó entonces escalar la Sierra Maestra y ganar el Pico Turquino (de dos mil metros, el más alto de Cuba). El 31 de diciembre de 1956 Celia recibió una carta de Ernesto, que decía: "Vieja, gasté cuatro vidas y me quedan tres". En el argot militar a Ernesto le asignaban siete vidas, como a los gatos. La prensa oficial dio en aquellos días la noticia de que la invasión de Castro había fracasado, dando por muertos a Fidel y a todos sus hombres.

En enero de 1957 eran veinticuatro los miembros del ejército rebelde. El día 16 lograron su primera victoria en el río La Plata. Allí el Che mató a un soldado por primera vez. Nuevamente fueron delatados por otro campesino y la aviación del Ejército bombardeó el campamento, obligándolos a volver a separarse en dos columnas. En la marcha hacia la Sierra Maestra varios campesinos se sumaron a los guerrilleros, y en el mes de mayo ya eran ciento cincuenta. Fidel decidió formar una nueva columna y designó al Che como comandante. En Santiago y en La Habana dio comienzo una rebelión estudiantil. El 1 de marzo de 1958 inició su transmisión Radio Rebelde, en la cresta de un cerro. El Che organizó un nuevo campamento para reclutar campesinos en Minas del Frío. Allí conoció a Zoila Rodríguez, hija del herrero, con quien mantuvo una relación de varios meses. Después de la victoria en la batalla de Las Mercedes la Sierra Maestra quedó liberada y el Che se ocupó personalmente de la construcción de varias escuelas y un hospital y dio los primeros pasos para llevar adelante la reforma agraria.

El 21 de agosto Fidel ordenó al Che y a Camilo Cienfuegos marchar con dos columnas, por distintos caminos, hacia Santa Clara. "Dominando esa región –les dijo– Cuba quedará dividida en dos. Habremos cortado al Ejército de Batista por la mitad." Camilo iría por el Norte, atravesando Camagüey; y el Che por la costa, pero internándose en los montes. La columna del Che llevó el número ocho. Al llegar a la ciudad de Sancti Spíritu el Che asumió funciones comunales y emitió un bando prohibiendo "provisionalmente la venta de billetes de lotería y el expendio de bebidas alcohólicas". Al día siguiente tuvo que derogarlo: era imposible evitar que el pueblo dejara de festejar el triunfo rebelde "con un buen trago", y los vendedores de billetes no podían entender la relación entre la jugada de Navidad y el triunfo de la Revolución.

La batalla decisiva se libró en Santa Clara, donde un tren de diecisiete vagones completaba las defensas naturales y protegía dos ametralladoras y un cañón antiaéreo, junto a una tropa de trescientos cincuenta soldados. Un escuadrón completo vigilaba el acceso sur, con la ayuda de un campamento de dos mil efectivos ofrecidos por el Regimiento 3. A las cinco de la mañana del 29 de diciembre la columna del Che entró por uno de los flancos descubiertos y se estableció en la Universidad. En pleno enfrentamiento, mientras las tropas del Che avanzaban hacia la Loma del Capiro, el coronel Rosell, jefe del Cuerpo de Ingenieros a cargo de la artillería, desertó y se escapó en su yate particular. Los rebeldes tomaron cuatrocientos prisioneros y secuestraron ocho bazookas, quince ametralladoras y ochenta mil balas. Combatieron hasta el 1 de enero, cuando el otro comandante de las tropas "leales" se enteró de que el presidente Batista había abandonado el país. El coronel Casillas, entonces, se cambió de ropa y vestido de civil, a bordo de un coche particular, partió por la carretera sin rumbo fijo.

Cinco días después del triunfo definitivo conquistado por el Che, Fidel Castro entró en La Habana: el 6 de enero de 1959. En Washington, Milton Eisenhower, hermano del presidente, exhortó a "adoptar una actitud fríamente protocolar hacia los dictadores latinoamericanos". Pero el idilio duró poco: ya a mediados de enero en el Congreso norteamericano se planteó la necesidad de "presionar a Fidel Castro para que sus decisiones no afecten los intereses norteamericanos en Cuba". El 27 de enero, en la sociedad Nuestro Tiempo, de La Habana, el Che anunció parte del plan económico del Ejército Rebelde: nacionalización de la compañía de teléfonos (hasta entonces subsidiaria de la ITT), de los servicios de electricidad, medidas arancelarias de protección al mercado interno y creación de una flota mercante cubana, entre otras. En aquellos días también la vida familiar del Che se convulsionó: se divorció de Hilda Gadea y se casó con Aleida March, que había sido su ayudante desde la batalla de Las Villas. Escribe Gambini que "en abril de 1959 la Revolución todavía navegaba en aguas turbulentas. Los tribunales revolucionarios llevaban tres meses ajusticiando a los batistianos responsables de la muerte de veinte mil civiles. Eran todos cabecillas militares y policiales (que habían ordenado y capitaneado las violentas represiones contra estudiantes y obreros en los últimos meses del régimen de Batista) los que iban al paredón. En cada proceso se amontonaban acusaciones de todo tipo y la mayoría de los testigos de cargo eran las madres de las víctimas. Estos juicios eran de trámite sumarísimo, y chocaban a los corresponsales extranjeros (en particular a los norteamericanos). Los fusilamientos no alcanzaban a los delatores. "Hemos sido generosos –dijo Fidel– al no fusilar chivatos. No hay que fusilarlos, hay que mandarlos a trabajar, hay que condenarlos a trabajos forzados. Ya que querían ganarse la vida con la delación y la traición, pues que trabajen para el pueblo. A los esbirros, en cambio, sí hay que fusilarlos, porque hasta la Biblia dice que el que a hierro mata, a hierro muere."

En los primeros meses el gobierno comenzó a tomar medidas de tipo social: se construyeron las primeras casas populares, bajaron los precios de las medicinas, libros, servicios eléctricos y alquileres, se confiscaron las haciendas de más de cuatrocientas hectáreas, se puso en marcha un plan de construcción de diez mil escuelas, varios cuarteles fueron transformados en establecimientos educativos y se abrieron listas de voluntarios dispuestos a dictar clases por sueldos ínfimos. También se aplicaron a las bebidas alcohólicas fuertes impuestos destinados al plan educativo.

El 9 de febrero se conoció el decreto de Fidel por el que se declaraba al "Comandante Ernesto Guevara, cubano de nacimiento". La mayor parte de los autores no cubanos consultados coinciden en señalar que, hasta ese momento de la Revolución, el único integrante del gobierno que quería hacer de Cuba un estado socialista era el Che. Camilo Cienfuegos (que el

28 de octubre desapareció en un accidente aéreo) era el más moderado de los miembros del entorno castrista. Raúl, hermano de Fidel, se limitaba a seguir al líder y el Che era el más ansioso por motorizar los cambios. La filiación marxista del Che (con algunas pinceladas de maoísmo) no debe interpretarse como adhesión ortodoxa al partido comunista, con quien vivió constantes enfrentamientos. Guevara era contrario a una alineación de Cuba con Moscú, que finalmente forzaron las circunstancias adversas del bloqueo norteamericano y la falta de recursos propios de la isla. "En Cuba –afirma el Che, citado por Gambini– la Revolución la hizo el 26 de Julio: Fidel con su puñado de locos como yo, no los ideólogos del comunismo. Y en la Argentina, las masas obreras saborearon por primera vez algo del poder gracias al loco de Perón, y en contra de los comunistas." En noviembre de 1959 Guevara fue nombrado presidente del Banco Nacional de Cuba, y al año siguiente titular del Ministerio de Industrias. En octubre de 1960, Estados Unidos embargó casi todo el comercio a Cuba. En 1961, al asumir el poder, John Kennedy tuvo que decidir acerca de un plan de la CIA que había comenzado a pergeñarse el año anterior: la invasión a Cuba. Los asesores de la Casa Blanca le aseguraron que "apenas desembarquen los anticastristas, todo el pueblo cubano se alzará en armas contra Castro". A principios de abril Kennedy aprobó el Plan de Operaciones de la CIA y el Pentágono y el día 17 un grupo de invasores anticastristas desembarcó en la Bahía de Cochinos (Playa Girón, para los cubanos). El Ejército Rebelde los redujo sin complicaciones, usando armamento recién recibido de la Unión Soviética y Checoslovaquia.

Según se publicó en *Primera Plana* del 30 de noviembre de 1965, Kennedy y Kruschev charlaron largamente sobre el "asunto Cuba" en Viena, entre el 3 y 4 de junio de 1961. Allí Kruschev le dijo a su par norteamericano: "Fidel Castro no es un comunista, pero la política norteamericana quizá le ayude a serlo. Yo no puedo pronosticarle hasta donde llegará Castro". En agosto de 1961 el Consejo Interamericano Económico y Social (CIES) se reunió en Punta del Este para decidir las características del plan de ayuda de Estados Unidos a la región y dar forma a la Alianza para el Progreso. El Che asistió a la reunión y mantuvo luego una entrevista secreta con Frondizi y una pública con Janio Quadros, presidente del Brasil, en la que fue condecorado. Pública o secreta, ambas entrevistas terminaron costándole los cargos a los dos presidentes (*véase* el capítulo correspondiente al gobierno de Frondizi, donde se desarrolla el tema en detalle).

Entrevistado por Julia Costenla y Germán Rozenmacher para la revista *Che* del 25 de agosto de 1961, el Che pronunció una de sus respuestas más famosas:

–Comandante, ¿qué se necesita para que una Revolución triunfe en América Latina?

–¡Huevos! –contestó seriamente el Che.

Frente a una reflexión sobre los "políticos honrados, que jamás robaron", dijo Guevara: "Ustedes todavía no se han curado del político honrado. El señor que no roba ni defrauda. Que está siempre a mano para ocupar un cargo donde se requiera un hombre honesto. Vive de esa honradez. Es su capital. Cobra buenos dividendos por ser decente. Pero no le molesta cubrir con su honradez y con su honestidad todas las miserias de una sociedad de ladrones. Apuntala con esa característica suya un régimen de piratas. Si un político es realmente honrado no sirve de apoyo al sistema de la explotación y el robo. Un político honrado no puede ser su cómplice".

A mediados de 1962 el lobby anticastrista de Miami denunció que Castro estaba instalando una base de cohetes rusos para lanzarlos sobre Estados Unidos. Los primeros vuelos de reconocimiento de la CIA detectaron cohetes antiaéreos tierra-aire, lanchas torpederas con cohetes para la defensa costera y aumento del personal militar en el área. Pero luego aviones supersónicos U2 descubrieron en el extremo oeste de la isla misiles de alcance medio. La llamada "crisis de los misiles" concluyó el 27 de octubre, cuando Kennedy y Kruschev acordaron retirar los misiles y pactar la no agresión a Cuba. Los proyectiles empezaron a ser retirados y Estados Unidos levantó el embargo a las 48 horas. La negociación fue un balde de agua fría para los cubanos: con ella tomaron conciencia, por primera vez, de que eran una pieza más en el ajedrez de las dos superpotencias. Paralelamente, en su ministerio, el Che hacía otro descubrimiento desagradable: el sueño de la industrialización había quedado resumido a un puro ejercicio de voluntarismo. Cuba debía volver al esquema agro-exportador, y aceptar con sumisión la "división internacional del trabajo": sería nuevamente proveedor de azúcar, con el agravante de que el intercambio debería ser ahora con países no capitalistas que "se sintieran obligados a cooperar con la Revolución". En un discurso pronunciado en el Teatro Chaplin, al clausurar en 1962 un congreso de trabajadores azucareros, el Che anticipó que la zafra de 1963 sería dificultosa "por la escasez de los trabajadores en los cañaverales". Así nació un nuevo debate entre Guevara y los soviéticos: la polémica sobre los estímulos morales o materiales. El escritor argentino Adolfo Gilly, de tendencia trotskista, reflejó ese debate en su libro *Cuba: coexistencia o revolución* en 1962, mientras observaba de cerca el proceso cubano: "En la Unión Soviética –escribió Gilly– en el debate iniciado con los artículos de Liberman en *Pravda*, una serie de economistas insistieron sobre la necesidad de extender los estímulos materiales. Una de las expresiones más claras la dio el académico Nemchicov: 'La economía socialista ha alcanzado un grado tal de desarrollo que, si no se completa el plan con un nuevo y más perfecto sistema de estímulos materiales, no pueden ser movilizados todos los recursos y las reservas existentes'. Un economista soviético publicó un artículo en *Cuba Socialista* defendiendo la prioridad de los estímulos materiales. Pero es posible que haya sido la experiencia de la movilización militar lo que haya afirmado más definidamente al ministro Guevara para salir a la defensa pública de la posición contraria: basarse principalmente en los estímulos morales. (...) No un aumento de sueldos sino la amenaza de la invasión y la movilización general hicieron dar un salto a todos los índices de producción".

"Por supuesto –decía el Che– un buen reformismo mejoraría el nivel de vida del pueblo cubano. Pero eso no sería la Revolución. Y la Revolución es sacrificio, lucha, confianza en el futuro. La Revolución debe sobrepasar ese estúpido programa reformista. Por eso es necesario condenar la rentabilidad, la ganancia individual, para conseguir una conciencia socialista... Es necesario cambiar la mentalidad para obtener un hombre nuevo."

LA VIEJA HISTORIA DEL HOMBRE NUEVO

Para salirnos del lenguaje de la época, la polémica sobre los "estímulos morales o materiales" bien podría resumirse en una pregunta simple: ¿Qué es más importante para un trabajador? ¿Un aumento de sueldo o un diploma?

Claro que esta pregunta debería entenderse dentro de los límites teóricos del socialismo, donde un aumento de salario no sería tan necesario como en una sociedad subdesarrollada, y donde un "diploma" resulta la metáfora de la satisfacción moral frente al trabajo en grupo. Gilly acierta al afirmar que el Che, hablando sobre los estímulos morales, está demasiado influido por las acciones militares. En esas circunstancias, como en las citadas por el mismo Guevara al hablar de una "amenaza de invasión", resulta obvio que el elemento más movilizador y estimulante es la mística del grupo.

El mejor ejército mercenario pierde ante el peor grupo de convencidos que defienden su tierra. En esos casos extremos la mística de la pelea y la convicción de llevar adelante un destino manifiesto suplen cualquier tipo de estímulo material. Pero la discusión está planteada de cara a la vida cotidiana: a un trabajo con horarios y dedicación, a la inevitable rutina, al inmanente deseo de progreso en el hombre. Ese deseo ¿fue creado por la cultura?

El confort, la adquisición de un bien, la satisfacción de un deseo material del tipo que fuera y la pretensión de lograrlo por medio del esfuerzo en el trabajo ¿son parte de una cultura "capitalista decadente"?

He unido en este capítulo dos conceptos: el de los estímulos y el del Hombre Nuevo, y no ha sido por casualidad. Ambos, en el fondo, están entrelazados por un elemento común en las ideas de Guevara: su visión religiosa de la política. Esta contradicción aparece con claridad cuando el Che desarrolla su visión del Hombre Nuevo. En su texto *El socialismo y el hombre en Cuba*, Guevara intenta "definir al invididuo durante la construcción del socialismo, en su doble existencia de ser único y miembro de la comunidad". "Creo –escribió el Che– que lo más sencillo es reconocer su cualidad de no hecho, de producto no acabado. Las taras del pasado se trasladan al presente en la conciencia individual y hay que hacer un trabajo continuo para erradicarlas. (...) La nueva sociedad tiene que competir muy duramente con el pasado. La mercancía es la célula económica de la sociedad capitalista; mientras exista, sus efectos se harán sentir en la organización de la producción y por ende, en la conciencia. (...) Persiguiendo la quimera de realizar el socialismo con la ayuda de las armas melladas que nos legara el capitalismo (la mercancía como célula económica, la rentabilidad, el interés individual como palanca, etcétera), se puede llegar a un callejón sin salida. (...) Para construir al socialismo, simultáneamente con la base material hay que hacer al Hombre Nuevo. De allí que sea tan importante elegir correctamente el instrumento de movilización de las masas. Ese instrumento debe ser de índole moral, fundamentalmente, sin olvidar la correcta utilización del estímulo material, sobre todo de naturaleza social."

Al insistir en los términos "mercancía" y "rentabilidad", el Che asocia cualquier estímulo material con el afán de lucro como expresión de la explotación. La citada pelea del socialismo con el pasado es inevitable: siempre se llegará a la Revolución desde un sistema anterior. Pero llegados a esa instancia, ¿a quién le tocaría definir las "taras"? Guevara diría que a la vanguardia, constituida por los miembros del partido. El partido, sin embargo, fue formado conviviendo con esas taras y en el marco de ellas logró sobreponerse para encarar la Revolución: así las cosas, sólo queda pensar que la vanguardia adquirió conocimiento de las "taras" y las "verdades" por revelación, o por una especie de intuición inefable de la Historia. Todo recuerda, si se me permite, aquel viejo chiste de Mafalda en el que Felipe le dice que es necesaria una Escuela para Presidentes.

–Sí, claro –le responde Mafalda–. Pero ¿quiénes serían los profesores?

Para plantearlo de otro modo: una vanguardia inexplicablemente pura guiará a un pueblo intoxicado por el camino de la salud moral.

La idea de construir un Hombre Nuevo nació, en verdad, con el cristianismo y –sin hacer psicología de café– es probable que pesara en el pensamiento de Guevara a través de la influencia de su madre quien estuvo a punto de tomar los hábitos y provenía de una familia ultra católica.

"El socialismo es joven y tiene errores –escribe el Che– los revolucionarios carecemos muchas veces de los conocimientos y de la audacia intelectual necesaria para encarar la tarea de un hombre nuevo por métodos distintos a los convencionales, y los métodos convencionales sufren de la influencia de la sociedad que los creó. La desorientación es grande y los problemas de la construcción material nos absorben.

"No hay artistas de gran autoridad que, a su vez, tengan gran autoridad revolucionaria. Resumiendo, la culpabilidad de muchos de nuestros intelectuales y artistas reside en su pecado original; no son auténticamente revolucionarios. Podemos intentar injertar el olmo para que dé peras, pero simultáneamente hay que sembrar perales. Las nuevas generaciones vendrán libres del pecado original. Las posibilidades de que surjan artistas excepcionales serán tanto mayores cuanto más se haya ensanchado el campo de la cultura y la posibilidad de expresión.

"Nuestra tarea consiste en impedir que la generación actual dislocada por conflictos, se pervierta y pervierta a las nuevas. No debemos crear asalariados dóciles al pensamiento oficial ni 'becarios' que vivan al amparo del presupuesto, ejerciendo una libertad entre comillas.

"Ya vendrán los revolucionarios que entonen el canto del hombre nuevo con la auténtica voz del pueblo. Es un proceso que requiere tiempo. En nuestra sociedad, juegan un importante papel la juventud y el partido. Particularmente importante es la primera; por ser la arcilla maleable con que se puede construir al hombre nuevo sin ninguna de las taras anteriores."

Evitaremos confrontar el pensamiento de Guevara con la actualidad cubana: sería fácil hacerlo, pero no podemos desconocer que la influencia del Che en el desarrollo de la revolución cubana sólo llegó a los primeros años. Sin embargo, resulta interesante lo que puede rescatarse de sus propias palabras, por ejemplo, la inclusión del término "pecado original" en su discurso, acorde con lo que venimos planteando.

Como se lee en el último párrafo, el Che sostiene que el hombre nuevo no se construye a sí mismo, sino que es construido por otros, "como arcilla maleable"; estos "otros" (¿la vanguardia? ¿el partido?) lo construirán "sin ninguna de las taras anteriores".

Su advertencia de evitar que la generación actual "pervierta" a las nuevas, conserva el mismo eco religioso-moral.

Si recurrimos al catecismo, encontramos la siguiente explicación respecto del Hombre Nuevo: "Con la irrupción del pecado (*Génesis* 3, 6-7) la imagen querida por Dios queda destruida, o al menos gravemente deteriorada, en su dimensión espiritual y moral (*Génesis* 3, 10-11) y hace su aparición lo que San Pablo llama "el hombre viejo" (*Romanos* 6, 6; *Efesios* 4, 22; *Colosenses* 3, 9) o "primer Adán", terreno y corruptible (*1 Corintios* 15, 44-46). Este hombre viejo debe dar paso al "hombre nuevo", al Adán escatológico, que es ante todo Cristo en persona (*Efesios* 2, 15) pero también los que, incorporando la imagen de Cristo, recuperan la imagen de Dios y se convierten en hombres nuevos, en nuevas criaturas (*Romanos* 8, 29; *Corintios* 15, 49; *Corintios* 3, 18; 4, 4; 5, 17; *Gálatas* 6, 15, *Colosenses* 3, 9-10 y *Efesios* 4, 22-24)".

Éstas son algunas de las citas de la Biblia al respecto:

"Como ustedes saben, el hombre viejo que está en nosotros ha sido crucificado con Cristo. Las fuerzas vivas del pecado han sido destruidas para que no sirvamos más al pecado."

"Se les pidió despojarse del hombre viejo al que sus pasiones van destruyendo, pues así fue su conducta anterior, y renovarse por el espíritu desde dentro."

"Revístanse, pues, del hombre nuevo, el hombre según Dios que él crea en la verdadera justicia y santidad. Por eso, no más mentiras; que todos digan la verdad a su prójimo, ya que todos somos parte del mismo cuerpo."

"Enójense, pero sin pecar, que el enojo no les dure hasta la puesta del sol, pues de otra manera se daría lugar al demonio. El que robaba, que ya no robe, sino que se fatigue trabajando con sus manos en algo útil y así tendrá algo que compartir con los necesitados. No salga de sus bocas ni una palabra mala, sino la palabra que hacía falta y que deja algo a los oyentes. No entristezcan al Espíritu santo de Dios, éste es el sello con el que ustedes fueron marcados y por el que serán reconocidos el día de la salvación. Arranquen de raíz de entre ustedes disgustos, arrebatos, enojos, gritos, ofensas y toda clase de maldad. Más bien sean buenos y comprensivos unos con otros, perdonándose mutuamente, como Dios los perdonó en Cristo."

"No se mientan unos a otros; ustedes se despojaron del hombre viejo y de sus vicios y se revistieron del hombre nuevo, que no cesa de renovarse a la imagen de su Creador, hasta alcanzar el perfecto conocimiento."

"Jesús le dijo: 'Tú eres Simón Pedro hijo de Juan, te llamarás Cefas, que quiere decir: piedra'. Al imponer a Simón un nombre nuevo, Cristo manifiesta que quiere ver en él un hombre nuevo."

Uno de los temas centrales de la catequesis bautismal para jóvenes señala que: "Bautizarse es dejar al hombre viejo y revestirse del hombre nuevo, que es Jesús"; planteándose como objetivo "ayudar a que el joven se dé cuenta de la necesidad de nacer al hombre nuevo, muriendo al hombre viejo". ·

Una tarea que ya parece ciclopea en la metafísica, ¿puede plantearse en la física? (entendida como tal, la política). ¿Es posible lograr cambios sustantivos en la especie humana? ¿Pueden modificarse los problemas centrales del hombre? La angustia ante el sentido desconocido de la existencia ¿es una "tara burguesa" que desaparece en la instancia socialista? El egoísmo, la falta de respuestas ante la existencia del mal, el paso del tiempo, el desierto axiológico, la muerte, el secreto de la Creación, ¿son sólo desviaciones pequeño burguesas? Tal vez tenga razón Woody Allen al plantear la angustia existencial como un problema de la clase media. El brillante autor de "Manhattan" escribió alguna vez que su infancia en Brooklyn fue tan pobre que "cuando veíamos un horno no pensábamos en meter la cabeza dentro de él, sino en encontrar un pollo".

"UN PUEBLO SIN ODIO NO PUEDE TRIUNFAR"

Guevara corrió una carrera contra el tiempo: a medida que se profundizaban sus desacuerdos con los soviéticos –y Fidel se afirmaba cada vez más en ellos– el Che encaró la tarea de divulgar su pensamiento, alternativo al discurso oficial. En *El guerrillero: esencia de la lucha, estrategia y tácticas guerrilleras*, Guevara escribió: "Consideramos que tres aportaciones fundamentales hizo la Revolución Cubana a la mecánica de los movimientos revolucionarios en América; son ellas:

1. Las fuerzas populares pueden ganar una batalla contra el ejército.

2. No siempre hay que esperar a que se den todas las condiciones para la revolución; el foco insurreccional puede crearlas.

3. En la América subdesarrollada, el terreno de la lucha armada debe ser fundamentalmente el campo.

"(...) Naturalmente, cuando se habla de las condiciones para la revolución no se puede pensar que todas ellas se vayan a crear por el impulso dado a las mismas por el foco guerrillero. Hay que considerar siempre que existe un mínimo de necesidades que hagan factible el establecimiento y la consolidación del primer foco."

Otro de los párrafos teóricos del Che parece haberse perdido en la Buenos Aires del '70: "Donde un gobierno haya subido al poder por alguna forma de consulta popular, fraudulenta o no, y se mantenga al menos una apariencia de legalidad constitucional, el brote guerrillero es imposible de producir por no haberse agotado las posibilidades de la lucha cívica". Algo que olvidó la guerrilla guevarista del PRT-ERP en su "Carta Abierta a Cámpora", y los Montoneros cuando pasaron a la clandestinidad, enfrentados a Perón.

"El guerrillero –escribió el Che– debe contar con todo el apoyo de la población del lugar. Es una cualidad *sine qua non*. Y se ve muy claro tomando como ejemplo gavillas de bandoleros que operan en una región; tienen todas las características del ejército guerrillero: homogeneidad, respeto al jefe, valentía, conocimiento del terreno y muchas veces, hasta cabal apreciación de la táctica a emplear. Falta sólo el apoyo del pueblo; e inevitablemente estas gavillas son detenidas o exterminadas por la fuerza pública." "La lucha del pueblo –sigue– por sus reivindicaciones se sitúa preferentemente y, hasta casi exclusivamente, en el plano del cambio de la composición social de la tenencia de la tierra, es decir, el guerrillero es, ante todo, un revolucionario agrario. Interpreta los deseos de la gran masa campesina de ser dueña de la tierra, dueña de sus medios de producción, de sus animales, de todo aquello que ha anhelado durante años, de lo que constituye su vida y constituirá también su cementerio."

En su texto "Crear dos, tres... muchos Vietnam es la consigna", publicado en abril de 1967, Guevara escribe sobre el odio como factor de lucha: "La galvanización del espíritu nacional, la preparación para tareas más duras, para resistir represiones más violentas. El odio como factor de lucha, el odio intransigente al enemigo, que impulsa más allá de las limitaciones naturales del ser humano y lo convierte en una efectiva, violenta, selectiva y fría máquina de matar. Nuestros soldados tienen que ser así: un pueblo sin odio no puede triunfar sobre un enemigo brutal. Hay que llevar la guerra hasta donde el enemigo la lleve: a su casa, a sus lugares de diversión: hacerla total. Hay que impedirle que tenga un minuto de tranquilidad, un minuto de sosiego fuera de sus cuarteles, y aun dentro de los mismos: atacarlo donde quiera que se encuentre, hacerlo sentir una fiera acosada por cada lugar que transite. Entonces su moral irá decayendo. Se hará más bestial todavía, pero se notarán los signos del decaimiento que asoma".

En una conferencia de prensa brindada por el Che en Montevideo el 9 de agosto de 1961, se lo consultó respecto de "los partidos políticos que funcionan en Cuba":

–Son miembros de las Organizaciones Revolucionarias Integradas –respondió Guevara– que están formadas por tres organizaciones políticas: el Movimiento 26 de Julio, el Partido Socialista Popular y el Directorio Revolucionario.

–¿Cuántos partidos políticos opositores hay?

–¿Opositores? Ninguno.

–¿Cuándo habrá elecciones?

–¿Elecciones? Cuando el pueblo lo pida en alguna Asamblea General.

–¿En qué forma las pediría? Por referéndum o...

–En las Asambleas Generales Nacionales del Pueblo, allí, donde van un millón de personas; entonces se pregunta, y así, en una forma de democracia directa, se resuelven muchos problemas...

–¿Cómo se contabiliza?

–Simplemente con el entusiasmo popular.

–Y los cinco millones restantes, ¿cómo se sabe lo que piensan?

–Los cinco millones saben, por ejemplo, en una forma muy sencilla; cuando vienen 1.200 gusanos a atacar, todo el pueblo se moviliza y liquida rápidamente a los gusanos. (Aplausos)

–Si técnicamente ya está consolidada la República Socialista en Cuba, técnicamente, es decir, desde el Gobierno, ¿ustedes piensan realizar algún plebiscito?

–Mire, son dos preguntas que no tienen nada que ver; es decir, es un silogismo que parte de una base falsa: la República Socialista no está establecida en Cuba. Hay una Revolución Socialista, que no es lo mismo. Tenemos que caminar todavía mucho tiempo para llegar al gobierno socialista. Ahora estamos en la Revolución Socialista. Cuando nosotros preparemos las cosas, institucionalizaremos también el país, también habrá una Constitución que servirá para plasmar todo el espíritu de las leyes revolucionarias, que no se hará a favor de los ganaderos, de los grandes propietarios, de los latifundistas, en contra del pueblo y los trabajadores, sino por los trabajadores, los campesinos, para poder tener una ley fundamental donde establecer sus derechos.

–Dr. Guevara: dentro del clima de libertad auténtica que según usted impera en Cuba, ¿me puede decir por qué razón han sido cerradas y ocupadas escuelas privadas, católicas concretamente?

–¡No, eso es absurdo! Han sido nacionalizadas las escuelas católicas.

–¿Es decir que no hay escuelas privadas en Cuba?

–¡Ni una! Todas son del Estado, y puestas al servicio total de la comunidad.

–Pero... ¿siguen siendo escuelas católicas?

–No, son escuelas. (Risas y aplausos)

–Doctor Guevara: ¿me puede decir las razones por las cuales a los trotskistas de Cuba se les han quitado los medios de expresión, se les ha confiscado la imprenta?

–¿A los trotskistas? Mire, hubo una pequeña imprenta que publicaba un semanario que tuvo algunos pequeños problemas con nosotros, y tomamos algunas medidas administrativas, porque no tenían papel, ni permiso para usar papel, ni imprenta, ni nada; y, simplemente, resolvimos que no era prudente que siguiera el trotskismo llamando a la subversión.

–(Periodista de la NBC de Estados Unidos) Si el Gobierno Revolucionario está tan seguro de que el pueblo apoya la Revolución Socialista, ¿por qué no se permite a ninguna voz de la oposición?

–Es una pregunta más o menos como todas las que han hecho. Allá ha habido voces de la oposición que nunca han hablado en nombre de la oposición, sino en nombre de los Estados Unidos. Si nosotros, así como Estados Unidos condena a cinco años a cualquier norteamericano... ¿usted sabe eso, no? Que tienen cinco años de cárcel, porque aquí no se ha dicho: todo norteamericano que vaya a Cuba está sancionado con cinco años de cárcel; ¿usted lo sabía, no?

–Yo fui para Cuba y no me condenaron.

–Pero usted fue en representación de los monopolios. Yo digo la gente que va a ver (Aplausos) Entonces, asimismo...

–Perdóneme, pero yo fui en representación de un periodismo libre...

–¡Ah! Está bien, sí. Asimismo, en esa forma que nosotros no permitimos que en Cuba se alcen voces que dicen que disienten pero lo que hacen es nada más que hablar en nombre de los Estados Unidos, porque tenemos nuestras peculiaridades y somos más o menos drásticos en esas cosas, y defendemos nuestro derecho a desarrollar nuestro país en la forma que nos parezca.

–¿Quién califica que hablan a favor de los Estados Unidos y no en nombre del pueblo cubano?

–Nosotros.

En el programa televisivo "Face the Nation" del 14 de diciembre de 1964, Guevara respondió preguntas del corresponsal de la CBS en Naciones Unidas, el titular de la oficina en New York del *New York Times* y el corresponsal de la CBS:

–(...) Doctor Guevara: Washington ha dicho que hay dos condiciones políticas para el establecimiento de relaciones normales entre Estados Unidos y Cuba. Una, abandono de sus compromisos militares con la Unión Soviética. La otra, el abandono de la política de exportar revolución a América Latina. ¿Ve usted alguna posibilidad de cambio en cualquiera de estos dos puntos?

–En absoluto. No ponemos ninguna clase de condición a los Estados Unidos. No queremos que ellos cambien su sistema. No pretendemos que cese la discriminación racial en los Estados Unidos. No ponemos condición alguna para el establecimiento de relaciones, pero tampoco aceptamos condiciones...

—Pero mi pregunta es si usted aceptaría estas condiciones establecidas por Estados Unidos para la reanudación de relaciones normales.

—No aceptamos condición alguna de los Estados Unidos. No aceptaremos condición alguna impuesta a nosotros por los Estados Unidos.

—Pero en el asunto de los proyectiles rusos en Cuba y de las relaciones militares cubanas con la Unión Soviética, ¿cómo puede Estados Unidos estar seguro de que Cuba no será una amenaza estratégica nuevamente? Aceptaría usted la inspección de la ONU o la inspección de la OEA en el lugar?

—Usted mencionó la Organización de Estados Americanos. Antes de ayer el delegado colombiano habló de la "órbita" de la OEA. Eso es, en efecto, una órbita alrededor de los Estados Unidos. Una inspección por semejantes delegados sería una inspección realizada por los Estados Unidos. Usted dice que Estados Unidos no se siente seguro y nosotros le preguntamos a Estados Unidos: ¿podemos nosotros sentirnos seguros de que no existen proyectiles contra Cuba? Entonces, no podemos llegar a una solución armónica porque los países son iguales en el mundo. Inspeccionemos todas las bases: las bases atómicas de los Estados Unidos, e inspeccionemos también lo que tenemos en Cuba y, si usted lo desea, liquidemos todas las bases atómicas de Cuba y de los Estados Unidos, y nosotros estaremos en un completo acuerdo sobre eso.

SALUDEN A PAPÁ

"Cuba no puede ser un conejito de Indias", dicen que le dijo el Che a Fidel, confesándole su idea de "ir a hacer la Revolución a otro lado". La presión soviética hacia la isla para que definiera un alineamiento sumiso y total era constante, y a ella se sumaron las estratégicas sonrisas chinas que, en visión de Guevara, intentaban utilizarlo para contener a los rusos. Según Gambini, el diálogo que mantuvieron aquella vez Fidel y el Che jamás trascendió textualmente. Sólo se supo que Castro trató de convencerlo para que no abandonara Cuba. "Los argumentos del Che eran contundentes: la revolución cubana necesita contar con un aliado importante en América Latina, para tener otro punto de apoyo y fortalecerse; ese aliado se consigue únicamente llevando la Revolución a otra parte, y para eso tiene que ir un jefe con sólida experiencia en guerrillas y con el prestigio necesario para liderar el movimiento político." "Ese jefe –habría dicho el Che– Soy yo." Guevara salió de La Habana para meditar en el punto y, a la vez, para que todos se fueran acostumbrando a su ausencia. Se mudó cerca de un cañaveral con Alberto Granado. Nadie, sólo Castro, conocía su paradero. Antes de irse despachó una carta a Buenos Aires: en ella le decía a Celia que se iría a "cortar caña por un mes", y que dedicaría los próximos cinco años "a dirigir una empresa". En el sobre iban también las últimas fotos de sus hijos. Una de ellas decía al dorso: "Éste es Ernestito, el último. Con él se cierra la producción". La carta llegó a Buenos Aires a mediados de abril: Celia, enferma de cáncer, estaba grave. Llamó a Ricardo Rojo, un amigo de

Ernesto, y le pidió que el Che viajara a Buenos Aires para verlo por última vez. El Destino jugó a las cartas: una esquela de Celia desde Buenos Aires nunca llegó a Cuba, y el Che se enteró de la muerte de su madre mientras otra carta suya viajaba al Sur: en ella le contaba a sus padres la decisión de volver a la guerrilla.

Otras dos cartas escribió el Che, aislado en aquel cañaveral: una a Fidel, otra a sus hijos.

"Fidel –decía la primera–: me recuerdo en esta hora de muchas cosas, de cuando te conocí en casa de María Antonia, de cuando me propusiste venir, de toda la tensión de los preparativos. Un día pasaron preguntando a quién se debía avisar en caso de muerte y la posibilidad real del hecho nos golpeó a todos. Después supimos que era cierta, que en una revolución se triunfa o se muere (si es verdadera)."

El Che renunció a todos sus cargos y explicó en la carta los motivos de su viaje: "Digo una vez más que libero a Cuba de cualquier responsabilidad, salvo la que emane de su ejemplo. Que si me llega la hora definitiva bajo otros cielos, mi último pensamiento será para este pueblo y especialmente para ti. Que te doy las gracias por tus enseñanzas y tu ejemplo y que trataré de ser fiel hasta las últimas consecuencias de mis actos. Que he estado identificado siempre con la política exterior de nuestra Revolución, y lo sigo estando. Que en dondequiera que me pare sentiré la responsabilidad de ser revolucionario cubano, y como tal actuaré. Que no dejo a mis hijos y a mi mujer nada material y no me apena: me alegro que así sea. Que no pido nada para ellos, pues el Estado les dará lo suficiente para vivir y educarse. Tendría muchas cosas que decirte a ti y a nuestro pueblo, pero siento que son innecesarias, las palabras no pueden expresar lo que yo quisiera, y no vale la pena emborronar cuartillas. Hasta la victoria siempre. ¡Patria o muerte! Te abraza con todo fervor revolucionario: Che".

"A mis hijos –escribió en la otra carta– queridos Hildita, Aleidita, Camilo, Celia y Ernesto: Si alguna vez tienen que leer esta carta, será porque yo no esté entre ustedes. Casi no se acordarán de mí y los más chiquitos no recordarán nada. Su padre ha sido un hombre que actúa como piensa y, seguro, ha sido leal a sus convicciones. Crezcan como buenos revolucionarios. Estudien mucho para poder dominar la técnica que permite dominar la naturaleza. Acuérdense que la revolución es lo importante y que cada uno de nosotros, solo, no vale nada. Sobre todo, sean siempre capaces de sentir en lo más hondo cualquier injusticia cometida contra cualquiera en cualquier parte del mundo. Es la cualidad más linda de un revolucionario. Hasta siempre, hijitos, espero verlos todavía. Un beso grandote y un gran abrazo de Papá."

A mediados de 1965 el Che viajó al ex Congo belga con la ayuda de la G-2 (Inteligencia) cubana. Allí peleó durante ocho meses en la jungla al mando de un batallón de guerrilleros cubanos que nunca superaron el centenar. En marzo de 1966 recibió noticias de La Habana diciéndole que "la presencia de guerrilleros cubanos en el Congo compromete en estos momentos seriamente a la Revolución". El Che dejó Brazzaville y entre marzo y junio recorrió clandestinamente Brasil, Paraguay y Uruguay: estaba afeitado, con el pelo rubio y vistiendo saco y corbata. En esos meses decidió establecer en Bolivia el primer foco guerrillero. El Che entró al Uruguay con un nombre y salió con otro: al salir se llamaba Adolfo Mena, tenía una calvicie pronunciada, usaba lentes y llevaba documentos que lo acreditaban como "Enviado Especial de la Organización de los Estados Americanos", y un par de cartas protocolares señalando que debía "efectuar estudios y reunir información sobre las relaciones económicas y sociales que rigen el campo boliviano". El 3 de septiembre de 1966 el gobierno de Bolivia oficializó sus credenciales y le extendió un documento en el que solicitaba "a las autoridades nacionales e instituciones privadas del país que le presten al Señor Mena toda la cooperación que requiera en su labor investigadora".

Allí el Che comenzó a organizar un plan que le había sido presentado el año anterior por los hermanos Roberto "Coco" y Guido "Inti" Peredo: el foco comenzaría en el sur de Bolivia. El Che se puso en marcha confiando en que para mediados de 1969 ya estarían en condiciones de entrar al territorio argentino con una avanzada de cincuenta guerrilleros. Antes, a fines de 1967, proyectaban invadir Perú por la región de Ayacucho. Coco e Inti Peredo se alojaron en Camiri, un centro de explotación petrolera a ochenta kilómetros de Ñancahuazú, donde consiguieron arrendar dos fincas. Sus contactos en el lugar eran una maestra argentina, Laura Gutiérrez Bauer, "Tania" y el empleado petrolero Epifanio Vargas. La "captación" de nuevos guerrilleros estaba a cargo de Moisés Guevara y Simón "Willy" Cuba, que reclutaron a los combatientes bolivianos. Más tarde se incorporaron diez guerrilleros cubanos. En diciembre de 1966 el contingente recibió sus uniformes y comenzaron a despertar sospechas; hasta entonces el pueblo estaba convencido de que los hermanos Peredo eran narcos: pagaban todo al contado. Los rumores se acrecentaron con las "bolsas de cemento", en verdad fusiles M-1, municiones y granadas que se descargaron en la finca. El 20 de marzo el Che supo que dos agentes se habían infiltrado en el grupo: Vicente Rocaval y José Terrazas, quienes presentaron un amplio informe al coronel Humberto Rocha Urquiza. En aquellos días Tania junto a otros dos guerrilleros llegó a Ñancahuazú junto a Regis Debray, un profesor de filosofía francesa. El 23 de marzo se produjo el primer choque frontal con el ejército boliviano, con siete soldados muertos y sin bajas entre los rebeldes. Cuatro días después el gobierno decretó el estado de emergencia en la región sudoeste y el día 30 movilizó a los campesinos de Cochabamba. El día 28 de marzo el Che decidió expulsar a cuatro de sus guerrilleros, debido a que tenía serias dudas respecto de su lealtad. En la página de su *Diario* correspondiente al día 28, el Che escribió: "Estamos rodeados por dos mil soldados, aviones y bombas de napalm".

"En la primera semana de abril –relata Gambini– el presidente boliviano Barrientos envió al coronel León Kolle Cueto a cumplir una misión 'valiosa y urgente' a Brasil y Argentina." Barrientos desmintió que su viaje obedeciera a un pedido de ayuda.

Simultáneamente, llegaron a Camiri cuatro oficiales norteamericanos especializados en represión antiguerrillera: un coronel, un teniente y dos capitanes de los boinas verdes, entrenados en Vietnam y enviados por el Southern Command, con sede en Panamá. Finalmente, pertrechos argentinos llegaron a Santa Cruz de la Sierra: armas, víveres y ropa de fajina. Los rebeldes se dividieron en dos columnas y la comandada por Joaquín atacó el 7 de abril a la guarnición militar de El Mezón. El grupo del Che asaltó dos poblados, cerca de Tiraboy, para comprar víveres. Guevara pagó las mercancías el doble de su valor y arengó a los campesinos sin ningún resultado. Cuatro días más tarde, en Iripití, el Che emboscó con su batallón suicida a un contingente del Centro de Instrucción de Tropas Especiales, entrenado en Estados Unidos. Los rebeldes tomaron prisioneros a varios oficiales y mataron a once soldados. Debray, Bustos y un fotógrafo *free lance* que los acompañaba, cayeron prisioneros el 21 de abril en Yacunday. Conciente de lo difícil de la situación, el Che escribió en su diario: "Nuestro aislamiento sigue siendo total. La base campesina no se mueve, está sometida por el miedo. Su apoyo vendrá más adelante. Los campesinos no nos sirven más que como informantes". "Son tan impenetrables como las rocas –decía en otro párrafo–. Cuando uno les habla, parece que en el fondo de sus ojos se están burlando de uno." El 7 de octubre el Che quedó cercado: se escondió en la Quebrada del Yuro y soportó un fuerte ataque de asma. Escribió esa tarde en su diario: "A las doce y media, una vieja paseando sus chivas entró en el cañón en que habíamos acampado y hubo que apurarla. La mujer no ha dado ninguna noticia fidedigna sobre los soldados, contestando a todo que no sabe. Le dimos cincuenta pesos y le pedimos que no hable, pero no nos hacemos muchas ilusiones".

En la mañana del domingo 8 de octubre, en el puesto militar de La Higuera, un paisano informó que había divisado desconocidos moviéndose entre los matorrales, muy cerca de su rancho. El siguiente cable informando sobre los sucesos posteriores fue enviado por Carlos Villar Borda, de la agencia United Press: "La información de Víctor [*N. del A.*: el campesino mencionado] localizó exactamente los últimos movimientos de las fguerrillas. El mayor Miguel Ayoroa, comandante de las dos compañías de rangers que operaban en la zona, ordenó a sus hombres por radio bloquear las salidas de las cañadas. El capitán Gary Prado fue enviado a la cañada El Yuro. Los hombres de Prado hicieron contacto con los guerrilleros poco después del mediodía. Dos soldados resultaron muertos en el primer encuentro (...) Lentamente, los rangers fueron ganando terreno, llegando a unos setenta metros del enemigo. Alrededor de las 15.30 las guerrillas sufrieron su primera baja visible. Dos formas se movieron detrás de los arbustos que ocultaban a los rebeldes. Un hombre cayó y otro lo arrastró a través de la vegetación. (...) Cuando estaban a punto de alcanzar la cumbre de una de las colinas, el capitán Prado y un soldado llamado Ortiz emergieron de los matorrales y les apuntaron con sus armas. (...) El guerrillero herido se puso en pie y gritó: '¡Deténganse, no disparen! Soy el Che y para ustedes valgo más vivo que muerto!'."

Según Gambini, el Che estaba entonces seriamente herido: tenía un balazo en el muslo izquierdo y otro en el antebrazo derecho; su carabina estaba inutilizada porque una bala le había perforado el caño, por lo que estaba desarmado. El capitán Prado corrió a transmitir el mensaje cifrado más sensacional de su vida:

–¡Hola, "Saturno", tenemos a "Papá"!

"Saturno" era el coronel Joaquín Zenteno Anaya, comandante de la Octava División.

Según el ex ministro de gobierno de Bolivia Antonio Arguedas "el domingo 9 de octubre, a las dos de la tarde, el presidente Barrientos y el general Ovando recibieron la noticia de la captura del comandante Guevara. Hubo una reunión de los altos mandos en la que estuvieron, además de Barrientos y Ovando, los generales Juan José Torres y Marcos Vázquez Sempértegui, los comandantes de las fuerzas naval y aérea, el jefe de la CIA en Bolivia y el jefe de la misión militar norteamericana. Los generales Torres y Sempértegui presentaron la moción de ejecutar al Che. Ninguno se opuso. Al rato el general Ovando transmitió a Valle Grande esta orden:

–¡Saluden a "Papá"!

La orden fue recibida por el coronel Miguel Ayoroa Montaño, quien le dijo al teniente Pérez Panoso:

–¡Saluden a "Papá"!

El teniente Pérez Panoso le ordenó a su vez al suboficial Mario Terán Ortuño y al sargento Bernardino Huanca:

—¡Saluden a "Papá"!

Y Mario Terán fue hasta donde se encontraba el prisionero.

"Cuando llegué al aula —relató Terán a Arguedas— el Che estaba sentado en un banco. Al verme dijo:

—Usted ha venido a matarme.

"Yo me sentí cohibido y bajé la cabeza sin responder.

"Entonces me preguntó:

—¿Qué han dicho los otros?

"Le respondí que no habían dicho nada, y él comentó:

—¡Eran unos valientes!

"Yo no me atrevía a disparar. En ese momento vi al Che grande, muy grande, enorme. Sus ojos brillaban intensamente. Sentí que se me echaba encima y cuando me miró fijamente, me dio un mareo. Pensé que con un movimiento rápido el Che podría quitarme el arma.

—Póngase sereno —me dijo—. ¡Y apunte bien! ¡Va usted a matar a un hombre!

"Entonces di un paso atrás, hacia el umbral de la puerta, cerré los ojos y disparé la primera ráfaga. El Che, con las piernas destrozadas, cayó al suelo, se contorsionó y comenzó a regar muchísima sangre.

"Yo recobré el ánimo y disparé la segunda ráfaga, que lo alcanzó en un brazo, en el hombro y en el corazón. Ya estaba muerto."

El cadáver del Che fue envuelto en un lienzo blanco y llevado hasta un helicóptero. Antes de subirlo, con un hacha, le cortaron las manos para identificar después las huellas dactilares. La primera persona en acercarse al helicóptero fue el agente de la CIA Eduardo "Eddy" González, un cubano que regenteó un cabaret en la época de Batista. González le dio una bofetada al muerto.

Los oficiales presentes se repartieron las pertenencias del Che: su diario de campaña y otros documentos quedaron en poder de las Fuerzas Armadas, el fusil fue a parar a manos del coronel Zenteno Anaya, el reloj Rolex fue a la muñeca del general Ovando y la pipa al bolsillo del sargento Huanca. Se dice que la campera ensangrentada quedó a la guarda del pueblo de Valle Grande, y que no quiere soltarla a ningún precio.

LA MALDICIÓN
DEL CHE

"Puedo dar fe de la ansiedad que invadía al Che cuando llegaban noticias argentinas, especialmente durante la torturada presidencia de Arturo Frondizi. Cuando visitó a Frondizi en Buenos Aires, durante la Conferencia Interamericana de Punta del Este de 1961, Guevara conocía tantos detalles de la situación política local como el mismo presidente. Le resultaban familiares los nombres de los caudillos militares que acosaban a Frondizi, sabía de memoria cuáles eran los caciques sindicales y, por cierto, estaba al día sobre las posiciones de Perón, cuyas ideas había revisado generosamente, tal vez con el realismo que le impuso su propia experiencia en el poder cubano."

Rogelio García Lupo, *Clarín*

A las dos de la mañana del 18 de agosto de 1961 Frondizi llamó a los oficiales de la Casa Militar que se encontraban de guardia en Olivos. Los tenientes de fragata Emilio Filipich y Fernando García escucharon al Presidente diciéndoles con gravedad: "A las nueve treinta se tienen que dirigir al aeródromo de Don Torcuato. Va a llegar alguien muy importante".

"Lleven tres autos de custodia y personal armado y me lo traen a este Señor directamente acá a la quinta. Es importante que no se desvíen ni dejen que el hombre baje en ninguna parte, ¿comprendido? Yo tengo que responder personalmente por la vida de este caballero."

A las seis y cuarto de la mañana, en Punta del Este, el ex diputado de la
UCRI Jorge Carretoni, asesor del Consejo Federal de Inversiones, pagó
con veinte mil pesos el alquiler de un Píper CX-AKP en el aeropuerto
privado de El Jagüel. Tomás Cantoni, el piloto, vio cómo entre los dos
jóvenes se producía una discusión. El de boina negra y uniforme verde
oliva le dijo al argentino que le había pagado:

—Si usted no vuela, yo tampoco vuelo.

Ramón Aja Castro, funcionario del Ministerio de Industrias de Cuba,
se plegó al dúo que dialogaba en la pista, a metros de la avioneta.

—Entonces vamos todos –dijo Carretoni y el avión partió a las nueve y treinta. Una hora después llegaron a Torcuato. Carretoni bajó solo de la avioneta y
los marinos de la Casa Militar se acercaron a recibirlo, lo saludaron y le dijeron
que respondían por él con su vida, por órdenes del Presidente.

—¿Ustedes nos van a llevar a Olivos? –preguntó el joven radical.

Los marinos asintieron. Carretoni se dio vuelta y dijo en la pequeña
escalerita del avión:

—Baje nomás, puede bajar tranquilo.

El Che Guevara se desperezó –había dormido durante todo el viaje– y
pisó (sin presentirlo, por última vez) tierra argentina. Su primera imagen
fue la de Filipich y García, de semblante blanco y con la boca abierta, que
habían dejado caer sus guantes en el césped, sin siquiera advertirlo.

El Che tenía entonces 33 años, y había pronunciado el discurso inaugural de la Conferencia del Consejo Interamericano Económico y Social, dependiente de la OEA, reunido en el Hotel-Casino Nogaró de Punta del
Este, donde las mesas de ruleta y punto y banca habían sido cambiadas por
mullidos sillones de ministerio. Guevara habló de pie y, previamente ataca-
do de asma, inhaló efedrina pulsando un pequeño dispositivo rojo. Enjui-
ció la Alianza para el Progreso del presidente Kennedy y expuso los logros
de los primeros dos años y medio de revolución cubana.

"Nuestra revolución nacionalizó la economía. Hace participar a los trabajadores de la dirección de la economía nacional planificada, y ha realizado hace pocos meses, la reforma urbana, mediante la cual entregó a cada
habitante la casa donde residía (...) Nosotros realizamos una revolución:
este año queda eliminado el analfabetismo en Cuba (...) La Alianza para el
Progreso da dólares para hacer carreteras, caminos, alcantarillas. Señores:
¿con qué se hacen las alcantarillas? No se necesita ser un genio para eso.
¿Por qué no se dan dólares para equipos, maquinarias, para que nuestros
países subdesarrollados, todos, puedan convertirse en países industriales,
agrícolas de una vez? Realmente es triste..."

El Che llegó a Punta del Este con un encargo de Fidel Castro: negociar con los Estados Unidos una vía de supervivencia para Cuba que no la impulsara de lleno hacia la Unión Soviética. El jueves 10 de agosto brindó en el Hotel Playa, donde se hospedaba, una conferencia de prensa. Uno de los cientos de periodistas le hizo una pregunta en la que se refería a la Argentina como su "ex patria":

–No hay derecho a empezar con una provocación como ésa de su "ex patria" –le dijo el Che–. Señor, tengo una Patria mayor, porque es toda América, y Ud. no conoce esa clase de Patria.

Luego insistió en denunciar "los objetivos políticos de la Conferencia" que "está concebida contra Cuba, contra el ejemplo que Cuba significa en todo el continente americano". También habló de la posibilidad de la utilización de la vía no armada: "Cuando empieza el primer disparo –dijo el Che– nunca se sabe cuándo será el último".

Hugo Gambini recuerda la versión que Frondizi dio de aquella entrevista: "Guevara me escuchó y accedió a examinar el problema sobre la base, que yo le propuse, de que Cuba no insistiera en querer exportar su revolución a otras naciones del hemisferio. Sin embargo me dio su opinión sobre América Latina afirmando que, aun sin influencia o injerencia cubana, la revolución era inevitable pues estaban cerrados los caminos de la evolución pacífica".

Recuérdese en este contexto que Kennedy, presionado por sus fuerzas internas que querían aislar o destruir a Cuba, también buscaba un entendimiento. Frondizi no era ajeno a esta intención y creía que el encuentro con Guevara podía contribuir a acercar las posiciones de Cuba y Estados Unidos.

Gambini también cuenta en su libro que, mientras el coche de la Casa Militar se dirigía a Olivos, el Che trató de averiguar por dos de sus pasiones. Al pasar por San Isidro frente al CASI, Guevara le preguntó al chofer:

–¿Cómo anda el SIC?

–¿Cómo anda quién, señor?

El Che advirtió que era mejor cambiar de deporte:

–Quiero decir... Rosario Central... ¿cómo anda?

Luego de la entrevista el Che saludó a la mujer del Presidente, Elena Faggionatto de Frondizi. La señora le dio la mano y, según relatara después, lo notó pálido y cansado.

–Comandante –le preguntó–. ¿Usted comió?

El Che sonrió sorprendido:

–La verdad, señora, que apenas tomé unos mates a las seis de la mañana, antes de salir para acá.

–¿Y no quiere que le haga un churrasco bien jugoso? –le ofreció.

Eran las doce y veinte. Guevara sólo iba a estar tres horas y quince minutos en su última visita a la Argentina. Frondizi se excusó por dejarlo almorzando solo y partió a la Casa de Gobierno, preocupado por las conspiraciones militares. Esa misma tarde el Che regresó a Carrasco, y a las 19.30 partió rumbo a Brasil. Allí lo recibió el presidente Janio Quadros, quien lo condecoró con la más alta distinción del país: la Ordem do Cruzeiro do Sul. Cuando el Che volvió a La Habana los militares brasileños expresaron su disconformidad con Quadros, y el vicepresidente Joao Goulart debió tomar posesión del mando regresando con urgencia de una gira por China e India. En aquel momento los militares comenzaron a preparar el golpe de Estado del 31 de marzo de 1964, que fue anunciado por el presidente norteamericano Lyndon B. Johnson antes de que se consumara.

"Inmediatamente de realizada la entrevista en Olivos —le dijo Frondizi a Félix Luna en el libro ya citado— di a conocer el hecho, produciéndose de inmediato una movilización de todos los elementos enemigos del gobierno que hacían del caso Cuba uno de los motivos de sus ataques. Aquí también aparecen las fuerzas internas y externas, las mismas que falsificaron los supuestos documentos cubanos que se habrían encontrado en la embajada de Cuba en Buenos Aires. Una de las Fuerzas Armadas, por intermedio de un oficial superior retirado, me hizo saber que la solución era mi renuncia. Contesté que yo no renunciaba. Horas después se realizaba en Olivos una reunión con los diez o doce principales jefes de las Fuerzas Armadas. Allí se dijo que éstas habían perdido su confianza en el Presidente. Yo formulé una extensa exposición sosteniendo entre otras cosas que estaba cargando con la responsabilidad de hechos que las Fuerzas Armadas consideraban indispensables, para evitar golpes de Estado; pero que en materia de política internacional yo no renunciaría a marcar personalmente y sin interferencias el rumbo que debía seguir mi país. Existían grandes posibilidades de que la conversación con Guevara fuera muy positiva para la solución del problema entre Estados Unidos y Cuba, y yo no podía soslayar esa posibilidad. En Punta del Este el problema era distinguir si la Argentina era un amigo o un satélite de los Estados Unidos. Los secretarios militares me dijeron que si no se rompían relaciones con Cuba, ellos no respondían de sus fuerzas y que en ese caso tendrían que renunciar y entregar la responsabilidad de cada arma a sus comandantes en jefe. Para evitar esa situación yo resolví romper relaciones, pero también decidí pronunciar con anterioridad un discurso en que expuse el sentido de la actitud argentina en Punta del Este y denuncié las fuerzas que se movían contra la Argentina."

El triunfo electoral de Andrés Framini en la provincia de Buenos Aires encabezando la fórmula de la Unidad Popular (un remedo del peronismo pero con otro nombre para sortear la prohibición) fue el golpe de gracia sobre el gobierno de Frondizi.

—¿Qué hubiera pasado en esa elección de haberse proscripto al peronismo? —le preguntó Félix Luna.

—¿Qué se habría ganado? Cerrado el camino del comicio muchos peronistas se hubieran inclinado a la subversión y a los actos de violencia, que naturalmente habrían sido alentados por los grupos golpistas. A su vez, los golpistas habrían retomado un argumento que estuvieron esgrimiendo en los meses anteriores: decían que el propósito que yo tenía al proscribir el peronismo era lanzar las masas obreras al comunismo. (...)

—¿Podría relatarme los hechos ocurridos en las esferas del gobierno entre el comienzo del escrutinio, en la noche del domingo, y el decreto interviniendo los distritos donde triunfó el peronismo?

—En la madrugada del 18 al 19 quienes dirigen las Fuerzas Armadas pidieron, entre otras cosas, que se intervinieran las cinco provincias (Buenos Aires, Santiago del Estero, Tucumán, Chaco y Río Negro). El decreto fue dictado. Si no lo hubiera hecho, esa misma noche se hubiera desatado un golpe de Estado violento, con persecusiones contra muchos ciudadanos, especialmente peronistas: tanto, que existían preparadas listas de personas.

Luna transcribe parte de la carta dirigida "a la opinión pública" por el Dr. José R. Cáceres Monié, ex subsecretario de Defensa Nacional y ex secretario general de la Presidencia, días después del derrocamiento de Frondizi:

"La medida de intervenir las provincias —dice— no fue producto de la libre determinación de Arturo Frondizi.

"El 19 de mayo a las 3.50 horas concurrí a una reunión del gabinete militar. Allí el señor contraalmirante Clement me solicitó llevara al señor presidente un planteo referido a estos cuatro puntos:

a) Intervención Federal a todas las provincias donde hubiera triunfado el peronismo, a excepción de Salta, Jujuy y San Juan.

b) Eliminación del grupo frigerista de todas las funciones del gobierno.

c) Lucha frontal contra el comunismo.

d) Proscripción del peronismo, sus emblemas, sus modos de acción directos e indirectos y, en lo fundamental, acción represiva contra sus dirigentes para evitar hechos de violencia.

"A las 9 de la mañana entrevisté al Presidente en Olivos, quien aceptó las intervenciones pero se opuso a autorizar cualquier acción represiva:

–Reprimir –me dijo– en ningún caso lo haré."

En la madrugada del 29 de marzo de 1962 Frondizi fue destituido, y José María Guido (presidente del Senado) nombrado en su lugar. Como Yrigoyen, y como Perón en el '45, Frondizi fue detenido y trasladado a la isla Martín García.

DE LA SARTÉN AL FUEGO

En *El libro de los presidentes argentinos del siglo XX*, Mónica Deleis, Ricardo de Titto y Diego Arguindeguy recuerdan que el juramento de Guido ante la Corte Suprema hubiera merecido figurar en el libro Guiness de los Records: "La reunión fue tan veloz que uno de ellos advirtió que, por razones de decoro, debían esperar a que se cumpliera el plazo de los cinco minutos". Aquel 29 de marzo de 1962, en el quinto piso del Palacio de Justicia, el juramento del nuevo Presidente no estaba definido: tres candidatos pugnaron por el sillón de Rivadavia. El comandante en jefe del Ejército, general Raúl Poggi, aspiraba a ocupar el cargo mientras el ministro de Defensa, Rodolfo Martínez y el presidente de la Corte Julio Oyhanarte, trataron de impedirlo. El almirante Isaac Rojas, por su lado, conspiraba para asumir con un triunvirato militar. Mientras la Corte se decidió a tomarle juramento al presidente del Senado, el general Jornet, comandante del Primer Cuerpo de Ejército pidió a Poggi autorización para rodear con sus tropas el edificio de Tribunales y, si era necesario, hacer fuego para impedir la asunción de Guido. Pero Poggi ya estaba enterado de las gestiones de los jueces ante los almirantes Clement y Penas para que convalidaran la sucesión presidencial, y no autorizó el pedido de Jornet. Según los autores citados, fue Onganía el que definió la situación: "El presidente Frondizi perdió la confianza de las Fuerzas Armadas y fue destituido –les dijo–. Del Dr. Guido aún no he oído ninguna acusación que justifique esta intervención, a la que me opongo. Yo defenderé al nuevo Presidente y si dentro de una hora no vuelvo a Campo de Mayo mi segundo, el general Caro, avanzará con sus tanques sobre Buenos Aires". La Corte tuvo luego sus cinco minutos de poder: el ministro Benjamín Villegas Basavilbaso justificó su actitud diciendo que "hemos violado la ley pero salvado a la República". "Quien salva a la República cumple con la ley", aseguró otro miembro del tribunal. En la sala de la Corte, con la sola presencia de los ministros y el secretario y sin el acta, que se hizo en el despacho contiguo, Guido juró como nuevo Presidente.

Oyhanarte relató el final de aquel día: "En la Casa de Gobierno estaban reunidos los ministros militares y los comandantes en Jefe cuando entró Guido. Estaban todos sentados pero, movidos por la influencia mágica que da el poder, se iban poniendo de pie mientras Guido, que ya había dejado de ser un pobre abogado rionegrino, pasaba a su lado. El general Poggi se quedó sentado:

–Póngase de pie que soy el Presidente –le advirtó Giudo.

"Cuando Poggi lentamente se puso de pie, recién entonces se sintió realmente Presidente de la República." El mandato de Guido duró 562 días aciagos.

El 3 de abril de 1962 Guido firmó el decreto 2887 por el que Frondizi quedó detenido a disposición del Poder Ejecutivo, sacándolo de la jurisdicción militar. Con los decretos 3534 y 3657 anuló las elecciones del 7 de diciembre de 1961 y del 14 de enero, 25 de febrero y 18 de marzo de 1962, lo que impidió la asunción de los legisladores electos, 94 peronistas o neoperonistas, que debía efectuarse el 25 de abril. El 19 de mayo el Presidente dispuso un receso por tiempo indefinido del Parlamento. Cumpliendo un acta secreta firmada el 29 de marzo con las Fuerzas Armadas, Guido dictó cuatro decretos que apuntaban a una futura salida institucional: un nuevo Estatuto de los partidos políticos, la creación de la justicia electoral, la adopción del sistema D'Hont de representación proporcional y la proscripción del peronismo. Según Joseph Page los acuerdos contaron con el beneplácito de los militares "azules" y "profesionalistas" como Onganía y generaron desacuerdos entre los "colorados" que "eran ultraconservadores, antiperonistas y anticomunistas y partidarios sin reservas de imponer una dictadura militar". La situación de Guido fue de inestabilidad perpetua: en un año y medio tuvo seis ministros del Interior y doce de Relaciones Exteriores, Defensa y Economía.

Federico Pinedo, quien fuera ministro de Justo y Castillo y lobbysta británico para la venta de los ferrocarriles, ocupó esta última cartera. En primer término retiró al Banco Central del mercado, aumentó el precio de la nafta, produjo una estampida cambiaria, aumentó los impuestos y renunció a las dos semanas. Sucedió luego el eterno retorno de Álvaro Alsogaray, quien pagó los sueldos de los empleados públicos con los Bonos Patrióticos 9 de julio que en poco tiempo valieron menos que el papel con el que estaban impresos. Alsogaray provocó una epidemia de quebrantos sin precedentes, sobre todo en las industrias textil y metalúrgica. El broche de oro de Guido fue José Alfredo Martínez de Hoz: el país estaba en cesación de pagos, con una letal combinación de inflación y recesión y un clima general comparable al que reinaba en la Década Infame. Escribe Aldo Ferrer en *Argentina: alternativas económicas del nuevo gobierno*: "Las medidas puestas en práctica a partir de abril de 1962 incluyeron una nueva devaluación del peso, una fuerte restricción de la oferta monetaria y la reducción del gasto público. La recaudación tributaria cayó como consecuencia de la recesión y entonces el déficit fiscal, en vez de disminuir como se pretendía, aumentó bruscamente. La respuesta fue dejar de pagar las cuentas, incluyendo los salarios de amplios estratos de servidores públicos. Prácticamente no existen antecedentes en la Argentina moderna de la desorganización a que fue sujeto el sector público como consecuencia de esa política de shock. Aunque aparentemente la responsabilidad de estas políticas radicaba en los nuevos compromisos asumidos con el Fondo Monetario Internacional, en última instancia respondía a la estrategia de los grupos internos que condujeron la política económica en el período. Esa estrategia pretendió desarticular definitivamente al movimiento obrero, reinstalar los mecanismos de poder económico y la distribución del ingreso vigentes antes del peronismo y asentar a la economía argentina, nuevamente, en el sector agropecuario y en los grupos comerciales y financieros vinculados a ellos."

Desde marzo de 1962 los enfrentamientos en el Ejército se hicieron permanentes. Entre el 17 y el 23 de septiembre los tanques estaban en la calle. Los colorados, obsesivamente antiperonistas, contaban con el apoyo de la Marina y los azules estaban dirigidos por el próximo dictador: el entonces ascendente general de caballería Juan Carlos Onganía. Lo paradójico es que, entonces, los grupos azules representaron la "posición legalista" del Ejército, y contaron con el apoyo de dos profesionales de los medios dispuestos a funcionar de escribas: el sociólogo José Miguens y el periodista Mariano Grondona —quien también fue subsecretario de Rodolfo Martínez, ministro del Interior de Guido—. Ellos se encargaron de redactar los comunicados que emitió el grupo Azul. Decían las proclamas desde Campo de Mayo: "Camarada: estamos dispuestos a luchar para que el pueblo pueda votar. ¿Está Ud. dispuesto a luchar para que no vote?". El comunicado

150 fue el último de la serie emitida por Onganía y escrita por Grondona: "Las Fuerzas Armadas no deben gobernar; el Ejército se constituirá en el sostén de los derechos del pueblo. El comunismo surge siempre después de las dictaduras, nunca antes".

Las tropas azules pedían la remoción del general Bernardino Labayru, jefe del Estado Mayor del arma y ex miembro de la Libertadora. Hubo combates en Parque Chacabuco, Parque Avellaneda y en la Plaza Constitución.

El 14 de enero de 1963 Guido convocó a elecciones.

Las candidaturas peronistas, neoperonistas y de sus aliados de la democracia cristiana y el conservadurismo popular fueron proscriptas. Los radicales llevaron la fórmula de la UCRP integrada por Illia y Carlos Perette. Guido, el hombre de los lentes gruesos, víctima de una miopía severa, volvió después a su bufete de abogado en la calle Lavalle 234 de Viedma, Río Negro, dejando los hilos de la marioneta como única huella en la historia.

EL PRESIDENTE
QUE NO TUVO FRAC

El peronismo seguía proscripto pero eso no le alcanzó al almirante Rojas, quien junto a la Marina se alzó en armas contra el gobierno intentando suspender las elecciones convocadas. Finalmente la sublevación fue controlada y su jefe, detenido. La campaña electoral fue caótica y tanto el gobierno como la oposición se mantuvieron en vilo esperando el pronunciamiento de Perón. Desde Madrid llegó la orden del General: apoyaría a Vicente Solano Lima y Sylvestre Begnis, candidatos del Frente Nacional y Popular, integrado por la UCRI, los peronistas y algunos partidos más pequeños. La respuesta militar fue prohibir la inscripción de aquellos candidatos, y el Frente se abstuvo de participar de la elección. Finalmente se votó el 7 de julio y la fórmula radical, integrada por Arturo Illia y Carlos Perette obtuvo 2.424.475 votos; luego Oscar Alende-Celestino Gelsi (en representación de un desprendimiento de la UCRI) con 1.593.002 votos y Pedro Eugenio Aramburu-Horacio Thedy (Unión del Pueblo Argentino, UDELPA), cuyo eslogan fue "Vote UDELPA y no vuelve", con 1.300.000 votos. La consigna radical, "Illia le da una mano limpia, déle la suya", tuvo un efecto favorable sobre los indecisos. Más descriptivo, el minoritario Partido de la Revolución Libertadora propuso: "Llene el Congreso de gorilas".

Los votos en blanco sumaron 1. 884. 435. Illia no consiguió mayoría en el Colegio Electoral, pero los electores de Aramburu y de otros partidos menores se volcaron por la primera minoría. Cuando Illia se consagró presidente, la Argentina tuvo tres presidentes a la vez: Frondizi, que fue puesto en libertad y nunca había renunciado, Illia electo y Guido que era el primer mandatario efectivo.

El 12 de octubre de 1963, Arturo Umberto Illia asumió la presidencia. Fue la primera vez que un primer magistrado juró en traje de calle. Hasta entonces, siempre lo habían hecho de frac (o de uniforme de gala). Recién el año anterior a su asunción, Illia había podido comprar un automóvil. Su casa de Cruz de Eje (Córdoba) donde vivió treinta y cuatro años, había sido donada por los vecinos: organizaron una colecta a razón de un peso cada uno, para que el médico del pueblo tuviera casa propia. Su "casa" en Buenos Aires fue la Casa de Gobierno, allí dormía durante la semana, y sólo permanecía en Olivos los sábados y domingos.

Illia se autodefinió como opuesto al peronismo, a Frondizi y a Frigerio; a favor de los Estados Unidos, la constitucionalidad, el respeto por la ley, la decencia y la moralidad. El vicepresidente Perette, entretanto, despertaba más suspicacias entre los norteamericanos, y fue calificado en los informes reservados de la embajada como de perfil "rabiosamente ultranacionalista". Pero no iba a pasar mucho tiempo para que Washington se llevara un chasco: Illia, con una firmeza inesperada, anuló los contratos petroleros de Frondizi y puso en jaque a los laboratorios controlando los abusos en los medicamentos. Fue una de las pocas veces en la historia argentina en que un presidente cumplía con sus promesas electorales. En el brillante y exhaustivo trabajo *Historia de las Relaciones Exteriores Argentinas*, dirigido por Andrés Cisneros y Carlos Escudé, del Consejo Argentino para las Relaciones Internacionales (CARI) se señala que "el cumplimiento de la promesa efectuada por Illia tuvo una enorme repercusión en los círculos gubernamentales y empresariales norteamericanos, constituyendo un escollo permanente en la relación bilateral. El acuerdo petrolero cubría a las empresas extranjeras de los riesgos de expropiación, guerra o insurrección en los mercados en que operaban. La decisión de no ratificarlo fue confirmada pocos días después de la asunción del nuevo gobierno, el día 22 de octubre, por el ministro de Economía Eugenio Blanco, quien en el almuerzo mensual de la prensa extranjera sostuvo que "el Dr. Illia, ya como candidato, como presidente electo y como titular del Poder Ejecutivo ha manifestado que no propiciará la ratificación de ningún acuerdo de garantía de inversiones extranjeras, agregando que al amparo de la Constitución y de las leyes de la República, el capital y el trabajo, tanto de los extranjeros como de los nacionales, gozarán en el país de la más amplia garantía. Ésa es la política del gobierno".

La historia que sigue desde aquel día es la historia de un juego combinado de presiones internas y externas, pero también la de un presidente que no cedió. Para colmo Illia pudo probar que la firmeza en la negociación con Washington traería buenos resultados. El asistente especial de la Casa Blanca para Asuntos Interamericanos, Ralph Dungan, intuyó la crisis que se avecinaba y se entrevistó con Illia en su primera semana como Presidente. Dungan le planteó a Illia que el presidente John Kennedy "esperaba del gobierno argentino que no tomara iniciativas que pudieran perjudicar la política de Washington de ayuda al exterior". Si Illia concretaba su promesa electoral, "Kennedy tendría serios problemas en el Congreso para mantener la ayuda económica a la región", le dijo. En la "interna" del gobierno se alinearon dos tendencias: Illia, Facundo Suárez (presidente de YPF) y el diputado y luego ministro Juan Carlos Pugliese, eran partidarios de una actitud moderada y contaban con el respaldo del Ejército. El grupo presidencial buscaba anular los contratos de una manera discreta y renegociarlos lo más rápidamente posible. Carlos Perette, el vicepresidente, Alfredo Concepción (secretario de Energía) y Juan Sábato (subsecretario) mantenían una actitud de "borrón y cuenta nueva". El infaltable Álvaro Alsogaray envió a fines de octubre una carta a Illia defendiendo a las empresas petroleras: "Si los contratos se transforman en un tema político, ya sea con el propósito deliberado o simplemente por un erróneo manejo, la Argentina pasará, lisa y llanamente, a un segundo plano en la consideración de los organismos internacionales y verá acentuarse a corto plazo la desocupación, la recesión económica y la inflación. (...) Y entonces seguiremos nuestra marcha decadente en un mundo que asiste hoy a una formidable expansión".

El 15 de noviembre de 1963 Illia firmó los decretos 744 y 745/63 que anularon los contratos petroleros firmados por Frondizi. Fueron declarados "nulos de nulidad absoluta, por vicios de ilegitimidad y ser dañosos a los derechos e intereses de la Nación" los contratos de YPF con C. M. Loeb, Rhoades and Co., Astra, CADIPSA, Continental Oil Company of Argentina, Esso Argentina Inc., The Ohio Oil Co., Pan American Argentina Oil Co., Shell Production Company of Argentina Ltd., Tennessee Argentina, Union Oil Co. of California, Southeastern Drilling Co., Kerr-Mc Gee Oil Industries Inc. y SAIPEM (ENI).

La posición del gobierno contó con feroces críticas de la prensa: *Clarín*, manejado por el desarrollismo, desaprobó la anulación de los contratos, a los que calificó de "factor esencial de la estructura económica que debe sustentar el proceso de desarrollo de la Nación". El semanario *Primera Plana*, dirigido por Jacobo Timerman, comenzó desde entonces su prédica golpista a favor de Onganía hasta que logró, tres años después, convertirse en uno de los factores más importantes de la campaña para desacreditar al Presidente ante la opinión pública "progresista".

EL GENERAL TIENE QUIEN LE ESCRIBA

En su ponencia presentada ante el IV Congreso ALAIC en Recife, en septiembre de 1998, titulada "El periodismo argentino de interpretación en los años '60 y '70: el rol de *Primera Plana* y *La Opinión*", escribió Jorge Luis Bernetti: "El impacto real y mítico de *Primera Plana* condujo a múltiples interpretaciones acerca de su papel periodístico, sobre todo a la luz de su influencia en los acontecimientos políticos previos al derrocamiento del presidente Arturo Illia en junio de 1966. *Primera Plana* nació con Timerman como director e inspirador el 7 de noviembre de 1962, con John Kennedy en la tapa –durante la presidencia títere de José María Guido– luego del enfrentamiento militar de Azules y Colorados de septiembre de ese año. La revista nació defendiendo de manera explícita al vencedor bando Azul. Una ya clásica declaración de Timerman al investigador francés Alain Rouquié, consignada en *Poder Militar y Sociedad Política*, indica que se pensó en denominar con ese color, azul, a la publicación."(...) [La posición pro-Onganía]... quedó claramente enfatizada en las definiciones editoriales que su columnista político Mariano Grondona planteó en 1966 al exaltar el derrocamiento de Arturo Illia y presentar al dictador militar como "caudillo". Grondona escribió en *Primera Plana* del jueves 30 de junio de 1966: 'El poder seguía allí, en torno de un hombre solitario y silencioso (...) un hecho mudo, irracional, inexplicable y milagroso. Siempre ha ocurrido así con el poder de Urquiza o de Roca, de Justo o de Perón. Alguien, por alguna razón que escapa a los observadores, queda a cargo del destino nacional'. (...) Semana a semana, desde las páginas de la sección 'El País', *Primera Plana* atacaba los pilares en que se basaba el prestigio del gobierno radical ante la opinión pública: el respeto del gobierno por la libertad de expresión y la honestidad del presidente Illia y sus colaboradores. (...) Estas acusaciones alcanzaron su punto culminante en marzo de 1966, con las denuncias sobre supuestas presiones de la Secretaría de Industria sobre los anunciantes en medios opositores y una denuncia del Ministerio de Justicia contra *Primera Plana, Confirmado, Atlántida* e *Imagen,* entretanto los columnistas Mariano Grondona y Mariano Montemayor eran acusados de 'instigación a la rebeldía y de participar en la creación de un clima sicológico propicio al golpe de Estado'. La revista utilizó también la ridiculización del presidente Illia –continúa Bernetti– por su presunta morosidad en la resolución de los asuntos públicos". [*N. del A.*: A Timerman se debe, precisamente, el bautismo de Illia como "la tortuga".] Ridiculizó a la esposa del presidente, Silvia Martorell, y exaltó las denuncias acerca de la infiltración comunista en las Fuerzas Armadas. El sobredimensionamiento del fantasma comunista se originaba en las declaraciones de altos oficiales del Ejército. Por otra parte, la crisis en la industria azucarera de la norteña provincia de Tucumán se convirtió en otro de los temas favoritos para desacreditar al gobierno entonando la opereta de la "falta de seguridad nacional". La cobertura del tema ocupó, poco a poco, mayor centimetraje, así como un tono apocalíptico. En noviembre, *Primera Plana* sólo se ocupaba de la situación azucarera. La adjetivación subrayaba la idea de caos y vacío de poder. En marzo de 1966, Tucumán era una "bomba de tiempo" a punto de estallar. El rumbo editorial de la revista fue tan notorio que uno de sus periodistas estrellas, el subdirector Ramiro de Casasbellas, produjo en 1992 una fuerte autocrítica sobre aquellas políticas editoriales: "Es obvio que obraba en nosotros el ejemplo de los semanarios estadounidenses y europeos y de ciertos diarios tales como *Le Monde* y *The New York Times*. Lamentablemente no tomamos de ellos lo más preciado para todo periodismo político que se precie de serlo: la defensa de las instituciones democráticas. Por presumir de independientes acabamos por serlo del destino de nuestra sociedad y ayudamos, como casi todas las publicaciones de la época, al derrocamiento del gobierno de Illia. Cuando reaccionamos, al menos en *Primera Plana*, el general usurpador que ocupaba la Casa Rosada cerró la revista. Tal vez hizo bien".

Timerman abandonó la revista en 1964 al fundar *Confirmado* en 1965, donde siguió con la conspiración contra Illia hasta el triunfo de Onganía. Según confesó el propio Timerman a Alain Rouquié, "en el caso de

Confirmado fue un general quien le pidió crear un semanario para desplazar a Illia". El segundo editor de *Primera Plana* fue el empresario Victorio Dalle Nogare, Ramiro de Casasbellas el director periodístico y Tomás Eloy Martínez el jefe de redacción. En *Confirmado*, Timerman tuvo como columnistas a Rodolfo Martínez y a Álvaro Alsogaray, y un solo tema a desarrollar: la imperiosa necesidad del golpe. Relata Rouquié en *Poder Militar y Sociedad Política en la Argentina*, refiriéndose a la intensa campaña de acción sicológica orquestada por dichos semanarios: "Para guiar al país hasta su destino de grandeza no había más que una solución, el Ejército, y un hombre, el general Onganía. ¡Arriba Argentina!". El neofalangista Mariano Montemayor, editorialista de *Confirmado*, anunció en un artículo publicado bajo una foto del antiguo comandante en jefe el 30 de diciembre de 1965: "El país ya está maduro para la gran solución nacional". El comodoro Güiraldes ya había proclamado el 26 de agosto una revolución, es decir, según él, el derrocamiento de un gobierno al servicio de "un gran objetivo nacional: poner al país en marcha". "El aspecto más asombroso de la preparación del golpe de Estado –sigue Rouquié– es la precisión de su programación."

    Confirmado publicó el 23 de diciembre de 1965 un artículo titulado: "¿Qué sucederá en 1966?" que describe minuciosamente el desarrollo de las operaciones militares para derribar al gobierno. La revista de Timerman proponía una fecha, el 1 de julio de 1966, y concluía que la caída de Illia en 1966 "era inevitable". Al comentar su propio rol en la creación del mito de Onganía, Mariano Grondona, entrevistado por Robert Potash el 10 de junio de 1986 aseguró: "Todos en esa época, yo mismo, contribuimos a crear una suerte de mito con Onganía, en el cual necesitábamos creer nosotros, por lo pronto. Necesitábamos creer que existía alguien. Por ejemplo, yo en *Primera Plana* contribuí a la formación de un mito y después el pobre hombre no pudo estar a la altura del mismo rol que nosotros habíamos imaginado para él".

    Años después el también mítico Jacobo Timerman fundaría el diario *La Opinión*, basado en el siguiente esquema editorial: una sección política de centro, otra de economía de derecha y las de cultura e internacional de izquierda, y financiado por dos personajes en apariencia antagónicos: David Graiver, financista de los Montoneros, y el general Lanusse, dictador de la Nación a cargo de la presidencia. Pero ya volveremos sobre el tema.

EL COSTO
DE LA SOBERANÍA

La anulación de los contratos petroleros fue firmada un día después de un mensaje del presidente Kennedy al Congreso señalando que "lo que nos preocupa en el caso de la nacionalización de las compañías norteamericanas es que se cree un mecanismo de compensación adecuada, de compensación equitativa". El 21 de noviembre, dos días antes de ser asesinado en Dallas, Kennedy anunció que el decreto adoptado por el gobierno argentino era "un acto de soberanía económica" y que el asunto estaba terminado si las autoridades de Buenos Aires devolvían la justa inversión de las petroleras. El 16 de noviembre, un día después de la anulación de los contratos, el embajador norteamericano Mc Clintock le comunicó a Illia que el gobierno de Estados Unidos suspendía la ayuda económica debido al hecho. Illia le dijo que la decisión tomada era irreversible, lo que provocó el retiro del diplomático. En la ya citada *Historia de las Relaciones Exteriores* se cita la actitud del subsecretario Harriman que afirmó en Washington: "No se debe deducir de buenas a primeras que la Argentina no tratará con justicia a las compañías de petróleo cuyos contratos con este país han sido anulados. (...) No ganamos nada con una actitud prepotente, Estados Unidos debe esperar ahora para ver lo que ocurre con la indemnización".

Un informe interno del embajador al Departamento de Estado citado en la obra de Escudé y Cisneros afirmaba que "Illia había generado las peores relaciones posibles con el FMI, el Banco Mundial y la Agencia para el Desarrollo Internacional (AID). Como resultado, la Argentina no

recibió ningún crédito de esos organismos durante un año y medio, y el
gobierno argentino con su nueva política de control de cambios, bloqueó
las remesas de utilidades". Las indemnizaciones a las petroleras significaron
un costo de doscientos millones de dólares. Sin embargo, contra los terri-
bles pronósticos de lobbystas, agoreros y periodistas, los números de la macro
y microeconomía durante el gobierno de Illia fueron saludables.

Véamoslo área por área:

1. Política económica: según los datos del Banco Central, el aumento de
la producción en los años 1964 y 1965 fue de 10,3 por ciento y 9,2 por
ciento, respectivamente.

2. Actividad industrial: los detractores de Illia insisten en que el crecimiento
se debió al aumento de las cosechas, y al estímulo que esto ejerció sobre el resto
de las actividades. Escudé y Cisneros opinan que eso es falso, "ya que el empuje
provino de la parte más dinámica de la producción, el sector industrial". Por
otro lado, la inversión en maquinaria y equipos, reflejando una importante
capitalización, experimentó un aumento próximo al 20 por ciento.

3. De acuerdo a cifras del Banco Central, se comprobó un aumento de
la participación de los trabajadores en el ingreso, ya que del 36,4 por ciento
en 1964 pasó al 38 por ciento en 1965 y al 41,1 por ciento en el primer
semestre de 1966. El personal ocupado, que había experimentado una reducción del 1,6 por ciento en 1962 y que volvió a caer al 2,1 por ciento en
1963, creció el 4 por ciento en 1964 y el 3,5 por ciento en 1965. La tasa de
desempleo, que había alcanzado 8,8 por ciento en 1963, bajó al 7,4 por
ciento en 1964, al 6,1 por ciento en 1965 y al 4,1 por ciento en el primer
semestre de 1966.

4. La posición neta de oro y divisas del Banco Central era, al asumir el
gobierno constitucional, de menos de cuatrocientos millones. Al finalizar
el primer semestre de 1966 era de más de cien millones.

5. La deuda externa, sumando al sector público y el privado, era de
3.390 millones al 31 de diciembre de 1963, y fue de 2.650 millones al 31
de diciembre de 1965.

6. No hubo necesidad de realizar fuertes devaluaciones de la moneda,
que ocasionan elevados aumentos de precios. En octubre de 1963 el dólar
cotizaba a 1,46 pesos, y en junio de 1966 a 2,04 pesos.

7. La porción del presupuesto destinada a cultura y educación fue la
más alta de la historia argentina: un 25 por ciento del presupuesto nacional. La suma invertida en establecimientos escolares se multiplicó por diez.
Se instalaron 1.500 comedores escolares y se proveyó de guardapolvos y
equipos escolares a más de 50.000 chicos y de útiles escolares a más de

500.000. Sólo en capital y el conurbano se inauguraron doce centros médico-odontológicos para escolares. El impulso dado a la educación técnica registró un aumento del 620 por ciento en el rubro inversiones para equipos de los talleres, creciendo un 320 por ciento el capital destinado al funcionamiento de comedores para estudiantes secundarios en el medio rural. Entre 1963 y 1966 se graduaron 40.000 alumnos en la Universidad de Buenos Aires, la cifra más alta en toda la historia de esa casa de estudios.

8. A la fecha del golpe de Estado estaban en marcha las obras del túnel subfluvial y los puentes que unen en el Norte a Corrientes con Barranqueras y en el Sur a Zárate y Brazo Largo, para integrar la Mesopotamia. También se inició el complejo Chocón-Cerros Colorados.

9. El número de trabajadores afectados por conflictos sindicales se redujo de 328.000 a 81.000.

10. Por primera vez se logró que los derechos argentinos por las Malvinas fueran considerados por una asamblea internacional. Y también por primera vez el Reino Unido se vio obligado a exponer sus débiles argumentos ante el foro mundial. Durante la gestión del canciller Zavala Ortiz, el 16 de diciembre de 1965, se votó en la Asamblea de la ONU la obligación para Gran Bretaña de iniciar las negociaciones con la Argentina. Hubo 96 votos a favor contra 14 abstenciones y ningún voto en contra. En enero de 1966 el secretario de Relaciones Exteriores de Inglaterra, Michael Stewart, viajó a Buenos Aires e inició las primeras conversaciones cara a cara con la diplomacia argentina.

11. Ley de medicamentos: luego de analizar treinta mil muestras se llegó a la conclusión de que varias fórmulas no tenían los ingredientes ni las drogas que mencionaban los prospectos que había autorizado el Ministerio de Salud. La Comisión de Costos estudió los precios y determinó que los remedios se vendían con un margen de ganancia superior al mil por ciento. Illia envió entonces un proyecto al Congreso manifestando que, mientras se prolongara la auditoría por parte del Estado, estaba congelado el precio de los medicamentos. Los laboratorios iniciaron un escándalo sin precedentes: "Éste es un gobierno dirigista que se inmiscuye en la elaboración de las medicinas cuando somos nosotros, los expertos internacionales, los que debemos ocuparnos de eso", le dijo a Illia una delegación que lo visitó en la Casa Rosada. "Cada uno de ustedes tiene seis meses para presentarnos una declaración jurada donde interpreten y afirmen cuál es la calidad de su medicamento y la composición de su costo de producción. Con esa documentación recién vamos a hablar, mientras tanto los precios siguen congelados", les repondió el Presidente. Los laboratorios nunca presentaron ni una hoja, e iniciaron una feroz campaña de prensa paga.

EL HUEVO
DE LA SERPIENTE

La V Conferencia de Jefes de Estado Mayor de los Ejércitos Americanos (CEA) se llevó a cabo en agosto de 1964 en la academia militar norteamericana de West Point. Allí se presentó la adhesión del Ejército argentino a la "doctrina de seguridad nacional" trazada por el Departamento de Estado desde 1961, poniendo el acento en los "enemigos internos" y no en el carácter extracontinental de la amenaza comunista o castrista. El representante argentino y miembro del grupo "Azul", teniente general Juan Carlos Onganía, sostenía, como los norteamericanos, que las Fuerzas Armadas debían defender la seguridad interna, convirtiéndose a la vez en agentes de la modernización económica y social. El propio Onganía señaló en West Point como uno de sus objetivos el de "contribuir activamente en la cooperación con el poder civil, sin descuidar su objetivo principal, en el desarrollo económico social del país, coadyuvando, en especial, a solucionar problemas en áreas de escaso desarrollo y a aliviar situaciones emergentes de siniestros. (...) El plan militar general para la defensa del Continente Americano reconoce la conveniencia de propender por todos los medios posibles a elevar los niveles de vida de los pueblos con el objeto de combatir eficazmente la amenaza comunista, que trata de explotar la ignorancia y la pobreza de los ambientes subdesarrollados". Potash señala que en West Point Onganía no reflejó enteramente sus ideas, ya que la preparación del discurso fue un trabajo conjunto de la pluma del general Osiris Villegas y de su par Julio Alsogaray. Según Potash, discursos posteriores de

Onganía pronunciados con anterioridad al Golpe reflejaron con mayor fidelidad la línea a seguir después de 1966: "Hemos ya señalado –dijo Onganía– que las instituciones armadas tienen como misión, en el orden interno, la preservación de la paz interior, el mantenimiento de las instituciones republicanas y el sostén de la Constitución. Está claro, entonces, que tal deber de obediencia habrá dejado de tener vigencia absoluta si se produce, al amparo de ideologías exóticas, un desborde de autoridad que signifique la conculcación de los principios básicos del sistema republicano de gobierno, o un violento trastocamiento en el equilibrio o independencia de los poderes (...) en circunstancias de esta índole, las Fuerzas Armadas no podrían, ciertamente, mantenerse impasibles, so color de una ciega sumisión al poder establecido, que los convertiría en instrumentos de una autoridad no legítima. El pueblo recobraría en tales circunstancias el derecho de resistencia a la opresión, claramente señalado en la declaración de Independencia de los Estados Unidos".

Sobre la base de esta lógica pueril y antojadiza, y en medio de una feroz campaña de prensa paga, Illia fue expulsado de la Casa de Gobierno, y Onganía inició la llamada "Revolución Argentina".

LA CONSPIRACIÓN

La campaña de prensa paga contra Illia fue creciendo en evolución geométrica. Afirma Potash que "desde mediados de 1965 ciertos medios se habían comprometido en una campaña deliberada para desacreditar a la administración del partido radical y alentar a los militares a que la eliminaran". En un artículo tras otro, el popular semanario *Confirmado*, recién fundado por Timerman, trató de convencer a sus lectores de que un golpe era inevitable y de que la única pregunta auténtica era cuándo iba a llevarse a cabo. *Primera Plana*, por su parte, llegó al extremo de realizar una encuesta de opinión pública sobre hasta dónde era deseable un golpe, publicando los resultados el mismo día de la toma del poder militar. La revista *Confirmado* publicó repetidas veces artículos que hacían parecer inevitable un golpe. Véanse, por ejemplo, "La Revolución que anuncia Güiraldes", en el número del 26 de agosto de 1965; el ensayo de Mariano Montemayor en el número 10 de marzo de 1966 y la nota de tapa titulada "¿Qué piensa Estados Unidos del golpe?", en el número del 24 de marzo de 1966. La tapa del 28 de junio de 1966 de *Primera Plana* presentó la imagen de tanques del Ejército y las palabras "¿Quiénes (si/no) quieren el golpe?".

A mediados de 1965 Onganía pidió su pase a retiro del Ejército. Según sus propias declaraciones, tomó tal actitud por la designación del general Castro Sánchez, un oficial en actividad, como Secretario de Guerra. Onganía sostenía que ese cargo debía ser ocupado por un oficial en retiro. Al poco tiempo concedió una entrevista a *Confirmado* cuyo contenido era denigrante tanto para el secretario saliente como para Castro Sánchez. Potash se pregunta, en *El ejército y la política en la Argentina 1962-1973*, si Onganía, a estar del reportaje, no estaba en realidad provocando a Castro Sánchez para lograr que lo colocara bajo arresto domiciliario u ordenara su encierro en una prisión militar, conociendo el impacto que esto tendría sobre la opinión pública. ¿Buscó de ese modo Onganía su propio 17 de octubre? Illia se negó a convertirlo en un mártir de ocasión, y le negó al Secretario la autorización para arrestarlo. El 1 de abril de 1966 el mismo Castro Sánchez emitió un comunicado desmintiendo la inminencia de un golpe militar. "Una ola de rumores de inusitada intensidad y cuyo origen no nos interesa señalar por el momento, los desbordes de imaginación de cierta prensa periodística y las presiones golpistas procedentes de los más diversos sectores, pretenden hacer aparecer al Ejército en una actitud prácticamente subversiva y al borde de un golpe de Estado", dijo. Informes reservados del Foreing Office, por el contrario, aseguraron en la misma fecha: "La situación en la Argentina está empeorando. Muchos observadores predicen ahora abiertamente que para alrededor de junio de este año el presidente Illia será desalojado por un golpe de Estado".

El oficial clave en la planificación del golpe fue el general Julio Alsogaray, hermano del economista, a cargo del Comando del Primer Cuerpo, lo que le dio control efectivo sobre todas las tropas de Buenos Aires. Alsogaray fue quien transmitió los estudios de política que el general Fonseca y otros integrantes del Estado Mayor recibieron de civiles, fue también quien mantuvo a Onganía informado de las reuniones con abogados y empresarios que se realizaron en los cuarteles de Palermo o en casa de su hermano Álvaro y fue también Alsogaray quien llevó a varios civiles, incluyendo empresarios, a reunirse con Onganía en su residencia de la calle O'Higgins, en el barrio de Belgrano. Es obvio que las actividades tendientes al complot eran subterráneas para el gobierno pero no para el nuevo Comandante en Jefe, el general Pascual Pistarini. En una de las primeras reuniones entre civiles y militares a fines de abril se discutió lo que Potash denomina un "texto de posicionamiento o *aide-mémoire*" escrito por Álvaro Alsogaray. "Ese texto sostenía que las instituciones y prácticas políticas existentes eran en gran parte la causa de la continuada crisis y no podían servir como base para reconstruir el país. Por eso la toma del poder no debía tener carácter provisional, debía ser emprendida con el criterio de una verdadera revolución". Esta idea se mantuvo en Onganía, que en varias declaraciones públicas afirmó que la Revolución Argentina duraría "diez o veinte años". Don Álvaro diseñó también un organigrama del futuro gobierno: el "ejercicio del poder" estaría en manos de las Fuerzas Armadas, y el "ejercicio del gobierno" en manos de un equipo gubernamental.

A los cargos habituales Alsogaray agregó la función del primer ministro, y era un secreto a voces que soñaba con aquel puesto para sí mismo. Otra persona clave en la conducción del complot fue Mario Amadeo, fundador de una sociedad nacionalista llamada "Ateneo de la República". Amadeo fue ministro de Lonardi y también actuó en el gobierno de Frondizi. Para Amadeo, "el único modo de que la auténtica clase gobernante argentina llegara a cargos de poder era establecer un régimen militar definitivo, que invitaría a civiles destacados a formar el gobierno". Amadeo daba por descontado que él sería uno de esos civiles. Otro de los miembros del Ateneo fue Nicanor Costa Méndez, abogado, profesor y ex embajador.

Respecto de los contactos militares, Potash sostiene que Onganía escuchaba con atención a otros dos viejos generales: Eduardo Señorans y Francisco Imaz, quienes fueron sus profesores en el Colegio Militar. Imaz hizo responsable a Onganía por el asesinato de Aramburu, en su opinión una operación conjunta de los Montoneros y los servicios de Inteligencia del Ejército. Éste explicó su teoría en detalle en un libro denominado: La "Zeta" argentina, sobre el que volveré más adelante.

Según informó Confirmado en su edición del 16 de diciembre de 1965, "los líderes sindicales peronistas están tratando de achicar la grieta que los separó de la cúpula del Ejército en la última década. Los encuentros privados entre líderes sindicales y oficiales de alto rango se convirtieron en un fenómeno creciente, a veces por invitación de los militares, a veces por iniciativa de los voceros sindicales". Al comienzo no todos los dirigentes sindicales veían con agrado la perspectiva de un golpe, aunque sí lo hacían algunos como José Alonso, secretario general de la CGT, por ejemplo. Pero a medida que corría tiempo de descuento, hasta el propio Augusto Vandor (que manejaba el aparato sindical peronista de todo el país) fue simpatizando con la idea. Antes del golpe el Sindicato de Luz y Fuerza invitó al general Onganía, al comandante Pistarini y al secretario de guerra, general Castro Sánchez, junto a otros militares en retiro o en actividad a una recepción en el mismo sindicato para honrar al coronel Jorge Leal y a los integrantes de una expedición militar conjunta que había llegado hasta el Polo Sur. Onganía envió un telegrama "de simpatía" explicando su imposibilidad de asistir, pero estuvo allí el general Lanusse en representación de Pistarini, el general Uriburu representando al secretario de Guerra y otros oficiales como el entonces coronel Roberto Levingston. Lanusse era en aquel momento Jefe de Operaciones del Estado Mayor General y hasta comienzos de 1966 se había mantenido ajeno al complot. Finalmente, en una cena privada durante el mes de mayo, Lanusse le dijo al subsecretario de Guerra, general Laprida, que había "cruzado la barrera del sonido". El discurso del general Pistarini en el Día del Ejército, el 29 de mayo, fue escrito a sugerencia de Lanusse por el coronel Luis Prémoli, que acababa de regresar de la tristemente famosa Escuela de las Américas del Ejército de Estados Unidos con base en Panamá. Fue en esa Escuela, precisamente, donde Estados Unidos formó a casi todos los cuadros de la llamada "guerra antisubversiva".

Expresó Pistarini aquel día desde el palco oficial ubicado en la Plaza San Martín: "Se vulnera la libertad cuando por conveniencia se postergan decisiones, alentando la persistencia de mitos totalitarios perimidos, burlando la fe de algunos, provocando la incertidumbre de otros y originando enfrentamientos estériles, inútiles derramamientos de sangre, el descrédito de las instituciones que generan por igual el desaliento y la frustración de todo. (...) Este gobierno que subió al poder sin ataduras, compromisos ni pactos de ninguna clase, posterga urgentes soluciones con maniobras que no se justifican en este momento". Pocos días después el *New York Times* afirmaba en un editorial: "La Argentina es como ese hombre que está en precario equilibrio sobre un alto cable tendido, mientras los espectadores lo miran con el corazón en suspenso".

Después de obtener la vía libre de Pistarini para encabezar el nuevo gobierno, Onganía se dedicó a armar un posible gabinete. Álvaro Alsogaray le propuso al empresario Jorge Salimei para que ocupara una de las secretarías del área económica. Pero Onganía ya había decidido no nombrar a Alsogaray como ministro de Economía, y se inclinó a designar al recomendado Salimei, un ex alumno marista que estaba al frente de un importante *holding* industrial y financiero, llamado Sasetru.

Salimei presidía el directorio de empresas de transportes y obras públicas, de una compañía de seguros y de una sociedad de crédito y dirigía el Banco de Boulogne, donde estaban colocados fondos de la Iglesia. No sólo contaba con el apoyo de Alsogaray: los grupos integristas reunidos en Ciudad Católica, el secretario de Informaciones del Estado, general Señorans y su par Conesa, también apoyaron su nombramiento. Ese apoyo le permitió a Salimei designar como subsecretario de Economía a Evaristo Piñón Filgueiras, vicepresidente del Banco de Boulogne y Francisco Aguilar, ejecutivo del grupo, se hizo cargo de la Secretaría de Hacienda. El abogado conservador cordobés Enrique Martínez Paz fue el nuevo ministro del Interior. Onganía insistió durante toda su vida en aclarar que no tuvo ninguna participación personal en el complot, y que se mantuvo en una posición de "espectativa pasiva" hasta que, dado el golpe, las Fuerzas Armadas le ofrecieron conducir los destinos de la Nación.

Obviamente, mentía. La prueba más contundente, además de las reuniones furtivas en su propia casa o en la de Alsogaray, fue fruto de una entrevista de Potash con el coronel Prémoli: este último le entregó al historiador una nota escrita a mano por Onganía y entregada a Lanusse el lunes 27 de junio a las 19.00 horas (el original se encuentra en el Archivo Lanusse), en la que Onganía le pide a Lanusse "que me gestione una entrevista en casa para las 20.00 horas del día de hoy lunes con Varela y Álvarez, valiéndose de los mejores medios". Onganía se refería a los comandantes de la Marina y la Fuerza Aérea, y es obvio que quiso asegurarse a última hora que ellos, como Pistarini, lo apoyarían en la rebelión.

El 5 de junio Pistarini inició una gira de inspección por las unidades de la provincia de Buenos Aires, acompañado por el general Lanusse y altos oficiales. Se dio por descontado que la gira tenía como objetivo aumentar las captaciones golpistas.

A medianoche del día 6 comenzó un paro general por 24 horas dispuesto por la CGT y las 62 Organizaciones, a fin de que se autorizaran aumentos salariales superiores al 15 por ciento.

Hacía el día 10 los acontecimientos se aceleraron: los generales Julio Alsogaray, Osiris Villegas, Carlos Caro, Nicolás Hure, Adolfo López, Arturo Aguirre, Juan Iavícoli y Carlos Guido Blanco, todos comandantes de cuerpo, se reunieron en el despacho del jefe de Estado Mayor para redactar un memorándum "con las inquietudes de los mandos" a pedido del secretario de Guerra.

En otra cena reservada, esta vez en la noche del 15 de junio, en casa de Mariano Grondona, se registró un insólito cambio de opiniones en el que el secretario de Guerra, general Castro Sánchez, defendió la posición de continuidad de Illia mientras el ex presidente Frondizi argumentó a favor del golpe. Frondizi describió aquella noche al gobierno de Illia como "totalmente inepto", e insistió en que sólo una Revolución podía traer el necesario desarrollo. Además sostuvo que las Fuerzas Armadas estaban de modo unánime a favor del golpe y que Castro Sánchez, con sus acciones, estaba dividiendo al Ejército. Lisa y llanamente, Frondizi invitó al secretario a renunciar a su cargo y unirse al golpe.

El día 17 el general Castro Sánchez tuvo el documento de los generales en su poder. Los oficiales solicitaban:

1. El alejamiento de todas las personas con definida postura comunista de la función pública y las universidades.

2. La proscripción del Partido Comunista y el cierre de sus locales.

3. Cambios en el gabinete nacional.

4. Cambios en la política económica y social.

El lunes 27 se conocieron declaraciones de Oscar Alende: "El gobierno actual no cubre ni las formas ni la esencia de la democracia representativa. Carece, por lo tanto, de autenticidad. El oficialismo es minoría electoral en creciente deterioro ante la opinión pública. No inspira confianza ni posee autoridad. El gobierno no percibe estas realidades. El impulso vital de la Nación debe resumirse en una "idea-fuerza". Es la Revolución Nacional que venimos proclamando y definiendo desde julio de 1963. Deben concitarse todas las energías vitales y compactarse todos los esfuerzos para conmover al país con esta idea y hacerla fecunda realidad".

En el número 109 de la revista *Todo es Historia*, Gerardo Brá describió, hora por hora, la caída de Illia: el quinto golpe desde 1930.

Martes 28 de junio de 1966

00.50 hs. la Presidencia, a través de un comunicado, informó el relevo del teniente general Pistarini de sus funciones de Comandante en Jefe del Ejército.

01.05 hs. el Comando en Jefe difundió un comunicado expresando que carecían de valor las declaraciones del Dr. Illia.

01.50 hs. el jefe de la Policía Federal llegó a la Presidencia.

02.00 hs. el ministro Palmero informó al periodismo sobre la renuncia del secretario de Guerra. A la misma hora tropas del Ejército llegaron a las inmediaciones del Congreso Nacional.

02.15 hs. se retiraron de la Casa de Gobierno los secretarios de Marina y de Aeronáutica.

02.20 hs. se nota un aumento de los efectivos militares. Tropas del Regimiento 3 con asiento en La Tablada avanzan hacia la Capital.

02.30 hs. el general Fonseca se dirigió a la Jefatura de Policía para hacerse cargo de ésta. En Rosario el general Toscano asumió el Comando del II Cuerpo de Ejército, vacante por la detención de su titular el general Caro.

02.45 hs. el Comando en Jefe del Ejército emitió otro comunicado advirtiendo a la población sobre el movimiento de tropas, recomendando tranquilidad y haciéndole saber que las tres Fuerzas Armadas controlan todo el país. También expresó que: "A las 21.00 hs del día anterior el Presidente de la República ofreció su renuncia a los Comandantes en Jefe de la Aeronáutica y la Marina, pero que posteriores actitudes contradictorias del Dr. Illia determinaron la adopción de medidas militares".

03.00 hs. efectivos del Ejército se hicieron cargo de la Cancillería.

03.45 hs. trascendió que Illia rechazó una insinuación para trasladarse a la residencia presidencial de Olivos.

04.00 hs. efectivos del Ejército, al mando del general Von Stecher, tomaron posición en la calle Azopardo, con piezas de artillería que apuntaban a la Casa Rosada.

04.15 hs. el Comando en Jefe comunicó que se han impartido órdenes para la ocupación de los gobiernos provinciales y jefaturas de policía de las respectivas áreas.

05.00 hs. llegan a Casa de Gobierno el general Julio Alsogaray junto a varios militares. Entran al despacho presidencial y se produce el siguiente diálogo (reconstruido por diversos testigos y por los mismos protagonistas):

–¿Quién es Ud? –le preguntó el Dr. Illia.

–Soy el general Alsogaray y vengo a cumplir órdenes del comando en Jefe del Ejército.

–Usted se vale de la fuerza de los cañones contra le Ley y la Constitución –lo increpó el Presidente.

–Señor, si Ud. se resiste voy a verme obligado a hacer uso de la violencia... –le dijo Alsogaray con gravedad.

–Siga con ella. Yo no estoy acá por intereses personales sino por el mandato del pueblo.

Entonces Alsogaray le ofreció a Illia retirarse bajo custodia. Illia se negó. Alsogaray y su *troupe* salieron del despacho. Media hora más tarde entró el coronel Perlinger:

–Señor Presidente: en nombre de las Fuerzas Armadas lo invito a que se retire.

–Usted no representa a las Fuerzas Armadas –le dijo Illia.

–Rectifico, entonces... –dijo Perlinger–. En nombre de las fuerzas que poseo...

–Tráigalas –le dijo el Presidente.

06.50 hs. continuó la llegada de tropas que se situaron en los alrededores de la Casa Rosada.

07.15 hs. apareció en la puerta que da a la explanada de la calle Rivadavia el coronel de Elía, jefe del Regimiento de Granaderos a Caballo, diciendo que en pocos minutos Illia saldría por ese lugar.

07.20 hs. hubo una nueva entrevista entre Illia y Alsogaray. Momentos después aparecieron efectivos policiales que penetraron en el despacho presidencial manteniendo en posición de descarga sus pistolas lanzagases. Illia optó por abandonar la Casa Rosada. Su gobierno duró dos años, siete meses y veintiocho días.

A Dios
Rogando

El golpe de Onganía tuvo buena prensa: no sólo fue impulsado desde los semanarios sino que, una vez instalado en el poder, contó con el beneplácito de la prensa diaria: *Clarín*, alineado con el frondizismo, le dio la bienvenida al igual que *La Nación*, identificada con los sectores conservadores y católicos. Para el *Buenos Aires Herald* los golpistas fueron calificados como "los revolucionarios mejor educados de América Latina".

Alain Rouquié confiesa en la obra citada, su desencanto ante la falta de oposición o, para decirlo de otro modo, ante la inexistente defensa del gobierno democrático por parte del resto de los partidos. "Lo que impresiona al observador –escribió– además de la falta de resistencia activa o pasiva al golpe de Estado, es la debilidad de las reacciones negativas u hostiles. (...) Los partidos de izquierda tradicionales, tan apegados en 1966 como en 1943 a la democracia constitucional, condenaron el 'golpe de estado reaccionario', pero no por ello asumieron la defensa de las autoridades derrocadas. El partido Comunista censuró "una dictadura militar proyanqui que se propone liquidar los restos de las libertades democráticas existentes", pero recordó que el presidente Illia "no cumplió con sus promesas electorales, no llevó a cabo el programa democrático y popular que había prometido". Los socialistas democráticos denunciaron mediante Américo Ghioldi el golpe antidemocrático, pero criticaron severamente al gobierno "ilegal" de Illia. Se esforzaban así por demistificar para sus respectivas clientelas los encantos de "esa seductora dictadura militar en la que

muchos argentinos habían depositado sus esperanzas". El semanario
Economic Survey calificó al golpe de Estado como "excelente acción", con-
cluyendo que "la nueva política consistirá en la promoción de la empresa
privada". El número del 5 de julio señaló que "los círculos comerciales
estadounidenses y especialmente los representantes de los grandes bancos y
las grandes empresas han expresado su satisfacción ante la Revolución y
reafirmado su interés en el país". La Asociación para la Defensa de la Libre
Empresa (ACIEL), la Confederación General Económica, la Sociedad Rural y la Unión Industrial manifestaron su aprobación. El propio Perón envió a principios de julio a Buenos Aires una grabación en la que, mientras
reclamaba elecciones, recalcaba que "los objetivos de la revolución militar"
concordaban con los del movimiento. Su estrategia y la de Vandor coincidían, había que brindar "apoyo táctico" a Onganía.

En *Primera Plana*, Mariano Grondona teorizó sobre los tres modelos
que el gobierno podía seguir: Franco, De Gaulle o Castello Branco. "Según
sus admiradores —escribió Grondona el 5 de julio de 1966— el general
Onganía no es un hombre que rechace las lecciones de España de 1939.
Desterró el sistema liberal y quiere una comunidad a lo sumo dividida por
sus profesiones y oficios, no por sus ideas e intereses personales".

Onganía era el Franco argentino. Como católico a ultranza, el general
había participado en los famosos Cursillos de Cristiandad nacidos en la
España franquista, de modo que la mayor parte del gabinete provino de los
círculos integristas de la derecha cristiana o del nacionalismo católico: el ya
mencionado Enrique Martínez Paz era también un asiduo cursillista, y también lo era su sobrino y subsecretario José Manuel Saravia, profesor de la
Universidad del Salvador. El Ateneo de la República se proponía "defender
la esencia de la nacionalidad, es decir, su tradición católica e hispana a la
vez". El diario *La Nación* del 17 de julio de 1966 saludó con simpatía las
designaciones, viendo en ellas "el regreso de los viejos partidos que mostraron su capacidad en el apogeo de la Argentina y que el descrédito de los
partidos contemporáneos no logra apagar".

La represión del ultracatolicismo comenzó a notarse en la vida cotidiana: Onganía emprendió una cruzada particular contra las penumbras de las
boites, los besos en lugares públicos, el humor político (clausuró la revista
Tía Vicenta, dirigida por Landrú, que había bautizado como *La Morsa* al
Presidente, caricaturizándolo con sus grandes bigotes), las polleras largas
hasta los tobillos (parte de la moda hippie de aquel entonces), el pelo largo
y, obviamente, el cine, el teatro y la actividad editorial. Todo aquello que
no fuera católico y de derecha podía ser sospechoso.

MANUEL
Y CLEMENTINA

A comienzos de agosto de 1966, mientras viajaba hacia Montevideo con un par de valijas hechas a las apuradas, Manuel Sadosky supo que iba a pasar bastante tiempo hasta que pudiera volverse a encontrar con Clementina. Sadosky era vicedecano de Ciencias Exactas y en la noche del 29 de julio de 1966 vio a la Policía Federal entrar a la Facultad para desalojarlos a todos sin distinción: alumnos, profesores, no docentes. Onganía acababa de promulgar ese mismo día el decreto 16.912 anulando el gobierno tripartito de docentes, graduados y alumnos. El General ordenó que los rectores se convirtieran de inmediato en delegados del Ministerio de Educación. Si esto no era acatado en 48 horas los cargos quedarían vacantes.

El general Fonseca dio la orden de represión en Exactas:

—Sáquenlos a tiros, si hace falta. ¡Hay que limpiar esta cueva de marxistas!

Rolando García, el decano, trató de frenar la estampida pero terminó con las manos contra la pared, como los alumnos y el resto de los docentes.

En la hilera, confundido entre los argentinos, un profesor norteamericano del Instituto Tecnológico de Massachusetts (MIT) no daba crédito a sus ojos. Cuando en la comisaría tomaron conciencia de su endeble español y del acento dieron aviso a la embajada y fue liberado de inmediato. El cónsul envió una nota al *New York Times*, y así la "Noche de los Bastones Largos" tuvo su bautismo en la prensa mundial.

En la comisaría, Manuel Sadosky pensó otra vez en el destino de Clementina. No iba a poder llevársela a Uruguay: Clementina medía die-

ciocho metros de largo y le había costado 300.000 dólares al Estado argentino. Era la primera computadora que había entrado al país, en 1961.
Cuando la escucharon funcionar por primera vez advirtieron que emitía
un sonido que, modulado, daba la melodía de *Clementine*, una canción
muy popular en Inglaterra. Al poco tiempo los investigadores de Exactas le
habían enseñado un tango, para compensar. Pero la siguieron llamando
Clementina. Sadosky se exilió cinco años en el Uruguay, donde organizó el
Instituto de Cálculo y traicionó a Clementina con una computadora más
joven. Según un estudio realizado por Marta Slemenson en 1970 para el
área de investigación social del Instituto Di Tella, titulado "Emigración de
científicos argentinos", luego de la Noche de los Bastones Largos 1.378
docentes renunciaron a la Universidad de Buenos Aires. De los 301 que
emigraron, 215 eran científicos y 86 eran investigadores de áreas sociales o
humanísticas; 166 se quedaron en universidades latinoamericanas, 94 se
fueron a Estados Unidos, Puerto Rico y Canadá, y 41 se instalaron en
Europa. El historiador Alain Rouquié escribió como respuesta a aquella
paranoia anticomunista: "Los Estados Unidos recibieron con los brazos
abiertos a muchos de los supuestos comunistas echados de las universidades argentinas". Como consecuencia de la intervención militar, la Universidad fue cerrada por un año.

En su ensayo "El garrote y la inteligencia", publicado por la revista *Todo
es Historia*, Gerardo Brá da cuenta de las instituciones que apoyaron la
invasión de Onganía a la Universidad:

» La Confederación Interamericana de Defensa del Continente, con la
firma de Alberto Daniel Faleroni, manifestó su total "beneplácito por las
patrióticas y necesarias medidas de protección".

» La Unión de Entidades Liberales Argentinas, la Confederación Universitaria Argentina Liberal y Acción Liberal Argentina emitieron una declaración
conjunta de total apoyo. Aseguraron que las "autoridades nacionales se vieron
precisadas a adoptar esta actitud ante la vigencia de una falsa autonomía universitaria subordinada a la política subversiva del marxismo internacional".

» El Ateneo de Estudios Sociales-Cristianos de Ciencias Económicas,
con las firmas de Osvaldo Carosella y Marcelo J. Bustelo, justificó el atropello a raíz del "proceso que viene evolucionando a causa de la avasallante
infiltración marxista".

» La Asociación de Egresados de Medicina de Buenos Aires, en una
nota suscrita por los doctores Juan Dillon y Pedro Arcamendia, denunciaron "las agresiones físicas, materiales y morales cometidas por elementos
universitarios de reconocida filiación marxista".

» La Federación de Entidades Democráticas de la Argentina, con la firma de Apeles Márquez y Francisco Rizzuto, expresó que "la ley 16912 tiene como finalidad acabar con la subversión".

» El Ateneo Estudiantil Argentino, que agrupa "a la juventud estudiosa del Colegio Nacional de Buenos Aires" manifestó que "entendemos que han sido dados los primeros pasos para la jerarquización de la Universidad".

» El Dr. Bernardo Houssay, Premio Nobel de Medicina del año 1947, dijo luego de sostener una extensa reunión con el general Onganía: "Tengo plena confianza en que los problemas del ámbito universitario serán resueltos cuando se hagan más comprensibles para todos los fines que persigue el gobierno en esa materia".

NADA ES
PARA SIEMPRE

A finales de 1966 Salimei fue reemplazado en el Ministerio de Economía por Adalbert Krieger Vasena, un hombre del lobby de los organismos internacionales de crédito, ex ministro de Hacienda de Aramburu y de excelentes relaciones con el Atlantic Community Group for the Development of Latin America (ADELA). Cuando se retiró del ministerio, Krieger Vasena se convirtió en el administrador del consorcio internacional Deltec, con sede en Bahamas, al que perteneció, entre otras empresas, el frigorífico argentino Swift.

Coincidente con la línea de Krieger, el mensaje de fin de año de Onganía adelantó que el gobierno iba a "suprimir todas las protecciones de naturaleza social o política que obstaculizaran la libre competencia e impidieran la formación de capital", como por ejemplo el congelamiento de los alquileres, etc. En el campo laboral se suprimieron las ventajas de ciertas categorías de trabajadores al tiempo que se deprimió el nivel de los salarios reales. Onganía anunció su decisión de "abolir los privilegios" [laborales]. La política antiinflacionaria de Krieger arribó a buen puerto: el alza del costo de vida, que había llegado a 40 por ciento en 1965, bajó a menos del ocho por ciento en 1969. En 1967 el déficit de las empresas estatales disminuyó en un 13 por ciento. En octubre de 1968 Krieger Vasena fue distinguido por la Asamblea del Fondo Monetario y del Banco Mundial, que lo eligieron presidente de su próxima reunión. Onganía aprovechó la circunstancia sumada a la abundancia de dólares en las plazas financieras para pedir nuevos

créditos: Krieger trajo de su gira europea 75 millones de dólares en créditos
y 100 millones de marcos de bonos del Tesoro. La Tesorería de los Estados
Unidos prestó 75 millones más y un consorcio de bancos norteamericanos
100 millones, mientras el FMI concedió un crédito *stand by* de 125 millones de dólares.

El 1 de mayo de 1969, la CGT de los Argentinos (recuérdese que la
CGT estaba dividida en "oficial", y "de los Argentinos", esta última dirigida por el gráfico Raimundo Ongaro) dio a conocer un manifiesto en el que
declaraba: "Durante años nos han exigido sacrificios. Nos aconsejaron que
fuésemos austeros; lo hemos sido hasta el hambre. Nos pidieron que aguan-
táramos un invierno: hemos aguantado diez. Nos exigen que racionalice-
mos, así vamos perdiendo conquistas que obtuvieron nuestros abuelos. Y
cuando no hay humillación que nos falte padecer ni injusticia que reste
cometerse con nosotros, se nos pide irónicamente que "participemos". Les
decimos: ya hemos participado, y no como ejecutores, sino como víctimas
en las persecuciones, en las torturas, en las movilizaciones, en los despidos,
en las intervenciones, en los desalojos. No queremos ya esta clase de participación... Agraviados en nuestra dignidad, heridos en nuestros derechos,
despojados de nuestras conquistas, venimos a alzar, en el punto donde otros
las dejaron, las viejas banderas de lucha".

El 15 de mayo, durante una manifestación universitaria contra el aumento de precios en las cantinas de las facultades, la Policía mató a un
estudiante en Corrientes. En Rosario, otro estudiante fue herido de muerte. La ciudad en pleno salió a repudiar el hecho con una marcha de silencio,
en la que la policía cobró una nueva víctima: un chico de 15 años. Onganía
ordenó la ocupación militar de la ciudad. Observa Rouquié: "Cuando todo
parecía volver a la normalidad, estalló la tormenta en Córdoba".

EL PRINCIPIO DEL FIN

*"La memoria nacional conserva el recuerdo del Cordobazo como la pro-
testa masiva de obreros, estudiantes y simples vecinos, que en mayo de
1969 rompió la supuesta paz social impuesta por la llamada Revolución
Argentina. Dicha protesta reunía ciertos rasgos del Mayo francés, ocurrido el año anterior en París, pero se desarrolló en el marco de una dictadura sin capacidad para el diálogo y que desdeñaba la política, mientras
apostaba al tiempo económico y postergaba la acción social. Fue el prólogo esperanzado de una espiral de violencia e intolerancia que ensangren-
tó al país en la década siguiente."*

Horacio Tarcus

"Ciudad en convulsión: hoy sin transporte y mañana paro total", tituló
el vespertino *Córdoba* el 15 de mayo de 1969, dos semanas antes del
Cordobazo. Las medidas de fuerza eran impulsadas por el sindicato mecánico, SMATA, y el de transporte, UTA. Los choferes reclamaban reconocimiento de la antigüedad laboral y estabilidad para los trabajadores de CATA,
la empresa de transporte urbano que había pasado su personal a las ganado-
ras de una nueva licitación municipal. Tres días antes del titular citado, el
12 de mayo, el gobierno provincial dio a conocer la ley 18204 que estable-
cía un régimen de descanso desde el sábado a las 13.00 hasta el domingo a
las 24.00 hs (el llamado sábado inglés). Las dos CGT llamaron entonces a

un paro para el viernes 16 de mayo, que se extendió por dos días. El paro se aprobó en una asamblea de más de 2.500 obreros realizada en el Córdoba Sport Club, y los oradores fueron Elpidio Torres (SMATA Córdoba) y Dirk Kloosterman (secretario general de SMATA). A la salida los obreros enfrentaron a la policía en varias esquinas del centro de la ciudad: palos y cascotes contra balas de plomo, goma y gases lacrimógenos. El día 19 el gobierno "debido al actual clima de agitación", cerró la Universidad. El movimiento obrero, ante la adversidad, decidió unirse: no sólo Agustín Tosco, Elpidio Torres y Atilio López, sino hasta el poderoso Augusto Timoteo Vandor, que –como se dijo– intentó tibios acercamientos a Onganía al comienzo de la dictadura, pero ahora apostaba a golpear para negociar más adelante en mejor posición. Según reseña la revista *Los 70* "el 29 de mayo, desde Materfer, Fiat Concord, Grandes Motores Diesel y Perkins, por la ruta 9, desde Perdriel e Ilasa, en las cercanías del aeropuerto Pajas Blancas, desde la central de Lima y Maipú de la Empresa Provincial de Electricidad de Córdoba (EPEC) y, fundamentalmente, desde Santa Isabel, por el camino a Alta Gracia partieron las columnas obreras". Cerca del mediodía, frente al Hogar Pablo Pizzurno, en la Avenida Vélez Sarsfield, cinco mil obreros mecánicos enfrentaron el cordón policial: la columna de obreros se dividió, una parte se dirigió hacia el centro por la Ciudad Universitaria, donde incorporó a los estudiantes que en ese momento almorzaban en el comedor universitario, y la otra ingresó a los barrios Güemes y Observatorio, donde se atrincheraron, con la solidaridad de los vecinos. En las inmediaciones de la Plaza Vélez Sarsfield, a las 12.30, una batalla campal hizo retroceder a la policía pero cobró la primera víctima fatal: Máximo Mena. La noticia corrió por toda la ciudad y los manifestantes levantaron barricadas contra la policía, que finalmente tuvo que replegarse en sus cuarteles. La manifestación controló la ciudad: fue tomado el Círculo de Suboficiales del Ejército, en San Luis y La Cañada, incendiadas las firmas Xerox y Citroen, y las oficinas de la Dirección de Rentas y de la Aduana.

En la edición del 23 de mayo de 1999 del diario *Clarín*, Horacio Tarcus, bajo el título "Aquella rebelión llamada Cordobazo", citó declaraciones del mítico Agustín Tosco, secretario de Luz y Fuerza, al semanario francés *Politique Hebdo* en agosto de 1974. "La lucha comienza al reprimir la policía –recordaba Tosco–. Los compañeros del SMATA que venían avanzando, los compañeros de Luz y Fuerza que se concentran frente a EPEC, los compañeros de cerveceros, del vidrio, de distintas concentraciones en la periferia de la ciudad, venían avanzando hacia el centro para hacer una gran concentración, pues ése era el objetivo. Y todos estos compañeros fueron atacados por la policía, especialmente los mecánicos y los de Luz y Fuerza. Ahí es cuando surge la capacidad de lucha de los trabajadores. (...) La situación era que la policía estaba matando gente y no había defensas para ello. Entonces se decidió enfrentar a la policía. (...)Se hacen barricadas, se atrincheran los contingentes obreros y estudiantiles. La policía, entonces, retrocede. Incluso, los obreros avanzan. (...) A las cinco de la tarde debió intervenir el Ejército. Más o menos nosotros calculábamos que hubo unas cincuenta mil personas en esta zona de la ciudad que estaban en la calle con sus barricadas, y ya habían tomado el centro y el Barrio Clínicas, que es el lugar donde están fundamentalmente radicados los estudiantes. A la noche se produjo un apagón de luz que duró más de cuatro horas y fueron tomadas las comisarías, las sedes de la policía de la periferia. El Ejército, en alguna medida, logró desalojar el centro. Hacía fuego indiscriminadamente. Entonces fueron tomados los barrios y cortadas las principales rutas de la ciudad. (...) En realidad el Cordobazo fue una rebelión obrera y popular. Alguna gente nos preguntó por qué no habíamos tomado la Casa de Gobierno. Es sencillo: porque no estaba planteado tomarla. La dictadura tenía un peso muy grande y nosotros lo que teníamos planteado era resistir, demostrar la capacidad de lucha, dar un paso importante como ejemplo, incluso para todo el país, de resistencia obrera y popular, para tirar abajo la dictadura. En verdad, el Cordobazo fue el comienzo del fin de la dictadura".

En el mencionado artículo, Tarcus publicó un documento hasta entonces desconocido: un memorándum "estrictamente confidencial" escrito por el entonces gobernador de Córdoba, el nacionalista Carlos Caballero, dirigido a Onganía. Son seis carillas escritas a máquina en las que se descubren los hechos de mayo, pero desde el punto de vista del poder. Escribió el gobernador Caballero:

"a) En el movimiento de Córdoba, como en sus similares en otras partes del mundo, han participado en gran medida hombres movidos por una dinámica marxista. (...) La juventud desguarnecida ideológicamente rechaza la antigua antinomia marxismo-cristianismo o marxismo-nacionalismo para aunarse en un solo movimiento fundamentalmente anticapitalista (liberalismo) con todas sus implicancias. (...) El enfrentamiento con la Iglesia muestra a la mayoría de los sacerdotes con una nueva teología que admite el marxismo y naturaliza el cristianismo. Han desarmado a la juventud, la empujan a la izquierda, y han captado el alma y la mente de la clase media.

"b) El movimiento ha sido fundamentalmente de carácter ideológico más que provocado por una situación social aunque ésta, es evidente, actúe como detonante. Han participado los gremios mejor pagados, pero también los más politizados (SMATA, UOM, Luz y Fuerza). Es evidente que han contado con el apoyo masivo de los obreros más capaces, en una lucha abierta contra el sistema.

"c) Detrás del movimiento han actuado, en un segundo plano, las fuerzas liberales opositoras al gobierno (partidos políticos, prensa, cierto empresariado).

"d) El movimiento, una vez en la calle y sobre todo en los primeros momentos, contó con la adhesión masiva de la población. Los barrios burgueses (SIC) colaboraban en forma espontánea y entusiasta en la acción, dando material combustible a los revoltosos. Esta adhesión posiblemente se convirtió en más reticente luego de observar ciertos desmanes. Esto no significó, sin embargo, un vuelco de la opinión a favor del gobierno, a quien se le reprocha, ya sea violencia en la represión o falta de decisión, ya sea para llamar a las Fuerzas Armadas o para reprimir.

"e) La lucha se prolongó luego a barrios eminentemente obreros, con franco predominio peronista. Estos episodios, y el clima que se vive en los barrios populares (malestar profundo, oposición no encubierta) que no llega más allá por entenderse que no hay medios idóneos para hacerlo de otra forma, señala la terminación de la expectativa que pudo haber aún en los sectores obreros (en el gobierno de la llamada Revolución Argentina). Este malestar se nota también en la clase media. (...) Ahora, en cierto modo, han medido sus fuerzas y ya se ha notado la pérdida de respeto por el poder represivo de las Fuerzas Amadas".

El 4 de junio de 1969 Onganía reemplazó a su ministro de Economía por José María Dagnino Pastore, considerado social cristiano aunque, como observó Rouquié "seguía como una sombra la política de su predecesor": estabilidad monetaria, inversiones extranjeras, congelamiento de salarios y de precios agropecuarios. En aquel baile de disfraces se habían mezclado las máscaras: la descomposición de la situación política era tal que en la revista *Análisis* del 11 de mayo de 1970 podían leerse declaraciones de Tomás de Anchorena, quien dirigía la organización Campo Unido, contraria al monopolio de exportadores de carne, denunciando la "política proimperialista" del régimen. El confuso secuestro y la posterior ejecución del general Aramburu terminó siendo el golpe de gracia sobre la revolución que iba a durar diez o veinte años.

EL CORAZÓN DE LAS TINIEBLAS: BIENVENIDOS A LA MUERTE

Hace un par de semanas, un par de meses, un par de años, que camino en círculos alrededor de este capítulo. Siempre pensé que ninguna muerte es justa, pero recién ahora he comenzado a sentirlo. Escuché a alguien, alguna vez, diciéndome que después de matar no le había pasado nada. Nada. Y ahí anidaba su angustia: en el hecho de que fuera posible enfrentar al Destino sin ninguna consecuencia posterior. El paso de la Muerte no deja marcas en el rostro, ni tajos en la mirada, ni en el alma. El corazón de las tinieblas es tan oscuro que late bajo una caparazón de eufemismos: asesinar es "ajusticiar", robar es "recuperar" o "expropiar", torturar es "confesar", muerto es "desaparecido", secuestrado es "adoptado", emboscada es "enfrentamiento", excursión de un militante de la clase media por las fábricas y los barrios de la clase obrera es "proletarización", represión sexual es "moral revolucionaria", acomodar la realidad a la teoría es "hombre nuevo", explotación y entrega es "cultura occidental" y pseudodemocracias son "nuestra forma de vida". La mayor parte de las palabras fueron cambiadas: era la única forma de soportar el hedor de este cementerio de tumbas abiertas.

Unos y otros sueñan, pero no porque juegan con la imaginación, sino porque el calor del odio no los deja dormir. El odio está pegado en las sábanas y los cuerpos dan vueltas en la cama: en la vigilia de ojos abiertos todos tienen razón. No importan los medios: todos se sentirán justificados por el fin. Hay quienes dicen que hubo también poesía, y alegría, y ternura, y sacrificada entrega, y es posible. No proponemos contar aquí cuántos demonios hubo; la Tierra está repleta de ángeles caídos. Sí sabemos que disipado el humo, que seco el odio como se seca el sudor, lo único que quedaba fueron muertos.

Muertos atravesados por signos de pregunta.

MONTONEROS:
¿SOLDADOS DE PERÓN
O DE ONGANÍA?

"No somos, de manera alguna, enemigos del capital, y se verá en el futuro que hemos sido sus verdaderos defensores."

Juan Perón, 21 de octubre de 1946.
Citado por José Luis Romero en *A History of Argentine Political Thought*, Stanford University Press.

"A los del ERP los matábamos directamente, pero con los Montoneros era distinto: ellos eran nacionalistas y católicos como nosotros."

Vicealmirante Chamorro, uno de los responsables del campo de concentración ESMA, al autor de este libro, entrevistado en 1985.

En el Boletín Interno número 4 del Informe del Consejo Nacional del Partido de septiembre de 1977, los montoneros publicaron una "autobiografía" de la organización con algunas contradicciones: para esa época los montoneros ya se presentaban como "una síntesis de las corrientes peronista y guevarista", "unificando las actividades de la "vanguardia" con las de las masas. Como bien señaló Richard Gillespie en *Soldados de Perón*, "los montoneros habían recibido su bautismo político en ramas de la tradicional y conservadora Acción Católica, algunos habían partido de Tacuara nacida bajo el modelo de la Falange Española, muy pocos provenían de la izquierda y casi ninguno había comenzado su vida militante en el peronismo. Sus fundadores –sigue Gillespie– Fernando Abal Medina y Carlos Gustavo Ramus habían pertenecido, a los 14 años, a la violenta y derechista Tacuara. Y otros jóvenes que se unieron después también venían de aquella tendencia: Rodolfo Galimberti y Dardo Cabo" (este último dirigió un grupo de derecha pro peronista llamado Movimiento de la Nueva Argentina). Los militantes de Tacuara llevaban la Cruz de Malta en la solapa, vestían de uniforme en sus encuentros secretos en el Cementerio de la Chacarita, y tenían aceitadas relaciones con algunos grupos militares y policiales que los proveían de armas y manoplas con las que atentaban contra escuelas judías. En 1962 Tacuara sufrió una escisión por izquierda, creándose el Movimiento Nacionalista Revolucionario Tacuara, dirigido por José Luis Nell y Joe Baxter (un estudiante de derecho de origen británico). El ala izquierda, en la que también se encontraba Galimberti, defendía al peronismo pero atacaba al marxismo: el 29 de agosto de 1963 robaron la Obra Social de Empleados Bancarios, matando a dos guardias y llevándose cien mil dólares con los que iban a pagarse los sueldos de los empleados. Casi todos sus miembros fueron detenidos. Algunos de ellos contribuyeron al desarrollo político y militar de los Tupamaros en Uruguay y Joe Baxter, que estuvo en Vietnam, se incorporó más tarde al Ejército Revolucionario del Pueblo (ERP).

La entonces incipiente organización Montoneros descubrió el sincretismo entre cristianismo y revolución a través de dos personas de gran influencia en sus comienzos: el padre Carlos Mugica, miembro de los Jesuitas y del Movimiento de Sacerdotes para el Tercer Mundo y el intelectual y periodista Juan García Elorrio, más tarde director de una revista que llevó ese nombre: *Cristianismo y Revolución*. Señala Gillespie que "en 1964 Mugica entró en contacto con los ex tacuaristas Fernando Abal Medina, Mario Eduardo Firmenich y Carlos Gustavo Ramus, en ese entonces todos alumnos del Nacional Buenos Aires y militantes de la Juventud Estudiantil Católica (JEC). Según dijo Firmenich años después a la revista *El Peronista*, "Mugica nos enseñó que el cristianismo era imposible sin el amor a los pobres y a los perseguidos por su defensa de la justicia y su lucha contra la injusticia". Pero algunos de los pensamientos del sacerdote cayeron·en saco roto: el mismo Mugica dijo, también, "estoy dispuesto a que me maten, pero no a matar".

Siguiendo a Gillespie: "No fue Montoneros el único grupo que nació en 1968: aparecieron las Fuerzas Armadas Peronistas (FAP) y el ya menciona-do PRT-ERP. La genealogía del PRT-ERP se remonta a principios de los años sesenta cuando surgió, dentro del grupo trotskista Palabra Obrera, una facción pro guerrillera dirigida por Ángel Bengochea. Los guerrilleros formaron el Comando Buenos Aires pero el grupo se dispersó cuando, en 1964, voló su arsenal, oculto en un departamento de la calle Posadas. Más tarde Palabra Obrera se fusionó con el FRIP, un grupo de Santiago del Estero, y se convirtió en el Partido Revolucionario de los Trabajadores (PRT). La línea de Bengochea fue llevada adelante por el ala El Combatiente, diri-gida por Luis Pujals y Mario Roberto Santucho. Las operaciones armadas empezaron en 1969 y al año siguiente se formó el ERP como brazo armado del PRT. La escisión del PRT, La Verdad, dirigida por Nahuel Moreno, se unió al Partido Socialista Argentino de Juan Carlos Coral para formar en 1972 el Partido Socialista de los Trabajadores, que tuvo 73.796 votos en las elecciones de marzo de 1973, el 0,62 por ciento del escrutinio.

¿Cuántos montoneros había en 1970?, se preguntó el profesor inglés Richard Gillespie en su tesis doctoral para el St. John's College, adscrito a la Universidad de Oxford: no muchos más de veinte al terminar el año, y unos doce al comenzar. Según información de 1970 de la policía de Córdo-ba, el grupo tenía un Departamento de Mantenimiento (responsable de conseguir vehículos y de la logística de los operativos), un Departamento de Documentación (encargado de suministrar documentos militares y policiales falsos), un Departamento de Guerra (que planeaba los asaltos, secuestros, etcétera) y un Departamento de Acción Psicológica (encargado de redactar declaraciones y comunicados). Gillespie opina que la estructura "era sin duda desproporcionada, pero indicaba la ambición y también las primeras muestras de una convicción que equiparaba el éxito con la expan-sión del aparato militar y político". Casi todos los montoneros eran, en mayo de 1970, estudiantes universitarios o graduados y dos de ellos eran profesores. La pareja Fernando Abal Medina-Norma Arrostito, dos de los primeros montoneros, viajó a Cuba en los años 1967 y 1968 para recibir adiestramiento militar.

TRES
CARTAS

1. Carta del general Valle al general Aramburu antes
de ser asesinado. Junio de 1957.

Dentro de pocas horas usted tendrá la satisfacción de haberme asesinado.
Debo a mi Patria la declaración fidedigna de los acontecimientos.
Declaro que un grupo de marinos y militares, movidos por ustedes mismos,
son los únicos responsables de lo acaecido. Para liquidar a los opositores les
pareció digno inducirnos al levantamiento y sacrificarnos luego fríamente.
(...) Entre mi suerte y la de ustedes me quedo con la mía. Mi esposa y mi
hija a través de sus lágrimas verán en mí a un idealista sacrificado por la
causa del pueblo. Las mujeres de ustedes, hasta ellas verán asomárseles por
los ojos sus almas de asesinos. Y si les sonríen o les besan será para disimular
el terror que les causan. Aunque vivan cien años sus víctimas les seguirán a
cualquier lugar del mundo donde pretendan esconderse. Vivirán ustedes,
sus mujeres y sus hijos, bajo el terror constante de ser asesinados.
Porque ningún derecho, ni natural ni divino, justificará jamás tantas eje-
cuciones. (...) Es asombroso que ustedes, los más beneficiados por el régimen
depuesto, y sus más fervorosos aduladores, hagan gala ahora de una cruel-
dad como no hay memoria. Nosotros defendemos al pueblo, al que ustedes le
están imponiendo el libertinaje de una minoría oligárquica, en pugna con
la verdadera libertad de la mayoría, y un liberalismo rancio y laico en
contra de las tradiciones de nuestro país. Todo el mundo sabe que la cruel-
dad en los castigos la dicta el odio, sólo el odio de clases o el miedo. Como

tienen ustedes los días contados, para librarse del propio terror, siembran
terror. (...) Como cristiano me presento ante Dios que murió ajusticiado,
perdonando a mis asesinos, y como argentino derramo mi sangre por la
causa del pueblo humilde, por la justicia y la libertad de todos, no sólo de
las minorías privilegiadas. Espero que el pueblo conocerá un día esta carta
y la proclama revolucionaria en la que quedan nuestros ideales en forma
intergiversable. Así como nadie podrá ser embaucado por el cúmulo de
mentiras contradictorias y ridículas que el gobierno trata de cohonestar con
esta ola de matanzas y lavarse las manos sucias en sangre. Ruego a Dios que
mi sangre sirva para unir a los argentinos. Viva la Patria.

Juan José Valle

2. Comunicados de Montoneros números 3 (31 de mayo de
1970), 4 (1 de junio de 1970) y 5 (15 de junio de 1970).

Era la una y media de la tarde del 29 de mayo de 1970. Las radios de todo
el país interrumpieron su programación para dar cuenta de una noticia
que poco después conmovería al país: "Habría sido secuestrado el Teniente
General PEDRO EUGENIO ARAMBURU [N. del A.: en mayúsculas en
el original]. Esquivando puestos policiales y evitando caminos transitados,
una pick up Gladiator avanzaba desde hacía cuatro horas rumbo a Timote.
En la caja, escondido tras una carga de fardos de pasto, viajaba el "fusilador"
de VALLE escoltado por dos jóvenes peronistas. Lo habían ido a buscar a su
propia casa. Lo habían sacado a pleno día, en pleno centro de la Capital y
lo habían detenido en nombre del pueblo. Uno de los jóvenes peronistas
tenía a mano un cuchillo de combate, ante cualquier eventualidad, ante la
posibilidad de una trampa policial, ante la certeza de no poder escapar de
un cerco o una pinza, iba a eliminar al jefe de la Libertadora. Aunque
después cayeran todos. Así se había decidido desde el principio. El "fusilador"
tenía que pagar sus culpas a la justicia del pueblo. Era el 29 de mayo de
1970. El día en que el Onganiato festejaba por última vez el Día del
Ejército. El día en que el pueblo festejaba el primer aniversario del
Cordobazo. Habían nacido los Montoneros. (...)El primer objetivo del
"Operativo Pindapoy" era el lanzamiento público de la organización, y se
cumplió con éxito. (...) El segundo objetivo era ejercer justicia revoluciona-
ria contra el más inteligente de los cabecillas de la Libertadora.
Porque si Rojas fue la figura más acabada del gorilismo, Pedro Eugenio
Aramburu fue, en cambio, su cerebro y su artífice. En Aramburu, el pueblo
había sintetizado al antipueblo. El Vasco era responsable directo de los bom-
bardeos a Plaza de Mayo, de las prosecuciones y torturas. Aramburu era

culpable directo, además, del fusilamiento de 27 patriotas durante la represión brutal de junio de 1956. Sobre él ejerció Montoneros la justicia de ese pueblo. (...) Aramburu había sido el artífice del robo y la desaparición del cadáver de la compañera Evita.

Su recuperación, uno de los objetivos fundamentales del Aramburazo, no se pudo lograr. La negativa del fusilador a confesar amparándose en un pacto "de honor" con otros gorilas, impidió que Montoneros supiera exactamente el paradero del cuerpo. (...) Aramburu conspiraba contra Onganía. Pero el proyecto de Aramburu para reemplazar el régimen corporativista de Onganía era políticamente más peligroso. Aramburu se proponía lo que luego se llamó Gran Acuerdo Nacional, la integración del peronismo al sistema liberal a través de "peronistas" de la calaña de Paladino, Coria y todos los burócratas y partipacionistas.

Aramburu, que fragoteaba con varios generales en actividad, había superado hacía mucho tiempo la torpeza gorila del '55 en materia política. En 1970 era un agente hábil del imperialismo, un hombre que intenta vaciar al peronismo de contenido popular, en una maniobra eleccionaria de trampa. Usar al "peronismo de corbata" y a los traidores que aparecían como dirigentes para aniquilar al Movimiento, para aislar definitivamente al General de los peronistas.

MARIO: El ajusticiamiento de Aramburu era un viejo sueño nuestro. Concebimos la operación a principios de 1969. Había de por medio un principio de justicia popular, una reparación por los asesinatos de junio de 1956, pero además queríamos recuperar el cadáver de Evita. (...) A fines de 1969 pensamos que ya era posible encarar el operativo. A los móviles iniciales, se había sumado en el transcurso de ese año la conspiración golpista que encabezaba Aramburu para dar una solución de recambio al régimen militar, debilitado tras el Cordobazo.

ARROSTITO: Toda la organización éramos doce personas, entre los de Buenos Aires y los de Córdoba. En el operativo jugamos diez. Lo empezamos a fichar a comienzos del '70, sin mayor información. Para sacar direcciones, nombres, fotos, fuimos a las colecciones de los diarios, principalmente de La Prensa. En una revista, Fernando encontró fotos interiores del departamento de la calle Montevideo. Eso nos dio una idea de cómo podían ser las cosas adentro.

MARIO: Pero dedicamos el máximo esfuerzo al fichaje externo. El edificio donde él vivía está frente al Colegio Champagnat, y averiguamos que en el primer piso de ese colegio había una sala de lectura o una biblioteca. Entonces nos colamos y fuimos a leer ahí. El que inauguró el método fue Fernando, que era bastante desfachatado. Más que leer, mirábamos por la ventana. Nos quedábamos por períodos cortos, media hora, una hora. Nunca nadie nos preguntó nada.

ARROSTITO: *Allí lo vimos por primera vez, de cerca. Solía salir alrededor de las once de la mañana, a veces antes, a veces después, a veces no salía. Lo vimos tres veces desde el Champagnat. Después fichamos desde la esquina de Santa Fe, en forma rotativa. Llegamos a hacer relevos cada cinco minutos. Teníamos que hacer así porque en esa esquina había un Cabo de consigna, uno rubio, gordito, y no queríamos llamar la atención.*

MARIO: *A medida que chequeábamos fuimos cambiando el modelo operativo. La primera idea había sido levantarlo de la calle cuando salía a caminar. Pensábamos llevar uno de esos autos con cortina en la luneta y tapar las ventanillas con un traje a cada lado. Le dimos muchas vueltas a la idea hasta que la descartamos y resolvimos entrar y sacarlo directamente del octavo piso. Para eso hacía falta una buena "llave". La mejor excusa era presentarse como oficiales del Ejército. El Gordo Maza y otro compañero habían sido liceístas, conocían el comportamiento de los militares. Al Gordo Maza incluso le gustaba, era bastante milico, y le empezó a enseñar a Fernando los movimientos y las órdenes. Ensayaban juntos.*

ARROSTITO: *Compraron parte de la ropa en la Casa Ísola, una sastrería militar en la Avenida de Mayo, al lado de Casa Muñoz. Fernando Abal tenía 23 años, Ramus y Firmenich 22, Capuano Martínez 21. Cortándose el pelo pasaban por colimbas. Así que allí les compramos las insignias, las gorras, los pantalones, las medias, las corbatas. Para comprar algunas cosas, hasta se hicieron pasar por boyscouts. Un oficial retirado peronista donó su uniforme: simpatizaba con nosotros, aunque no sabía para qué lo íbamos a usar. El problema es que a Fernando le quedaba enorme. Tuve que hacer de costurera, amoldárselo al cuerpo. La gorra la tiramos —era un gorrón— le bailaba en la cabeza, pero usamos la chaquetilla y las insignias.*

¿CÓMO ENTRAR?

MARIO: *Una cosa que nos llamó la atención es que Aramburu no tenía custodia, por lo menos afuera. Después se dijo que el ministro Imaz se la había retirado pocos días antes del secuestro, pero no es cierto. En los cinco meses que estuvimos chequeando, no vimos custodia exterior ni ronda de patrulleros. Solamente el portero tenía pinta de cana, un morocho corpulento. A alguien se le ocurrió: si no tenía custodia, ¿por qué no íbamos a ofrecérsela? Era absurdo, pero ésa fue la excusa que usamos. (...)*

LA HORA SEÑALADA

La planificación final la hicimos en la casa de Munro donde vivíamos Capuano, Martínez y yo. Allí pintamos con aerosol la pick up Chevrolet que iba a servir de contención. La pintamos con guantes, hacíamos todo con guantes para no dejar impresiones digitales. No sabíamos mucho sobre el asunto pero por las dudas no dejábamos huellas ni en los vasos y en las prácticas llegamos a limpiar munición por munición con un trapo.

ARROSTITO: *La casa operativa era la que alquilábamos Fernando y yo,*

en Bucarelli y Ballivián, Villa Urquiza. Allí teníamos un laboratorio foto-
gráfico. La noche del 28 de mayo, Fernando lo llamó a Aramburu por
teléfono, con un pretexto cualquiera. Aramburu lo trató bastante mal, le
dijo que se dejara de molestar o algo así. Pero ya sabíamos que estaba en su
casa. Dentro del Parque Chas dejamos estacionados esa noche los dos autos
operativos: la pick up Chevrolet y un Peugeot 404 blanco, y tres coches más
que se iban a necesitar; una Renoleta 4L blanca mía, un taxi Ford Falcon
que estaba a nombre de Firmenich y una pick up Gladiator 380 a nombre
de la madre de Ramus. La mañana del 29 salimos de casa. Dos compañeros
se encargaron de llevar los coches de recambio a los puntos convenidos. (...)
En el Peugeot 404 subieron Capuano Martínez, que iba de chofer, con otro
compañero, los dos de civil pero con el pelo bien cortito y detrás, Maza con
uniforme de capitán y Fernando Abal como teniente primero.

MARIO: Ramus manejaba la pick up Chevrolet y la "flaca" Norma lo
acompañaba en el asiento de adelante. Detrás iba un compañero disfraza-
do de cura y yo con uniforme de la policía.

ARROSTITO: Yo llevaba una peluca rubia con claritos y andaba bien
vestida y un poco pintarrajeada. El Peugeot iba adelante por Santa Fe.
Dobló en Montevideo, entró en el garage. Capuano se quedó en el volante y
los otros tres bajaron. Le pidieron permiso al encargado para estacionar un
ratito. Cuando vio los uniformes dijo que sí enseguida. Salieron caminan-
do a la calle y entraron a Montevideo 1053. Nosotros veníamos detrás con
la pick up. En la esquina de Santa Fe me bajé y fui caminando hasta la
puerta misma del departamento. Me paré allí. Tenía una pistola.

MARIO: Nosotros seguíamos hasta la puerta del Champagnat y estaciona-
mos sobre la vereda. "El cura" y yo nos bajamos. Dejé la puerta abierta con
la metralleta sobre el asiento, al alcance de la mano. Había otra en la caja
al alcance del otro compañero. También llevábamos granadas. Ese día no vi
al cana de la desquina. Mi preocupación era qué hacer si se me aparecía, ya
que era mi "superior", tenía un grado más que yo. Pasaron dos cosas diver-
tidas: se arrimó un Fiat 600 y el chofer me pidió permiso para estacionar.
Le dije que no. Quiso discutir. ¿Y por qué la pick up sí? Le dije: ¡Circule! Y
se fueron puteando. En eso pasó un celular, le hice la venia al chofer y el tipo
me contestó con la venia. De golpe lo increíble. Habíamos ido allí dispues-
tos a dejar el pellejo, pero no: era Aramburu el que salía por la puerta de
Montevideo y el Gordo Maza lo llevaba con un brazo por encima del hom-
bro, como palmeándolo y Fernando lo tomaba del otro brazo. Caminaban
apaciblemente.

ADENTRO: (FERNANDO, EMILIO)
Un compañero quedó en el séptimo, con la puerta del ascensor abierta, en
función de apoyo.
Fernando y el Gordo subieron un piso más.

Tocaron el timbre, rígidos en su postura militar.

Fernando un poco más rígido por la metra que llevaba bajo el pilotín verde oliva. Los atendió la mujer del General: no le infundieron dudas: eran oficiales del Ejército. Los invitó a pasar, les ofreció café mientras esperaban que Aramburu terminara de bañarse.

Al fin apareció sonriente e impecablemente vestido. Tomó café con ellos mientras escuchaba complacido el ofrecimiento de custodia que le hacían esos jóvenes militares. A Maza le descubrió enseguida el acento: Usted es cordobés. Sí, mi General.

Las cortesías siguieron un par de minutos mientras el café se enfriaba y el tiempo también y los dos muchachos agrandados se paraban y desenfierraban, la voz cortante de Fernando dijo:

—Mi General, usted viene con nosotros.

Así, sin mayores explicaciones. A las nueve de la mañana. ¿Si se resistía? Lo matábamos. Ése era el plan, aunque no quedara ninguno de nosotros vivos.

AFUERA

MARIO: Pero no, ahí estaba, caminando apaciblemente entre el Gordo Maza que le pasaba el brazo por el hombro y Fernando lo empujaba leve-mente con la metra bajo el pilotín.

Seguramente no entendía nada. Debió creer que alguien se adelantaba al golpe que había planeado, porque todavía no dudaba que sus captores eran militares. Su mujer había salido. De eso me enteré después, porque no re-cuerdo haberla visto. Subieron al Peugeot y arrancaron hacia Charcas, die-ron la vuelta por Rodríguez Peña hacia el Bajo y nosotros detrás.

EL VIAJE

Cerca de la Facultad de Derecho detuvieron el Peugeot y trasbordaron a la camioneta nuestra. Capuano, la Flaca y otro compañero iban adelante, Fernando y Maza con Aramburu, atrás. Allí se encontró por primera vez con "el cura" y conmigo. Debió parecerle esotérico: un cura y un policía; y el cura que en su presencia comenzaba a cambiarse de ropa. Se sentó en la rueda de auxilio. No decía nada, tal vez porque no entendía nada. Le tomé la muñeca con fuerza y la sentí floja, entregada. (...) La Gladiator tenía un toldo y la parte de atrás estaba camuflada con fardos de pasto. Retirando un fardo, quedaba una puertita. Por ahí entraron Fernando y el otro compa-ñero con Aramburu. Adelante Ramus que era el dueño legal de la Gladiator y yo, siempre vestido de policía.

Durante más de un mes habíamos estudiado la ruta directa a Timote, sin pasar por ningún puesto policial ni por ninguna ciudad importante. De-lante iba el taxi conducido por Capuano, abriendo punta. Un par de walkies-talkies aseguraban la comunicación entre él y nosotros. Otro par entre la cabina del Gladiator y la caja. (...) A la una de la tarde la radio empezó a hablar del presunto secuestro. Ya estábamos a mitad de camino. Serían las cinco y media o las seis cuando llegamos a La Celma, un casco de estancia que pertenecía a la familia de Ramus. El taxi se volvió a Buenos Aires y nosotros entramos. La primera tarea de Ramus fue distraer la atención de su capataz, el vasco Acébal.

EMPIEZA EL JUICIO

—General Aramburu, usted está detenido por una organización revolucionaria peronista, que lo va a someter a juicio revolucionario. Recién ahí pareció comprender. Pero lo único que dijo fue:

—Bueno.

Su actitud era serena. Si estaba nervioso, se dominaba. Fernando lo fotografió así, sentado en la cama, sin saco ni corbata, contra la pared desnuda. Pero las fotos no salieron porque se rompió el rollo en la primera vuelta.

Para el juicio se utilizó un grabador. Fue lento y fatigoso porque no queríamos presionarlo ni intimidarlo y él se atuvo a esa ventaja, demorando las respuestas a cada pregunta, contestando "no sé", "de eso no me acuerdo", etc. El primer cargo que le hicimos fue el fusilamiento del general Valle y los otros patriotas que se alzaron con él en junio de 1956. Al principio pretendió negar. Dijo que cuando sucedió eso él estaba de viaje en Rosario. Le leímos sílaba a sílaba los decretos 10.363 y 10.364, firmados por él, condenando a muerte a los sublevados. Le leímos la crónica de los fusilamientos de civiles en Lanús y José León Suárez. No tenía respuesta, finalmente reconoció:

—Y bueno, nosotros hicimos una revolución y cualquier revolución fusila a los contrarrevolucionarios.

Le leímos la conferencia de prensa en que el almirante Rojas acusaba al general Valle y los suyos de marxistas y amorales. Declamó: "¡Pero yo no he dicho eso!". Se le preguntó si de todos modos lo compartía. Dijo que no. Se le preguntó si estaba dispuesto a firmar eso. El rostro se le aclaró porque pensó que la cosa terminaba ahí: "Si era por esto, me lo hubieran pedido en mi casa", dijo, e inmediatamente firmó una declaración en la que negaba haber difamado a Valle y a los revolucionarios del '56. Esa declaración se mandó a los diarios, y creo que apareció publicada en Crónica.

EL PROYECTO DEL GAN (GRAN ACUERDO NACIONAL)

El segundo punto del juicio a Aramburu versó sobre el golpe militar que él preparaba y del que nosotros teníamos pruebas. Lo negó terminantemente. Cuando le dimos datos precisos sobre su enlace con un general en actividad, dijo que era "un simple amigo". Sobre esto, frente al grabador, fue imposible sacarle nada. Pero apenas se apagaba el grabador compartiendo con nosotros una comida o un descanso, admitía que la situación del régimen no daba para más, y que sólo un gobierno de transición —para el que él se consideraba capacitado— podía salvar la situación. Su proyecto era, en definitiva, el proyecto del GAN, que luego impulsaría Lanusse: la integración *pacífica del peronismo a los designios de las clases dominantes.*

EVA PERÓN

El tema de Evita surgió el segundo día del juicio. (...) Se paralizó. Por medio de morisquetas y gestos bruscos se negaba a hablar, exigiendo por señas que apagáramos el grabador. Por fin, Fernando lo apagó.

"Sobre ese tema no puedo hablar" dijo Aramburu "por un problema de honor. Lo único que puedo asegurarles es que tiene cristiana sepultura".

Insistimos en saber qué había ocurrido con el cadáver. Dijo que no se acordaba. Después intentó negociar: él se comprometía a hacer aparecer el cadáver en el momento oportuno, bajo palabra de honor. Insistimos. Al fin dijo: "Tendría que hacer memoria".

—Bueno, haga memoria.

Anochecía. Lo llevamos a otra habitación. Pidió papel y lápiz. Estuvo escribiendo antes de irse a dormir. A la mañana siguiente, cuando se despertó, pidió para ir al baño. Después encontramos algunos papelitos rotos, escritos con letra temblorosa. Volvimos a la habitación del juicio. Lo interrogamos sin grabador. A los tirones contó la historia verdadera: el cadáver de Eva Perón se hallaba en un cementerio de Roma, con nombre falso, bajo custodia del Vaticano. La documentación vinculada con el robo del cadáver estaba en una caja de seguridad del Banco Central a nombre del coronel Cabanillas. Más que eso no podía decir, porque su honor se lo impedía.

LA SENTENCIA

Era ya la noche del 1 de junio. Le anunciamos que el Tribunal iba a deliberar. Desde ese momento no se le habló más. Lo atamos a la cama. Preguntó por qué. Le dijimos que no se preocupara. A la madrugada Fernando le comunicó la sentencia:

—General, el Tribunal lo ha sentenciado a pena de muerte. Va a ser ejecutado en media hora.

Ensayó conmovernos. Habló de la sangre que nosotros, muchachos jóvenes, íbamos a derramar.

Cuando pasó media hora lo desamarramos, lo sentamos en la cama y le atamos las manos a la espalda. Pidió que le atáramos los cordones de los zapatos. Lo hicimos. Preguntó si se podía afeitar. Le dijimos que no había utensilios. Lo llevamos por el pasillo interno de la casa en dirección al sótano. Pidió un confesor. Le dijimos que no podíamos traer un confesor porque las rutas estaban controladas.

—Si no pueden traer un confesor —dijo— ¿cómo van a sacar mi cadáver?

Se avanzó dos o tres pasos más. ¿Qué va a pasar con mi familia? Preguntó. Se le dijo que no había nada contra ella, que se le entregarían sus pertenencias. El sótano era tan viejo como la casa, tenía setenta años. Lo habíamos usado la primera vez en febrero de 1969, para enterrar los fusiles expropiados en el Tiro Federal de Córdoba. La escalera se bamboleaba. Tuve que

adelantarme para ayudar su descenso.
—Ah, me van a matar en el sótano —dijo.
Bajamos. Le pusimos un pañuelo en la boca y lo colocamos contra la pared.
El sótano era muy chico y la ejecución debía ser a pistola. Fernando tomó
sobre sí la tarea de ejecutarlo. Para él, el jefe debía asumir siempre la mayor
responsabilidad. A mí me mandó arriba a golpear sobre una morsa con una
llave para disimular el ruido de los disparos.
—General —dijo Fernando—. Vamos a proceder.
—Proceda —dijo Aramburu.
Fernando disparó la pistola 9 mm al pecho.
Después hubo dos tiros de gracia, con la misma arma y uno con una '45.
Fernando lo tapó con una manta. Nadie se animó a destaparlo mientras
cavábamos el pozo en que íbamos a enterrarlo. Después encontramos en el
bolsillo de su saco lo que había estado escribiendo la noche del 31. Empeza-
ba con un relato de su secuestro y terminaba con una exposición de su
proyecto político. Describía a sus secuestradores como jóvenes peronistas bien
intencionados pero equivocados. Eso confirmaba a su juicio, que si el país
no tenía una salida institucional, el peronismo en pleno se volcaría a la
lucha armada. La salida de Aramburu era una réplica exacta del GAN de
Lanusse. Este manuscrito y otro en el que Aramburu negaba haber difama-
do a Valle fueron capturados por la policía en el allanamiento a una quinta
en González Catán. El gobierno de Lanusse no lo dio a publicidad.

3. Carta de Perón a los Montoneros.
Madrid, 20 de febrero de 1971.

A los compañeros Montoneros
(...) Estoy completamente de acuerdo y encomio todo lo actuado. Nada
puede ser más falso que la afirmación que con ello [N. del A.: el asesinato
de Aramburu] ustedes estropearon mis planes tácticos porque nada puede
haber en la conducción peronista que pudiera ser interferido por una ac-
ción deseada por todos los peronistas. Me hago un deber en manifestarles
que si ha sido dicho, no puede haber sido sino con mala intención. El com-
pañero les hará conocer mi apreciación de la situación y resolución para el
año 1971 y por ella podrán quedar perfectamente en claro sobre la acción
futura.
(...) Totalmente de acuerdo en cuanto afirman sobre la guerra revolucio-na-
ria. Es el concepto cabal de tal actividad beligerante. Organizarse para
ellos y lanzar las operaciones para "pegar cuando duele y donde duele" es la
regla. Donde la fuerza represiva esté; nada, donde no esté esa fuerza, todo.
Pegar y desaparecer es la regla porque lo que se busca no es una decisión sino

un desgaste progresivo de la fuerza enemiga. En este caso la descomposición de las fuerzas de que pueda disponer la dictadura por todos los medios, a veces por la intimidación que es arma poderosa en nuestro caso, otras por la infiltración y el trabajo de captación, otras por la actuación directa según los casos, pero, sobre todas las cosas, han de comprender los que realizan la guerra revolucionaria que en esa "guerra" todo es lícito si la finalidad es conveniente. Como Uds dicen con gran propiedad, cuando no se dispone de la potencia y en cambio se puede echar mano a la movilidad, la guerra de guerrillas es lo que se impone en la ciudad o en el campo.

DE LA "A" (ARAMBURU) A LA "ZETA" (COSTA GAVRAS)

"El caso tenía todos los elementos clásicos de una conspiración política, expuestos con la máxima claridad: complicidad de la policía, desaparición de testigos claves, corrupción gubernamental, procedimientos para descargar las culpas sobre otros... Y, lo más importante de todo: tenía una conclusión nítida."

Konstantin Costa Gavras, *The Cineaste Interviews*,
Lake View Press, Chicago, 1983.

En griego antiguo, "zeta" significa "sigue vivo". El director greco-francés Costa Gavras (*Estado de sitio, Desaparecido, Amén*, entre otros filmes) inició con *Zeta* la etapa de filmes políticos de su carrera, de la que no se apartó. *Zeta, Anatomía de un asesinato político*, narra la historia del diputado opositor griego Gregorios Lambrakis, atropellado en Salónica cuando salía de presidir una reunión contra la instalación de una base militar norteamericana en su país, el 22 de mayo de 1963. El asesinato de Lambrakis fue el primer paso de un complot militar que terminó con la toma del poder en Grecia en 1967 e instaló la llamada "dictadura de los coroneles". Costa Gavras comenzó el rodaje de su película en 1968 y la estrenó al año siguiente. El asesinato de Aramburu por parte de Montoneros sucedió en 1970, y desde ese día estuvo sospechado de formar parte de una operación

de inteligencia orquestada por los servicios de Onganía y un grupo especial
del entonces ministro del Interior, general Imaz. Nunca fue esclarecido.
Próspero Germán Fernández Alvariño, hombre cercano al entorno de
Aramburu y partícipe de la Revolución Libertadora, dedicó más de dos
años a investigar el hecho. El resultado fue un libro de 330 páginas editado
por el autor en 1973, con prólogo del capitán de Navío (RE) Aldo Luis
Molinari. El libro se llamó *La Zeta Argentina, el crimen del siglo.* Algunos
historiadores, como el profesor inglés Gillespie, descartaron la hipótesis:
"Aun cuando se crea que hubo alguna clase de cooperación entre el
Onganiato y los Montoneros –dijo– ello debiera interpretarse como una
cuestión de mutua conveniencia y no como una colaboración de dos fuerzas de la derecha católica". El periodista norteamericano Martin Edwin
Andersen, ex corresponsal del *Washington Post* y de *Newsweek* en la Argentina, autor de *Dossier Secreto: el mito de la guerra sucia,* no sólo no descartó
dicha posibilidad, sino que dedicó un capítulo completo de su libro a ana-
lizarla: "El asesinato de Aramburu: la Z Argentina?". El diario *La Vanguardia,* del 5 de agosto de 1970, publicó en la época un dato escalofriante y
nunca desmentido: durante los meses de abril y mayo de ese año (el secuestro de Aramburu fue el 29 de mayo) Firmenich visitó veintidós veces el
Ministerio del Interior, hecho que constaba en sus registros de entradas.

Pero volvamos unos meses más atrás en el tiempo para tratar de ubicar
al hecho en su contexto.

"Los grupos armados no eran la única preocupación de Onganía", escribió "Mick" Andersen. Se habían iniciado conversaciones sobre la vuelta a
un gobierno civil entre Perón, en Madrid, y el antes enemigo mortal del
presidente depuesto, el general retirado Pedro Eugenio Aramburu. Las tensiones aumentaban en el Ejército. Circulaba el rumor de que Aramburu
preparaba un golpe con el apoyo de Perón y de diez generales en actividad.
Desde todo punto de vista era un momento para adoptar decisiones. (...)
En julio de 1970 James Theberge, consultor de la Agencia de Desarrollo
Internacional de los Estados Unidos (USAID) escribió un revelador memorándum sobre el general Carlos J. Rosas, por entonces comandante de
la Tercera División de Infantería de Paraná y hombre "con frecuencia mencionado como el líder potencial de un *coup d'état* militar. En 1955 el general Rosas volvió de Francia, donde se había graduado al tope de su clase,
para ocupar el puesto de subdirector del Colegio Militar. Trajo consigo
como instructores a dos tenientes coroneles franceses, que enseñaron doctrinas de contrainsurgencia a los jóvenes oficiales que, veinte años después,
llevarían adelante "la guerra sucia".

Theberge sostenía que debía entrenarse al Ejército para una guerra defensiva contrarrevolucionaria similar a la desarrollada por los franceses en Indochina y en Argelia. Un cable contemporáneo de la embajada en Buenos Aires aseguraba que "el interés del general Rosas por la guerra antiguerrilla es algo que nos proponemos cultivar".

Felipe Pigna, en su página "El historiador", reproduce una entrevista a Aramburu realizada por Julio Ellauri en *Leoplán*. El periodista comenzó la nota preguntándose: "¿Estamos frente a un ex presidente? ¿Un futuro presidente? ¿Un eminente hombre de América? ¿Un abuelo con su nieto?".

–¿Será Usted candidato a la presidencia? –le preguntó.

–Desde hace cuatro años no hago más que hablar con todos los que se me acercan. No a mi favor, sino en beneficio de una solución. No me mueve a ello el fin egoísta de ser Presidente de la Nación. En cambio, nadie puede impedirme opinar cuando lo considere necesario en atención, por lo menos, a la responsabilidad que me cupo y la inquietud que siento por el problema argentino.

–¿Se le ha ofrecido esa candidatura?

–Es público y notorio que existen grupos o corrientes de opinión que propugnan mi candidatura, entendiendo que ello contribuiría a la unión y pacificación nacional.

"El círculo íntimo de Aramburu afirmó que los miembros del régimen de Onganía –sigue Andersen– no eran ajenos al asesinato. (...) Durante los meses que antecedieron al secuestro varios periódicos de tipo "pasquín" comenzaron vociferantes campañas contra Aramburu. Con amplia distribución, sin medios de sostén conocidos, las publicaciones tenían palpables conexiones con los servicios de inteligencia del Estado. Pocos días antes de que Aramburu fuera secuestrado, el ministro Imaz envió una advertencia a figuras públicas acerca del peligro planteado por los grupos "subversivos". Incluía recomendaciones detalladas sobre cómo evitar el secuestro. Amigos de Aramburu dijeron que él no recibió la misiva, y que días antes del hecho se le retiró la protección policial. El teléfono de Aramburu estuvo descompuesto durante las horas anteriores al secuestro, pero no antes ni después. (...) No había manchas de sangre en la camisa de Aramburu, pero tenía las manos y los pies atados. ¿Cómo era posible que el ex presidente fuera ejecutado con disparos en el cuello, en la cabeza y el pecho sin que la camisa se le manchara?" Años más tarde, "importantes líderes peronistas" le dijeron al embajador de los Estados Unidos, John David Lodge, que el asesinato de Aramburu había sido llevado a cabo "por fuerzas paragubernamentales derechistas, católicas y nacionalistas que intentaban impedir que Aramburu tratara de alcanzar un acuerdo con los peronistas". Pero los citados por Andersen son sólo algunos elementos de la extensa lista reconstruida por Fernández Alvariño:

» Al mediodía del 29 de mayo de 1970, el gobierno le prohibió a Radio Rivadavia dar la noticia del secuestro.

» Esa tarde el ministro Imaz difundió por la televisión que se trataba de un autosecuestro, y que Aramburu contaba con la correspondiente custodia diaria.

» Desde la revista *Marchar*, Guillermo Patricio Kelly llevó adelante una intensa campaña de desacreditación contra Aramburu. Lo mismo hizo Bernardo Neustadt desde *Extra*, y una serie de ignotos "periodistas" hicieron el servicio desde otro pasquín, llamado *Tiempo Social*. El número 57 de *Extra*, un mes antes del secuestro, tituló su tapa "Tiempo de llorar", remitiendo a sus páginas interiores con una nota titulada "Proceso a Aramburu". Luego del secuestro Neustadt escribió que "con el cadáver de Aramburu se hizo el primer acto de justicia". Las tres revistas estaban atiborradas de avisos oficiales, en particular del Banco Ciudad, presidido entonces por Montero Ruiz, y de Pérez Companc.

» La Policía tardó más de dos horas en llegar a la casa de la calle Montevideo.

» El primer radiograma difundido para que los patrulleros rastrearan el auto estuvo equivocado: fue a las 12.45 hs y se buscaba "un auto Peugeot oscuro que lleva secuestrado un NN civil que podría ser alta personalidad de la Nación". Dos horas después se lo corrigió: "Un Peugeot blanco".

» El comunicado oficial del gobierno mencionó que la "Revolución Argentina condena enérgicamente episodios de esta naturaleza". Nunca se pronunció la palabra secuestro. Preguntado el secretario de Prensa, coronel Prémoli, dijo que "el uso de ese término contribuía a crear alarma en la población".

» Darío Saráchaga, subsecretario del Interior difundió la versión de que el general Aramburu había volado a Montevideo.

» El sábado 30 Onganía recibió en Olivos a Sara Herrera de Aramburu. Confió a sus allegados que el Presidente le había dado un panorama nada alentador y le había manifestado que lo sucedido a su esposo "era el resultado de actuar o hacer política".

» Cuando se le sugirió al jefe de Policía que interrogara a Kelly sobre el punto, éste respondió: "De ninguna manera, Kelly es un valioso cooperador de los funcionarios instructores del sumario por la colaboración prestada y la utilidad de su participación en el test investigativo".

» "Esto es una maniobra para eliminar al ex presidente del panorama político nacional", dijo el diputado Héctor Sandler, de UDELPA. "No me atrevo todavía a decir quiénes son, y cuando lo diga, lo haré como acusación. Tengo una firme sospecha."

» Gustavo Zaldarriaga, jefe de Ceremonial de la Municipalidad de Buenos Aires declaró en la investigación de Alvariño: "El jueves, almorzando en el restaurant del Centro de Egresados del Colegio Mariano Moreno, en la calle Hidalgo, el mozo nos sorprendió a los que rodeábamos la mesa diciéndonos que secuestrarían a Aramburu. No le dimos importancia. Y el sábado, al volver a reunirnos, todos atropellamos al mozo con preguntas:

—¿Cómo sabía Ud que lo iban a secuestrar? ¿Quién se lo dijo?

—En el Ministerio del Interior todos sabían, dijo él.

—¿Y Ud que tiene que ver?

—Soy gestor de jubilaciones de la Caja Ferroviaria y voy seguido al ministerio. ¡En el ministerio sabían todos!

» En una mesa del Centro Naval el Dr. Roberto Olejaveska confió a dos amigos que el día del secuestro, él estaba con el vicecomodoro Campodónico al caer la tarde, y que se sorprendió al ver que Campodónico, director de Coordinación Federal, le dio franco a todo el personal:

—¿Cómo se van hoy, con lo de Aramburu? —le preguntó.

El vicecomodoro le contestó:

—Aramburu, a esta hora, ya está mirando crecer los rabanitos desde abajo.

» Al coronel Perrotta le llegó la información de que varios días antes del secuestro, en la casa de un médico de la Aeronáutica, se estuvo discutiendo sobre la necesidad de matar a Aramburu y al dirigente peronista Jorge Paladino.

» Ataúlfo Pérez Aznar, ministro en Buenos Aires durante la gobernación de Alende, era íntimo amigo del general Francisco Imaz. Lo visitaba y aún se quedaba a cenar, sin necesidad de aviso previo. Ocho días antes del secuestro de Aramburu, Pérez Aznar llegó a lo de Imaz, en Guido y Callao, encontrando a éste reunido con cuatro o cinco personas que le fueron presentadas. Uno era sacerdote, ótro comisario de policía. Estaban tratando sobre el secuestro del general Aramburu. Iban a impedir, con el secuestro, que Aramburu se hiciera cargo del gobierno mediante un golpe militar que, sabían, se estaba preparando. El ministro de Alende se retiró asustado o preocupado, y se descompuso de tal manera que al llegar a su estudio Sáenz Valiente, su socio, tuvo que llamar a un médico.

» Quince días antes del secuestro el comisario Rendo, de la Seccional 17, entrevistó a Aramburu para informarle que desde ese momento, por orden superior, debía retirar la consigna policial. Rendo tuvo a su cargo, después del secuestro, la primera parte de la instrucción sumarial.

» El 29 de mayo del año siguiente, 1971, Francisco Manrique visitó a la viuda de Aramburu en su carácter de Ministro de Bienestar Social. Manrique le ofreció a Sara Herrera la pensión vitalicia que todos los ex presidentes, excepto Illia, habían aceptado:

—¡No, de ninguna manera, no acepto eso! —le respondió la mujer.

—Señora, usted viajará por estos días a Europa, ¿podemos hacernos cargo del pasaje?

—No, mis amigos y los de mi esposo me ayudarán. En cuotas mensuales lo podremos pagar. Sin embargo, ustedes tienen una deuda conmigo —le dijo Sara— que es deuda también con todos los que quieren llegar a saber qué pasó con mi marido y quiénes son los culpables.

Manrique sollozó, hasta que decidió hablar:

—¡El culpable es el hijo de puta de Onganía!

Y se colgó, llorando, del cuello de Sara.

Otra cadena de hechos curiosos se enlazó con el asesinato de Aramburu: los asesinatos, a manos de Montoneros, de Arturo Mor Roig, Cáceres Monié, Alberto Villar, Osvaldo Sandoval y Juan Carlos Mendieta. Todos tuvieron, al menos, dos cosas en común: eran policías o militares o funcionarios de dictaduras, pero también habían estado estrechamente vinculados con el caso Aramburu.

1. El 14 de octubre de 1970, en el barrio de Villa Urquiza, los montoneros asesinaron al subcomisario de la Policía Federal Osvaldo Sandoval, que encabezó la investigación por el secuestro y asesinato de Aramburu.

2. El 1 de noviembre de 1974 los montoneros asesinaron al Jefe de la Policía Federal comisario general Alberto Villar y a su esposa Elba M. Pérez, volando su embarcación deportiva en el Tigre con un explosivo colocado en el casco. Villar fue uno de los fundadores de la Triple A junto a López Rega, pero antes fue oficial instructor de la causa Aramburu.

3. El 15 de julio de 1974, en el restaurante Rincón de Italia de la localidad de San Justo, los montoneros asesinaron con varios disparos de Itaka a Arturo Mor Roig, ex ministro del Interior de Lanusse, promotor del Gran Acuerdo Nacional. Mor Roig le había dicho a la viuda de Aramburu que no se podía investigar el hecho porque, de hacerlo, se "perjudicaría al Ejército".

4. El 3 de diciembre de 1975, según relató Daniel Enz en su libro *Rebeldes y Ejecutores*, el general retirado Jorge Esteban Cáceres Monié y su esposa Beatriz Isabel Sasiaiñ (hermana del general Juan Bautista Sasiaiñ, comandante de la cuarta Brigada de Infantería de Córdoba) estacionaron su camioneta Chevrolet en el cruce del Arroyo Las Conchas a unos cuarenta kilómetros de Paraná. Cáceres Monié llevaba tres años de retiro y, aunque

asesoraba a Inteligencia del Ejército en Paraná, nunca imaginó que Montoneros de Paraná y Santa Fe, con el apoyo de otros guerrilleros de Córdoba, Rosario y Buenos Aires, tramaban el denominado "Operativo Cacerola": dispararon más de treinta balazos contra Cáceres Monié y se llevaron a su esposa, cuyo cadáver apareció al día siguiente dentro de una zanja de un metro de profundidad. Veintiún días después del asesinato de Aramburu, al asumir Rodolfo Levingston la presidencia de la Nación, Cáceres Monié, jefe de la Policía Federal decidió hacer una conferencia de prensa e informar dónde se encontraba el cuerpo de Aramburu. Escribió Enz que "desde algunos sectores del poder nunca se desvirtuó la versión de que el ataque a Cáceres Monié era parte de un acuerdo entre militares y montoneros por haber quebrado éste un pacto de silencio con respecto al asesinato de Aramburu atribuido al grupo guerrillero en alianza con hombres del gobierno de esa época".

5. El 15 de junio de 1976 fue asesinado por los montoneros, en la provincia de Buenos Aires, el coronel Juan Carlos Mendieta, ex jefe de Inteligencia del gobierno de Onganía.

RUBIOS DE
NEW YORK

"El general Roberto Marcelo Levingston carecía de condiciones para el liderazgo popular, su mandato se evaluaba como transicional, tenía un poder real limitado y se encontraba frente a un pueblo desesperanzado. Su papel, para muchos, era similar al cumplido por el general Badoglio en la Italia de 1943: preparar la retirada."

Alejandro A. Lanusse, *Mi testimonio*

"Los monopolios extranjeros tanto existen que llevaron al gobierno a un ministro como Krieger Vasena y ahora quieren tumbar a un ministro como Aldo Ferrer y a un presidente como Levingston."

Oscar Alende, declaraciones a la
prensa el 22 de enero de 1971.

Deleis, de Titto y Arguindeguy describen, en su libro ya citado, las circunstancias en las que el general Levingston recibió su cargo como Presidente de la Argentina: el 12 de junio de 1970 Roberto Marcelo Levingston, agregado militar en la embajada argentina en Washington se estaba vistiendo para una reunión social en su residencia, cuando sonó el teléfono: era el general Lanusse:

–Lo llamo en nombre de la Junta de Comandantes para preguntarle si usted estaría dispuesto a ocupar un cargo.

Levingston escuchaba, en segundo plano, la llegada de los cien invitados que se iban ubicando en los jardines de la casa.

–No –le respondió–. Usted conoce cuál es mi lugar en el escalafón. Yo a fin de año voy a ser General de división.

–Es que el cargo que le ofrezco en nombre de la Junta es el que está por encima de la Junta.

Levingston hizo un pequeño silencio y luego dijo, con la voz entrecortada:

–En este momento no le puedo responder. Déme por favor un par de horas.

"Mi esposa estaba en otra mesa –recordó Levingston años después– así que ni pudimos conversar sobre este tema. Mientras los otros hablaban, a mi me daba vueltas la idea en la cabeza. A las doce de la noche acepté, pero di media palabra, la otra mitad la daría cuando conversáramos en Buenos Aires."

Levingston llegó a Ezeiza al mediodía del sábado 13, cuando también lo hizo el general Osiris Villegas, pero desde otro destino: Brasil. (Villegas era embajador allí y viajaba desde Río.) Villegas sonaba en esos días como presidenciable, y Levingston era un total desconocido. Un enjambre de periodistas rodeó a Villegas y Levingston pasó por al lado buscando al mayor Ríos Ereñú, que había ido a recibirlo. El nuevo Presidente tenía una trayectoria liberal, había tenido a su cargo la difusión de las consignas azules redactadas por Grondona y Miguens y desde el '68 se había especializado en Inteligencia Militar. Su primer gabinete fue previsible; pero luego de una serie de renuncias Levingston sorprendió a propios y extraños ofreciendo el Ministerio de Economía a Aldo Ferrer, que anunció un programa de expansión de créditos, restricciones a la importación y suspensión por un año del impuesto a la exportación de carnes. Según Deleis, una batalla interna por el aluminio marcó el breve interregno de Levingston: "José Ber Gelbard, jefe de la Confederación General Económica (CGE), mantenía buenas relaciones con Lanusse y el brigadier Rey, quienes apostaban a que el empresario fuera un puente hacia Perón. Por otra parte, estaba interesado en el tema del aluminio, en el que Levingston se orientaba hacia la empresa norteamericana Kaiser. En su enfrentamiento con Lanusse y Gelbard, Levingston encontrará apoyos en la central empresaria ACIEL y en los sectores más antiperonistas, como la Marina y el general López Aufranc". (Finalmente, cuando asumió la presidencia, Lanusse decretó vencedor a Aluar en la licitación por la planta alumínica en Puerto Madryn.)

Comenta María Seoane en *El burgués maldito*: "El general entregaba la concesión contra viento y marea. Contra los informes de la SIDE, que calificaban a Gelbard y a Madanes como "vaciadores de empresas", contra la opinión de muchos oficiales del Estado Mayor Conjunto y contra los reparos técnicos del brigadier Jorge Ballesteros (...) acusado [Lanusse] de ser un lobbysta de Prelsa, igual que Levingston de la Kaiser". Entre mayo y junio de 1977 Lanusse terminó preso en Campo de Mayo por el caso Aluar, y fue sobreseído al año siguiente.

El 1 de marzo de 1971 Levingston nombró gobernador de Córdoba a José Camilo Uriburu, quien amenazó "con cortar la cabeza de la víbora marxista", lo que provocó una segunda huelga de la CGT que se bautizó "El Viborazo", el 15 de marzo. El saldo fue de un muerto, diecinueve heridos y doscientos ochenta detenidos. Convencido de que Lanusse demoró la represión para desgastar la figura presidencial, Levingston lo relevó de su cargo, y nombró a Cáceres Monié, que fue solidario con Lanusse y lo restituyó en funciones. El 23 de marzo la Junta dispuso la salida de Levingston y tres días después Lanusse asumió la presidencia, conservando su cargo militar.

LA
RETIRADA

Señala Rouquié que Lanusse debía "elegir entre una descompresión controlada y una dictadura de imprevisibles consecuencias. (...) Restaba por asegurar en las mejores condiciones posibles la retirada del Ejército que había conducido al país a un callejón sin salida. La Revolución Argentina había sido abandonada, pero ¿cómo desembarazarse de ella? (...) Las nuevas autoridades decidieron subordinar el llamado a elecciones a un Gran Acuerdo Nacional (GAN) de todos los grupos políticos, al amparo del Ejército. Los militares podrían retornar sin rebelarse y con la cabeza alta a los cuarteles, porque la Revolución Argentina no habría sido totalmente traicionada".

Durante el gobierno de Lanusse la actividad económica siguió en retroceso y hubo un alza explosiva de los precios y del desempleo. El índice del salario real del peón industrial pasó de 124 en abril de 1971 a 109 en julio de 1972, el deterioro anual estuvo cercano a un 15 por ciento. La participación de los asalariados en el ingreso nacional había caído del 46,3 por ciento en 1965 al 37 por ciento en 1973, el porcentaje más bajo registrado hasta entonces en la historia argentina.

En 1971 el PRT-ERP (antes trotskista y ahora guevarista) era la organización guerrillera con mayor actividad militar: en mayo secuestró a Stanley Sylvester, cónsul británico honorario y director de la envasadora de carne Swift en Rosario. Swift debió distribuir 50.000 dólares en ropas y alimentos para los pobres a fin de que lo soltaran, caso que inspiró a Graham Greene para escribir su novela *El cónsul honorario*. La otra operación del

PRT-ERP en ese período fue menos productiva: en marzo de 1972 secuestró a Oberdan Sallustro, director general de Fiat-Concord, pidiendo la readmisión de los obreros despedidos y la liberación de presos políticos. El gobierno prohibió el pago del rescate y Sallustro fue asesinado por el PRT-ERP el 10 de abril, al huir cuando llegó una patrulla de policía a la "cárcel del pueblo".

En esos años Montoneros iba camino a convertirse en la organización más poderosa, con la unificación de cuatro vertientes: las Fuerzas Armadas Peronistas (FAP), las Fuerzas Armadas Revolucionarias (FAR) y los Descamisados. Explica Gillespie que las FAP "habían sido creadas para la guerrilla rural y urbana, e incluían a militantes peronistas experimentados, como Envar El Kadri y Carlos Caride, fundadores en 1958 de la primera Juventud Peronista, y habían sufrido en Taco Ralo la detención de trece de sus guerrilleros en 1968". "La historia de las FAR fue radicalmente distinta: su origen se remontaba a 1966 cuando se unieron con la esperanza de convertirse en el apéndice argentino del 'foco' boliviano del Che Guevara. La muerte del Che y el derrumbamiento del proyecto boliviano condujo a las FAR a iniciar una guerra urbana bajo el mando del empleado de Gillette Carlos Enrique Olmedo. En julio de 1970 ocuparon la población de Garín, a 40 kilómetros de Buenos Aires. Raquel Gelín fue la primera mujer argentina que murió combatiendo y varios otros miembros de las FAR fueron detenidos después del robo de un banco en Córdoba a fines de los '70." En julio de 1971 la guerrilla peronista asesinó al mayor Julio Ricardo Sanmartino, director de prisiones y ex jefe de Policía de Córdoba. El 26 de julio de 1972, en el vigésimo aniversario de la muerte de Eva Perón, se colocaron más de cien bombas, que destruyeron las oficinas o locales de varias decenas de empresas extranjeras.

A fines de 1971 el comando Juan José Valle "expropió" 88.000 dólares al Banco de Boulogne de Villa Ballester. En diciembre de 1972 secuestraron al jefe de producción de la Standard Electric de Argentina (subsidiaria de la ITT), y lograron cobrar un rescate de un millón de dólares. Los otros dos intentos montoneros de secuestros ese año terminaron mal: en marzo del 1972 Roberto Uzal, uno de los máximos dirigentes de la derechista Nueva Fuerza, fue asesinado después que él mismo asesinara al montonero Jorge Rossi e hiriera a otros dos. En abril de 1973 el coronel Héctor Iribarren, jefe del Servicio de Informaciones del Tercer Cuerpo de Ejército, fue asesinado al resistirse a un intento de secuestro. "En conjunto –señala Gillespie– no pueden atribuírsele a los montoneros más de una decena de muertes durante aquellos años de régimen militar."

"A partir de 1971 –escribe Rouquié– la represión se endureció, organizándose una verdadera guerra secreta. El Ejército y la policía no se conformaban con utilizar un aparato legal de temibles posibilidades. La lucha antisubversiva no se preocupaba por la legalidad. Las asociaciones profesionales, el Colegio de Abogados y las más altas autoridades morales del país denunciaron los arrestos arbitrarios, la tortura de sospechosos, la desaparición pura y simple de dirigentes de la extrema izquierda. La campaña de aniquilamiento de la subversión y de intimidación afectó a amplios sectores de la opinión pública que sin embargo no sentían ninguna simpatía por los guerrilleros. La apacible clase media argentina consideraba con inquietud la situación creada. Las acciones de una represión aplicada con mano dura no mejoraron la imagen del Ejército ni las perspectivas políticas acariciadas por Lanusse."

Fue entonces cuando el agua y el aceite volvieron a unirse: nació el matutino *La Opinión*, uno de los íconos del periodismo argentino, dirigido por Jacobo Timerman (a quien ya mencionamos como editor de *Primera Plana* y *Confirmado* durante el complot golpista contra Illia), financiado por el presidente Lanusse y David Graiver, el banquero de Montoneros.

LA HISTORIA DEL
Pastorcito y el Lobo
(PARTE I)

*"–También se dijo que el dinero provenía de los montoneros...
–Una leyenda totalmente ficticia. Y además, como decían los latinos: el
dinero no tiene olor. Yo que sé de donde provenía el dinero."*

Abrasha Rottemberg, autor de *Historia Confidencial, La Opinión y
otros olvidos,* entrevistado por Máximo Soto
para *Ámbito Financiero.*

El 4 de mayo de 1971 el primer ejemplar del tabloide *La Opinión* estuvo en las calles de Buenos Aires: era una versión remozada del diario francés *Le Monde,* con títulos largos y discretos, sin fotografías, que retomó el "periodismo de autor" impuesto en la década anterior por *Primera Plana,* dándole lugar destacado a las firmas. El diario, aunque nunca llegó a ser verdaderamente popular, tuvo un fuerte impacto y un gran ascendiente en la opinión pública: según confesó el propio Timerman al autor de este libro, *La Opinión* vendió durante los dos primeros años un promedio de diez mil ejemplares diarios, llegando en su momento de mayor circulación a los cuarenta mil. Su imagen, sin embargo, fue la de un "medio importante". "*La Opinión* ilustra el sobaco", se bromeaba en la época: llevar un ejemplar "quedaba bien" y hablaba a los extraños sobre el nivel cultural del portador.

Abrasha Rottemberg, primero administrador y luego coeditor del periódico, relata en su libro el comienzo de la historia:

"Unos días más tarde me llamó Jacobo. Le urgía verme.

"–Lo tengo todo resuelto. No habrá problemas. Cuento con los colaboradores básicos y tengo muy claro qué clase de publicación necesita el mercado. Es imprescindible que te pongas a trabajar de inmediato en varios proyectos y alternativas económicas, en base a las posibilidades que te voy a presentar. Tenemos que salir como máximo a fines de abril.

"–¿Y el capital?

"–No te preocupes, como te lo anticipé, no vamos a tener problemas de dinero.

"–¿Conseguiste socios?

"–Sí, sin límites de aporte.

"–Sospecho que no me vas a revelar sus nombres –sugerí sonriendo, anticipadamente resignado.

"–Así es. Por razones que seguramente entenderás me resulta imposible."

En la citada entrevista de *Ámbito Financiero*, Rottemberg señaló que el aporte inicial de capital hecho por David Graiver, sólo fue de 40.000 dólares, y que después "del conflicto con Lanusse transformado más tarde en el romance con Lanusse", Graiver puso unos cuarenta y cincuenta mil dólares más. También, señaló Rottemberg, "hubo un crédito, creo que del Banco de Desarrollo".

Rottemberg recordó en su libro una entrevista personal con el entonces secretario de Prensa de Lanusse, Edgardo Sajón, que le dijo: "Jacobo tiene una larga historia de malas, y a veces excelentes, relaciones con el Ejército. Todos recuerdan las malas. Las buenas se olvidan. Es injusto, pero es así". Y luego el mismo Sajón le propuso un acuerdo con el periódico, "basado en tres condiciones: dejar de difundir, exaltar y magnificar las acciones de la guerrilla presentándolos como héroes o víctimas; no difundir, exagerar ni condenar algunos excesos de las Fuerzas Armadas mostrándolos como torturadores o asesinos, tratando estos temas con mucha delicadeza porque estamos en medio de una guerra y, por último, no atacar al general Lanusse en su persona". "Fuera de estas limitaciones –le dijo Sajón a Rottemberg– pueden escribir sobre lo que quieran, criticar políticas, ministros, decisiones. Libertad total. Y eso es todo".

Señaló Rottemberg que, luego del acuerdo, "en el aire flotaba un clima de conversión, o de doble conversión".

"(...) Las llamadas de Sajón a Jacobo se hicieron habituales, casi diarias, los encuentros con el general Lanusse comenzaron a menudear y las anécdotas sobre su personalidad, claros objetivos e inteligencia política nos revelaron un nuevo perfil, opuesto al del denostado militar que hace poco habíamos combatido.

"Daba la sensación de que los encuentros con Jacobo convirtieron al general Lanusse en un estadista democrático y sensible, además de agradable anfitrión.

"(...) El tono del periódico fue mutando lentamente y una corriente de simpatía por el gobierno circulaba, al principio tenue y luego con menos pudor. (...) El travestismo me resultaba inexplicable, repentino, torpe e inútil."

En su ya citada ponencia en el IV Congreso de ALAIC, Recife, Jorge Luis Bernetti se refirió a los vínculos entre Timerman y Lanusse: "Las presiones de los mecanismos de distribución de diarios, favorables a Lanusse bloquearon el desarrollo del proyecto y forzaron la mano de Timerman para girar hacia el Presidente propulsor del GAN. Ésa fue entonces la segunda etapa del diario comprometido en un periódico que apoyaba al GAN pero, al mismo tiempo, pasaba por su momento más brillante con el pleno desarrollo de su producción en el área cultural. (*N. del A.*: Recuérdese que en capítulos anteriores se mencionó la síntesis de aquella "fórmula Timerman": política de centro, economía de derecha y cultura e internacional de izquierda.) El antiperonismo de Timerman se comprometió con el proyecto de Lanusse y luchó por la derrota de Perón, apostando a su permanencia en España. El regreso de Perón y la victoria electoral de Cámpora modificaron el cuadro electoral y dejaron a Timerman sumamente enfrentado al gobierno. Fue en esa circunstancia en la que Timerman procuró, primero, establecer algún puente con el ala radicalizada del peronismo, pero (...) finalmente, privilegió las relaciones con el equipo económico de Cámpora y Perón, el empresario José Ber Gelbard, lo que produjo un conflicto con sus redactores progresistas.

En su ensayo "El diario *La Opinión* y el Gran Acuerdo Nacional durante la coyuntura electoral de 1973", Ana Julia Ramírez, del Centro de Investigaciones Sociohistóricas de la Facultad de Humanidades de La Plata, (presentado en el encuentro de Latin American Studies Association en 1998 en Chicago), difiere con la versión de Rottemberg cuando señaló un primer período "independiente" del diario: "Al poco tiempo de su lanzamiento – dice Ana Ramírez– *La Opinión* se embarca abiertamente en la tarea de legitimar y acompañar la necesidad de una salida institucional en los términos planteados por el GAN. Voces con una fuerte presencia en el diario, como la de los periodistas Osvaldo Tcherkaski y, luego de las elecciones, Mariano Grondona, se encargan de promover la necesidad de que las principales fuerzas políticas –incluido el peronismo– y los militares logren un acuerdo de gobernabilidad. (...) En este discurso, que es correcto definir como lanussista, el peronismo aparece –de modo ambiguo– como una de las principales barreras para modificar las "caducas" estructuras políticas. (...) Esta idea aparece recurrentemente en los artículos de Mariano Grondona. (...) Según Miguel Bonasso, el periodista Osvaldo Tcherkaski recibía 'línea' del general Dubra, un hombre muy cercano a Lanusse, y de Edgardo Sajón, secretario de prensa de la Presidencia.

"(...)No resulta para nada sorprendente que Timerman buscara para su equipo algunos periodistas que además de su excelente condición profesional estuvieran estrechamente vinculados a alguna de las instancias de poder. Éste, por otro lado, sería el caso también del propio Bonasso que fue, según él mismo relató, avanzando posiciones en el diario a partir de su cercanía a Cámpora, a tal punto que mientras él actuó como secretario de prensa del FREJULI, durante la campaña electoral, Timerman le siguió pagando el sueldo. [Cuando resurge la actividad guerrillera] crece en el diario la voz de Mariano Grondona que se encarga de poner de manifiesto que la voluntad popular optó en las urnas por un proceso no revolucionario. En consecuencia manifiesta abiertamente los límites que para él tienen las propuestas de la JP, que se declaran revolucionarias. Pero también parece advertir al establishment la profundidad de un proceso en que la violencia no es sólo un problema de minorías radicalizadas, sino que está impregnando a vastos sectores de la sociedad.

"[Todo esto] habla de la imposiblidad de Timerman de imponer una línea editorial dentro de su propia empresa. Habla de un grupo de periodistas que en lugar de actuar como meros profesionales, fueron transformando espacios ajenos e intentaron convertirlos en propios, con el objetivo de difundir las ideas y los proyectos políticos en los cuales estaban embarcados como militantes. *La Opinión*, en síntesis, condensa en sí muchos de los rasgos y procesos que se desarrollaron en la sociedad argentina del período: nos permite observar cómo se quiso imponer el proyecto del Partido Militar sobre la opinión pública, pero también nos habla del proceso de radicalización política al que dicho proyecto pretendía dominar. A poco de la asunción de Cámpora –sigue Ana Ramírez– Timerman comenzó a temer que varios de sus periodistas, nucleados en el agrupamiento político gremial Bloque de Prensa Peronista, de tendencia montonera, estuvieran gestando un proyecto de cooperativización de *La Opinión*. A raíz de ello sacó una solicitada en *La Nación* el 2 de julio donde pedía a los que 'desde el 25 de mayo viven atemorizados por el miedo a que sus vidas se vean amenazadas y sus empresas expropiadas', que no tuvieran temor y lo acompañaran en esta batalla. A continuación dio comienzo una 'limpieza" del diario'."

Refiriéndose a su hija Victoria (Vicky) escribió Rodolfo Walsh: "La forma en que ingresó en Montoneros no la conozco en detalle. A los 22 años, edad de su probable ingreso, se distinguía por sus decisiones firmes y claras. Por esa época empezó a trabajar en el diario *La Opinión*, y en un tiempo muy breve se convirtió en periodista. El periodismo no le interesaba. Sus compañeros la eligieron delegada sindical. Como tal, debió enfrentar en un conflicto difícil al director del diario, Jacobo Timerman, a quien despreciaba profundamente. El conflicto se perdió y cuando Timerman empezó a denunciar como guerrilleros a sus propios periodistas, ella pidió licencia y no volvió más".

Otro testimonio de aquel conflicto fue escrito por Osvaldo Soriano: "A esa altura (*N. del A*: fines de 1973) mi situación en *La Opinión* ya se había vuelto insostenible. El subdirector Enrique Jara, que había llegado con la misión de 'limpiar' la redacción, me había declarado la guerra. El diario acentuaba su vertiginoso giro a la derecha. En julio, luego de la gran huelga de personal, el clima se hizo irrespirable. Jara no alcanzó a echarme: me fui antes, dándome por despedido, e inicié un juicio que gané en primera instancia. Luego del Golpe de 1976 la Cámara de Apelaciones le dio la razón a la empresa. Tres años más tarde el mismo Jara llevó al general Camps y sus cuerpos especiales hasta la casa de Timerman. El director, que apoyaba a Videla, fue torturado y más tarde expulsado del país. En los careos policiales Jara, acompañado por Ramiro de Casasbellas, denunció a decenas de periodistas, entre ellos yo, por sostener ideas contrarias a las suyas".

NOCHES DE TRELEW

MARLOW: *Para entenderlo todo, tienen que saber cómo llegué hasta allí, cómo remonté aquel río hacia un país oscuro en donde le encontré. Fue antes de la guerra, cuando vagaba por uno de los muelles buscando algún barco, que vi aquel mapa en un escaparate. Me paré frente a él para mirarlo cuando noté la cara de aquella chica reflejada en el cristal.*
PROMETIDA: *¿Es como una serpiente, verdad?*
MARLOW: *¿Perdón?*
PROMETIDA: *El río...*
MARLOW: *¿El río?*
PROMETIDA: *En el mapa.*
MARLOW: *Ah, sí.*
PROMETIDA: *Hay un largo curso del río desde la costa hacia el interior.*
MARLOW: *Sí, que parece una serpiente. Y el delta, la boca del río, parece como un pájaro. Es como si la serpiente hubiera hipnotizado a ese pájaro tonto.*

Guión radial de Orson Welles, 1938.
Dramatización de *El Corazón de las tinieblas*
de Joseph Conrad

La palabra de Lanusse fue "institucionalización"; debió practicarla horas frente al espejo pero, aun así, se tropezó con ese trabalenguas en casi todos sus discursos.

Ins-ti-tu-cio-na-li-za-ción significó el inicio de conversaciones con Ricardo Balbín, Jorge Daniel Paladino (delegado de Perón) y el almirante Isaac Rojas, entre otros. El 21 de abril de 1971, en total secreto –según consignan Deleis, de Titto y Arguindeguy– "el coronel Francisco Cornicelli viajó a Madrid y entrevistó a Perón en Puerta de Hierro. El coronel Héctor Cabanillas, entretanto, fue el encargado de recuperar el cuerpo de Eva Perón, enterrado con el nombre de María Maggi en un cementerio de Milán, e hizo los arreglos para su traslado a Madrid, donde le fueron entregados a Perón. El 23 y 24 de julio Lanusse recibió en Salta al presidente chileno Salvador Allende y el 15 de octubre, desde Lima, Lanusse se definió como un gobernante de "centro-izquierda". A menos que el Presidente sufriera de una súbita amnesia, su propia historia personal lo desmentía: Lanusse participó de la fracasada sublevación antiperonista de 1951 tomando la Puerta 8 de Campo de Mayo, fue quien ordenó al entonces Jefe de la Casa Militar Francisco Manrique que dispusiera del cadáver de Eva Perón, participó del golpe contra Frondizi y dirigió, como titular del Ejército, la represión en el Cordobazo, con un saldo de catorce muertos: demasiado como para sufrir un ataque de progresismo repentino.

El 17 de septiembre de 1971 el gobierno convocó formalmente a elecciones nacionales para el 25 de marzo de 1973, fecha que luego se adelantó dos semanas. El 27 de julio de 1972, en medio de su constante duelo verbal con Perón, Lanusse pronunció sus "famous last words":

"–Perón no viene porque no le da el cuero para venir".

El asado con cuero se convirtió luego en la comida preferida de la época.

El 15 de agosto de 1972 los montoneros presos en Rawson acordaron una fuga junto a otros presos del ERP y las FAR: se apoderaron de la cárcel de máxima seguridad, mataron a un guardia y lograron salir. Afuera un grupo operativo había logrado tomar un jet de cabotaje de Austral. Problemas de comunicaciones entre los dos grupos provocaron que uno de ellos quedara aislado mientras cubría el trayecto entre Rawson y Trelew. El primer grupo, compuesto de seis jefes guerrilleros, consiguió llegar a Trelew y abordar el avión: eran Santucho, Gorriarán y Mena del PRT-ERP, Osatinsky y Quieto de las FAR y Fernando Vaca Narvaja de Montoneros; el avión aterrizó en el Chile de Allende y de allí siguieron viaje a Cuba, regresando luego clandestinamente a la Argentina. El segundo grupo, con diecinueve guerrilleros, llegó cuando el avión ya no podía volver. Las tropas los rodearon obligándolos a rendirse el día 16 frente a un juez, autoridades militares y la prensa. El capitán de corbeta Luis Emilio Sosa, ante la presencia del coronel retirado Luis César Perlinger, comprometió su palabra garantizando la seguridad de los detenidos. Los marinos no cumplieron con su palabra: en la noche del 21 se les ordenó salir de las celdas con la vista fija en el piso y detenerse en la puerta en dos hileras de a uno en fondo. Después, los militares vaciaron sus ametralladoras. La versión oficial señaló, a la mañana siguiente, que el montonero Mariano Pujadas había intentado arrebatarle la pistola al capitán Sosa. Pero el pelotón de fusilamiento se descuidó y María Antonia Berger, Alberto Camps y Ricardo Haidar sólo resultaron malheridos, salvando su vida. Órdenes de Lanusse determinaron que sólo pudiera mostrarse su imagen sin audio en la televisión, y fueron sometidos a una férrea censura de prensa. La sede del Partido Justicialista de la Capital, donde se velaron los restos de las víctimas, fue arrasada por las tanquetas del comisario Alberto Villar. La sede de la Asociación Gremial de Abogados fue dinamitada, y fuerzas paramilitares exterminaron a las familias de Clarisa Lea Place, Roberto Santucho y Mariano Pujadas. La mayor parte de sus hermanos y hermanas están actualmente desaparecidos. También fue asesinado el abogado Mario Amaya, que escoltó con su auto al micro de la Armada que trasladó a los detenidos a la Base Zar.

Los fusilados de Trelew fueron:

» Carlos Astudillo: 28 años, estudiante de Medicina en Córdoba y militante de las FAR.

» Rubén Bonet: 30 años, dos hijos, obrero fabril y militante del PRT-ERP.

» Eduardo Capello: 24 años, estudiante de Ciencias Económicas y militante del PRT-ERP.

» Mario Delfino: 29 años, obrero y militante del PRT-ERP.

» Alberto del Rey: 23 años, militante del PRT-ERP.

» Alfredo Kohon: 27 años, obrero metalúrgico, militante de las FAR.

» Clarisa Lea Place: 23 años, estudiante en Tucumán y militante del PRT-ERP.

» Susana Lesgart: 22 años, maestra y esposa de Vaca Narvaja, militante de Montoneros.

» José Mena: 21 años, obrero de la construcción en Tucumán, militante del PRT-ERP.

» Miguel Ángel Polti: 21 años, estudiante cordobés y militante del PRT-ERP.

» Mariano Pujadas: 24 años, estudiante de Agronomía en Córdoba y militante montonero.

» María Angélica Sabelli: 23 años, estudiante de Matemáticas y militante de las FAR.

» Humberto Suárez: 25 años, albañil cordobés y militante del PRT-ERP.

» Humberto Toschi: 25 años, militante del PRT-ERP.

» Jorge Ulla: 27 años, maestro y militante del PRT-ERP.

» Ana María Villarreal de Santucho: 36 años, tres hijas y otro en camino, profesora de arte, esposa de Santucho y militante del PRT-ERP.

Los tres sobrevivientes fueron:

»María Antonia Berger: 30 años, licenciada en Sociología y militante montonera. Fue herida por una ráfaga de metralla y logró volver a su celda, donde recibió un tiro de pistola. La bala le destrozó el mentón y quedó debajo del oído. El proyectil recién le fue extraído en la cárcel de Devoto.

» Alberto Camps: 24 años, militante de las FAR. Logró eludir la metralla arrojándose dentro de su celda. Esto fue advertido por el oficial Roberto Bravo que lo obligó a pararse con los brazos detrás de la nuca y, a menos de un metro de distancia, le disparó con una 45 en el estómago.

» Ricardo Haidar: 28 años, ingeniero químico, militante montonero. También se refugió en la celda y fueron hasta allí, donde le dispararon a la cara, pero llegó a voltearse y la bala entró debajo de la clavícula.

SEGUNDA PARTE

EL AVIÓN NEGRO

"Me levanto a las 6.30. Duermo con las ventanas abiertas para que me despierte el sol. Es una costumbre que tengo desde que era Subteniente. Me aseo y afeito con máquina eléctrica. Desayuno: café con leche y dos tostadas. Salgo después a caminar con mi viejo amigo don José Cresto — nos hemos juntado dos viejos que necesitamos caminar– y durante dos horas damos vueltas por el parque arreglando una planta, corriendo a las hormigas. A las nueve estoy en el escritorio del primer piso. Contesto la correspondencia privada y leo todo el material periodístico que recibo de la Argentina. A las once, una hora invariable de esgrima. Isabelita es una buena, formidable alumna. Tiene fuertes piernas y saldrá de ella una esgrimista cabal. La he ido trabajando despacito. A las doce, otra vez al parque. No dejo un día sin visitar cada árbol. Lo converso un poco, ¿sabe? Un árbol es una cosa muy importante. Vigilo las hormigas. Doy una vuelta por las rosas. ¿Usted vio en algún lugar rosas más perfectas que las mías? Así, hasta las 13.30 hs, en que almuerzo. Normalmente sopa y un plato. Puede ser paella, bife de lomo, un poco de fruta y café "Monki", sin cafeína. Camino otro poquito, y siesta que dura hasta las 16. Después de esa hora casi todos los días me doy una vuelta por Madrid –cafés California, Manila– o por los alrededores. Toledo es la ciudad donde mejor siento a España. Vuelvo a las 19. Juego con los perritos, que me entretienen mucho. Canela ya tiene diez años, es el abuelo. Es un

exiliado como yo y me ha seguido en todas. Tinola, la madre, tiene 6 y
Puchi, la hija, 2. Son grandes amigos míos. Canela, por ejemplo, es
auténticamente un perro. Algunos suelen educar a los perros como si
fueran hombres. Hay que dejarlos que sean perros. No contagiarles cosas
de hombres; les hace mal. A las 20.30 veo un poco de televisión. Mis
programas favoritos son Los intocables, Hombres del Oeste, El Santo y
Notidiario. A las 21.30, la cena. Una hora después, a la cama. Leo de
tres a cuatro horas por noche. Una vieja costumbre. Quizás el momento
más profundo de cada día mío sea ése."

Juan Domingo Perón, en 1965,
entrevistado por Esteban Peicovich.

"(Ambiente de clase media alta. El Señor y la Señora están sentados para
desayunar. El Señor pasa las páginas del diario.)
SEÑOR: El diario no dice nada...
SEÑORA: Habrá empezado hoy. Poné la radio.
SEÑOR: ¿De golpe va a empezar? Estas cosas no empiezan así. (Termi-
na de hojear el diario y vuelve a la primera página.) Acá no dice una
sola palabra.
SEÑORA: ¡Pero yo los vi! ¿Qué me importa lo que dice el diario? Iban
gritando como locos. Todos los que estábamos en el mercado los vimos...
SEÑOR: Yo no digo que vos mientas. Pero me parece que le das mucha
importancia. Por unos cuantos locos que gritan...
SEÑORA: ¿Unos cuántos? Eran como cinco mil.
SEÑOR: ¡Cinco mil! Cada vez son más. Cuando viniste de la calle dijis-
te que eran tres mil. Ahora son cinco. Oíme, dame el café y dejate de
pavadas.
SEÑORA: No sé... a mí me parecieron cinco mil. Y cantaban y se reían,
¿eso no te dice nada?
SEÑOR: Oíme eso no es cosa mía, sino de la policía y del gobierno. Lo
que quiero decirte es que no hay que alarmarse. Y ya se me está haciendo
tarde. Decile a Emilia que me sirva el café.
SEÑORA: ¿Vas a salir? ¿Con los líos que hay?
SEÑOR: ¿Qué estás diciendo? Tengo que ir a trabajar. (La mira.) ¿Qué
te agarró? (Se levanta molesto, hacia afuera.) Emilia, ¿me sirve el café?
SEÑORA: (Luego de un silencio.) El chico del mercado se fue con ellos.
SEÑOR: ¿Qué?

SEÑORA: *El chico del mercado. El que siempre trae las cosas acá. Cuando los vio pasar, tiró la canasta y se fue con la manifestación.*
SEÑOR: *Pero... ¿y eso qué?*
SEÑORA: *¿No te das cuenta? Es un chico tranquilo, educado.*
SEÑOR: *Oíme, eso es cosa de él.*
SEÑORA: *Parece que no entendés. Según contaron, de una obra en construcción se fueron todos. ¡Iba un cartero con la bolsa y tiraba las cartas al aire!*
SEÑOR: *¡Y eso a mí qué me importa! Yo tengo mi trabajo. (Entra la sirvienta con el café.) Y no voy a preocuparme porque cuatro negros de mierda decidieron no trabajar. O porque un cartero se volvió loco. (La sirvienta sale.) Además, querida, si en este país, cada vez que... (Suena el teléfono y la Señora va a atender.)*
SEÑORA: *Hola... sí, mamá... ¿Por tu casa también? (Señas al marido con gran excitación.) ¿Cuántos? ¡Diez mil! Por acá igual... Sí, también... El chico del mercado, el morochito, se fue con ellos. (Gesto de horror.) ¡Por lo de Chacha también! ¡Pobre Chacha, ella que es tan delicada!... Oíme, mamá, por favor no salgas... ¡Para nada! No salgas ni le abras la puerta a nadie. Te llamo. Chau. (Cuelga) ¡Dios mío! ¿Oíste?*
SEÑOR: *Entonces la cosa es seria. Decime, ¿cómo era lo que cantaban?*
SEÑORA: *¡Te dije que iban a Plaza de Mayo a escucharlo otra vez! Y que se iban a lavar las patas en la fuente... (gesto de asco) ¡Qué sé yo! ¡Yo no sé nada de política!*
SEÑOR: *Pero entonces... si éstos salieron es porque... Iban alegres, ¿me dijiste?*
SEÑORA: *Enloquecidos! No sabés la tristeza que me dio cuando lo vi tan alegres.*
SEÑOR: *Debían saber algo... Éstos no salen así porque sí... ¿A escucharlo otra vez, decías?*
SEÑORA: *¡Pero sí! Ah, y además... Que mañana trabaje el patrón.*
SEÑOR: *¿Eso? ¿Eso cantaban?*
SEÑORA: *¡Yo lo escuché! Te lo dije cuando volví del mercado...*
SEÑOR: *Eso es grave... No se atreverían a decirlo si no... (Pausa larga, tensa.) ¡Habrá vuelto?"*

Fragmento de *El avión negro*, de Carlos Somigliana, Roberto Cossa, Germán Rozenmacher y Ricardo Talesnik, estrenado el 29 de julio de 1970 en el teatro Regina de Buenos Aires.

En 1964, la posibilidad del retorno de Perón sobrevoló la Argentina como una nube amenazante. Cuenta Joseph Page que "el 29 de abril de 1964 el cónsul paraguayo en Madrid emitió un pasaporte número 000940 a nombre de Juan P. Sosa quien figuraba como un profesor de 63 años originario de Asunción, y de su esposa, Dalmira Remo de Sosa. Las fotografías adheridas al documento –escribió Page– no indicaban precisamente lo mismo. Se trataba de los retratos de Juan Domingo Perón y Delia Parodi". Ése fue el primer paso de la Operación Retorno.

El 17 de octubre de aquel año una multitud de setenta mil personas se reunió en la Plaza Once gritando: "Perón está cerquita". El 2 de diciembre, en el aeropuerto de El Galeao, las autoridades brasileñas le comunicaron a Perón que era "persona no grata" y lo devolvieron al punto de partida. La dictadura brasileña respondió así a un pedido del gobierno argentino y también a la presión norteamericana, como lo denunció en aquel momento la Comisión Pro Retorno. Fue precisamente una gestión reservada del gobierno norteamericano la que le comunicó al generalísimo Francisco Franco que si Perón quería realizar actividades políticas, también debería irse de España. Un rumor consignado por los diarios de la época señaló que, integrando la delegación de la Fuerza Aérea Brasileña que le impidió descender, se encontraba un oficial de los Estados Unidos. La revista *Time* informó que "en vista de la lamentable humillación, hasta los peronistas dudan de que él vaya a intentar en otra oportunidad regresar a la Argentina; la mayoría está de acuerdo en que Perón ha hecho explotar el 'mito de Perón' de una vez para siempre". Otro artículo aparecido en esos días, pero en *Christian Science Monitor* expresó que "los días de gloria de Juan Domingo Perón parecen haber terminado".

El primer intento de regreso, sin embargo, floreció en el mito: Perón iba a volver en un avión negro, de sorpresa, a liberar a la Argentina. Durante más de ocho años los peronistas miraron en vano al cielo. En 1972, el año del arribo de Perón, las acciones de los grupos guerrilleros aumentaron en proporción geométrica y también la represión ilegal por parte del gobierno. La maestra Norma Morello, detenida en un cuartel, fue salvajemente torturada. En junio, un juez declaró anticonstitucional el uso del buque Granaderos como prisión flotante de presos políticos. Recordó Ernesto Goldar, en su ensayo "El retorno de Perón", publicado por *Todo es Historia* en 1992, que "en junio de 1971 Perón, en su residencia de Puerta de Hierro, leyendo un texto en *off* para la entrevista que filman Pino Solanas y Octavio Gettino titulada 'Actualización doctrinaria para la toma del poder', dicta la estrategia básica: 'En las circunstancias actuales es preciso que todo el Movimiento se movilice e incorpore a la acción. La conducta es bien simple –prosigue– y el deber bien claro: que cada peronista en todo momento y en todo lugar, haga más de lo preciso por la liberación de su Patria y de su pueblo'". En julio de 1972, en *Las Bases*, la revista dirigida por López Rega, Perón escribió que "no hay peronistas y antiperonistas, sino revolucionarios y antirrevolucionarios". En *Primera Plana* de los primeros días de agosto, Galimberti, responsable entonces de la Juventud Peronista, afirmó que "todos aquellos que luchan por el socialismo con las armas en la mano son compañeros. (...) Lo de Vote y vuelve hoy no quiere decir nada, la consigna es Luche y Vuelve. Debemos luchar –dice Galimberti– por la constitución de un poder militar popular". En los homenajes a Evita del 26 de julio de 1972, señaló Goldar, se registraron 300 estallidos y acciones directas diversas de grupos guerrilleros.

"Al terminar junio Perón rehusó haber llegado a un compromiso con las Fuerzas Armadas, porque al existir organizaciones cívicas, sindicales o empresariales nucleadas en un frente no estaba 'autorizado moralmente –sostuvo– para pasar sobre ellas' en acuerdos que, por otra parte, no creía necesarios. Por tanto, Perón precisó que cualquier convenio debía ser 'con carácter público y no privado, ni menos secreto o confidencial', y conminó al gobierno militar a establecer la fecha de las elecciones y el ofrecimiento de las garantías constitucionales pertinentes, ya que 'en caso contrario, sería difícil evitar una auténtica guerra civil, no deseada, no querida por nosotros'. Yo he dado un ultimátum –advirtió al dar por terminadas las negociaciones– si no lo respetan, los meses de julio, agosto y septiembre, podrán llegar a ser muy caldeados en la Argentina."

Lanusse, por su parte, intentaba acercarse al voto peronista independiente y mantenerse en la presidencia, pero esta vez por sufragio popular. Perón declaró al periodismo: "Mire, tengo más posibilidades yo de ser elegido Rey de Inglaterra que Lanusse de llegar a ser Presidente constitucional de la Argentina".

Lanusse contraatacó publicando las conversaciones mantenidas en Madrid entre Perón y el coronel Cornicelli (al que Perón bautizó "Vermicelli"), y anunció que se retiraba de una eventual carrera hacia la presidencia, pero también le prohibió a Perón participar en ella, modificando la ley electoral: Lanusse decretó que "quienes aspiren a cargos electivos deben estar presentes en el país entre el 25 de agosto de 1972 y residir permanentemente desde esa fecha hasta la asunción del poder el 25 de mayo de 1973", y fijó los comicios para el 11 de marzo.

En el ensayo citado, Goldar detalló treinta y un versiones recogidas en la época sobre la posible llegada de Perón. El resultado es una hilarante lista que muestra el caos en el que se encontraba sumido el gobierno de Lanusse. La suma de trascendidos enumera por ejemplo que:

1. Llegará el 17 de octubre.

2. Lo hará recién en noviembre.

3. Se prepara para fin de año.

4. El 13 de octubre viaja a Asunción y se queda allí.

5. Es imposible que llegue para el 17 de octubre.

6. La fecha es una incógnita.

7. El día de llegada se sabe pero no se dice.

8. El retorno depende de "las circunstancias".

9. Es "casi inminente".

10. No se sabe cuándo.

11. Será "muy pronto".

12. "Regresará inexorablemente..."

13. Lo hará en el momento oportuno.

14. No se sabe.

15. Dicho por Perón: "Considero innecesaria mi presencia allí".

16. Entre el 12 y el 15 de noviembre.

17. Fracasa: le impiden el regreso a Paraguay.

18. Las Fuerzas Armadas no lo aprueban.

19. Las Fuerzas Armadas responden que "no hay limitaciones para el regreso del Señor Perón a la Argentina".

20. Perón: "Si voy para hacer nada, tanto vale quedarse en Madrid".

21. El 6 de noviembre se conocerá a "ciencia cierta" la fecha de la vuelta.

22. Su viaje de regreso es todavía un proyecto.

23. Si viene permanecerá seis días.

24. Si vuelve, sólo estaría 72 horas.

25. Ya tiene residencia en Paraguay.

26. El propio Perón desmiente informaciones en el sentido de que la fecha es el 17 de noviembre.

27. ¿Vendrá? Esperemos y luego veremos.

28. De Perón: "Pero Ud. comprenderá mi desconfianza cuando veo en los diarios gubernamentales insistir para que yo regrese inmediatamente. Cuando el enemigo incita a actuar, se puede pensar perfectamente que se trata de llevarle a una trampa".

29. Nadie puede excluir cambios de última hora.

30. Aterrizará en Bariloche. Luego se reunirá con Lanusse en El Messidor.

31. Perón pasará unas vacaciones de ocho días en las Islas Canarias.

Los enfrentamientos entre la JP y el delegado militar de Perón, Jorge Osinde, se agudizaron durante el Operativo Retorno, y la "Tendencia" reclamó que "la seguridad de Perón" era cosa del pueblo peronista. El nombramiento de Juan Manuel Abal Medina como secretario general del Movimiento fue interpretado como un gesto de Perón favorable a los montoneros y contrario a Osinde. El 8 de noviembre, en el Congreso de la Juventud por el Retorno, en Santa Fe, Galimberti se refirió al comportamiento que deberían adoptar los peronistas si el 17 de noviembre el avión de Perón no llegara a Ezeiza. Las consignas del público marcaron la dureza del acto: "Cinco por uno, no va a quedar ninguno" y "Ya van a ver, ya van a ver, cuando venguemos los muertos de Trelew". Galimberti dijo que, en tal hipótesis, "quienes se encuentren en el aeropuerto deben quedarse allí", y aquellos que no acudieran a Ezeiza debían ocupar las fábricas, los barrios y las facultades. "El que tenga piedras –dice Galimberti– que lleve piedras. El que tenga algo más, que lleve algo más."

El periódico francés *Le Figaro* publicó el 27 de octubre un extenso reportaje con Perón. López Rega intervino varias veces interrumpiendo el diálogo y dando su opinión sobre el retorno:

–Si no volvemos, el pueblo nos mandará a la hoguera –dijo "Lopecito".

Y luego fabuló con la situación:

–El día en que el pueblo se entere de que Perón llega, romperá todas las barreras para ir a su encuentro. El gobierno podrá tomar las medidas que quiera, cortar las rutas y las líneas del ferrocarril, pero será en vano: el país se paralizará. Entonces: ¿qué puede hacer el gobierno ante semejante situación? Jugar el todo por el todo. Aprovechar esa manifestación para provocar incidentes. Estallará una bomba, se dispararán armas de fuego, habrá numerosas víctimas. El General no podrá ni siquiera descender del avión.

Perón, Isabel, López Rega y seis custodios españoles salieron de Madrid en absoluto secreto, en un vuelo privado, y llegaron al aeropuerto italiano de Ciampino el 14 de noviembre. Encabezó la delegación de bienvenida Giancarlo Elia Valori, su contacto con la Logia Masónica P-2 por medio de quien Perón trabó amistad con el "Venerable" Licio Gelli. (*N. del A.*: Sobre la P-2 y sus vínculos con la Argentina nos referiremos en otro capítulo.) Valori tenía, a la vez, un trabajo "en blanco": era jefe de Relaciones Públicas de la RAI. Perón se alojó en el hotel San Giorgio, en Roma, y a pocas horas de su llegada se encontró en privado con el primer ministro Giulio Andreotti. La prensa ya llevaba varios días especulando con un posible encuentro con el papa Paulo VI gestionado por Valori y sus amigos (recuérdese que la P-2 manejaba, entre otros, al Banco Ambrosiano, perteneciente al Vaticano), pero algo sucedió y el Papa declinó el encuentro, enviando a su ministro de Exteriores, monseñor Agostino Casaroli a entrevistarse con Perón. El ánimo de Perón, hasta ese momento exultante, comenzó a decaer. Antes de partir dialogó con un periodista de *La Stampa*:

—¿Usted se inspira en el modelo de Allende?

—No. Es a la izquierda —respondió el General.

—¿Cuba?

—No. Demasiado a la izquierda.

—¿Brasil?

—No. Demasiado a la derecha.

—¿Perú? (Donde gobernaba el general Velazco Alvarado, nacionalista popular)

—Sí. Perú es el modelo más cercano a mis principios.

En la noche del jueves 16 el avión Giuseppe Verdi, de Alitalia, alquilado como charter al precio de 55.000 dólares, partió hacia su escala en Dakar con destino final en Buenos Aires. Acompañaban a Perón: Raúl Matera, Antonio Cafiero, Jorge Gianola, Jorge Taiana, Martha Lynch, José Sanfilippo, Lorenzo Miguel, Leopoldo Frenkel, Juan Carlos Gené, Marilina Ross, Leonardo Favio, Hugo del Carril, Chunchuna Villafañe, Eduardo Luis Duhalde, Casildo Herreras, Roberto Petinatto, José María Rosa, y otros.

Goldar señaló que el operativo de seguridad oficial para la llegada fue "abrumador, bochornoso. Se impuso un cese de tareas por 24 horas —señala— y las clases fueron suspendidas por dos días. En los traslados de tropas intervinieron 35.000 hombres; todos los efectivos del Primer Cuerpo entraron en operaciones y hubo mudanzas de soldados con asiento en Tandil y Corrientes. Todos convergieron sobre Ezeiza y zonas aledañas, y se incluyeron brigadas de tanques. Al tiempo de advertirse la represión 'de cualquier intento de alterar el orden' a partir de las 12 horas del jueves 16 fue vedado el paso de vehículos y personas por la autopista Ricchieri. Al mediodía del día 16 se desalojó el hotel Internacional de Ezeiza, en el que periodistas extranjeros y locales ocupaban cincuenta de sus ochenta y cuatro habitaciones". El viernes 17 no amaneció como un día peronista: llovía, y a pesar de los comunicados oficiales pidiéndole al público que evitara marchar a Ezeiza, lo hicieron miles de personas, que se enfrentaron con las barreras policiales. Hubo varios cientos de detenciones, y estallido de bombas lacrimógenas. Aun así, algunas columnas lograron pasar y más adelante los tanques intervinieron para dispersar a obreros, estudiantes, mujeres con niños, todos empapados, que hacían lo imposible por llegar. Frente a los cuarteles de La Tablada, en las inmediaciones del Río Matanza, varios cientos de personas decidieron cruzar a nado.

A la altura del barrio Esteban Echeverría las tropas dispararon gases sobre un numeroso grupo que trataba de llegar al aeropuerto a campo traviesa.

A las 11.08 aterrizó Perón. "Seis automóviles, cuatro ómnibus, un auto que agita una bandera a cuadros y una docena de motocicletas –recuerda Goldar– siguen a las escalerillas encaminadas a la nave. Cuando el Comodoro Salas alcanza el peldaño de la escalera, Perón ya está de pie junto a la puerta."

–Vengo a invitarlo a descender –le dijo el jefe del Aeropuerto.

–Y, m'hijo, ¿a qué hemos venido sino a bajar? –contestó Perón.

Lo seguían Isabel, Cámpora y López Rega. Perón bajó las escaleras con agilidad, y abrazó a Rucci y Abal Medina.

Perón subió a un automóvil blanco que se dirigió hacia el hotel Internacional: durante todo el trayecto se mantuvo asomado a la ventanilla, sacando los brazos para saludar. De pronto le dijo al chofer que se detuviera, y bajó del auto; dio unos pasos en la pista y levantó los brazos, en su clásico saludo. Rucci se le acercó rápidamente con un paraguas para cubrirlo de la llovizna. Los trescientos invitados del comité de recepción lucharon por acercarse a él y hubo empujones con la policía.

A las nueve de la noche, al anunciarse que Perón estaba por salir, una columna de jeeps, ómnibus y camiones hidrantes rodeó el hotel. En seguida se alinearon soldados con ametralladoras apuntando a la entrada. Goldar recordó los dichos de uno de los soldados, encargado de las armas pesadas: "Si los autos avanzan, y quieren pasar, nos veremos obligados a abrir fuego con Perón o sin Perón". A las 23.20 un cable de United Press aseguró que Perón no podía salir del hotel por orden del Estado Mayor Conjunto. "Perón está preso", comenzó a circular entre los miembros de la comisión. "La JP lo va a sacar." A las 00.40 del sábado 18 un escribano dejó constancia de que a Perón se le prohibía salir del hotel. Una hora más tarde el brigadier Ezequiel Martínez, secretario de la Junta Militar, afirmó en conferencia de prensa que Perón no estaba detenido y que podría salir con "las primeras luces del día", asegurando que el gobierno estaba preocupado por su seguridad personal.

A las 6.05 Perón salió del hotel rumbo a su casa de Gaspar Campos 1065, en Vicente López, que le fue obsequiada por el Partido Justicialista. Es una casa de tres plantas, con ladrillos blancos y tejas rojas. Un escudo dice en el dintel de la puerta: "Nec temere nec timede" (Ni temeraria ni tímidamente). Miles de peronistas rodearon la residencia de Gaspar Campos y corearon consignas hasta que Perón e Isabel salieron al balcón, algo que repitieron varias veces en el día. "El orden es sólo un medio –le dijo a la multitud– no caeremos en la mediocridad de considerarlo un fin. Preferimos el desorden con libertad, que el orden con esclavitud."

En las cuarenta y ocho horas siguientes más de cien mil personas desfilaron frente a la casa de Perón. A las 13.00 del martes las fuerzas de seguridad comenzaron a desalojar la zona circundante. El PJ tuvo que pagar unos veinte millones de pesos en reparación de frentes y daños no intencionales. El descontrol de los simpatizantes, finalmente, llevó a la ira de Perón:

–Un bruto es peor que un malo –les dijo– porque el malo suele tener remedio. Yo he conocido muchos malos que se han hecho buenos, pero no he conocido ningún bruto que se haya hecho inteligente.

En los días siguientes se reunió con Balbín y luego con representantes de veinte partidos políticos y gremios en el restaurante Nino. Cuando le preguntaron si iba a mantener una reunión con Lanusse, Perón dijo:

–No, nada de eso. Yo ahora soy un grasa y quiero seguir siendo un grasa. Con los altos niveles no quiero saber nada.

El domingo 3, durante la represión de un acto de homenaje a Abal Medina y Ramus en William Morris, murió Gerardo Cesaris, de 18 años, perseguido por tres policías que le dispararon a un metro una granada de gas. Los desmanes posteriores se extendieron durante cinco horas.

El miércoles 6 Perón se escapó: eludió a su propia custodia y se fue al barrio Comunicaciones, en Retiro, a saludar al Padre Carlos Mugica en la parroquia Cristo Obrero. Mugica no estaba, y recién se encontró con Perón al día siguiente, cuando lo visitaron en Gaspar Campos sesenta Sacerdotes del Tercer Mundo. A las 18.30 del jueves viajó a Asunción y le dejó instrucciones a Abal Medina para dar a conocer su "Mensaje al Pueblo Argentino", en el que declinaba la candidatura presidencial que le ofreció el FREJULI.

Cincuenta mil personas lo despidieron en Ezeiza.

"Dicen que vuelve para defraudar –sintetizó Goldar–. La ardorosa Juventud Peronista lucha por su regreso para que inicie la revolución socialista, y debe aguantarle en Gaspar Campos trenzando como cualquier político tradicional. Es un líder veterano que solicita calma y prudencia. No es el Mao o el Che que imaginaron. No recibe a los peronistas con cicatrices que han resistido durante dieciocho años. Este Perón angustia."

Perón concluyó: "En dos días he logrado reconciliar grupos políticos que peleaban entre sí hace años".

Lanusse, mientras tanto, tuvo que observar desde el sillón de Rivadavia cómo fue otro quien logró gestar el Gran Acuerdo Nacional.

Luego de cuatro días de descanso en Asunción, Perón viajó a Lima a entrevistarse con el presidente peruano Juan Velazco Alvarado. Entretanto, en Buenos Aires, los partidos políticos se prepararon para la primera elección después de diez años: Cámpora y Balbín serían los principales contrincantes.

El 31 de diciembre, en una conferencia de prensa realizada en Madrid, Perón confesó que "si tuviera cincuenta años menos, no sería incomprensible que anduviera colocando bombas o tomando justicia por propia mano". A los pocos días llamó "banda de gangsters" a los miembros de la Junta Militar, y en declaraciones posteriores los bautizó como "bestias".

SIETE SEMANAS DEL TÍO

Como sostuvo Alberto R. Jordan en su ensayo "Cámpora: siete semanas de gobierno", publicado por *Todo es Historia*, el mayor mérito político de Cámpora fue, justamente, el no ser político. Luego de estudiar odontología en la Universidad de Córdoba, Héctor J. Cámpora se radicó en San Andrés de Giles sin más espectativas que las de ejercer su profesión y formar un hogar. La "revolución de los coroneles" de 1943, se apoyó en el escepticismo y el descreimiento del público hacia la clase política en general. Uno de los delegados del gobierno de facto llegó en aquellos años a San Andrés de Giles y consultó con las "fuerzas vivas" sobre cuál sería la persona indicada para administrar la ciudad: todos coincidieron en que Cámpora era el hombre, y los militares lo nombraron "comisionado municipal" o, si se quiere, intendente "de facto". "Se lo convoca a la política —escribe Jordán— porque él no se había abocado a la política."

Cámpora y Perón se cruzaron por primera vez el 12 de octubre de 1944, cuando el entonces vicepresidente Perón visitó Junín. Cámpora lo invitó a las fiestas patronales de San Andrés de Giles, y Perón quedó impresionado por la popularidad de Cámpora entre sus vecinos, al punto que le aseguró que iba a tenerlo en cuenta cuando llegara a la primera magistratura.

En 1946 Cámpora asumió como Diputado nacional, y en 1948 llegó a presidir la Cámara. Las anécdotas sobre la obsecuencia —o la exagerada admiración— de Cámpora por Perón son parte indisoluble de la historia del "Tío": el 15 de diciembre de 1991, en un texto titulado "Fotos borrosas", publicado por *Página/12*, Osvaldo Soriano relató que "si es Perón quien habla, Cámpora llega a ponerse de pie ¡sesenta y cuatro veces! para aplaudirlo y todos, naturalmente, se ven en la obligación de imitarlo". Page, por su parte, señaló que "en una oportunidad otro diputado de su bancada propuso que la plaza principal de cada pueblo o ciudad se llamase "Juan Domingo Perón". Cámpora pidió entonces la palabra y sostuvo que "sería verdaderamente justo que no sólo la plaza principal, sino todas las plazas de todas las poblaciones fueran rebautizadas con el nombre del caudillo". De hecho, la labor parlamentaria de Cámpora fue bastante escasa: propuso crear escuelas o unidades sanitarias en las ciudades en las que había vivido, y envió un proyecto de ley para instituir la "Semana del justicialismo" y el "Mes del justicialismo".

En la misma tónica un periodista de *Le Figaro* dio cuenta, en 1973, de una anécdota –probablemente apócrifa– que circuló por Buenos Aires: Dicen que una vez le preguntó Perón:

–¿Qué hora es, Camporita?

Y respondió el vasallo:

–La que usted quiera, general.

Instaurada la Revolución Libertadora, Cámpora y algunos de sus compañeros fueron detenidos y llevados al penal de Ushuaia, donde permanecieron hasta 1956. Después fue trasladado a la cárcel de Río Gallegos, de donde logró fugarse durante el carnaval del año siguiente junto a otros seis detenidos. Hubo diversas versiones de la fuga, e incluso una que sostenía que lograron neutralizar la guardia del presidio comprando a uno de los carceleros. Cámpora escapó junto a Jorge Antonio, John William Cooke, Guillermo Patricio Kelly y dos sindicalistas: José Espejo y Pedro Gomiz. Sin embargo, algo coincide en todas las versiones: la crueldad de todos los testigos al hablar de Cámpora. Todos aseguraron que, apenas ingresado a la cárcel, "se pasaba el día rezando" y que había prometido solemnemente a Dios "no meterse nunca más en política". Los otros miembros del grupo revelaron que Cámpora no participó activamente en la fuga y que "fue fugado" por sus compañeros. En *Jorge Antonio: el hombre que sabe demasiado*, Any Ventura le preguntó por aquella aventura a uno de los protagonistas:

–Cámpora no era cobarde –le dijo Antonio– era demasiado cómodo.

Finalmente los prófugos llegaron a Punta Arenas, en Chile, donde se les concedió asilo político a cinco de ellos. Guillermo Patricio Kelly, considerado por el gobierno chileno como "delincuente común", fue exceptuado. Cámpora viajó de Chile a Venezuela y durante la administración de Frondizi regresó a la Argentina: otra vez a Giles, donde se dedicó a atender un establecimiento rural. En 1965 fue electo concejal de la ciudad y mantuvo esporádicos contactos con Perón en Madrid.

El Tío perdió la paz el 9 de noviembre de 1971, cuando Perón lo nombró su delegado personal en reemplazo de Paladino. ¿Por qué Perón nombró a Cámpora como candidato? Existen diversas teorías, a cual más conspirativa, pero quizá todo pueda resumirse en aquella frase de Freud: "A veces un cigarro es nada más que un cigarro". Hay quienes creen que Perón eligió a Cámpora para que éste perdiera la elección y el propio Perón, ante el descrédito general, pudiera lograr la derogación de la Ley de Residencia en el país y presentarse como candidato. Otros especulan que en verdad Perón quería que Cámpora terminara todo su mandato, pero la presión de Isabel y López Rega lo llevaron a pedirle la renuncia al Tío. La interpretación más obvia y lineal parece la más verdadera: Perón tenía en Cámpora un títere fascinado por la admiración al líder: iba a poder alejarlo de la presidencia con un simple gesto y, entretanto, podría tomar cualquier decisión sin temor al resquebrajamiento interno. Cámpora, más allá de las especulaciones, estaba exultante: "Voy a llegar al gobierno –declaró– en virtud de un mandato que no he buscado". El PJ realizó toda su campaña bajo el lema "Cámpora al gobierno, Perón al poder". Antes de las elecciones, Cámpora se mostró parco en sus promesas, aunque intercaló todo el tiempo los términos de moda: "revolución y liberación", pero sin dar demasiados detalles de cómo lograrlas. Sólo se limitó a prometer el indulto de los guerrilleros. Dijo en el acto de cierre de la campaña del justicialismo que "la prioridad absoluta del gobierno será inspirarse en el jefe, sus postulados y su doctrina".

El 11 de marzo se realizaron elecciones generales por primera vez desde 1963, cuando resultó electo Illia. Cámpora derrotó a Balbín con el 49,56 por ciento de los votos, contra el 21,29 por ciento; el FREJULI obtuvo todas las gobernaciones menos una, cuarenta y cinco de los sesenta y nueve asientos del Senado y 142 de las 243 bancas en Diputados.

El 18 de abril Galimberti, titular de la JP, propuso la creación de "milicias populares" para que actuaran en la defensa del nuevo gobierno. La respuesta de Perón fue convocarlo a Madrid, donde le anunció que debía alejarse de su cargo.

Tres días más tarde la guerrilla copó la localidad de Ingeniero Maschwitz. Cuatro días después las FAR coparon simultáneamente las estaciones ferroviarias de Don Bosco, Wilde y Villa Domínico de la línea Roca. El 30 de abril el ERP asesinó en su auto, que circulaba por el centro de Buenos Aires, al contraalmirante retirado Hermes Quijada, quien tuvo a su cargo la explicación oficial de lo ocurrido en Trelew el año anterior. El chofer de

Quijada alcanzó a herir de muerte a uno de los guerrilleros, Víctor Fernández Palmeiro. Lanusse firmó de urgencia el decreto 3.495 por el que envió al capitán de corbeta Sosa, uno de los fusiladores de Trelew, a una misión de un año en Estados Unidos y Canadá. El 2 de mayo un comando de la ultraderecha católica incendió el Teatro Argentino, donde iba a estrenarse la comedia musical *Jesucrito Super Star*. El 21 de mayo la guerrilla baleó al ejecutivo de la Ford Luis Giovanelli, que murió en su domicilio. Al día siguiente, frente a su casa de La Plata, fue asesinado Dirck Henry Kloosterman, dirigente sindical de SMATA. El 23 de mayo, mientras arribaba Salvador Allende para participar del acto de asunción de Cámpora, la guerrilla copó la estación ferroviaria de Gerli en la línea Roca y la de Ingeniero Santiago Brian en la línea Sarmiento.

El 25 de mayo de 1973 fue para Lanusse, según él mismo relató en *Mi Testimonio*, "el día más difícil de mi vida". Cámpora y Solano Lima firmaron el acta de traspaso del poder en la Casa Rosada, una de cuyas paredes laterales amaneció con la inscripción "Casa Montonera". Diversos incidentes se produjeron en la Plaza de Mayo, dejando el saldo de decenas de heridos. Horas más tarde unos cincuenta mil manifestantes se reunieron frente a las puertas de la cárcel de Villa Devoto, donde cumplían condena cientos de presos políticos. En una escena paralela, el presidente Cámpora envió al Parlamento su proyecto de amnistía, solicitando trámite urgente por parte de la Legislatura. Pero a la noche todo se precipitó: Abal Medina, acompañado por Julio Mera Figueroa, le pidió a la multitud que mantuviera la calma. Mientras Abal Medina llamó al nuevo ministro del Interior, Esteban Righi, para que Cámpora promulgara un decreto sin esperar la ley, los grupos más cercanos a las puertas de la cárcel ya contaban con sopletes para abrirlas. La medida presidencial benefició a unos 370 presos detenidos en distintos puntos del país. En el río revuelto, un narcotraficante conocido mundialmente, y los asesinos de la estudiante marplatense Silvia Filler, recuperaron también la libertad. Al día siguiente, el Parlamento debatió y aprobó por unanimidad la Ley de Amnistía. Jordán escribió que "tal vez el éxito del episodio del penal de Devoto haya conducido a que durante las tres semanas siguientes se multiplicaran las ocupaciones. 'Compañeros' identificados con los principios de la JP se apropian de todas las dependencias públicas en las que trabajan: toman las oficinas, desplazan a jefes sindicados como represores y anuncian que sólo depondrán su postura cuando lleguen las autoridades designadas por el gobierno popular. (...) Los críticos del gobierno de Cámpora destacan el vandalismo con el que actuaron muchos de los ocupantes, por ejemplo, las agresiones que en las universidades recibieron los profesores que tenían el estigma de reaccionarios. A veces se llegaba demasiado lejos: el director del Instituto de Cirugía Torácica fue envuelto, atado por los pies y colgado del tercer piso en el hueco del ascensor. Estos extremos deben haber sido poco frecuentes; las arbitrariedades, por el contrario, serían cosa de todos los días, como también lo sería el propósito de utilizar la máscara del camporismo para imponer a un candidato a un puesto en desmedro de otro".

A poco de asumido el gobierno constitucional, el PRT-ERP dio a conocer su "Carta Abierta a Cámpora", en la que anunció que continuaría con su política de lucha armada. La carta, fechada el 13 de abril de 1973, se reprodujo íntegramente en el libro de Daniel de Santis titulado *A vencer o morir, documentos del PRT-ERP*:

El gobierno que el Dr. Cámpora presidirá —decía la carta del ERP— representa la voluntad popular. Respetuosos de esa voluntad, nuestra organización no atacará al nuevo gobierno mientras éste no ataque al pueblo ni a la guerrilla. Nuestra organización seguirá combatiendo militarmente a las empresas y a las fuerzas armadas contrarrevolucionarias. (...) En cuanto a la policía, que supuestamente depende del Poder Ejecutivo, aunque estos últimos años ha actuado como auxiliar activo del ejército opresor, el ERP suspenderá los ataques contra ella a partir del 25 de mayo y no la atacará mientras permanezca neutral, mientras no colabore con el ejército en la persecusión de la guerrilla y en la represión a las manifestaciones populares.

Ud, Presidente Cámpora habla en su discurso del 8 del corriente de 'unidad nacional'. Entre otros conceptos habla de construir entre 'pueblo y FF.AA. una unidad indestructible ante cualquier acechanza'. Hablar de unidad nacional entre el ejército opresor y los oprimidos, entre los empresarios explotadores y los obreros explotados, entre los oligarcas dueños de campos y hacienda y los peones desposeídos, es como encerrar en una misma pieza al lobo y a las ovejas recomendándoles a ambos mantener buena conducta. Si Ud, presidente Cámpora, quiere verdaderamente la liberación debería sumarse valientemente a la lucha popular: en el terreno militar armar el brazo del pueblo, favorecer el desarrollo del ejército popular revolucionario que está naciendo a partir de la guerrilla y alejarse de los López Aufranc, los Carcagno y Cía, que lo están rodeando para utilizarlo contra el pueblo. (...) Dar tregua en estos momentos al enemigo es darle tiempo para preparar una contraofensiva que, entre otras cosas, en cuanto deje de convenirle, barrerá sin contemplaciones al

HISTORIA
TODO ES

registra la memoria nacional

UN ARGENTINO EN LA CORTE DE HITLER

PERIPECIAS DE LA DIPLOMACIA ARGENTINA EN LA REVOLUCION BOLCHEVIQUE

La revista *Todo es Historia*, dirigida por Félix Luna, fue la primera en publicar una investigación sobre la hasta entonces desconocida existencia de Walter Darré, el ministro argentino de Hitler, a quien se ve en la foto de la portada.

Adivinanzas.

¿Quién creó el justicialismo
para la felicidad
de un pueblo que tiene ahora
trabajo, alegría y paz?

Amarillo, amarillo
como un rayo de sol.
Vuelo y canto en la jaula.
¡Adivina quién soy!

A veces sí, a veces no,
sola, muy alta en el cielo,
si es de noche, brillo yo.

Fruta amarilla y redonda;
para comerla, se monda.

No lo ves, no lo ves;
mueve pastos y ramas.
Adivina quién es.

Página 30 del libro de texto *Ronda Infantil* de María Alicia Domínguez. La presente reproducción, al igual que el resto de los facsímiles correspondientes a los libros de lectura obligatoria durante el primero y segundo gobierno de Perón, se reproducen por gentileza de Editorial Sudamericana y pertenecen al libro de Emilio J. Corbière *Mamá me mima, Evita me ama.*

Página 35 del libro de texto *Privilegiados* de Ángela Gutiérrez Bueno.

Esa dama es Evita.

Era tierna y dadivosa.

Dió su ayuda a todos.

Nadie la olvidará.

Página 34 de
Privilegiados

Página 7 de
Privilegiados

Carissimo,

la tua lettera del 16 Novembre è pervenuta al mio indirizzo mentre mi trovavo impegnato all'estero in un viaggio che si è protratto oltre ogni mia previsione; solo oggi, di ritorno, posso risponderti scusándomi per il mio involontario ritardo.

E devo, prima di ogni altra cosa, ringraziarti di tutto cuore per l'immutata solidarietà che mi esprimi per i calunniosi attacchi, pieni della balbettante acredine propria degli impotenti e dei vinti, portati da quella parte della Stampa che ama autodefinirsi "progressista" e che non è altro, invece, che il risvolto di un'abissale povertà morale che tenta di sostenersi col suffragio di teorie e filosofie ormai viete e superate.

Chè dirti ? purtroppo questi paladini dello scandalo, libellisti di infimo ordine, continuano imperterriti a sprecare della buona carta imbrattandola col loro velenoso inchiostro che, - nonostante gli ammestramenti che si sarebbero dovuti trarre dalle vicende trascorse -, trova ancora credito in certi cervelli privi di fosforo ed obnubilati dal fanatismo.

Ma lascia che abbandoni questo argomento che ci porterebbe a troppo prolissa discussione e permettimi di rinnovarti i miei più cari ringraziamznti per la tua non necessaria conferma di stima, di amicizia e di colidarietà che è stata per me fonte di vera gioia e che ti contraccambio senza riserve.

Accoglì la mia sincera vivissima cordialità

(Licio Gelli)

Ill.mo Signor
PIER CARPI
Via Mazzini
S. ILARIO D'ENZA (R.E.)

Carta de Licio Gelli, "Venerable Maestro"
de la Logia P-DUE.

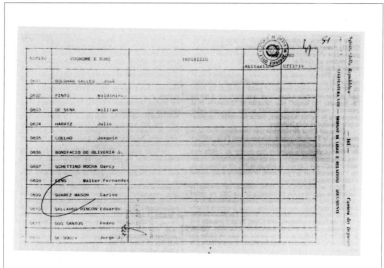

Planillas de afiliados a la P-DUE secuestradas por una comisión investigadora del parlamento italiano: en la primera puede leerse el nombre "General Suárez Mason" y en la segunda el del almirante Emilio Eduardo Massera, erróneamente consignado como "General".

Edición de 52 páginas, para Capital y Gran Buenos Aires

Precio de este ejemplar $ 30.—

Recargo vía aéreos $ 2.—

Clarín

Miércoles 24 de
Marzo de 1976

Año XXXI   Dos o 5 la sección   N° 10.795

NUEVO GOBIERNO

La prolongada crisis política que aflige al país comenzó a tener su desenlace esta madrugada con el alejamiento de María E. Martínez de Perón como presidente de la Nación. En las próximas horas asumirá el gobierno una junta militar integrada por los comandantes generales y presidida por el teniente general Jorge Videla. La ex mandataria fue trasladada en helicóptero desde la Casa Rosada hasta el Aeroparque y allí embarcada en un avión que partió hacia el sur. Será alojada en El Messidor.

Sólo unos pocos adictos a la ex presidente se congregaron anoche en la Plaza de Mayo.

El gobernador de la provincia de Buenos Aires, Victorio Calabró, hizo entrega de esa administración pública al comandante de la 10ª Brigada de Infantería, general Adolfo Sigwald. La ceremonia se realizó esta madrugada en la Casa de Gobierno de La Plata. Por otra parte, se informó que por la red provincial de radiocomunicaciones se instruyó a los intendentes de las municipalidades a que entregaran las comunas a las autoridades militares locales.

CALABRO ENTREGO LA GOBERNACION

INFORMACION EN LA PAGINA DOS!

El diario *Clarín* del 24 de marzo de 1976 presenta el golpe de estado militar con la discreta calificación de "Nuevo Gobierno".

APLICA LA JUNTA MILITAR LA JUSTICIA REVOLUCIONARIA

BIBLIOTECA NACIONAL
28 ABR 77
BUENOS AIRES

Mediante un acta institucional, la Junta Militar puso ayer en funcionamiento la llamada justicia revolucionaria, destinada a castigar a quienes cometieron delitos en la función pública. La ex presidente y 35 ex altos funcionarios, ex legisladores y ex dirigentes fueron sancionados con la pérdida de los derechos políticos, inhabilidad para ejercer cargos públicos, confinamiento y congelamiento de sus bienes hasta que demuestren su origen. Gelbard pierde la ciudadanía.

INFORMACION EN LAS PAGINAS DOS Y TRES

Edición de 64 páginas, para Capital y Gran Buenos Aires
Precio de este ejemplar $ 30.—
Recargo vía aérea $ 2.—

Clarín

Jueves 24 de junio de 1976

La fuerza de elección para la solución argentina de los problemas argentinos

Año XXXI · Diario de la mañana · N° 10.885

Videla almorzó con un grupo de académicos

El presidente de la Nación, teniente general Jorge Rafael Videla, dedicó el llamado "almuerzo de los miércoles" a los titulares de las academias científicas nacionales, con quienes abordó temas de actualidad.
(INFORMACION EN LA PAGINA CINCO)

Peligran las elecciones en Portugal

INFORMACION EN LAS PAGINAS DIECISEIS Y DIECISIETE

EE.UU. vetó el ingreso de Angola a la ONU

INFORMACION EN LA PAGINA QUINCE

El golazo de Joto Joto López. La jugada se inició en Pedro González y se

HUBO UN "APAGON"

Triunfó Ríver en Avellaneda

Tres meses después del golpe, *Clarín* anunció la aplicación de
la "justicia revolucionaria"
para describir la persecución política
de los miembros del gabinete peronista.

LA NACION

3 Secciones y la Revista — Buenos Aires, domingo 8 de agosto de 1976 — 70 Páginas

Año 107 — Núm. 37.862 — Florida 343. Cód. Post. 1005, 49-7201 y 49-4061

Habría hallado vida en Marte la Viking I

Los científicos estiman necesarios nuevos experimentos para tener la certeza de que hay microorganismos en el planeta rojo

Una imagen falsa de la Argentina

En Europa se desarrolla una campaña que deteriora el prestigio de nuestro país

Por Luis María Bello

Liberaciones por la amnistía en España

Uganda pide un acercamiento con los EE.UU.

Triunfo del CASI ante Universitario

A la salida de un line-out, A. Etchegaray, medio scrum del Atlético de San Isidro, es tackleado por E. Vila, de Universitario. Más información en la página 22.

Una multitud de fieles veneró a San Cayetano

En otras columnas

Editoriales
Dos siglos después.
Terremotos en China.
Cuestiones sociales y federalismo.
Colaboración.
Alejamiento foráneo.
Pág. 8

Catolicismo
Solemnes ceremonias en el Congreso Eucarístico de Filadelfia.
Pág. 2

Roma
Elige un alcalde comunista.
Pág. 2

Líbano
Siguen los violentos.

Haciendas
Insiste CRA en la necesidad de regular los envíos a los mercados.
Pág. 7

Inversiones
Sería sancionada en breve la ley sobre inversiones extranjeras.
Pág. 9

Primera B
Villa Dálmine superó a Nueva Chicago y es único puntero. Pág. 21

Fútbol
Se inicia hoy el campeonato Metropolitano.
Pág. 22

Indice

El tiempo

El domingo 8 de junio de 1976 la tapa de *La Nación* colabora con la acción psicológica desplegada por la dictadura en un artículo de corte editorial titulado "Una imagen falsa de la Argentina" firmado por Luis María Bello.

LA NACION

Expresivo discurso del Gral. Videla

Reclamó la comprensión internacional para Chile y la Argentina, al condecorar al general Augusto Pinochet

Crédito del BID para un gasoducto

Fue parcial la huelga en España

Sólo el 20 por ciento de los trabajadores hizo el paro; témense nuevos incidentes

La necesidad de revitalizar las instituciones

Investigan a la Sra. de Perón por un cheque

Detenidos por subversión en la Universidad del Sur

Fueron abatidos en La Plata otros ocho extremistas

Tapa de *La Nación* del 15 de noviembre de 1976, elogiando un discurso de Videla.

La Opinión

Diario independiente de la mañana

Año V – N° 1.448 – Jueves 25 de marzo de 1976 – $ 39.00 – Vía Aérea $ 32.00   Director Jacobo Timerman

Los tres comandantes prestaron juramento en el edificio Libertador

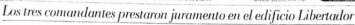

GOBIERNA LA JUNTA MILITAR

Fue tranquila en todo el país la primera jornada de gobierno de la Junta Militar formada por los comandantes generales del Ejército, teniente general Jorge Rafael Videla; de la Armada, almirante Emilio Eduardo Massera, y de la Fuerza Aérea, brigadier general Orlando Ramón Agosti, que resolvió asumir el Gobierno Nacional en la madrugada de ayer.

Los comandantes asumieron el control de la situación con el compromiso de "erradicar la subversión, la demagogia y toda venalidad o corrupción", "frente a un tremendo vacío de poder capaz de sumirnos en la disolución y la anarquía", según la proclama oficial del movimiento castrense.

La población se enteró de la noticia cuando, a las 3.21 de la víspera, se interrumpieron las emisiones radiales y se comenzaron a difundir marchas militares, al tiempo que un locutor anunciaba que el país se hallaba "bajo el control operacional de la Junta Militar" integrada por los tres comandantes generales de las Fuerzas Armadas. Sucesivamente se dieron a conocer otros comunicados, recordando la vigencia del estado de sitio y la consecuente prohibición de realizar manifestaciones; la afectación de los servicios públicos al director contralor militar; el auxeto administrativo y educacional en sus niveles y el feriado cambiario, bursátil y bancario.

Nuevos mensajes —una treintena a lo largo del día— establecían otras disposiciones, como la suspensión de los espectáculos públicos y el comienzo de la prohibición de no circular por la calle en horario nocturno.

La Junta Militar prestó juramento formal en el edificio Libertador, sede del Comando General del Ejército, en una austera ceremonia realizada a las 18.30 por ante el presidente del Colegio de Escribanos de la ciudad de Buenos Aires, señor Jorge María Allende, quien procedió a la ceremonia y dio lectura al Acta para el Proceso de Reorganización Nacional, de 11 puntos.

La ceremonia fue difundida por la Red Nacional de Radio y Televisión, que se mantuvo durante todo el día, eliminando la otra programación, salvo la difusión de música.

Por la tarde, otro comunicado dio cuenta de la designación del Gabinete que acompañará a la Junta Militar. Los nuevos ministros se desempeñarán como "delegados" de la Junta en las áreas respectivas y son los siguientes:

Interior, general de brigada Ángel César Cardozo; Relaciones Exteriores y Culto, contralmirante Antonio Vañek; Justicia, brigadier Julio Arnaldo Gómez; Defensa, brigadier Pablo Osvaldo Apella; Economía, general de brigada Joaquín de las Heras; Cultura y Educación, contralmirante César Guzzetti; Trabajo, general de brigada Lucio Harry Mazola, y Bienestar Social, general de brigada Reinaldo Benito Bignone.

También son militares en actividad los interventores designados en las 22 provincias, la intendencia de la Capital Federal y la gobernación de Tierra del Fuego.

La Junta Militar disolvió el Congreso Nacional y todos los cuerpos colegiados, dispuso la suspensión de la actividad política y gremial y resolvió intervenir, completando sus cuentas bancarias, la Confederación General del Trabajo, la Confederación General Económica y la Cruzada de Solidaridad.

La población respondió con tranquilidad a las exhortaciones a mantener el orden, contenidas en la proclama que afirma que "la obligada intervención de las Fuerzas Armadas se ha hecho a favor del país todo y no en contra de determinados sectores sociales". En la Capital Federal, el despliegue de efectivos fue calificado de "mínimo" y, salvo la "anormalidad" insita en los asuntos feriados, así como la falta de oportunidades de esparcimiento, el comercio permaneció abierto y fue normal el abastecimiento. Lo mismo los transportes y demás servicios.

En el Gran Buenos Aires, los centros de concentración industrial cumplieron sus actividades sin interferencias y el ausentismo fue calificado de escaso.

La avidez por conocer detalles de los sucesos se tradujo en el rápido agotamiento de los diarios matutinos, la mayoría de los cuales lanzó varias ediciones sucesivas, hasta cubrir el desenlace de la crisis. Los vespertinos metropolitanos lanzaron una sola edición, también agotada rápidamente.

Las noticias llegadas del interior de la República indican que la toma del control por las nuevas autoridades militares se cumplió, también sin despliegues espectaculares. Desde el exterior, comenzaron también a llegar reacciones sobre los sucesos, que trasuntaban la decisión de proseguir normalmente las relaciones existentes con la Argentina.

Radio Nacional informó que la señora María Estela Martínez de Perón había sido detenida en la madrugada, cuando descendía de un helicóptero en el Aeroparque Metropolitano. "Habiendo sido trasladada al interior del país". La información agregó que la ex Presidente descendió junto con su secretario privado, doctor Julio C. González, y un acompañante.

(Más informaciones en las páginas 7, 8, 9, 10, 11, 12, 13, 14 y 24.)

Hallaron armas en la sede de la UOM

Según informó anoche la agencia Télam, fuerzas de seguridad procedieron ayer por la tarde a allanar la sede central de la Unión Obrera Metalúrgica, Hipólito Yrigoyen 3152, de esta Capital, en cuyo transcurso fueron halladas numerosas armas.

Entre lo secuestrado, figuran una escopeta Batsan 71 (desarticulada), una pistola "Tala", calibre .22 con tres cargadores, un revólver "Tac", calibre .41, cuatro pistolas "Ballester Molina", calibre 11.25, un revólver "Smith", calibre 38, una pistola ametralladora "Halcón", calibre 9mm, dos M-D7 y otra calibre 9mm, de balas encamisadas.

También fueron encontrados un fusil FAL, calibre 7.62, de fabricación belga; una ametralladora "Browning", calibre 12.7, una escopeta "Ithaca", calibre 12, un rifle "Winchester" modelo 92 calibre .44.

Figuran además culatas de madera, partes hipodérmicas, dos equipos de radio, gran cantidad de cargadores para distintas armas, cartuchos de gelamón, pólvora, proyectiles calibre 9mm, calibre 7.65 calibre .38 y calibre 11.25, elementos útiles para la guerrilla de mediano alcance y 31 documentos.

Al llegar las fuerzas de seguridad a la sede de la UOM, el personal de custodia no opuso resistencia y ya en el interior del edificio se practicaron varias detenciones.

El Cuerpo de Ejército, con sede en Bahía Blanca, difundió ayer un comunicado en el que señala que "con motivo de la determinación formada por la Junta de Comandantes Generales, en el día de la fecha se realizó una serie de operativos tendientes a asegurar el orden interno y el pleno respeto de los derechos que hacen a la seguridad y al buen trato y brinda a la colectividad sin ningún tipo de inconveniente, debido fundamentalmente a la comprensión demostrada por la población".

Para el proceso de Reorganización Nacional

Propósitos y objetivos básicos

La Junta de Comandantes Generales de las Fuerzas Armadas, difundió ayer el "Acta" tijando el propósito y los objetivos básicos para el proceso de reorganización nacional". He aquí el texto de ese documento:

La Junta Militar fija como propósito y objetivos básicos del Proceso de Reorganización Nacional en Desarrollo, los que se enuncian a continuación:

Propósitos

Restituir los valores esenciales que sirven de fundamento a la conducción integral del Estado, enfatizando el sentido de moralidad, idoneidad y eficiencia, imprescindibles para reconstituir el contenido y la imagen de la Nación, erradicar la subversión y promover el desarrollo económico de la vida nacional basado en el equilibrio y participación responsable de los distintos sectores a fin de asegurar la posterior instauración de una democracia republicana, representativa y federal, adecuada a la realidad y exigencias de solución y progreso del pueblo argentino.

Objetivos básicos

1. Concreción de una soberanía política basada en el accionar de instituciones constitucionales revitalizadas, que ubique permanentemente el interés nacional por encima de cualquier sectarismo, tendencia o personalismo.

2. La vigencia de los valores de la moral cristiana, de la tradición nacional y de la dignidad del ser argentino.

3. Vigencia de la seguridad nacional, erradicando la subversión y las causas que favorecen su existencia.

4. Vigencia plena del orden jurídico y social.

5. Concreción de una situación socioeconómica que asegure la capacidad de decisión nacional y la plena realización del hombre argentino en donde el estado mantenga el control sobre las áreas vitales que hacen a la seguridad y al desarrollo y brinde a la subsidiariedad la acción de los particulares, nacionales y extranjeros, las condiciones y elementos para una participación fluida en el proceso de explotación integral de los recursos, neutralizando toda posibilidad de interferencia de aquellos en el ejercicio de los poderes públicos.

6. Obtención del bienestar general a través del trabajo fecundo, con igualdad de oportunidades y un adecuado sentido de justicia social.

7. Relaciones armónicas entre el Estado, el capital y el trabajo, con sólido fortalecimiento del ordenamiento de las estructuras empresariales y sindicales, ajustadas a una fiera existencia.

8. Conformación de una educación acorde con las necesidades del país que sirva efectivamente a los objetivos de la Nación y consolide los valores y aspiraciones culturales del ser argentino.

9. Ubicación internacional en el mundo occidental y cristiano, manteniendo la capacidad de autodeterminación y el fortalecimiento de la presencia argentina en el concierto de las naciones".

Se mantiene hoy el asueto educacional

Al cierre de esta edición, la Junta de Comandantes Generales dio a conocer el comunicado número 29, cuyo texto es el siguiente:

Se comunica a la población que en el día de mañana jueves 25, se mantendrá el asueto educacional en todos los niveles, como así también el feriado bancario, bursátil y cambiario, suspensión de transferencias y congelación de cuentas. En cambio, quedará sin efecto el asueto administrativo.

Con similar alcance, la Junta emitió también el comunicado número 30 que expresa:

"A partir de las 00.00 hora del día 25 de marzo, se autorizan los vuelos regulares internacionales y regionales".

Sucesivos ambos comunicados los ex comandantes generales del Ejército, teniente general Jorge Rafael Videla; de la Armada, almirante Emilio Eduardo Massera, y de la Fuerza Aérea, brigadier general Orlando Jesús Agosti.

Por otra parte, el Comando General del Ejército dio a conocer que la información, dirigida a la Clase 1955 cuyo texto es el siguiente:

"Se comunica a los ciudadanos de la Clase 1955 con número de sorteo menor de 436 inclusive que deben presentarse para incorporación el próximo día 29 del corriente y días siguientes que deberán presentarse queda en suspenso hasta nuevo aviso, el que se hará conocer oportunamente por este mismo medio".

En consecuencia dichos ciudadanos deberán permanecer atentos al citado aviso y presentarse indefectiblemente en la fecha que se determine.

"Asimismo, deberá tenerse en cuenta que en la expresada queda también comprendidos los ciudadanos de Clases anteriores que deben ser incorporados al Ejército junto con la Clase 1955".

La Opinión del 23 de diciembre de 1976: el título central
exime de cualquier comentario.

La Opinión

BUENOS AIRES

Diario independiente de la mañana

Año VI - N° 1774 – Sábado 16 de abril de 1977 – $ 60.- Vía Aérea $ 70. Director Jacobo Timerman

operativo militar arrestan al director y subdirector de La Opinión

CONFIRMARON LA DETENCION DE TIMERMAN; SIN NOTICIAS DE JARA

Sajón

Hoy se cumplen 15 días de la desaparición del señor Edgardo Sajón. Ningún indicio ha trascendido aún sobre la identidad de quienes lo secuestraron. Ningún comunicado oficial se ha producido, por otra parte,

Rechazó Videla cualquier fórmula corporativista

16 de abril de 1977: Timerman cae en la paradoja del pastorcito y el lobo, y *La Opinión* informa sobre la detención de su director y la desaparición de Jara, uno de sus editores.

RECOVA S.A.

DEFIENDA SU ARGENTINA.

MUESTRE LA VERDAD AL MUNDO, ENVIANDO JUNTO A SU FAMILIA LAS POSTALES DE REVISTA PARA TI.

En forma exclusiva, revista Para Ti ofrecerá en sus tres últimas ediciones de agosto y en la primera de setiembre, un servicio muy especial.
Bajo el título: "ARGENTINA: TODA LA VERDAD" publicará semanalmente 4 tarjetas postales, con imágenes y textos de la actual realidad del país.
Recórtelas. Y elija a quién enviárselas.
Para Ti adjuntará una lista de todos aquellos organismos y personas que organizan la campaña antiargentina en el exterior.
Esta es su oportunidad de mostrar al mundo toda la verdad de un país que vive y crece en paz.

Revista **Para ti**
De Editorial Atlántida para usted.

Publicidad institucional de *Para Ti* aparecida en la edición del 10 de agosto de 1978 de *Gente*. La revista femenina de Editorial Atlántida encabezó una campaña de postales "para contarle al mundo la verdad sobre Argentina".

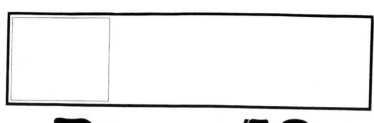

Página/12

Buenos Aires, domingo 8 de octubre de 1989 — el país a diario — Año 3 - Nº 723 - Precio de este ejemplar: ✚ 300 Recargo venta interior: ✚ 30.

INDULTO

(Por Jorge Lanata) Nada puede quedar totalmente en blanco. Ni siquiera esta hoja de papel, destinada a la tapa de **Página/**12, ahora seguramente surcada por pliegues, imperfecciones, pequeñas manchas, sombras. La historia de un país tampoco puede quedar en blanco. Este país, patético y confuso, a veces tierno y otras gris, fue construido sin memorias en blanco. La memoria no puede quedar en blanco por decreto. Desde la base aérea de El Chamical, el presidente Menem anunció, trágico y lejano:

—Estamos construyendo el futuro del país.

Y comenzó a destruir el pasado. Atrozmente sincero, Menem aseguró:

—El costo político no es alto.

Antes había vuelto a enredarse en la madeja del anuncio, y —al salir del Aeroparque hacia La Rioja— había insistido ante la agencia Télam:

—Hoy no se dará a conocer el decreto del indulto. Será antes de fin de mes. Aún no elegí el día ni la oportunidad.

Una hora más tarde, la misma agencia oficial informaba que la copia de los decretos sería distribuida al periodismo a las 14.30 en la Casa de Gobierno.

La retórica gastada de los considerandos sólo puede arrancar del lector una mueca triste, la mala copia de una sonrisa: en ellos se habla del país como una "comunidad jurídicamente organizada", y se insta a "superar los profundos desencuentros, cuya responsabilidad debe ser asumida por todos". Alguien mezcló todas las definiciones de este diccionario en el que la Historia y el futuro se miden con la peligrosa e ingenua vara del costo político, y la Justicia —y su ejercicio, sólido, constitucional, democrático— termina arrinconada como sinónimo de rencor. La idea de una reconciliación áspera y rápida como el café instantáneo no alcanza para explicar por qué el general Galtieri no podrá —desde esta mañana— diseñar un nuevo plan alcohólico para las Malvinas, por qué los civiles y militares de Aeroparque no volverán a tomar la estación, por qué Vaca Narvaja y Perdía no buscarán nuevas inversiones para Montoneros S.A., o por qué alguno de los 39 militares restantes no acondicionará —con dedicación y amor a la Patria— su viejo campo de concentración. A menos de veinticuatro horas de cumplir los primeros tres meses en el gobierno, Carlos Menem ha firmado la hipoteca más seria sobre el futuro democrático de este país. Sólo el tiempo podrá dar una idea clara de la magnitud del error; los rostros de los indultados han sido pintados de olvido y de blanco por decreto. Ellos creen que es posible. Aunque sólo podrán verse peligrosos payasos con la cara corrida de cal.

UNITED STATES GOVERNMENT

Memorandum

(BO 043)

UNCLASSIFIED

PARA : The Files   FECHA: 6 Feb, 1980

DE   : RSO/James J. Blystone, Embajada Americana, Buenos Aires

TEMA : Reorganización de 601

El organigrama adjunto indica la nueva composición
organizacional del 601. El mayor cambio es la
discontinuación de la División de Análisis de Inteligencia,
con sus funciones de estudio de PCR/PST/PO, etc., siendo
recogidos por dos nuevas divisiones. El otro cambio de gran
importancia es la combinación de responsabilidad de división y
la creación de dos nuevas divisiones para el estudio de
partidos políticos y actividades exteriores.

ARGENTINA PROJECT (S2000000044) U.S. DEPT. OF STATE,
A/RPS/IPS Margaret P. Grafeld, Director
(X) Release   ( ) Excise   ( ) Deny
Exemption(s):
Declassify: ( ) In Part   (X) Full
( ) Classify as ___ ( ) Extend as ___ ( ) Downgrade to ___
Date _____ Declassify on _____ Reason _____

UNCLASSIFIED

Adjunto
RSO/JJBlystone:scg

Facsímil de un memorandum interno de la embajada de Estados Unidos en la Argentina al Departamento de Estado, fechado el 6 de febrero de 1980. Forma parte de un centenar de documentos desclasificados en el 2002 a pedido de los organismos de derechos humanos argentinos que constituyeron una de las primeras pruebas documentales del conocimiento consciente, por parte de los Estados Unidos, del aparato represivo montado en el país durante la dictadura militar. Gran parte de la documentación desclasificada y traducida al español puede consultarse en la red en la página del CELS, www.cels.org.ar.

UNITED STATES GOVERNMENT

Memorando   8/18/80   UNCLASSIFIED   (BO 009)   FECHA: 18/8/80

Archivos políticos

TRAVÉS: POL - Sr. King

A: POL - Townsend B.

ASUNTO: Hipótesis -- El GOA es prisionero de la Inteligencia del Ejército

Es posible concluir que los niveles de toma de decisiones del
GOA son prisioneros y víctimas de los servicios de
inteligencia aquí, particularmente del Batallón 601 del
Ejército. Durante los últimos meses el GOA ha sido avergonzado
o importunado por una serie de eventos en los que es razonable
suponer que el 601 jugó un rol decisivo.

-- Los secuestros en Perú que casi seguramente fueron el
   trabajo de 601.

-- El sospechoso descubrimiento de una de las víctimas del
   secuestro muerta en Madrid.

-- Los miembros políticamente agudos del equipo de Videla
   deben darse cuenta de que la continua táctica de asesinar a Montoneros sin un debido proceso legal ya no es
   necesaria desde el punto de vista de la seguridad y
   extremadamente costosa en términos de las relaciones
   internacionales de Argentina. (Hay una teoría
   contraproducente que señala que estas tácticas fueron
   el producto de una doctrina escrita elaborada poco
   después de que los militares asumieran. Los comentarios
   del Gral. Rivera, hechos anteriormente en este año,
   sugieren a algunos que esto es así.) La desaparición es
   trabajo del 601.

-- Cualquiera con un gramo de sentido político en el GOA
   hubiera abortado, si hubiera podido, estas operaciones.
   Ciertamente el riesgo de la aventura peruana para Videla no valía el precio de tener que cancelar su visita a Lima. Y el precio para el GOA de su implicación,
   o aparente implicación, en los eventos bolivianos ciertamente ha sido más de lo que cualquier razonable asesor político de Videla hubiera estado dispuesto a
   pagar.   2.

U.S. DEPT. OF STATE, A/RPS/IPS
Margaret P. Grafeld, Director
( ) Release   ( ) Deny
Exemption(s):
Declassify: ( ) In Part   (X) Full
( ) Classify as ___ ( ) Extend as ___ ( ) Downgrade to ___
Date _____ Declassify on _____ Reason _____

UNCLASSIFIED

Buy U.S. Savings Bonds Regularly on the Payroll Savings Plan

"El GOA [N. del A.: gobierno argentino] es prisionero de la inteligencia del Ejército", aseguró en una comunicación interna la embajada norteamericana en Buenos Aires.

nuevo gobierno parlamentario. (...) Por lo ante dicho el ERP hace un
llamado al presidente Cámpora, a los miembros del nuevo gobierno y a
la clase obrera en general a no dar tregua al enemigo. Todo aquel que
manifestándose parte del campo popular intente detener o desviar la
lucha obrera y popular en sus distintas manifestaciones armadas y no
armadas con el pretexto de la tregua y otras argumentaciones, debe ser
considerado un agente del enemigo, traidor a la lucha popular, negocia-
dor de la sangre derramada.
¡Ninguna tregua al ejército opresor!
¡Ninguna tregua a las empresas explotadoras!
¡Libertad inmediata a los combatientes de la Libertad!
¡Fuera la legislación represiva y total libertad a la expresión y organiza-
ción del pueblo!
¡Por la unidad de las organizaciones armadas!
¡A vencer o morir por la Argentina!

> Ejército Revolucionario del Pueblo
> Comité Militar Nacional".

El 4 de junio el ministro Righi leyó un discurso ante jefes y oficiales de
la Policía Federal, exhortándolos a no reprimir al pueblo, en lo sucesivo. El
13 del mismo mes se restituyeron, por orden presidencial, el grado, jerarquía y honores militares a Juan Perón. Al día siguiente Cámpora viajó a
Madrid prometiendo retornar el 20 de junio con Perón y su esposa en un
vuelo especial. Antes de la partida el gobierno anunció la renacionalización
del Banco Argentino de Comercio (Chase Manhattan y Dredsner de Alemania), Banco Popular Argentino (Banco Central de España), Banco Francés del Río de la Plata (Banca Morgan), Banco Argentino del Atlántico
(Citibank New York), Banco de Bahía Blanca (Citibank) Banco Mercantil
de Rosario (Banco de Santander, España), y Banco Comercial e Industrial
de Córdoba (Santander).

PERÓN
VOLVIÓ

"Mayo de 1973: Triunfo de la realidad

El emperador Shi Huang-ti, a la vez que mandó a construir la célebre mu-
ralla china, ordenó la incineración de todos los libros hallables en el Imperio.
Quería borrar todo aquello que lo hubiese antecedido. Aspiraba a destruir la
Historia. La vana pretensión de negar la realidad –pretérita o presente– es
un vicio que tienta, sobre todo a quienes, situados en el poder, se sienten
inseguros. Como aquel emperador chino, acosado por los tártaros manchúes,
que necesitó 3.000 kilómetros de ladrillos y piedras para alcanzar cierta
tranquilidad. La historia contemporánea del mundo exhibe otro caso de
notable inseguridad y negación: los Estados Unidos, al ver comprometida su
hegemonía universal, negaron a la China de Mao Tsé-Tung. Simularon que
700 millones de habitantes no existían. Eliminaron del mapa de las Nacio-
nes Unidas al país más poblado de la Tierra y fingieron que Chiang Kai-
shek lo representaba. Es innecesario decir que, siempre, la realidad se impone
a sus negadores. La historia lo sobrevivió a Shi Huang-ti y los norteamerica-
nos tuvieron que admitir la existencia de China. En la Argentina asistimos,
en 1973, a otra victoria de la realidad. Dieciocho años antes un hombre que
representaba a la mayoría había sido desalojado del poder. Y desde entonces
se había procurado esfumarlo."

Rodolfo Terragno, *Los 400 días de Perón*

El jardinero que diez años atrás se vanagloriaba de cultivar las mejores rosas del mundo tuvo que modificar sus hábitos y quebrar su tranquilidad. Eso comenzó a hacer estragos en su cuerpo: poco antes de partir a Buenos Aires Perón volvió a descubrir sangre en su orina y viajó a Barcelona a una cita urgente con el Dr. Puigvert. El cable informativo de la CIA 314/05317-73 citado por Page señaló que "XX (nombre tachado) especula que Perón puede vivir un año o un año y medio más". El urólogo encontró un ramillete de papilomas que coaguló en una exitosa operación que, sin embargo, comenzó a complicar su salud en otras áreas. Perón estuvo tres días en observación y se quejó de dolores en el pecho. Puigvert encontró que los tonos cardíacos eran un poco opacos, y le aconsejó dejar el cigarrillo y examinarse el corazón y los pulmones. Cualquier situación de stress podría descompensarlo nuevamente.

El 15 de junio el presidente Cámpora llegó a Madrid y ni Perón ni delegado alguno estuvieron en Barajas para recibirlo. La noche del 16, Franco —que recién había conocido a Perón en el mes de marzo, después de trece años de exilio— invitó a ambos pero aquella noche, cuando fue a Puerta de Hierro a buscarlo, Cámpora se encontró a Perón de guayabera diciéndole que debía cenar con unos amigos. Su sorpresiva estrategia de humillar a Cámpora continuó durante todo el viaje.

El 20 de junio de 1973, finalmente, la realidad se impuso, y Perón volvió. Una inmensa plataforma cuyo escenario miraba a Capital se construyó sobre uno de los puentes de la autopista, con una foto de Perón de treinta metros de alto como telón de fondo. El "avión negro" tocaría tierra a las tres de la tarde y, desde la pista, un helicóptero transportaría a Perón, Isabel y López Rega a un sitio cercano al puente, donde pronunciaría un discurso protegido por un cristal antibalas. El maestro de ceremonias era Leonardo Favio.

Jorge Osinde, ahora cubriendo el insólito lugar de secretario de Deportes (dependiente de López Rega, ministro de Bienestar Social), quien había sido jefe de los Servicios de Inteligencia y principal custodia de Perón, estaba a cargo de la seguridad. El gobierno decretó feriado y ofreció transportes gratuitos para todos aquellos que quisieran viajar a Ezeiza. Entre dos y tres millones de personas esperaron la llegada del avión.

"—¿Qué van a ver estos imbéciles desde tan lejos? —me preguntó un taxista esa mañana", escribió Rodolfo Terragno en el libro citado. Por la radio decían que ya era imposible entrar en auto a la autopista Ricchieri. La muchedumbre había copado el acceso al aeropuerto de Ezeiza.

"—¿Qué van a ver estos imbéciles desde tan lejos?

Traté de explicarle que no iban a ver. Que no eran espectadores, sino protagonistas."

No fueron, sin embargo, protagonistas de los incidentes, que se desencadenaron entre la izquierda y la derecha peronista. Page recogió en su libro dos versiones de los hechos: "Los peronistas ortodoxos cuentan la siguiente historia —escribió—: el ERP, las FAR y los Montoneros planeaban el asesinato de Perón y habían ubicado francotiradores con armas de alto poder en los árboles ubicados a la derecha del escenario.

"Asimismo, como parte de una acción coordinada, una enorme columna de militantes provenientes de La Plata se había aproximado al puente por un camino lateral. Su intención, aparentemente, era rodear la plataforma y ocupar el área frente al escenario.

"Llevaron consigo todo un cargamento de armas en un ómnibus que había sido preparado pintándosele los vidrios de las ventanillas y perforando agujeros a los lados del chasis. Los defensores de la plataforma abrieron fuego sobre la columna y sobre los francotiradores, preventivamente, antes de que tuvieran la oportunidad de actuar. Los portavoces de la izquierda, por el contrario, niegan que hubiera existido una conspiración para asesinar a Perón y aseguran aque la derecha lanzó un ataque deliberado. (...) Hasta la fecha nadie sabe cuántos fueron los que perdieron la vida en lo que se conocería bajo el nombre de *La matanza de Ezeiza*. Los diarios inicialmente hablaron de veinte muertos pero, más tarde, versiones no confirmadas indicaron que las víctimas fatales pueden haber ascendido a centenares. (...) Mirando lo sucedido retrospectivamente, no parece factible que ninguno de los grupos terroristas haya planeado el asesinato de Perón: como iba a estar protegido por el cristal a prueba de balas la única forma de alcanzarlo era derribando el helicóptero o disparando contra él mientras se dirigía al escenario y ambos atentados hubieran sido riesgosos y complicados."

En su exhaustiva investigación titulada *Ezeiza*, Horacio Verbitsky destacó que:

1. Un grupo en el que predominaba el ala derecha del movimiento tomó a su cargo la organización del acto.

2. Este mismo grupo dispuso que no intervinieran las fuerzas de seguridad.

3. Reclutó miles de hombres, armas y equipos de comunicaciones.

4. Ocupó los enclaves que les aseguraban el control de la zona.

5. Abrió fuego contra las columnas de la Tendencia, que de una forma "poco cortés" intentaban conseguir buenas ubicaciones para el acto.

6. Tomó prisioneros a algunos miembros de la JP y los hizo objeto de crueles tormentos.

Jordán citó en su ensayo un comentario del diario *La Nación* del día posterior, señalando que "la multitud aplaudió cuando los custodios (de derecha) anunciaron que habían dado muerte a dos francotiradores (de izquierda)".

El avión de Perón finalmente descendió en la Base Aérea de Morón. En la noche de ese mismo día y en la noche siguiente Perón pronunció dos discursos por cadena nacional. En el primero casi no se refirió a los incidentes de Ezeiza, sino que agradeció a todos los que habían ido a recibirlo. En el otro definió claramente cuál era la dirección que debía tomar el gobierno peronista. "Nada de socialismo –dijo Perón–. Nosotros somos lo mismo que éramos hace veinticinco años. Hay que dejarse de agitar consignas, acatar la autoridad y que el gobierno gobierne."

En la mañana del día 26, en Gaspar Campos, Perón tuvo un preinfarto. La versión oficial que explicó la ausencia de una semana del Presidente fue que éste sufría de una gripe aguda.

En una reunión de gabinete llevada a cabo en Gaspar Campos –relató el entonces ministro de Defensa Ángel Robledo– Isabel preguntó si el rol de Perón iba a ser meramente protocolar ya que, de ser así "me lo llevo de regreso a Puerta de Hierro".

Cámpora dijo que estaba dispuesto a presentar su renuncia en cualquier momento, y López Rega lo felicitó por su gesto. En una reunión posterior el gabinete en pleno acordó la renuncia del Tío.

Desde ese momento la hipótesis del "cerco" o del "entorno" se afirmó definitivamente: el 21 de julio la JP llevó unos treinta mil manifestantes a Gaspar Campos, donde insultaron a López Rega mientras cantaban "Socialismo nacional, como quiere el General". Perón aceptó entrevistarse con cuatro delegados, y les prometió que en el futuro tendrían acceso directo y sin intermediarios. Horas después la oficina de Prensa anuncia que el responsable de mantener el contacto con la JP era López Rega. En menos de una semana López Rega inició conversaciones con un nuevo grupo llamado Juventud Peronista de la República Argentina, encabezado por Julio Yessi, un funcionario de segunda línea del Ministerio de Bienestar Social.

El cable informativo de la CIA número 314/06243-73, citado por Page, señaló que "Perón tiene momentos de lucidez, interrumpidos por períodos de depresión durante los cuales se convierte en un anciano absolutamente dependiente. En esos períodos se niega a considerar cualquier problema, a hablar con cualquier otra persona que no sea su mujer y López Rega, de quien ha llegado a ser muy dependiente. (...) A pesar de lo antedicho, Perón actúa ya como si fuera el presidente del país, toma las decisiones importantes y ratifica todos los nombramientos que hace el gobierno", concluía la Central de Inteligencia norteamericana.

En julio, en reemplazo de Cámpora, la Asamblea Legislativa designó presidente provisional a Raúl Lastiri, que confirmó a todo el gabinete con excepción de Righi en Interior y Puig en la Cancillería. El *Buenos Aires Herald* comentó en su editorial que "lo más real y actual es que los cambios en el gabinete revelan un dato inmediato: el gobierno se ha desplazado desde la izquierda más hacia el centro". *La Nación* editorializó: "Frente al avance del marxismo en el país, que según algunas versiones habría sido uno de los factores desencadenantes del proceso que se está viviendo, y ante la posibilidad de que la marcha sin rumbo de la nación podría privar a ésta de jugar un papel gravitante en el continente, los hombres de armas aceptaron la posibilidad de una unidad cívico-militar. La resistencia ofrecida a esta salida por algunos hombres del gobierno del presidente Cámpora (...) causó la aceleración necesaria y sirvió también de algún modo como elemento para afirmar la cohesión entre las Fuerzas Armadas (...) la circunstancia de encontrar unidas a las fuerzas cívicas mayoritarias en torno de un programa común ha evitado toda posibilidad de dividir a los militares".

El 16 de julio el local del Sindicato de Luz y Fuerza (Tosco) en Córdoba fue tiroteado, y ocuparon los locales de SMATA y la CGT. El 22 del mismo mes se produjeron serios enfrentamientos con la policía en la vieja fábrica Tampieri de San Francisco, Córdoba, durante una huelga. El día 28, en Zárate se produjeron siete atentados con bombas, y en Córdoba se registraron tiroteos entre facciones peronistas disidentes. A fines de julio, como coletazo de los incidentes en Tampieri, se realizó un paro activo en San Francisco con saqueo de viviendas de los empresarios y quema de sus automóviles. Murió baleado por la policía Rubén Molina, de 17 años y otros cuatro jóvenes resultaron heridos. La CGT local denunció que "si entre la policía no hubo muertos ni heridos es porque el pueblo no tenía armas". En las primeras horas del 1 de agosto desconocidos atentaron contra Rubén Dieguez, diputado del FREJULI y secretario de la CGT de La Plata. Esa noche, en un mensaje a los gobernadores, Perón dijo que "si el Partido Comunista se coloca dentro de la ley y acciona dentro de ella será amparado y defendido por nosotros, pero si saca los pies del plato, tendremos el derecho de darle con todo"; con respecto a la guerrilla aseguró "no le ponemos ningún inconveniente si ese partido, se llame comunista, se llame ERP o se llame

Mongo Aurelio, quiere funcionar dentro de la ley, como estamos nosotros. Tampoco les temeríamos fuera de la ley".

El 5 de agosto fue asesinado en una emboscada en Tucumán el inspector mayor de la policía Hugo Tamagnini, director de Investigaciones de la provincia. Al día siguiente, en Mar del Plata, se produjo un enfrentamiento a balazos entre sectores rivales del gremio del pescado; en Pergamino fue secuestrado el empresario Antonio Annan y en Tucumán se anunció la presencia de "escuadrones de la muerte" dispuestos a vengar al policía Tamagnini. El 7 de agosto, en Córdoba, secuestraron al industrial Hugo Caucas y en Valentín Alsina corrió la misma suerte Solomas Levnias. El 10 de agosto Pedro Quiñoneros, ejecutivo de Fiat Córdoba, sufrió graves heridas al estallar una bomba en su domicilio. El mismo día se anunció que ante las amenazas recibidas por The Coca Cola Export Corp, veinticinco directivos y sus familias abandonarían el país. Al día siguiente, en Rosario, fue herido con una ráfaga de ametralladora el tesorero de la Unión Ferroviaria, Fernando Trujillo. En Firmat, Santa Fe, un coche resultó sospechoso a la policía: sus ocupantes no escucharon la voz de alto y la policía disparó asesinando a una señora de 50 años, su hijo de 16 y un vecino de 56 años. En Córdoba una investigación del comisario Zurita conocida el 23 de agosto, reveló que por lo menos tres policías integraban una de las bandas secuestradoras. El día 25 *La Razón* informó que fueron cinco los policías implicados en secuestros en Córdoba, entre ellos los agentes Manuel Arias y Francisco Zapia, y el cabo Roque Patte. El mismo día un grupo comando secuestró al Dr. Carlos Alberto Bianco, ex prosecretario de la Cámara Federal en lo Penal, y se anunció que sería interrogado por los sucesos de Trelew. El 27 de agosto las FAP asesinaron en Mar del Plata al secretario general de la CGT Marcelino Mansilla. El 6 de septiembre el ERP intentó, sin éxito, copar el Comando de Sanidad Militar procurando armas; durante el enfrentamiento murió el teniente coronel Raúl Juan Duarte Hardoy. Once guerrilleros quedaron detenidos: uno de ellos, Hernán Invernizzi, hacía la conscripción en el Comando.

El 23 de septiembre la fórmula Juan Perón-Isabel Perón obtuvo 7.359.139 votos, el 61,85 por ciento. Le siguieron Balbín-De la Rúa con 2.905.719, el 24,42 por ciento.

RUCCI,
SOLDADO DE PERÓN

En un ensayo publicado por la revista de Felix Luna, Santiago Senén González, uno de los decanos del periodismo gremial de la Argentina, relató los comienzos de quien llegara a manejar la CGT: "Rucci fue un auténtico buscavidas –escribió Senén– sin mayor constancia, ocupó desde el puesto de limpiatripas en un frigorífico hasta el de chocolatinero en un cine". Rucci llegó desde Rosario a Buenos Aires a los 20 años, a bordo de un camión de distribución del diario *El Mundo*. En la ciudad fue lavacopas en una pizzería de Floresta y más tarde operario en una fábrica de cocinas, en la que Rucci aprendió algunos secretos del gremialismo junto a Hilario Salvo, quien años más tarde sería líder de la UOM. Rucci comenzó a sobresalir después de caído Perón, cuando en 1957 asistió al Congreso de la CGT convocado por la Libertadora, recambio obligado de la dirigencia gremial porque la mayoría de los delegados habían sido detenidos por los militares, debido a su militancia peronista. En 1958 fue nombrado secretario de la UOM en la Capital y luego interventor en la seccional de San Nicolás, de donde resultó expulsado por Vandor, y trasladado como asesor del interventor de la UOM en Bahía Blanca". Senén González cita palabras del *Gallego* Avelino Fernández sobre aquel incidente: "Yo lo expulsé a Rucci de la seccional Capital por corrupto, y le dije a Vandor que no lo quería ni de portero". La aparición del "personaje" Rucci en la prensa nacional recién sucedió en los '70, cuando los periodistas de *Primera Plana* comenzaron a escribir recuadros "de color" sobre sus camperas con flecos, el cuello abierto de la camisa y las largas patillas. Según afirmó en la época Juan José Taccone, de Luz y Fuerza, la figura de Rucci "era útil para unirnos ideológicamente", y fue con ese sentido que lo nombraron Secretario de la CGT, una entidad que estaba en vida vegetativa durante el gobierno militar. Pero la propuesta de Lanusse de lograr una salida electoral negociada con el Partido Militar transformó a Rucci en un interlocutor válido del gobierno. Rucci y Perón se encontraron por primera vez en 1971, en Madrid, y Rucci volvió con un casette en el que el General daba instrucciones para la unificación de las 62 Organizaciones. Desde entonces Rucci fue secretario general de las 62 y hombre de confianza de Perón. Fanático de los "fierros" (*léase* automóviles) y de las chicas, Rucci agregó otra obsesión a su vida cotidiana: desterrar a los "zurdos" de los gremios, dándole oxígeno a la Juventud Sindical Peronista, opuesta a la fila montonera Juventud Trabajadora Peronista. Y también comenzó a incubar un sueño imposible: reemplazar a López Rega en su relación con Perón. Frente a la tumba de Vandor en la Chacarita dijo Rucci: "A los que no son peronistas, que se vayan de la CGT".

"El país está en caos, el gobierno se derrumba", le dijo Rucci a *Crónica* el 28 de agosto de 1972. Pocos días antes había sido reelecto como secretario general de la central obrera. Mario Firmenich, en sus discursos, hablaba repetidamente del "burócrata que tienen en la CGT", mientras los militantes le respondían: "Rucci, traidor, a vos te va a pasar lo mismo que a Vandor".

El almirante Emilio Eduardo Massera mantuvo varias reuniones políticas con los metalúrgicos, aunque por separado: Lorenzo Miguel por un lado y Rucci por el otro. Rucci llegaba a los encuentros rodeado de quince custodios que varias veces lo pusieron en problemas con la policía. Ricardo Cárpena y Claudio Jaquelin, en su biografía no autorizada de Lorenzo Miguel, cuentan que "por lo menos tres veces por semana el jefe de Policía de Lanusse, general Alberto Samuel Cáceres, se comunicaba con un estrecho colaborador de Miguel porque se había incautado del arsenal que Rucci llevaba en su automóvil, después de una repetida discusión con cualquier agente que lo detuviera para revisar el auto y pedirle documentos. Si bien a Rucci no lo detenían porque las relaciones con el gobierno eran fluidas, sistemáticamente le retiraban las armas".

El 8 de junio de 1973 el gobierno concertó el Pacto Social. Lo firmaron José Ber Gelbard, ministro de Economía, Julio Broner, de la Confederación General Económica, y José Ignacio Rucci estableciendo, entre otros puntos, la suspensión por dos años de las discusiones salariales a través de las convenciones colectivas. A mediados de mes los diarios y las agencias de noticias recibieron un comunicado del PRT-ERP donde Rucci era condenado a muerte. Ya Rucci había advertido: "Si me pasa algo que quede bien claro al movimiento obrero argentino que son los inmundos bolches y los sucios trotskistas los que indudablemente pueden atentar contra mi vida".

Diez minutos después del mediodía del 25 de septiembre Rucci fue acribillado a balazos mientras intentaba subir a su automóvil, en la puerta de su departamento de la calle Avellaneda 2933 en Floresta. La vivienda era propiedad de Antonio Iann, copropietario de una agencia de publicidad y estaba ocupada ocasionalmente por la familia de Rucci. Días antes habían recibido la visita de unos técnicos "verificando el estado del teléfono" que habían pinchado. El comando que asesinó a Rucci tomó posición en una casa contigua que estaba en alquiler y también tomaron el colegio judío Maimónides, en la vereda de enfrente. Rucci salió detrás de sus doce guardaespaldas hacia su auto, un Torino rojo sin blindar, y el grupo comenzó a recibir descargas de metralla y una granada. Rucci cayó muerto mientras su chofer, Abraham Muñoz y otros de sus custodios sufrieron heridas graves.

—Me cortaron las patas —dicen que dijo Perón en el velorio de Rucci.

—Esos disparos eran para mí —dicen que agregó.

Santiago Senén González recorrió en su ensayo las diversas hipótesis respecto de la responsabilidad del atentado: "Un editorial del periódico *El Descamisado* de octubre del '73, firmado por Dardo Cabo plantea una especie de autocrítica: 'La cosa ahora es cómo parar la mano'. Pero buscar las causas profundas de esta violencia es la condición. Caminos falsos nos llevaron a soluciones falsas: Alonso, Vandor, ahora Rucci". El periodista norteamericano Mick Andersen sostuvo, como frente al caso Aramburu, que Firmenich fue, paralelamente, un oficial de Inteligencia del Batallón 601 del Ejército: "Su misión habría sido, en este caso, adjudicar a la organización subversiva una serie de atentados espectaculares, como el de Rucci, que en realidad no habían cometido". Según Miguel Bonasso, quien mantuvo una polémica con Andersen desde Londres, "fui informado por Julio Iván Roque, caído posteriormente en combate con el Ejército, en minucia de los detalles de la operación, dejando claramente la impresión de que había participado en ella". Según Senén, "las teorías de Andersen tienen asidero y complementan la intervención de otros grupos vinculados a los servicios de inteligencia como la Triple A en el atentado al dirigente cegetista". Para Gillespie, a Rucci lo asesinó "un grupo disidente de Montoneros conocido como la Columna José Sabino Navarro". Para el dirigente Juan José Taccone: "Ahí estuvieron de acuerdo sectores reaccionarios de derecha y de izquierda. La derecha, porque Rucci puso de pie a los trabajadores para enfrentarlos; la izquierda porque Rucci impidió que la subversión se adueñara de los sindicatos". En 1993 Isabel Perón, durante una visita a Buenos Aires, señaló que "a Rucci lo mató alguien de su custodia, alguien muy cercano. Esto es lo único que pudimos saber". El entonces titular de la Comisaría 50 de la Policía Federal, comisario Juan Carlos Bogiano, tuvo a su cargo la investigación del asesinato de Rucci, y descubrió que el comando ejecutor dejó varias armas abandonadas, entre ellas un revólver Smith&Wesson comprado en Estados Unidos e introducido por una azafata con destino a un militar. También olvidaron un pantalón de la Armada, parte del uniforme de verano.

Andersen, citando a "Sam", agente del FBI con base en Buenos Aires, consigna que participaron, junto a agentes dobles de los montoneros, miembros de la Triple A.

El ingenio popular señaló otro responsable, en un chiste que se contaba en toda la ciudad a los pocos días del crimen:

—General —le dijo alguien a Perón—. Mataron a Rucci.

—¿Cómo, ya son las doce? —respondió Perón controlando su reloj.

Aunque, en verdad, fue otro el diálogo telefónico que tuvo Perón luego de enterarse de la noticia. Según confesó Arturo Frondizi entrevistado por Joseph Page, "el día del asesinato de Rucci recibió una llamada telefónica de Perón. La voz del General delataba una profunda preocupación:

"—¿Qué puedo hacer respecto de la violencia? —reflexionó—. Podría acabar con ella si me convirtiera en un dictador, pero estoy demasiado viejo para ser un dictador".

EL
PADRINO

*"Los italianos dicen que la vida es tan dura que el hombre debe tener
dos padres que velen por él. Por eso todos tienen un padrino."*

Mario Puzo, *El Padrino*,
dicho por el Consigliere de la familia Corleone.

El escándalo de la logia Propaganda Dos (P-DUE) estalló al conocerse
los "negocios" de Michael Sindona, condenado en Estados Unidos por maniobras ilegales en negocios petroleros, tráfico de divisas y evasión fiscal. Su
cadena de estafas causó la quiebra del Banco Franklin National y la onda
expansiva terminó en Italia y el Vaticano: provocó la caída del primer ministro Arnaldo Forlani y descubrió la trama secreta de la P-DUE, manejada
por el "Venerable" Licio Gelli, con antecedentes fascistas. La logia reunió
en Italia –y también en la Argentina– a banqueros, militares y otros dueños
del poder real. Otro de los miembros de la P-DUE fue Roberto Calvi,
presidente del Banco Ambrosiano, el banco privado más grande de Italia,
asociado con el Instituto de Obras Religiosas del Vaticano. En pleno vendaval, Calvi se fugó de Roma e inauguró un deporte de alto riesgo: colgar
con una soga al cuello desde el Puente de Londres. Nunca se aclaró si, para
practicarlo, eran necesarios uno o dos participantes.

Don Licio vivía en Arezzo, en la Villa Wanda, y la premura por salir de
viaje le hizo dejar variada documentación sobre la logia que fue descubierta

por la policía italiana cuando allanó la finca. Como señala Gerardo Bra en su ensayo "La P-2 en la Argentina", al margen de la obvia investigación policial, el Parlamento italiano nombró una "Comissione Parlamentare D'inchiesta Sul Caso Sindome e Sulle responsabilitá politiche ed administrative ad esso aventualmente connesse" de la que debe haberse arrepentido al poco tiempo, ya que el escándalo llegó hasta el enviado de Dios en la Tierra. A mediados de 1981 la Comissione dio a conocer la nómina de "piduístas", en la que figuran varios argentinos. En ese mismo año circuló con insistencia en Roma la versión que señala que Licio Gelli se ocultaba en Buenos Aires, hecho que más tarde se comprobó como verdadero: el "Venerable" vivió en una casa de muros rosados (una triste coincidencia) del barrio de La Horqueta, en San Isidro, al norte del conurbano bonaerense. El 21 de enero de 1982 el Senado italiano disolvió la P-DUE. A esa altura la investigación ya había descubierto que la logia era propietaria del influyente diario *Corriere Della Sera*, que desde 1977 sobrevivía gracias a los aportes de Gelli, Calvi y Ortolani, mano derecha del "Venerable".

Según Ugo Intini, director del diario socialista *Avanti*, "el *Corriere* fue conquistado con miles de millones para usarlo como formidable instrumento de poder. Mediante la influencia sobre el diario y otras tramas en marcha, la P-DUE preparaba el asalto a las instituciones". Angelo Rizzoli, presidente de la prestigiosa Rizzoli Editores, fue el "piduista" designado para manejar el diario junto a Bruno Tassan Din, su director general.

Calvi escapó de Italia el 10 de junio de 1982 y probó con su cuello la resistencia de una soga en el puente de Londres diez días más tarde, el 20 de junio. Su secretaria le ganó de mano: Graciela Teresa Corrocher se suicidó haciendo una caída libre desde el quinto piso del Banco Ambrosiano, luego de dejar la siguiente esquela: "Sea Calvi dos veces maldito por el daño que causó al banco y a sus empleados".

El 13 de septiembre del mismo año la policía detuvo a Gelli en Suiza, mientras intentaba retirar dinero del banco. Durante el interrogatorio posterior, reconoció haber entrado ilegalmente al país. Un mes más tarde la policía romana confiscó todos los listados de miembros de las organizaciones masónicas dependientes de la logia Gran Oriente de Italia. Se estimó entonces que en Italia había alrededor de catorce mil masones. Los miembros de la *Comissione*, entretanto, escucharon con la boca abierta: el general Giulio Grassini, director de los Servicios Secretos entre 1978 y 1981, reconoció haber enviado a Don Licio a varias misiones internacionales de espionaje que, aseguró, no podía revelar por tratarse de asuntos de Estado. En Washington, la viuda de Calvi declaró: "El verdadero jefe de la P-DUE era Giulio Andreotti –refiriéndose al líder democristiano, ex presidente del Consejo de Ministros– Gelli era el cuarto en jerarquía. Andreotti el primero, Francisco Cosentino (ex secretario de la Cámara de Diputados) lo seguía después y el tercero era Umberto Ortolani". Una investigación publicada entonces por el matutino *La República* reveló que la trama de la P-DUE enredó a la CIA, al Vaticano, al mundo político italiano y a las finanzas de medio mundo. Puesta a hablar, la viuda de Calvi también reveló que "estaba por concretarse una operación que habría cambiado los equilibrios internos e internacionales del Vaticano: Calvi quería aliarse a la facción conservadora de la Iglesia, el Opus Dei, y Andreotti se oponía a ello".

El 23 de marzo de 1983 Don Licio Gelli fue condenado por el Tribunal de Policía de Ginebra a dos años de prisión en forma incondicional y a una multa de cien francos suizos por haber violado la ley helvética sobre presencia de extranjeros. El 9 de agosto el "Venerable" sobornó con diez mil dólares al guardia Humberto Cerdana, y salió de la prisión en una furgoneta oficial, dejando en la cama de su celda a un muñeco vestido con su pijama.

Cuando Giancarlo Elia Valori, otro de los piduístas, fue interrogado por la Comissione, manifestó que "el poder de Gelli es más acentuado en la Argentina que en Italia". Valori fue precisamente quien presentó al general Perón a Licio Gelli y quien esperó a Perón en el aeropuerto italiano antes de que éste partiera por primera vez a Buenos Aires. Según declaró Valori los mayores "puntos de contacto del Venerable en Italia fueron los organismos militares, las fuerzas de seguridad y el ambiente bancario, particularmente la Banca Nazionale del Lavoro".

Según Bra, "el verdadero motor del afianzamiento piduísta fue José López Rega". Bra dio detalles sobre las publicaciones esotéricas de López Rega, editadas por el propio autor a través de una editora fantasma denominada Rosa de Libres. "*Alpha y Omega, un mensaje para la Humanidad* –escribió Bra– es alucinante (...) es una mescolanza de diversas y disímiles posiciones pseudoesotéricas; un tutti-frutti de cristianismo, budismo, masonería, teosofía, astrología, la Nueva Era, la Era de Acuario, las vidas védicas, la Santísima Trinidad, el Umbandismo, Brahma [*N. del A.*: ...y seguramente otras cervezas], Visnú, Shiva, etcétera". Algunas frases al azar: "Casi todos los mentados problemas –escribe López Rega– son solamente los DOS POLOS MAGNÉTICOS [*N. del A.*: en mayúsculas en el original] que se sintetizan en el SEXO y el PODER, que otorga el dinero. Piensen seriamente aquellos que tienen problemas, razonando un instante con profundidad sobre este tema, y hallarán que el CIELO y el INFIERNO están ubicados en el mismo lugar. ¡La suerte y la DESGRACIA!". En otras páginas, López

Rega habla extensamente sobre la "deuda kármica" que el género humano tiene con la vaca, y se solidariza con "el sacrificio de las VACAS en su servicio permanente a la HUMANIDAD. Nos brindan el alimento de su preciada leche y sus derivados lácteos proteínicos, nos comemos su carne y sus entrañas, utilizamos sus cueros como alfombras, como camperas, vestidos, chaquetas; como suelas de nuestros zapatos, como cinturones, tiradores, pulseras de relojes, carteras, billeteras, portafolios y con el advenimiento de la moda vaquera, hasta los pantalones llamados vaqueros. ¡Con sólo lo mencionado, que es parte de lo vulgarmente conocido, podemos notar que toda la RAZA HUMANA está saturada de VACAS, lo cual nos lleva a conocer el triste final! ¿Cómo pagamos tanto sacrificio, tanta deuda como la contraída con las VACAS durante siglos? (...) Las VACAS deben buscar para alimentarse aquello que sus propios medios le pueden otorgar dentro del perímetro de su encierro (¿campo de concentración?), alejadas de toda manifestación de cariño humano, y pareciera ser un lugar destinado a cobijar criminales de guerra y no a fortalecer el alimento de la República Argentina. (...) Sus ojos están muy abiertos y fijos como si miraran la noche de los TIEMPOS", escribió López Rega en *Alpha y Omega*, del que aún se conserva un ejemplar en la Biblioteca Nacional.

Leo Sisti y Gianfranco Modolo, en su libro *El Banco paga*, aseguraron: "Para la Argentina, en especial, los dos italianos (se refieren a Gelli y Ortolani) gestionaron importantes negocios, sobre todo de compra de petróleo y armas, a cambio de la única riqueza de aquel país: la carne. El artífice de los mayores contratos fue Gelli que, en compañía de López Rega (brazo derecho de Perón y notorio por sus conocimientos de ocultismo) desarrolló actividades en los lugares más diversos. En 1974, por ejemplo, ambos se encontraron en Libia para comprarle petróleo crudo a Kaddhafi.

"Como es natural, el acuerdo resultante incluyó una 'gratificación'. Si nos atenemos a las acusaciones surgidas tras la expulsión de López Rega, se pasaron abultados sobres a los intermediarios y al propio López Rega. ¿Qué se le ha perdido a Calvi en la Argentina¿ –se preguntan Sisti y Modolo– y ¿por qué invierte tanto dinero en un país donde la economía viaja a un ritmo de inflación anual del 130/140 por ciento, donde el porvenir se ve diariamente más incierto? (...) El Maestro Venerable y su cerebro, Ortolani, orientan las actividades y planifican la expansión del Banco Ambrosiano en Sudamérica: Ortolani lo hace desde su villa en Montevideo alhajada con antigüedades traídas de Italia, y Gelli desde su chalet en Punta del Este."

Una nota publicada en *La Prensa* el 28 de enero de 1982 dio cuenta de los compromisos de un grupo editorial argentino con la Logia: Celulosa y

Rizzoli Editores S.A., conocida como Editorial CREA (editora de *Siete Días*, *Claudia*, *Vosotras*, *Nocturno*, *Corsa*, *Aire y Sol* y *Jocker*) reunió todos los títulos de Julio Korn, formando Editorial Abril en un 51 por ciento de Celulosa Argentina y un 49 por ciento del Grupo Rizzoli. Bruno Tassan Din, involucrado en el escándalo del *Corriere Della Sera* figuró desde 1980 en el directorio como titular de la empresa. "Entretanto —decía *La Prensa*— se han producido dos hechos económicos importantes: el primero es que Celulosa está al borde de la convocatoria de acreedores, y el segundo es que CREA ha ido perdiendo notoriamente mercado, capital y perspectivas. El principal acreedor de Celulosa es el Banco de Desarrollo, que actualmente ejerce un fideicomiso sobre la empresa y que, involuntariamente, ha quedado asociado de alguna manera con Rizzoli, *Corriere Della Sera* y Propaganda Dos.

Gerardo Bra afirmó que Gelli adquirió en 1978 una estancia llamada Don Alberto, en Tandil, propiedad del ex canciller Alberto Vignes. También compró dos establecimientos de campo, uno en General Viamonte (Córdoba) y el otro en General Guido (Buenos Aires).

El 18 de octubre de 1973 Licio Gelli fue condecorado por Perón con la Orden del Libertador General San Martín en el grado de Gran Cruz. El 2 de septiembre de 1974 el decreto 735, firmado por María Estela Martínez de Perón, lo nombró como Consejero Económico de la embajada argentina en Italia. En octubre de 1976 la dictadura de Videla inició gestiones para que Gelli cesara en sus funciones. Sin embargo el 29 de noviembre del mismo año el cable 535 de la Cancillería ordenó a la embajada que se lo restituyera en la función y se lo incluyera en la Guía Diplomática.

Gelli fue titular de cuatro pasaportes diplomáticos: entre otros como Delegado en Misión Especial y Ministro Plenipotenciario para Asuntos Culturales. El primer pasaporte lo recibió por gestión del presidente Cámpora y se mantuvo durante ocho años como miembro del Servicio Exterior de la Nación. Señaló Bra que en "un allanamiento efectuado a una propiedad de Ortolani en Uruguay se hallaron cartas que revelan la naturaleza de una sospechosa relación entre Gelli y altos funcionarios argentinos, particularmente de Relaciones Exteriores".

En una de esas cartas, fechada el 2 de abril de 1973, Gelli le daba órdenes al 33° Gran Maestro de la Masonería Argentina, embajador César de la Vega: "Sería conveniente —escribió Don Licio— que prepararas dos listas de nombres pertenecientes al sector de la magistratura, de los militares y los médicos, inscriptos o no en nuestra Familia; en la lista de los no inscriptos hasta incluiría a los elementos que actualmente 'están durmiendo'. Vislumbro en esta oportunidad mía, la posibilidad de poder ubicarse en el seno del gobierno o de otros lugares de responsabilidad, con un número mayor de puestos...". En otra carta al embajador decía Don Licio: "La sede de la reunión de los Dos Grandes fue Roma, en lugar de Madrid, y en dicha ocasión habíamos programado el examen de las listas que debías llevar para su colocación en el gobierno y se habrían discutido también varios problemas inherentes a la dirección política que deberá darse al país. Lamento que no hayas podido participar porque tanto Héctor (*N. del A*: ¿Cámpora?) como Domingo (*N. del A.*: ¿Perón?) no solamente confirmaban todo lo que habían prometido, sino que también pedían una colaboración de nuestra parte para el futuro y para toda la duración del gobierno".

La causa de la P-DUE fue investigada por la Fiscalía Nacional de Investigaciones Administrativas y derivada a la Justicia Federal, primero vegetó en el Juzgado Criminal y Correccional Número 3 a cargo del Dr. Pedro Narváiz, luego continuó durmiendo bajo jurisdicción del Dr. Salvi y más tarde hizo lo propio bajo la protección del Dr. Nestor Blondi.

L'Italia della P2, escrito por Andrea Barbieri, Pino Buongiorno, Maurizio de Luca, Nazareno Pagani, Giampaolo Pansa, Eugenio Scalfari y Giusseppe Turani, es una de las más completas investigaciones sobre la Logia P-DUE. En el capítulo titulado "La Internacional del Venerable Licio" (publicado originalmente por *Todo es Historia*) Pino Buongiorno investigó la conexión rioplatense del Venerable Don.

Buongiorno destacó que Licio Gelli estuvo presente, claro, en la ceremonia de asunción de Perón a Isabel: "El se sentía, más que la pareja, el festejado –dijo Buongiorno–. Gelli estaba firmemente convencido de que si aquella fiesta se podía celebrar con tanto fasto, era por la presencia de autoridades de todos los países, como Giulio Andreotti, llegado especialmente de Italia, y el mérito era todo suyo. ¿Quién, si no él había sido el artífice del retorno de Perón al poder? Gelli conoció a Perón a comienzos de 1971 en Puerta de Hierro. Se presentó uno de los 'hermanos' de la P-DUE, Giancarlo Elía Valori. Si Perón accede de nuevo al poder –le dijo excitadísimo Valori a Gelli antes de partir de Roma a Madrid– las industrias italianas, más bien, ¿que digo? Las industrias de la Comunidad Europea se beneficiarán. (...) Gelli también conoció allí a José López Rega, ex cabo de la policía, gorila y mayordomo del general, gestor del encuentro de Perón con Isabelita, una ex bailarina de los *night* de Panamá, pero ante todo, masón puro, cultor de ritos esotéricos, de la magia y de la astrología. Aquel día Gelli prometió a Perón que lo ayudaría, también porque en su corazón pensaba que una vez vuelto al poder aquel dictador (SIC), se abrirían

para él las puertas de un nuevo mundo y sus tentáculos se prolongarían
hasta Sudamérica. El jefe de la P-DUE comenzó a ocuparse personalmente, como lo han revelado los altos dignatarios del Palacio Giustiniani, de la
venta de todo el oro que Perón había llevado con él en el momento de la
fuga, y que debía por fuerza ser transformado en dinero para financiar el
regreso a Buenos Aires. Y ahora, en pareja con Valori, movió a sus amigos
en el Vaticano para hacer levantar la excomunión que había sido dictada
contra Perón por el papa Pío XII, por haber expulsado a los Obispos de la
Argentina. Quedaba un último obstáculo: convencer al más obstinado enemigo de Perón, Arturo Frondizi, para que fuera a pactar con él."

La misión le fue confiada a Valori, quien voló a la Argentina el 12 de
marzo de 1972 y logró llevar a Frondizi a la villa madrileña del General. En
el retorno de Perón, Valori fue el primero en bajar del avión; se hizo dar un
paraguas y esperó paciente al pie de la escalera. Luego tomó del brazo a
Perón ubicándose a su izquierda, en tanto Isabel hacía lo propio por la
derecha y se dirigieron a la sala VIP. Era el triunfo de la P-DUE en Argentina. Cuando en febrero de 1973 Perón, Isabel y López Rega volvieron a
Europa por unas semanas, Licio Gelli los hospedó en su flamante villa de
Lebole, sobre la colina de Santa María de las Gracias, en Arezzo. Los llevó
de paseo y les presentó al duque Amedeo D'Aosta en San Giustino Valdarno.
El viaje de 1973 no sería el primero a Sudamérica para Gelli, según el
Departamento de Informaciones del Frente Amplio del Uruguay. A poco
de finalizada la segunda guerra mundial Gelli llegó a estas playas para
reencontrarse con algunos dirigentes fascistas refugiados en Buenos Aires.
Allí tomó contacto con Alcibíades Lappas, uno de los mayores productores
de piezas de plata, secretario de la Masonería argentina, quien lo introdujo
presentándole a los "hermanos sudamericanos".

"Uno de los proyectos de Gelli para la Argentina —continúa Buongiorno—
era el de organizar una logia encubierta con la participación de los jefes de
las Fuerzas Armadas, de los principales industriales y de los políticos más
destacados, que se llamaría Pro-Patria. En ella alistó a López Rega, al canciller Alberto Vignes (también alto miembro de la Masonería argentina), a
César de la Vega (Gran Maestro de la logia de Buenos Aires de 1972 a 1975
y embajador, primero en Dinamarca y luego en la UNESCO), a Guillermo
de la Plaza, embajador en Uruguay, a Raúl Alberto Lastiri, presidente del
Senado y yerno de López Rega, a Federico Barttfeld, agregado comercial de
la embajada argentina en Roma, al general Carlos Suárez Mason y al almirante Emilio Massera. También a Bindo Corradi, que representaba al Uruguay. (...) A mediados de 1974 Don Licio adoptó la ciudadanía argentina,

y poco después, en un DC-8 especial, el jefe de la P-DUE voló a Libia en compañía de López Rega y cien funcionarios argentinos, donde compraron petróleo de Khaddafi a un precio notablemente superior al de aquel momento en el mercado libre de Rotterdam." En su edición número 446 del 7 de febrero de 1974, la revista *Gente* tituló "Libia: un país que cabe dos veces en la Argentina y que puede inundar al mundo con petróleo". La extensa nota –cinco páginas– abría en una doble en la que se veía a López Rega con los brazos en alto sobre un epígrafe que señala: "La alegría de López Rega: se firmó el convenio". La crónica, escrita por Alfredo Serra, decía: "Pero al final se ganó, que es lo único que importa (...) Hoy a Libia se viene a perder o a ganar. Y la Argentina ganó".

En la primavera de 1975 Gelli fundó la OMPAM (Organización Mundial del Pensamiento y de la Asistencia Masónica), para la que compró un palacete de tres pisos con treinta habitaciones y rodeado de jardines a pocos pasos de la Vía Véneto, en Roma. Gelli recolectó los fondos en Brasil, convenciendo a la Gran Logia Masónica de Guanabara, en Río, que le diera ocho millones de dólares "porque la fuerza del amor necesita sustituir el equilibrio del terror". Pero el proyecto de la OMPAM fracasó: ni el duque de Kent, Gran Maestro de la Logia Unida de Inglaterra ni la Gran Logia de Nueva York quisieron reconocer a la organización. (...) Cuando López Rega fue expulsado de la Argentina, Gelli le dio refugio en Italia. Luego lo envió a Madrid, donde López Rega se sometió a una operación quirúrgica para cambiarse el rostro, y finalmente lo ayudó a establecerse en Suiza. "Vendré a encontrarte seguido", le prometió. Y en efecto cumplió: cada dos meses le anunciaba a los "hermanos" más íntimos: "Voy a la casa de José".

Cuando necesitó renovar sus contactos con la Argentina, Gelli recordó la inclinación de la Armada británica hacia la masonería, y buscó entonces en alta mar, hasta dar con el jefe de la Marina: Massera era fanático, admiraba a Pinochet y se desvivía por las mujeres, el juego y el lujo. Alguien le dijo a Gelli que en Buenos Aires lo llamaban "el almirante en blue jeans". Don Licio lo conoció por intermedio del capitán Carlos Alberto Corti, ya miembro de Pro Patria. Gracias a las gestiones del subsecretario de Relaciones Exteriores de la dictadura, Walter Allara, Don Licio fue ratificado en su cargo. Su cercanía a Massera hizo que casi todas las relaciones económicas con Italia pasaran por él. Gelli se ocupó entonces de la licitación de una central nuclear en Córdoba, de algunos contratos ferroviarios y del ingreso de Rizzoli Editores al mercado argentino, y su posterior sociedad con Celulosa. Pero sus mayores negocios se registraron en la compra de armas: la Junta Militar había asignado un presupuesto de 6.000 millones de dólares que debía gastarse, sí o sí, dentro de 1980. Don Licio hizo entonces invitar a Massera a Italia para cerrar acuerdos para la provisión de fragatas misilísticas Lupo, sistemas de misiles y preparación electrónica naval. Pero Massera se encontró con una sorpresa: los trabajadores del astillero de la Oto Melara de La Spezia declararon una huelga general por la llegada "de uno de los miembros de la tristemente famosa Junta Militar argentina". El marino siguió viaje a Alemania y fue en vano que el Jefe de Estado Mayor de la Marina italiana, almirante Giovanni Torrisi, viajara a Buenos Aires invitado por Gelli: no hubo fragatas Lupo. Más afortunado fue Gelli con el radar y los misiles de la Selenia: el contrato se firmó y el presidente de la sociedad, Michele Principe, se afilió a la P-DUE. Don Licio, entretanto, siguió invirtiendo en el país: compró departamentos y haciendas en Buenos Aires y el interior, se asoció a una empresa de búsqueda petrolífera submarina y compró acciones de una sociedad exportadora de carne. "El primer día de enero de 1978 el Venerable se presentó a la sociedad uruguaya, en los salones del clásico Hotel Carrasco de Montevideo: llevaba traje color crema, sombrero panamá, anteojos con armazón de oro y bastón con pomo de oro centelleante. Un general uruguayo vestido de civil se puso de pie y dio la bienvenida al 'nuevo amigo italiano', augurándole 'grandes éxitos'. Gelli y Ortolani hicieron negocios con el BAFISUD (Banco Financiero Sudamericano), que aumentó su movimiento de dinero hasta llegar al récord de 150 millones de dólares. La P-DUE se encargó de acercarle *partners* influyentes: la Banca Nazionale del Lavoro, el Banco de Sicilia, la Cisalpine Overseas Bank de Nassau, de Bahamas (propiedad del Banco Ambrosiano) y el también dependiente Banco Occidental de Madrid. Don Licio compró una villa en Montevideo, cerca del aeropuerto, entre un bosque de pinos y eucaliptus. Pagó 600.000 dólares por su casa de quince habitaciones y un pequeño zoológico, y tardó más de un año en remodelarla, trayendo mármoles de Carrara, cuadros de autores clásicos y antigüedades de todo tipo. También se ligó a los halcones de la dictadura: el ministro del Interior Manuel Núñez, el director de la Escuela Militar Alberto Ballestrino, el jefe de Policía Hugo Arregui, el general Luis Queirolo, y con Pablo Pardo Santallana, propietario del Banco Comercial. Y también tuvo, del otro lado del río, su correspondiente medallita: fue condecorado con la Gran Croce al mérito con Spade. Aquerenciado con el Uruguay, Don Licio adquirió 1850 lotes, por un valor de 80 millones de dólares, del conocido Club del Lago, confiando la administración a un "hermano" de Montevideo, Luis Fugasot."

Hasta que un día, todo estalló en pedazos.

EL OTOÑO DEL PATRIARCA

"Cuando un gobierno ha llegado al poder a través de algún tipo de voto popular, fraudulento o no, y conserva al menos una apariencia de legalidad constitucional, no debe promoverse un levantamiento guerrillero, puesto que aún no se han agotado las posibilidades de lucha pacífica."

Ernesto Che Guevara, citado por Gillespie
en *Montoneros, soldados de Perón.*

Gravemente enfermo y a los setenta y ocho años, cuatro días después de su cumpleaños, cuando apenas acababa de jurar como Presidente, le tocó a Perón la tarea más difícil: detener la tormenta que había ayudado a desatar. La grieta peronista no era un problema exclusivo de algunos "muchachos díscolos": se extendía a los sindicatos, al propio gabinete y a los gobernadores electos. El país estaba rajado, y ese tajo se hacía cada vez más evidente en la vida cotidiana. Para decirlo de otro modo: la crisis era tal que, de uno y otro lado, todos opinaban sobre la "pureza peronista" de Perón. ¿Era Perón verdaderamente peronista?, se preguntaban. ¿Qué otra cosa podía ser, sino? Sin embargo, hubo quienes se sentían más peronistas que Perón o, si se quiere, más cristianos que Cristo. Así como la derecha exageró de la manera más brutal los gestos y deseos ocultos del líder, la izquierda se dio a la tarea de "reinventarlo", de reescribir a Perón, de crear un Perón que estuviera

más cercano a su "idea de Perón". Para Platón, se hubiera tratado de un
Topos Uranos al revés: la idea tenía que acomodarse al objeto.

Oscar Bidegain, gobernador de Buenos Aires, había tenido su corazoncito
fascista pero, por influencia de su mujer e hija, simpatizaba ahora con la JP,
integrada a distintas áreas de su gabinete. Ricardo Obregón Cano, en Córdoba, fue otro de los gobernadores con los que contó la Tendencia. Su
vicegobernador, Atilio López, era uno de los artífices del Cordobazo. "Era
obvio —asegura Page— que Perón estaba ensayando una política de polariza-
ción. Quería forzar al peronismo de izquierda a elegir entre el ERP y el
peronismo ortodoxo". Las palabras de las catacumbas salieron a la luz en
una conferencia de prensa brindada por Perón en el mes de febrero; en ella
la periodista Ana Guzzetti citó un número creciente de "ataques fascistas
sobre los militantes populares", y le preguntó al General qué medidas iba a
tomar para eliminar a "los grupos parapoliciales de ultraderecha". Nadie,
nunca, lo había dicho en voz alta frente al líder. Perón, en uno de sus pocos
desplantes públicos, le respondió que ese asunto tenían que arreglarlo entre
los grupos de ultraderecha y de ultraizquierda y le dio instrucciones al Ministerio de Justicia para que iniciara "una causa legal contra la señorita".

El 19 de enero el PRT-ERP llevó a cabo una de sus operaciones más
osadas: asaltó el regimiento de tanques de Azul, luego de siete horas de
tiroteo con las tropas del Ejército que defendían el cuartel. El coronel Camilo Gay, comandante de la guarnición, y su esposa, resultaron muertos.
Un teniente coronel fue tomado prisionero y luego asesinado, después de
pasar diez meses en una "cárcel del pueblo". A la noche siguiente Perón
habló por la cadena nacional de televisión vistiendo su uniforme militar:
denunció el ataque y acusó a las autoridades de la provincia de "tolerar la
subversión". Bidegain renunció de inmediato, y en su lugar asumió Victorio
Calabró, de la ultraderecha peronista, dispuesto a "limpiar" a la JP de la
administración bonaerense.

Según Page, "el incidente ocurrido en Azul tuvo otros efectos negativos
sobre la izquierda peronista. El bloque de la mayoría presentó en el Congreso un proyecto de ley antisubversiva tan duro y amplio que iba a poder
ser utilizado para reprimir cualquier tipo de disenso. La discusión en el
propio bloque oficialista provocó la renuncia de todos los diputados de la
JP". Mientras el peronismo ortodoxo aprovechaba el río revuelto para pedir la intervención de Córdoba, el gobierno nacional conspiró con el jefe
de policía local para que enfrentara al gobernador. Obregón Cano acusó al
jefe policial Antonio Navarro de entregar armamentos a grupos parapoliciales, y ordenó su destitución. Navarro se rebeló y logró que sus efectivos

de la policía provincial detuvieran a Obregón y a López. Las fuerzas policiales tomaron la Casa de Gobierno y ocuparon varias estaciones de radio, propalando un comunicado donde anunciaron que su propósito era "erradicar la camarilla marxista de Obregón Cano". Los gremios, alineados con el peronismo ortodoxo, declararon una huelga a favor de Navarro y finalmente el gobierno cayó derrocado. Semanas después trascendió por medio de la prensa que el inefable teniente coronel Osinde había hecho varios viajes a Córdoba semanas antes de que se produjera el "navarrazo". Según relató Heriberto Kahn en *Doy Fe*, en el mes de enero el gabinete se reunió en casa de uno de los ministros para escuchar la opinión del Dr. Taiana sobre el estado de salud del Presidente. Taiana les dijo que Perón tenía una seria afección cardíaca y que podría vivir, a lo sumo, seis meses más. López Rega no estuvo de acuerdo con el médico, e insistió en que la salud de Perón era perfecta: "Yo lo puedo decir mejor que nadie –dijo– porque cuando el General está mal yo también me enfermo".

Entrevistado por Joseph Page en Washington, el vicedirector de la CIA, general Vernon Walters, reconoció por primera vez haber realizado una "visita ultrasecreta" a Perón en el mes de abril. Según Walters, el General estaba relajado, hablaron durante tres horas y jamás perdió el hilo de la conversación, ni se retiró para ir al baño. Walters recordó que los expertos del cuartel de Langley, Virginia, sostenían en aquel momento que Perón no iba a vivir más de un par de meses. Según Walters, el propósito de su visita no era observar el estado de salud de Perón, sino darle su palabra de soldado de que los rumores que corrían sobre la participación de los Estados Unidos en un golpe para derrocarlo eran falsos. También –dijo– aprovechó la oportunidad para transmitirle la preocupación de su gobierno sobre un posible giro de Argentina hacia la extrema izquierda.

Walters habló con Perón en español, se alojó en el Plaza Hotel, viajó en subterráneo sin custodia y nadie se enteró de su presencia en Buenos Aires.

A comienzos de mayo, por decreto del Poder Ejecutivo, López Rega fue promovido al grado de Comisario General, doce cargos por encima del nivel que tenía cuando se retiró de la policía. Su relación con Perón, sin embargo, tenía desniveles. En su libro *Ahora o nunca*, Jorge Antonio relató que en una carta que Perón le envió el 19 de octubre de 1973 le decía: "López Rega, enloquecido, me crea toda clase de problemas. Así le irá".

LA HORA DE
LOS BRUJOS

"José López Rega es uno de esos luchadores que recogen, por lo general, la ingratitud del sistema al que protegen. López Rega cumple al lado del Presidente el papel de meter mano en tareas antipáticas. Sería por lo menos arriesgado prescindir, hoy, de este servicio."

Mariano Grondona, *Carta Política,*
diciembre de 1974.

La Triple A, Alianza Anticomunista Argentina, bajo el mando de López Rega, comenzó su actividad criminal después del asesinato de Rucci (o, según algunas versiones, con él). Uno de sus hombres clave fue el comisario Alberto Villar, un oficial de la Federal especializado en Contrainsurgencia sobre la base del modelo Interampol promovido por los Estados Unidos. Lo acompañaron, entre otros oficiales: Luis Margaride, Esteban Pidal, Elio Rossi, Héctor "Chacal" García Rey, el subcomisario Juan Ramón Morales, el subinspector Rodolfo Almirón Cena, los suboficiales Jorge Ortiz, Héctor Montes, Pablo Mesa, Oscar Aguirre y Miguel Ángel Rovira. La llamada "Unidad Especial" de la Triple A estaba encabezada por el entonces Jefe de la Brigada de Delitos Federales de la Policía, Juan R. Morales quien, en la década de los sesenta, en sociedad con Almirón y los suboficiales José Vicente Lavia y Edwin Farquarsohn realizaron varios asaltos, secuestros y operaciones de contrabando junto a una banda de delincuentes comunes manejada por Miguel "Loco" Prieto. Según Ignacio González Jansen en su libro *La Triple A*, los jefes de otros comandos de la Triple A eran, a la vez, "funcionarios del Ministerio manejado por López Rega: el teniente coronel Osinde, Julio Yessi (presidente del Instituto Nacional de Acción Cooperativa), Jorge Conti y Salvador Paino (Dirección de Prensa), Roberto Vigliano y José Miguel Vanni. Las oficinas de la revista *El Caudillo*, dirigida por Felipe Romeo y financiada por López Rega, fueron el cuartel general de Almirón y Morales hasta que fueron descubiertas por accidente por un teniente del Ejército y debieron ser evacuadas ante una inminente investigación judicial". Romeo y su patota se mudaron luego a la calle Lavalle a pocas cuadras de Callao y a diez metros de una comisaría de la Capital. Un oficial del Ejército amparado por el anonimato le confesó a González Jansen que, a mediados de 1974, "ya habíamos recibido órdenes de no tomar prisioneros; a los guerrilleros del ERP debíamos eliminarlos en el acto; a los peronistas podíamos interrogarlos antes de liquidarlos". "Bajo la cobertura de 'asistencia para la lucha contra el narcotráfico' –sigue Jansen– la embajada de Estados Unidos instrumentó nuevos programas de cooperación con la Policía Federal." Ya López Rega, en la década de los sesenta, en Madrid, había iniciado contactos con especialistas norteamericanos en contraterrorismo.

López fue frecuente interlocutor del entonces embajador norteamericano en España, Robert Hill, según Jansen "uno de los políticos empresarios que durante la administración de Eisenhower participó activamente en la conspiración en Guatemala que derribó al coronel Jacobo Arbenz. Hill designó a uno de sus asistentes como enlace con López Rega, y ambos se encontraban asiduamente en el bar del hotel Ritz de Madrid, donde López conoció a uno de los jefes del terrorismo guatemalteco, el coronel Máximo Zepeda. "Tanto Zepeda como Hill –sigue Jansen– comparaban a la Argentina con Indonesia y a Perón con Sukarno, un líder tercermundista cuyo movimiento era peligrosamente copado por los comunistas lo que hacía necesario, según ellos, un 'golpe profiláctico'. En ese contexto López Rega debía convertirse en Suharto, quien garantizaría la 'pureza ideológica del peronismo'." "En Argentina no vamos a necesitar un millón de muertos como en Indonesia, porque con diez mil se resuelve el problema", le dijo López Rega a Osinde en una reunión en la que discutieron la creación de una fuerza de choque.

Según señala González Jansen, entre julio y septiembre de 1974 se produjeron 220 atentados de la Triple A, casi tres por día, sesenta asesinatos –uno cada 19 horas– y 44 víctimas resultaron con heridas graves. También 20 secuestros, uno cada dos días.

Víctor Samuelson era el gerente general de la refinería de Campana de la Exxon Corporation. El 6 de diciembre de 1973 –relató el periodista norteamericano Mick Andersen– "estaba trabajando en un plan de urgencia para que los gerentes extranjeros de Exxon abandonaran la Argentina". Dos semanas antes, un gerente de la Ford Motor Company había sido asesinado. Samuelson y un huésped norteamericano llegado de la Exxon central caminaban alrededor de la pileta de natación cuando una voz les gritó:

–¡No sigan adelante! El lugar está rodeado. ¡Vuelvan adentro!

Adentro había doce guerrilleros del ERP que cubrían sus rostros con medias de red. Samuelson apareció más tarde en una "cárcel del pueblo" que, según dijo después, "parecía la fosa de engrase de una estación de servicio". Cinco días más tarde *El Mundo*, un periódico financiado por el ERP (otro matutino, *Noticias*, perteneció a la estructura legal de los montoneros) publicó las exigencias del rescate. Analizando la situación, el *Wall Street Journal* aseguró que haber sido secuestrado por el ERP le daba cierta tranquilidad, "aunque el grupo era propenso a disparar, pero también tenía la reputación de devolver a los rehenes con vida una vez pagado el rescate". El rescate fue, en este caso, de quince millones de dólares. Durante cinco meses las negociaciones estuvieron a cargo de Enrique "Ricardo" Gorriarán Merlo que, ante la sugerencia de la compañía de pagar dos millones respondió que "en ese caso sería devuelto envuelto en una bandera norteamericana".

Samuelson fue periódicamente drogado con alucinógenos y pasó cuatro meses en diversos sótanos. La Exxon, finalmente, pagó 14.200.000 dólares. La oferta final llegó al ERP en momentos en que un pelotón de fusilamiento estaba por cumplir la amenaza. Samuelson, semanas después, fue liberado.

El 7 de febrero, en un discurso dirigido a líderes de organizaciones juveniles del peronismo ortodoxo, Perón fustigó a los "infiltrados" en el movimiento. Los llamó "idiotas útiles" y "estafadores". "¿Qué hacen en el justicialismo?", se preguntó. "Si yo fuera comunista, me voy al Partido Comunista." Pero el día del enfrentamiento dialéctico fue el 1 de mayo. El Día del Trabajo Perón apareció en el balcón a las 17.10 hs. Al rato, mientras la JP le gritaba "Evita hay una sola", Isabel coronó a la Reina de los Trabajadores. Después Perón pronunció un discurso detrás de un cristal antibalas. Ante cada palabra la JP lo interrumpió con cantitos:

"Que pasa Que pasa
Que pasa general
está lleno de gorilas
el gobierno popular."

Perón denunció entonces a "los mercenarios al servicio del dinero extranjero", y la JP le respondió con otros cantos:

"No queremos carnaval

asamblea popular."

Perón los llamó "estúpidos" e "imberbes" y luego importantes sectores de la plaza comenzaron a retirarse. Se estima que aquel día entre sesenta y ochenta mil personas le dieron la espalda al General y se alejaron de la Plaza de Mayo.

Diez días después el padre Carlos Mugica fue ametrallado en la puerta de una iglesia de Mataderos. Según Mick Andersen, Mugica, semanas atrás, había dicho a sus amigos que "creía que los montoneros iban a matarlo". "Conozco a esa gente", les dijo. Los montoneros se apresuraron a condenar el asesinato y Firmenich escribió en el periódico *Noticias* que "las amenazas recibidas por el sacerdote fueron obra de elementos infantiles y ultraizquierdistas", y que Mugica fue asesinado por grupos de ultraderecha. En junio, mientras Isabel y López Rega se encontraban en Europa –donde la vicepresidente habló ante la Organización Internacional del Trabajo– el estado de salud de Perón empeoró. En un encuentro mantenido con Balbín en la Casa Rosada le dijo "me muero" al líder radical. El miércoles 12 de junio dirigió un mensaje por televisión, acusando a los que amenazaban al pacto social, aclarando que se refería "a los industriales, sindicalistas y algunos diarios oligarcas que hablaban obsesivamente de escasez de productos y desabastecimiento". La CGT declaró entonces una huelga y ordenó una concentración en la Plaza de Mayo. Con diez grados de temperatura Perón salió al balcón a hacer su característico gesto con los brazos en alto.

–Yo llevo en mis oídos –dijo en el final de su discurso– la más maravillosa música que, para mí, es la palabra del pueblo argentino.

Días más tarde el Dr. Cossio le aconsejó reposo absoluto. Perón no le obedeció: se quedó en Olivos pero continuó trabajando. El miércoles 19 Taiana se comunicó a Roma con López Rega, pidiéndole que regresara de inmediato. El sábado 29 por la mañana, en su lecho, Perón firmó sus dos últimos decretos presidenciales: en uno aceptó la renuncia de Cámpora y en el otro delegó la presidencia en Isabel. El lunes 1 de julio, a las 10.25 de la mañana, mientras se celebraba en Olivos una reunión de gabinete, una mucama bajó las escaleras corriendo y llamó a Taiana. El médico llegó al dormitorio de Perón y lo vio sentado en la cama:

–Me voy... –le dijo el General. Estaba sufriendo un paro cardíaco.

Describe Page que "a las 12.30 López Rega decidió probar su suerte. Tomó a Perón por los tobillos y pronunció algunas palabras incomprensibles.

–No puedo, no puedo –murmuró López Rega–. Hace diez años que lo hago, que le doy fuerzas, pero ya no puedo... no puedo.

A las 13.15 Taiana y Cossio cesaron en sus esfuerzos para reanimar a Perón y lo declararon oficialmente muerto.

El martes a la mañana el cuerpo de Perón fue trasladado desde Olivos a la Catedral y luego al Congreso. Durante dos días desfilaron decenas de miles de personas para despedirlo. Cuando se clausuraron las puertas el jueves por la mañana, aún quedaban miles de personas formando fila en la calle. El último discurso para despedir a Perón fue de Balbín: "Este viejo adversario –dijo– despide a un amigo".

Disparos
en las Sombras

El 6 de septiembre de 1974, cuando el ERP había comenzado a considerar un cese del fuego, los montoneros anunciaron su paso a la clandestinidad: lo hizo Firmenich en una conferencia de prensa secreta en la que apareció flanqueado por Juan Carlos Dante Gullo (JP), Juan Pablo Ventura (JUP), Enrique Juárez (JTP) y Adriana Lesgart (Grupo Evita). Firmenich anunció el emprendimiento de una "guerra popular integral" que implicaba la creación de las "milicias peronistas". Richard Gillespie sostiene que incluso en vida de Perón, los montoneros siguieron operando en la clandestinidad, practicando su propia versión de la "justicia popular", al tiempo que pudieron ocultar con éxito su responsabilidad. "Durante los dieciséis meses en la superficie –señala Gillespie– asesinaron probablemente a José Ignacio Rucci, mataron sin duda a Rogelio Coria (anterior jefe de la UOCRA), a Félix Navazo (guardaespaldas de la UOCRA), a Arturo Mor Roig (ministro del Interior de Lanusse), a David Kraiselburd (propietario de *El Día* de La Plata) y a Martín Salas (líder de la ultraderechista CNU).

En pocos días la violencia política recrudeció: fueron asesinados Rodolfo Ortega Peña, Silvio Frondizi, Jordán Bruno Genta, el ya mencionado comisario Villar y el general chileno Carlos Prats y su esposa. La Triple A difundió sus listas de víctimas probables, en las que se contaron numerosos actores y artistas, y el médico de Perón, Jorge Taiana.

El deterioro del gobierno era palpable, como también lo era el vacío de poder generado por la presencia de Isabel: Deleis, de Titto y Arguindeguy señalan que "en los casi veinte meses del gobierno de Isabel, incluyendo dos breves períodos de licencia por enfermedad, la decisiva cartera de Economía fue ocupada, sucesivamente, por José Ber Gelbard, Alfredo Gómez Morales, Celestino Rodrigo, Pedro J. Bonanni, Antonio Cafiero y Emilio Mondelli. En el Ministerio del Interior, en veinte meses, se sucedieron: Benito Llambí, Alberto Rocamora, Antonio Benítez, Vicente Damasco, Ángel Federico Robledo y Roberto Ares. En total, 36 ministros desfilaron por los ocho ministerios".

El domingo 4 de diciembre el capitán Humberto Viola, de 31 años, oficial de inteligencia del Ejército, su esposa y sus dos hijas llegaron a la casa de sus padres, en San Miguel de Tucumán, a la hora del almuerzo. Desde dos coches estacionados enfrente comenzaron a salir disparos: Viola y su hija María Cristina, de tres años, cayeron muertos. María Fernanda, de cinco años, fue gravemente herida por una bala que le rozó la cabeza. El PRT-ERP se adjudicó el hecho y aclaró que era una represalia por la muerte de "dieciséis compañeros en el copamiento a una base del Ejército en Catamarca". Al terminar la primera semana de diciembre sumaron diez los oficiales del Ejército asesinados. La campaña se detuvo con la muerte de María Cristina. Al día siguiente del asesinato del capitán Viola, seis jóvenes fueron asesinados en la Capital. Los cuerpos sin vida de dos de ellos aparecieron tirados en la vereda del Teatro Colón con mensajes sobre su pertenencia al PRT-ERP.

El interés de la represión antiguerrillera se trasladó a Tucumán. El 5 de febrero de 1975 Isabel firmó el decreto secreto número 261, que autorizó en su artículo primero al Comando General del Ejército "a ejecutar las operaciones militares que sean necesarias a efectos de neutralizar y/o aniquilar el accionar de elementos subversivos que actúan en la provincia de Tucumán". En su discurso del 1 de mayo Isabel afirmó: "Yo los llevaré a la felicidad, y a los que se opongan les daré con un látigo, se me acabaron la paciencia y la comprensión".

El 2 de junio de 1975 el ministro de Economía Celestino Rodrigo anunció su "política de shock": devaluó la moneda en un cien por ciento, lo que se reflejó en un obvio aumento del tipo de cambio del cien por ciento pero que, en algunos casos, llegó al 160 por ciento y al 230 por ciento; aumento de las tarifas de los servicios eléctricos y de los combustibles (en la nafta, por ejemplo, del 181 por ciento), del transporte (entre el 75 y el 150 por ciento), y de las tasas de interés activas y pasivas. Por otro lado, Rodrigo liberó todos los precios al mercado, a excepción de unos pocos productos de la canasta familiar. El jueves 26 de junio la Presidente firmó un decreto otorgando un aumento general de sueldos escalonado del siguiente modo: un 50 por ciento de inmediato, 15 por ciento a partir de octubre y 15 por ciento a partir de enero de 1976, que resultó obviamente insuficiente. El "Rodrigazo" provocó que la CGT convocara a un paro de 48 horas luego del cual renunció el titular de la cartera económica. Un coletazo de la propia crisis terminó también con López Rega, que fue expulsado de Olivos y enviado al exterior con una misión diplomática bastante confusa. Al poco tiempo se conoció su pedido de captura por INTERPOL.

GUERRILLEROS
CON FILTRO

La certeza de Martín Andersen en *Dossier Secreto* es la misma que la de Próspero Fernández Alvariño en *La Zeta Argentina*: la cúpula montonera fue "operada" en distintas oportunidades por los servicios de inteligencia del Ejército. La coincidencia, a veinte años de distancia, entre el ex miembro de la Revolución Libertadora y el corresponsal de *The Washington Post* en la Argentina de los noventa no sólo parece avalada por la intuición, sino también por la fuerza de los hechos. Para Andersen, "la confirmación definitiva de la actividad de Firmenich como agente doble proviene de un diplomático de los Estados Unidos que vivió en la Argentina durante toda la década de los setenta. La fuente a la que el embajador Robert Hill había encomendado la tarea de vigilar la amenaza de la guerrilla, tenía acceso directo a los oficiales superiores del Ejército Argentino. El norteamericano dijo que Alberto Valín, un coronel que trabajaba para el Batallón 601 de Inteligencia del Ejército, le confió que él era quien trataba con Firmenich. Valín, considerado por la embajada como "definitivamente creíble", había dado a los norteamericanos abundantes datos de inteligencia "invalorables". El diplomático dijo que Firmenich empezó a cooperar con la unidad 601 a principios de la década de los setenta, cuando los montoneros pasaron abiertamente a la izquierda. Su ayuda fue "ideológica primero", y luego "por la excitación que le provocaba", según el norteamericano.

El Ejército lo trató "con mucha inteligencia". El diplomático, que dijo haber mandado extensos despachos a Washington sobre el tema afirmó que una de las principales tareas de Firmenich fue la de ayudar a desacreditar a los montoneros. Como los peronistas de izquierda en gran medida habían abandonado la política armada a mediados de 1973, era necesario apartarlos del reformismo de izquierda y llevarlos a actividades o presuntas acciones que los convirtieran en parias políticos. Así, por medio del mismo Firmenich o "tabicados" hizo que los montoneros recibieran el crédito de una serie de espectaculares, pero políticamente costosos asesinatos que no habían cometido. Uno fue el asesinato de Rucci, otro el de Mor Roig. Firmenich también suministraba a la unidad 601 montoneros que podían estar "dados vuelta", dispuestos a trabajar como agentes dobles".

El 28 de noviembre de 1974 José Polisecki, de 17 años, hijo de un rico empresario judío, fue seducido por una atractiva rubia mayor que él. Terminaron citándose en un bar de Belgrano. A la mañana siguiente, la familia de Polisecki recibió el primer llamado de un grupo llamado Montoneros-Ala Nacionalista, pidiéndole dos millones de dólares como rescate. Hubo dos semanas de negociaciones y finalmente el cuerpo del adolescente se encontró en un acceso de la ruta Panamericana. Tenía siete balazos en la cabeza y un cartel que decía que había sido ejecutado "por traicionar al ERP". Dos de los secuestradores de Polisecki eran agentes de la SIDE con antecedentes de delitos comunes: Nelson Romero y Rodolfo Guillermo Silchinger. Romero llevaba en la luneta de su auto un cartel que decía "Secretaría de Prensa y Difusión. Presidencia de la Nación", la oficina de Jorge Conti, ayudante y mano derecha de López Rega. La rubia atractiva era informante habitual de la SIDE. Al avanzar la investigación se supo que Polisecki estuvo secuestrado en una casa de la calle Libertad 244 en Martínez. En la misma casa vivían Romero y su esposa, y a la vuelta vivía Silchinger. Tanto una como otra casa se usaron habitualmente para "interrogar" a los detenidos. Allí Polisecki fue interrogado por un comandante de Gendarmería que le preguntó por la conspiración judía, el sionismo y los campos de entrenamiento.

El 19 de septiembre de 1974 los hermanos Juan y Jorge Born salían en coche de su casa de Béccar, y fueron desviados de su ruta principal por "policías" que agitaban luces de tránsito portátiles. A pocos metros el auto quedó acorralado por cuatro pelotones de la columna montonera Eva Perón. Alberto Bosch, gerente de Molinos Río de la Plata y Juan Carlos Pérez, chofer de los Born, fueron asesinados durante el operativo.

Horas más tarde Montoneros anunció que los Born serían juzgados por "actuar contra los trabajadores y los intereses nacionales". Un "tribunal" montonero los condenó a un año de cárcel y al pago de un rescate que, al cobrarse, hizo que la pena se redujera a nueve meses. El rescate –que los Born pagaron– fue de sesenta millones de dólares, junto a otras exigencias: 1.200.000 dólares en mercancías para repartir en villas de emergencia y la colocación de bustos de

Perón y Eva Perón en todas sus fábricas. Durante la larga negociación los montoneros presionaron colocando explosivos y ametrallando los domicilios de los ejecutivos de Molinos.

El 20 de junio de 1975 Firmenich convocó a una conferencia de prensa luego de la cual los Born fueron liberados. El periodista Andrew Graham-Yool, del *Buenos Aires Herald*, se encontraba entre los invitados. Aquél era un cálido viernes soleado, y la excitación de la noticia debe haber ayudado para que nadie tomara en cuenta el domicilio de la cita: la casa estaba en la calle Libertad 244 de Martínez: era la misma que la SIDE y Gendarmería utilizaron para el interrogatorio del joven Polisecki, entre otros.

Firmenich entró de traje, pidió disculpas y se fue a cambiar. Se movía con familiaridad, como si estuviera en su propia casa. Y quizá lo estaba. Había una mucama, uniformada de blanco y negro, que se encargó de servir empanadas y vino blanco a la prensa. El "Comandante Mario Firmenich" –así fue anunciado– afirmó ante los periodistas que "el encarcelamiento de los hermanos Born es la prueba de que somos ahora una fuerza para tener en cuenta, una organización política que no puede ser ignorada". "Su preocupación era que no lo ignoraran –relató Graham Yool a Andersen–. Él era el jefe." Cuando le preguntaron si se definía como marxista-leninista, Firmenich dijo que no: no había leído a ninguno de los dos.

–¿Cuánto sacaron por Born?

–Lo que nos proponíamos conseguir; sesenta millones de dólares.

En ese momento entró a escena Jorge Born, llevando anteojos para sol, con algodón debajo de los cristales.

–¿Dónde está su hermano Juan? –le preguntaron.

El guerrillero que lo acompañaba tomándolo del brazo interrumpió y se apresuró a contestar:

—El Sr. Born fue liberado hace algunos meses.

Graham Yool insistió, pidiéndole una fecha:

–Uno pierde noción de las fechas –dijo Born–. Puede haber sido por diciembre, o enero.

Un periodista elogió el corte del saco de Born.

–Bueno –dijo– ellos me permiten usarlo.

Hubo algunas risas y otro mencionó su buen corte de pelo.

–Todo este tiempo me ayudaron a mantenerme el pelo corto.

Después Born dijo que había sido llevado a esa casa dos días atrás, en un automóvil.

Pocas horas después Born fue liberado. Romero y Silchinger, los dos agentes de la SIDE que habían secuestrado a Polisecki, estaban presentes.

LA NAVIDAD
DEL OSO

Tanto Andersen como Rouquié o Gillespie, entre otros, coinciden en señalar que la guerrilla nunca fue una amenaza vital contra el Ejército, en términos de número. Esto ha sido reconocido también por fuentes militares diversas. Señala Andersen que "enfrentado con cinco mil hombres del Ejército, el ERP no pudo nunca disponer de más de ciento veinte o ciento cuarenta combatientes en el campo de batalla, y eso sólo durante menos de dos semanas". En las peores exageraciones de acción psicológica, el propio Ejército llegó a hablar de 600 combatientes, lo que de todos modos significaba un número mucho menor, pobremente armado, con un apoyo popular cada vez más marginal y, en algunos casos, con problemas de moral reconocidos por los propios guerrilleros.

Un manuscrito del general Acdel Vilas, comandante del Operativo Independencia de represión en Tucumán, incluyó datos de Inteligencia del Ejército según los cuales el ERP tenía una fuerza habitual de sesenta a setenta combatientes. Esta cifra fue confirmada por el ex secretario general del PRT-ERP Luis Mattini. Tres cuadros compilados por Vilas muestran que la compañía Ramón Rosa Jiménez tuvo 69 miembros entre agosto y diciembre de 1974, 73 combatientes entre enero y mayo de 1975 y 87 de junio a diciembre de 1975, incluyendo los 11 miembros del Comité Central del ERP. Una historia sobre la Compañía Ramón Rosa Jiménez escrita en el exilio por B. R. "Carmen" Vera, esposa del sargento Dago (un miembro chileno del MIR e instructor del ERP en Tucumán) citada por Andersen

en su libro, señala varios problemas de disciplina y moral entre los guerrilleros. "Una retirada desordenada –escribió– causada en parte por la falta
de experiencia de combate compartida entre los camaradas... perdimos a
varios por haber desobedecido órdenes, y también estaban los que habían
reaccionado de manera individual en el ataque, sin obedecer a sus comandantes... Las características de las montañas son completamente distintas a
las de la ciudad, y muchos camaradas tenían una imagen totalmente distorsionada de lo que era la lucha en el monte. Hubo muchos que quedaron
agotados después de llegar a duras penas hasta la montaña, otros ni siquiera
llegaron hasta el campamento, otros que querían irse a los tres días. Hubo
casos de camaradas que eran oficiales en las unidades urbanas y que al llegar
se quebraron, y otros que desertaron." Según Enrique Haroldo Gorriarán
Merlo, en sus *Conversaciones con Samuel Blixen,* "en el año y pico que operaron los guerrilleros nunca hubo más de cien insurgentes". Un cable de
Latin-Reuter del 23 de octubre de 1976 aseguró que "nunca hubo más de
setenta combatientes del ERP en Tucumán".

El Ejército, por otro lado, conocía el tamaño real de la unidad del PRT-
ERP porque durante 1975 infiltró por lo menos dos agentes entre los guerrilleros. Uno de ellos, Miguel Ángel Lasser, fue descubierto y asesinado
por el PRT-ERP en ese mismo año. Sobre el otro, Jesús "El Oso" Ranier,
hablaremos enseguida.

La cantidad de efectivos de la guerrilla en el monte tucumano adquiere
relevancia frente a las cifras de muertos y desaparecidos luego de la acción
militar: en las zonas de combate una Comisión de investigación Provincial
estableció la existencia de 500 muertos, y más de dos mil desaparecidos en
la provincia durante aquel lapso. El Operativo Independencia comenzó
entre las seis y siete de la mañana del lunes 9 de febrero de 1975: mil
quinientos hombres fueron desplegados en un rectángulo de 60 kilómetros
de largo por 40 de ancho. Diez meses después de su comienzo, el general
Vilas se jactaba de haber asesinado a 312 guerrilleros y herido o detenido a
otros 322. Sólo por el campo de concentración La Escuelita, de Famaillá,
pasaron 1.507 personas. Entre las torturas de común aplicación en Tucumán
figuraron la picana eléctrica aplicada a las encías, los pechos y los genitales,
el entierro de todo el cuerpo de la víctima a excepción de la cabeza, el uso
de alambres para colgar a los presos de los brazos durante días, etcétera.

"La seguridad y la fe reemplazan el miedo en la zona tucumana", tituló
La Nación en el mes de octubre de 1975, en un artículo en el que comentaba: "Se llevan 160 días de zafra normal, sin una interrupción gremial. Lo que
fue el año pasado zona de huelgas es ahora de producción ininterrumpida. Los

hechos concretos y positivos no siempre tienen la misma velocidad que las malas noticias".

En su interesante ensayo *Monte Chingolo: la última batalla del ERP*, Antonio Miguel Herrero resumió los trazos ideológicos que guiaron a la guerrilla de la época: "El ERP –escribió– pensaba que en la Argentina existía una situación prerrevolucionaria producida por el 'agotamiento del proyecto burgués'". Las tesis del IV Congreso sintetizan la visión del grupo guerrillero: para éste la Argentina está frente a una revolución "socialista y antiimperialista, es decir, permanente". Pero a esa revolución había que prepararla y para ello no había otra vía que "entrar en una guerra prolongada". Éste era un paso que no se podía soslayar. Tal guerra era "irreversible". Todo esto era "doloroso, pero necesario". Mediante esta guerra se buscó "derrotar a la burguesía y al imperialismo", destruir el poder burgués y sus apoyos. En primer lugar, el "ejército burgués". Todo esto, continúa el razonamiento, debía hacerse mediante una "vanguardia obrera y popular con ideología marxista-leninista". Esa vanguardia debía "organizarse en el ejército popular", organismo de masas bajo la dirección del Partido (PRT), pero independiente de él ya que no debía ser un brazo armado del mismo. Sin acometer esa tarea esa situación prerrevolucionaria podía diluirse, por lo cual la vanguardia debía "impulsar la insurrección de las masas en los momentos álgidos".

El primer intento de copamiento de una unidad militar se produjo el 13 de febrero de 1973 a cargo de la compañía del ERP "Decididos de Córdoba", en el Batallón 141 de Comunicaciones de esa ciudad. Faltaban menos de treinta días para las elecciones en las que triunfó Héctor Cámpora. Los guerrilleros lograron tomar el cuartel entre las 2 y las 6.30 de la mañana, llevándose fusiles FAL, pistolas 11.25, armas pesadas y municiones. El 6 de septiembre del mismo año, diecisiete días antes de las elecciones en las que triunfó Perón, el ERP intentó tomar el Comando de Sanidad, con "la intención de recuperar armas del ejército burgués". Allí cayó abatido el subjefe de los Patricios, teniente coronel Raúl Duarte Hardoy. El grupo de ataque estuvo compuesto por catorce personas que ingresaron al cuartel a la 1.25 y fueron reducidos a las 06.55.

El 20 de enero de 1974 el ERP intentó copar el Regimiento C-10 de Tiradores de Caballería Blindada Húsares de Pueyrredón, en Azul. Varios guerrilleros fueron capturados y la "expropiación" no pudo realizarse. El 11 de agosto la Compañía del ERP "Decididos de Córdoba", comandada por Juan Ledesma robó la Fábrica de Explosivos Villa María y capturó al jefe de la base. Luego el Ejército logró recuperar el armamento. La Compañía De

Monte del ERP, al mando de H. Irurzun, intentó luego el asalto de la Base
Aerotransportada en Catamarca, donde murieron unos veinte guerrilleros.
El 13 de abril de 1975 el ERP atacó el Batallón de Arsenales 121, manteniéndose dentro del mismo por algunas horas. En el episodio murieron un
oficial del Ejército y tres guerrilleros.

A mediados de diciembre el brigadier Jesús Capellini, del ala ultranacionalista de la Fuerza Aérea, encabezó un intento de golpe desde la Base de
Morón. Sus aviones Mentor llegaron a realizar vuelos rasantes sobre el puerto
y la Plaza de Mayo, pero el complot fue sofocado. Capellini no sospechó en
aquel momento que su acción iba a postergar el copamiento del cuartel de
Monte Chingolo a cargo del PRT-ERP. Según la "historia oficial" del ERP,
la acción de Monte Chingolo se decidió en el marco de la urgencia de
acelerar la formación de batallones que sirvieran como "instrumento para
retardar el golpe de Estado". Los encargados de formar tales batallones,
según Antonio Miguel Herrero, fueron Santucho y Juan Ledesma. Pero
Ledesma fue tomado prisionero por el Ejército, gracias a los datos brinda-
dos por un infiltrado en posiciones subalternas. Según el libro de Mattini,
la conducción del ERP eligió a Benito Urteaga para reemplazar a Ledesma.
La noche del copamiento de Monte Chingolo Urteaga dirigió todo desde
una casa cercana al arsenal, donde se instaló el Comando Táctico, comuni-
cándose por radio con Santucho y con parte del Buró Político que se encontraba fuera de la zona de combate. A las siete de la mañana del martes
23 de diciembre los vecinos de la Avenida Cadorna vieron pasar un camión
con tablones y caballetes, y cajas de sidra y pan dulce. Relató Herrero,
basado en una investigación de Marta Diana, que los ocupantes del camión "empezaron a vender tres panes dulces y una botella de sidra, todo
por quince "pesos viejos". Esto llamó la atención de los vecinos: la oferta
era casi regalada, ya que en aquel momento un kilo de azúcar costaba 32
pesos. Pero unas horas más tarde entendieron el porqué. Cuando empezó
el ataque al cuartel los "vendedores" sacaron armas pesadas del camión y
avanzaron "en posición de ataque". La fuerza de asalto del cuartel fue de
ochenta personas, aunque la versión oficial consignó casi 300 combatientes, a estar de las bajas posteriores. Diversos testimonios, sin embargo, coincidieron en señalar que muchos de los muertos pertenecían a una villa de
emergencia vecina al cuartel, y fueron asesinados en medio de la confusión
general. Habían salido de una casa operativa situada en Quilmes, donde
antes de partir escucharon una arenga de Roby Santucho. Mientras se lanzó el ataque al arsenal los apoyos externos hostigaron a las comisarías de la
zona y la Regional Lanús. También coparon los puentes de La Noria, Villa

Domínico y Victorino de la Plaza. El Arsenal Viejo Bueno estaba formado por un cuerpo de 18 oficiales, 67 suboficiales, 189 empleados civiles y 404 conscriptos. Otros regimientos acudieron a Viejo Bueno para repeler el ataque: fuerzas del Regimiento 3 de Infantería, del Escuadrón de Caballería Blindada 10 de La Tablada y una sección del Regimiento 1 de Palermo y del 7 de Infantería de La Plata. También aparecieron birreactores Aeromacci, procedentes de la base naval de Punta del Indio y bombarderos livianos Camberra de la II Brigada Aérea de Paraná. Los guerrilleros disponían de 16 fusiles FAL, 42 escopetas de un caño, 4 escopetas de dos caños, 2 fusiles Mauser, 1 Winchester, 1 Magnum, 4 pistolas ametralladoras, 3 pistolones, 1 ametralladora Colt, 12 revólveres calibre 33 milímetros, 10 pistolas calibre 11.25, 5 pistolas calibre 9 milímetros y 24 cargadores de FAL.

El resultado de la acción fue una masacre. El Ejército y el resto de las fuerzas estaba al tanto, y sólo se dedicaron a esperar a los invasores. Jesús "El Oso" Ranier fue el infiltrado. Una hoja del PRT-ERP anunció que "en la noche del 13 de enero una escuadra del ERP procedió a cumplir la sentencia del Tribunal Partidario y ajustició al traidor Jesús Ranier, agente confeso del Servicio de Inteligencia del Ejército infiltrado en nuestra organización". Ranier era integrante de logística de una de las unidades del ERP. El revés sufrido por Monte Chingolo, sin embargo, fue desconocido por la cúpula de la organización, que afirmó que todo había sido un "triunfo político y una derrota militar". Julio Santucho dijo en su libro *Los últimos guevaristas*, que se trató de "un gesto supremo y final de la guerrilla guevarista en la Argentina". Luis Mattini, entrevistado por la revista *Todo es Historia*, calificó a Monte Chingolo como "un gesto desesperado. Quisimos producir un golpe militar de tal magnitud que desalentara al golpe militar". Mattini recordó que la detención de Ledesma "estuvo a punto de cambiar las cosas. Ledesma estaba en conocimiento de cuestiones importantes de la acción. Se discutió entonces qué se haría. Algunos opinaban que había que suspender, como una medida elemental de prudencia, pero ahí también aparecían los rasgos de desesperación. Además había un concepto, que los cuadros no hablan y que Ledesma no iba a decir nada. Por unos días la operación se suspendió.

"Inteligencia tenía infiltrado al Oso Ranier. Desde el punto de vista jerárquico no tenía ninguna significación pero, al mismo tiempo, al estar en logística era importante, porque es lo que mueve las cosas. Ranier pasaba informaciones parciales. Por ejemplo, sabía que se había traído armamento de Córdoba para Buenos Aires. Sabía del desplazamiento de algunos cuadros. O percibía descuidos, como poder decir 'tuve que entrevistarme con fulano pero estaba mengano, o escuché que tal pasó para tal lado', cantidades de fragmentos de información que obviamente los servicios supieron trabajar muy bien. Fueron muy eficientes, sobre todo por la metodología político-operacional. Porque de alguna manera ellos detectaron que el ERP daría un golpe grande. No creo que supieran con precisión que iba a ser en Monte Chingolo, lo que sabían es que algo muy grande se iba a dar en la provincia de Buenos Aires; procesaron la información, en qué anda el ERP, si buscan armamento tiene que ser un arsenal, y de todas las opciones Monte Chingolo era la más lógica."

¿Podrían haber prevenido la presencia de infiltrados con mayor eficiencia? "Un filtro puede llegar hasta una célula —escribió Rolo Diez en su libro *Los Compañeros*— pero su comportamiento en la misma ha de mostrar la ideología diferente." Que la ideología no se pueda disfrazar, una pedantería tan ingenua, fue uno de los mitos que concitaron mayor adhesión. "El filtro llamará la atención. Se hará evidente." El número 200 del periódico *El Combatiente*, del miércoles 21 de enero de 1976, brindó detalles del caso Ranier bajo el título "Ajusticiamiento de un traidor". Allí también se reprodujo la confesión de Ranier, firmada a las 22.04 hs del 13 de enero: "Yo, Rafael de Jesús Ranier, de 29 años, con vivienda ubicada en Salvador Sorada 4903, Villa Domínico, declaro ante la Justicia Popular representada por el PRT y el ERP ser miembro del SIE infiltrado en el ERP con el objeto de destruir su organización. Ser responsable de la muerte y/o desaparición de más o menos cien compañeros miembros del ERP, muchos de ellos militantes del PRT. Ser responsable de la ubicación por el SIE de gran cantidad de infraestructura y logística pertenecientes al PRT y al ERP. Que por esta actividad criminal orientada contra los intereses de la clase obrera y el pueblo ganaba un sueldo de 1.200.000 pesos recibiendo en ocasiones especiales de acuerdo a la información suministrada al SIE premios especiales compuestos de montos mayores de dinero. Por ejemplo, por la información que delató la acción del ERP sobre el Batallón 601 de Arsenales Viejo Bueno recibí del SIE la suma de treinta millones de pesos. Que desarrollaba mi actividad criminal apoyándome en una red de colaboradores compuesta por mi mujer Eva López y dos hijos de ella, Eduardo y Miguel Kuniz. Asimismo hago constar que escribo esta declaración por propia voluntad y que no he recibido desde el momento de mi detención ni en ninguno de los interrogatorios, malos tratos ni torturas. Por el contrario, el trato ha sido firme, pero correcto. Rafael Ranier".

Un resumen posterior señaló: "Rafael de Jesús Ranier, 29 años, oriundo de Tucumán. Empleado del SIE desde hace aproximadamente un año y medio. Estaba ligado en esos momentos a las FAP17. Entra a nuestra organización entre octubre y noviembre de 1974 junto a un grupo de las FAP. Nunca tuvo trabajo conocido. Vivía en casa pobre y la mujer (también colaboradora del SIE) trabajaba en una panadería. Sin embargo, según confiesa, se dedicaba a las juergas despilfarrando el dinero que ganaba por sus delaciones, sin que los compañeros que estaban militando con él lo supieran. Siempre estaba dispuesto a realizar determinados tipos de tareas como por ejemplo cubrir citas, trasladar armas, municiones, materiales secuestrados, etcétera, para lo cual no demostraba ningún temor. Él, en cambio, era reticente y se las ingeniaba de una u otra forma para no participar de las acciones militares. El enemigo lo había ganado políticamente con argumentos anticomunistas y con el ofrecimiento de un sueldo mensual y premios especiales. Era atendido por varios oficiales del Ejército enemigo con los cuales mantenía un sistema de enlaces a través de teléfonos y citas convenidas. (...) A raíz de las actividades contrarrevolucionarias del traidor fueron detenidos, asesinados o están desaparecidos numerosos compañeros, fueron localizados por el enemigo talleres de armamento y automotores, las armas de la acción del Tiro Federal de Núñez, las cárceles del pueblo donde se encontraban detenidos Lockwood (Pilar) y Domenech (Florencio Varela), donde murieron o fueron detenidos alrededor de trece compañeros, un depósito con propaganda con cuatro mil libros y finalmente la acción del Batallón 601, donde mueren o desaparecen 47 compañeros".

La mencionada investigación de *Todo es Historia* registró también una conmovedora entrevista con la madre de Aída Leonora Bruchstein Bonaparte, secuestrada por un jeep de las Fuerzas Armadas a las 10 de la mañana del 24 de diciembre de 1975, al día siguiente del ataque a Monte Chingolo. Aída tenía 24 años, estaba casada, tenía un hijo y vivía en la villa frente al arsenal, donde trabajaba como maestra alfabetizadora de adultos. Era, también, guerrillera del ERP, quien le rindió homenaje en el número 199 de la revista *El Combatiente* bajo el título: "Héroes de Monte Chingolo desaparecidos". Su bebé, al que aún amamantaba, había nacido el 21 de octubre. Como pudo reconstruir su madre, más tarde, Aída fue llevada al Batallón 601. En el tortuoso y largo reclamo judicial por la suerte de su hija la señora de Bruchstein llegó a verse con el juez competente: "En los primeros días de enero —recordó— el juez pretendió entregarme un frasco, el número 24, con la mano de mi hija. Yo me indigné. Le contesté que quería levantar un acta de enjuiciamiento a los militares en la persona de Albano Harguindeguy por asesinato.

"–¿Entonces el juez le dijo que su hija estaba muerta y que sólo podía entregarle la mano?

"–Sí. Yo no la quise retirar. Presioné en todos lados. Me encontré con otras madres. Viví entre el dolor, la desesperanza y la perplejidad. Investigando por mi cuenta tuve una entrevista con un comisario de Avellaneda. Un muchacho joven. Tuvimos una conversación muy larga. Al final conseguí que me dijera dónde estaba mi hija. Era en el cementerio de Avellaneda, pero cinco cuadras antes no me podía acercar por el olor. Fue más fuerte que yo, no me pude acercar. Los periodistas dijeron cosas espantosas que yo me negaba a creer.

"–¿Qué se decía?

"–Se hablaba de fosas comunes. Cuerpos mutilados que habían sido recogidos con palas mecánicas.

"Tendría que haberme dado cuenta por la mano, aunque los militares decían que solamente les habían cortado la mano para identificarlos. Cuando hablando con el comisario yo le insistía para que me entregaran el cuerpo, el comisario dijo, como hablando para sí, 'Pero si no eran cuerpos...'. Yo no sabía qué pensar. Estaba tan disociada que no lograba discernir si era cierto o si lo decía para aumentar mi sufrimiento. Finalmente tuve el lugar y el número de la fosa. Fosa número 28, cementerio de Avellaneda. Con esa hoja fui al cementerio. Me acompañó un periodista extranjero. Lo que encontré era dantesco. Había llovido mucho en esos días. Se había juntado agua. Todo era muy reciente. Yo le pregunté al sepulturero, él me marcó, caminando, los pasos que tenía que hacer desde la puerta del depósito y me dijo 'Aquí es'. El hombre se hundía con las botas, todo estaba recién removido. El sepulturero estaba callado. Yo le pregunté: ¿Este pozo con agua verde, que es? Él contestó que, con el peso de los cuerpos, la tierra había cedido. Yo esperaba poder rescatar el cuerpo de mi hija en un cajón y poder identificarlo por una crucecita de hierro que llevaba al cuello desde el nacimiento de su bebé. Pero no sucedió así. No había rastros de madera de cajones y había diferentes rastros óseos. Por ejemplo, doce fémures, dos cráneos... y entonces comprendí que los militares me habían mentido.

"–¿Entonces, nunca pudo recuperar el cuerpo de su hija?

"–No, porque los restos estaban tan mezclados que no pudieron ser identificados. En ese momento no funcionaba el equipo de antropólogos forenses que tiempo después trabajó en la identificación de los cuerpos.

"–¿Cómo supo, finalmente, la forma en que había muerto su hija?

"–Por dos militares.

"–¿Cuáles eran los militares con los que hizo contacto?

"–Dos hombres que se disculparon por no revelar su identidad y que me contaron cómo había muerto mi hija. Dicen que la llevaron detenida a

Monte Chingolo, que todavía cuando ella llegó estaban, en el suelo y las mesas, los que habían muerto la noche anterior. Noni llevaba un vestido floreado, que era mío, yo se lo había prestado, y eso coincide con lo que me dijeron en la villa cuando fui a preguntar por ella. Al parecer, al detenerla no sabían nada sobre ella y la trataron como a las otras. Las desnudaron y las hicieron pasar para que vieran los muertos, hombres y mujeres, que la mayoría estaban desnudos. Dicen que las llevaban a empujones entre los muertos y que de pronto Noni intentó quitarle el arma a uno de ellos y al hacer ese intento otro la golpeó en la cabeza con una culata y, una vez que ella cayó al suelo, la siguió golpeando.

"Así murió. Pedí más detalles que ellos me dieron, pero no quiero recordar ahora."

LA HISTORIA DEL
PASTORCITO Y EL LOBO
(PARTE II)

A finales de 1975 más de quinientas personas habían sido asesinadas por razones políticas. La economía post Rodrigazo estaba fuera del control y la dirigencia gremial vivía convulsionada: en una reunión patética llevada a cabo en la CGT, Isabel fue a pedirle a los sindicalistas que "no me lo silben mucho al ministro Mondelli", adelantándose a los ajustes que, inexorablemente, llegarían antes de marzo. Pero ya en aquel momento había comenzado la cuenta regresiva, de la que toda la sociedad estaba al tanto: se avecinaba un golpe militar. El vespertino *La Razón*, vinculado a los Servicios de Inteligencia del Ejército (su historia fue contada magistralmente por Rodolfo Walsh en "Caso Satanowsky") transformó el cabezal de su primera plana en un "counter" ilustrado con un pequeño tanquecito. "Faltan X días", anunciaba el vespertino. A medida que se acercaba el 24 de marzo, la imagen del tanquecito se iba agrandando y también el cuerpo de la tipografía del titular. La mayor parte del *establishment* de la prensa acompañó la idea del golpe y ayudó, de modo consciente, a minar el poco poder que podía ostentar Isabel Perón. En uno de los puntos más altos de la crisis la Presidente anunció una convocatoria a elecciones para el 17 de octubre de 1976. Algunos dirigentes radicales apoyaron tibiamente la medida, mientras otros "correligionarios" golpearon frenéticamente a la puerta de los cuarteles. El caso más vergonzante de la época fue el del matutino *La Opinión*: sin darse cuenta, Timerman revivió en aquellos meses la fábula del pastorcito y el lobo, que terminó sufriendo en carne propia: tanto llamó al gobierno militar que, finalmente, también entraron a su casa.

Un artículo titulado "Navidad", (reproducido en la excelente compilación de Eduardo Blaustein y Martín Zubieta *Decíamos Ayer, La prensa argentina bajo el Proceso*) publicado por *La Opinión* el 4 de enero de 1976 dio cuenta de una canción dedicada a "los soldados argentinos":

"Hoy la Patria me llama, pequeña,
para hacerte una tierra mejor,
sin piratas de rojas banderas,
ni hombres que odian por no tener Dios.

Tengo espadas por vos y por todos,
voy al monte de mi Tucumán;
canto y lucho alegrías muy tiernas,
aunque estalle de rabia el fusil".

Diez días antes del golpe, el 14 de marzo, *La Opinión* publicó en su primera plana un recuadro sin firma titulado "El incendio y las vísperas", que decía: "La entrada de Fortinbras, al final de Hamlet, anuncia el restablecimiento del orden. Es la conclusión de una tragedia". El recuadro pasaba entonces revista de distintos ámbitos: el gobierno, los trabajadores, los empresarios y finalmente decía, citando una declaración de la UCR: "Se advierte la evidente ineptitud del Poder Ejecutivo para gobernar, que angustia al pueblo, desconoce sus aspiraciones de liberación, rompe los cauces morales y enferma de seguridad a la república". En el apartado Fuerzas Armadas, *La Opinión* consignó: "En este momento histórico para nuestra Patria, lleno de incertidumbre, de angustiosos y justificados interrogantes, la incoherencia ha hecho que la Nación sea olvidada".

"Prácticamente un noventa por ciento de los argentinos habla hoy de la proximidad de un golpe de Estado", dijo *La Opinión* del 20 de marzo. Un recuadro de tapa del día 21 titulado "Reflexiones", a propósito de la celebración del 164º aniversario de la creación del Regimiento de Granaderos, señaló: "El mensaje que el general San Martín legó a sus conciudadanos cabe en pocas palabras: cuando debe hacerse la guerra, nada reemplaza a la guerra. Sólo ganando esa guerra se aseguraba a los argentinos lo que la política no había podido ni estaba en condiciones de darles: libertad y seguridad. De todos los caudalosos e infinitos significados del legendario héroe, la celebración de ayer rescata ese gesto: llegó al país para la guerra y se lanzó a la guerra sin prejuicios ni timideces".

"Una Argentina inerme ante la matanza", tituló el cabezal de tapa del 23 de marzo. Esa misma tarde el vespertino *La Razón*, haciendo gala de su "inside information", tituló: "Es inminente el final. Todo está dicho".

Tres días después del golpe opinó Heriberto Kahn desde las páginas de Timerman: "Aparece claro que este movimiento militar no se puso en marcha contra ningún sector; no va contra el peronismo, como en el '55, ni contra la clase política, como en el '66. Los enemigos son solamente aquellos que han delinquido, sea desde la subversión o desde el poder". El sábado 27 de marzo escribió Timerman otra "Reflexión" en la tapa: "Si los argentinos –dijo– como se advierte en todos los sectores, aún dentro del ex oficialismo, agradecen al gobierno militar el haber puesto fin a un vasto caos que anunciaba la disolución del país, no menos cierto es que también les agradecen la sobriedad con que actúan. De una etapa de delirio, donde torpes y vanas figuras gritaban sus amenazas a voz en cuello, vivían en el desplante y la impunidad, o daban lecciones de moralidad exhibiendo sus encendedores o sus corbatas, la Argentina se abrió en pocos minutos a una etapa de serenidad de la cosa pública. Porque las nuevas autoridades demuestran un pudor, un recato tan beneficioso para ellos como para con su relación con los gobernados. No han añadido títulos pomposos y huecos al nombre de su gobierno, ni lemas rimbombantes a sus objetivos; no hacen rendir culto a su personalidad ni se halagan con la propaganda. Y no se prestarán a ser incluidos en esa especie de álbum familiar del Poder que el semanario *Gente* le ha dedicado a los altos funcionarios de todos los regímenes". El 28 de marzo el periodista José Ignacio López "presenta en sociedad" al ministro de Economía, José Alfredo Martínez de Hoz: "No es un teórico de la economía. Abogado brillante, de asentada formación jurídica, el doctor José Alfredo Martínez de Hoz se fue acercando desde el rigor de esta disciplina intelectual a los problemas contemporáneos. El futuro ministro se ubica entre aquellos que han advertido que el hombre de negocios no puede permanecer recluido en el estrecho círculo de sus negocios, sino que debe participar crecientemente en la solución de los problemas de la sociedad contemporánea".

El 31 de marzo *La Opinión* analizó el primer discurso de Videla: "De este modo, el general Videla dejó atrás todo margen de dudas: el proyecto nacional de las Fuerzas Armadas se caracteriza por la moderación". El 13 de abril de 1976 opinó Miguel Paulino Tato, titular del Ente de Calificación Cinematográfica, sobre la censura: "La censura bien ejercida es higiénica. Y altamente saludable como la cirugía. Cura y desinfecta las partículas insalubres, extirpándoles tumores dañinos que enferman al cine y contaminan al espectador".

Para no ser menos, el matutino *Clarín* afirmó en su editorial del 14 de abril de 1976: "Las actividades y las palabras del gobierno autorizan a pensar que se propone efectuar un tratamiento integral de nuestros males. Dentro de esa perspectiva, y con esa seguridad, resulta plausible el ejercicio de la serenidad y la paciencia recomendada anteayer por el teniente general Videla". Otro editorial de *Clarín*, titulado "La Razón y la Fuerza", del 2 de agosto de 1976, decía: "El gobierno es la autoridad, y la autoridad se compone de estos elementos ineludibles: la razón y la fuerza. Esta síntesis formulada hace casi un siglo por Nicolás Avellaneda, sigue siendo válida. La fuerza monopolizada por el Estado, y la razón, que legitima la autoridad y proporciona el consenso, son los atributos fundamentales del gobierno. Esto, que es así aún en tiempo de paz, lo es con mayor necesidad en plena guerra y tanto más si ésta se desenvuelve en parte dentro de las propias fronteras. La marcha hacia el monopolio de la fuerza avanza por caminos convergentes. Ha sido un reclamo formulado por distintas voces y que alcanza mayor vigor en boca de la Iglesia. La construyen las propias Fuerzas Armadas y sus hombres de gobierno al asociar a los distintos sectores en la lucha permanente contra la subversión, procurando que contribuyan a erradicar las circunstancias objetivas que facilitan su propagación".

En noviembre de 1976 el director de *La Opinión* produjo uno de los hechos que, a vista de los años, resultarían más patéticos: se negó a recibir a una Comisión de Amnesty Internacional que investigaba las violaciones a los derechos humanos en la Argentina. *La Opinión* del día 4 informó que "en la víspera, el director de *La Opinión* no aceptó un pedido de audiencia formulado por la enviada especial de Amnesty International que visita la Argentina, proveniente de Londres. Otras delegaciones, españolas y francesas, recibidas en *La Opinión* mantuvieron su espíritu dogmático sin que todos los elementos puestos a su disposición sirvieran para modificar la posición ya prefijada con la que llegaban desde el exterior. De todos modos, es otra la entrevista que puede resultar fructífera para la enviada de Amnesty International: conversar con la esposa y huérfanos del señor Carlos Alberto Souto, asesinado por la guerrilla.

"Quizás al señor Souto le puedan reconocer también algunos derechos humanos. La familia Souto vive en la calle Mariscal Foch 138, Castelar." Blaustein acotó en su libro que Souto había sido gerente de la empresa Chrysler.

En la edición del 9 de noviembre, bajo el acápite "La situación argentina", *La Opinión* tituló "Fraser recibirá el testimonio del director de *La Opinión*". A estar de los acontecimientos posteriores, el contenido de dicho artículo resulta increíble, pero real: el diario informa que "Donald Fraser, a cargo del Subcomité de Organizaciones Internacionales de la Cámara de

Representantes de los Estados Unidos celebró audiencias dedicadas a examinar la situación de los derechos humanos en la Argentina. Ante la evidente parcialidad de las declaraciones prestadas por los abogados argentinos Lucio Garzón Maceda y Gustavo Roca –dijo el diario– el director de *La Opinión*, señor Jacobo Timerman, envió una carta al diputado Fraser, el 30 de septiembre, solicitándole ser invitado a testificar en el Subcomité. Ahora el diputado Fraser contestó al director de *La Opinión* señalándole que acepta recibir su testimonio".

La exageración de Timerman en su apoyo a la dictadura de Videla ya era casi teatral. Visto retrospectivamente, bien podría afirmarse que no pasó mucho tiempo hasta que el destino le jugara una broma pesada. En su carta a Fraser, Timerman defendía la política de derechos humanos de Videla: "Mi diario –le dijo a Fraser– se ha ocupado en todo momento de ese problema (los derechos humanos) intentando hacerlo con objetividad, sin parcialidad, preocupado por los derechos humanos de todos los habitantes del país. Con ese mismo espíritu me siento obligado a señalarle el peligro que significaría escuchar testimonios parciales, lo que creo está ocurriendo en esa Subcomisión. *La Opinión* ha condenado todas las violencias y en varias ocasiones he señalado que condenar uno solo de los dos extremos, ya sea el terrorismo de izquierda o el de derecha, significa ser cómplice del otro extremo."

El 15 de abril de 1977, en el marco de una investigación de la dictadura militar sobre Graiver y los fondos de los montoneros, Timerman fue detenido. *La Opinión* fue intervenida por los militares, y el gobierno nombró un administrador oficial de la sociedad editora (Talleres Olta) y un director del diario que seguía las órdenes del interventor militar. Durante treinta meses Timerman estuvo secuestrado, y fue torturado en persona por el general Camps, entonces jefe de la Policía de la Provincia de Buenos Aires. El médico policial José Antonio Bergés participó también en las torturas, y en varias oportunidades sostuvo la lengua de Timerman para que no se ahogara durante el tormento. La presión internacional –entre otros, del entonces presidente norteamericano James Earl Carter– logró que Timerman fuera "blanqueado" y se dispusiera su arresto domiciliario. Más tarde se lo expulsó del país y se le quitó la nacionalidad argentina. La travesía de Timerman por las catacumbas de la dictadura quedó reflejada en su libro *Preso sin nombre, celda sin número*, luego de lo cual Timerman se dedicó a denunciar a sus antiguos socios. Ninguna biografía "oficial" de Timerman que pueda encontrarse en internet, por ejemplo, recuerda su apoyo a los militares ni la paradoja que casi termina con su vida.

LA
CAÍDA

"El lenguaje, la profundidad, el absoluto dominio y serenidad de la Excelentísima Señora María Estela Martínez de Perón, halagó el espíritu por la belleza fascinante de su contenido y superó todos los cálculos apreciados, ya que su discurso, armonizado por los variantes matices y flexibilidad de su vibrante y armoniosa voz, dio brillo y lucidez a la semblanza que exhibió con propiedad y seguridad."

Domingo Waidatt Herrera,
El perfil auténtico e histórico de una mujer predestinada.

(*N. del A.*: Waidatt, mencionado en este libro en el contexto del asesinato de Aramburu, dirigió en la época de Onganía una publicación de los servicios titulada *Tiempo Social.* Como se observa, los servicios de Waidatt eran en cualquier época bienvenidos.)

En la noche del 23 de marzo Isabel intentó trasladarse en helicóptero desde la Casa de Gobierno hacia la residencia de Olivos. Pero la máquina sufrió un desperfecto planificado y aterrizó en la Base Militar del Aeroparque. Allí una comisión militar le notificó su arresto, y la acompañó a abordar un avión de la Fuerza Aérea para viajar a la residencia El Messidor, en Villa La Angostura. En aquel lugar Isabel Perón pasó los siguientes cinco años: se negó a nombrar abogado defensor, fue investigada por la CONAREPA

(Comisión Nacional de Restitución Patrimonial) y fue inhabilitada para hacer declaraciones políticas.

El hasta entonces casi desconocido general Jorge Rafael Videla era uno de los "profesionalistas prescindentes" del Ejército, así bautizado por los analistas y la prensa. Durante la administración de Isabel, Videla y Viola protestaron por la designación de un coronel en actividad, Vicente Damasco, en el Ministerio del Interior. Videla, en un mensaje al escribano Garrido, a cargo del área de Defensa, sostuvo que "las Fuerzas Armadas están comprometidas en el proceso de institucionalización iniciado en 1973 (...) La presencia de un oficial superior en actividad, integrante del gabinete nacional, a cargo de la cartera política por excelencia y en un particular momento del proceso político, compromete gravemente la cohesión de las Fuerzas Armadas". Félix Luna sostuvo que "detrás de la mayoría de los profesionalistas prescindentes se encontraba la posición golpista que suponía, con sentido mesiánico, que las Fuerzas Armadas salvarían al país no sólo del terrorismo sino de los errores de los políticos civiles".

Videla, caracterizado inexplicablemente como "moderado" declaró el 23 de octubre de 1975 en Montevideo: "Si es preciso en la Argentina deberán morir todas las personas necesarias para lograr la seguridad del país". En la misma Nochebuena en que el ERP intentó sin éxito copar el Batallón de Arsenales Viejo Bueno, Videla dijo en su mensaje a las tropas desde Tucumán (donde, en octubre de aquel año, un decreto presidencial había habilitado al Ejército para "aniquilar" al enemigo): "Tenga presente el Ejército y compréndalo la Nación: la delincuencia subversiva, si bien se nutre de una falsa ideología, actúa favorecida por el amparo que le brinda una pasividad cómplice (...) Frente a esta tiniebla, la hora del despertar del pueblo argentino ha llegado. La paz no sólo se ruega, la felicidad no sólo se espera, sino que también se gana".

Lanzados a una campaña de relaciones públicas y acción psicológica sobre la población, los militares intentaron en los primeros meses "blanquear" la imagen de Videla: dicho operativo incluyó algunas reuniones con hombres de la cultura y la ciencia, y la aparición "supuestamente anónima y popular" de un mote con el que bautizaron a Videla: la "Pantera Rosa", apelativo que remitía al dibujo animado de moda en la televisión. Videla era, como *The Pink Panther*, muy alto y delgado, y también tenía cierta cadencia en el andar. Aunque la pantera real, claro, era torpe y querible, la asociación era conveniente para el titular de la Junta de Gobierno de una dictadura. Los encuentros "sociales" sucedieron en mayo: Videla invitó a la Casa de Gobierno a René Favaloro, Luis Federico Leloir, Alfredo Lanari,

Julio H. Olivera y Roque Carranza, y convocó en otro encuentro a Jorge Luis Borges, Leonardo Castellani, Ernesto Sabato y al presidente de la SADE, Horacio Ratti. Sabato declaró al salir: "El general Videla me dio una excelente impresión. Se trata de un hombre culto, modesto e inteligente. Me impresionó la amplitud de criterio y la cultura del Presidente. Hubo un altísimo grado de comprensión y de respeto mutuo. Se habló de la transformación de la Argentina, partiendo de una necesaria renovación de su cultura".

El plan económico de Martínez de Hoz, basado en las teorías monetaristas de la Escuela de Chicago, se anunció el 3 de abril de 1976. Consistió en elevar las tasas de interés, abrir por completo el circuito financiero y comercial y sobrevaluar la moneda: así comenzaron los años de la "plata dulce", clave para la especulación financiera de capitales golondrina y para los viajes de la clase media argentina al exterior, inaugurando la época del "déme dos". El panorama del mercado interno fue desolador: la deuda externa creció como nunca antes y aumentó el desempleo.

La dictadura, entretanto, cosechó algunas adhesiones sorprendentes y otras esperables. En aquellos meses tanto la embajada norteamericana como el Partido Comunista argentino apoyaron a Videla. Ya antes del golpe –el 19 de diciembre de 1975– el PC dijo, en una declaración de su Comité Ejecutivo: "El Partido Comunista insiste en que sólo un gobierno cívico-militar, de amplia coalición democrática, puede ser una garantía de la continuidad institucional, del retorno a las pautas programáticas y del curso democrático y progresista que anhela la inmensa mayoría de nuestro pueblo".

Cinco meses después del golpe, el 29 de agosto de 1976, con el país saturado de Falcon verdes, desapariciones, enfrentamientos fraguados y secuestros, dijo el PC argentino en otra clara muestra de intuición política: "Para poner fin a este baño de sangre que sufre nuestra Patria y en este peligroso avance desestabilizador orquestado en especial desde afuera, hay que concretar sin demora una convocatoria amplia que permita refrendar públicamente un CONVENIO DEMOCRÁTICO NACIONAL (*N. del A.*: en mayúsculas en el original) en torno a puntos mínimos para enfrentar UNIDOS la grave emergencia socioeconómica y política que atraviesa el país.

"Naturalmente, este convenio merecerá apoyo y alentará a todos los civiles y militares patriotas, fieles al legado sanmartiniano de la fundación de la República. Las corrientes populares democráticas de los partidos e instituciones, del gobierno y de las Fuerzas Armadas, tienen en sus manos la enorme responsabilidad de concretar esa convocatoria y de resolver en común el dilema básico de la hora en beneficio de la democracia, cerrando el paso al pinochetismo, que acarrearía más crímenes, más miseria, más dependencia. ¡Que cada cual –sea civil o militar– creyente o no, cumpla con su deber histórico!"

Dicho comunicado llevó la firma de todo el Comité Ejecutivo, a saber: Gerónimo Arnedo Álvarez, Rodolfo Ghioldi, Athos Fava, Pedro Tadioli, Rubens Iscaro, Jorge Pereyra, Irene Rodríguez, Fernando Nadra, Héctor P. Agosti, Alcira de la Peña y Oscar Arévalo.

El fervor cívico-militar del PC (impulsado por la conveniencia de Moscú de abastecerse de trigo barato en la Argentina, con o sin dictadura) aún no se había extinguido el 10 de julio de 1981, cuando era *vox pópuli* el tema de los desaparecidos: "El camino capaz de llegar a concretar estos objetivos –dijo una nueva declaración de Comité Central– es el establecimiento de un CONVENIO DEMOCRÁTICO NACIONAL, susceptible de unir en su torno a los demócratas y patriotas argentinos, civiles y militares, y sobre su base afirmar un gobierno de transición para este período que debe ser, indudablemente, de amplia coalición democrática cívico-militar".

Recuerda Gonzalo Leónidas Chaves, del Bloque Sindical del Peronismo Montonero, entrevistado por *La Maga* en septiembre de 1988 que durante un Congreso de Comisiones Obreras (CC.OO.) realizado en marzo de 1978 en Madrid, "yo estaba de paso por España y concurrí al encuentro junto al Gordo José y el Petiso Armando. Cuando llegamos los compañeros de Comisiones nos informaron que estábamos invitados a hablar, pero que arregláramos con el representante sindical del Partido Comunista argentino para presentar un mensaje único. No nos pudimos poner de acuerdo con este hombre del PCA porque se oponía que calificáramos al gobierno del general Videla como dictadura militar. Los comunistas sostenían que había que defender a Videla del embate de los sectores pinochetistas de las Fuerzas Armadas. No podíamos dar crédito a lo que escuchábamos, no hubo acuerdo y terciaron los compañeros de CC.OO. Uno de ellos nos llevó aparte y nos dijo: 'No le hagan caso a éste, ustedes pasen al frente y hablen, van a ver cómo responde la gente'. Cuando Armando Croatto se presentó frente a la concurrencia, todo el Congreso de pie comenzó a gritar: '¡Videla, asesino del pueblo argentino!'."

La posición exterior del Partido Comunista, como se ve, fue coherente con los mensajes internos. Ésta también se reflejó en los foros internacionales, ya que los delegados soviéticos en Naciones Unidas acordaron con los argentinos e hicieron todo lo posible para que la Argentina no fuera condenada por el tema de los derechos humanos.

EL
Proceso

"Los tribunales tienen códigos, pero códigos que no se pueden ver. Es parte de este sistema el que uno sea condenado sin saberlo."

Franz Kafka

La Junta Militar estuvo conformada por el general Jorge Rafael Videla (hasta agosto de 1978), el almirante Emilio Eduardo Massera (hasta septiembre de 1978) y el brigadier Orlando Ramón Agosti (hasta enero de 1979). La Junta, como máximo organismo de gobierno, era la encargada de nombrar al Presidente, en este caso el propio Videla que, a la vez, retuvo su cargo en la conducción del Ejército. El mecanismo de decisión en la Junta era por simple mayoría de votos. La dictadura intentó, mediante el dictado de Actas Institucionales, mantener una "aparente legalidad". El Acta para el Proceso de Reorganización Nacional del 24 de marzo estableció el propósito y los objetivos básicos del golpe, el Estatuto del Proceso del 31 de marzo y la ley 21.256 que aprobó el Reglamento para el Funcionamiento de la Junta Militar, el Poder Ejecutivo Nacional y la Comisión de Asesoramiento Legislativo (CAL), que funcionó en el propio edificio del Congreso, como reemplazo del mismo. La Constitución, en esta pirámide pseudolegal, quedó por debajo de las Actas, subordinada a los objetivos y fines del Proceso. El Presidente debería ser elegido entre oficiales superiores de las Fuerzas Armadas y tendría atribuciones ejecutivas y legislativas junto a la discrecionalidad suficiente para nombrar funcionarios en la Nación o las provincias. El "reparto" del poder era, por llamarlo de algún modo, infantil: cada fuerza tuvo el 33 por ciento del poder en el Poder Ejecutivo Nacional (PEN) y la CAL. Cada ministerio estuvo a cargo de una de las armas y tuvo, a la vez, delegados observadores de las otras dos armas y de las tres en el caso de ministerios civiles como, por ejemplo, Economía. Los militares sostuvieron una "actitud" fundacional frente a estas modificaciones administrativas, y no era ilógico que en los albores de la dictadura pensaran en un "nuevo país", esto es: sin "subversión" y también sin peronismo. Las grietas internas de la dictadura mostraban "halcones" y "palomas": Videla, Viola y los generales jóvenes del Ejército —casi toda la promoción número 76— pertenecían a esta última línea. (Es obvio que hablamos, en cualquier caso, de palomas carnívoras.) Las "palomas" no tenían casi ninguna diferencia respecto de la represión, pero manifestaban su corazoncito "liberal" en lo referente a la economía.

Hablamos, claro, del concepto argentino del liberalismo: una especie de precapitalismo salvaje mezclado con anarquismo spenceriano, que planteaba una desaparición casi total del Estado como factor de contención social. Los "liberales" verdaderos en el mundo generalmente han sido, para la política argentina "rojitos" o "izquierdistas ingenuos". Las palomas, entonces, apoyaron a José Alfredo Martínez de Hoz, o —en el caso de Viola— las recetas gradualistas de Lorenzo Sigaut. También tuvieron una marcada inclinación por solucionar los conflictos limítrofes, y fueron ellos quienes buscaron la mediación del Papa para solucionar el diferendo argentino-chileno respecto del Canal de Beagle. También impulsaron las negociaciones en materia hidroeléctrica con Brasil y Paraguay, limando las diferencias y firmando en 1979 el Acuerdo Tripartito.

La identificación de las palomas del Ejército con los sectores pseudoliberales comenzó, en verdad, en los últimos meses del gobierno de Isabel. En 1975 muchos militares hicieron contacto con los integrantes del denominado Grupo Perriaux, entre quienes estaban Martínez de Hoz, Horacio García Belsunce y Alberto Rodríguez Varela. El general de brigada retirado Hugo Miatello fue quien puso en contacto a ambos grupos, y fue precisamente el Grupo Perriaux quien elaboró el primer borrador del plan económico que en 1976 anunció Martínez de Hoz.

Los "halcones" estaban representados por los generales Carlos Guillermo Suárez Mason (Cuerpo I, P-2) y Luciano Benjamín Menéndez (Cuerpo III). Contaban con casi todos los Comandantes de Cuerpo y Generales de División, fueron ultranacionalistas ortodoxos e impulsaron un Estado más intervencionista que liberal. Fueron los halcones quienes gestaron la Operación Soberanía a fines de 1978, fruto de la cual se estuvo muy cerca de la guerra con Chile.

En el caso de la Armada, la casi totalidad del arma se encolumnó detrás del almirante Massera, enfrentado a Videla y Martínez de Hoz, aliado estratégicamente a los halcones del Ejército y a los ultras de propia tropa. Pero Massera fue traicionado por su propio ego: siempre soñó con ser Perón. En la prosecución de ese sueño logró unir sectores aparentemente muy disímiles como los halcones del Ejército (rabiosamente antiperonistas) y a Mario Firmenich junto a una armada Brancaleone de montoneros quebrados (supuestamente de izquierda, o protoperonistas). Según el historiador David Rock, el proyecto de Massera podría denominarse "populismo militar" o "peronismo sin Perón": se trataba de construir una opción neoperonista que frenara nuevos estallidos populares como el Cordobazo o una resurrección de la guerrilla.

A medida que Massera exageró su rol político fue desarrollándose en la propia Armada un grupo "profesionalista", encabezado entre otros por el almirante Armando Lambruschini.

La Fuerza Aérea jugó, entretanto, el rol del tercero excluido: terció en las diferencias entre el Ejército y la Armada y se dedicó con ahínco a gestionar grandes negocios en los *free shops*, cargas, aeropuertos y compra de equipos.

El supuesto liberalismo económico necesitaba de una máscara saludable de liberalismo político que permitiera a Estados Unidos y a los organismos internacionales de crédito seguir prestándole a la Argentina sin que se los cuestionase como a Sudáfrica, o a las dictaduras asiáticas y africanas.

Hubo dos instancias del proceso de "apertura política" –que fue, en verdad, una "apertura" con derecho de admisión– el proyecto Videla-Villarreal-Yofre y el proyecto Viola. Videla, respaldado por el Secretario General de la Presidencia, general Villarreal y el subsecretario, el abogado radical Ricardo Yofre, se inclinaron a permitir la participación en los segundos niveles del gobierno de algunos dirigentes radicales. Esto, según sus impulsores, iba a darle a Videla una imagen de dirigente "moderado". Algo similar sucedió en la designación de embajadores, con el valor agregado de que la participación de algunos partidos en la estructura de la Cancillería podía servir para neutralizar la "campaña antiargentina en el exterior", y las denuncias sobre derechos humanos. Así fue designado embajador en Venezuela el radical Héctor Hidalgo Solá, Rubén Blanco embajador en el Vaticano y Tomás de Anchorena en Francia, el demócrata progresista Rafael Martínez Raymonda en Italia, el desarrollista Oscar Camilión en Brasil, el demócrata mendocino Francisco Moyano en Colombia y el socialista Américo Ghioldi en Portugal.

El mismo tándem Videla-Villarreal-Yofre fue autor, en 1978, de la Cena de la Amistad, que se celebró en diciembre de ese año y a la que asistieron cerca de cuatrocientos políticos radicales, entre ellos Ricardo Balbín, Fernando de la Rúa, Juan Carlos Pugliese, Antonio Tróccoli y Juan Trilla.

El enfrentamiento entre Videla y Massera fue un secreto a voces, y tuvo su correlato en la Cancillería: Massera se opuso a la designación de embajadores por parte de Videla, y logró que algunos de ellos tuvieran que renunciar (por ejemplo, Arnaldo Musich en Washington). En otros casos la vendetta masserista fue peor: Hidalgo Solá engrosó la lista de desaparecidos y Elena Holmberg, funcionaria de la embajada argentina en París, también fue eliminada. Holmberg resultó una molestia para un particular proyecto de Massera llamado Centro Piloto de París, encargado de combatir la "campaña antiargentina" y aguantadero, a la vez, de los integrantes de los Grupos de Tareas Exteriores.

También desde el Centro de París se gestionaron entrevistas de Massera con dirigentes montoneros exiliados, con el "Venerable" Licio Gelli, jefe de la P-DUE y con el dictador rumano Nicolae Ceaucescu.

Hidalgo Solá, el ya mencionado embajador argentino en Venezuela, comenzó a hacer cortocircuito con Massera a partir de declaraciones a la prensa venezolana en 1977 acerca de la proximidad del proceso político y de la formación de un gobierno cívico-militar para el año siguiente. Esto irritó por igual a los halcones del Ejército y a los masseristas. Hidalgo Solá, por otro lado, comenzó a realizar gestiones para un encuentro entre el presidente socialdemócrata Carlos Andrés Pérez y Videla, hecho que le restaba a Massera proyección internacional, y también tuvo contactos en Caracas con Casildo Herreras, algo que estorbó la estrategia masserista de cooptar los cuadros sindicales peronistas en su propio partido. El canciller Guzzetti, hombre de la Armada, intentó obtener la renuncia de Hidalgo Solá, pero Videla terció en su defensa. Massera ordenó entonces secuestrar y eliminar al embajador. Curiosamente, en los días de este enfrentamiento, una bomba explotó en casa del subsecretario Yofre, otro de los responsables de la tímida apertura política.

El caso de Elena Holmberg fue el de una persona que vio demasiado: Elena se topó con información de primera mano sobre los contactos en París entre Massera y los montoneros, y lo informó a Videla, al general Omar Riveros (comandante de Institutos Militares en Campo de Mayo) y al capitán de Navío Walter Allara. En diciembre de 1978 fue secuestrada por dos oficiales de la Marina vestidos de civil, los tenientes Enrique Dunda y Jorge "Rudger" Radice, y posteriormente fue asesinada.

LA MIRADA DEL GRAN HERMANO

4.677 documentos sobre la dictadura militar fueron desclasificados en Washington en agosto de 2002 y enviados a Buenos Aires. En ellos –que pueden ser consultados en el Centro de Estudios Legales y Sociales, CELS– quedó expuesto con absoluta claridad que el Departamento de Estado conoció y, en la mayor parte de los casos, avaló la represión clandestina desatada en el país. Lo mismo sucedió con la implementación del Plan Cóndor.

A continuación reproducimos algunos de esos cables hasta ahora secretos, en orden cronológico:

Fecha: Septiembre de 1975
Título: Terrorismo.
Tipo: Confidencial, GDS, Memorándum, Departamento de Estado.
De: Robert A. Pearey, Presidente del Grupo de Trabajo/Comité Ministerial para Combatir al Terrorismo.
Para: Miembros y participantes del Grupo de Trabajo.
En una reunión en Washington organizada por un comité de varias agencias que monitorea el terrorismo en el mundo, James Buchanan, de la Oficina de Inteligencia e Investigación del Departamento de Estado, introdujo a los oficiales estadounidenses "sobre la coordinación de los grupos terroristas en América Latina y el terrorismo en la Argentina. En los pasados años la coordinación entre grupos terroristas ha sido llevada a cabo por medios formales e informales... El método actual de coordinación formal es la Jun-

ta Coordinadora Revolucionaria (JCR)... Mientras el ERP crece vigorosamente, otros miembros de la JCR han sido quebrados por fuerzas de seguridad nacional. Por lo tanto la JCR no se ha desarrollado demasiado... En general, las fuerzas de seguridad nacional en el Cono Sur sobrepasan a los terroristas en su cooperación a nivel internacional... El señor Buchanan mencionó que el terrorismo más virulento en América Latina ocurre en la Argentina. Muertes debido al terrorismo han ido ocurriendo a razón de una por día. Los grupos terroristas están en ambos espectros, en la derecha y en la izquierda. Los de la izquierda están dominados por el ERP y los Montoneros. En la derecha se encuentra la AAA [ésta] es particularmente violenta y brutal reflejando una tendencia sucia en la tradición de la derecha argentina que se remonta a 1930... El señor Buchanan no ve una ofensiva contundente contra los terroristas en la Argentina a menos que un gobierno militar asuma el poder.

Fecha: 18 de diciembre de 1975. 12:20 horas.
Título: Nuevo Análisis sobre la Crisis Argentina.
Tipo: Cable confidencial, Departamento de Estado.
De: Robert C. Hill, Embajador de los Estados Unidos en la Argentina.
Para: Secretario de Estado.
(...) Desde la reunión con oficiales de alto rango que se llevó a cabo el 5 de diciembre, los contactos militares de la Embajada dan por inevitable un golpe militar. La mayoría de los observadores esperan que los militares actúen antes de marzo... Si los militares tomaran el poder, pueden no tener la capacidad de controlar a los sindicatos simplemente negociando con sus líderes como hicieron en 1966. Tendrían que usar la fuerza.

Fecha: 13 de enero de 1976. 17:15 horas.
Título: Posibilidad de Actos Terroristas para Liberar al líder Montonero Roberto Quieto.
Tipo: Telegrama secreto, Departamento de Estado.
De: Robert C. Hill, Embajador de los Estados Unidos en la Argentina.
Para: Henry Kissinger, Secretario de Estado.
La Embajada está al tanto de que el Ejército tiene bajo custodia a Roberto Quieto y teme que los Montoneros traten de secuestrar a algún miembro de la comunidad diplomática para canjearlo por el líder guerrillero. El líder montonero Roberto Quieto fue capturado en un arresto ilegal el 28 de diciembre. (censurado) Recibió información en el sentido de que Quieto está vivo y siendo interrogado por el Ejército Argentino. El futuro de Quieto parece no haber sido determinado aún por las autoridades militares que lo tienen bajo custodia. Él parece haber entregado una gran cantidad de

información sobre las actividades y capacidades de los Montoneros, lo que será muy útil para las fuerzas de seguridad en sus esfuerzos por controlar a los terroristas.

Fecha: 13 de febrero de 1976.
Título: Posible Golpe de Estado en la Argentina.
Tipo: Reporte Secreto, Departamento de Estado.
De: William D. Rogers, Secretario Asistente para Asuntos Interamericanos.
Para: Henry Kissinger. Secretario de Estado.
Hemos tenido numerosos reportes de los planes de los militares y los conspiradores civiles... Respecto al régimen militar, esperamos que sea amigable con los Estados Unidos... Sin embargo, un régimen militar en la Argentina estará casi con certeza involucrado en violaciones a los derechos humanos que podrían generar críticas internacionales... El reconocimiento a un nuevo régimen seguramente no presentará problemas...

Fecha: 16 de febrero de 1976. 17:00 horas.
Título: Los militares toman conocimiento del tema de los derechos humanos.
Tipo: Cable (clasificación desconocida). Departamento de Estado.
De: Robert C. Hill, Embajador de los Estados Unidos en la Argentina.
Para: Secretario de Estado.
Diego Medus (proteger), Jefe de la Oficina para Norteamérica en el Ministerio de Relaciones Exteriores, me confió en un almuerzo el 13 de febrero que el Grupo Militar de Planificación le ha pedido preparar un estudio y hará recomendaciones de cómo el futuro gobierno militar puede evitar o minimizar el tipo de problemas que han tenido los gobiernos chileno y uruguayo con los Estados Unidos sobre el tema de los derechos humanos. Medus dijo que les ha dicho que ellos tendrán problemas si comienzan a ejecutar gente. Los oficiales respondieron que ellos tienen la intención de llevar a cabo una guerra total contra los terroristas y que por lo tanto algunas ejecuciones sean probablemente necesarias.

Fecha: 26 de febrero de 1976. 21:05 horas.
Título: Estrategia de líderes sindicales luego del anticipado Golpe Militar.
Tipo: Cable Confidencial. Departamento de Estado.
De: Robert C. Hill, Embajador de los Estados Unidos en la Argentina.
Para: Secretario de Estado.
El embajador informa y comenta sobre el deseo de importantes líderes sindicales de negociar un acuerdo con los militares. La información fue recabada durante una reunión con el Agregado Laboral de la embajada y algunos líderes argentinos. Una fuente confidencial informó a la embajada que el golpe "ocurrirá sin dudas entre el 3 y el 15 de marzo". La

misma fuente expresa que "el embajador Hill jugará un rol crucial en el próximo golpe de Estado ya que los militares buscarán su consejo".

Fecha: 24 de marzo de 1976.
Título: Fuerzas Armadas argentinas toman el Gobierno.
De: William D. Rogers, Secretario de Estado Asistente para Asuntos Interamericanos.
Para: Henry Kissinger, Secretario de Estado.
El tan publicitado y esperado Golpe militar tuvo lugar en la Argentina temprano por la mañana. La Junta ha mandado una carta en la que pide el reconocimiento de nuestro gobierno. Los ciudadanos e intereses norteamericanos no parecen estar en peligro. Hay serios problemas con el nuevo gobierno como resultado de su política respecto de la censura y los derechos humanos.

Fecha: 24 de marzo de 1976, 22:33 horas.
Título: La Junta Argentina enfrenta un futuro incierto.
Tipo: Telegrama (clasificación desconocida). Departamento de Estado.
De: Henry Kissinger, Secretario de Estado.
Para: Delegación de Estados Unidos en la OTAN.
... Los intereses de los Estados Unidos no están siendo amenazados por la presencia militar en el gobierno... Derechos humanos es un área en la cual el nuevo gobierno puede presentar problemas... La dimensión de este problema puede llegar más allá del trato a los subversivos si en los próximos meses la Junta intenta hacer cumplir políticas sociales y económicas poco populares. Kissinger.

Fecha: 26 de marzo de 1976, 20:37 horas.
Título: La Junta elabora políticas de seguridad.
Tipo: Telegrama confidencial. Departamento de Estado.
De: Robert C. Hill, Embajador de los Estados Unidos en la Argentina.
Para: Secretario de Estado.
El embajador Hill comenta con entusiasmo sobre las nuevas medidas de seguridad impuestas por el gobierno militar. Aunque la Junta ha desmantelado el Poder Judicial, él menciona que "algunos observadores están interpretando estas acciones como una vía para implementar nuevos códigos, más que aplicar las tácticas de matones de la Triple A.
... Consejos de Guerra serán establecidos en todo el país en concordancia con el Código Militar de Justicia para juzgar inocencia o culpa de los acusados y llevar a cabo las sentencias... La Junta ha despedido a todos los jueces de la Corte Suprema en los niveles federales y provinciales y ha colocado jueces de cortes inferiores bajo la autoridad de la

Junta... De esta manera ha conseguido de golpe los poderes que han tratado de obtener del Congreso por más de dos años, para lidiar con los problemas de la violencia en la Argentina.

Fecha: 29 de marzo de 1976. 19:45 horas.
Título: La línea moderada de Videla se impone.
Tipo: Telegrama secreto. Departamento de Estado.
De: Robert C. Hill, Embajador de Estados Unidos en la Argentina.
Para: Secretario de Estado.
Tras el establecimiento del Golpe, se observa la limpieza y eficiencia de los líderes militares y la actitud de moderación de Videla... Antes del golpe había temores de que oficiales de línea dura podrían exceder sus órdenes y habrían matado o arrestado arbitrariamente a líderes obreros, peronistas o izquierdistas que les disgustaban... esto no ha ocurrido. Videla y sus colegas moderados han mantenido a los halcones en su lugar... Posición de los EE.UU.: éste ha sido probablemente el golpe mejor ejecutado y más civilizado en la historia argentina. Fue único también en otros aspectos. Los Estados Unidos no han sido acusados de estar detrás de éste... La embajada espera mantenerlo de esa manera.

Fecha: 11 de mayo de 1976. 21:35 horas.
Título: En duda la línea moderada de la Junta.
Tipo: Cable secreto. Departamento de Estado.
De: Robert C. Hill, Embajador de los Estados Unidos en la Argentina.
Para: Secretario de Estado.
Acordamos con diversas fuentes que no hay una fuerte autoridad central, o línea. Por el contrario, cada comandante e interventor de las municipalidades está haciendo su voluntad. Las tres ramas de las Fuerzas Armadas parecen estar operando casi independientemente la una de la otra. La Marina arresta gente sin comunicárselo al Ejército, y viceversa. El resultado es un ambiente extremadamente confuso y arbitrario, en el que muchos se preguntan si están siendo protegidos por la ley... Lo que empezó bien corre el riesgo de arruinarse... Si Videla y los moderados detrás suyo no toman las riendas de la situación rápidamente, puede ser demasiado tarde.

Fecha: 25 de mayo de 1976. 11:56 horas.
Título: Conversación con el Subsecretario de la Presidencia.
Tipo: Cable secreto. Departamento de Estado.
De: Robert C. Hill, Embajador de los Estados Unidos en la Argentina.
Para: Secretario de Estado.
Durante una conversación mantenida con Ricardo Yofre, luego de que le comentáramos acerca de la preocupación de nuestro país por las

violaciones a los derechos humanos, él nos dijo que los militares argentinos lanzarán una ofensiva que traerá más violaciones. Según Yofre, Videla y sus oficiales están consternados por los secuestros... aunque, al calor del combate, y cumpliendo los planes del gobierno de intensificar drásticamente la lucha contra los terroristas en breve, seguramente habrá más violaciones a los derechos humanos... Está claro por los discursos de Videla y los demás generales que su definición de subversión es tan amplia, que incluye casi todas las formas de la actividad intelectual. ... El cuerpo de Juan José Torres, ex presidente de Bolivia, fue encontrado en Buenos Aires. Según me comentó el ministro de economía Dr. Martínez de Hoz, "los izquierdistas eliminaron a uno de ellos mismos".

Fecha: 16 de junio de 1976. 15:40 horas.
Título: Secuestro de refugiados en la Argentina.
Tipo: Telegrama confidencial. Departamento de Estado.
De: Maxwell Chaplin, Subjefe de Misión, embajada de EE.UU. en la Argentina.
Para: Secretario de Estado.
... Una bomba destruyó el comedor del edificio de Coordinación de Seguridad Federal. Dicha dependencia es el centro de operaciones de inteligencia de esa fuerza de seguridad desde donde se llevan adelante acciones de secuestro y desaparición de personas. En el mismo edificio también funciona un importante centro clandestino de detención.

Fecha: 23 de julio de 1976. 21:10 horas.
Título: El gobierno militar luego de cuatro meses en el poder.
Tipo: Cable secreto XGDS-2, Departamento de Estado.
De: Maxwell Chaplin, Subjefe de Misión, Embajada de EE.UU. en la Argentina.
Para: Secretario de Estado.
Los escuadrones de la muerte llamados Triple A estaban actuando desde antes del 24 de marzo, pero la mayoría de los argentinos esperaba que sus actividades finalizaran cuando se dio el golpe. Sin embargo, ése no fue el caso. Si algo ocurrió, es que las acciones de los grupos paramilitares o parapoliciales fueron en aumento desde el 24 de marzo. Los mismos no identificados Ford Falcon están siendo utilizados, y muchos policías federales que participaron en la Triple A están activos en las operaciones que se llevan a cabo. Estimaciones de cuántos han sido secuestrados ilegalmente se elevan hasta los miles, de los cuales muchos han sido torturados y asesinados. Muchas de las víctimas no han tenido relación alguna con el ERP o con Montoneros. Los blancos han incluido a curas católicos y miles de refugiados chilenos y uruguayos en la Argentina... El objetivo era reunir

inteligencia e intimidar a todo aquel que pudiera tener relación alguna con los terroristas... La violencia contra personas inocentes, por ejemplo, puede ser contraproducente... El USG (*N. del A.*: United States Government) le ha dado al gobierno de Videla impresionantes demostraciones de apoyo, pero ha intentado constantemente hacerle comprender (aparentemente con poco éxito) la necesidad de controlar los excesos por parte de las fuerzas de seguridad si es que desean mantener ese apoyo.

Fecha: 23 de agosto de 1976. 22:17 horas.
Título: Operación Cóndor.
Tipo: Cable Secret XGDS-2. Departamento de Estado.
De: el Secretario.
Para: Embajadas en Buenos Aires, Montevideo, Santiago, La Paz, Asunción y Brasilia.
... Para Buenos Aires, Montevideo y Santiago: se deben arreglar reuniones lo antes posible con el oficial correspondiente más alto en jerarquía. Preferentemente el Jefe de Estado. Tales reuniones deben conllevar a estos puntos:
A) El USG conoce por varias fuentes, incluyendo oficiales de alto rango de que hay información que intercambian y que coordinan entre varios países del Cono Sur con referencia a la actividad subversiva en el área. Esto lo consideramos valioso.
B) A su vez, existen rumores de que esa cooperación va más allá hasta incluir planes de asesinato a los subversivos, políticos y otras prominentes figuras, tanto dentro de las fronteras de algunos países del Cono Sur como del exterior...

Fecha: 24 de septiembre de 1976.
Título: Avance de la Operación Cóndor.
Tipo: Sumario de máximo secreto de la Inteligencia. Departamento de Estado.
Una parte del reporte de la Oficina de Inteligencia e Investigación de la Secretaría de Estado (INR) menciona que "el entrenamiento de grupos argentinos, chilenos y uruguayos ha comenzado en Buenos Aires, los cuales operarán en Europa Occidental"... El SIDE argentino y el Servicio de Inteligencia uruguayo han llevado a cabo operaciones contra uruguayos residentes en la Argentina (detalla la lista).

HORAS
DESESPERADAS

"Por tanto os digo: Conoce a tu enemigo y conócete a ti mismo; en cien batallas, nunca saldrás derrotado. Si eres ignorante de tu enemigo pero te conoces a ti mismo, tus oportunidades de ganar o perder son las mismas. Si eres ignorante de tu enemigo y de ti mismo, puedes estar seguro de ser derrotado en cada batalla."

Sun Tzu, *El Arte de la Guerra*

"Nosotros hacemos de la organización un arma, simplemente un arma y, por lo tanto, sacrificamos la organización en el combate a cambio del prestigio político. Tenemos cinco mil cuadros menos. Pero... ¿cuántas masas más? Esto es el detalle."

Mario Firmenich, entrevistado por la revista cubana *Bohemia*
el 9 de enero de 1981; reproducido por Richard Gillespie.

Los montoneros calificaron al golpe de Videla como una "ofensiva generalizada sobre el campo popular, apoyada por la oligarquía, los monopolios imperialistas y la alta burguesía nacional".

Evaluaron, según Gillespie, que la aprobación de la clase media a los militares "no duraría". Optaron entonces por una "defensa activa", esto es, comenzaron a "preparar el terreno para una contraofensiva popular". "A pesar de los centenares de detenciones y secuestros de activistas que acompañaron la toma del poder por los militares —escribió Gillespie— los montoneros tenían bastante confianza en sí mismos para aventurarse, en abril del mismo año, a una Cuarta Campaña Ofensiva Táctica concebida con anterioridad al 24 de marzo. Sin embargo, al proceder de tal modo juzgaron muy equivocadamente el poder y la estrategia del enemigo." Cuatro atentados con explosivos afectaron a la policía: el 18 de junio, cuando el jefe policial, general Cesáreo Cardozo fue víctima de 700 gramos de trotyl colocados debajo de su cama; el 2 de julio cuando nueve kilos de trotyl volaron el techo del comedor de Coordinación Federal matando de veinticinco a treinta personas e hiriendo a sesenta; el 12 de septiembre cuando un Citroen cargado de explosivos estalló a control remoto cuando pasaba un coche policial, con el resultado de once policías y dos civiles muertos, y el 9 de noviembre con una bomba en el cuartel general de la Policía de la Provincia en La Plata mató a un oficial e hirió a otros once que estaban reunidos en el despacho del jefe, coronel Trotz. Los guerrilleros explicaron en el número 15 de *Evita Montonera* que "las ejecuciones eran el fruto de una decisión colectiva", y que "habían contado con el apoyo imprescindible de la ciudadanía para llevarlas a cabo". Gillespie demostró que esto no fue así: Cardozo murió porque Ana María González, de 18 años, se hizo amiga de su hija para tener acceso a la casa; la carnicería de Coordinación Federal fue obra de un infiltrado en el edificio, y el montonero que colocó la bomba en La Plata era secretario privado del coronel Trotz.

Después del atentado contra Coordinación la "vendetta" fue dura: un joven fue atado, amordazado y fusilado al pie del Obelisco, se encontraron los cadáveres de ocho detenidos en un estacionamiento de San Telmo, tres sacerdotes palotinos y dos novicios fueron ametrallados en una Iglesia de Belgrano, aparecieron treinta cuerpos dinamitados y acribillados en un vertedero cercano a Pilar, y diecisiete cadáveres en el mismo estado en Lomas de Zamora. Los muertos de Pilar no tenían sus cinturones ni cordones en los zapatos, por lo que se dedujo que habían estado detenidos. Amnistía Internacional calculó en enero de 1977 que había en la Argentina entre cinco y seis mil presos políticos, que en 1976 los grupos parapoliciales causaron alrededor de mil víctimas, y que la izquierda armada fue responsable de unas cuatrocientas a quinientas muertes. Un año después, según el Informe del Consejo Nacional del Partido Montonero de septiembre de 1977, las bajas ascendían a dos mil personas, un tercio más de lo que habían previsto los propios guerrilleros. En agosto de 1978 las bajas sufridas desde el golpe alcanzaron a las 4.500.

Asegura Gillespie que los montoneros en 1976 abandonaron implícitamente la teoría de las etapas revolucionarias y propusieron una "inmediata transición al socialismo luego de la toma del poder". Según declara el propio Firmenich a *The Guardian* el 2 de marzo de 1977: "El capital industrial agrícola y financiero sería expropiado a la oligarquía y a los monopolios, las grandes empresas nacionales se verán impulsadas a participar en la aventura montonera, o se las nacionalizará a la menor vacilación. (...) El tradicional liderazgo unipersonal del peronismo debe ser reemplazado por el de un partido revolucionario más duradero (el Partido Montonero) y, ya que el movimiento revolucionario popular argentino tomó históricamente el nombre de su liderazgo estratégico "antes Perón, hoy Montoneros", resulta lógico que nuestro partido sea rebautizado como Movimiento Montonero". Tal como la propia cúpula previó, centenares de guerrilleros fueron abatidos en las calles mientras oponían resistencia a los grupos de tareas de la dictadura. Sergio Puiggrós, Carlos Hobert, Miguel Zavala Rodríguez, Carlos Caride y Rodolfo Walsh fueron los casos más relevantes. Walsh fue el encargado de la Sección de Policía del Servicio de Informaciones Montonero. Murió al resistirse al secuestro el 25 de marzo de 1977, un día después de haber denunciado a la dictadura en su famosa *Carta Abierta*. Su casa en San Vicente fue demolida por tanques del Ejército. Francisco "Paco" Urondo, uno de los jóvenes y más trascendentes poetas argentinos murió tragando la pastilla de cianuro. (Gillespie asegura que la obligación de suicidarse ante el caso de no tener escapatoria fue derogada por la Conducción Nacional en mayo de 1978.) El Secretariado Político Nacional Montonero fue rodeado durante una reunión en la calle Corro, de Floresta, por un tanque, tropas y un helicóptero. Los guerrilleros Coronel, Salame y Beltrán murieron disparando desde la planta baja. Alberto "Tito" Molina y María Victoria Walsh, hija de Rodolfo, salieron al balcón del primer piso durante el tiroteo. La chica dejó su metralleta Halcón en el piso, abrió los brazos y le gritó a las tropas:

–¡Ustedes no nos matan! ¡Nosotros elegimos morir!

Y, junto a Molina, se dispararon un tiro en la cabeza.

El denominado "Memorándum 1: Explicitación política de la experiencia mantenida por militantes montoneros con la Marina de Guerra en calidad de detenidos y bajo condiciones de secuestro" procedente de Ginebra con fecha julio de 1979 fue citado por Gillespie para retratar las condiciones de reclusión en el campo de concentración de la Escuela de Mecánica de la Armada (ESMA): "Además de la picana, del submarino y de la violación, los métodos incluyeron el encierro de los detenidos con perros feroces, adiestrados por sus secuestradores, hasta que quedaban casi descuartizados. (...) La unidad GT 3.3 [*N. del A.*: GT refiere a Grupo de Tareas.] de la ESMA fue responsable de alrededor de tres mil muertes. Los montoneros que allí llegaron ya no tenían confianza alguna en el futuro político de la organización".

Llevados a la cámara de torturas encadenados y encapuchados la mayoría decidían cooperar para garantizar su supervivencia. La novela *Recuerdo de la Muerte*, de Miguel Bonasso, resulta un lúcido y valioso testimonio de la ESMA, quizás el mejor libro escrito hasta el momento sobre los años de plomo. "Sin los Montoneros, las Fuerzas Armadas no hubieran podido destruir a los Montoneros", afirmó el citado Memorándum 1 en referencia a la ayuda que los "quebrados" brindaron a los Grupos de Tareas, y a organizar el aparato político del Partido de la Democracia Social, encabezado por Massera.

A finales de 1977 el Council of Hemispheric Affairs en Washington calculó que en la Argentina había unos 18.000 presos políticos, aunque la Junta nunca reconoció la existencia de más de 5.108 detenidos a mayo de 1977 y 900 en enero de 1981. Según *Terrorism in Argentina*, de W. Laqueur, "de las 688 víctimas de asesinatos políticos 515 eran miembros *de las Fuerzas Armadas, Gendarmería y Policía (más del 70 por ciento del total). Con las muertes de empresarios, las víctimas sumaron el 82 por ciento del total. Los sindicalistas asesinados por la guerrilla fueron 24.*

En 1977 la cúpula montonera estableció su base estratégica en La Habana, donde depositaron parte del dinero pagado por los hermanos Born. Firmenich apareció públicamente en las celebraciones oficiales del gobierno y del Partido Comunista cubano. En la misma época algunos de sus cuadros fueron secuestrados en el exterior y llevados a la ESMA: Carlos Maguid fue secuestrado en Lima en 1977; Jaime Dri y Oscar de Gregorio fueron detenidos en Uruguay y llevados a la ESMA. Alejandro Barry y Carlos Valladares fueron asesinados en Uruguay en 1977. Norberto Habegger fue secuestrado en Río de Janeiro; hubo varios intentos fracasados de secuestrar o asesinar a dirigentes montoneros en Madrid y México; el pianista de fama mundial Miguel Ángel Estrella fue detenido en Uruguay bajo acusación de terrorismo, Horacio Campiglia y Susana Binstock fueron secuestrados en Brasil, María Inés Raverto, Julio César Ramírez y Noemí Gianotti fueron secuestrados en Perú (Gianotti fue encontrada muerta en un departamento de Madrid) y el capellán montonero padre Jorge Adur fue secuestrado en Brasil.

El caso del PRT-ERP no fue tan distinto en cuanto a la dosis de voluntarismo y la irrealidad del análisis y la proyección política. El documento "Argentinos: ¡A las armas!", firmado por Mario Roberto Santucho y publicado en *El Combatiente* número 210 sostuvo que "el paso dado por los militares es, como sabemos, una irracional aventura condenada de antemano al fracaso". El ERP evaluaba que "[la situación] impone al pueblo argentino la histórica responsabilidad de rebelarse masivamente, tomar en sus manos los destinos de la Patria, afrontar con heroísmo los sacrificios necesarios y librar con nuestra poderosa clase obrera como columna vertebral, la victoriosa guerra revolucionaria de nuestra Segunda y definitiva Independencia".

"Cuanto más pronto –proseguía el documento fechado una semana después del golpe– se llegue a la unidad revolucionaria en un solo Partido Proletario y en un solo Ejército Popular y se construya el Frente de Liberación Nacional, cuanto más acelerado sea el crecimiento y el poderío de dichas organizaciones, gracias al aporte máximo de cada revolucionario argentino, menor será la duración de nuestra guerra y por tanto menores los sufrimientos de nuestro pueblo." El ERP estableció que a partir del 24 de marzo se iniciaba "la etapa de guerra civil generalizada en nuestro proceso revolucionario".

En el número 220 de *El Combatiente*, del miércoles 9 de junio de 1976, Santucho advirtió su inicial y equivocada caracterización de la situación. Bajo el título "Con fuerza, hacia las masas", dijo: "Cuando poco antes y después del 24 de marzo analizamos las perspectivas del golpe militar cometimos un error de cálculo al no señalar que el peso de la represión afectaría en un primer momento a la lucha popular, dificultando la movilización de masas y el accionar guerrillero. Al no prever un reflujo transitorio de la movilización obrero-popular y dar la idea de que la potente reacción antidictatorial de masas sería inmediata, lo mismo que el aislamiento internacional de la Dictadura y la aproximación al campo revolucionario de sectores populares democráticos, no nos adecuamos plenamente en lo ideológico y orgánico a la nueva realidad nacional. Globalmente nuestra posición fue y sigue siendo correcta, tanto en la caracterización de la Dictadura como en la comprensión de la generalización de la guerra y el justo pronóstico de que nuestro pueblo no será aplastado y edificará gradualmente una resistencia potente y victoriosa. Pero nos faltó prever taxativamente un período determinado de reflujo, error que desde ahora corregimos". Desgraciadamente, el documento se arriesgó a la futurología: "Pensamos que habrá que esperar alrededor de un año hasta el próximo auge de la lucha de masas". Otro documento, en este caso el Boletín Interno número 121 clasificado como "secreto, sólo para militantes y aspirantes", con fecha 14 de

julio de 1976, consignó la existencia "de más de 16.000 detenidos, torturados salvajemente casi en su totalidad; centenares y acaso miles de secuestrados, muchos de ellos asesinados y el resto alojados en cárceles clandestinas
del ejército opresor". A pesar de ello el ERP sostenía que "tal es el estado de
guerra que vive nuestra Patria, en los comienzos de la guerra popular revolucionaria ya iniciada y generalizada que culminará con el total y definitivo
triunfo de la revolución socialista". El editorial de *El Combatiente* número
243, del miércoles 24 de noviembre de 1976, firmado por Daniel Martín,
decía que "en el pasado mes de mayo nuestro Partido analizó que la situación de reflujo del movimiento de masas, a consecuencia del cambio de
situación desde el 24 de marzo, duraría aproximadamente un año. El análisis marxista ha permitido siempre hacer estimaciones de plazo y tiempo.
Estudiando la globalidad de un proceso, sus tendencias y desarrollo, se
pueden trazar perspectivas que permiten a los revolucionarios avizorar el
tiempo de los acontecimientos venideros y así ordenar y organizar sus fuerzas. Hoy, a ocho meses del golpe militar, la evolución de las múltiples tendencias y fuerzas que conforman nuestra realidad social nos permiten confirmar la validez de la estimación realizada. Abril, mayo, junio del próximo
año serán meses de formidables enfrentamientos sociales, generalización de
las luchas, choques frontales cuantitativa y materialmente muy superiores a
los cordobazos, viborazos, rosariazos, mendozazo, etcétera. En efecto, todo
madura en la lucha de clases argentina hacia ese verdadero salto. (...) El
próximo 'reventón social' será distinto. (...) Los nuevos Cordobazos serán
enfrentamientos que superarán por su masividad, sus métodos y sus objetivos los cálculos más audaces que podamos imaginar".

El futuro, en efecto, llegó, y ni unos ni otros habían podido imaginarlo.

UNA CULTURA GUERRILLERA

"Chacka achca atejcunapa mana alli soncko caynincuna raycu, llajtaycucuna huajchalla cancu. Mana caymantacuna, tucuy mamanta paypachacuncu; chaypata huajchacunacka, huasincunata huijchus, rinancuna tian mayllamanpas llamcaj, mana yarckaymanta huañunayaspacka. Llajtamasicuna: cuscayananchis tian, sujllayas, Yanapanacus, chaynacunamanta ckeshpinanchispaj."

("Por la mala fe que abrigan aquellos que pueden mucho, nuestros coterráneos son siempre pobres. Los que no son de aquí, los de afuera, se adueñan de todo; de ahí que la gente pobre, abandonando sus hogares, tenga que ir hacia cualquier parte a trabajar, para no morirse de hambre.")

Boletín número 3 del Frente Revolucionario Indoamericanista
Popular (FRIP) del 3 de diciembre de 1961.

"Nadie va a la guerra gritando 'Tal vez'. Quizá por eso, desde siempre, los movimientos revolucionarios tuvieron que convertir el contenido de sus voluntades en verdades 'reveladas' u 'objetivas', cuyo cumplimiento estaba garantizado por la palabra de un dios o por el peso de una ciencia. Era el 'designio divino' o 'la marcha ineluctable de la historia' que

aseguraba que el objetivo, tarde o temprano, se conseguiría, y que el sacrificio no habría sido en vano."

Martín Caparrós, *La izquierda en la Argentina*

Como sucede con toda cultura que se desarrolla en el marco de una comunidad cerrada, los códigos, gestos, el lenguaje, terminaron por delinear lo que en nuestra opinión podría llamarse una "cultura de la guerrilla" que no puede leerse en un contexto ahistórico y menos aún olvidando la escala axiológica de la época, hoy sujeta a un fuerte contraste. En esa "cultura" (entendida como *way of life*) hay trazos gruesos comunes a todas las organizaciones que también se extienden a algunos sectores de la juventud –militante o no– de la época, y rasgos más finos en los que el peso de la ideología tiñó algunos aspectos de la vida cotidiana. Trataré de resumir algunas características generales, para luego dar múltiples ejemplos testimoniales:

1. La guerrilla (y esto podría extenderse a la izquierda orgánica e inorgánica en general) nunca creyó en la democracia ni tuvo a ésta como un fin en sí mismo. Sólo, y en contados casos, aceptaron la idea de democracia como un "medio" para ser utilizado en el camino hacia la revolución. La "democracia burguesa" era para ésta una trampa. Como se señala en la Carta Abierta del ERP a Cámpora, eran "el zorro y las gallinas en la misma jaula".

2. Procuraron diferenciar –en lo conceptual y también en la práctica– la diferencia entre "guerrillero" y "terrorista". Sostenían que era muy distinto hacer uso del terror como vía para el cambio político que pelear una "guerra popular y prolongada" en la que todas las zonas, rurales y urbanas, se convertían en un eventual campo de batalla. La militarización de las organizaciones llevó a diferenciar a los militantes con grados del ejército regular, imponer la pena de muerte a los propios en caso de traición, entregar medallas por méritos en el combate y –lo más importante– establecer una disciplina vertical en la que el disenso podía ser interpretado como un resquebrajamiento de la moral.

3. La guerrilla, que reivindicó la cultura nacional (en algunos casos, como el FRIP, hacían incluso una apología del indigenismo, escribiendo sus comunicados en español y quechua) basó sin embargo su formación en teorías y prácticas extranjeras, en algunos casos con sesgo internacionalista pero en otros tan vinculadas a su lugar de origen que hizo imposible trasplantar aquel modelo. Vietnam quedaba demasiado lejos del monte tucumano, así como la pampa agraria de la Revolución Cultural china.

4. Una equivocada caracterización de Perón, basada en lo que querían que Perón hubiera sido, y no en lo que era en verdad, y había sido siempre. Esta actitud de la guerrilla llevó a la brutal paradoja de discutirle a Perón su grado de "pureza peronista", y a elaborar la "teoría del cerco" cuando la realidad no se ajustaba a sus ideas. Cuando Perón era "otro" (en realidad, cuando era el que era) estaba dominado por la brujería de López Rega.

Viviana Gorbato, en *Montoneros, ¿soldados de Menem, soldados de Duhalde?*, analiza el destino de "los quinientos montoneros reciclados que, según cuenta Sylvina Walger en *Pizza con champán*, ocuparon cargos públicos en el gobierno de Menem". Para Alberto Conca (ex número dos de la Secretaría de la Función Pública) la palabra no es reciclado "sino reconvertido. Los montoneros somos un ejército... un ejército derrotado, pero un ejército al fin". "Estoy vivo de casualidad –le dijo a Viviana Gorbato el diputado Humberto Roggero, ex montonero, jefe de la bancada justicialista–. Estoy vivo porque me volvieron a pasar de la célula al Frente Estudiantil. Todos mis antiguos compañeros, el Bocha, la Anita, el Trosco y la Yaya, están muertos. Fue en un falso enfrentamiento, los mataron sin combate."

"No quiero hablar del tema", dijo Susana Decibe, ex ministra de Educación, torturada en la ESMA por su cercanía con la izquierda gremial peronista. "Los que fuimos 'Monchos' nos reconocemos por la mirada", arriesgó Juan Carlos Dante Gullo. Roggero dio en el libro de Gorbato una versión diferente a la oficial sobre la suerte de Roberto Quieto, uno de los máximos jefes montoneros:

"Al acercarse la Navidad de 1975 –dijo Roggero a Gorbato– Quieto había redactado órdenes a máquina insistiendo en que bajo ninguna circunstancia los combatientes se arriesgaran a ponerse en contacto con sus familias en las próximas fiestas. Dos semanas después, a las siete y media de la tarde del 28 de diciembre, Quieto fue detenido, desarmado y sin guardaespaldas, mientras jugaba con su familia en la playa de San Isidro. La noche siguiente a su desaparición las tropas allanaron dos bases de los guerrilleros y se apoderaron de material valioso; después vino una racha de secuestros, detenciones y desapariciones que sólo podían significar una cosa: según Gillespie, Quieto había hablado. En febrero de 1976, el Tribunal Revolucionario Montonero se constituyó para juzgar en ausencia a Quieto y lo condenaron a degradación y muerte".

"Me sorprendió –escribe Gorbato– la firme creencia de Roggero de que Quieto estaba vivo." "Vive en algún lugar de los Estados Unidos, él entregó todo", sostuvo Roggero.

Roggero relató los *tics* del setenta que aún reconoce en su vida cotidiana: "Jamás me siento en un bar con la espalda hacia la vidriera. Nunca hablo en un taxi. Nunca hablo fuerte en un bar. Cuando escucho a los que están conmigo hablar fuerte, les hago bajar la voz. No puedo caminar con gente a mi espalda, sin saber a quién tengo detrás mío. Todavía sigo caminando con los autos de frente. Si alguien me toca el brazo, salto. Todavía no doy el teléfono de mi casa, casi a nadie. Trato de que no sepan dónde vivo. Antes de bajarme de un taxi, miro quiénes están y qué están haciendo. En Río Cuarto, cuando manejo el auto y lo voy a guardar, siempre doy una vuelta primero. Los tupamaros decían que el único guerrillero que no habla es el que no sabe. Cuando era conducción, yo era jefe de seguridad. Era muy estricto con las normas. Sobre todo con lo que fueran papeles. Todavía no uso agenda, a lo sumo uso papelitos que después rompo bien con la mano".

Gustavo Molfino, correo internacional de Montoneros, relató en el libro de Gorbato su entrenamiento militar en el Líbano: "Eran cursos duros, muy completos. Más que nada, nosotros desarrollábamos tácticas, defensa y estrategia de acciones urbanas: manejo de todo tipo de armas, explosivos, desplazamientos en vehículos, nos tirábamos de un vehículo en movimiento, tiro desde un vehículo. Acciones totalmente urbanas. No participábamos en ninguna acción interna que tuviera que ver con la guerra entre palestinos e israelíes. Había plantaciones de bananas, naranjas. Imperaba un régimen muy estricto. Cuando caía la noche hacía mucho frío. Dormíamos en carpas debajo de esos bananales; no se podía fumar ni hablar fuerte debido a los planeadores satelitales que sobrevolaban la zona. Si detectaban una luz de un pucho, al día siguiente se pudría todo. (...) Me pareció ridículo —cuenta Molfino a Gorbato— ver al Pepe (Firmenich) y a Vaca Narvaja vestidos de uniforme como si hubieran combatido en Nicaragua. Era tragicómico. De Roberto Perdía decíamos que era 'comandante montonero en retiro efectivo'".

"A los compañeros que disentían se los tachaba de cobardes y se tenían que ir", afirmó Jorge Rachid en el mismo libro, el primer secretario de difusión de Menem. Alicia Pierini, ex titular de la oficina de Derechos Humanos, también recordó los "códigos de la clandestinidad":

"Pierini: Yo era militante montonera, además mamá de dos nenas muy chicas. Mariela nació en el '67 y Bárbara en el '68. Tuve ocho años de clandestinidad viviendo en casas compartimentadas, con contraseguimiento de ida y de regreso del colegio.

"Gorbato: ¿Qué es una casa compartimentada? ¿Cómo es un contraseguimiento?

"Pierini: Compartimentación quiere decir que pocas personas o casi ninguna saben dónde vivís. Una compartimentación podía ser de dos modelos, una más blanda y otra más rigurosa. Una compartimentación más blanda es aquella en la que tus hijos saben volver a su casa por sus propios medios. Tu hogar está solamente compartimentado para los ámbitos políticos, organizativos, para los otros militantes. Cuando nos mudamos, en septiembre de 1974, pasamos a una casa semi compartimentada. Estaba compartimentada para los compañeros de militancia, pero no para mis padres. Mis hijas iban y venían del colegio. Tuvimos otras casas más rigurosamente compartimentadas. Ni siquiera nuestra familia sabía. La gente venía a visitarnos tabicada.

"Gorbato: ¿Le vendaban los ojos?

"Pierini: No, por ejemplo cuando mi suegra (la mamá de Ernesto Jauretche, mi compañero de entonces) venía a vernos, primero se la llevaba a dar vueltas en auto y se le pedía que mantuviera cerrados los ojos, antes de llegar para que nunca pudiera reconocer la casa. También, si se compraban facturas o masas en la panadería se sacaba el papel de envolver con la dirección. Teníamos fundas para los sifones. A los almanaques también se les cortaba la propaganda del almacenero vecino. El visitante no debía tener el menor indicio de dónde estaba. Así viví durante ocho años. El papá de mis hijas, mi primer marido, no quería que las sacara del país ni estaba de acuerdo con mi militancia.

"Gorbato: En los noventa, las guerrilleras de Chiapas deben tomar anticonceptivos obligatoriamente. ¿Cuál era la posición de Montoneros respecto a los hijos?

"Pierini: Tener hijos no era una decisión individual. Bueno, en realidad no había decisiones personales o individuales como ahora se conocen. Todo se compartía (dinero, bienes, sueldos). Yo ganaba bien en un cargo jerárquico en la Universidad y daba gran parte de mi sueldo. Había una asignación básica que era el equivalente al sueldo actual de un obrero calificado más plus por familia, cantidad de hijos. También el FOCS, que era un fondo preventivo por salud...

"Gorbato: ¿Pero los hijos? ¿Cómo se tomaba esa decisión de tenerlos? ¿Te cuidabas?

"Pierini: Se evaluaba la posibilidad de tener hijos según el momento. Yo usaba diafragma, píldoras y después espiral.

"Gorbato: En el libro *Mujeres guerrilleras* de Martha Diana, una militante montonera, Tina Meschianti, dice que por un lado pensaba que no debía tener hijos, pero que al mismo tiempo no se cuidaba. 'Mis siete abortos los llevo en la sangre', cuenta...

"Pierini: Pero eso es un caso particular. Yo no tuve ningún aborto. Nuestra concepción muy cristiana no lo permitía..."

Juan Gelman describió la "clandestinidad uniformada": "En un momento –relató Gelman– Firmenich y Compañía decidieron que había que usar uniformes. Imagínese que cualquiera caminando por la calle con ese uniforme sería reconocido. El uniforme consistía en una camisa celeste con estrellitas en los hombros para los grados y vivos en el cuello, como las del ejército argentino, con la diferencia que las estrellas no eran de cinco puntas sino de ocho (la estrella federal) y en el cuello llevaba cruzadas una ametralladora y una tacuara. Por otra parte, al comienzo, los grados en la organización eran del grupo guerrillero. Pero en el exilio comenzó a haber una asimilación con los grados del ejército argentino. Uno tenía que reunirse en Madrid con ese atuendo, pero como no iba a caminar por la calle de esa manera, se llevaba los implementos a la reunión y antes de empezar y al terminar, había cinco minutos de vestuario".

La resolución del uso del uniforme data del 15 de marzo de 1978. Llevó el número 001/78, y decía:

"Sobre el uniforme:

a) Prendas del uniforme

Camisa: color celeste, con charreteras y dos bolsillos con solapa en la parte superior.

Pantalón: color azul marino, en tela gabardina.

Pollera: las compañeras están autorizadas a utilizar pantalón o pollera. En este último caso también debe ser color azul marino, de tela gabardina, de corte recto y de largo hasta el borde superior de la rodilla. No debe ser ni maxifalda ni minifalda.

Boina: color negro ladeada hacia la izquierda.

Aclaración sobre provisión del uniforme:

Debido a la clandestinidad, nuestras fuerzas y el grado de despliegue organizativo en el que estamos operando, la provisión del uniforme, así como su confección, no será centralizada. Por eso, cada compañero deberá proveerse de las prendas establecidas, tratando de mantener lo más posible las normas dispuestas, siendo en todos los casos el aspecto principal el mantenimiento de los colores reglamentarios.

Insignias de grado:

En todos los casos en que las insignias son estrellas, éstas son estrellas federales, es decir, de ocho puntas. A excepción hecha del tipo de estrella que simboliza los grados de los oficiales y el color de las utilizadas para el grado de Comandante, todas las insignias son idénticas a las que utiliza el Ejército Argentino.

Comandante: una estrella roja.

Segundo Comandante: dos estrellas doradas.

Mayor: una estrella dorada.

Capitán: tres estrellas plateadas.

Juan José Sebrelli considera que la discriminación sexual varió según los grupos. El PRT-ERP no quería saber nada de los gays por su castrismo, mientras que en Montoneros influyó principalmente su catolicismo. "No somos putos / ni somos faloperos / somos soldados de Evita y de Perón / somos Montoneros", se cantaba en los actos de la época.

Sebrelli relata que un grupo nucleado por el poeta Néstor Perlongher, llamado Eros, se volcó a Montoneros. Cuando el sector peronista del Frente de Liberación Homosexual se hizo presente en la Plaza de Mayo portando carteles que pedían "para que reine en el pueblo el amor y la igualdad" fueron silbados e insultados por los presentes hasta que terminaron saliendo del acto. Volvieron a hacerse presentes en la concentración de Ezeiza, lo que terminó dando pie a Osinde para acusar a la Juventud Peronista de "homosexuales y drogadictos". Los montoneros les respondieron con la consigna: "No somos putos, ni faloperos". Sebrelli concluye que "el amor entre los gays peronistas de izquierda y los montoneros fue un amor no correspondido".

Cuenta Viviana Gorbato que "un día, ciertos dirigentes gays le dijeron a la cúpula montonera:

"–Ustedes ponen los huevos por la Revolución. Nosotros ponemos el culo.

"Imaginate –le dijo Rafael Freda, militante gay de izquierda, relator de la anécdota– cuál fue la reacción de Firmenich, que era ultracatólico."

El PRT-ERP, por su lado, denunció con espanto que sus militantes fueran recluidos en las mismas celdas que los homosexuales. Aquel reclamo disparó en Manuel Puig el argumento de *El beso de la mujer araña*, donde la "loca Molina", gay y buchón de la policía se redime gracias al amor a un militante.

Jorge Telerman, vocero de Duhalde, ex diplomático, recordó que "la militancia ocupaba toda nuestra vida. La droga era vista como algo decadente. Recién salí a bailar de grande –dijo Telerman–. Viernes y sábados nos juntábamos a guitarrear folklore, nunca tango. Ser urbano generaba culpa, teníamos que estar cerca de la gente del campo".

Según declaró Horacio Mendizábal, jefe del Ejército Montonero a *Cam-*

bio 16, "el hombre nuevo podía tener una sola compañera. Hay una exigencia ante la cual no transigimos y es la del cumplimiento estricto de una moral de la fidelidad. La fidelidad en su sentido más global: la fidelidad como principio —dijo Mendizábal— al compañero, pero también a la esposa. Descartamos de nuestras filas al que le es infiel a su compañera. (...) La fidelidad contribuye a la formación del carácter. Pensamos que el principio de fidelidad es integrador y no admite distingos. Si se es infiel a la esposa se le puede ser infiel al Ejército. Es así de sencillo".

Ernesto Villanueva, ex rector de la UBA en 1970, resume: "Había una visión: un pito y un agujero. Era la doctrina oficial. La homosexualidad era muy mal vista. Y si encontraban a alguien con droga era terrible".

El artículo 16 del Código de Justicia Penal Revolucionaria de Montoneros, aplicado durante el período 1975-1978 señalaba: "Deslealtad: incurren en este delito quienes tengan relaciones sexuales al margen de la pareja constituida. Son responsables los dos términos de esa relación, aun cuando uno sólo de ellos tenga pareja constituida".

Pablo Pozzi y Alejandro Schneider, en *Los setentistas*, analizaron a la izquierda y a la clase obrera entre 1969 y 1976. En el apartado "La guerrilla marxista: el PRT-ERP", señalan: "De forma similar a otras organizaciones de la "nueva izquierda" todos tendían a vestirse de manera simple, limpia y sin maquillaje para las mujeres. Inclusive tendían a fumar la misma marca de cigarrillos: *Particulares* negros. Esta tendencia a la homogeneidad era impuesta casi inconscientemente a todos los miembros partidarios. Usar ropa más cara era visto como una muestra del egoísmo 'pequeño burgués', como lo era cualquier tipo de concesión consumista tal como, por ejemplo, comprar un televisor. Según un informante:

"–Y, contame, ¿cómo eran los compañeros del PRT?

"–O sea, la gente del PRT... era muy especial. ¿Cómo te podría decir? Vos veías vestida a una persona y –dentro del gremio, en un plenario de delegados– decías: 'Éste es peruca'.

"–Si lo veías bien vestido.

"–No bien vestido... era característico, que sé yo. El decir 'hermano', era del PRT. Decir 'cumpa', o 'tío', eso era de los perucas. Usar vaquero con zapatos de punta, eso es propio de la JP.

"–¿Y cuál era el 'uniforme' de ustedes?

"–Más desprolijo, más común.

"–¿Desaliñado?

"–No desaliñado, pero más como que cada uno trataba de ser más humilde de lo que era."

El resultado de estos criterios –siguen Pozzi y Schneider– fue que muchos compañeros del PRT-ERP tendían a ejercer un control casi asfixiante sobre la vida cotidiana de cada miembro. Varios testigos recuerdan sesiones de "crítica y autocrítica" en su célula por cosas como ir al cine a ver la película equivocada ("escapismo") o escuchar un tipo de música errado ("enajenación pequeño-burguesa").

Recordó una testigo: "Los compañeros no querían que yo fuera a recitales de rock. Entonces, me escapaba de la casa operativa. Me acusaban de individualista, de no cuidar la seguridad. Para mí era la vida, porque yo me escondía de los milicos, no de mis amigos".

Según la responsable, en su célula sindical se criticó a uno de los integrantes por un "levante", recomendándole "que formara una pareja ya que los levantes no eran buenos ni moral ni políticamente".

Cuán generalizado fue esto es difícil de juzgar, pero es indudable que existió una visión de la moral proletaria que tenía poco que ver con las prácticas culturales de los obreros argentinos. Un ejemplo de esto fue brindado por un testimoniante al recordar lo que él llamó una "insurrección" de los militantes obreros que estaban en una escuela de cuadros en la que el responsable no quería que se tomara vino en las comidas. Dijo: "Fue todo culpa del responsable de la escuela. Era un ex seminarista que creía que el alcohol le hacía mal a la clase obrera... Bueno, nosotros éramos la clase obrera y no estábamos de acuerdo".

Otro elemento de la cultura del PRT-ERP que generó fuertes vínculos fue el lenguaje. Los miembros del partido adoptaron toda una terminología que los identificaba entre sí. Dicha terminología se derivó del léxico común a toda la izquierda durante décadas. Por ejemplo: los Montoneros eran "los primos", el MIR chileno: "los hermanos"; una excusa por si te paraba la policía mientras hacías algo ilegal, era "el minuto"; alguien caracterizado como pequeño burgués era un "pequebú"; un simpatizante era un "simpa", un documento interno era una "minuta", una pequeña acción armada era una "opereta", y alguien que colaboraba con la organización era un "contacto".

TIGRES DE PAPEL

"PERIODISTA: Sr. Manrique, hoy la revista La Semana dice en su tapa: 'Caso Graiver: un general acusa en el libro más polémico del año a notorios personajes de la vida argentina'. La nota incluye declaraciones de Oscar Marastoni, correo de David Graiver: 'Le entregué sobres con dinero a César Cao Saravia, al secretario Vicente Calabró, a Bernardo Neustadt, a Manuel Madanes, a José Ber Gelbard, a Osvaldo Papaleo y a Francisco Manrique'. ¿Alguna reflexión?
"MANRIQUE: ¡Qué hijo de puta!"

La sorpresa de Jacobo Timerman cuando los militares golpearon a su puerta no debe haber sido muy distinta a la del apasionado Dr. Frankenstein cuando vio que el monstruo al que había dado vida se abalanzó sobre él para matarlo. En su tesis "Estrategias periodísticas de apertura y resistencia en un espacio público autoritario; los casos de *Madrid* (España) y *La Opinión* (Argentina)", el profesor Carlos Barrera de la Universidad de Navarra y el Licenciado Fernando Ruiz Parra de la Universidad Austral, sostienen que "la causa formal que utilizó el régimen militar argentino para terminar con *La Opinión* de Timerman también tuvo que ver con la composición accionaria de la empresa editora del periódico, OLTA S.A., y la empresa propietaria de los talleres, Establecimientos Gráficos Gustavo S.A. En este caso la culpa fue cargada a la participación accionaria que tenía en esa

empresa informativa el banquero David Graiver, que llegó a poseer el 45
por ciento de las acciones de ambas sociedades. Graiver murió en agosto de
1976 e investigaciones militares descubrieron que la guerrilla lo había utilizado como financista de un botín de cuarenta millones de dólares obtenido por el secuestro de los hermanos Born. (...) Graiver tuvo relaciones con
sectores muy contradictorios: en 1971 fue el oculto financista de una revista que alentaba la lucha armada y al mismo tiempo viajaba por el mundo
con el hijo del entonces presidente general Lanusse. Su banco funcionó
también como recaudador de fondos para Isabel Perón y al mismo tiempo
crecieron sus relaciones con los guerrilleros. Con la llegada de la dictadura
todos los integrantes, directivos y familiares de las empresas de Graiver
fueron detenidos. La investigación del Caso Graiver estuvo a cargo de la
"línea dura" del régimen. Con esta última apreciación de Barrera y Ruiz
Parra coincidieron fuentes de la embajada norteamericana en Buenos Aires, que recordaron que John King, uno de sus funcionarios, envió a Washington el siguiente informe: "El escándalo Graiver fue un intento de la
línea dura del Ejército –Suárez Mason y el general Saint Jean, gobernador
de Buenos Aires y su brazo ejecutor, el entonces coronel Ramón Camps–
para destruir al tándem de los moderados Videla-Viola. Videla logró quitarle a Camps el caso de las manos y pasarlo al G-4 (Logística) dirigido por
el general Oscar Gallino". Por medio del protocolo notarial A 0.089.535 el
periodista Juan Gasparini, ex montonero residente en Suiza, declaró ante la
justicia argentina: "Confirmo por la presente mi autoría del libro *El crimen
de Graiver*, publicado en Buenos Aires, Argentina, por Ediciones B en julio
de 1990. Dicho trabajo, producto de una investigación de largos años,
confirma que 14 millones de dólares provenientes del rapto de los hermanos Juan y Jorge Born fueron embolsados por la Organización Montoneros
en la ciudad de Ginebra, Suiza, a mediados de 1975. Esa suma fue posteriormente introducida en el *holding* perteneciente al finado David Graiver
y su esposa, Lidia Papaleo de Graiver, operación que contó con la cobertura
de la sociedad panameña Empresas Catalanas Asociadas, fundada por el
banquero húngaro-chileno José Klein a instancias de David Graiver. Como
se demuestra en el libro, esa transacción fue concertada entre dirigentes del
grupo guerrillero allí mencionado (algunos bajo nombres supuestos) y
el matrimonio formado por Lidia Papaleo y David Graiver. Este último
ordenó documentar la inversión a su nombre solicitándole al director
de uno de sus bancos, el BAS, el Dr. Alberto Naon, ciudadano argentino hoy residente en Ginebra, Suiza, que suscribiera la documentación
correspondiente, quien así lo hizo".

La historia de Papel Prensa es la historia del sueño de cualquier editor: un monopolio de papel barato. Es el sueño, también, de cualquier dictador de turno que quiera controlar la prensa: nada mejor que ayudar a los diarios a bajar sus costos a la mitad. Papel Prensa nació el 11 de agosto de 1969 por el decreto Ley número 18.312/69 de la dictadura del general Onganía, a través del cual fue creado un "fondo para la producción de papel". El decreto 4.400 del mismo año llamó a concurso nacional e internacional para licitar industrias de papel. A partir del 1 de agosto de 1970 más de cien diarios de todo el país fueron obligados a pagar una contribución extra del diez por ciento a la importación de papel de diario (o papel prensa), que contribuiría a la creación del mencionado "fondo para la producción". El decreto 43 de 1971, firmado por el general Roberto Marcelo Levingston llamó a licitación para las plantas, que deberían alcanzar una producción de 340.000 toneladas para proveer a todos los diarios del país. Ni siquiera hoy, treinta años después, se alcanzó ese nivel de producción. Recordó *Ámbito Financiero* en una investigación sobre el Caso Papel Prensa que una sola firma se presentó en aquella oportunidad: César Civita y sus socios César Doretti y Luis Rey, todos propietarios de Editorial Abril, responsable de la publicación de las revistas *Claudia, Siete Días, Panorama, Corsa,* etcétera. Editorial Abril no alcanzó a cubrir los requisitos exigidos por el pliego y al año siguiente otro presidente, el general Lanusse, rechazó la propuesta de Civita y Cía. y autorizó, por el decreto 1.309/72, que se llevara a cabo una contratación directa con la empresa Papel Prensa S.A. en formación, que debía ser garantizada por Editorial Abril. El 6 de octubre de 1972 se aprobó el contrato con la recién fundada Papel Prensa. El Banco Nacional de Desarrollo le otorgó garantías por 20.500.000 dólares, y el gobierno acordó numerosas exenciones impositivas.

Según el dictamen de la Fiscalía Nacional de Investigaciones Administrativas en 1988, firmado por Ricardo Molinas y reproducido íntegramente por *Ámbito Financiero* el 22 de marzo del mismo año, "el Poder Ejecutivo excedió las facultades conferidas por la Ley de Contabilidad y el decreto reglamentario para la contratación directa". El contrato original estableció distintas clases de acciones: algunas de ellas podían ser transferidas, pero no las acciones clase "A", pertenecientes al Grupo Fundador. El 26 de diciembre de 1973 el socio Luis Rey adquirió la totalidad de las acciones al resto de los propietarios encabezados por Civita y ese mismo día pasaron al Grupo Graiver, ya que Rey, según *Ámbito Financiero*, era "un mero testaferro". Graiver continuó con la construcción de la planta hasta que murió en un accidente aéreo en México en 1976. Aún hoy hay quienes sostienen que

Graiver fraguó su muerte para eludir a sus acreedores montoneros. A los nueve meses de la desaparición de Graiver comenzaron las diferencias entre sus herederos y las acciones de clase "A" pasaron a ser propiedad de *Clarín*, *La Nación* y *La Razón* (también se convocó a *La Prensa*, pero Máximo Gainza, su director, no aceptó formar parte de la empresa). La cesión de acciones de los Graiver formó parte de un curioso acuerdo extrajudicial por el que los Graiver vendieron primero a Luis Rey y él, como integrante del Grupo Fundador, vendió a *Clarín*. Firmaron el convenio en representación de "los Diarios" Bernardo Sofovich y Patricio Peralta Ramos. El traspaso de acciones se llevó a cabo sin que fuera realizada la correspondiente sucesión de David Graiver, y los herederos objetaron el bajo precio al que la dictadura militar les obligó a vender sus acciones. El 18 de enero de 1977 se realizó la entrega física de la empresa. Luego de la insólita "transacción" los herederos de Graiver fueron detenidos por el general Camps, por lo que ni siquiera llegaron a cobrar el saldo de precio de la cesión por lo que el Fiscal Molinas calificó el hecho como "desaparición de acreedores". Recordó *Ámbito Financiero* que el traspaso fue tan vergonzoso que los propios militares "obligaron" a los nuevos accionistas a que ofrecieran al resto de los diarios el 49 por ciento restante de Papel Prensa, algo que los medios nunca se preocuparon por hacer efectivo.

El 8 de marzo de 1977 Isidoro Graiver, padre de David, declaró ante el juez Fernando Zavalía que su hijo le había confesado que "para tomar el control de Papel Prensa voy a conseguir una guita jodida". Es obvio que se refería a los 17 millones provenientes del secuestro de los Born. Un testigo apellidado Rubinstein declaró en la misma causa que los montoneros "le exigían el pago a Lidia Papaleo". Cuando Firmenich fue detenido en Brasil dijo "Papel Prensa nos pertenece a nosotros".

El 19 de mayo de 1977 *Clarín* publicó un editorial titulado "A la opinión pública" en el que anunció que "*La Nación*, *Clarín* y *La Razón* adquirieron las acciones clase "A" de Papel Prensa S.A. previa consulta y posterior conformidad de la Junta de Comandantes en Jefe. (...) Como surge de todo lo expuesto la transacción se celebró a la luz pública y con el consentimiento previo y posterior del Estado a través de la más alta expresión de su voluntad, que consta en Acta de la Junta Militar, preservando un proyecto de interés nacional, resguardando el abastecimiento para todos los diarios de su principal insumo, en defensa de la libertad de prensa, de conformidad con una centenaria tradición argentina y respetando uno de los soportes de nuestro estilo de vida".

El conmovedor alegato sobre la libertad de prensa en dictadura publicado por *Clarín* tuvo, además, otro motivo: el gobierno militar no sólo les entregó la empresa Papel Prensa, sino que facilitó las gestiones para que los diarios recibieran dos créditos: uno del Banco Español del Río de la Plata y otro del Banco Holandés Unido sucursal Ginebra, por un monto de 7.200.000 dólares, a sola firma y sin aval ni garantías.

Calculó Héctor Ruiz Núñez en *Humor* que "en el término de cinco años la utilidad que logró producir Papel Prensa exclusivamente a través de la protección estatal y sus precios monopólicos, superó los cien millones de dólares". Ya el Estado había favorecido a la empresa con el mencionado crédito del BANADE para la construcción y equipamiento de la planta de San Nicolás, eximición de impuestos nacionales por diez años, tarifas de energía reducidas e implantación de aranceles de hasta un 53 por ciento en la importación de papel, lo que permitió a Papel Prensa imponer sus precios en el mercado. En julio de 1982 las medidas elaboradas por el entonces presidente del Banco Central, Domingo Cavallo, estableciendo tasas de interés inferiores a la inflación le significaron a Papel Prensa una reducción en sus deudas financieras de 42 millones de dólares.

A comienzos de la década del ochenta el diario *La Razón* entró en caída y terminó en quiebra, a cargo del juez Héctor Foiguel López. El magistrado le vendió a *Clarín* el único activo valioso de la quiebra: las acciones de *La Razón* en Papel Prensa. Según manifestó en un fallo la Cámara de Apelaciones, el juez Foiguel López vendió esas acciones a *Clarín* "a precio vil". La Cámara le solicitó a la Corte Suprema que le iniciara juicio político a Foiguel López. La Corte, luego de analizar el caso, estableció que había "graves irregularidades" y solicitó a la Cámara de Diputados el jury a Foiguel.

Sorpresivamente, el diputado Alberto Balestrini terció en la discusión pidiendo juicio político a los miembros de la Cámara de Apelaciones, que fueron quienes detectaron la maniobra. Finalmente, todo quedó en la nada, y el juez Foiguel López se retiró de la Justicia para pasar a vivir de rentas.

ARGENTINA
EXPORTA

En la vertical de la escena de la Operación Cóndor, mientras los grupos de tareas se entrelazaban en las cloacas, la "alta política argentina" intentó que fuese nuestro país el que liderara la lucha anticomunista en América Latina. En junio de 1977 el almirante Massera visitó a Anastasio Somoza en Nicaragua, afirmando que "Tacho" Somoza "ha custodiado con amor el espíritu de Occidente". En agosto del mismo año se confundió en un abrazo con el dictador paraguayo Alfredo Stroessner, mientras decía que "somos los más puros guardianes del espíritu de Occidente". Algo similar volvió a escuchar Stroessner en 1979 de la boca del comandante en Jefe de la Fuerza Aérea, brigadier Omar Domingo Rubens Graffigna.

Mientras el entonces presidente norteamericano James Carter, demócrata, intercedía para que la dictadura liberara presos de los campos de concentración, otros sectores del gobierno de Washington coordinaron con la dictadura el rol de la Argentina en Honduras, El Salvador y Guatemala.

En 1978, con el apoyo de la CIA, se conformó en el máximo secreto en el Batallón 601 de Inteligencia del Ejército un Grupo de Tareas Exterior (GTE) que asesoró a diversos gobiernos centroamericanos en su lucha antiguerrillera. En el caso de Nicaragua el GTE financió y proveyó de armas a la Contra. Las dos cabezas del GTE fueron agentes de inteligencia civil del Batallón 601: Raúl Guglielminetti, alias "Mayor Guastavino", con base en Buenos Aires, y Leandro Sánchez Reisse, "Lenny", con base en Estados Unidos y encargado de Finanzas. La "pantalla" del GTE en Miami fue una tienda de empeños llamada "Silver Dollar"; desde allí se transfirieron a cuentas suizas, o de Lichtenstein y de Bahamas, montos que promediaron los treinta millones de dólares.

El GTE también contribuyó a derrocar al gobierno democrático de Lidia Gueiler en Bolivia, contando con la colaboración del narcotraficante boliviano Roberto Suárez Levy. Depuesta Gueiler asumieron el poder los narcomilitares Luis García Meza y Luis Arce Gómez.

El 18 de julio de 1981 un avión argentino cayó en suelo soviético en medio de un episodio confuso: según Moscú la nave no se había identificado y, sobrevolando espacio aéreo ruso, chocó con un Mig. El avión era un carguero de la empresa Transporte Aéreo Rioplatense. Era la cuarta vez que un avión de TAR hacía esa ruta, y su carga estaba compuesta por repuestos de tanques y municiones de origen norteamericano que estaban depositadas en Israel y viajaban hasta Irán, vía Chipre. El Sha de Irán, ahora enemigo de Estados Unidos tenía, sin embargo, un ejército que hasta 1979 había sido equipado por Washington. TAR era propiedad de varios brigadieres retirados y, según declaró Sánchez Reisse en el marco del escándalo Irán-Contras, el contacto para aquellas operaciones con Irán era un ex representante de Perón llamado Héctor Villalón.

El 1 de diciembre de 1981 el presidente Reagan firmó una orden secreta para gastar nueve millones de dólares en el entrenamiento de mil contras a cargo de militares argentinos. Las "fuerzas asesoras" estaban dirigidas por el coronel Osvaldo "Balita" Ribeiro, y un oficial argentino a cargo del enlace desde Costa Rica.

A finales del gobierno de Viola llegó a haber 38 coroneles argentinos alojados en un piso especial del Hotel Maya de Tegucigalpa, capital de Honduras. Los coroneles colaboraron con el entrenamiento de unos nueve mil "contras" que operaban contra Nicaragua desde territorio hondureño. Por otra parte, dos asesores militares argentinos colaboraron activamente en la reforma de los planes de estudio del ejército de Honduras.

Declaraciones del Jefe de Operaciones de la Fuerza Democrática Nicaragüense ("Contras"), Denis Pineda, aseguraron que tanto él como otros militares de alto rango recibieron instrucción en lucha antisubversiva por parte de oficiales argentinos durante 1981. La injerencia militar argentina en Centroamérica se inició en 1976 pero alcanzó su grado máximo durante la dictadura de Galtieri: el 19 de marzo de 1982 dos "halcones", el general Suárez Mason y el ex jefe de la Policía Provincial, el general Ramón Camps, crearon la empresa SMC S.A., destinada a vender armas a la contra centroamericana. El 8 de abril del mismo año Galtieri, su canciller Costa Méndez, el ministro de Defensa Amadeo Frúgoli y el de Economía Roberto Alemann, firmaron el decreto secreto 721 por el que se autorizó a Fabricaciones Militares a vender armas y municiones al régimen salvadoreño de ultraderecha encabezado por Roberto D'Abbuison. La participación argentina en aquel conflicto regional fue tan evidente que la guerrilla hondureña, mediante la agrupación Fuerzas Populares Lorenzo Zelaya atentó con dos bombas contra la embajada argentina en Tegucigalpa y amenazó en repetidas ocasiones al embajador argentino en Honduras, Arturo Ossorio Arana. La solidaridad internacional de la dictadura tuvo también su expresión política: de acuerdo a un informe del *Miami Herald* citado por Rogelio García Lupo en *Diplomacia secreta y rendición incondicional*, los militares argentinos condicionaron la entrega de cien mil dólares para comprar armas y equipos para los exiliados nicaragüenses a un acuerdo entre la Legión 15 de Septiembre y las Fuerzas antisandinistas reunidas en la Unión Democrática Nicaragüense (UDN). El semanario norteamericano *Newsweek* del 8 de noviembre de 1982 aseguró que los asesores "militares argentinos" aún actuaban en Honduras después de la Guerra de Malvinas. Según la revista *Humor*, treinta y tres días antes de la asunción del gobierno de Alfonsín, Argentina envió a Honduras un cargamento de armas por diez millones de dólares. En verdad, el envío de armas a Honduras nunca se interrumpió durante la gestión radical. El autor de este libro publicó en la época en la revista *El Porteño* una denuncia documentada demostrando que, mientras Alfonsín se acercaba a la Junta Sandinista, enviaba armas a la contra. El gobierno radical desmintió aquella operación aunque la revista había publicado varias fotos de los *containers* y las cajas con las armas en el momento mismo de su embarque. Volviendo a 1982, en aquel año también se gestó un acuerdo de la dictadura argentina con el gobierno de El Salvador para la compra de un número indefinido de aviones Pucará del tipo IA-58, aptos para acciones de contrainsurgencia, y rifles FAL de 7.62 milímetros.

Manos
de Tijera

*"¡Eran, además de brutales, brutos; en algunas emisoras existía un lista-
do de palabras subversivas: pueblo, obrero, proletario, cubismo!"*

Marcelo Simón, *La música procesada*

*"Los amigos del barrio / pueden desaparecer / Los cantores de radio /
pueden desaparecer / Los que están en los diarios /pueden desaparecer /
La persona que amas / puede desaparecer / Los que están en el aire /
pueden desaparecer en el aire / Los que están en la calle pueden desaparecer en la calle / Los amigos del barrio /pueden desaparecer / pero los
dinosaurios / van a desaparecer / No estoy tranquilo, mi amor / hoy es
sábado a la noche / un amigo está en cana / Oh, mi amor / desaparece el
mundo / Si los pesados mi amor llevan todo / ese montón de equipaje en
la mano / Oh, mi amor, yo quiero estar liviano / Cuando el mundo tira
para abajo / yo no quiero estar atado a nada / imaginen a los dinosaurios
en la cama."*

Charly García, *Los Dinosaurios*

Finalmente, las armas terminaron peleando contra las palabras. No hay
en el mundo pelea más imposible: las palabras se achican, se esconden,
rebotan, se quiebran en guiones, cambian de sitio, saltan de boca en boca,

se esconden detrás del silencio, nadan entre los rumores, sudan en los diccionarios, navegan en los cuentos de las buenas noches, se disfrazan en el exterior y vuelven otras, sangran sangre azul, se disimulan en las sopas de letras, anidan en el corazón y persisten en la memoria. Es la historia de una batalla perdida. Los militares deberían saberlo: intentaron lo mismo a mediados de los cincuenta, con la palabra "Perón": la expulsaron de la prensa, de los cables informativos, de los colegios, de las fábricas, pero sobrevivió en la calle, donde fue susurrada hasta que se transformó en un grito. El "tirano prófugo", el "dictador depuesto", el "innombrable" decían los que no querían decir, y la calle les respondía: "Una cosa que empieza con P". Tanto es el miedo que le tienen a las palabras, que evitan pronunciarlas, como si al hacerlo éstas se corporizaran, levantaran vuelo frente a sus ojos como un pájaro negro y fatal. Veintiún años más tarde el miedo fue todavía más grande y el tono de la batalla más desesperado: ya no se trató de prohibir una sola palabra, sino una colección de ideas, demoler decenas de puntos de vista, eliminar cualquier vestigio de pensamiento libre: pelearon en vano contra la música (como si pudieran prohibir el silbido o el tarareo), contra los libros que enterraron o quemaron (como si pudieran borrar la memoria por decreto), contra el sexo (como si pudieran clausurar la humedad de la Luna y la piel) y contra el viento en términos generales.

En 1976 el Ministerio de Educación inauguró una oficina de inteligencia militar con la cobertura formal de Departamento de Recursos Humanos; a ellos correspondió llevar adelante la denominada "Operación Claridad" que, además de las desapariciones de docentes y alumnos, produjo más de ocho mil despidos de personal adscripto al ministerio y llevó adelante un plan de cacería de opositores en todas las manifestaciones de la cultura.

En 1977 el Ministerio distribuyó en todos los colegios un folleto titulado "Subversión en el ámbito educativo. Conozcamos a nuestro enemigo". Del ya mencionado *Decíamos ayer* extractamos algunos párrafos:

"Subversión y Educación:

"Niveles Preescolar y Primario:

"a) El accionar subversivo se desarrolla a través de maestros ideológicamente captados que inciden sobre las mentes de los pequeños alumnos, fomentando el desarrollo de ideas o conductas rebeldes, aptas para la acción que se desarrollará en niveles superiores.

"b) Se ha advertido en los últimos tiempos una notoria ofensiva marxista en el área de la literatura infantil. En ella se propone emitir un tipo de mensaje que parta del niño y que le permita 'autoeducarse' sobre la base de la 'libertad y la alternativa'. Teniendo en cuenta estas bases esenciales, las editoriales marxistas pretenden ofrecer 'libros útiles' para el desarrollo, libros que acompañen al niño en su lucha por penetrar en el mundo de las cosas, que lo ayuden a querer, a pelear, a afirmar su ser. A defender su yo contra el yo que muchas veces le quieren imponer padres o instituciones, consciente o inconscientemente, víctimas a su vez de un sistema que los plasmó o trató de hacer a su imagen y semejanza.

"Nivel secundario y terciario no universitario:

"a) El accionar subversivo se desarrolla tratando de lograr en el estudiantado una personalidad hostil a la sociedad, a las autoridades y a todos los principios e instituciones fundamentales que las apoyan: valores espirituales, religiosos, morales, políticos, Fuerzas Armadas, organización de la vida económica, familiar, etcétera.

"b) A la importancia que en sí misma tiene la bibliografía debe agregarse:

"1) El docente marxista que impone la bibliografía a utilizar por sus alumnos, acorde a sus ideas, amparándose en la 'libertad académica' de que gozan los educadores en general.

"2) El docente no marxista que, atraído por la facultad que le otorga para el desarrollo de sus clases la existencia de un manual que responda al programa vigente, sin analizar los contenidos ideológicos de dicha filosofía."

Un buen resumen de la "filosofía" puede encontrarse en las palabras del general Cristino Nicolaides, comandante de la Zona 3: "Estamos asistiendo –dijo– al capítulo más importante de la historia argentina. En este momento en que el monstruo marxista se lanza sobre el mundo, lo encuentra débil, inerme. Por eso todos debemos producir una reacción. Ésta es una lucha de todos, de ser o no ser como Nación y debemos pensar que hay una acción comunista-marxista internacional que desde 500 años antes de Cristo tiene vigencia y gravita en el mundo. El monstruo del marxismo, disciplinado, ordenado, se lanza sobre el mundo occidental, atomizado, quien sufre las consecuencias de su propia desorganización".

Si el miedo militar a la libertad los llevó a tratar de controlar la educación preescolar, era obvio que los medios de comunicación serían "purgados": el capítulo VII del Informe de la Comisión Interamericana de Derechos Humanos de la OEA, que visitó el país en 1979, titulado "Derecho a la libertad de Opinión, Expresión e Información", consignó que "más de quinientos periodistas se vieron obligados a abandonar el país por razones políticas, y que muchos otros han desaparecido [N. del A.: noventa en total] o se encuentran privados de su libertad". Una subcomisión de Familiares de

Periodistas, que formó parte de la Asociación de Familiares de Detenidos y Desaparecidos por Razones Políticas entregó a la OEA listas con los nombres de 68 periodistas desaparecidos y ochenta periodistas detenidos en campos de concentración.

En la visita que la Comisión de la OEA hizo a la cárcel de Rawson "constató la detención bajo acusación de delitos subversivos de Mario Eduardo Quintana, de la agencia Interpress, cuyo caso ya había sido denunciado a la Sociedad Interamericana de Prensa (SIP), Eduardo Jozami, detenido desde 1975, Secretario General de la Federación de Periodistas de Buenos Aires, el refugiado político paraguayo José Estigarribia, periodista, condenado a reclusión por un Consejo de Guerra. En el Hospital Penitenciario de Villa Devoto se pudo constatar la detención de Federico Vogelius, editor y propietario de la revista *Crisis*, y en la Unidad 9 de La Plata estaba detenido Plutarco Antonio Schallar, detenido el mismo día del golpe y periodista del diario *El Independiente* de La Rioja". La Comisión también consigna que el director del *Buenos Aires Herald*, Robert Cox, abandonó el país debido a las amenazas de grupos que cuentan con la protección del gobierno.

Miguel Paulino Tato, un nombre que probablemente no signifique nada para las actuales generaciones, fue durante veinte años el nombre de la censura cinematográfica en la Argentina. Tato fue, antes de censor, crítico de cine (firmando con el seudónimo de "Néstor") y también el frustrado director de un único film, *Facundo*, estrenado en 1952 y considerado uno de los peores largometrajes de la historia del cine local. Desde un pequeño microcine ubicado en la Avenida Córdoba de la Capital, Tato y su Ente de Calificación Cinematográfica dedicaron sus tardes durante veinte años a ver la edición completa de películas que luego censuraban. Miguel P. Tato asumió como Interventor del Ente el 1 de septiembre de 1974, bajo el gobierno de Isabel Perón, y fue el único funcionario del peronismo que sobrevivió a la llegada de la dictadura. En sus primeros años de gestión los filmes prohibidos aumentaron en un 160 por ciento. Entre el 1 de enero de 1969 y diciembre de 1983, el Ente, amparado por la ley 18.019 prohibió 727 películas.

"Tratar con los censores era terrible –recuerda el director Enrique Cahen Salaberry–. Se negociaban cosas a niveles muy bajos, del estilo: 'Le dejo esta puteada si cortamos ese culo...', y cosas por el estilo. Una de las mejores películas picarescas que hicimos fue 'Mi novia el...', que tendría que haberse llamado 'Mi novia el travesti', título que el censor Miguel Paulino Tato no permitió. Textualmente, Tato nos dijo: 'No se puede avivar a la juventud del interior con esa palabra...'."

En su tesis "Análisis sociológico del cine argentino en el Proceso", Alicia Navia, de la Facultad de Comunicación Social de la Universidad de Cuyo, se pregunta, intentando definir la censura por omisión, "¿cuáles fueron las producciones cinematográficas que sobrevivieron? ¿Qué características adoptaron? ¿Cómo se adaptaron al sistema?". Navia llega a la conclusión de que "el cine obsecuente" fue un nuevo "sistema de representación, cuyo discurso, curiosamente, se mimetizó con los eslogans militares". Un film de Enrique Dawi rodado en 1975 y estrenado en 1976 da la idea de una insólita premonición: se llama *Los chiflados dan el golpe*. En el comienzo del film un cartel agradece a "quienes hacen el mar nuestro de cada día", por "dejar intercalar un toque de alegría en una pausa de su esforzada y patriótica labor". El conscripto protagonista se llama "Efemérides", y la historia narra cómo adaptar "al soldado diferente"; el final, a toda banda militar, es una escena de reencuentro entre el héroe civil y el héroe militar en un pasaje de la Costanera. El 10 de mayo de 1976 comenzó la filmación de *Dos locos en el aire*, que marcó el debut de Palito Ortega como director, y el debut también, como productora de Chango Producciones, asociada con Argentina Sono Films en la distribución. Sostiene Navia que "tanto en *Dos locos en el aire* como en la posterior *Brigada en acción* (1977) Ortega hace suya aquella frase de Godard de que 'cuanto más ficción, más documental'".

En *Dos locos en el aire* el teniente Juan Manuel (Ortega) coordina los entrenamientos de sus soldados como si los preparara para un combate virtual, en tanto en *Brigada en acción* el principal Alberto (Ortega) lleva hasta las últimas consecuencias el ataque contra las distintas variantes del "Otro" (...) incluyendo, al pasar, la Escuela Ramón L. Falcón, visitas al Museo Policial, autos sin chapa, desfiles de la Federal o apologías de los grupos parapoliciales".

La saga de *Los superagentes* comenzó no casualmente entre 1973 y 1974, y su lógica continuó con *La Gran Aventura* de Emilio Vieyra y *La Súpersúper aventura*, de Enrique Carreras. En *La Aventura explosiva* (Trucco, 1976) se exhibió la modernización de armamentos de los grupos de tareas, y en *Los superagentes biónicos* (Mario Sábato, 1977) "subyace la infiltración como normalidad y el tirar a matar como consigna de sendos grupos"; en *Los superagentes y la gran aventura del oro* (Gallettini, 1980) los héroes deben impedir que rivales foráneos roben la memoria histórica de un museo...

Dice Navia que "Ortega, en este sentido, es un alumno aplicado: el primero en llevar a la práctica lo pedido por el interventor del Instituto Nacional de Cinematografía, Capitán de Fragata Jorge Bitleston en su discurso del 3 de abril de 1976: 'ayudar económicamente a todas las películas que exalten los valores espirituales, cristianos, morales e históricos o actuales de la nacionalidad o que afirmen los conceptos de familia, del orden, del respeto, de trabajo, del esfuerzo fecundo y responsabilidad social, buscando crear una actitud popular optimista en el futuro'". Tras esa sutil línea de pensamiento se estrenó *Vivir con alegría* (1979) dirigida y protagonizada por Palito junto a Evangelina Salazar y Luis Sandrini. Navia diferencia entre el cine obsecuente y el cine hueco aunque en verdad ambos se entrelazan en un intento común: la evasión zombi del espectador. Allí militaron: *Custodio de señoras* (de Hugo Sofovich, con Porcel, 1979), *Juventud sin Barreras* (de Ricardo Montes, 1979), *Las locuras del Profesor* (Palito con Carlos Balá, 1978), *Donde duermen dos, duermen tres* (Fernando Siro y Elena Cruz), *Expertos en pinchazos* (Hugo Sofovich con Porcel y Olmedo), *La nona* (Héctor Olivera, 1978, en una versión descafeinada de la obra de teatro original de Roberto Cossa), *La Fiesta de Todos* (Sergio Renán, 1979, sobre el Mundial '78), *La isla* (Alejandro Doria, 1979, presentando el aislamiento en un instituto siquiátrico donde los "diferentes" son encerrados), *Los miedos* (Doria, 1980, que transcurre en una ciudad controlada por las fuerzas de seguridad), *De la misteriosa Buenos Aires* (1981, Fischerman, Wullicher y Barney Finn sobre cuentos de Mujica Lainez), *Plata Dulce* (Ayala, 1982, en una comedia costumbrista crítica de Martínez de Hoz y el déme dos) y, finalmente, los dos mejores filmes del período que abren una nueva brecha que se continuó en la democracia: *Tiempo de revancha* (Adolfo Aristarain, 1981) y *Últimos días de la víctima* (Aristarain, 1982).

Los canales de televisión de la época –que ya habían sido estatizados por el peronismo– continuaron así, y fueron fruto del reparto de las tres armas. Se calcula que más de setecientas personas de las más diversas profesiones formaron parte de las listas negras del Proceso en las radios y los canales. En el caso de las radioemisoras, los censores "orgánicos" encubrieron su función bajo el cargo de "asesores literarios", y hubo uno en cada emisora. Los "asesores literarios" controlaban la lista de temas musicales de toda la programación, los textos de los boletines informativos y, en el caso de que los hubiera, los libretos de los programas. Gian Franco Pagliaro, Horacio Guaraní, Mercedes Sosa, Leonardo Favio, Piero, Pedro y Pablo, María Elena Walsh, César Isella, Ariel Ramírez, Litto Nebbia, Nacha Guevara, Suma Paz, Chacho Santa Cruz, Carlos Di Fulvio, Carlos Di Sarli, Quilapayún, Los Jaivas, Facundo Cabral, Julio Márbiz, José Larralde, Pappo y La Pesada del Rock N'Roll, Víctor Heredia, Héctor Alterio, Norma Aleandro, Marilina Ross, Santo Biasatti, Aída Bortnik, Sergio Renán, Pacho O'Donnell, Griselda Gambaro, Soledad Silveyra, Federico Luppi, Víctor Laplace, Inda Ledesma,

Luis Brandoni, David Stivel, Bárbara Mujica, Eduardo Galeano, Osvaldo Soriano, Julio Cortázar, Gabriel García Márquez, Osvaldo Bayer, Juan Gelman, Paco Urondo, Miguel Bonasso, fueron sólo una pequeña parte de los cientos de autores, intérpretes y artistas prohibidos.

El incendio también llegó a los libros, y el general Menéndez logró sus quince minutos de fama nacional encendiendo en Córdoba una hoguera con cientos de ejemplares de textos cuestionados. Cayeron en la hoguera *El Capital*, de Karl Marx, *El Principito*, de Saint Exúpery y *Toponimia Patagónica de Etimología Araucana*, de Juan Perón.

Otros libros pasaron de la venta libre a la sospechosa categoría de "exhibición limitada", por lo que no pudieron ser expuestos en la vidriera ni en las góndolas, y debían ser solicitados al librero: en esa categoría entraron, por ejemplo, *El hombre que está solo y espera*, de Scalabrini Ortiz, o *El medio pelo*, de Jauretche. La frase de Marcelo Simón citada al comienzo ("brutales pero brutos") resulta una síntesis perfecta: la dictadura también consideró peligrosa la matemática moderna y más peligrosa aún la Teoría de Conjuntos. El ejemplo más revelador de lo ilimitado de la estupidez humana sucedió durante una Feria del Libro, en plena dictadura: allí el Ejército allanó un local de textos universitarios, llevándose un manual para estudiantes de ingeniería titulado *La cuba electrolítica*.

SORDOS
RUIDOS

"Los presos desaparecerán sin dejar rastros. No podrá brindarse ninguna información sobre el lugar donde se encuentren ni sobre su destino."

Orden del Mariscal Keitel, jefe del Alto Mando
del Tercer Reich, firmada en 1942.

James Petras, sociólogo norteamericano y profesor de Ética Política en la Universidad de Binghamton, New York, afirmó en su ensayo *Argentina: el significado del golpe de Estado de 1976* que "el golpe representó la primera gran intervención político militar de Washington después de la derrota de Indochina y tras la victoria de Chile. La lección que Washington aprendió de Indochina y Chile fue que la única manera de restaurar la hegemonía estadounidense era mediante un régimen de terror masivo. El camino recorrido desde 1976 a la dolarización de facto de la economía argentina (vía Plan Cavallo) es directo y lógico: del terror a la recolonización".

El golpe del 24 de marzo de 1976 comenzó, en verdad, a gestarse mucho antes: entre el 25 de noviembre y el 1 de diciembre de 1975 tuvo lugar en Santiago de Chile la primera conferencia de la "Operación Cóndor" a nivel subregional, que contó con la presencia de representantes de todos los países del Cono Sur e incluyó la creación de una central continental de informaciones para detectar organizaciones de índole subversiva.

El antecedente inmediato de esta reunión multilateral fue una carta del general Contreras de la DINA chilena al general paraguayo Guanes Serrano, en la que mencionó su proyecto de "Primer Encuentro de Trabajo de Inteligencia Nacional", que luego sería la Operación Cóndor. Contreras le ofreció a Guanes las instalaciones de la DINA como el cuartel general para la "centralización de la información sobre los antecedentes de personas, organizaciones y otras actividades conectadas directa o indirectamente con la subversión. En líneas generales –le dijo– sería algo similar a la INTERPOL instalada en París, pero dedicada a la subversión". El primer encuentro informal anterior al congreso de noviembre, se hizo en la casa chilena de Contreras con los Jefes de la Inteligencia Militar de Argentina, Brasil, Paraguay y Uruguay. Allí fue definido el Cóndor como "un banco de datos, un centro de información y talleres". Con aquel término, "talleres" –escribió Stella Calloni en la revista *Covert Action* en 1994– se aludía realmente a las sesiones multilaterales de agentes encargados de vigilar, arrestar, encarcelar, torturar y repatriar a opositores a los diferentes regímenes. En un segundo encuentro realizado en Asunción con Guanes Serrano como anfitrión y la presencia de oficiales argentinos y paraguayos, llamado el "Segundo Encuentro Bilateral de Inteligencia" se ajustaron los mecanismos para el intercambio de prisioneros y de información clasificada. Según el documento elaborado en Paraguay, reproducido por *La Nación* el 21 de octubre de 2001 en una nota de Jorge Elías, ésta era la situación en los países miembros del Cóndor:

"Bolivia: El gobierno del general Hugo Banzer, luego del golpe de Estado que derrocó al gobierno marxista del general Torres, se abocó a depurar los elementos marxistas localizados en todos los sectores del gobierno.

"Brasil: El gobierno de Brasil, con las experiencias asimiladas de los países que han caído bajo el flagelo de los elementos subversivos orientados y solventados desde el exterior, con el establecimiento de un estricto control de las actividades y de los miembros responsables de la conducción de los distintos campos del poder, ha podido mantener y controlar las actividades posibles y futuras de estas organizaciones.

"Chile: Con el golpe militar que destituyó al gobierno marxista de Salvador Allende y las posteriores acciones de las Fuerzas Armadas contra sus elementos se disipó la intención y la preparación por parte de los países líderes del comunismo de establecer la base principal desde donde irradiar la subversión a los países componentes del Cono Sur, obligando a los elementos marxistas a replegarse hacia el Perú y la Argentina.

"Perú: La Junta Militar siguió consolidando su posición y, con la caída del poder socialista en Chile, el grueso del esfuerzo político, militar y económico de los países socialistas se volcó hacia ella, constituyéndose actualmente, con la experiencia chilena, en una futura base de operaciones de las acciones subversivas en América Latina en estrecha colaboración con Cuba y los elementos marxistas establecidos y organizados en Bolivia y en la Argentina.

"Uruguay: Las Fuerzas Armadas uruguayas obtuvieron una rotunda victoria contra los tupamaros, obligando a esa organización a dirigirse fuera del país, principalmente hacia la Argentina, Perú, Cuba y países europeos.

"Venezuela: Se puede afirmar que las Fuerzas Armadas mantienen el control de las actividades subversivas a pesar del apoyo masivo recibido por éstas desde Cuba y están en condiciones de derrotarlas, a corto plazo, en forma definitiva.

"Paraguay: Las ideas marxistas no encontraron el campo fértil que han hallado en países divorciados de su pasado y geográfica o étnicamente no integrados como Nación. Es por ello que, hoy en día, la estrategia de infiltración del comunismo en el Paraguay parece haber desechado a las masas obreras para orientarse hacia el campo estudiantil, fundamentalmente el universitario, buscando en el cambiante pensamiento juvenil introducir y hacer germinar sus concepciones como símbolo de esnobismo que generalmente deslumbra mentes políticamente casi vírgenes."

El artículo de Elías reveló también el "lenguaje cifrado" utilizado en las comunicaciones de la Operación:

"Mensaje claro: viajaré mañana.

"Mensaje encriptado: NXDBD TCADJ DJD.

"Mensaje clave: viaja reman ana.

"Es decir, reemplazada la ene por la eñe: viaja rémañ ana."

"La mecánica de consulta –escribió Elías– desglosada en el Anexo B, describía un centro coordinador que verificaba archivos propios y ajenos, recibía antecedentes y, al mismo tiempo, pedía más a los otros. Usaban para comunicarse entre sí un sistema de sustitución simple: cada letra minúscula del alfabeto corriente, llamado "claro", debía ser reemplazada por una mayúscula del alfabeto cifrador, llamado "clave": la "a" por la "D", la "b" por la "Q", la "c" por la "Z", la "d" por la "Y" y así sucesivamente hasta la "z" por la O".

El Cóndor utilizó, según Calloni, una base de comunicaciones de Estados Unidos. Es evidente que tanto la CIA como el FBI colaboraron desde el comienzo con el proyecto, y que el Departamento de Estado estuvo al tanto de su crecimiento, como veremos más adelante en cables desclasificados recientemente por la embajada de Estados Unidos en Buenos Aires. White, el embajador de Estados Unidos en Paraguay, envió un cable sobre este asunto en 1978 a su superior Cyrus Vance. En cuanto a la CIA, fue públicamente conocido que su agente Michael Townley asesinó con explosivos al general chileno Carlos Prats en Buenos Aires en 1974 y al ex canciller Orlando Letelier y su secretaria en Washington en 1976: fue una pieza vital del Cóndor. Townley y dos cubanos anticastristas que lo acompañaban en la acción fueron juzgados y encarcelados en los Estados Unidos. De hecho, el trabajo conjunto entre las Fuerzas Armadas argentinas y chilenas empezó durante la presidencia de Isabel Perón cuando la Triple A y la DINA chilena realizaron operativos conjuntos. En septiembre de 1974 la Argentina ofreció autos y documentos falsos a agentes de la DINA para que pudieran cruzar la Cordillera y asesinar en Buenos Aires al ex ministro de Defensa de Allende, general Prats. En dicho atentado la Policía Federal también brindó apoyo logístico.

El general Contreras tuvo durante ese mismo año varias entrevistas con el general Ramón Camps, jefe de la Policía de la Provincia de Buenos Aires, quien años después afirmó que "en la Argentina no quedan desaparecidos con vida. Asumo toda la responsabilidad y me siento orgulloso", y también con el general Ibérico Saint Jean, quien luego fue Interventor de la Provincia de Buenos Aires durante la dictadura, y sostuvo en uno de sus discursos más famosos: "Primero mataremos a todos los subversivos, luego mataremos a sus colaboradores, luego a quienes permanezcan indiferentes y, por último, a los indecisos".

Desde mayo de 1975 numerosos activistas chilenos fueron detenidos por la policía argentina y paraguaya para ser entregados a la DINA. Jorge Isaac Fuentes Alarcón, militante del PRT-ERP fue arrestado por la policía paraguaya cuando cruzaba en ómnibus la frontrera desde Argentina. Después fue entregado a los agentes de la DINA en Paraguay y trasladado ilegalmente a Villa Grimaldi, en Santiago de Chile, donde desapareció. Según estableció una Comisión Investigadora del Cóndor en Paraguay, para esta operación se contó con la colaboración de la embajada norteamericana en Buenos Aires.

Jean Yves Claudet Fernández, franco chileno, militante del MIR, fue detenido en noviembre de 1975 en el Hotel Liberty de Buenos Aires y ejecutado allí por un agente de la DINA.

El 25 de noviembre de 1975 el ex ministro de gobierno de Eduardo Frei, Roberto Pizarro, refugiado en Buenos Aires, fue secuestrado y torturado por efectivos de Coordinación Federal argentina a pedido expreso de la DINA. Después Pizarro fue expulsado de la Argentina. En *Clarín* del 24 de noviembre de 1998, se citó el testimonio de la propia víctima "cuando preguntó a los policías argentinos el motivo de su detención", éstos le respondieron: "Podemos tener muchas diferencias con el Estado chileno, pero ninguna en el entrenamiento y colaboración para aplastar a terroristas, marxistas, izquierdistas y quienes los ayudan".

La división de Servicios Técnicos de la CIA suministró equipo eléctrico de tortura a brasileños y uruguayos y los capacitó sobre la cantidad de voltios que podía soportar un cuerpo humano, y cómo graduarla. Los servicios latinoamericanos también recibieron asistencia para la fabricación de explosivos de parte de la CIA en instalaciones de la Agencia de Seguridad Pública (OPS) del Departamento de Estado, en Texas.

El factótum de esta política fue Henry Kissinger como consejero para la Seguridad Nacional de Nixon y luego Secretario de Estado, cargo en el que siguió aún después de la caída de Nixon por el Watergate, y mantuvo entre 1973 y 1977. Más tarde fue consejero independiente de Reagan. En agosto de 1976 Kissinger envió una carta a los embajadores norteamericanos en Buenos Aires, Montevideo, Santiago de Chile, La Paz, Brasilia y Asunción bajo el membrete de "Operación Cóndor" para pedirles que se reunieran "tan pronto como sea posible con los oficiales de rango apropiado" para tratar sobre "información, intercambio y coordinación entre varios países del Cono Sur con respecto a las actividades subversivas en la zona". "Esto es considerado muy útil por nuestro gobierno", finalizaba. A finales de mayo de 2001 fue visitado por policías de la Brigada Criminal francesa en su suite del Hotel Ritz frente a la Place Vandôme, en París, para notificarlo de una citación hecha por el juez Roger Le Loire, como testigo en el juicio iniciado por familiares de cinco ciudadanos franceses desaparecidos a comienzos de 1975, en Chile, bajo el golpe de Pinochet. Kissinger apuró su salida de Francia y el gobierno norteamericano rechazó el pedido del juez para interrogarlo en su país. Días después el mismo Kissinger dijo ante 2.500 empresarios reunidos en el Royal Albert Hall de Londres, mientras fuera de la sala una manifestación de cientos de personas marchaba con carteles pidiendo su enjuiciamiento:

"–Nadie puede decir que haya trabajado en el seno de un gobierno que no ha cometido errores. Es muy posible que se cometieran errores –insistió–. Queda por saber si los tribunales son el lugar más apropiado para determinarlo, treinta años después."

El juez de la Audiencia Nacional de España Baltasar Garzón y la magistrada francesa Sophie-Heléne Chateau presentaron sin éxito ante las autoridades británicas una solicitud para interrogar a Kissinger durante su estancia en Londres.

Gran parte de la información referente a la Operación Cóndor se encontró de casualidad: el 22 de·diciembre de 1992 el juez paraguayo José Agustín Fernández descubrió los archivos completos de la represión en Paraguay en la Sección Política y Afines de la Policía de Investigaciones de Asunción, mientras investigaba el caso de Martín Almada, un profesor que había sido detenido y torturado en aquella ciudad. Junto a los archivos locales se encontraron todos los documentos originales de la Operación Cóndor. La cantidad de material fue tanta que el juez pidió la colaboración a los camiones de distribución de un periódico para cargar con las toneladas de papel y llevarlas a un lugar seguro.

En Buenos Aires, el juez Canicoba Corral expidió el 11 de abril de 2001 una resolución por la que imputó a Videla, Stroessner y Contreras Sepúlveda por haber jugado el rol de "jefe-organizador" de una asociación ilícita, y solicitó la extradición de los represores chileno y paraguayo para enjuiciarlos en la Argentina.

VEINTICINCO MILLONES DE ARGENTINOS

"Fue el milagro argentino. (...) Su organización, lograda contra los presagios, sorprendió al mundo. (...) Pudimos comprobar cómo en los periodistas extranjeros más honestos se disolvían los prejuicios que traían de sus países merced a la insidiosa propaganda motorizada por las organizaciones subversivas y los ingenuos de siempre. (...) También fue una manifestación de victoria. (...) En los festejos del Mundial mostramos por primera vez en mucho tiempo que estamos orgullosos de ser argentinos."

Mauro Viale y Marcelo Araujo, en revista *Argentina ante el Mundo*, septiembre-octubre de 1978.

"Me he preguntado reiteradas veces si era lícito gastar o invertir 700 millones de dólares o más en un campeonato, cuando se cierran hospitales y hay muchísimas escuelitas, aquí nomás, sin ir más lejos, en las que los chicos reciben clases en una tapera de techos agujereados. (...) No soy patriotero, pero debo confesar que el Mundial me emocionó. En medio de tantas tristezas, cuando la vida es cada día más dura, me conmueve la reserva de pasión nacional que hay en nuestro pueblo. ¡Lo que se podría hacer si tuviéramos un gran proyecto, un gran proyecto nacional!"

Ernesto Sabato, en *La Razón* del 13 de junio de 1978

"Estas multitudes delirantes, limpias, unánimes, es lo más parecido que he visto en mi vida a un pueblo maduro, realizado, vibrando con un sentimiento común y sin que nadie se sienta derrotado o marginado; y tal vez por primera vez en este país, sin que la alegría de algunos signifique la tristeza de otros."

Félix Luna, en el film *La Fiesta de todos*,
dirigido por Sergio Renán, 1979.

La Segunda Copa del Mundo, en 1934, mostró por primera vez la relación entre el fútbol y los gobiernos de turno. Desde entonces los mundiales se convirtieron en una "causa nacional". En 1934, vencer fue la obsesión del "Duce" Benito Mussolini y logró que uno de sus lacayos, el presidente de la Federación Italiana de Gioco Calcio, general Vaccaro, llevara adelante el proyecto ante la FIFA, reunida en Estocolmo el 13 de mayo de 1932. Vaccaro nunca vaciló en reconocer en público que el fin último de aquel mundial sería mostrarle al Universo el ideal fascista del deporte, dándole a Mussolini el crédito de la idea. Ante el pedido de Italia, Suecia retiró su candidatura y dejó el campo libre al Duce.

El fascismo construyó estadios monumentales: el del Partido Nacional Fascista en Roma, el estadio Mussolini en Turín, el Littorale en Bolonia, Berta en Florencia y el Lottorio en Trieste. En la final, con cincuenta y cinco mil aficionados vivando a la Squadra Azzurra en el Estadio Partido Nacional Fascista, el Duce presionó a la selección de Vittorio Pozzo:

—Si no ganan la Copa... ¡juikkkk! —remató, pasándose el dedo como una navaja por el cuello.

El partido fue Italia-Checoeslovaquia, y a los 72 minutos los visitantes ganaban 1 a 0. El silencio del estadio era sepulcral, y los jugadores italianos sudaban frío. A ocho minutos del final una jugada entre dos argentinos, Enrique Guaita y Raimundo Orsi, hizo que este último empatara en 1 a 1. A los cinco minutos del tiempo suplementario un pase de Orsi a Angelo Schiavio logró el milagro del 2 a 1.

"¡Italia, Duce!" cantaron las tribunas y en las camisetas negras fascistas podía leerse con claridad: "Coppa del Duce". El plantel de la selección italiana se mantuvo con vida.

La Argentina fue designada como sede del Mundial '78 durante la presidencia del general Lanusse. En septiembre de 1973 el peronismo nombró a la primera Comisión Organizadora, y López Rega, fanático impulsor de la idea, logró que el 12 de mayo de 1974 se constituyera, por decreto, una

Comisión de Apoyo. El decreto incluyó una generosa cláusula que señalaba: "Exceptúanse por un plazo de 90 días a partir de la firma del presente, de las disposiciones establecidas por el decreto 5720/72, Régimen de las Contrataciones del Estado, las compras que en función de los considerandos del presente deban realizarse, autorizándose a la Comisión la concentración de compras directas, cualquiera fuera su monto". Un decreto *sui géneris*, considerando que aún faltaban cuatro años para la realización del Campeonato.

También en aquel momento se designaron las cuatro subsedes: Mar del Plata, Córdoba, Rosario y Mendoza.

La dictadura creó en 1976 el Ente Autárquico Mundial '78 (EAM '78), a cuyo cargo estuvo el general Omar Actis quien se propuso desde el comienzo hacer "un Mundial austero". Actis obvió un pequeño detalle: el Mundial era parte de la lista de sueños ocultos de Massera. El general Actis fue asesinado el 21 de agosto de 1976, dos días antes de la conferencia de prensa en la que iba a presentar su proyecto: sufrió un atentado al salir de su casa de Wilde. Su muerte fue reivindicada por los montoneros pero ya en la época los servicios de Inteligencia del Ejército sospecharon que el atentado había sido realizado por un GT de la ESMA. El EAM '78, de ese modo, pasó a ser controlado por la Marina, y asumió su dirección el vicealmirante Carlos Lacoste, hombre del riñón masserista. El gasto total previsto fue de 250 millones de dólares aunque estimaciones de prensa posteriores (nunca se conoció un balance oficial) llegaron a evaluarlo en 700 millones. El propio Lacoste, post dictadura, sufrió solamente un pequeño tirón de orejas por parte del juez Miguel Pons en una investigación sobre enriquecimiento ilícito. Pons lo sobreseyó aunque le dirigió en el fallo un "reproche ético" por haber aumentado su patrimonio en más del 400 por ciento durante aquellos años. Cientos de periodistas extranjeros llegaron al país, transformándose en un arma de doble filo: los más ingenuos podían ser operados por la inteligencia militar, pero los desconfiados podían –como en efecto hicieron– ponerse en contacto con los organismos de derechos humanos y difundir datos de la Argentina verdadera. Las revistas de la Editorial Atlántida lideraron la campaña pro-militar. *Para Ti* regaló a sus lectoras una serie de postales que debían enviar a políticos y organizaciones europeas que protestaban por las violaciones a los derechos humanos. "Defienda su Argentina –decían las páginas de *Para Ti*–. Muestre la verdad al mundo, enviando junto a su familia las postales de revista *Para Ti*." "Bajo el título 'Argentina: toda la verdad', *Para Ti* publicará semanalmente cuatro tarjetas postales con imágenes y textos de la realidad actual del país. Recórtelas. Y elija a quién enviárselas. Ésta en su oportunidad de mostrar al mundo toda la verdad de un país que crece y vive en paz." "Bienvenidos –decían los avisos de *El Gráfico*–. Que haya un solo perdedor: la violencia. Que haya un solo triunfador: la paz. Que la verdadera realidad argentina, tan malintencionadamente distorsionada en algunos países, sea conocida y comprendida." "Ese triunfalismo –señaló el editorial de *Clarín* del 26 de junio de 1978– es una novedad en un país que, como la Argentina, ha estado inmerso demasiado tiempo en la frustración, la derrota o el extremo dolor. No es sólo un mecanismo de compensación –lo cual, por otra parte, hubiera resultado perfectamente legítimo– sino algo más: la voluntad de dar vuelta el guante, de hacer borrón y cuenta nueva, de iniciar una nueva marcha a partir de un punto, el más cercano e identificable, el más accesible al ardor y la pasión popular, el más sencillo y a la vez más entrañable: un deporte popular. Este deporte tenía la ventaja adicional de concentrar la atención mundial, permitiendo borrar a la vez imágenes falaces que se propalan sobre nuestro país en el exterior." "Después de este Mundial que ha terminado –dijo el editorial de *La Nación* del 26 de junio de 1978– debemos seguir encontrándonos y reconciliándonos en torno de los grandes objetivos comunes de la nacionalidad. Hay una vocación de grandeza despierta y una requisitoria en todas las bocas... Eso vale mucho más que la incomprensión de algunos y la tortuosidad con la cual otros insisten en injuriarnos en el extranjero. Hay fe suficiente, en suma para que la Nación persevere en su actual dirección."

Bromas de la realidad: detrás de cada estadio se ocultaba un campo de concentración: River cerca de la ESMA, Vélez vecino de El Olimpo, el Liceo Militar detrás del estadio de Mendoza, La Perla a pocos metros del Chateau Carrera, el estadio de Mar del Plata cerca de la Unidad Regional, y el Segundo Cuerpo de Ejército vecino al estadio mundialista de Rosario.

"Veinticinco millones de argentinos jugaremos el Mundial", "El equipo del Mundial", "¡Vamos, Vamos Argentina!", "Los chicos del Mundial", "Argentina te llevo dentro de mí" (que ni menciona la palabra fútbol), "La Copa tiene dueño", "Sinceramente", "Argentina te queremos ver Campeón", "La Copa es de Argentina" y "The Hit of Viva el Mundial", fueron algunos de los temas con que se musicalizó el campeonato.

El 1 de julio de 1998 Miguel Bonasso escribió en *Página/12* que "los Montoneros habían decidido lanzar una 'ofensiva táctica' que suponía, en lo político, el esclarecimiento de los espectadores, deportistas y periodistas que iban a concurrir al Campeonato Mundial, y en lo militar el ataque a instalaciones, vehículos y personal de las Fuerzas Armadas y de seguridad procurando 'que sean operaciones imposibles de ocultar por el enemigo'". Como decía *Estrella Federal*, órgano del Ejército Montonero, "la idea es poco esfuerzo y mucho ruido". Simultáneamente se prohibió a los militantes montoneros "realizar operaciones militares que afecten directamente o perjudiquen a los partidos de fútbol, los equipos o delegaciones extranjeras, los periodistas nacionales o extranjeros, y los turistas o espectadores de los partidos".

Así describió Bonasso aquel momento en un pasaje de *Recuerdo de la Muerte*: "La ESMA se convirtió en un hervidero. El Tigre [*N. del A.*: se refiere al Tigre Acosta, el encargado del campo] toca a rebato y se mueven todas las piezas a la defensiva. El ministaff [*N. del A.*: grupo pequeño de "montoneros quebrados" que colaboró con los Grupos de Tareas] trabaja con el Puma Perren en la inteligencia operativa. La cosa es más difícil ahora. Se acabaron las cosechas fáciles del '76. Los montos son pocos, están muy compartimentados, arrojarán la piedra y se irán del país. Ahí está la clave... ¡se volverán a ir! Hay que cerrar la red y atraparlos en las fronteras. Juan, el Niño, pone la Pecera en marcha. (...) Su labor principal estará orientada a la propaganda, a la acción psicológica. (...) El Archivo debe confeccionar un informe con las últimas acciones de Montoneros que se basa, naturalmente, en las propias publicaciones de la Organización y que Prensa imprimirá para distribuir a los visitantes. Prensa se ocupará también de mantener una relación con los medios informativos, utilizando en primer lugar a los amigos de la casa como el Bebe Agulleiro o Rodríguez Carmona, que suele 'pasar avisos' del GT/332 en su audición de Radio El Mundo a cambio de 300 millones de pesos viejos por mes".

Sergio Levinsky, en su artículo "El fútbol y la dictadura que vivimos", dio cuenta de otros aspectos sospechosos del Mundial más allá del clásico partido con Perú: "La convocatoria a Ubaldo Fillol y Norberto Alonso a último momento, para el Mundial, no suena a convicción sino a presión política, y poco se ha comentado la renuncia de Hugo Gatti (si bien arrastraba una lesión) y mucho menos clara quedó la de Jorge Carrascosa. Si esto es difuso, ni qué hablar del Mundial, y del 6-0 a Perú que permitió la llegada a la final. Mucho menos, la bomba que explotó en la casa del economista Roberto Alemann en el momento exacto del cuarto gol a Perú, con el que la selección argentina pasaba a la final, ni tampoco por qué la FIFA cambió tan rotundamente de parecer cuando llegó el Golpe y algunos de sus miembros se encontraban en la Argentina inspeccionando estadios".

Sobre el "affaire Perú" el escritor inglés David Yallop contó en su libro *Cómo se robaron el juego*, los entretelones de la "entrega" peruana a cambio de un crédito por 50 millones de dólares. Según Yallop la victoria argentina fue ordenada por Videla al titular del EAM, vicealmirante Lacoste. "Argentina le entregó 35.000 toneladas de granos a Perú y le dio cincuenta millones en créditos luego de abonar sustanciales coimas a funcionarios con dinero salido de cuentas de la Armada", escribió Yallop. "Una parte del crédito —sostuvo— fue distribuida entre los miembros de la Junta Militar del Perú, presidida por el general Francisco Morales Bermúdez."

Ariel Scher, en su artículo "Fuera de Juego", relató la historia desde los jugadores peruanos : "La presencia de Videla en nuestro vestuario fue terrible", dice hoy Juan Carlos Oblitas, uno de los líderes de la selección peruana. "Algunos, más jóvenes que yo, que pudieron haberse sentido intimidados, dejaron de cambiarse para escucharlo. Pero yo, que tenía más experiencia, seguí en lo mío. Seguí detrás de una pared y apenas lo oía hablar. No quería que nada interrumpiera mi concentración." El zaguero Héctor Chumpitaz admite que "nos sorprendimos cuando nos dijeron que nos iba a hablar Videla. Se paró frente a nosotros y nos dio un discurso en el que llamaba a la hermandad latinoamericana y nos deseaba suerte. Yo me lo tomé como una presión, ya que después de lo que nos habían dicho los organismos de derechos humanos, Videla aparecía como un personaje que nos daba un poco de miedo".

El entonces secretario de Estado norteamericano, Henry Kissinger, llegó para la fase final del campeonato y afirmó que "este país tiene un gran futuro a todo nivel". Joao Havelange, el brasileño que presidió la FIFA durante veintiocho años, afirmó que "por fin el mundo pudo ver la verdadera imagen de la Argentina". "Debemos seguir jugando el gran partido del proceso nacional, en el cual el triunfo final va a depender no sólo del gobierno, sino del esfuerzo y de la participación de cada uno de los argentinos", dijo el ministro Martínez de Hoz. "Es necesario manifestar a través del fútbol una forma de vida propia de los argentinos" sintetizó el director técnico Menotti. Como en la Italia del Duce, el deporte volvió a embarrarse de dictadura. Aunque la muerte, como recuerda Ariel Scher, ya lo había tocado de cerca "el atleta tucumano Miguel Sánchez fue secuestrado en su casa de Villa España, en Berazategui, el 8 de enero de 1978 y aún permanece desaparecido. Tenía 25 años, trabajaba en el Banco Provincia y corría carreras de fondo. El futbolista Claudio Tamburrini, arquero de Almagro, estuvo cuatro meses detenido en el campo de concentración Mansión Seré, de la Fuerza Aérea, de donde logró escapar. Tamburrini declaró en el Juicio a las Juntas. El escritor y periodista Roberto Santoro, autor de *Literatura de la Pelota* y de poemas inolvidables, está desaparecido desde el 1 de junio de 1977. Norberto Morresi, hermano de Claudio —ex futbolista y actual entrenador— era militante secundario y fue secuestrado a los 17 años. Recién trece años después la familia Morresi pudo rescatar su cadáver.

Las manchas de sangre no fueron ninguna novedad en el césped.

SU MEJOR ALUMNO

The School of the Americas (SOA) fue instalada en Panamá por el Ejército de los Estados Unidos para "ayudar a los gobiernos latinoamericanos a promover la estabilidad y la democracia". Sus graduados entendieron mal el mensaje: fueron responsabilidad directa de ex alumnos de la SOA al menos diez golpes de Estado y decenas de atentados y masacres contra población civil en el continente. En 1984, a partir del Tratado Torrijos-Carter (para la devolución del Canal de Panamá), la SOA fue trasladada a Fort Benning, donde funcionó hasta el 15 de noviembre del año 2000, cuando fue cerrada por el gobierno norteamericano. Jorge Illueca, Presidente de Panamá, llamó a la SOA "la base más grande de desestabilización en Latinoamérica", y el diario panameño *La Prensa* la bautizó como "La Escuela de los Asesinos". Washington hizo oídos sordos a cualquiera de estas críticas y siguió avalando el gasto de veinte millones al año para mantener la escuela. El gobierno norteamericano insistió en que la SOA "debe contribuir directamente al cumplimiento de la política exterior de los Estados Unidos en América Latina", y que "los países representados en la Escuela reflejan típicamente los intereses de Estados Unidos en la región". En la SOA se enseñó y se enseña con manuales contraguerrillas, sobre mecanismos de extorsión, tortura física y psicológica, inteligencia militar, cursos de operaciones de comando, francotirador, técnicas de interrogación, terrorismo, guerrilla urbana, contrainsurgencia, guerra de baja intensidad, guerra irregular, operaciones de selva, contrainteligencia, adiestramientos, defensa interna, operaciones antidrogas y operaciones psicológicas de opinión pública. De la Escuela de las Américas egresaron militares de Argentina, Bolivia, Brasil, Chile, Colombia, Costa Rica, Ecuador, El Salvador, Guatemala, Haití, Honduras, México, Panamá y Paraguay.

En El Salvador los egresados de la SOA fueron responsables por el asesinato de monseñor Arnulfo Romero y, entre otras, de la Matanza de El Mozote, donde murieron alrededor de novecientas personas, entre ellas niños, niñas y mujeres. En Nicaragua el ex dictador Somoza y otros 4.693 militares fueron entrenados en la SOA y luego conocidos como los "contras". En Perú, 3.997 militares asistieron a los cursos. En Bolivia el dictador Hugo Banzer egresó de la SOA, junto a 4.349 militares. De Brasil egresaron 455 "alumnos" y de Chile 2.805. De Ecuador, el dictador militar Guillermo Rodríguez. De Haití, los egresados de la SOA participaron en el golpe que derrocó al presidente constitucional Jean Aristide. México envió a más de 1.500 militares a los cursos de Panamá. De la Argentina, se graduaron en la SOA los generales Leopoldo Fortunato Galtieri y Roberto Eduardo Viola, junto a unos mil oficiales.

Ocho años después del golpe, cuando el gobierno de Alfonsín impulsó el Juicio a las Juntas, la Fiscalía a cargo de Julio César Strassera comenzó a formularse una pregunta central: ¿hubo un plan? ¿Hubo un orden en la represión? ¿Ese plan estuvo centralizado? ¿Cómo se ejecutó? Si existió un plan, si hubo una lógica de la brutalidad, la tarea de juzgar a las Juntas como responsables últimos iba a ser más sencilla, aunque igualmente ardua y extensa.

La dictadura del '76 tuvo un plan. Ese "plan" llevó la firma del general Viola, el 21 de mayo de 1976, cuando el Ejército decidió dividir el país en zonas y repartió entre las Fuerzas Armadas el comando operativo de cada una. Sólo hubo 21 copias del documento que avaló la lógica de las desapariciones. El plan fue bautizado "Reestructuración de jurisdicciones y adecuación orgánica para intensificar las operaciones de la lucha contra la subversión". La orden llevó el número 405/76, y puso en marcha grupos especiales denominados "Fuerzas de Tareas" junto a la restricción total de acciones individuales o inconsultas que se apartaran del plan central. La existencia del "plan" nos pone frente a un interrogante que va incluso más allá de los ejecutores locales o de los asesinos a sueldo: nos remite a preguntarnos sobre la premeditación de la matanza, sobre el orden impuesto en los ríos de sangre, sobre la sincronizada marcha de un reloj aplicada a matar a decenas de miles de personas.

La "orden" denominada "parcial" y "secreta" fue –según afirmó Viola taxativamente en el documento– "conducida desde el más alto nivel del Estado". Para decirlo de otro modo: la estructura impuesta por la cadena de mandos se cumplió a rajatablas, desde Videla hasta el último colimba. El mismo día en que las 21 copias identificadas y selladas salieron hacia el escritorio de cada responsable, el secretario del Tesoro de los Estados Unidos declaró a las agencias internacionales que "Argentina está retomando la buena senda". "La proporción mayoritaria de la agresión subversiva –caracterizaron los lineamientos generales del "plan"– se materializó sobre las grandes concentraciones industriales del país delineándose claramente cuatro regiones de mayor actividad, que son, por orden de prioridad: Capital Federal y Gran Buenos Aires, Gran La Plata, Región Ribereña del Río Paraná (desde Zárate hasta San Lorenzo) y Córdoba. También se puntualizó que "la centralización de la conducción y el incremento de las actividades de inteligencia posibilitarán la coordinación, regulación e integración de los esfuerzos, lo que asegura la idoneidad del medio seleccionado y una mayor eficiencia en la acción". En la "Instrucción de lucha contra elementos subversivos", párrafo 1.006, punto "g", al mencionar la "preparación moral del combatiente", Viola sostuvo que "se tratará de desarrollar en el personal combatiente la fe en los valores cristianos para la eliminación de dichos delincuentes". En el mismo marco, pero en el ámbito educativo, Viola formuló la ya mencionada "Operación Claridad", llevada a cabo en el Ministerio de Educación.

"No hay detenidos políticos en la República Argentina" –dijo Viola el 7 de septiembre de 1978, cuando había algunos cientos en las cárceles y miles en los campos de concentración– excepto algunas personas que podrían estar involucradas en las Actas Institucionales, que están realmente detenidas por su labor política. No hay detenidos por ser meramente políticos o por no compartir las ideas del Gobierno." En su mensaje del Día del Soldado, al año siguiente, el ya teniente general Viola manifestó: "Esta guerra sí tiene, como todas, y por eso es guerra, una dimensión distinta del valor de la vida. Se rompen diques y barreras; la vida y la muerte se juegan en aras de la victoria. Lo peor no es perder la vida. Lo peor es perder la guerra. Por eso el Ejército, recuperado hoy el valor de la vida, puede decirle al país: hemos cumplido nuestra misión. Ésa es su única y creemos suficiente explicación. El precio el país lo conoce y el Ejército también".

En 1977 el general Viola y el almirante Massera, durante la Conferencia de Ejércitos Americanos realizada en Managua, garantizaron a la dictadura somocista apoyo financiero y militar incondicional. La "ayuda" se dividió:

1. Grupo de Tareas Exterior (GTE) del Batallón 601, sobre el que ya nos hemos extendido.

2. El Batallón 601 estableció una sede en Guatemala y luego otra en Honduras.

3. La Brigada Andina, que organizó la logística del narcotráfico y el lavado de dinero.

4. La Inteligencia Naval a partir de los GT de la ESMA, que tuvieron un papel protagónico en el narcogolpe de Estado en Bolivia en 1980 y en la formación de los Escuadrones de la Muerte en El Salvador.

A partir del narcogolpe en La Paz, como surge del Informe Kerry del Congreso norteamericano, la asociación de Massera y Suárez Mason con la Logia P-DUE les permitió entrar en la mafia de la droga. Dos agentes civiles fueron detenidos "con las manos en la masa": Alfredo Mario Mingolla –oficial de inteligencia argentino, entrenado por los israelíes y él, a su vez, entrenador del Batallón 316 en Honduras y de inteligencia en Guatemala– fue detenido en 1987 por la policía brasileña con 375 kilos de cocaína. Otro caso similar fue el del Lenny Sánchez Reisse, detenido en Ginebra por el cobro de un secuestro. Reisse declaró como testigo de importancia en el marco del caso Irán-Contras y fue, a la vez, el contacto entre la CIA y la inteligencia argentina.

En un documento desclasificado del Departamento de Estado en Washington, se dio cuenta de una reunión mantenida en Buenos Aires entre el general Viola y el embajador norteamericano Raúl Castro mientras se preparaba la visita de la Comisión Interamericana de Derechos Humanos (CIDH).

Viola era visto por los Estados Unidos –al igual que Videla– como uno de los integrantes de la "línea blanda". Viola le dijo entonces a Castro que aún faltaban unos meses para la visita de la CIDH, y que ese lapso sería aprovechado por la dictadura para "poner la casa en orden" (*house cleaning*). "Por extraño que parezca –decía el documento de la embajada norteamericana en Buenos Aires– Viola preguntó si el almirante Massera estaba en la ciudad. No estaba siendo naif, sino tal vez cínico, como la diabólica sonrisa que tenía al hacer la pregunta. Explicó que había perdido contacto con las actividades de Massera luego de su viaje a Venezuela, y dijo que había escuchado que el almirante iba a reunirse con el presidente francés para discutir el caso de las monjas francesas desaparecidas." "Si Massera tiene alguna noticia sobre las monjas francesas, mejor que informe al gobierno primero", dijo Viola. En otro tramo de la conversación transcripta por el embajador Castro, Viola bromeó: "Estoy listo para ser examinado." "Yo le recordé que estaba ahí por su invitación, y que estaba listo para escuchar buenas noticias", escribió Castro. "No tengo ninguna primicia", le respondió Viola. Después de las bromas le confirmó que se iba a fin de año y le entregó una lista con los nombres de los desaparecidos de 1978. "Él me preguntó si yo lo conocía al general Galtieri. Le contesté que lo conocía bien, que era ahora Comandante del Primer Cuerpo de Ejército. Viola me dijo que lo había puesto a cargo del Primer Cuerpo como parte de su plan para reducir las desapariciones. Le dije que había un resurgimiento del interés del Congreso norteamericano sobre el Caso Timerman". Sus palabras exactas fueron: "Al pueblo argentino le importa un pito el caso Timerman". La correspondencia diplomática con el Departamento de Estado muestra que, en los días del encuentro, la embajada contaba con suficiente información detallada sobre la existencia de campos de concentración en la Argentina; ya habían identificado "la ESMA, Campo de Mayo, Puente Doce (camino a Ezeiza), el Rancho La Armonía (en los alrededores de La Plata), Las Malvinas (base aérea entre Quilmes y Avellaneda), Banfield, el batallón Viejo Bueno en Monte Chingolo y La Perla en Córdoba". También estaban en conocimiento de otros sitios, pero con menor precisión: San Miguel, Bahía Blanca, Esquina de Paseo Colón y San Juan (El Atlético) y "algún lugar cerca de Berazategui".

En la reunión de la Conferencia de Ejércitos Americanos celebrada en 1979 en Bogotá, un denominado Plan Viola formó parte de los acuerdos secretos. Dicho plan, en la misma línea que la ya mencionada Operación Cóndor comprendía "el trabajo conjunto contra la acción subversiva" y la "educación integral de la oficialidad, que acaba con la clásica apoliticidad de los militares", amén de recomendar la "eliminación física" del "enemigo interno".

Un par de años más tarde, Viola asistió a un "Congreso anticomunista" celebrado en Asunción del Paraguay: allí también participaron el mariscal taiwanés Chang kai-Shek y el dueño de casa, dictador Alfredo Stroessner.

"Están los muertos, los heridos, los encarcelados y los que están ausentes para siempre. No pidan explicaciones donde no las hay", dijo Viola en una entrevista de 1979. Sin embargo algunos testimonios lo mostraron "negociando" una explicación: en el marco del Juicio por la Verdad en La Plata declaró Marta Ríos, esposa de Alfredo Patiño, desaparecido en octubre de 1976. Marta le dijo al tribunal que su padre, quien colaboró en la búsqueda de Alfredo, tenía cierta amistad con un gendarme de apellido Silva, que hizo gestiones en varias dependencias oficiales. Silva llegó después de un tiempo a conseguir una entrevista con el general Viola. El gendarme notó que Viola tenía escrito el nombre de Marta Ríos en una "lista roja". Allí mismo el general planteó sus demandas para proseguir la gestión: le pidió al gendarme una botella de whisky Caballito Blanco, cinco mil pesos y un chivito.

Roberto Viola, teniente general del arma de infantería, 56 años, padre de dos hijos y casado con Nélida Giorgio, fue el segundo presidente de la Argentina impuesto por la Junta Militar.

el Enfermo Imaginario

Seis meses antes del 29 de marzo de 1981, fecha teórica en la que correspondía reemplazar al presidente Videla según el cronograma de la Junta, se discutió la asunción de Viola. En realidad las Actas hablaban de seis meses más treinta días contemplados para las "deliberaciones", antes de que se tomara una decisión. Pero nada de eso sucedió. La Junta Militar se reunió el 2 de octubre y el 3 se anunció oficialmente la designación de Viola. En los pasillos del poder quedó claro que tanto la premura como el supuesto acuerdo posterior en la designación ocultaban, en verdad, la aparición de una grieta profunda en la conducción de la dictadura. Los trece generales de División y treinta y ocho de los cuarenta generales de Brigada apoyaron con su firma la designación de Viola contra las pretensiones de la Marina, que impulsó a Galtieri o Harguindeguy, ambos postulados por el almirante Lambruschini. Las trece firmas clave fueron las de los generales Vaquero (Jefe del Estado Mayor), Montes (Primer Cuerpo), Gallino (Fabricaciones Militares), Bussi (Tercer Cuerpo), Crespi (Secretario General de la Presidencia), Martínez (Jefe de la SIDE), Villarreal (Quinto Cuerpo), Sasiaiñ (Jefe de la Policía Federal), Nicolaides (Director de Institutos Militares), Bignone (Secretario general del Ejército), Liendo (Jefe del Estado Mayor Conjunto), Jáuregui (Segundo Cuerpo) y el propio Harguindeguy (ministro del Interior).

Viola fue el comienzo del fin del Proceso: en su gestión se activó el diálogo con la llamada Multipartidaria y la dictadura analizó, por primera vez, la hipótesis de una "retirada prolija", consensuada en una alianza cívico militar que los eximiera de reclamos posteriores.

Apenas asumido Viola se pensó a sí mismo como el presidente de la transición: casi podía verse en el Salón Blanco de la Casa de Gobierno, durante 1984, o quizá 1985, colocándole la banda presidencial al Dr. Ángel Federico Robledo o a Ítalo Argentino Luder.

Entre los 4.677 documentos desclasificados por el gobierno de Estados Unidos figura una confesión hecha por Harguindeguy un mediodía de junio de 1981 y enviada "con prioridad" a Washington. Ana Gerschenson citó aquel mensaje en la edición de *Clarín* del 25 de agosto del 2002, bajo el título: "La dictadura quería gobernar hasta 1987". Decía el documento, citando al general Albano Harguindeguy: "El proceso militar que nos vimos obligados a lanzar en 1976 continuará durante el período del general Viola y recién entonces comenzará una transición para preparar el escenario de elecciones presidenciales en 1987". Harguindeguy era entonces el principal asesor de Viola, que a pocos días de su asunción comenzó a mantener reuniones públicas con gremialistas, políticos, artistas y asociaciones intermedias, frente a las críticas del resto de las Fuerzas Armadas que lo veía instrumentando una "salida individual no consensuada". En otro documento desclasificado se manifestó que "el general Guillermo Suárez Mason se encuentra mensualmente a almorzar con un grupo de radicales bajo la convocatoria de uno de sus mejores amigos, el ex vicepresidente de Illia, Carlos Perette".

La "bandera de largada" para Viola azuzó los sueños afiebrados de Massera dispuesto a convertirse en un "nuevo Perón". Con la mano de obra esclava aportada por la ESMA el almirante lanzó su Movimiento Nacional para el Cambio o Partido para la Democracia Social, a principios de noviembre de 1981. Este nuevo "Massera político" hablaba desde la estratosfera del gobierno, desligándose de cualquier responsabilidad en la crisis de entonces. Massera decía que "la paz debe ser ganada por todos", ya que no puede hacerse "desde un gobierno sordo, inepto, incapaz e ineficiente". "La política ha pasado a ser mala palabra, la participación de los ciudadanos se ignora, la economía ha sido destruida y el perfil internacional se ha borrado del mundo civilizado. Los empresarios han visto despilfarrado su trabajo de muchos años en función de una economía materialista, y la juventud ve cortados todos los caminos para llegar a la educación y la cultura", afirmó Massera, como si acabara de llegar al país.

En su ensayo "La Caída de Viola", publicado por la revista *Todo es Historia*, Pablo Babini dio detalles sobre la actitud de la otra figura que disputó el poder de Viola, hasta que consiguió desplazarlo: Leopoldo Fortunato Galtieri. Escribió Babini que "diez años más tarde, un lúcido observador y analista cuyo testimonio queda acotado por el hecho de haber integrado los equipos de Viola, sostendría en privado que Galtieri 'tenía en la mente tres guerras: Malvinas, Chile y Centroamérica. Pensaba conseguir en América Central, con la tarea sucia que no querían hacer los americanos, lo mismo que Carlos Menem con los barquitos'".

La Multipartidaria, principal interlocutor de Viola en el período de deshielo político, estuvo encabezada por Ricardo Balbín –quien falleció en ese mismo año, 1981– Deolindo Bittel (PJ), Arturo Frondizi (MID), Oscar Alende (PI) y Francisco Cerro (DC), junto a partidos que suscribían como "adherentes": la Confederación Socialista, el Socialismo Unificado de Simón Lázara, el Socialismo Popular de Estévez Boero, el Partido Comunista y el FIP de Jorge Abelardo Ramos.

Mientras el gobierno de Viola y la Multipartidaria –escribió Babini– flirteaban y medían fuerzas, se registraban escaramuzas exploratorias entre el Ejército y la UCR, como la invitación de Galtieri a un grupo de dirigentes radicales al Edificio Libertador, tal vez con la intención de probar un poco de la medicina que le habían recetado a Viola, pero más que nada para demostrarle al Presidente que su poder de convocatoria se desdibujaba apenas Galtieri hacía pesar el suyo propio. Otra escaramuza –más ortodoxa y a la que le cabe el término en un sentido literal– fue protagonizada por el Jefe del Tercer Cuerpo de Ejército, con asiento en Córdoba, general Cristino Nicolaides, y el comité local de la Unión Cívica Radical.

Los encuentros de Viola con los partidos formaron parte, en realidad, de una operación de relaciones públicas más global, que también alcanzó a la farándula, el deporte y los músicos, algo hasta ese momento inédito en la dictadura –a excepción, claro, del Mundial–. Entre los músicos, fueron a verlo: Luis Alberto Spinetta, David Lebón, Charly García y Daniel Grinbank. Spinetta recordó una anécdota al respecto: "Yo les batí un par de cosas y también les sugerí que pusieran el observatorio más grande del mundo... un delirio, ¿pero qué les iba a decir?". En el tema "Encuentro con el Diablo", Lebón ironizó sobre la entrevista: "Nunca pensé en encontrarme con el jefe / En su oficina de tan buen humor / Pidiéndome que diga lo que pienso / Qué es lo que pienso yo de esta situación".

Entrevistados por Eduardo Berti, Lebón y García comentaron:

"–Hay tipos muy importantes que se han acercado a Serú Girán. Y a mí me copa eso. Porque yo no quiero estar más en el rincón con la guitarrita.

"–¿Quiénes son los tipos muy importantes?

"LEBÓN: Tuvimos unas reuniones con un señor Olivera, que es el asesor del presidente Viola en temas de la juventud.

"CHARLY: Es fenómeno estar con un tipo así, y cuando el tipo te dice: "¿Qué pasa, cuáles son sus quejas?". Daniel Grinbank le dice que los carteles son muy caros o que sé yo, y yo le digo al tipo que tiene que cortarla con la censura. Eso es bárbaro, entendés, que un tipo como yo no se cague y vaya y le diga que no tiene que haber más censura... Porque sino nadie va a poder escribir nada, y estamos cagando toda nuestra cultura nacional, todo una pálida. Por ahí hace tres años yo hubiera dicho: "No voy, no quiero transar con esa gente". Y ahora voy y le digo la verdad a este tipo."

Alberto R. Jordán, en su libro *Esperanza y Frustración: Una crónica del Proceso*, dedicó un capítulo a la crisis económica durante los meses de Viola, titulado con aquella frase inmortal de Lorenzo Sigaut: "El que apuesta al dólar, pierde". Escribió Jordán: "Más allá de las opiniones, en los primeros días de mayo se conocieron los índices de inflación del mes anterior. Éstos confirmaron lo que se esperaba, es decir, que los precios estaban creciendo en una proporción que no tenía precedentes a lo largo del último año y medio. Nos hallábamos frente a un fenómeno conocido: toda devaluación tiende a mejorar la posición relativa de los precios de los productos locales, pero al mismo tiempo los eleva, con lo cual se licúa a sí misma. En consecuencia, aquel 30 por ciento que tantas discusiones había provocado ya no era muy significativo, y el ritmo de devaluación del dos por ciento mensual resultaba francamente irrisorio. El Banco Central se vio obligado a anunciar que este último porcentaje se duplicaría haciendo caso omiso, por tercera vez en el año, a sus propias predicciones. Los hechos parecían confirmar las expectativas: ¡hay que pasarse al dólar! Las reservas, como es de imaginar, disminuían día a día. A fin de mes llegó el golpe de gracia. Los ánimos no habían vuelto a tranquilizarse en la mañana del 28 de mayo cuando los lectores de *La Nación* se sorprendieron al ver en la primera plana que una alta fuente del gobierno advertía sobre la posibilidad de un colapso económico. Hacia el mediodía ya se había difundido la noticia y a las pocas horas ya nadie ignoraba que el autor del presagio había sido el mismísimo ministro de Comercio, García Martínez. Un solo día bastó para que cundiera el pánico en la city y para que el Banco Central, ante la voraz demanda del público, debiera deshacerse de trescientos millones de dólares".

El relato de Jordán pasa por alto una pregunta necesaria: la nota de *La Nación* ¿respondía a una operación impulsada por el grupo liberal que propugnaba por un cambio de ministro? La gestión de Viola sufrió dos golpes: uno político y otro económico aunque en algunos casos ambos funcionaron coordinadamente. El "golpe de mercado" respondió al grupo militar-empresario que quería sentar a Roberto Alemann en el Ministerio de Economía; el otro, al afán de poder de Galtieri y la telaraña que éste comenzó a tejer desde Estados Unidos hasta Buenos Aires.

Sigue Jordán con el segundo paso del *coup d'etat economique*: "Tras otro feriado cambiario, el peso sufrió una nueva devaluación del 30 por ciento y el dólar pasó así, el 2 de junio, la línea de los 4.000 pesos. Nada perdieron, por cierto, los que 'habían apostado' por él. El BCRA, en cambio, perdió parte de su cúpula. Sigaut colocó allí a Egidio Ianella. Pero ya la confianza de la población había desaparecido por completo. El 19 de junio Sigaut repitió su pronóstico fallido: "El que apuesta al dólar va a perder", y de inmediato ocurrió lo increíble: una nueva devaluación –o, para decirlo con más exactitud, una devaluación implícita en una nueva política cambiaria– . El "dólar comercial", al terminar el año, llegaba a los 7.000 pesos, y en las casas de cambio de la city ya en noviembre oscilaba los 10.000 pesos. En diez meses el peso argentino había perdido el 80 por ciento de su valor".

Noviembre fue, parafraseando a Elliot, el mes más cruel. En la XIV Conferencia de Ejércitos Americanos Galtieri desplegó una intensa operación de relaciones públicas: luego de un almuerzo ofrecido por el embajador Esteban Tacks en la delegación argentina en Washington, al que asistieron Caspar Weinberger –secretario de Defensa norteamericano– Richard Allen, director del Consejo Nacional de Seguridad, Edward Meyer (Jefe del Estado Mayor del Ejército de los EE.UU.), el secretario del Ejército John Marsh y el adjunto del Departamento de Estado para Asuntos Interamericanos Thomas Enders, Allen se declaró entusiasmado con la "personalidad majestuosa" de Galtieri. Weinberger definió al general argentino como "un general que impresiona mucho" y unos días más tarde un amigo de Galtieri en el Departamento de Estado estimó que "en pocos días más será levantada la enmienda Humphrey-Kennedy que impide la venta de armas a la Argentina".

En noviembre, afectado por un cuadro de hipertensión arterial Viola fue internado en el Hospital Militar Central. Mientras Viola entraba al hospital el avión de Galtieri decoló de la base norteamericana de McGuire trayendo a Buenos Aires al comandante en jefe del Ejército. A las pocas horas se difundió en Casa de Gobierno un comunicado que afirmaba que Viola no estaba grave. El 10 de noviembre dejó el hospital acompañado por su familia. El viernes 13 de noviembre se conoció el denominado Plan Cavallo, a cargo de un joven Subsecretario Técnico y de Coordinación del ministro del Interior general Horacio Tomás Liendo. Más tarde Cavallo fue designado presidente del Banco Central, en 1982, bajo la dictadura de

Bignone. A la hora de justificar su activa colaboración con los militares declaró Cavallo en 1991: "Estuve en el gobierno militar precisamente cuando decidió dar elecciones, traté de preparar la economía para que el gobierno constitucional tuviera mejores condiciones".

Las medidas anunciadas entonces dentro del Plan Cavallo lograron intimidar a algunos operadores de la city e hicieron bajar el dólar. El Banco Central tuvo desde entonces la obligación de informar detalladamente cada operación de las casas de cambio. El comunicado 4.564 del BCRA, adelantado telefónicamente el viernes, se formalizó el lunes 16: exigía un detalle de las operaciones realizadas entre el 2 de septiembre y el 13 de noviembre y, como Cavallo presumió, consolidó la súbita baja del dólar. Cavallo se convirtió entonces en el cazafantasmas del golpe económico pro Alemann. Pero la situación política ya estaba desmadrada: el habitualmente silencioso general Vaquero, número dos del Ejército, complicó el diálogo político: "Con justificado orgullo –dijo– el Ejército argentino no permitirá que lo que se ganó en la batalla sea mancillado con la mancha de la culpa que el enemigo pretende grabar en nuestros espíritus con refinados y espurios procedimientos. Ni ahora ni en el futuro habrá revisión abierta o encubierta de lo actuado contra el terrorismo".

El jueves 19 la actividad económica se paralizó por falta de billetes, y los oficiales de mayor rango de cada arma deliberaron en los edificios respectivos. El viernes 20, "afectado con un cuadro de hipertensión arterial e insuficiencia coronaria, habiéndosele prescripto un nuevo período de reposo psicofísico" Viola delegó el mando en el general Liendo. Habían pasado siete meses y veintitrés días de gobierno.

Liendo, como manotazo de ahogado y con el auxilio de Cavallo, Iannella y el secretario de Hacienda, Jorge Berardi, intentó desenmascarar a los responsables del golpe del dólar convencido de que, de ese modo, también podría detener el avance del golpe político de Galtieri. "La consigna –escribió Babini– era que quedara a la vista la conjura contra Viola y que los que querían echarlo lo hicieran a cara descubierta." El sábado 28 se difundió un paquete de medidas financieras: *La Razón*, operada como ya dijimos por los Servicios de Informaciones del Ejército, se horrorizó titulando: "Hay virtual control de cambios", refiriéndose a que, desde aquel momento, los cambistas no podrían vender más de mil dólares diarios por persona, en lugar de los 20.000 autorizados desde 1976.

El 1 de diciembre la Junta Militar se reunió para tratar el tema del "estado de salud de Viola". Antes ya se habían encontrado Videla y Galtieri en privado. Luego de la reunión de la Junta se anunció el nuevo *staff* de generales del Ejército: era el comienzo de la cuenta regresiva. El miércoles 9 de diciembre Galtieri se encontró con Viola en Olivos y en esa semana se produjeron otros dos encuentros más. Galtieri no aceptó ninguno de los pedidos del "presidente saliente". El viernes 11 a las 17.00 el secretario general del Ejército informó que el presidente Viola "ha sido removido", y designado el general Galtieri en su lugar. También declaró que el vicealmirante Lacoste quedaría como ministro del Interior a cargo del Ejecutivo hasta el 22 de diciembre. Aquel día, como sucedió en el siglo XIX con los gobernadores, hubo tres presidentes: Viola hasta la media tarde, Liendo al atardecer y Lacoste por la noche.

–¿A Usted lo sacaron? –le preguntaron a Viola cuando salía de la Casa de Gobierno.

–No me cabe ninguna duda.

–¿Nos puede decir por qué, en qué circunstancias?

–No. Ésas son opiniones totalmente subjetivas. Yo calculo que los que me cambiaron entendieron en otra forma el problema. Sino, no me hubieran removido.

El "general majestuoso" golpeaba a la puertas de la Historia.

LA DAMA DE HIERRO
Y EL GENERAL MAJESTUOSO

"Horacio Santopietro, soldado del Grupo de Artillería 601 de Mar del Plata llevaba siete días sin comer. Se impresionó por la cantidad de comida que había en la ciudad, en los depósitos manejados por el Ejército argentino. 'Lo primero que hice después de la rendición fue tomarme un tarro de leche condensada. Me agarró una descompostura terrible. Los primeros dos días como prisionero de guerra estuve tirado, doblándome del dolor.' Santopietro recuerda que mientras un soldado inglés lo llevaba hacia el galpón que se utilizaría como cárcel de guerra, él iba gateando, recogiendo caramelos del piso y, cuando el inglés lo apuraba, por medio de señas le decía que tenía hambre. 'Una vez adentro me tocó sentarme en un lugar mojado y otro inglés me alcanzó una frazada para que no me mojara la ropa nueva que me acababan de dar. Esas dos imágenes del trato inglés me quedaron grabadas con otras de dos oficiales argentinos, después de la rendición. La primera fue en el mismo galpón. Los oficiales que ocupaban la parte de adelante, cuando un soldado se enfermó y casi se muere, no querían avisar. Tuvimos que gritar y armar un despelote bárbaro desde el fondo para que entraran los ingleses a buscarlo. Se lo llevaron al hospital. La otra fue una vez que estábamos en el continente. Un suboficial argentino nos estaba "bailando" en el cuartel y le pisó la mano con el taco a un soldado que venía de la guerra porque, cuando hacía los ejercicios, no tocaba el piso con el pecho porque justo

ahí estaba mojado. Después de la rendición, con una pistola en la mano, yo prefería matar a un oficial argentino antes que a uno inglés'."

"Historias de amargura y dolor en el último día de la guerra", Alberto Amato y Lucas Guagnini, *Clarín*, 16 de junio de 2002.

"Hubieran sido amigos,
pero se vieron una sola vez cara a cara,
en unas islas demasiado famosas,
y cada uno de los dos fue Caín,
y cada uno, Abel.

Los enterraron juntos.
La nieve.
Y la corrupción los conocen.

El hecho que refiero pasó en
Un tiempo que no podemos entender."

Jorge Luis Borges, "Juan López y John Ward", 1985.

Nadie recuerda su verdadero nombre: Margaret Hilda Roberts. Era hija de un verdulero, estudió carreras tan disímiles como Química y Derecho, y se casó con un exitoso hombre de negocios, de quien tomó su apellido. Durante el tiempo que ejerció una de sus dos profesiones, se interesó por el Derecho Tributario. En 1959 logró una banca en el Parlamento. Luego fue secretaria de Educación y Ciencia. En 1975, cuando militar en el partido Conservador era convertirse en objeto de estudio antropológico, fue elegida líder del partido. Fue Primer Ministro desde 1979 hasta 1990, y debe su reelección a una guerra ganada. Siempre fue enemiga de integrar su país a Europa: Inglaterra es, después de todo, una isla. Está orgullosa de sus amigos, pero no puede presentarlos en sociedad: el general Augusto Pinochet es uno de ellos. Ahora se llama Baronesa Thatcher y sus estudios de Química le permitieron encontrar la fórmula para convertirse en la "Dama de Hierro".

Nunca pensó que los norteamericanos podían estar burlándose de él en su propia cara. Encaramado en la cima de su ego, escuchó en Washington que lo definían como un "general majestuoso". Al afeitarse, agradecía mirándose al espejo su lejano parecido a George C. Scott, el actor que representó al general Patton en el cine. Nació en la localidad de Caseros, el 15 de junio de 1926. Egresó del Liceo Militar General San Martín como subteniente de Infantería, junto a José Vaquero, Albano Harguindeguy, Leandro Anaya y Raúl Ricardo Alfonsín. Sus vecinos de la juventud en Primera Junta lo recuerdan como "hosco y altanero", y aquella característica se mantuvo en su carácter con el paso de los años. La muerte le tocó el hombro el Día de los Inocentes de 1975, cuando era subjefe de Estado Mayor, y una bomba estalló en el quinto piso del Edificio Libertador, mientras él estaba reunido con su superior, Roberto Viola. Entre 1977 y 1979 asumió la Comandancia del Segundo Cuerpo de Ejército con asiento en Rosario, lo que significa lo mismo que decir que, entre esos años, manejó el campo de concentración de la fábrica militar Domingo Matheu. Allí, un día de julio de 1978, le dijo a una de sus víctimas, la maestra Adriana Eva Arce:

"–Yo soy el general Leopoldo Fortunato Galtieri. Soy el que tiene el poder de decidir la vida y la muerte y usted, que se llama igual que mi hija, va a vivir. Así lo dispongo yo."

Y Adriana vivió para contarlo.

Ya a partir de 1976 los detenidos comenzaron a ser llevados a dependencias del Ejército, como se desprende del testimonio de José Américo Giusti ante la Delegación Rosario de la CONADEP: "El 1 de octubre de 1976 fui detenido por el Ejército en mi taller de Villa Constitución. Me trasladaron en un camión militar hasta mi domicilio particular para cambiarme de ropa. Al salir de mi casa me vendaron los ojos, me taparon con unas mantas y después de dar unas vueltas me introdujeron en un camión del Ejército".

Los secuestrados en los alrededores de Rosario eran trasladados al Servicio de Informaciones de la Jefatura de la policía de la provincia de Santa Fe, centro dirigido por el comandante de Gendarmería Agustín Feced quien, según el testimonio de decenas de detenidos, secuestraba y torturaba personalmente. En la causa caratulada "Agustín Feced y otros" declaró Teresa Ángela Gatti: "Feced me expresó que iban a trasladar a mi hija a la Jefatura y que me la entregarían. Me dijo que me entretuviera mirando las fotos de unos álbumes de gran tamaño. No pude ver más de dos páginas. Eran fotos en colores de cuerpos destrozados de ambos sexos, bañados en sangre. Feced me expresó que lo que estaba viendo era sólo una muestra, que él era el hombre clave que iba a barrer con la subversión".

Relató el agente de policía Héctor Julio Roldán: "Por orden del Comandante fueron llevados a la vía pública. Los hicieron sentar dentro del auto, que era un Fiat 128 celeste, y el comandante Feced, desde otro auto, les disparó a quemarropa con una metralleta".

La Fábrica Militar de Armas Portátiles Domingo Matheu está ubicada en la Avenida Ovidio Lagos al 5.200 de Rosario. Por allí pasó la sobreviviente Adriana Arce. Antes de dejar a una mínima cantidad de detenidos en libertad, Galtieri les daba un discurso. Recordó Juana Elba Ferraro de Bettanin, quien además de haber sido detenida y torturada sufrió la pérdida de sus tres hijos: "Galtieri nos preguntó los nombres uno por uno. Cuando llegó mi turno me hizo una perorata sobre su satisfacción de darme la libertad en nombre del presidente de los argentinos, el general Videla. Me aconsejó que recordara siempre los colores de nuestra bandera 'que cubren el cielo de nuestra Patria'. Que fuera a mi casa. Que ayudara a mi nuera a cuidar a sus hijas y, para colmo de ironías, me pidió que olvidara todo lo que había pasado y que no odiara al Ejército. Yo quiero hacer responsable a Galtieri de la destrucción de mi familia".

En *Página/12* del 25 de marzo de 1995, Osvaldo Bayer reseñó uno de los más dramáticos asesinatos realizados por las fuerzas de Galtieri: fue en la calle Santiago 2.815 de Rosario, donde secuestraron a Emilio Etelvino Vega, de 33 años, ciego, y a María Esther Ravelo, de 23 años, ciega, junto a Iván Alejandro Vega, hijo de ambos, y al perro lazarillo del matrimonio. Los dos ciegos murieron en la tortura a cargo del comandante Feced. La casa fue vaciada por camiones del Ejército que, incluso, se llevaron el triciclo de Iván. Pocas semanas después la casa de la calle Santiago 2.815 comenzó a ser utilizada por los efectivos de la Gendarmería Nacional, que hicieron allí sus fiestas familiares: bautismos, cumpleaños, etcétera.

Hoy se levanta en ese sitio la denominada Casa de la Memoria.

En el "Auto de Orden de Prisión Provisional Incondicional" dictado en Madrid el 25 de marzo de 1997 contra Galtieri por los delitos de asesinato, desaparición forzosa y genocidio, con la firma del juez Baltasar Garzón se detallan los campos de concentración que funcionaron bajo su órbita en jurisdicción del Segundo Cuerpo de Ejército: Fábrica de Armas, Fábrica de Armas Portátiles Domingo Matheu, Batallón 121, Servicio de Informaciones de la Policía provincial, centro clandestino de la Brigada de Investigaciones, Comisaría 4, local de la Unión de Docentes Argentinos y Guardia de Infantería Reforzada, todos éstos en Rosario y ciudad de Santa Fe. En el resto de la provincia operaron los campos de concentración de Puerto Gaboto y Prefectura Naval San Lorenzo. En la provincia de Formosa, dependiente del Cuerpo 2, el campo del Regimiento 29 de Infantería de Monte y el Destacamento Policial de la capilla de San Antonio La Escuelita; en la ciudad de Resistencia el campo de concentración de la Brigada de Investigaciones de la Policía provincial, la Comisaría Primera y la delegación de la

Policía Federal. En la ciudad de Goya el campo del Hípico, dependiente del Batallón de Comunicaciones 121. La justicia española investigó, entre otras desapariciones de sus conciudadanos, la de la familia de Víctor Labrador y su esposa, propietarios de una fábrica de calzados. Los grupos de tareas a cargo de Galtieri asesinaron a su hijo Palmiro y a su esposa Edith Graciela Koatz, y, al allanar la casa de su hija María Manuela, los obligaron a firmar varios cheques con fechas de vencimiento posdatadas por un importe de sesenta millones de pesos y desvalijaron su casa. Luego mataron a Víctor Labrador. Al día siguiente el diario *La Capital* de Rosario publicó un comunicado de Galtieri dando cuenta de la muerte de tres extremistas en un enfrentamiento con los militares. Ninguna de las víctimas estaba armada. Ese mismo día la familia acudió pidiendo ayuda al cónsul de España en Rosario, Vicente Ramírez Montesinos Brenez, que se entrevistó con Galtieri horas más tarde. El militar le dijo como justificación que la familia de Labrador se "dedicaba a fabricar artículos de cuero, como por ejemplo carteras, en las que se incluían compartimientos disimulados para esconder documentos, y que la muerte de Víctor Labrador había sido un error". Sin embargo, en una lista de personas que Galtieri tenía en la mesa, el Cónsul observó que Palmiro Labrador aparecía con una cruz roja y Miguel Ángel sin cruz alguna, puesto que estaba desaparecido, siendo ambos considerados "objetivos militares".

Los orígenes de la causa 6859/98, investigada por el juez Claudio Bonadío, se remontan al 17 de febrero de 1983 a partir de un habeas corpus interpuesto a favor de quince montoneros desaparecidos entre 1979 y 1980, durante la llamada "contraofensiva". La mayoría integró las llamadas Tropas Especiales de Infantería montonera (TEI), comandos entrenados en el sur del Líbano y otros formaban las llamadas Tropas Especiales de Agitación (TEA) y contaban con equipos capaces de interferir las ondas de transmisión de los canales abiertos e interrumpirlos con proclamas de Radio Liberación, la voz de Montoneros. Según escribió Miguel Bonasso en *Página/12*, en su artículo titulado "El Batallón 601 y la infiltración en Montoneros", "la forma y la velocidad con que la mayoría de ellos fueron capturados en marzo de 1980 han alimentado en el Juzgado Federal Número 11 la presunción de que 'fueron entregados'". Al poco tiempo se amplió el objeto procesal de la causa y se incorporaron las desapariciones de Lorenzo Viñas (hijo de David, el escritor) y el padre Jorge Adur, ambos secuestrados en Brasil, cerca de la frontera de Paso de los Libres, en el marco de la denominada Operación Murciélago, que procuró capturar a los montoneros que entraban o salían del país. También se incorporó a la investigación judicial el caso de la sobreviviente Silvia Tolchinsky, asistente de Firmenich, que estuvo secuestrada en una quinta a menos de media cuadra de la entrada principal de Campo de Mayo y terminó formando pareja con su secuestrador, el PCI (Personal Civil de Inteligencia) Claudio Scagliuzzi, quien fue apresado en 2002 en España por orden del juez Bonadío y no puede ampararse en la obediencia debida, al tratarse de un civil.

Uno de los documentos desclasificados por el Departamento de Estado dio detalles sobre el "Organigrama del 601" con fecha 6 de febrero de 1980. Se trata de un memo de James Blystone, Oficial de Seguridad Regional (Regional Security Officer, RSO) de la embajada de los Estados Unidos en Buenos Aires que informó sobre "dos cambios recientes" dentro del Batallón de Inteligencia 601:

1. La División de Análisis de Inteligencia que había estudiado el PCR/PST/PO se ha dividido en dos divisiones nuevas.

2. Se han creado otras dos divisiones nuevas, una para estudiar partidos políticos y otra para actividades exteriores.

El documento agregaba un gráfico de organización de la "Reunión Central" dentro del Batallón de Inteligencia 601 que, según fuentes argentinas, era la unidad responsable por un sinnúmero de desapariciones. El gráfico mostraba cómo la cadena de mando llevaba directamente hasta el Comandante en Jefe del Ejército, general Galtieri.

La Historia unió a la "Dama de Hierro" con el "General Majestuoso" sin que ellos mismos lo sospecharan. Fue un 30 de marzo de 1982, en el 10 Downing Street, de Londres, en el despacho del Primer Ministro británico, una mañana en la que Margaret Thatcher mantenía un encuentro con su ministro de Defensa, Sir John Nott, cuando discutían la posible reacción diplomática a una toma de las islas. En ese momento el almirante Sir Henry Leach, Jefe de la Marina Real, entró vestido de uniforme ("La vista de un hombre en uniforme siempre gusta a las damas y Margaret estaba claramente impresionada", escribió Nott en sus *Memorias*) y aseguró que en pocos días se podía preparar una fuerza militar considerable para desalojar al invasor. Margaret asintió complacida:

–La única manera de recobrar nuestro honor y prestigio nacional es infligir una derrota militar a la Argentina –les dijo.

En un artículo titulado "Motivos", Juan Gelman escribió en *Página/12* al respecto que "la guerra le venía muy bien a Margaret Thatcher y a su Partido Conservador, sobre el que planeaba la amenaza de una casi segura derrota electoral". Dos periodistas británicos, Arthur Gavshon y Desmond Rice, registraron en su libro *El hundimiento del Belgrano* los índices de popularidad de la jefa de gobierno antes y después de que eligiera una respuesta militar: "32 por ciento de opiniones favorables en enero de 1982, 51 por ciento en junio".

Aquel 30 de marzo de 1982 la CGT organizó en la Argentina una marcha con la consigna "Paz, pan y trabajo". La represión policial fue atroz y se registraron al menos dos muertos (uno de ellos en Mendoza) y 1.800 detenidos. "Fue una verdadera intención de gimnasia, no voy a decir terrorista pero no anda muy lejos: de subversión", dijo el entonces ministro del Interior general Alfredo Saint Jean. Galtieri ya había decidido adelantar la Operación Azul: acababa de sellar un pacto de sangre con una mujer desconocida, al otro lado del Atlántico. Aunque la sangre que se iba a derramar no sería la de ninguno de los dos.

EL DÍA D

—"Lombardo, le habla Anaya. ¿Podría venir al Casino de Oficiales?". Así comienza *Malvinas, La Trama Secreta*, de los periodistas Oscar Cardoso, Ricardo Kirschbaum y Eduardo van der Kooy, una profunda y equilibrada investigación sobre la guerra, publicada en septiembre de 1983.

El vicealmirante Lombardo citado en el libro acababa de asumir como Comandante de Operaciones Navales, y el almirante Jorge Isaac Anaya era, claro, su superior. La escena descrita en *La Trama Secreta* sucedió en momentos en los que el país aún sufría los coletazos de la salida intempestiva de Viola y su reemplazo por Galtieri. En el marco del golpe de estado económico aún se debatía si el futuro ministro sería Krieger Vasena, o el eterno Álvaro Alsogaray, aunque fue Roberto Alemann el triunfador.

"—Vea, Lombardo —sigue el libro—. Lo que le voy a decir es absolutamente reservado. ¿Estrictamente confidencial, me entiende?

"—Le ordeno —le dijo entonces Anaya— que prepare un plan de desembarco argentino en las Islas Malvinas. Usted debe ser el primero en el país que se entera de esto. Sería conveniente, entonces, que el equipo que escoja para colaborar en el planeamiento mantenga la boca cerrada. El secreto es prioritario, ¿me entiende?"

El sueño de reconquistar las Malvinas ya había formado parte de la agenda nocturna de Massera en el primer año del Proceso, pero no pasó de una enunciación del Almirante Cero para complicar aún más la gestión de Videla. Increpado por la Junta respecto del desarrollo completo del plan, Massera guardó silencio, aunque al tiempo le pidió a Anaya que elaborara uno. Aquel plan acababa, ahora, de resucitar. La paranoica obsesión por el secreto arrastró al tándem Galtieri-Anaya a cometer el primer error suicida. Hasta el plan más perfecto debe ser chequeado y contrapesado; este plan fue, en cambio, un diálogo de sordos: cada responsable se enteró de su rol sin tiempo real para evaluar alternativas, y debió adoptar los lineamientos que se le daban como un verdadero acto de fe.

"–Almirante, ¿qué va a pasar después de tomar las islas? –le preguntó Lombardo a Anaya.

"–Usted no se preocupe por eso, porque no le compete. Limítese a elaborar el plan para tomar las islas. El resto viene después."

El primer mandamiento del "catecismo bélico" de Galtieri señalaba que Estados Unidos iba a mantenerse neutral. Sostienen Cardoso, Kirschbaum y van der Kooy que "el teniente general y embajador itinerante Vernon Walters llegó a comienzos de 1982 a Buenos Aires como emisario personal del presidente Reagan". Walters había sido, a la vez, subdirector de la CIA, y "llegó para discutir la integración de tropas argentinas a la fuerza multinacional que operaba en el Sinaí". El diputado laborista inglés Tom Dalyell afirmó en su libro sobre el conflicto del Atlántico Sur que "Walters estuvo en Buenos Aires, intermitentemente, por muchos días entre octubre de 1981 y febrero de 1982, y discutió *inter alia*, el establecimiento de una Organización del Tratado del Atlántico Sur". Un trabajo del comandante Marshall Van Sant Hall, de la Armada norteamericana –citado por Cardoso, Kirschbaum y van der Kooy– afirma que "cuando Galtieri asumió la presidencia en 1981 ofreció mucha asistencia al presidente Reagan. Estas ascendentes relaciones interamericanas pusieron al presidente Galtieri en estrecho contacto con el embajador itinerante Vernon Walters. De acuerdo con un persistente rumor, el presidente Galtieri usó al ex Director Asistente de la CIA para sondear la política de Estados Unidos en el caso de una recuperación militar argentina de las Malvinas. Reiteradamente Walters opinó sobre una hipotética instancia de neutralidad norteamericana con la precondición de que los argentinos no mataran británicos al recuperar las islas. Fuera por razón de creencia o de coincidencia, los argentinos evitaron escrupulosamente cualquier baja británica o isleña durante la invasión".

La fecha inicial de la Operación sería el 9 de julio. El desembarco y la recuperación de las islas iba a durar "D más 5", es decir que todo duraría cinco días. Después estas fechas fueron cambiadas y el nuevo "Día D" se fijó el 15 de mayo. "Jamás pude olvidarme de ese llavero con larga cadena con el que jugaba el vicealmirante Carlos Lacoste, cuando por primera vez en la vida escuché algo en serio sobre la posibilidad de que la Argentina invadiera las Islas Malvinas", escribió José Claudio Escribano, secretario general de redacción del diario *La Nación*. "Eso ocurrió –sigue Escribano– en los días inmediatos al 11 de diciembre de 1981, caracterizados por la remoción 'por enfermedad', según se dijo, del presidente de facto general Roberto Viola.

"Lacoste era ministro de Acción Social (...) y me había invitado a tomar un café a su despacho. Se trataba de explicar al cronista la singularidad de esa circunstancia tan poco habitual de que cayera el presidente y no cayeran los ministros. (...) Además, –comentó Lacoste a este cronista– alguien debe quedarse hasta la designación del nuevo presidente a fin de que no haya un vacío de poder. Cuando se levantó del asiento, en su despacho del actual ministerio de Salud, jugando en el pulgar de su mano derecha con un llavero, el hombre clave de la organización del Campeonato Mundial de Fútbol de 1978 cerró del siguiente modo una serie de reflexiones que habíamos compartido sobre el creciente deterioro del gobierno militar: 'Esto se arregla muy fácil, invadiendo las Malvinas'. (...) A principios de febrero, no recuerdo bien si en *The Times* o en *The Daily Telegraph* o en un tercer diario en inglés, pero con seguridad en una página interior y a una columna, se publicó un título del siguiente tenor: '¿Serán invadidas las Malvinas?'. ¿Cómo aceptar, pues la verosimilitud de que los británicos fueran tomados tan de sorpresa el 2 de abril, si la invasión era un tema debatido en los diarios londinenses? ¿O resultaba, acaso, que los británicos creían que la invasión eventual de Malvinas era de una excentricidad tal que superaba la de un alumno enloquecido de Cambridge, como Lord Byron, que se llevó al campus a vivir consigo un oso, con la excusa de que el reglamento de la universidad sólo prohibía introducir perros? (...) Amadeo Frúgoli, ministro de Defensa –nada menos que ministro de Defensa– escuchó por primera vez hablar de la tesis de una invasión, en un almuerzo informal, en enero, por boca de un periodista. Por cierto, le llamó la atención lo que acababa de escuchar, pero no fue sino entre el 28 y 29 de marzo que se enteró de que el hecho más importante de la historia militar argentina del siglo XX estaba por desencadenarse."

A mediados de marzo los ingleses se enteraron de una sospechosa maniobra argentina: Constantino Davidoff, un empresario chatarrero argentino, había acordado el desguace de una antigua factoría ballenera en las Islas Georgias del Sur, mil kilómetros al este de Malvinas. Davidoff informó de la operación a los ingleses, y acordó su realización con Christian Salvensen, el propietario. Todo estaba bien, salvo por un pequeño detalle:

llegó a Leith con una cuadrilla de obreros, a bordo de un buque de la Armada Argentina. La presencia de un barco de guerra alarmó a los británicos. Los vínculos de Davidoff con el Servicio de Inteligencia Naval (SIN) nunca pudieron ser confirmados, pero hasta el día de hoy suenan como probables. Su cuadrilla izó una bandera argentina en las Georgias, y el jefe de la British Antartic Survey (BAS) les exigió que fuera arriada, a lo que los trabajadores accedieron. Gran Bretaña consideró que se trataba de una seria provocación y envió al patrullero Endurance con un pelotón de *royal marines* a desalojar a los argentinos, algunos de los cuales vestían uniformes de infantes de Marina. Anaya iba a protegerlos. La Falklands Islands Company (FIC) en Port Stanley comenzó a presionar a Londres para que reprimiera la "provocación argentina". Buenos Aires anunció que el buque partiría de las islas, cosa que en efecto hizo, pero con sólo algunos de los "trabajadores". El resto quedó en la isla. Casi al mismo tiempo el buque Bahía Paraíso zarpó hacia las Georgias llevando a bordo a los Lagartos, tropas de élite al mando del capitán de fragata Alfredo Astiz, con la orden de ocupar militarmente las islas.

Por primera vez en su vida, Astiz se enfrentaba a pelear como un militar: en las Georgias no podría ser Rubio, ni Ángel, ni Cuervo, ni Gonzalo, ni Eduardo Escudero, ni Gustavo Niño, no tendría ninguno de los rostros falsos con los que hasta días atrás había torturado en la ESMA, o infiltrado en los organismos de derechos humanos. Ahora, cuando debía mirar de frente, no supo cómo hacerlo.

EL CUERVO

En la noche del Día de la Inmaculada Concepción de 1977 María del Rosario Cerrutti salió de la parroquia de la Santa Cruz, en Estados Unidos y Urquiza. Sintió que una tromba la empujaba contra la pared y que otra de las Madres de Plaza de Mayo, que estaba tomándola del brazo, se soltaba con el empujón. Recobró el equilibrio y vio cómo un tipo gordo y rubio empujaba dentro de un auto a María Ponce de Bianco.

—¡Se la están llevando! —gritó María del Rosario. Ahí advirtió que, junto a su grito, se escuchaban otros gritos, y algunos quejidos. En el asiento trasero de un Falcon, o de un Renault, entraba a los empujones Esther de Careaga.

Nélida Chidichimo le preguntó, ingenua, a uno de los secuestradores:

—¿Por qué se las llevan?

—Por drogas —contestó.

Dos Madres, cuatro familiares de desaparecidos y una integrante del *Institut des Soeurs des Missions Etrangéres Notre-Dame de la Motte* con sede en Muret, Francia, la hermana Alice Domon, fueron secuestrados aquel jueves 8 de diciembre por un grupo de la Marina. Dos días después miembros del mismo GT secuestraron a la presidenta de las Madres, Azucena Villaflor de De Vicenti a pasos de su casa, en Sarandí, en plena Avenida Mitre, a la hermana francesa Léonie Duquet y a tres hombres miembros del organismo de derechos humanos. Los doce secuestrados llegaron a la ESMA, y aún hoy continúan desaparecidos.

Nélida Chidichimo pensó aquella noche en qué habría sido de aquel chico rubio, Gustavo Niño, hermano de una desaparecida, que ese mismo jueves, antes de terminar la reunión, le dio un beso en la mejilla frente al Calvario de piedra de la parroquia:

—Cuidate, por favor —le susurró Nélida, protectora—. No vengas por acá. Sos muy joven y es muy peligroso.

Quizá por eso, al verlo el jueves 15 en la Plaza, lo recibió con una sonrisa:

—Gustavo, andate que te van a agarrar...

Cuando seis meses más tarde supo por France Press que Gustavo Niño se llamaba Alberto Escudero, y Alberto Escudero se llamaba Alfredo Astiz, y era agregado en la embajada argentina en Francia, integrante del Centro Piloto de París, comprendió que aquel día de diciembre había sido besada por un asesino.

Tiempo después Nélida también supo el verdadero nombre de la "hermana" de Gustavo Niño: era Silvia Labayrú de Lennie, una de sus víctimas de la ESMA.

De acuerdo a lo declarado por la propia Silvia, Legajo 6.838 de la CONADEP, fue secuestrada el 29 de diciembre de 1976 en Azcuénaga y Juncal por un comando de diez personas, y trasladada a la ESMA. El 28 de abril siguiente dio a luz a su hija Vera en el campo de concentración. El acta de nacimiento consignaba Avenida del Libertador 4.776, pero tanto la dirección como la firma del padre (Alberto Guillermo Lennie) fue fraguada por Astiz con un documento falso provisto por la ESMA. La abuela Berta de Lennie (Legajo 7.832) declaró que a los nueve días Astiz y Silvia le entregaron en su casa a la beba. Silvia, desposeída de su hija Vera y con su familia política bajo amenaza del GT colaboró primero como traductora y luego acompañando a Astiz en su tarea de infiltración de las Madres. Silvia había sido estudiante de Historia y militante montonera.

Dagmar Hagelin, nieta de suecos, fue secuestrada en El Palomar el 27 de enero de 1977, cuando iba a visitar a una amiga. Según diversos testigos Astiz comandó el grupo que llevó a cabo el operativo, le disparó por la espalda a Dagmar y luego la llevó en el baúl de un taxi hasta la ESMA.

La declaración de Carlos Gregorio Lordkipanidse ante el Juzgado Central de Instrucción Número 5 de la Audiencia Nacional de Madrid permitió conocer otros detalles de la psicótica personalidad de Astiz en el campo de concentración: Carlos, militante montonero, fue secuestrado en Carlos Calvo y Muñiz el 18 de noviembre de 1978. El mismo día el GT 3.3/2 secuestró a su mujer Liliana Pellegrino, su hijo Rodolfo, de veinte días de edad y su primo político Cristian Colombo. El entonces teniente de fragata

Alfredo Astiz estuvo a cargo del operativo con treinta efectivos del GT, todos vestidos de civil. Carlos y sus familiares fueron llevados al sótano de la ESMA, en el sector denominado "Cuatro". "Fui introducido en uno de los cuartos de interrogatorio –declaró Carlos– y me ataron con cámaras de bicicleta a una cama metálica. Y encapuchado y atado empezaron a pegarme con un bastón sin hacerme ninguna pregunta, mientras me insultaban. Mientras tanto, podía escuchar claramente los gritos de mi mujer, que estaba siendo torturada en el cuarto contiguo. (...) Luego de golpearme me sacaron la capucha y entonces pude ver al capitán Jorge Eduardo Acosta, al teniente Raúl Scheller y al teniente Alfredo Astiz quienes me hicieron saber que estaba en dependencias de la Marina. (...) En ese momento entró a la sala de torturas el teniente Fernando Peyón quien afirmó:

"–Es mío, lo atrapé yo –queriendo anotarse el mérito de una nueva captura y disputando un supuesto puntaje con Astiz.

"Acosta ordenó:

"–Traigan al bebé.

"Pude escuchar los gritos de Liliana que reclamaba:

"–El bebé no, el bebé no. Devuelvanmelo.

"Astiz entró con el bebé agarrado de la nuca y de los pies, y me amenazó mientras tenía a mi hijo colgando por los pies:

"–Si no cantás le reventamos la cabeza contra el piso.

"Comenzaron a picanearme con mi hijo encima de mi cuerpo y de pronto entró otro represor al cuarto y dijo:

"–Paren. Parece que es verdad que no sabe.

"En medio de un tremendo griterío me sacaron al bebé de encima y se lo entregaron a otros dos prisioneros, Rolando Pissarelo y María del Huerto Milesi, que ya tenían un año de secuestrados allí. Accedieron a liberar a mi hijo y a mi primo, pero mi mujer permaneció cinco meses en la ESMA." Carlos colaboró luego con los marinos en la falsificación de pasaportes hasta que, al pasar a una especie de régimen de "libertad vigilada", pudo escapar a Brasil, donde fue recibido por el ACNUR.

Luego de un infructuoso paso por París en el que fue descubierto mientras intentaba infiltrarse en un organismo de exiliados, Astiz fue destinado a la Agregaduría Naval en Sudáfrica junto a su antiguo jefe en la ESMA, el almirante Rubén Jacinto Chamorro y el capitán de fragata Jorge Acosta. En octubre de 1981 el periodista sudafricano William Saunderson Maller denunció la presencia de los tres oficiales de la Armada Argentina en un artículo publicado por el diario *Sunday Tribune*: allí se expuso la responsabilidad del trío en secuestros, torturas y desapariciones de "más de cuatro mil argentinos" que pasaron por la ESMA. El escándalo fue tal que dio lugar a un pedido de interpelación en el parlamento sudafricano, ante lo cual la Armada decidió retirarlos del país.

Ésa fue la "experiencia militar" de Astiz antes de viajar a las Georgias: allí no tuvo prisioneros maniatados a los que picanear, ni madres que secuestrar, ni bebés que tirar al piso.

SHOWTIME

En la hora cero del Día D se establecieron comunicaciones entre Londres y Port Stanley, que se reprodujeron en *La Trama Secreta*:

"PORT STANLEY: Tenemos muchos nuevos amigos.

"LONDRES: ¿Qué hay de los rumores de invasión?

"PS: Ésos son los amigos a los que me refiero.

"L: ¿Desembarcaron?

"PS: Por supuesto.

"L: ¿Los argentinos tienen el control?

"PS: Sí. No se puede luchar contra miles de soldados, además de un enorme apoyo naval. Somos sólo mil ochocientos."

Unos ochocientos soldados argentinos del Segundo Batallón de Infantería de Marina tomaron posiciones en Port Stanley. Alrededor de treinta *royal marines* que cumplían servicio les ofrecieron resistencia. En los enfrentamientos murió el capitán de corbeta Pedro Giachino, y hubo soldados argentinos heridos. Pero a las 09.30 el gobernador Rex Hunt decidió entregarse junto a su mujer, y los soldados británicos fueron enviados por avión a Montevideo, desde donde volvieron a Londres. Ni un solo isleño resultó herido. El general Osvaldo García se instaló en la Government House, arrió la Union Jack y enarboló la bandera argentina. Cinco días después el general Mario Benjamín Menéndez fue nombrado Comandante en Jefe y gobernador militar de las islas. Port Stanley se llamó a partir de entonces Puerto Argentino. Muchos isleños, en esos días, huyeron hacia el interior del archipiélago.

Horas antes de la invasión, a las 22.00 del jueves 1 de abril, Ronald Reagan, el presidente norteamericano, mantuvo un diálogo telefónico con su par argentino:

"REAGAN: Señor Presidente, tengo noticias confiables de que la Argentina adoptará una medida de fuerza en las Islas Malvinas. Estoy, como Ud. comprenderá, muy preocupado por las repercusiones que una acción de ese tipo podría tener. Quiero manifestarle, señor Presidente, la preocupación de los Estados Unidos y la necesidad de que se encuentre una alternativa al uso de la fuerza.

"GALTIERI: Ante todo quiero agradecerle su preocupación, señor Presidente. Deseo recordarle que mi país ha mantenido en ese litigio con Gran Bretaña una actitud permanentemente favorable a la negociación, como lo demuestran los diecisiete años de conversaciones infructuosas en el marco de las Naciones Unidas que hemos encarado con una nación que, hace más de un siglo y medio, usurpó por la fuerza un territorio que, por derecho, pertenece a la Argentina.

"Nuestra vocación negociadora sigue siendo inalterable, pero también la paciencia del pueblo argentino tiene un límite. Gran Bretaña ha amenazado a ciudadanos argentinos que se encuentran legítimamente en las Islas Georgias del Sur y mi gobierno tiene la obligación de protegerlos. (...)

"REAGAN: Ese reconocimiento es imposible en estos momentos. Si la alternativa es un desembarco argentino, el Reino Unido le dará, le aseguro señor Presidente, una respuesta militar. ¿Qué sucederá con los isleños, señor Presidente?

"GALTIERI: Tenga Ud la certeza de que el gobierno argentino ofrecerá expresamente todas las garantías a los habitantes de las Islas Malvinas. Mantendrán su libertad, su libre albedrío, su propiedad. Podrán permanecer en las islas o emigrar a Gran Bretaña, según lo estimen conveniente. Podrán optar por ser ciudadanos argentinos o británicos, y podrán emigrar a los Estados Unidos si lo desean.

"REAGAN: Señor Presidente, creo que es mi obligación advertir a Ud. que Gran Bretaña está dispuesta a responder militarmente a un desembarco argentino. Así me lo ha hecho saber el Reino Unido. Además, la señora Thatcher es una mujer muy decidida y ella tampoco tendrá otra alternativa que una respuesta militar. El conflicto será trágico y tendrá graves consecuencias hemisféricas."

"Querida Margaret —escribió minutos después Reagan a Thatcher—: Acabo de hablar en extenso con el general Galtieri. Le transmití mi preocupación por la posibilidad de una invasión argentina. Le advertí que el inicio de operaciones militares comprometería de manera seria las relaciones entre los Estados Unidos y la Argentina. (...) Le dije que estaba listo para enviar un representante personal para que ayudara a resolver las cuestiones entre la Argentina y el Reino Unido. El General escuchó mi mensaje, pero no asumió ningún compromiso. (...) Mientras que tenemos una política de neutralidad en lo que se refiere a la cuestión de la soberanía, no seremos neutrales si los argentinos apelan al uso de la fuerza. Los mejores deseos, Ron."

A pedido del diario *La Nación*, el Departamento de Estado norteamericano desclasificó 170 cables internos referidos al conflicto y enviados o recibidos en aquellos días. De su lectura se desprende que Estados Unidos, aunque comprometido con el apoyo militar al Reino Unido, buscó eludir ese escenario considerándolo riesgoso en su competencia global con la Unión Soviética. Los documentos desclasificados dejaron en evidencia la preocupación norteamericana por la posibilidad de que una alianza abierta con los ingleses despertara una "fuerte reacción anticolonialista en América Latina". Estados Unidos, además, temía que la Unión Soviética utilizara este conflicto para hacer pie en América del Sur. El Secretario de Estado, Alexander Haig, llegó a Londres el 8 de abril con esa convicción: tenía que moderar el ánimo belicoso de Margaret Thatcher. Durante la entrevista, Thatcher golpeó primero: le aseguró que estaba muy molesta por la lentitud de los Estados Unidos en reaccionar a favor de su país, y le dijo que no permitiría que la decisión argentina de recurrir a la fuerza fuera recompensada con un cambio en el estatus de la soberanía de las islas.

Haig, a la defensiva, desplegó tres argumentos:

1. Si los británicos respondían militarmente, él podía prever un involucramiento ruso.

2. La OEA, con sus problemas del Tercer Mundo no será objetiva y formará un consenso anticolonialista.

3. Un desembarco en la isla principal sería muy costoso y pondría a la población en peligro. Una vez que comenzara, el enfrentamiento sería una carga cada vez más grande y la gente se empezaría a preguntar por qué hacemos tamaño sacrificio por mil pastores.

Haig sintetizó su objetivo: "Alcanzar una retirada argentina de manera que salve las apariencias para que Galtieri no sea derrocado", porque la administración Reagan evaluaba que, si Galtieri caía, "podría ser sucedido por alguien más intransigente".

"El dictador argentino –dijo Haig según los cables secretos– tiene la reputación de ser un borracho y un jugador de póker, pero para los Estados Unidos es la mejor opción. Lo preferimos antes que a la línea más dura de la Junta Militar, y no tenemos apuro en empujar una transición a la democracia."

Un cable fechado el 16 de marzo decía: "Nuestra línea es que estaríamos gratificados en ver un retorno a la democracia, pero el 'cuando' es algo que tienen que decidir los argentinos". En el mismo cable la embajada de los Estados Unidos en Buenos Aires destacó la "ansiedad" mostrada por Galtieri "para cooperar con nosotros en problemas hemisféricos acuciantes, en particular, en América Central". Recuérdese que a fines de 1981 la Junta Militar formalizó con la CIA un acuerdo de cooperación "para contrarrestar la insurgencia y el terrorismo marxista alentado por Cuba en El Salvador, Nicaragua, Guatemala y Honduras", según cita Ariel Armony en su libro *Argentina, los Estados Unidos y su cruzada anticomunista en América Central.*

"No queremos dar ningún paso que pueda empujar a la Argentina hacia una dependencia aún mayor de la Unión Soviética", escribió el número tres del Departamento de Estado, Lawrence Eagleburger, según los cables desclasificados a pedido del diario *La Nación*. "Argentina ya le vende a los rusos el 80 por ciento de su producción de cereales, y la influencia de la Unión Soviética en el comercio exterior argentino es sustancial", detalló Eagleburger. "Dada la preocupación rusa con la provisión de granos –insistió– es posible una presencia sustancial en el escenario de la marina rusa. Si las hostilidades entre la Argentina y el Reino Unido elevaran esa presencia a un nivel que requiera una compensación por parte de Estados Unidos, la disuasión de la OTAN se vería aún más afectada y como resultado se podría producir una confrontación directa entre el Este y el Oeste." A su vez el funcionario anotó que "ante el estallido de una guerra es de esperar que los rusos provean a Buenos Aires de información de inteligencia sobre las tropas británicas, aunque seguramente se van a contener de cualquier participación militar directa. El apoyo se puede extender también a la provisión de armas". "La guerra –señaló por último Eagleburger– generaría la percepción de Estados Unidos e Inglaterra como poderes neocolonialistas en contraste con los rusos como supuestos protectores de la soberanía de las naciones."

Según un cable de la embajada en Bonn, el papa Juan Pablo II dijo al encontrarse con el canciller alemán Hans-Dietrich Genscher: "Si falla Haig, existe el peligro de una mayor influencia rusa en América Latina".

El 2 de abril, ante unas diez mil personas reunidas en la Plaza de Mayo, el general Galtieri anunció: "Hemos recuperado, salvaguardando el honor nacional, sin rencores, pero con la firmeza que las circunstancias exigen, las Islas Australes que integran por legítimo derecho el patrimonio nacional. (...) Este pueblo que yo trato de interpretar como Presidente de la Nación (silbidos) va a estar dispuesto a tender la mano en paz con hidalguía y la paz con honor, pero también dispuesto a escarmentar a quien se atreva a tocar un metro cuadrado de territorio argentino".

En Londres, durante una entrevista, Margaret Thatcher se preguntó: "¿Derrota? ¿Ustedes recuerdan lo que la Reina Victoria dijo alguna vez? ¿Derrota? La posibilidad no existe".

SETENTA Y CUATRO DÍAS

El 3 de abril Londres advirtió que aplicaría sanciones económicas, y resolvió el envío de la Task Force, en acción punitiva, al Atlántico Sur. Ese mismo día el Consejo de Seguridad de la ONU aprobó la Resolución 502 exigiendo el retiro argentino de las islas y el comienzo de negociaciones. Votaron a favor de dicha resolución Estados Unidos, Francia, Guayana, Irlanda, Japón, Jordania, Togo, Uganda, Zaire y Gran Bretaña. Se abstuvieron: Unión Soviética, China, Polonia y España. Sólo Panamá votó en contra.

El día 5, como resultado de la acción argentina, renunció el canciller inglés Lord Carrington. Mientras la escuadra británica partía de su apostadero en Portsmouth, Perú definió una decidida posición a favor de la Argentina.

El 6 de abril Costa Méndez, canciller de la dictadura, se reunió en Washington con el general Alexander Haig.

El día 7 Haig viajó a Londres, en tanto los ingleses disponían el bloqueo naval hasta doscientas millas de las Malvinas. Las Fuerzas Armadas argentinas convocaron a las reservas y Costa Méndez regresó a Buenos Aires.

El 8 de abril la persuasión de Haig volvió a estrellarse contra la intransigencia de Thatcher. La fuerza naval inglesa ya navegaba a la altura de las Islas Azores.

El sábado 10 de abril una multitud llenó la Plaza de Mayo; más de ciento cincuenta mil personas expresaron su apoyo por la recuperación de las islas mientras se reunían en la Casa Rosada los generales Haig y Galtieri.

El intermediario norteamericano se asomó a la terraza de la Casa de Gobierno a contemplar la manifestación.

Haig volvió a Londres al día siguiente y mientras trascendió en la prensa que no se había llegado a solución alguna, el papa Juan Pablo II exhortó a los dos países a deponer actitudes extremas. En la madrugada del 12 de abril las naves de la Task Force bloquearon las islas. Dos días después Galtieri le comunicó telefónicamente a Reagan que había disposición por parte del gobierno argentino de lograr una salida pacífica. En Londres, Thatcher recibió el respaldo de la Cámara de los Comunes.

Entre el 15 y el 17 de abril Haig, de regreso en Buenos Aires, no logró que avanzaran las negociaciones.

El mismo 15, por el decreto 753 de la Junta Militar, se creó el Fondo Patriótico Malvinas Argentinas, que centralizó las donaciones de la población estimuladas por una campaña nacional en la televisión oficial, que dio comienzo con una recordada "maratón" televisiva de donaciones conducido por Pinky y Cacho Fontana. Nunca hubo rendición exacta de las cuentas del Fondo, y sólo en una ocasión el entonces secretario de Hacienda, Manuel Solanet, informó que las donaciones en efectivo (al 27 de mayo) ya habían superado los trescientos mil millones de pesos, habiéndose presentado "más de sesenta y dos mil donantes". En el Banco Nación se registraron 400 donaciones en alhajas, oro, medallas y otros valores que luego fueron rematados en el Banco de la Ciudad.

El 19 de abril Estados Unidos cayó en su propia trampa: el canciller Costa Méndez solicitó a la OEA la aplicación del Tratado Interamericano de Asistencia Recíproca (TIAR), creado durante la Guerra Fría a instancias de Estados Unidos que, previendo una invasión soviética a América Latina, ideó un acuerdo de solidaridad y "asistencia política, militar y económica en el caso de que un país americano fuera invadido por una potencia extracontinental". Nadie hubiera pensado entonces que aquella potencia podía ser Gran Bretaña. El TIAR fue ratificado en la OEA por 17 votos a favor y cuatro abstenciones respaldando la soberanía argentina en las Islas Malvinas y exhortando a Gran Bretaña a cesar las hostilidades. Votaron a favor: Argentina, Bolivia, Brasil, Costa Rica, Ecuador, El Salvador, Guatemala, Haití, Honduras, México, Nicaragua, Panamá, Paraguay, Perú, Santo Domingo, Uruguay y Venezuela. Se abstuvieron Chile, Colombia, Estados Unidos y Trinidad Tobago.

El día 22 Galtieri inspeccionó las tropas acantonadas en Malvinas. El 25 de abril se realizaron los primeros ataques británicos en Puerto Leith y Grytviken, Georgias. El teniente de navío Astiz, al mando de los efectivos "de élite" firmó la rendición sin oponer resistencia. El 30 de abril el gobierno argentino calificó como "hostiles" a las aeronaves y buques británicos.

El 1 de mayo sucedió el primer ataque aéreo: los aviones británicos atacaron en cuatro ocasiones Puerto Argentino, mientras sus helicópteros operaban contra Puerto Darwin. El ataque aéreo fue apoyado con cañoneos desde las fragatas británicas hacia Puerto Argentino. El intento de desembarco fue rechazado por las tropas argentinas: una fragata inglesa resultó averiada y cinco aviones Harrier destruidos. En Buenos Aires, el Ejército convocó a la clase 1961.

El 2 de mayo, fuera de la zona de exclusión declarada por el Reino Unido, fue hundido el Crucero General Belgrano, con un saldo de 323 víctimas entre muertos y desaparecidos. Los ingleses también atacaron el buque Aviso Sobral, donde murieron ocho tripulantes, entre ellos el capitán de la nave. Años más tarde, en su libro *Statecraft*, Thatcher escribió sobre el Belgrano: "Fue una de las más decisivas acciones militares de la guerra. Una gran cantidad de cosas erróneas y maliciosamente absurdas han circulado —dijo al final de su explicación—. La decisión de hundir el Belgrano fue tomada por razones exclusivamente militares y no políticas. Más aún, los eventos siguientes han más que justificado lo realizado. Como resultado de la devastadora pérdida del Belgrano, la Armada argentina regresó a puerto".

En una entrevista concedida al diario cordobés *La Voz del Interior*, el oficial de la Marina Real Ewen Southby-Tailyour dio sus opiniones sobre el punto:

"—Un hecho polémico fue el hundimiento del Crucero General Belgrano. ¿Fue táctica y estratégicamente necesario atacar un barco fuera de la zona de exclusión?

"—Una cosa aceptada es que el hecho de que estuviera alejándose o acercándose al escenario de guerra no tenía mucho que ver. Podría haber destruido varias de nuestras fragatas porque tenía cañones de seis pulgadas. Francamente, no lleva ni diez segundos dar vuelta un barco en dirección opuesta a la que va. Desde el punto de vista británico, una vez que se hundió el Belgrano, con una lamentable pérdida de vidas, la Marina argentina nunca reapareció, sólo un submarino lanzó un par de ataques, pero la flota de superficie no reapareció."

El 4 de mayo de 1982 se registraron nuevas incursiones aéreas de los ingleses sobre los puertos Argentino y Darwin. La Aviación Naval argentina, equipada con misiles Exocet, hundió al destructor inglés Sheffield. El día 6 Javier Pérez de Cuéllar, secretario general de la ONU, propuso la asunción de un administrador del organismo en Malvinas mientras duraran las negociaciones, y que flamearan juntas las banderas argentina e inglesa. El 9 de mayo se intensificaron los bombardeos británicos en Puerto Darwin, y la aviación inglesa hundió al pesquero argentino Narwal, atacando luego con cohetes y ametralladoras a las lanchas de salvamento. El día 12 partieron 3.800 soldados británicos desde Southampton a bordo del trasatlántico Queen Elizabeth. Había entre ellos un regimiento completo de "gurkas". Ese mismo día los aviones argentinos causaron averías a dos fragatas, con pérdida de dos máquinas y un helicóptero inglés. El 14 de mayo un comando inglés destruyó once aviones argentinos, y al día siguiente naves británicas bombardearon la Isla Borbón y destruyeron diez aviones argentinos. El día 16 los ingleses hundieron al mercante argentino Río Carcarañá y dañaron el Bahía del Buen Suceso.

El 20 de mayo Pérez de Cuéllar anunció que su gestión de paz había fracasado. Perú presentó otra propuesta que también fracasó. Al día siguiente los británicos establecieron una cabeza de playa en Bahía San Carlos, con un importante costo en contra: fue hundida la fragata Ardent, dañadas otras cuatro, y derribados tres aviones Harrier y dos helicópteros. Luego de los combates, Argentina anunció las bajas inglesas, estimadas en trescientos soldados (luego se verá que, aunque importante, la cantidad fue menor) y la pérdida de seis aviones y tres helicópteros argentinos. El 22 de mayo fue abatido en Puerto Darwin un avión inglés Harrier. Ese mismo día la representante norteamericana ante la ONU, Jeanne Kirkpatrick, se enteró en su despacho de Nueva York del rechazo de la Junta al plan de paz:

—No hay nada que hacer. Tus compatriotas —le dijo Kirkpatrick a un diplomático argentino— han cambiado una victoria diplomática por una derrota militar.

El embajador José Sorzano, presente en la reunión, fue más categórico:

—¡Los ingleses los van a cagar a patadas!

El 24 fue hundida la fragata inglesa Argonaut y seriamente dañada la Antelope. Al día siguiente aviones argentinos averiaron al buque de transporte Atlantic Conveyor y al destructor Coventry. El 28 de mayo se incorporaron cuatro regimientos con un total de 3.800 hombres a las tropas inglesas, avanzando sobre Darwin y Pradera del Ganso. El día 30 de mayo un intenso operativo de la aviación argentina logró averiar al portaaviones Invencible. Londres nunca confirmó este hecho. El 1 de junio comenzaron los combates de importancia a veinte kilómetros de Puerto Argentino. Ese día, primero en Madrid y luego en el resto del mundo, se publicó la famosa entrevista de Oriana Fallaci a Galtieri, en la revista Cambio 16:

"GALTIERI: Las cosas han cambiado desde la segunda guerra mundial:

los imperios han caído y la mentalidad de la gente ha cambiado, tanto en un sentido individual como nacional. O sea, se ha descubierto la libertad.

"Pero todavía quedan restos de ese imperio y de comportamiento imperialista, trazas de colonialismo. Todo lo cual es inadmisible en una era civilizada como la nuestra. Había que rebelarse.

"FALLACI: Santas Palabras, señor Presidente. Pero suenan un tanto extrañas al oírlas pronunciadas por Ud., el representante de un régimen que no sabe qué hacer con la libertad y además la mata. La suya es una dictadura, señor Presidente. No lo olvidemos.

"GALTIERI: Yo no la llamaría dictadura. Aquí la gente habla más que en un gobierno democrático. El régimen no es democrático, estoy de acuerdo. Pero no es ni siquiera duro como en otros países que se definen como democráticos.

"FALLACI: Señor Presidente, dígame: ¿no le gustaría pertenecer a un país más querido, más respetado, donde existiera una democracia y la gente pensara, hablara, viviera, sin ser asesinada por cualquier capitán Astiz?

"GALTIERI: La democracia es la máxima aspiración del presidente Galtieri, de su familia y creo que de la mayoría de los argentinos. De hecho, la vida democrática se restablecerá pronto en la Argentina: la ley sobre los partidos políticos ya ha sido promulgada por el gobierno y saldrá el mes próximo. Será el primer paso a la normalidad y en ese momento las Fuerzas Armadas no deberán ejercer más el papel que ejercen hoy. Por lo menos eso espero. (...)

"FALLACI: Sí, pero... ¿cómo se hace para establecer, casi inventar una democracia después de que miles y miles de opositores han sido masacrados, es decir, después de que el país ha sido privado de tantas vidas jóvenes, de tantas mentes frescas? Y si de verdad le gusta la democracia, ¿por qué sigue diciendo que las urnas están a bien resguardo en el sótano?

"GALTIERI: Porque lo están: a buen resguardo en el sótano para ser usadas de nuevo. Si no hubiese querido usarlas de nuevo las habría quemado, ¿no? (...) Pero déjeme responderle acerca de las mentes jóvenes de las que se ha visto privado el país. Ellos no representaban a la oposición. No querían participar de ninguna oposición: querían el poder y punto. Y querían alcanzarlo, justamente, con métodos que usted detesta. Pero basta del pasado, señora periodista, ocupémonos más bien del futuro.

"FALLACI: Bueno... el futuro me parece bastante oscuro para Usted, señor Presidente. Son muchos los que dicen que a causa de esta guerra usted no continuará siendo presidente, que sus días están contados...".

El 8 de junio la Fuerza Aérea argentina rechazó un intento de desembarco en Fitz Roy y Bahía Agradable. Fueron hundidos la fragata Plymouth y los transportes de tropas Sir Galahad y Sir Tristan. El día 11 llegó el papa Juan Pablo II al país, y fue recibido por una multitud. Antes había estado el Londres, reclamando por una "paz justa y honrosa". El 12 de junio se produjeron violentos combates, muchos de ellos cuerpo a cuerpo, en Monte Kent, Monte Dos Hermanas, Monte Longdon, Tumbledown, Monte Harriet y Moody Brock, últimas defensas terrestres de Puerto Argentino. En Buenos Aires, dos millones de personas oraron por la paz junto al Papa. Ese mismo día un Exocet argentino impactó sobre el HMS Glamorgan, y las tropas inglesas lograron avanzar hasta Puerto Argentino.

Lucas Guagnini y Alberto Amato, en la investigación titulada "Cómo se negoció el final de la guerra", publicada en *Clarín*, relataron que "cuando Jeremy Moore, el jefe de las tropas inglesas, tuvo claro que la entrada de sus hombres a Puerto Argentino estaba asegurada, decidió que era el momento de pedirle la rendición al enemigo. El contacto le fue encomendado a Rod Bell, un capitán británico que hablaba español porque había sido criado en Costa Rica, donde su padre tenía negocios. El medio elegido fue el Medical Call (Llamada médica), la única frecuencia de radio civil que se mantuvo habilitada durante los días de conflicto. (...) A las nueve de la mañana del 14 de junio de 1982 el mensaje de los ingleses, en el tono centroamericano de Bell, sonó por los parlantes de la radio del hospital:

–No vale la pena seguir combatiendo. El honor argentino ha sido comprobado. Han demostrado su valor. Es hora de frenar la lucha y evitar más bajas. Les ofrecemos iniciar conversaciones de rendición. Tienen tiempo hasta las 13.00 horas.

–Hay que sacar a los soldados de los pozos. Hay que contraatacar –le ordenó Galtieri a Menéndez.

–Vea, creo que Ud. no me entiende –replicó el comandante argentino–. Yo ya le expliqué la situación al general Iglesias, señor. Ya no tenemos apoyos propios, no tenemos apoyo aéreo ni naval. Ya todo el esfuerzo que se podía hacer, se hizo.

–Nosotros no podemos aceptar la 502 –insistió Galtieri, refiriéndose a la Resolución de la ONU.

–Yo le sugerí porque es lo único que nos queda antes de la derrota, señor. Si no puedo esperar nada de Usted no sé qué va a ser de la guarnición Malvinas en la noche de hoy. Y antes de eso yo estoy dispuesto a asumir todas las responsabilidades que me corresponden.

–Actúe según su criterio, Menéndez.

–Mi general, si no tiene nada más para mí, corto y fuera.

Según describieron Guagnini y Amato, "Bloomer-Reeve quien recibió a la delegación inglesa y participó de las dos mesas de las negociaciones, recordó: 'A las 16 aterriza un helicóptero en la cancha de fútbol ubicada entre el hospital y la casa del gobernador. Los recibimos Hussey y yo. Y además Patrick Watts, el director de la radio local, que se había enterado del encuentro y me pidió asistir a la llegada. Yo lo llevé como testigo, pero le pedí que no interviniera. En el helicóptero venían el capitán Bell y el coronel Mike Rose, comandante de la Special Air Service (SAS) que luego llegó a General tres estrellas al mando de las tropas de la OTAN en Yugoslavia. (...) Al llegar a la oficina de la Secretaría General, Menéndez ya estaba allí junto al abogado Javier Miari, un oficial de la Fuerza Aérea que había pasado buena parte del conflicto estudiando la Convención de Ginebra, leyes y tratados militares. (...) Dirigidos por Menéndez, Hussey y yo aportábamos ideas y Miari las adaptaba a los usos y costumbres militares (...) El primer pedido de Menéndez fue mantener las banderas". Los pedidos siguientes fueron:

» Que no hubiera desfile de rendición.

» Mantener un helicóptero para evacuar a los heridos con la Cruz Roja.

» Que los heridos se evacuaran en un barco hospital argentino.

» Que se conservaran los fondos en pesos y los documentos contables. Había mucho dinero en efectivo porque se había instrumentado un sistema de compensación de daños de guerra a los isleños.

» Que se mantuviera el mando de las tropas hasta el embarque o la internación.

» Que se mantuviera una comunicación con el continente con una estación propia.

» Que los oficiales mantuvieran su arma de puño hasta embarque o internación.

Por su parte los ingleses plantearon:

» La evacuación de la ciudad, donde había más de mil soldados y se iban agregando los que bajaban de los montes.

» La entrega de armamento.

» Un reaseguro de que la Fuerza Aérea no atacaría más.

En apenas una carilla escrita a máquina se selló el final de 74 días de control argentino sobre las islas, que concluyeron después de 44 días de combates, 649 muertos argentinos y 255 muertos británicos.

Entrevistado por Alberto Amato para *Clarín* en 2002, a veinte años de la guerra, el general Mario Benjamín Menéndez expresó:

"–Le diría que nos encontramos envueltos en una guerra que Argentina no había buscado, que no había previsto. Se llevó a cabo un acto militar que debía motivar una negociación política. Lamentablemente, los supuestos no se dieron. (...)

"–El hecho es que Argentina, que quería negociar, va a una guerra que no deseaba...

"–Argentina quería ganar tiempo. Tratar de cumplir el objetivo del 'Día D más cinco', negociar antes de que Inglaterra llegara para recuperar las islas militarmente. Para ganar tiempo y tal vez para preocupar a los ingleses ante un costo mayor de la operación inicial, Argentina decide que va a defender Malvinas y a enviar tropas. Eso no estaba previsto. Y empezamos a improvisar. Cuando yo llegué, el 4 de abril, dijeron: 'Bueno, que vaya un Regimiento que está en reserva, el 8 de Comodoro Rivadavia'. Ahora... ¿había algún plan de defensa? ¿Se podía decir para qué va y adónde lo vamos a poner? Llegó ese Regimiento. Se ubicó cerca de Puerto Argentino, comiendo de la cocina de Seineldín, que era el jefe del Regimiento 25.

"Después llegó el Batallón de Infantería de Marina 5 (BIM 5), con todas sus cosas. '¿Qué hacemos? Que achique la zona Seineldín y que se le ponga al lado el BIM 5'. Esto se transformó en un plan de defensa. Pero poco después llega la Brigada X, la del general Jofre. Hagamos otro plan. (...)

"–Sus tropas pasaron frío, pasaron hambre, tuvieron incluso problemas con el armamento: padecieron mucho más que el rigor ya de por sí terrible de una guerra.

"–Estamos hablando de imprevisión. Y muchas veces de improvisación. Si usted tiene una pista muy corta en el aeropuerto, no puede operar aviones de alta performance, a los que hay que atender técnicamente.

"Malvinas no tenía esa posibilidad. Debió haberse previsto. O enviar buques en forma inmediata para alargar la pista. Imagínese: tuvimos que hacer un baño para la tropa. A lo mejor se pudieron prever baños portátiles. En Malvinas no había panadería: la tuvimos que rehabilitar nosotros. Los cañones de 155 mm llegaron por avión, porque de entrada no se habían previsto. (...)

"–¿El 14 de junio ya no tenían más municiones?

"–Quedaban muy pocos obuses, siete u ocho. Y la munición disponible era para no más de tres o cuatro misiones de fuego. Ellos tenían capacidad de vuelo nocturno de helicópteros, y nosotros no. (...)

"–¿Nunca pensó en dar un portazo y regresar?

"–¡No! No, no. Frente a una misión de esa envergadura Usted no se puede ir. (...) El general Nicolaides estuvo en las islas. Se sorprendió por lo grandes que eran. Hay otros que le atribuyen esto a Galtieri. Puede que lo haya dicho también. Pero Nicolaides dijo: 'Qué grande es esto... Acá tendría que estar yo con todo el Primer Cuerpo y mi Estado Mayor'. Ojo, no era descabellado. Moore tenía ochenta generales en su Estado Mayor. Y yo tenía cinco."

"Malvinas fue mi Waterloo", reconoció el general Alexander Haig ante el diario *La Nación*, el 10 de agosto de 1997, a quince años del conflicto:

"–El verdadero problema fue el sistema de veto que funcionaba en la Junta de los militares argentinos –dijo Haig.

"–¿Cómo funcionaba?

"–Nadie podía decir que sí y todos podían decir que no. El Ejército y la Fuerza Aérea, de alguna manera, eran más razonables. Pero el Ejército no podía avanzar sin el consentimiento de la Armada, y el representante de la Armada siempre era el más rígido. Una vez me dijo: 'Vamos a pelear y vamos a ganar'. Yo le respondí: 'Usted dice eso porque nunca le llegaron las bolsas con cadáveres'. Pero no le causó ninguna impresión. (...)

"–¿Evaluaron la posibilidad de que Moscú apoyara a la Argentina?

"–Esa preocupación siempre, siempre estaba presente en nuestros cálculos. Galtieri me dijo que los rusos le habían ofrecido hundir un barco británico con un submarino para que la Argentina se atribuyera el mérito. A mí eso no me preocupaba porque la Junta era visceralmente anticomunista... ¡Si estaban cooperando con Estados Unidos en Nicaragua! (...)

"–¿Qué creía usted de la guerra?

"–Que tenía que ver con el despertar del orgullo nacional y con otra cosa. La Junta –Galtieri me lo dijo– nunca creyó que los británicos darían pelea. Él creía que Occidente se había corrompido, que los británicos no tenían Dios, que Estados Unidos se habían corrompido... Nunca lo pude convencer de que los británicos no sólo iban a pelear, que además iban a ganar.

"–Galtieri lo subió a un helicóptero para que viera la manifestación en Plaza de Mayo...

"–También quería que saliera al balcón. (Risas) Pero sólo acepté el viaje en helicóptero y lo que vi fue una muestra de patriotismo preparada por el gobierno. El domingo fui a misa y las mujeres me pedían en voz baja: 'Paz, paz', porque iban a pagar los costos con la vida de sus hijos."

Después de la derrota, entre el 15 y el 16 de junio, el jefe del Estado Mayor, general José Vaquero, reunió a los generales de división para acordar una salida. Galtieri dormía cuando Vaquero llegó a su casa para comunicarle que ya no era presidente. El general Cristino Nicolaides fue designado nuevo Comandante en Jefe del Ejército y ocupó su lugar en la Junta.

En aquellos días Galtieri se comportó literalmente como un zombie: hasta el 21, mientras la Junta todavía deliberaba y el presidente interino era el general Saint Jean, Galtieri siguió yendo a la Casa Rosada y desarrollando una jornada de trabajo como si estuviera en funciones.

A finales de 1982 el propio gobierno militar decidió crear una Comisión de Análisis y Evaluación sobre las responsabilidades políticas y estratégico militares en el conflicto del Atlántico Sur. La Comisión estuvo integrada por altos oficiales retirados: el teniente general Benjamín Rattenbach y el general de división Tomás Sánchez de Bustamante por el Ejército, el almirante Alberto Pedro Vago y el vicealmirante Jorge Boffi por la Armada y el brigadier general Carlos Alberto Rey y el brigadier mayor Francisco Cabrera por la Fuerza Aérea. Rattenbach, como el miembro más antiguo, presidió el grupo y elevó el informe que llevó su nombre. La Comisión Rattenbach tomó declaraciones, evaluó los testimonios y detectó cientos de fallas administrativas de forma y fondo, gruesas equivocaciones de planificación y desconocimiento de procedimientos básicos para la guerra. El apartado B del punto 136 de las conclusiones del Informe Rattenbach, dice:

"[Fue detectada] falta de profundidad en el análisis, lo cual es producto de:

1. La inexistencia de un documento escrito inicial.

2. La falta de tiempo.

3. La falta de intervención de órganos competentes, ya que el planeamiento fue realizado sólo por un equipo "ad hoc", sin el apoyo necesario para este tipo de tareas.

4. Las características del Teatro de Operaciones, habida cuenta de que la fecha presuponía para la Fuerza Aérea accionar en el peor período del año (condiciones meteorológicas adversas, período mínimo de luz diurna).

5. Escasísimo aviso previo que se dio a las unidades propias para cumplir misiones de guerra.

6. Por otra parte, al conocerse que el enemigo envía el grueso de su flota y que era apoyado por los Estados Unidos, el Mercado Común Europeo y la OTAN, debieron actualizarse las capacidades del enemigo, a la luz de las cuales el análisis del poder relativo era totalmente desfavorable a las Fuerzas Armadas de la Nación.

7. Por lo expuesto, el análisis de factibilidad resulta NO FACTIBLE [mayúsculas en el original]."

En el apartado 172 del Capítulo III se afirmó:

"Otras falencias detectadas son las siguientes:

a) No se delimitaron claramente las responsabilidades y jurisdicciones en los espacios terrestres, aéreos y marítimos para la defensa del objetivo.

b) No se determinaron claramente la dependencia, atribuciones y responsabilidades del gobernador militar, tanto de sus funciones de gobierno como de Comandante Militar de la Guarnición Malvinas.

c) Se designó como Gobernador a un militar, en lugar de un civil. Esto último hubiera sido más aceptable en términos internacionales.

En las conclusiones finales el informe Rattenbach insistió en que: "No existió en concreto un plan para defensa de las islas, en el caso de que Gran Bretaña decidiera recuperarlas por la fuerza".

En el apartado "El costo humano y material de la guerra" se consignaron "las bajas de personal":

1. Del Ejército Argentino:

a) Personal fallecido: 168 (15 oficiales, 22 suboficiales y 121 soldados).

b) Personal desaparecido: 27 (1 oficial, 3 suboficiales, 23 soldados).

c) Personal herido: 1.046 (45 oficiales, 161 suboficiales y 840 soldados).

2. De la Armada Nacional:

a) Personal fallecido: 381 (12 oficiales, 228 suboficiales, 123 conscriptos, 18 civiles).

b) Personal desaparecido: 10 (2 suboficiales, 8 conscriptos).

c) Personal herido: 116 (7 oficiales, 38 suboficiales, 64 conscriptos y 7 civiles).

3. De la Fuerza Aérea Argentina:

a) Personal fallecido: 17 (5 oficiales, 7 suboficiales y 5 soldados).

b) Personal desaparecido: 38 (31 oficiales, 7 suboficiales).

c) Personal herido: 26 (10 soldados).

La Comisión Rattenbach, ajustándose a lo dispuesto por el Código de Justicia Militar, solicitó la pena de muerte para Galtieri. La defensa del ex dictador apeló ante la segunda instancia (civil) y la condena militar quedó sin efecto.

Galtieri fue destituido y condenado a doce años de prisión por su responsabilidad en la guerra de Malvinas, e indultado por el presidente Menem en diciembre de 1990. En 1997 presentó un recurso para cobrar su jubilación como ex presidente, que fue rechazado por el Poder Ejecutivo.

Murió a las 04.15 del domingo 12 de enero de 2003, a los 76 años, de cáncer de páncreas, mientras cumplía un arresto domiciliario en una causa por la desaparición de militantes Montoneros en 1980. "El invasor de las Falklands muere a los 76 años", tituló el monárquico *The Times*. La BBC anunció en su sitio de noticias on-line: "Muere el ex dictador Galtieri". Los diarios sensacionalistas ingleses *The Sun* y *The Mirror*, los más vendidos en Gran Bretaña, ni siquiera trataron el tema.

TERCERA
PARTE

VÍCTOR,
THE CLEANER

En la versión norteamericana del brillante policial de Luc Besson *La femme Nikita*, titulada "Point of No Return", y dirigida por John Badham, Harvey Keitel —aquel actor inmenso con cara y cuerpo de enano de yeso— se luce en un papel secundario, aunque de importancia en la trama. Keitel es Víctor, *the cleaner* (el limpiador): el encargado de borrar las personas y los rastros. Su pelea contra las manchas de sangre y las huellas o los testigos molestos es aséptica, casi farmacéutica. Mata sin la menor dificultad, automático, como quien firma un formulario, y después, sin alterar su marcha, busca la bolsa adecuada, acomoda el cadáver, limpia los vestigios y repasa el piso hasta que éste queda brillante como en una propaganda de limpiador. Finalmente vuelve a la calle, con un pantalón oscuro, una campera azul o gris que nadie recordaría, y una maleta de médico en la que lleva sus "instrumentos". Está todo limpio. Nunca pasó nada.

El 1 de julio de 1982 un dictador sudamericano, el general Reynaldo Benito Bignone, intentó, sin saberlo, emular a Víctor *the cleaner*: se encaramó en el poder con el propósito de borrar las huellas propias y ajenas. Pero siete años de muerte eran demasiado.

—En este punto estamos ahora, flaco. Necesito que me des tu conformidad para asumir el cargo —le dijo Nicolaides a Bignone en Campo de Mayo el 19 de junio de 1982, cinco días después de la rendición en Malvinas", según describieron los ya citados Deleis, de Titto y Arguindeguy.

El 1 de julio Bignone asumió la Presidencia de la Nación con la misión de "institucionalizar el país, a más tardar en marzo de 1984".

¿Quién era este general nacido en Morón en 1928, llamado Reynaldo Benito Antonio Bignone Ramayón, que se ufanaba de provenir de "dos generaciones de argentinos", aclarando que "sólo mi abuela materna era extranjera"?

El nombre de Bignone comenzó a sonar en la prensa en 1974, a partir de un atentado que aún hoy permanece confuso: la muerte del general chileno Carlos Prats y su esposa Sofía Cuthbert en la madrugada del 30 de septiembre de 1984, cuando colocaron una poderosa bomba en su automóvil. El poder del explosivo fue tal que el techo del auto voló hasta la terraza de un edificio vecino, a ocho pisos de altura, en la calle Malabia del barrio de Palermo. Bignone estuvo a cargo de la seguridad del general Prats. Prats fue jefe del Ejército chileno durante el gobierno de Salvador Allende y, temiendo por su vida, se exilió en Buenos Aires. Un ex agente de la Dirección de Inteligencia chilena, DINA, la policía política de Pinochet, llamado Enrique Lautaro Arancibia Clavel fue, hasta el momento, el único acusado. Mediante la investigación judicial pudieron establecerse puntos de contacto entre el atentado contra Prats y los asesinatos del ex canciller chileno Orlando Letelier en Washington y el dirigente demócrata cristiano Bernardo Leighton en Roma. Bignone era, en 1974, coronel del Estado Mayor del Ejército. Declaró ante los estrados judiciales que conoció al general Prats pero no así a su esposa, y que nunca estuvo en la casa de la calle Malabia 3.351. Recordó que cuando el matrimonio Prats llegó a la Argentina, en 1973, el general Perón dio la orden al Ejército de ayudarlo, orden que recibió el general Carcagno y esas directivas de concretaron a través del entonces ministro de Economía José Ber Gelbard quien le consiguió a Prats un empleo en Cincotta S.A., una de sus empresas, y le alquiló un departamento. Bignone declaró que en esa época se desempeñaba como Secretario del Estado Mayor y, entre otras tareas, le correspondió ocuparse de pagar el alquiler del departamento de Prats. Recordó que luego de un tiempo Prats fue a verlo aduciendo que había recibido una llamada telefónica con amenaza de muerte, mostrándose afligido, y que en aquella oportunidad él minimizó la cuestión con la intención de tranquilizar a Prats, pero luego habló con el Jefe de Inteligencia del Ejército y a partir de allí se le proporcionó a Prats custodia policial, pero no podía asegurarlo. También expresó Bignone que en esa época el Ejército no brindaba seguridad a nadie fuera de sus instalaciones y su personal.

La otra muesca en el pasado de Bignone fue el Hospital Posadas: según el diario *La Razón* del 30 de marzo de 1976, el día 28 el general Bignone encabezó un operativo que culminó con la detención de 40 personas en el Hospital Alejandro Posadas, de Haedo. A partir del allanamiento quedó como interventor del policlínico el coronel médico Agatino Di Benedetto, que declaró en comisión a todo el personal y lo licenció con prohibición de concurrir al establecimiento.

Posteriormente fue designado director interino el coronel médico (RE) Julio Ricardo Estévez. A partir de estas designaciones comenzaron a registrarse en el Posadas las detenciones de un gran número de personas. En el Legajo 1.172 de la CONADEP el hijo de María Teresa Cuello denunció: "El 26 de noviembre a la madrugada invadieron nuestra vivienda numerosas personas armadas, algunas con uniforme. Preguntaron quién era Teresa. Debo decir que en el único lugar donde llamaban así a mi madre era en el Hospital Posadas, donde trabajó como técnica en esterilización. La secuestraron y esa misma madrugada también se llevaron al señor Chester, que vivía cerca de nuestra casa. Cuando mi hoy fallecido padre intentó oponerse le partieron la cabeza de un culatazo. Reconocí a Nicastro entre los secuestradores". Gladys Cuervo (Legajo 1.537) aportó mayores detalles sobre este campo de concentración: "El 25 de noviembre de 1976 me llamó Estévez a la dirección. Allí me encañonaron y me colocaron los brazos a la espalda. Por la nochecita me sacaron en una camioneta, y después de dar varias vueltas me dijeron que estaba en Campo de Mayo. Sin embargo me di cuenta de que estábamos en la parte de atrás del Policlínico. Me desnudaron y trompearon, interrogándome sobre unos volantes que yo no había visto. Después vinieron otras personas que me picanearon. Durante varios días siguieron torturándome. De Chester supe también por los comentarios que hizo el nombrado "Juan" que era flojo y no aguantaba la picana. Al pasar pude ver al médico Jorge Roitman, quien estaba en un charco de orina y sangre. Tiempo después me envolvieron en una manta y me tiraron al piso de atrás de un auto. Me llevaron a una tapera donde me ataron de pies y manos a una cama. Permanecí unos cincuenta días allí, donde me dieron medicamentos y me alimentaron mejor. Utilicé platos y cubiertos con la inscripción de la Aeronáutica. El 22 de enero de 1977 me llevaron a mi casa. Había perdido 14 kilos. Entre mis torturadores reconocí a Nicastro, Luis Muiña, Victorino Acosta, Cecilio Abdennur, Hugo Oscar Delpech y Oscar Raúl Tévez".

Los efectivos que actuaron en el Posadas pertenecieron, según diversos testigos, al Ejército, Aeronáutica, Policía Federal y Policía de la provincia.

Una parte del grupo represor provino del ministerio de Bienestar Social, y fue contratado directamente por las autoridades del hospital. Ese subgrupo formó una patota autodenominada "Swat".

Escribió Osvaldo Bayer que "sobre la figura del general Bignone siempre pesará el triste y vergonzoso 28 de marzo de 1976, cuando entró con helicópteros, y camiones, y soldados armados hasta los dientes con metralletas, granadas de mano y fusiles. El 'enemigo' eran médicos, enfermeros, parturientas y enfermos".

"Bignone, en su libro *El último de facto* dijo: 'El pronunciamiento militar fue un miércoles... Al domingo siguiente me tocó decidir si autorizaba o no la realización de espectáculos deportivos... El 27 y 28 recorrí dependencias del ministerio de Bienestar Social ubicadas fuera de la Capital Federal. Basándome en información de inteligencia dispuse intervenir y revisar militarmente el Hospital Posadas, ubicado en la localidad de Haedo. Se emplearon oficiales y soldados, no cadetes del Colegio Militar. La operación se llevó a cabo sin novedad. Si hubo detenciones, éstas fueron escasas, con fines identificatorios y con la libertad inmediata de los afectados'. Bignone –prosigue Bayer– invade el Hospital Posadas porque precisamente allí se había iniciado una experiencia comunitaria de gran alcance social: los trabajadores de la salud realizaban un proceso de participación con la comunidad circundante para dar respuesta a las necesidades de la gente."

A finales de aquel 1976, el 7 de diciembre, fue precisamente Bignone el primero en sostener la idea de "aniquilamiento" en un discurso público, durante la ceremonia de egreso de la centésimo séptima promoción de subtenientes del Colegio Militar. Allí expresó: "La lucha se planteó hasta el aniquilamiento del enemigo. Y el aniquilamiento se logra por la persecución, hasta que el enemigo no exista".

Bignone fue director del Colegio Militar y comandante del área en jurisdicción del partido de Tres de Febrero entre diciembre de 1975 y enero de 1977, con lo cual tuvo también responsabilidad sobre los dos campos de concentración de Campo de Mayo: uno ubicado en la Plaza de Tiro, próximo al campo de paracaidismo y al aeródromo militar, y otro perteneciente a Inteligencia, ubicado sobre la ruta 8, frente a la Escuela de Suboficiales Sargento Cabral. El primero albergó al mayor número de detenidos-desaparecidos, y fue conocido como el "Campito" o "Los tordos".

Iris Pereyra de Avellaneda (Legajos 6493 y 1639 de la CONADEP) declaró: "Fui detenida junto a mi hijo Floreal, de 14 años, el 15 de abril de 1976. Buscaban a mi marido, pero como éste no estaba nos llevaron a nosotros dos a la comisaría de Villa Martelli. Desde allí me condujeron encapuchada a Campo de Mayo. Allí me colocaron en un galpón donde había otras personas. En un momento escuché que uno de los secuestrados había sido mordido por los perros que tenían allí. Otra noche escuché gritos desgarradores y luego el silencio. Al día siguiente escuché que con uno de los obreros de Swift 'se les había ido la mano y había muerto'. Salí de ese campo con destino a la penitenciaría de Olmos. El cadáver de mi hijo apareció, junto a otros siete cuerpos, en las costas del Uruguay. Tenía las manos y los pies atados, y mostraba signos de haber sufrido horribles torturas". El 22 de abril el Comando de Institutos Militares solicitó por nota la puesta a disposición del Poder Ejecutivo de Iris de Avellaneda. En dicha nota se especificó la dependencia en la que había estado detenida: el Comando de Institutos Militares.

Hugo Ernesto Carballo (Legajo 6279) fue detenido en el Colegio Militar, donde cumplía la conscripción, el 12 de agosto de 1976: "Primero me llevaron a la enfermería del Colegio, donde me vendaron y me amordazaron. De allí me trasladaron en un carrier a un centro de detención clandestino, donde me ubicaron en un galpón grande. Me encadenaron un solo pie porque el otro lo tenía enyesado. Había muchos detenidos allí y continuamente se oían gritos, ladridos de perros y motores de helicópteros. Permanecí varios días en ese lugar hasta que me condujeron nuevamente al Colegio con dos compañeros. Durante el trayecto fuimos golpeados hasta que llegamos y nos dejaron tirados en una habitación. Al rato llegaron varios oficiales, entre ellos el general Bignone, quien nos expresó que en la guerrea sucia había inocentes que pagaban por culpables, y nos licenció hasta la baja. Durante mi cautiverio en Campo de Mayo fui interrogado en una habitación por un sujeto que se hacía llamar 'el doctor'. Al salir de ahí hicieron que un grupo de perros me atacase". Otros "colimbas" tuvieron distinta suerte: Steimberg, García y Molfino fueron secuestrados bajo el falso cargo de deserción y continúan desaparecidos.

Agatino Di Benedetto, antiguo amigo del general Bignone, ya no era ni coronel ni director del Posadas: ascendió a general médico y trabajaba entonces como director del Hospital Militar de Campo de Mayo. Agatino declaró años más tarde ante el juez Bagnasco que "las mujeres embarazadas que ingresaban sin registro eran llevadas allí por personal del Comando de Institutos Militares, que también se encargaba de retirar a la madre y al niño después del parto". El responsable del área era Bignone. En 1977 la presidente de Abuelas de Plaza de Mayo, Estela de Carlotto, se entrevistó con el entonces secretario general del Ejército, Reynaldo Bignone, para reclamarle por su hija desaparecida. Bignone declaró años después ante el juez Bagnasco que "la señora me pidió por su marido que estaba detenido, pero no mencionó nada sobre la situación de sus hijos". Guido Carlotto, esposo de Estela, desmintió a Bignone: "Es cierto que Estela era amiga de su hermana, María Esther Bignone, que, a diferencia del militar, es una gran persona. Pero fue a reclamarle la devolución del cadáver de nuestra hija que había sido secuestrada".

En el libro *El honor de Dios*, Gabriel Seisdedos cita el testimonio del padre palotino Cornelio Ryan, delegado provincial de los Palotinos irlandeses a partir de diciembre de 1976, respecto de sus gestiones con posterioridad a lo que se conoció como la Matanza de San Patricio. (*N. del A.*: fue el más grave crimen sufrido por la Iglesia argentina durante su historia; el 4 de julio de 1976 fueron fusilados a quemarropa los sacerdotes Alfredo Leaden, Pedro Duffau y Alfredo Kelly, y los seminaristas Salvador Barbeito y Emilio Barletti.) "El general Bignone era conocido nuestro en la parroquia palotina de Castelar. En el año 1977 tuve una entrevista con él. Me recibió en su despacho dejando su arma enfundada sobre el escritorio. Le pregunté sobre los agentes de la muerte que habían entrado a San Patricio.

"–Padre Ryan –me dijo–. No sé nada. Pero aun cuando lo supiera, tampoco lo contaría jamás.

"Aún recuerdo sus corteses maneras, su amplia sonrisa. Me dijo después que debía recomendar al padre Antonio Stakelum que cambiara el tono de sus homilías. Los sermones de él eran de fuego, desde el altar de Castelar hablaba de los apremios ilegales, de las desapariciones."

El 20 de septiembre de 1979 la Comisión de Derechos Humanos de la OEA recibió un documento firmado por el entonces secretario de la Junta Militar, general Bignone, en el que se afirmaba:

"La Junta Militar ha expresado oficialmente que a fin de año dará a publicidad un documento político que contiene la filosofía y el plexo de ideas que en la materia sostienen las Fuerzas Armadas. (...) El Proceso tiene en el futuro dos tareas:

»» Continuar con el ordenamiento del país en todos sus aspectos.

»» Iniciar un proceso político que permita establecer un estilo democrático, republicano, representativo y federal, en suma un sistema estable que ponga fin al péndulo de gobiernos civiles y militares."

Bignone desarrolló en aquellos años buenas relaciones con el *establishment* de la prensa local, y la casi totalidad de las denuncias referidas fueron conocidas muchos años después de ocurridos los hechos, en el marco de diversos juicios en la Argentina y en el exterior. Recuérdese que la dictadura obligó a los herederos de David Graiver a desprenderse a precio vil de sus acciones en Papel Prensa, adquiridas entonces por *Clarín, La Nación* y *La Razón*. Según escribió Horacio Verbitsky en *Página/12* refiriéndose a la historia de los enfrentamientos de poder en el diario *Clarín*, "en 1981 los mismos métodos persuasivos fueron empleados por la dictadura para forzar el alejamiento del diario de la conducción frigerista, pero no la de Magneto". (*N. del A.*: Magneto es el número dos del Grupo Clarín, y de hecho el ejecutivo de mayor influencia allí, excepción hecha de Ernestina Herrera, viuda de Noble.) En mayo de este año –escribió Verbitsky en el artículo fechado en 2002– el ex dictador Benito Bignone dirigió una carta a *Clarín* en la que recordó con amargura que durante su desempeño como Secretario General del Ejército era invitado "a almuerzos en la redacción del diario a los que concurría con mis colaboradores. Por supuesto esos ágapes eran correspondidos con otros similares en la sede de la Secretaría General del Ejército. Pasábamos momentos muy gratos y se conversaba con absoluta libertad".

Un hecho menos "social" vinculado a Bignone en ese mismo año se refiere a la suerte de dos militantes chilenos desaparecidos a comienzos de 1981, que fueron secuestrados por un grupo operativo del Ejército argentino y trasladados a Campo de Mayo, donde se los "interrogó" antes de entregarlos a las autoridades chilenas. En febrero de 1981, cuando sucedieron estos hechos, el Jefe del Batallón de Inteligencia 601 era el coronel Jorge Muzzio, y Bignone se encontraba al frente del Comando de Institutos Militares.

El 4 de diciembre de 1981 el entonces presidente Galtieri desplazó a cinco generales que podían resultarle molestos para su proyecto de poder: Antonio Bussi, José Rogelio Villarreal, Reynaldo Bignone, Eduardo Crespi y Carlos Martínez; y reubicó en su entorno a viejos colegas de sus años rosarinos: Juan Carlos Trimarco y Cristino Nicolaides.

LA
Retirada

José María Dagnino Pastore, ministro de Economía de Bignone, declaró en 1982 que el país "está en estado de emergencia". La inflación llegó al 209 por ciento y el salario real cayó, sólo en el primer semestre, un 34 por ciento.

Impedido de borrar la sangre, Bignone trató de borrar las cuentas: a instancias de Domingo Felipe Cavallo, entonces presidente del Banco Central, se nacionalizó la deuda externa privada.

Mientras la crisis se profundizaba, los partidos políticos se negaron a concertar una salida condicionada con Bignone, uniéndose para reclamar elecciones.

El tema de los desaparecidos comenzó a estar presente en la prensa nacional, y se sucedieron marchas de los organismos de derechos humanos pidiendo respuestas. El asesinato del publicista Marcelo Dupont, a partir del conocimiento que la víctima tuvo sobre la desaparición de la diplomática Elena Holmberg, reactualizó el caso del Centro Piloto de París y volvió a poner a Massera en el centro de la sospecha.

Investigaciones posteriores coincidieron en señalar a dos miembros del GT de la ESMA, el teniente de Fragata Jorge Carlos Radice y el capitán de Navío Eduardo Osvaldo Invierno, como responsables directos de ambos asesinatos, al que se le sumó el de Fernando Branca, esposo de Martha Rodríguez McCormack, amante de Massera. Branca fue testaferro del Almirante Cero, y desapareció durante un paseo en barco con el almirante.

La noche anterior, según escribieron Susana Viau y Eduardo Tagliaferro en *Página/12*, Branca y el almirante comieron en el Hostal del Lago mientras, en una mesa vecina, los hombres del GT encargados de ejecutar a Branca identificaron a su blanco. Los bienes de Branca fueron robados por el propio Massera con la colaboración del escribano Ariel Washington Sosa Moliné, titular del Registro Notarial 306 de la Capital, miembro del Consejo Directivo de Escribanos y profesor del Colegio de El Salvador.

Respecto de Elena Holmberg Lanusse, prima del ex presidente militar, ya hemos relatado su caso: fue secuestrada el 20 de diciembre de 1978 en Buenos Aires, cuando viajó para denunciar ante la cancillería las actividades del Centro Piloto de París, y su cadáver apareció flotando en el Río Luján el 11 de enero de 1979.

Una nota publicada por *Página/12* el 23 de agosto de 2002 con la firma de Victoria Ginzberg dio cuenta de un "documento desclasificado por el gobierno de Estados Unidos que revela que el gobierno de Bignone, a través del embajador Lucio García del Solar, reconocía la apropiación de bebés y se negaba a darle una solución".

Elliot Abrams, de la oficina de Derechos Humanos de la Subsecretaría de Estado norteamericana se encontró con el embajador argentino en Estados Unidos, Lucio García del Solar, a las 13.00 del 3 de diciembre de 1982, en el bar Jockey Club del Hotel Ritz Carlton de Washington. "Toqué con el embajador el tema de los niños, como los chicos nacidos en prisión o los chicos sacados a sus familias durante la guerra sucia –detalló Abrams en su informe desclasificado–. Mientras los desaparecidos estaban muertos, estos niños estaban vivos y esto era, en un sentido, el más grave problema humanitario. Él me dijo que había hablado este tema con su canciller y con el presidente, y que ellos no rechazaron su visión, pero señalaron el problema de, por ejemplo, quitar los chicos a sus padres adoptivos". Diecisiete días antes de la reunión de Washington las Abuelas estuvieron en la embajada de los Estados Unidos en Buenos Aires, donde explicaron que "representaban a 117 abuelas cuyos 110 nietos fueron secuestrados con sus padres desaparecidos, o que nacieron durante la detención de sus padres". También dijeron que había alrededor de 400 niños desaparecidos, pero que otros abuelos tenían miedo de denunciar.

A finales de 1982, en la tarde del jueves 16 de diciembre, se realizó en la Plaza de Mayo una masiva marcha convocada por la Multipartidaria y las dos CGT, que a la vez declararon el primer paro general total desde julio de 1975. Unas cien mil personas llenaron la Plaza cantando: "Se van, se van, y nunca volverán"; "Paredón, paredón a todos los milicos que vendieron la Nación"; "El que no salta es un militar".

En la esquina de Hipólito Yrigoyen y Balcarce un policía comenzó a agredir a un manifestante, y terminó empujándolo al piso. Quienes presenciaron la escena lo empezaron a silbar e insultar. La policía disparó entonces una granada de gas y un grupo importante de manifestantes contragolpeó con lo que tenían: palos, piedras, monedas. La policía comenzó a avanzar persiguiendo a los manifestantes y luego se sumaron otros grupos de la Federal que llegaron hasta el Congreso. A la altura del Cabildo Dalmiro Flores, salteño, desocupado, de 28 años, fue asesinado a mansalva por un policía de civil nunca identificado que se bajó de un Ford Falcon verde chapa C 850.726.

Oficialmente se explicó que el policía le había dado la voz de alto. En la revista *La Semana* del 3 de febrero de 1983 el padre de Dalmiro explicó que su hijo no se había detenido al escuchar la voz de alto porque era sordo: "Había perdido gran parte de su capacidad auditiva por trabajar sin la protección necesaria en una empresa metalúrgica".

El 9 de enero Bignone declaró al diario *Clarín:* "Si al tema lo caratulamos de 'desaparecidos', crudamente tenemos que decir que no tiene solución... El gobierno de ninguna manera los tiene. Si algún desaparecido aparece, es por voluntad de ese sujeto".

El 28 de abril de 1983 el gobierno dictó un Acta Institucional en la que se dio a los desaparecidos por muertos, remitiendo los excesos cometidos "al juicio de Dios". Más de cien mil personas se reunieron para repudiar el Acta. Otro gesto desesperado de la dictadura de Bignone fue el Decreto Confidencial 2726/83, ordenando la destrucción de toda la documentación sobre los detenidos y desaparecidos, medida por la que fue enjuiciado en la causa C 81/84, "Ministerio del Interior s/denuncia por destrucción de documentos", y personalmente indultado por el presidente Menem.

LA DEUDA ETERNA

Basándonos en números del Ministerio de Economía (http: //www. mecon. gov. ar) , del Banco Mundial y del Banco Central de la República Argentina, junto al artículo "Cómo empezó la deuda externa", de Jaime Poniachik publicado en la *Revista La Nación* el 6 de mayo de 2001 y la causa judicial iniciada por el abogado Alejandro Olmos que tramitó y fue cerrada por el juzgado Federal a cargo del Dr. Jorge Ballestero, intentaremos dar un panorama global comprensible del crecimiento de la deuda externa desde la caída de Illia hasta el nuevo siglo.

Al 31 de diciembre de 2001 la Deuda del Sector Público Nacional superó los 169.066 millones de dólares. De ese total el 38 por ciento está en títulos, el 57 por ciento en préstamos y el 5 por ciento en Letras del Tesoro.

Del total de la Deuda Pública, un 22 por ciento es deuda con los Organismos Internacionales, el 9,65 por ciento con el Fondo Monetario (13.951 millones de dólares), el 6,69 por ciento con el Banco Mundial (6.673 millones de dólares), y el 6,02 por ciento con el BID (8.704 millones de dólares). Estas deudas no entraron en la suspensión de pagos decidida por la Argentina luego de la salida de De la Rúa. La deuda con organismos oficiales (gobiernos extranjeros, Club de París, etcétera) es del 3,09 por ciento (4.476 millones de dólares), y tampoco fue incorporada al diferimiento de pagos. La participación de los bancos comerciales en la composición total de la deuda es poco significativa y alcanza al 1,39 por ciento (2.015 millones de dólares).

Veamos su evolución:

AÑO	PRESIDENTE	MONTO	AUMENTO PORCENTUAL
1966	Onganía	3.276	
1967		3.240	
1968		3.395	
1969		3.970	+46%
1970	Levingston	4.765	
1971	Lanusse	4.800	
1972		4.800	
1973	Cámpora/Perón	4.890	
1974	Isabel	5.000	+62%
1975		7.875	
1976		8.280	
1977		9.679	
1978	Videla	12.496	
1979		19.034	
1980		27.072	+364%
1981	Viola/Galtieri	35.671	
1982		43.634	
1983	Bignone	45.087	
1984		46.903	
1985		48.312	
1986	Alfonsín	52.449	+44%
1987		58.428	
1988		58.834	
1989		65.256	
1990		62.730	
1991		65.405	
1992	Menem	68.937	
1993		65.325	
1994		75.760	+123%
1995		99.364	
1996		111.934	
1997		130.828	
1998		144.050	
1999		147.881	
2000	De la Rúa	169.066	

Algunas notas al margen:

1. A finales de 1975 cada argentino debía 320 dólares al exterior.

2. A fines de 1983 cada habitante debía 1.500 dólares al exterior. Esto significa que la deuda creció durante la dictadura de 8.000 a 45.000 millones. Se gastó en compra de armas (y pago de comisiones) 10.000 millones, según el Banco Mundial, y también se pagaron deudas de empresas privadas, generosa actitud inaugurada por el ministro Sigaut y seguida por Jorge Wehbe y Cavallo. El Estado pagó para rescatar a:

A) Celulosa Argentina: 1.500 millones.

B) Cogasco: 1.350 millones.

C) Autopistas Urbanas: 950 millones.

D) Pérez Companc: 910 millones.

E) Acindar: 650 millones.

F) Bridas: 600 millones.

G) Banco de Italia: 550 millones.

H) Alpargatas: 470 millones.

I) Techint: 350 millones.

3. A finales del año 2000 cada argentino debía al Exterior 3.800 dólares.

Como se mencionó en el capítulo anterior el presidente del Banco Central, Domingo Cavallo, bajo el ministerio de José María Dagnino Pastore estatizó la deuda privada de varios "capitanes de la industria" locales, muchos de ellos hoy fugados o quebrados.

¿Cuánto se pagó por servicios de la deuda (esto es, amortización más interés)?

Entre 1976 y el año 2000, se pagaron 212.280 millones de dólares. (Véase cuadro de la siguiente página.)

Como se desprende de ambos cuadros, el período crítico de aumento de la deuda se registró durante la dictadura, básicamente durante la gestión económica de Martínez de Hoz y el Secretario de Estado para la Coordinación y Programación Económica, Guillermo Walter Klein. El gobierno, en ese período, estimuló el endeudamiento de las empresas públicas con bancos privados internacionales. Fue un medio indirecto de desnacionalizar la economía del Estado.

AÑO	SERVICIO PAGADO (Amortización + interés)
1976	1.616
1977	1.849
1978	3.310
1979	2.255
1980	4.182
1981	5.390
1982	4.875
1983	6.804
1984	6.281
1985	6.208
1986	7.323
1987	6.244
1988	5.023
1989	4.357
1990	6.158
1991	5.419
1992	4.882
1993	5.860
1994	5.771
1995	8.889
1996	13.054
1997	18.308
1998	21.573
1999	25.723

(Fuentes: OCDE y World Bank)

Esta progresión se advierte claramente en el siguiente cuadro, que formó parte del fallo del Juez Ballestero y fue elaborado por el Banco Central:

AÑO	AUMENTO PORCENTUAL
1976	5,14%
1977	16,9%
1978	29,1%
1979	52,32%
1980	42,23%
1981	31,76%
1982	22,32%
1983	3,33%
1984	4,02%
1985	3%

El caso de Yacimientos Petrolíferos Fiscales, que luego fue tomado como *leading case* (càso testigo) de las privatizaciones durante el menemismo, es un buen ejemplo de la mecánica de endeudamiento en detrimento de las cuentas de la empresa. Recuérdese que tanto YPF como Aerolíneas Argentinas, Empresa Líneas Marítimas Argentinas (ELMA) y Flota Fluvial del Estado se encontraban en el selecto grupo de empresas estatales cuyos balances eran positivos, y arrojaban importantes ganancias. YPF tenía entonces recursos suficientes para sostener su propio crecimiento: el 24 de marzo de 1976 la compañía tenía una deuda externa de 372 millones de dólares. Siete años más tarde debía 6.000 millones: multiplicó su deuda por 16 en siete años. Esto no se correspondió con cambios en su estructura que resultaran en detrimento de la empresa; por el contrario, la productividad del trabajador de los yacimientos aumentó en un 80 por ciento en ese período, y un plan de reducción de personal logró recudir la cantidad de trabajadores de 47.000 a 34.000. Fueron otras las grietas en los balances:

1. La dictadura bajó a la mitad el dinero por comisiones de venta de combustibles que recibía YPF.   A favor, claro, de las otras petroleras.

2. YPF fue obligada a refinar su petróleo en Shell y Esso, aunque contaba con propias refinerías: La Plata, Luján de Cuyo y Plaza Huincul.

Aquí aparece el punto de unión más interesante y menos discutido entre la dictadura militar y la gestión menemista: ambos encararon el desguace del Estado y decidieron convertir a las empresas en bienes tentadores desarmándolas primero en beneficio de quienes iban a comprarlas después.

Las páginas 171 y 172 del fallo judicial por el caso Olmos demuestran que los préstamos adquiridos en la época no fueron, en muchos casos, más que asientos contables que volvían a los bancos de origen: como el Banco Central no administraba ni controlaba las reservas, los préstamos concedidos por los bancos norteamericanos eran recolocados como depósitos en estos mismos bancos o en bancos de la competencia.

En 1979, por ejemplo, el 83 por ciento de las reservas estaban colocadas en bancos del exterior. Las reservas eran de 10.138 millones, de los cuales 8.410 millones estaban en bancos extranjeros. En el mismo año la deuda aumentó de 12.496 millones a 19.034 millones de dólares. Es obvio que el interés que devengaban las reservas depositadas era notablemente inferior al que la Argentina pagaba por los servicios de la deuda. La Reserva Federal norteamericana mostró, en aquellos años, una mayor flexibilidad para prestar cuando tenían la seguridad de que el dinero volvería a las cajas de seguridad de su país. Pero no era esa "actitud" la única garantía con la que contaron los acreedores: los gestores de la deuda externa argentina, en todo momento –aun estando en funciones– trabajaron para los bancos prestamistas.

El secretario Guillermo Walter Klein ocupó el área de Coordinación y Programación Económica desde el día del golpe hasta marzo de 1981. En el mismo período representó en su estudio privado los intereses de los acreedores extranjeros. Pero todo fue fruto del esfuerzo: el 24 de marzo de 1976 el estudio Klein-Mairal sólo representaba al Scandinavian Enskilda Bank. Pocos años después, paralelo a su desarrollo como funcionario, logró captar a 22 bancos extranjeros como clientes privados. Cinco días después de iniciada la guerra de Malvinas, el 7 de abril de 1982, Klein fue nombrado como apoderado en Buenos Aires de la sociedad anónima británica Barclays Bank Limited, uno de los principales acreedores privados de la Argentina. La dictadura no sólo estimuló a endeudarse a las empresas del Estado, a las que obligó a hacerlo, sino que también fomentó el endeudamiento de las empresas privadas. La deuda externa privada se elevó a más de 14.000 millones de dólares, y lideraron el *chart* de deudores: Renault, Mercedes Benz, Ford Motor, IBM, Citibank, First National Bank of Boston, Chase Manhattan Bank, Bank of América y el Deutsche Bank. En 1982, el Estado, por decisión de Cavallo y Dagnino Pastore, nacionalizó la deuda de las empresas mencionadas, entre otras.

El gobierno instrumentó la estatización de la deuda externa privada mediante seguros de cambio. A través de dichos "seguros" el Estado pagó la diferencia entre el valor del dólar en aquel momento (1981) y el valor futuro que rigiera en el momento en que el deudor privado pagara la deuda, con lo que terminó asumiendo el 90 por ciento de una deuda privada de 15.000 millones. Esto ocurrió durante las gestiones de Lorenzo Sigaut, Roberto Alemann, José María Dagnino Pastore y Jorge Wehbe como ministros de Economía; de Julio Gómez, Egidio Ianella, Domingo Felipe Cavallo y Julio González del Solar como presidentes del Banco Central; de Horacio Arce, Jorge Bustamante, Adolfo Sturzenegger, Miguel Iribarne y Víctor Poggi como secretarios de Programación y Coordinación Económica y subsecretarios de Economía, y de Jorge Berardi, Manuel Solanet, Raúl Fernández, Raúl Ducler e Ismael Alchourrón como subsecretarios y secretarios de Hacienda. Este mecanismo se completó en 1985 con la extensión del seguro de cambio a las deudas privadas que aún no lo tenían, con lo que el Estado absorbió entonces la mitad de la deuda privada. Olmos reprodujo en su libro un recorte de *Clarín* del 2 de julio de 1985 titulado: "El Estado asumió el total de la deuda externa privada", donde se señalaba que "con la disposición del gobierno de atender con títulos oficiales o del Banco Central todos los compromisos financieros públicos y privados que venzan antes

del 31 de diciembre, quedó virtualmente estatizada la deuda externa privada y con ello se puso punto final al proceso de depuración entre las obligaciones legítimas y no legítimas que nunca fue llevado a cabo, cumpliéndose
con uno de los requisitos planteados por la banca acreedora y el FMI a los
negociadores argentinos".

LAS PUERTITAS DEL SEÑOR LÓPEZ

En la historieta de Trillo y Altuna, un clásico de los ochenta que fue llevado al cine, el señor López –calvo, anónimo, de traje oscuro y actitud sumisa– se topa con puertas que lo llevan al Reino de los Deseos Cumplidos. Al señor López le basta con abrir una puerta para entrar a lo extraordinario, al sitio de sus aspiraciones más secretas, donde encuentra su verdadero ser. López ama aquellas puertas pero quizá, también, las odia: porque al salir de ellas vuelve a encontrarse con la vida que supo conseguir, esto es, con la conciencia drástica de sus límites como persona. Así, López vive tambaleándose confundido, como un boxeador en medio del ring, su vida falsa le parece real, y vive la real como si fuera apócrifa: es un personaje en su propia vida, y él mismo en su solitaria vida imaginada.

La historia que sigue es la historia de un abogado de Chascomús llamado Raúl Ricardo Alfonsín Foulkes.

Quiso ser Kennedy o Yrigoyen o De Gaulle, y la mayor parte del tiempo fue Balbín o Sanguinetti o López.

Golpeó a las puertas de la Historia hasta que los nudillos le sangraron: fue el primer presidente de una democracia recuperada y exigió una página que llevara su nombre. Pero no tuvo el coraje de llenarla, y tampoco supo que es en vano golpear a las puertas de la Historia: ellas se abren solas o quedan cerradas para siempre.

Raúl Ricardo Alfonsín Foulkes fue el mayor de los seis hijos de Ana María Foulkes y Serafín Raúl Alfonsín, un comerciante minorista, nieto de gallegos. Cursó los estudios primarios en la Escuela Normal Regional de Chascomús y el secundario en el Liceo Militar General San Martín, con el dictador Leopoldo Fortunato Galtieri como compañero de banco. De allí egresó como subteniente de reserva a los 18 años. En 1951 logró ser nombrado como vocal de la UCR en el consistorio de Chascomús y tres años después ganó una concejalía en las urnas. En las elecciones en que triunfó Frondizi, el 23 de febrero de 1958, con el peronismo proscrito, Alfonsín fue electo como diputado provincial por Buenos Aires. Aquella elección fue, también, una divisoria de aguas en el propio radicalismo: Frondizi representaba entonces el ala izquierda del partido, y acordó con Perón un pacto que le dio el triunfo electoral. Balbín, en cambio, se resistió junto a Alfonsín a cualquier acuerdo electoral y representaba al ala más reaccionaria del partido. Frondizi lideró la Unión Cívica Radical Intransigente (UCRI) y Balbín la Unión Cívica Radical del Pueblo (UCRP). En las elecciones presidenciales de 1963 Alfonsín fue elegido diputado nacional y vicepresidente del bloque en el Congreso. En 1970 Alfonsín creó el Movimiento de Renovación y Cambio, opuesto a Balbín, políticamente cercano a la socialdemocracia europea y marcadamente antiperonista. Aunque Renovación y Cambio estuvo más cerca de la cultura de la época, Alfonsín nunca pudo derrotar a Balbín en una elección interna. Muerto Balbín en 1981, Alfonsín se convirtió en el principal referente del radicalismo. El 30 de julio de 1983 la Convención Nacional de la UCR lo eligió como candidato a la elección nacional, frente a los dirigentes balbinistas Juan Carlos Pugliese y Antonio Tróccoli.

Los derechos humanos y la autoamnistía militar, sumado a lo que se esperaba como la afirmación definitiva de la democracia en la Argentina, fueron los ejes de la campaña electoral de 1983. La Comisión de Acción Política de la UCR contestó al "Documento final" de Bignone con un documento firmado por Alfonsín en el que éste afirmó:

a) Los criminales no serán juzgados por el fuero militar, sino por los jueces civiles.

b) No se modificarán las normas preexistentes sobre la eximente de responsabilidad por "obediencia debida".

El documento de Alfonsín del 2 de mayo de 1983 decía, textualmente: "Respecto a las conclusiones cabe señalar:

1. Los actos ilícitos cometidos durante la represión deberán ser juzgados por la Justicia y no solamente por la historia; esa justicia será la civil, común a todos los argentinos y no se admitirán fueros personales contrarios a la Constitución.

2. Será la Justicia, y no los interesados, la que decidirá qué conductas pueden considerarse razonablemente actos de servicio. Según principios jurídicos básicos, es inadmisible que delitos contra la vida o la integridad física de ciudadanos que no opongan resistencia, puedan ser considerados actos propios de la actividad de las Fuerzas Armadas.

3. Será la Justicia, y no los interesados, la que decida quiénes tienen derecho a invocar la obediencia debida, el error o la coacción como forma de justificación o excusa."

Durante el resto de la campaña Alfonsín propuso recortar en un tercio el presupuesto militar y que la lucha antisubversiva quedara en manos de la policía dentro del respeto de la ley y los derechos humanos.

El propio Alfonsín fue cofundador, durante la dictadura, de la Asamblea Permanente por los Derechos Humanos (APDH), por oposición a Balbín, que en sus últimos años elogió el "sesgo democrático" del dictador Videla. Recuérdese que, a instancias de las gestiones de Yofre y Villarreal durante la presidencia de Videla, muchos "cuadros" del radicalismo colaboraron en las segundas y terceras líneas del gobierno militar, como funcionarios en las intendencias del interior, en los gobiernos provinciales y en los puestos políticos de la Cancillería.

El país que heredó Alfonsín estaba quebrado: el salario real era la mitad del que había sido a mediados de los setenta y la deuda externa, que Isabel dejó en 7.000 millones de dólares era, a diciembre de 1983, de 44.000 millones. La inflación era del 20 por ciento mensual y la desocupación alcanzaba al siete por ciento. (Un paraíso, si se lo analiza desde veinte años después.)

Alfonsín triunfó en los comicios contra Luder, con el 51,7 por ciento contra el 40,1 por ciento, convirtiéndose en el primer candidato radical que logró derrotar al peronismo en las urnas. También en el Congreso logró un récord: 128 de los 254 escaños de la Cámara de Diputados, esto es 16 bancas más que el PJ y exactamente la mayoría absoluta. Aunque Alfonsín logró imponerse en el cordón industrial de la provincia de Buenos Aires y, obviamente, en los distritos de mayor ingreso económico, la UCR sólo conquistó los gobiernos de siete de las veintitrés provincias, con lo que el radicalismo quedó en minoría en el Senado: con 18 de las 46 bancas.

El 13 de diciembre de 1983, tres días después de su asunción, Alfonsín violó su promesa electoral de no habilitar fueros especiales para juzgar a la dictadura: modificó el Código de Justicia Militar y creó una confusa instancia a medio camino: Código de Justicia Militar en primera instancia y Código Penal civil en la apelación. El Poder Ejecutivo promulgó los decretos 157 y 158 sobre el punto. El primero declaró la necesidad de promover la prosecución penal por asociación ilícita, instigación pública a cometer delitos y apología del crimen a los cabecillas de la guerrilla. Los jefes guerrilleros sometidos a la justicia civil fueron Mario Firmenich, Fernando Vaca Narvaja, Ricardo Obregón Cano, Rodolfo Galimberti y Roberto Pernía, de Montoneros, y Enrique Gorriarán Merlo, del PRT-ERP. Por otra parte, el decreto 158 ordenó iniciar el enjuiciamiento de los sucesivos intregantes de la Junta Militar: Videla, Viola, Galtieri, Massera, Lambruschini, Anaya, Agosti, Graffigna y Lami Dozo, por los delitos de homicidio, privación ilegal de la libertad y aplicación de tormentos a detenidos, ante el Consejo Supremo de las Fuerzas Armadas, con apelación a la Cámara Federal. Por su parte el Congreso derogó la Ley 22.924 (Ley de Autoamnistía), reemplazándola por la ley 23.040 que dispuso que "toda persona que haya recuperado su libertad por aplicación de la ley de facto 22.924 deberá presentarse ante el tribunal de radicación de la causa dentro del quinto día de vigencia de la presente ley. En caso contrario, será declarada rebelde y se dispondrá su captura, sin necesidad de citación previa". El decreto 187 dispuso la creación de la Comisión Nacional sobre Desaparición de Personas (CONADEP). La Comisión relevó miles de casos de secuestro, desaparición, torturas y ejecuciones. Estuvo compuesta por diez personalidades que trabajaron *ad honorem*: Ricardo Colombres, René Favaloro, Hilario Fernández Long, Carlos Gattinoni, Gregorio Klimovsky, Marshall Meyer, Jaime de Nevares, Eduardo Rabossi, Magdalena Ruiz Guiñazú y Ernesto Sabato, junto a tres legisladores: Santiago Marcelino López, Hugo Piucil y Horacio Hugo Duarte. Sabato fue elegido presidente de la Comisión, que reunió más de cincuenta mil páginas de documentación y publicó un informe titulado *Nunca Más* (conocido popularmente como el "Informe Sabato") donde evitó determinar responsabilidades y se encargó de documentar la cronología de los hechos.

El balance provisional de la CONADEP registró la existencia de 8.960 casos de desaparecidos forzosos durante la dictadura, aunque Amnistía Internacional estimó la cantidad de víctimas en 15.000 y los organismos de derechos humanos sostienen la cifra de 30.000 víctimas de la represión, entre muertos y desaparecidos.

Paralelamente, Alfonsín llevó adelante una serie de medidas de reestructuración de las Fuerzas Armadas: el licenciamiento de 50.000 reclutas (lo que representó las tres cuartas partes del número total de tropas del Ejército), reorganizó la cúpula militar retirando a cuarenta oficiales de alto rango y redujo el número de generales de 60 a 25, suprimió el cargo de Comandante en Jefe de cada una de las Fuerzas Armadas de acuerdo al mandato constitucional que sostiene que es el Presidente el comandante en Jefe de las Fuerzas Armadas, redujo la cantidad de ingresantes al servicio militar obligatorio y creó una fuerza especial antiterrorista dependiente del Ministerio del Interior.

"Alfonsín le encargó a Borrás el ministerio de Defensa en diciembre de 1983 –escribió Joaquín Morales Solá en *Asalto a la Ilusión*– (...) cuando se sentó en el ministerio, Borrás no distinguía las charreteras que diferencian a un General de un Mayor. Lo llamó a Juan Carlos Pugliese –que hasta la elección le manejó las cuestiones militares a Alfonsín– y el veterano dirigente le aconsejó la designación del general Jorge Arguindeguy como jefe del Ejército." Morales Solá cuenta que Arguindeguy –que también fue candidato a ese cargo pero del justicialista Ítalo Luder– designó Jefe del Estado Mayor Conjunto al general Julio Fernández Torres, "un hábil cortesano durante el reinado de Videla y Viola".

En mayo de 1984, seis meses después de su asunción, Arguindeguy denunció la existencia de un complot de generales. Le pidió a Borrás autorización para relevar al comandante del Tercer Cuerpo de Ejército, y se encontró con que su subordinado no se quería ir.

Arguindeguy fue reemplazado por el desconocido general Ricardo Pianta, a quien otra conjura de generales desplazó siete meses después. "Un viejo amigo de Alfonsín –sigue Morales Solá– el abogado Dante Giadone, que se había retirado como suboficial del Ejército, propuso al Presidente sacarle el uniforme al Regimiento de Granaderos (tradicional custodia de los mandatarios) y vestirlo de civil." Ése era el nivel de asesoramiento recibido por el presidente mientras, debajo de la escena, los comandos se agrupaban armando el primer foco de resistencia contra la justicia civil. En *Historia de las Relaciones Exteriores de la República Argentina*, escrita por Andrés Cisneros y Carlos Escudé, se cita que "en una reunión conjunta con los jefes de las tres armas efectuada el 20 de febrero de 1984 el comandante de instrucción de la Fuerza Aérea, brigadier Alberto Simari, criticó abiertamente el proyecto de reestructuración presupuestaria de Fernández Torres, que otorgaba primacía al Ejército. Simari sostuvo la necesidad de implementar una doctrina estratégica defensiva, y una asignación de mayor gasto militar para la Fuerza Aérea, que había demostrado lo necesario de su presencia en la guerra de Malvinas. El enfrentamiento de criterio entre Torres y Simari terminó con el arresto del último". Por otro lado, mientras crecía la inquietud militar respecto del juzgamiento por violación a los derechos humanos, el gobierno permitió que los militares continuaran manejando sus lobbys de venta de armas, formidable negocio de las Fuerzas Armadas y de la cartera de Defensa. En un período de aproximadamente tres años durante el gobierno de Alfonsín se firmaron 14 Decretos Secretos de exportación de material bélico, entre el 1 de junio de 1984 y el 13 de octubre de 1987. Mediante el decreto 1097/85 la administración radical creó la Comisión de Coordinación de Exportación de Material Bélico, que realizó once operaciones de las cuales seis fueron irregulares, exportando sin autorización armamento a Perú, Guatemala, Bolivia e Irán. Por el Decreto Secreto 307 del 27 de febrero de 1987 se vendió a Irán material pesado y *software*, utilizando a la empresa PRADESA como intermediario en Buenos Aires y haciendo el pago en Panamá con una carta de crédito a favor de CITEFA-Ministerio de Defensa de la Argentina. Por el decreto 1977 del 9 de octubre de 1985 se vendió gel para carga de napalm (bombas de fósforo prohibidas por la Convención de Ginebra y que fueron utilizadas en secreto por los Estados Unidos en la guerra de Vietnam). La operación 1896/95 hacia Bolivia especificó una "comisión" de 1.439.879 dólares, equivalente al 22 por ciento del monto total de la operación. Dicho decreto llevó la firma de Alfonsín, Tomasini, Carranza, Caputo y Brodherson. El decreto 59 de enero de 1986 autorizó la venta de material pesado a la República de Kenya, que en verdad habría sido una operación de triangulación con destino a Panamá, vendiendo 1.100 toneladas de pólvora para 155 mm. Por el decreto 1723 del 7 de junio de 1984, firmado por Alfonsín, Caputo, Grinspun y Borrás se vendieron a la República Islámica de Irán 18 cañones calibre 155 mm, 200.000 proyectiles calibre 155 mm, cien equipos de radio para vehículos, y cien radios-mochila, durante la guerra Irán-Irak y con la Argentina como parte del grupo de No Alineados. Por el decreto 987 del 5 de junio de 1985, con la firma de Alfonsín, Caputo y Carranza, se vendió a Irán un avión Pucará, 10.000 proyectiles de ametralladoras 7,62 mm, 56 cohetes Pampero 105 (aire-superficie), 76 cohetes Albatros, 10 tanques con dotación de armamentos y munición completa y diez misiles Mathogo antitanque. Por el decreto 1738 del 11 de septiembre de 1985 se vendieron 500 granadas iluminantes para fusiles FAL a Perú, autorizados por Alfonsín, Caputo, Sourrouille, Carranza y Brodherson. Por decreto del 30 de septiembre de 1985, con la firma de Alfonsín, Tróccoli, Sourrouille, Carranza y Brodherson, se vendieron a Bolivia cien pistolas Browning con cargador, 200 fusiles automáticos pesados, mil pistolas ametralladoras FNW, 27 morteros FM calibre 81mm, 2.700 municiones para mortero calibre 81mm, 200.000 cartuchos calibre 7,62 con bala trazante, 900 granadas de fusil explosivas antitanque, 25 sistemas de lanza cohetes múltiple SLAM PAWERO, mil cohetes Pampero de cabeza explosiva. Por decreto 1999 del 11 de octubre de 1985, autorizado por Alfonsín, Caputo, Tomasini y Carranza, se vendieron a Irán cien municiones calibre 105mm para cañón de tanque TAM, 2.800 proyectiles 20mm para cañón de tanque TAM, 12.000 proyectiles 7,62, un vehículo TAM 1 (vehículo de transporte de personal y herramientas).

La pelea que Alfonsín libró consigo mismo –al igual que el señor López del comienzo de este capítulo– lo hizo cabalgar todo el tiempo entre lo nuevo y lo viejo: entre su obsesivo proyecto "fundacional" de una democracia estable y el tembladeral tradicional de la política argentina. Así, Alfonsín, impulsado por el inusual éxito electoral de octubre de 1983, comenzó a acariciar su proyecto de mudar la Capital a Viedma, y organizar un Tercer Movimiento, que siguiera la línea histórica planteada por el yrigoyenismo primero y el peronismo después. Su declamada convicción de que "con la democracia se come, se cura y se educa" lo llevó a nombrar en los primeros meses de su gobierno a Bernardo Grinspun como ministro de Economía. Grinspun diagnosticó medidas keynesianas de reactivación económica, frente a un mercado interno recesivo y deprimido: impuso el control de precios, incrementó el gasto público y aumentó los salarios del 6 al 8 por ciento en el año. Las medidas de Grinspun tuvieron la oposición de los grupos de presión internos y externos, y de los sindicatos en el frente interno, oposición esta última que recrudeció como respuesta al planteo de Alfonsín contra la burocracia sindical. La inflación, que en el último año y medio de Bignone había sido del 15 por ciento promedio, ascendió al 21 por ciento llegando incluso a meses del 27 por ciento y 29,4 por ciento en abril de 1985, cuando se implementó el Plan Austral. Los gestos wagnerianos de Grinspun a la hora de negociar con los bancos se transformaron en una anécdota común en la banca extranjera acreedora de la Argentina. La esperada asistencia financiera de la socialdemocracia europea, entretanto, nunca llegó a pasar de la declamación. Según Morales Solá "a fines de 1984, en un viaje de Alfonsín a los Estados Unidos, el ministro argentino recibió una estocada fatal de la que nunca se enteró: funcionarios de Washington, sobre todo el presidente de la Reserva Federal, Paul Volcker, aconsejaron a Alfonsín que pusiera fin a esa política económica sin viabilidad ni coherencia y desplazara del Palacio de Hacienda a ese hombre que tropezaba de desplante en desplante".

Grinspun, finalmente renunció en febrero de 1985.

Juan Vital Sourrouille era exactamente el anti-Grinspun: había llegado a la UCR procedente del balbinismo y era un técnico en lugar de un político. Tuvo en su primer equipo a José Luis Machinea como presidente del Banco Central, Mario Brodherson como secretario de Hacienda, Roberto Elbaum y Daniel Heymann. En abril de 1985 precisamente Heymann escuchó en Estados Unidos teorías de expertos norteamericanos sobre distintas posibilidades de llevar a cabo un plan económico de shock. Heymann estuvo una semana encerrado en la Reserva Federal junto a Edwind Trumann, cercano colaborador de Paul Volcker, y allí creó la fórmula del desagio —según detalla Morales Solá— a partir de la tesis del economista sueco Axel Leijonhufud, de la Universidad de Los Ángeles. Sourrouille viajó a Washington en mayo, con el plan bajo el brazo. Se reunió con Volcker, el secretario del Tesoro James Baker y el presidente del Fondo, Jacques de Larrosiére: a ellos les habló de su intención de crear una nueva moneda en la Argentina. Los nombres que se habían barajado entre el círculo íntimo de Alfonsín fueron patacón y escudo, aunque el primero fue desechado por anacrónico y el segundo porque así se llamaba la moneda chilena. Finalmente el Presidente que quería residir en Viedma para viajar hacia "el sur, el mar, el frío", terminó avalando la creación del Plan Austral. El proyecto empezó mal: Machinea sostuvo que había que soportar un primer período de "inflación correctiva": el alza promedio de las tarifas llegó a un 25 por ciento, los precios industriales subieron un 67 por ciento, los del agro un 47 por ciento y el precio de la carne rebalsó el ciento por ciento de aumento. Alfonsín mantuvo para junio un aumento salarial del 22 por ciento, y la inflación de ese mes superó el 30 por ciento. El jueves 13 de junio el diario *Ámbito Financiero* adelantó las líneas fundamentales del plan que, hasta entonces, había podido mantenerse en secreto. El diario informó sobre una próxima devaluación y la eventualidad de que se congelaran los depósitos bancarios, algo que luego no sucedió. La primicia sacudió al gobierno y lo llevó a adelantar sus planes: decretó feriado bancario al día siguiente, viernes, y el equipo económico trabajó durante todo el fin de semana. El único tema posible en la interna del gobierno durante aquellos días era ponerle el cascabel a la fuente que había filtrado el plan: muchos sostuvieron que era una venganza de Grinspun, y otros que fue Henry Kissinger quien lo comentó en una reunión de empresarios argentinos, los menos juraban que el borrador del plan había sido vendido al diario por el jefe de prensa del ministro.

Finalmente, Sourrouille anunció el Plan Austral: rígido control de precios y salarios, achique del gasto del Estado, freno de la emisión monetaria y precio del dólar a ochenta centavos de austral; con el desagio se expresaban en australes las deudas adquiridas en pesos antes de la vigencia del plan. El Austral tuvo sus quince minutos de fama: la inflación descendió del 30,5 por ciento en junio al 6,1 por ciento en julio, 3 por ciento en agosto, 1,9 por ciento en septiembre y 1,9 por ciento en octubre. Pero después de las elecciones de noviembre de 1985 comenzó a vivirse el efecto montaña rusa: el índice de noviembre fue 2,3 por ciento, el de diciembre

3,1 por ciento y el de marzo 4,6 por ciento. En febrero Sourrouille y Alfonsín lanzaron el Plan Austral II y, como se sabe, segundas partes nunca fueron buenas. La situación evolucionó en un creciente deterioro y en agosto de 1988 el gobierno lanzó el Programa para la Recuperación Económica y el Crecimiento Sostenido, más conocido por su apodo de Plan Primavera: congelamiento general de precios, tarifas, salarios estatales y tipo de cambio, acuerdo con 53 empresas líderes que congelaron sus precios hasta fines de septiembre y oposición cerrada del agro y los exportadores. Caído el Plan Primavera comenzó el descontrol: hiperinflación, estampida del dólar y los precios, pérdida de reservas del Banco Central y la suspensión del apoyo del Banco Mundial.

EL PRIMER PASO

El Consejo Supremo de las Fuerzas Armadas, tal como se previó, nunca juzgó a sus pares. Modificado como estaba el Código de Justicia Militar, tuvo que ser la Cámara Federal (obviamente civil) quien los juzgara, pero de acuerdo al reglamento militar. El intríngulis jurídico evocaba aquella frase que asegura que "la justicia militar tiene tanto que ver con la Justicia como las marchas militares con la música".

La Cámara Federal no entró en escena por "apelación" —como estaba jurídicamente previsto— sino para evitar una generalizada privación de justicia para con las víctimas, a partir de la indefinición del Consejo Supremo. La sentencia de la Cámara Federal fue más que un hecho en sí: pronunciada ésta, las dos mil causas judiciales utilizadas para valorar las responsabilidades de la cúpula militar volverían a sus Juzgados de origen, abriendo la instancia de investigación pormenorizada del aparato represivo durante la dictadura militar.

El 4 de octubre de 1984 la Cámara Federal recibió 500 expedientes de doscientos folios cada uno, del Consejo Supremo de las Fuerzas Armadas. Con ellos abrió la causa originada por el decreto 158/83. De los tribunales del interior del país recibió 3.000 informes y 2.000 causas con documentación sobre privaciones ilegítimas de la libertad. Se agregaron, a la vez, a la "causa madre", 4.000 reclamos diplomáticos documentados. La Fiscalía presentó 709 casos para ser tratados en el juicio oral, y prescindió de 427 casos "por sobreabundancia de pruebas". Durante el llamado "Juicio del

Siglo" presentaron testimonio 833 testigos que aportaron su declaración sobre 281 casos tratados. De aquel total, 546 fueron hombres y 287 mujeres, lo que incluyó 64 militares (doce de ellos en actividad), quince periodistas, trece sacerdotes y doce ciudadanos extranjeros. El fiscal cursó 2.000 oficios a todo el país y abrió su cuaderno con 1.600 folios incluidos en ocho cuerpos de expediente. La defensa de nueve comandantes inició la causa con 2.600 folios distribuidos en trece cuerpos. La representación argentina ante las Naciones Unidas en Ginebra envió a la Cámara 700 kilos de peso de papel con documentación. Sólo treinta fueron los empleados judiciales afectados directamente a la causa. La declaración de Víctor Melchor Basterra, ex montonero, colaboracionista en el campo de concentración de la ESMA, fue la más larga de las audiencias: duró trece horas y veinticinco minutos. La transmisión en vivo del juicio por la televisión fue prohibida por el gobierno, en lo que constituyó un típico gesto radical: juzgar a los militares sin que se note, como si esto fuera posible. Un documental para televisión elaborado en la agencia Telam con la síntesis del juicio no pudo ser emitido jamás.

El 10 de diciembre de 1985 la Cámara Nacional de Apelaciones en lo Criminal y Correccional Federal dio a conocer su fallo: por unanimidad, los jueces sentenciaron a los ex comandantes Jorge Rafael Videla y Emilio Eduardo Massera a cadena perpetua, a Orlando Ramón Agosti a 4 años y medio de prisión, a Roberto Viola a 17 años de prisión y a Armando Lambruschini a 8 años de prisión; absolviendo de culpa y cargo a Rubens Graffigna, Leopoldo Fortunato Galtieri, Jorge Anaya y Basilio Lami Dozo.

CON LA CARA PINTADA

Joaquín Morales Solá ubica la prehistoria carapintada en el primer Curso de Comandos que cumplió con todas las reglas dictadas por la ya mencionada Escuela de las Américas (SOA) en Panamá, realizado en 1968. El futuro teniente coronel Aldo Rico participó de aquel curso inicial, ya "que en el Colegio Militar había tenido que repetir un año por su conducta indisciplinada". Dos de sus "compañeritos" de banco, el futuro teniente coronel Ángel León y su par Gustavo Alonso formaron parte de la primera trilogía carapintada. Cuando los cursos de comando se incorporaron definitivamente a la "currícula" del Ejército, se encomendó la instrucción a Rico y luego a Seineldín, quienes los dirigieron entre 1970 y 1976.

Oficiales carapintada –escribió Morales Solá– aceptan ese viejo origen en el Ejército: "En los primeros años del '70 ya había nacido en nosotros una conciencia especial y distinta de las demás, teníamos una cosmovisión política y técnica diferente de la de los generales'. Ellos están seguros de que ya en esa época existía una conducción formal y otra real del Ejército y una división horizontal separaba a los oficiales de los capitanes para arriba y de los capitanes para abajo. Confiesan que los métodos de la lucha contra el extremismo fueron impuestos por ellos a las cúpulas castrenses, que los adoptaron en el '76. Revelan que 'ya en el '73, ante el féretro del mayor Miguel Ángel Paiva, muerto por el Ejército Revolucionario del Pueblo, nos juramentamos venganza. Empezamos a ejecutar operaciones sin control a cargo de capitanes o de tenientes primeros'. Desde 1972, después de varios meses con los boinas verdes de Estados Unidos, hubo en el Ejército problemas de indisciplina con los comandos."

Los primeros escarceos judiciales –incluso anteriores al Juicio a las Juntas– convivieron con una serie de extraños atentados que comenzaron a alterar la paz en el gobierno de Alfonsín, y figuraron como hechos aislados en la crónica de los diarios de la época. En 1984, por ejemplo, alrededor de diez bombas estallaron en Córdoba, Buenos Aires y Santa Fe: investigaciones posteriores confirmaron que el tipo de explosivo sólo podía conseguirse en los destacamentos militares. En aquel año Seineldín revistaba como agregado militar de la embajada argentina en Panamá: en verdad se convirtió a la causa del narcotraficante general Noriega y lo ayudó a preparar sus tropas de élite. Seineldín, como una especie de Perón pasado por lavandina, enviaba mensajes centroamericanos a sus carapintadas argentinos: en general trataban de "preservar la Institución" y de "dañar seriamente al gobierno", caracterizado como un enclave marxista en la Argentina.

Un día de marzo de 1985 el aún ministro Borrás –que no sabía nada de rangos militares pero sí de conspiraciones– le advirtió a su "subordinado" general Pianta que "le estaban moviendo el piso". Pianta, al poco tiempo, "fue arrinconado por una reunión de generales hasta que le sacaron la renuncia", describió Morales Solá. El gobierno echó entonces a nueve generales en escarmiento, procurando que el mensaje quedara claro: los que conspiraran, pasarían a retiro. Pianta fue sucedido por el general Héctor Ríos Ereñú, ex jefe de regimiento durante los primeros años de la dictadura (partícipe, entonces, de la represión) y luego agregado militar en Washington. El ministerio de Defensa de Alfonsín era un sitio insalubre: Borrás fue reemplazado por Roque Carranza quien, según Solá, "murió después de una orgía de asado y empanadas, siete meses más tarde que el propio Borrás". El nuevo ministro era más joven y, probablemente, comía menos empanadas: Horacio Jaunarena asumió convencido de la necesidad de adoptar medidas más generosas con el *establishment* militar para alejar cualquier posibilidad de intento golpista. Entre humita y jamón y queso, Carranza y Borrás le habían prometido a Ríos Ereñú que Alfonsín iba a dictar una amplia amnistía a los militares antes de que finalizara su gobierno: ésa era la carta secreta con la que Ríos Ereñú sustentó el poder frente a sus iguales. Pero el tiempo le iba a demostrar que aquella carta no tenía valor en el juego.

A la oposición de la CGT y el peronismo se sumó, por efecto de los juicios por derechos humanos, la de una serie de muertos vivos: Álvaro Alsogaray, Arturo Frondizi y el ex dictador Juan Carlos Onganía. Alfonsín los enfrentó con su eterno latiguillo: denunció una conspiración que tramaba un golpe de Estado y convocó a una marcha multitudinaria en la Plaza de Mayo. Allí –como al poco tiempo repitió con sus "Felices Pascuas"– lanzó un balde de agua fría sobre la multitud: anunció tiempos de "economía de guerra" asegurando que el Estado no podía seguir financiando su déficit.

Finalmente el gobierno decidió cortar por lo sano en el tema militar presentando un proyecto de Ley de Punto Final. El remedio fue peor que la enfermedad. El proyecto de ley, que necesitaba aprobación del parlamento, fijó un plazo de sesenta días (enero y febrero de 1987) pasado el cual no podía ser convocado ningún militar que no estuviera citado desde antes por los jueces civiles. La ley delegó en los jefes militares la decisión sobre el tipo de prisión que correspondería en cada caso: los militares detenidos se negaban a ir a cárceles comunes. Según Morales Solá el borrador del proyecto fue elaborado por el general Ríos Ereñú, y en el original se fijaron treinta días de plazo contados en enero, el mes de la feria judicial. Ríos Ereñú propuso que "los que no habían declarado hasta la fecha" no podrían ser llamados nunca más por los jueces. Alfonsín elevó el plazo de treinta días a sesenta. El proyecto sancionado el 23 de diciembre de 1986 ordenó:

1. Se extinguirá la acción penal contra toda persona que hubiera cometido delitos vinculados a la instauración de formas violentas de acción política hasta diciembre de 1983.

2. Cuando en las causas en trámite se ordenare respecto del personal en actividad de las Fuerzas Armadas, de seguridad, policiales o penitenciarias, cualquiera sea su rango, la detención o prisión preventiva, tales medidas se harán efectivas a petición del jefe de la unidad en que prestare servicio aquel personal, o de cualquier otro oficial superior de quien dependiese. En este caso, el superior será responsable de la presentación a declarar del imputado todas las veces que el tribunal lo requiera.

3. La presente ley no extingue las acciones penales en los casos de delitos de sustitución de estado civil y de sustracción y ocultación de menores.

4. La extinción dispuesta en el punto 1 no comprende a las acciones civiles.

El proyecto, curiosamente, fue remitido en primer término al Senado, donde el radicalismo era minoría. Recuérdese que en diputados la UCR contaba con 128 legisladores sobre un total de 254. En el Senado había 18 radicales, 21 justicialistas y 6 senadores de partidos provinciales. La estrategia de Alfonsín fue negociar un pacto con el senador por Catamarca Vicente Saadi, negociación que tomó por sorpresa al titular de la bancada radical, Antonio Nápoli.

Saadi acordó dar quórum para el tratamiento de la ley, que se votó en el Senado el 22 de diciembre. Al día siguiente la ley se aprobó en Diputados:

el PJ estaba dividido en tres bloques, y a instancias de José Luis Manzano colaboró con el gobierno no formando parte de la sesión, con lo que el radicalismo obtuvo los dos tercios para tratar el proyecto sobre tablas y evitar la discusión punto por punto. "No quisimos convalidar una amnistía con nuestra presencia", declaró entonces Manzano, sin aclarar que fue precisamente de ese modo como la ley pudo aprobarse.

–Si no me apoyan en el Congreso, renuncio –dicen que dijo Alfonsín a sus correligionarios, Freddy Storani, entre otros, quien finalmente votó a favor del Punto Final (no así su hermano Conrado).

El debate parlamentario fue patético: el senador Berhongaray aseguró que "toda ley obedece a un proyecto político y a un modo de analizar las circunstancias, no sólo teóricas sino fundamentalmente prácticas, en relación con las ecuaciones de espacio, tiempo y lugar" (¿?). La ponencia de Berhongaray ocupó más de catorce columnas del diario de sesiones, y en un momento el senador fue interrumpido:

–¿Me permite una interrupción para que además sirva de recreo? –le preguntó el senador Solana.

–Sí, señor –concedió Berhongaray.

–Debo decir que estoy escuchando con mucha atención y hasta diría que con admiración la pirotecnia verbal del señor senador por La Pampa, pero después de esta reseña histórica tan atrayente e ilustrativa, le ruego muy cordialmente que empecemos a tratar el proyecto que motiva esta reunión del Senado.

Finalmente Berhongaray concluyó: "Esta ética de la responsabilidad nos indica que no tenemos que escamotearle a la verdad ni a la realidad, que debemos asumir las cosas como son, sin claudicar en los principios".

El senador Romero, por Salta, aseguró en el debate lo que era un secreto a voces: "Este proyecto de ley que se propone parece ser más el resultado de una presión que la consecuencia de un designio deliberado". El senador Sánchez, por La Rioja, entretanto, propuso algo que, de haberse aprobado, quizás hubiera cambiado el curso de esta historia: se preguntó porqué el gobierno "no articuló una mecánica plebiscitaria".

Finalmente la Ley de Punto Final se aprobó en el Senado con los votos de: Berhongaray, Brasesco, Bravo Herrera, Bravo, Carrizo, de la Rúa, del Villar, Falsone, Feris, García, Gass, Genoud, Gil , Lafferriere, León, Malharro de Torres, Mauhum, Mazzucco, Nápoli, Otero, Salim, Trilla, Velázquez y Vidal. Votaron por la negativa los senadores Amoedo, Gurdulich de Correa, Menem, Romero, Rodríguez Saá, Trubeo, Saadi, Sánchez, Sapag y Solana.

El debate en Diputados fue horas antes de la Nochebuena de 1986: el diputado por la UCR Santa Fe Adolfo Stubrin salió a defender el proyecto oficial fustigando la consigna de "Juicio y Castigo a los Culpables". "Obsérvese –dijo– que no se habla de juicio y condena, juicio y sentencia, o juicio y prisión; lo que se busca es el juicio y castigo. Es decir, se detecta el inferior sentimiento de reproducir como un nuevo daño, una nueva ofensa y un nuevo mal, el mal ya ocasionado por estos criminales que actuaron contra la sociedad argentina y contra las víctimas directas de sus violaciones." Álvaro Alsogaray le pisó los talones, haciendo en la ocasión una apología de Astiz: "Este oficial –dijo– con riesgo de su vida se infiltra en células terroristas y descubre a varios de sus integrantes, razón por la cual en el juicio le gritan 'Judas'." Para Alsogaray, Astiz resultaba el protagonista de "un acto de arrojo y coraje". El diputado democristiano Augusto Conte señaló entonces con precisión: "Este proyecto constituye una burla al esfuerzo de la comunidad toda en la búsqueda de la verdad y en el seguimiento confiado del camino de la ley y la justicia". Sobre 144 diputados presentes, 124 votaron a favor. Fueron los diputados: Abdala (L.O.), Abdala (O.T.), Alagia, Albornoz, Alderete, Allegrone de Fonte, Arson, Ávalos Azcona, Baglini, Belarrinaga, Bello, Bernasconi, Berri, Bianchi, Bniasnchi de Zizzias, Bielicki, Bisciotti, Botta, Brizuela (G.R.), Bulacio, Caferri, Camisar, Canata, Cangiano, Cantor, Capuano, Carrizo, Castiella, Castro, Cavallari, Cornaglia, Cortese, Curótolo, Daud, del Río, Di Clío, Díaz de Agüero, Dimasi, Douglas Rincón, Elizalde, Espinosa, Figueras, Furque, Gargiulo, Gerarduzzi, Ginzo, Guzmán (H), Guzmán (M.C.), Horta, Huarte, Iglesias, Villar, Ingaramo, Irigoyen, Jaroslavsky, Larcoz, Lema Machado, Lencina, Lépori, Lizurume, Llorens, López, Losada, Lugones, Macedo de Gómez, Maglietti, Marini, Martínez Márquez, Massacesi, Medina, Milano, Moreau, Mothe, Negri, Nieva, Ortiz, Parente, Peláez, Pera Ocampo, Pérez Posse, Prone, Puebla, Pupillo, Purita, Ramos, Rapacini, Rauber, Reynoso, Rodríguez Artusi, Romano Norri, Ruiz, Salto, Sarquis, Silva (C.O.), Silva (R.P.), Socchi, Soria Arch, Spina, Srur, Stavale, Stolkiner, Stubrin (A.L.), Stubrin (M), Suárez, Tello Rosas, Terrille, Ulloa, Vanossi, Vidal, Yunes, Zaffore, Zavaley, Zingale, Zoccola y Zubiri.

Votaron por la negativa los diputados: Alende, Alsogaray (A.C.), Alsogaray (M.J.), Altamirano, Arabolaza, Aramburu, Auyero, Clérici, Conte, Dussol, Montserrat, Natale, Pellín, Piucil, Rabanaque, Sanmartino y Storani (C.H.).

El diputado por la provincia de Buenos Aires Federico Storani aclaró que había votado afirmativamente por "disciplina partidaria".

PUNTOS
SUSPENSIVOS

Limitadas temporalmente las citaciones, el sector más pesimista del gobierno evaluó que no excederían las cien. Sin embargo, a fines de febrero esa cifra se cuadruplicó: hubo más de cuatrocientos oficiales y suboficiales convocados por los jueces civiles. En los primeros días de marzo la justicia ordenó la detención de seis almirantes retirados a raíz de violaciones a los derechos humanos. El punto final sólo logró "solucionar" la situación de 27 oficiales superiores del Ejército. Ríos Ereñú conminó a Alfonsín a elaborar otra ley, "superadora" del punto final. Alfonsín consintió. El segundo invento legal del gobierno fue la "Obediencia Debida". Que tampoco iba a alcanzarle a los militares.

La obediencia debida, como la picana, el dulce de leche y la birome, fueron creadas por el ingenio argentino. Aunque, en verdad, el mérito de la birome debe compartirse: fue creada por los hermanos húngaros Ladislao y Georg Biro, residentes en la Argentina, y sobre la picana debiera aclararse que, aunque fue estrenada por Leopoldo Lugones hijo, (*véase* Argentinos tomo I) los franceses la utilizaron contemporáneamente para reprimir a los argelinos. Respecto del concepto de la obediencia debida fue mencionado como uno de los argumentos de la defensa nazi en los juicios de Nuremberg, pero ni los nazis se animaron a plantearla en términos tan absolutos como lo hizo después la imaginación criolla.

Mientras Ríos Ereñú y Alfonsín borroneaban el documento básico del proyecto, los carapintada vivían tiempo de descuento: acordaron que, citado el primer subordinado de la logia por los jueces, llevarían adelante una sublevación militar. El primer caso fue el del mayor Enrique Mones Ruiz, que participó de la represión con el grado de Capitán, sin pertenecer al aparato de inteligencia. La conducta de Mones Ruiz durante la represión fue tan aberrante que el propio comandante de Córdoba, el general Menéndez, tuvo que sancionarlo. Mones Ruiz fue denunciado por el asesinato de "Paco" Bauducco, detenido a fines de 1975 en la Cárcel Penitenciaria del Barrio San Martín, en Córdoba. Durante un operativo llevado a cabo el 5 de julio en la celda número 83, un cabo se acercó hasta Bauducco pegándole gomazos mientras lo insultaba. Finalmente le pegó en la nuca y el preso cayó de rodillas. El cabo le ordenó que se levantara, y Bauducco permaneció desvanecido, en la misma posición. El cabo siguió con el operativo y al rato volvió al sitio donde Bauducco se encontraba postrado: al verlo, lo amenazó con matarlo si no se levantaba. Finalmente apuntó a su cabeza y gatilló. Testigos de otros pabellones declararon que, como Bauducco ante la orden de levantarse sólo decía "No puedo, no puedo" el suboficial, cabo Miguel Ángel Pérez, se dirigió pistola en mano a conversar con el teniente Mones Ruiz, a cargo del operativo. Luego de una breve charla volvió donde estaba Bauducco y le disparó en la cabeza.

La siguiente citación judicial fue para el mayor Ernesto Barreiro, oficial de inteligencia, jefe de torturadores del campo de concentración de La Perla en Córdoba, bajo los seudónimos de Hernández, Rubio, Gringo y Nabo. Siguiendo las formalidades del caso el jefe del Regimiento 14 de Tropas Aerotransportadas, teniente coronel Luis Polo, notificó a sus superiores que tenía en su cuartel a un oficial –Barreiro– que no acataría la orden de los jueces civiles. El propio Polo, al comunicar el hecho, se manifestó "carente de estado anímico" para obligarlo a cumplir la citación de los tribunales. Polo fue, es obvio, otro de los jefes del levantamiento carapintada. Su regimiento se levantó protegiendo a Barreiro y al enterarse, Ríos Ereñú presentó su renuncia a Alfonsín. Morales Solá relató que "convencido de que la crisis se ceñía al regimiento de Polo, el cardenal Raúl Primatesta, arzobispo de Córdoba y presidente de la Conferencia de Obispos argentinos, inició de inmediato una negociación con él. Horas más tarde un juez local conminó a Polo que entregara a Barreiro. Éste pasó una noche en Tucumán y luego se refugió en un regimiento de Jujuy. Rico, en Buenos Aires, convocó a sus compañeros carapintadas mientras aseguraba que no se proponían dar un golpe de Estado sino tumbar al generalato. El comandante del III Cuerpo de Ejército con asiento en Córdoba, Antonio Fichera, se mantuvo como si la crisis no existiera: en ningún momento ordenó reprimir el regimiento sublevado a cargo de Polo. El jueves Ríos Ereñú envió al general

Alais, comandante del II Cuerpo con destino en Rosario, a reprimir la rebelión carapintada en Campo de Mayo. Al cierre de la edición de este libro se desconoce aún el paradero de Alais, que nunca llegó a destino. Según el relato de algunos testigos sobre la lenta y cautelosa marcha del general Alais, sus tanques se descompusieron cada diez kilómetros. En plena crisis el ministro Jaunarena se reunió con Rico, que le solicitó entrevistarse con el Presidente. Alfonsín fue a Campo de Mayo y escuchó los argumentos del líder militar: le informó que la suerte de Ríos Ereñú ya estaba echada y que el ministerio de Defensa preparaba una nueva legislación sobre las violaciones a los derechos humanos. Al regresar del foco rebelde, Alfonsín salió a los balcones de la Casa Rosada para desearle al público *Felices Pascuas*. Aunque acorde con la fecha, resultó una expresión poco feliz.

La Ley 23.521 de Obediencia Debida se sancionó el 4 de junio de 1987 y fue promulgada cuatro días después. En su artículo primero expresa:

"Se presume sin admitir prueba en contrario que quienes a la fecha de la comisión del hecho revistaban como oficiales jefes, oficiales subalternos, suboficiales y personal de tropa de las Fuerzas Armadas, de seguridad, policiales y penitenciarias, no son punibles por los delitos a que se refiere el artículo 10 punto 1 de la ley 23.049, por haber obrado en virtud de obediencia debida. La misma presunción será aplicada a los oficiales superiores que no hubieran revistado como comandante en jefe, jefe de zona, jefe de subzona o jefe de fuerza de seguridad, policial o penitenciaria, si no se resuelve judicialmente, antes de los treinta días de promulgación de esta ley, que tuvieron capacidad decisoria o participaron en la elaboración de las órdenes. En tales casos se considerará de pleno derecho que las personas mencionadas obraron en estado de coacción bajo subordinación a la autoridad superior y en cumplimiento de órdenes, sin facultad o posibilidad de inspección, oposición o resistencia a ellas en cuanto a su oportunidad o legitimidad.

"Artículo 2:

"La presunción establecida en el artículo anterior no será aplicable respecto de los delitos de violación, sustracción y ocultación de menores o sustitución de su estado civil y apropiación extorsiva de inmuebles.

"Artículo 3:

"La presente ley se aplicará de oficio. Dentro de los cinco (5) días de su entrada en vigencia, en todas las causas pendientes, cualquiera sea su estado procesal, el tribunal ante el que se encontraren radicadas sin más trámite dictará, respecto del personal comprendido en el artículo 1 primer párrafo, la providencia a que se refiere el artículo 252 bis del Código de Justicia Militar o dejará sin efecto la citación a prestar declaración indagatoria, según correspondiere. El silencio del tribunal durante el plazo indicado, o en el previsto en el segundo párrafo del artículo 1 producirá los efectos contemplados en el párrafo precedente, con el alcance de cosa juzgada (...)"

La obediencia debida alcanzó, también, al diputado Federico Storani, que manifestó durante el debate en el Congreso: "Considero que estamos ante una alternativa que no es agradable para nosotros. Mentiría si dijese que estoy cómodo con el proyecto que tenemos que analizar... nos entristece tal circunstancia de que sabemos que algunos delitos quedarán impunes. Pero nuevamente la decisión histórica del político es separar lo principal de lo accesorio y tener la grandeza de saber cuál es la decisión correcta, sin especular sobre el precio político que podemos estar tributando. De antemano reconozco que nos podemos equivocar. El juicio de la Historia será durísimo con nosotros si esto llega a suceder... Mentiría si dijera –porque no tenemos la bola de cristal– que tenemos garantías dadas en el sentido de que una vez sancionada esta ley se terminará este ejercicio deformador de lo que debe ser la estructura de las Fuerzas Armadas en nuestro país". La ley se aprobó en Diputados con el voto íntegro del bloque radical, con la excepción del diputado cordobés Stolniker. Los legisladores Sanmartino y Montiel votaron también afirmativamente, aunque aclararon que debieron hacerlo por "disciplina partidaria". La Ley de Obediencia Debida fue aprobada con el voto de: Abdala (L.O.), Abdala (O.T.), Alagia, Albornoz, Alderete, Allegrone de Fonte, Arsón, Avalos, Azcona, Baglini, Bakirdjián, Bernasco, Berri, Bianchi de Zizzias, Bielicki, Bisciotti, Botta, Bulacio, Caferri, Camisar, Canata, Cangiano, Cantor, Capuano, Carmona, Carrizo, Castiella, Castro, Cavallari, Contreras Gómez, Cornaglia, Cortese, Daud, del Río, Delfino, Díaz de Agüero, Douglas Rincón, Dussol, Elizalde, Espinosa, Falconi de Bravo, Furque, Gargiulo, Gerarduzzi, Ginzo, Golpe Montiel, Gómez Miranda, González (A.I.), González (H.E.), González (J.V.), Gorostegui, Goti, Guati, Guzmán (H.) Guzmán (M.C.), Horta, Huarte, Iglesias, Villar, Ingaramo, Irigoyen, Jane, Jaroslavsky, Lazcoz, Lema Machado, Lencinas, Llorens, Losada, Lugones, Macedo de Gómez, Maglietti, Martínez Márquez, Massacesi, Milano, Moreau, Mothe, Nieva, Ortiz, Parente, Pera Ocampo, Pérez, Posse, Prone, Puebla, Pupillo, Ramos, Rapacini, Rauber, Reynoso, Rigatuso, Rodríguez (J.), Rodríguez Artusi, Romano Norri, Salto, Sanmartino, Sarquís, Silva (C.O.), Silva (R.P.), Soria Arch, Spina, Srur, Stavale, Storani (C.H.), Storani (F.T.M.), Stubrin, Tello Rosas, Terrile, Ulloa, Usin, Vanossi, Vidal, Yunes, Zavaley, Zingale, Zóccola y Zubiri. Sobre 179 diputados presentes en el recinto, 119 votaron por la afirmativa y 59 por la negativa.

Durante los días 28 y 29 de mayo de 1987 tuvo lugar el debate en el Senado. El senador Fernando de la Rúa hizo la primera intervención: "Es una ley necesaria –dijo– frente a los acontecimientos recientemente vividos en el país y, sobre todo, ante el desafío del futuro... el fin de esta ley es servir a la pacificación y a la reconciliación de la República; a eliminar tensiones para que no se repitan hechos que nos hagan sentir que corremos por un desfiladero cuando queremos andar por el camino ancho y cierto de las grandes realizaciones". En medio del debate se produjo un hecho imprevisto: el senador correntino Leconte propuso "un agregado a continuación del primer párrafo: La misma presunción será aplicada a los oficiales superiores... etcétera (véase el artículo 1 definitivo)". De este modo, al incluirse a los oficiales superiores, la obediencia debida cubrió también a generales y coroneles. El proyecto se aprobó en el Senado y volvió a Diputados con la modificación. Fue aprobado por los mismos legisladores ya mencionados, y los siguientes votaron en contra: Aguilar, Alsogaray (A.C.), Alsogaray (M.J.), Altamirano, Arabolaza, Aramburu, Austerlitz, Belarrinaga, Blanco (J.A.) Bonino, Bordón, González, Brizuela (D.A.) Bruno, Cafiero, Castillo, Clérici, Copello, Dalmau, de la Sota, Dovena, Fappiano, Garcia (R.J.) Gay, Giacosa, Grimaux, Grosso, Juez Pérez, Lamberto, Lestelle, Mac Karthy, Macaya, Manzano, Moreyra, Mulqui, Natale, Negri, Patiño, Pedrini, Pellín, Pierri, Riutort de Flores, Rodrigo, Sánchez Toranzo, Sella, Stolkiner, Torres (M.) Torresagasti, Vairetti y Zaffore. A la una y veinticinco de la madrugada del 5 de junio de 1987 la Obediencia Debida quedó aprobada en el Congreso.

El 22 de junio del mismo año la Corte Suprema de Justicia tuvo que pronunciarse sobre la Ley de Obediencia Debida: los ministros Caballero, Belluscio y Fayt resolvieron que la ley era constitucional, Enrique Petracchi votó en disidencia parcial y Jorge Antonio Bacqué lo hizo en disidencia total. El fallo tuvo doscientas cincuenta páginas en las que la mayoría de la Corte sostuvo otro "milagro" jurídico. El presidente del tribunal, Dr. José Severo Caballero y el ministro Decano, Dr. Augusto César Belluscio dijeron: "No incumbe al Poder Judicial juzgar sobre la oportunidad, el mérito o la conveniencia de las decisiones de otros poderes del Estado sino que, antes bien, es misión de los jueces, en cumplimiento de su ministerio, como órganos de aplicación del derecho, coadyuvar en la legítima gestión de aquellos. (...) El legislador puede contemplar en forma distinta situaciones que considere diferentes (...) Que los elementos probatorios reunidos en la causa permiten sostener inequívocamente que Etchecolatz recibió órdenes de los coprocesados Camps o Ricchieri, según la fecha de cada suceso, en el carácter de Jefes de Policía, quienes a su vez las recibían del Comandante del Cuerpo I de Ejército, bajo cuya subordinación estaba la Policía de la provincia de Buenos Aires. En tal sentido, la sentencia le reprocha haber transmitido las órdenes a personal bajo su dependencia en su calidad de Director General de Investigaciones. Empero... el nombrado no pasó de ser un mero ejecutor de órdenes que se impartían desde las más altas esferas del poder militar, sin que estuviera a su alcance decisión de fondo alguna para impedirlas". Carlos Fayt dijo "que... la misión más delicada de la justicia es la de saberse mantener dentro del ámbito de su jurisdicción... Para el funcionamiento de la estructura militar resulta indispensable el mantenimiento de la disciplina y por lo tanto la estricta obediencia por parte del subordinado a las órdenes impartidas con motivo de la ejecución de un acto de servicio. A este fin se limita la posibilidad de inspección del mandato recibido y se sanciona la falta de obediencia... En cuanto a la posibilidad de que tales órdenes sean ilícitas, esta Corte ya ha sentado la doctrina conforme a la cual las acciones típicas que pudieran configurar órdenes o directivas ilícitas impartidas con motivo del ejercicio regular del mando, caen en la categoría de delitos comunes cometidos en actos del servicio, pues esas acciones aunque pudieran constituir un hecho ilícito, se vinculaban con el ejercicio del mando en relación a una actividad reglamentariamente atribuida a las Fuerzas Armadas, como era la de combatir militarmente al terrorismo". El Dr. Enrique Santiago Petrachi, en disidencia parcial, dijo: "Debe recordarse que la ley 23.338 ha aprobado la Convención contra la tortura y otros tratos o penas crueles, inhumanas o degradantes, adoptada por la Asamblea General de las Naciones Unidas el 10 de diciembre de 1984... La Convención aludida tiene plenos efectos en cuanto a la creación de responsabilidad internacional para el estado argentino... El artículo 2 de la Convención establece que 'no podrá invocarse una orden de un funcionario superior de una autoridad pública como justificación de la tortura'".

El Dr. Jorge Baqué, dijo en disidencia total: "El empleo de presunciones absolutas en materia probatoria, dentro del proceso penal, ha sido tradicionalmente anatematizado por la doctrina. Así, por ejemplo, es sumamente ilustrativo lo dicho por Carrara sobre este punto: 'La verdad no puede ser más que una. La justicia no es justicia si no se apoya en la verdad verdadera. Las verdades presuntas no equivalen a la verdad verdadera, porque no son más que ficciones de la ley, que pueden no ser verdaderas'. Por lo tanto, en derecho penal nunca deben existir presunciones *juris et de jure*, ni presunciones autocráticamente impuestas por el legislador, que obliguen al juez a declarar verdadero lo que la más palpable evidencia demuestra como falso. Sobre el lecho de Procusto no se administra la justicia ni la suerte de los ciudadanos puede confiarse a la conciencia de los jueces, obligándolos a un mismo tiempo a renegar de la propia conciencia... Por otra parte, una ley penal que establece una presunción absoluta de inocencia en favor del acusado, bien puede lesionar derechos de éste, pues no se le permite probar su inocencia en juicio. (...) Sería difícil encontrar una violación más patente de principios fundamentales de nuestra Constitución que la ley cuya validez se cuestiona, toda vez que cualquier cuestión que inhabilite al Poder Judicial para cumplir con su obligación constitucional de juzgar significa, además de un desconocimiento a la garantía individual de concurrir a los tribunales, una manifiesta invasión a las prerrogativas exclusivas del Poder Judicial". Las cincuenta páginas del fallo disidente de Bacqué no sólo muestran una interesante construcción jurídica desde lo filosófico, sino que también están plagadas de ejemplos históricos que demuestran el absurdo del proyecto de obediencia debida: Los horrores de la segunda guerra mundial y también la de Vietnam –dice Bacqué– dieron lugar a una importante actividad jurisprudencial acerca de la obediencia militar:

a) Tribunal Militar de los Estados Unidos con sede en Nuremberg. Caso del Comando Supremo (1948): En esta oportunidad se juzgó a los miembros del Comando Supremo alemán por la acusación de "haber participado en la comisión de atrocidades y delitos" contra prisioneros de guerra y población civil en general. Entre los hechos que se les imputaban se incluían homicidio, exterminio, maltrato, tortura... asesinato de rehenes, devastación no justificada por la necesidad militar. Al tratar el tema de la obediencia debida alegado como defensa de los acusados el tribunal afirmó:

1. El hecho de que una persona haya actuado obedeciendo una orden de su gobierno o de su superior, no lo libera de responsabilidad por la comisión de un delito, pero puede ser considerado un atenuante.

2. Constituiría un total desprecio por la realidad y una mera ficción jurídica decir que sólo el Estado, un ente inanimado, puede ser culpable, y que no se puede atribuir culpabilidad a sus agentes, en su carácter de seres vivientes, que han planeado y ejecutado delitos. Tampoco puede aceptarse, ni aun bajo una dictadura, que el dictador, por más absoluto que sea, se convierta en el chivo expiatorio sobre el cual todos los pecados de sus subordinados quedan lavados.

3. No puede reconocerse como defensa la obediencia servil de órdenes claramente delictivas.

4. Para establecer la defensa de la coacción o del estado de necesidad ante el peligro, debe probarse la existencia de circunstancias tales que un hombre razonara encontrarse frente a tal evidente peligro físico que se viera privado de elegir el bien y no cometer el mal".

b) Comisión Militar de los Estados Unidos: Caso del Atolón de Jaliut (1945): En este caso se juzgó a jefes militares japoneses por crímenes de guerra, consistentes en el homicidio de prisioneros de guerra estadounidenses. El tribunal señaló que: "...el soldado está obligado a obedecer sólo las órdenes legítimas de sus superiores. Si recibe una orden de cometer un acto ilícito, no se encuentra obligado, ni por su deber ni por su juramento, a realizarlas".

c) Instrucciones del Juez Militar en el caso Calley (1971): El teniente Calley fue juzgado por un tribunal militar por la masacre de civiles de la aldea vietnamita de May-Lai. Sobre el tema de la obediencia debida se dijo: "A los soldados se les enseña a obedecer órdenes, y se le presta especial atención a la obediencia de órdenes en el campo de batalla. La eficiencia militar depende de la obediencia de órdenes. Pero, por otro lado, la obediencia del soldado no es la obediencia de un autómata. Un soldado es un agente racional, que está obligado a responder, no como una máquina, sino como una persona".

Finalmente la Corte de los Milagros declaró que la ley 23.521 comprendía a los imputados Etchecolatz, Bergés y Cozzani, a quienes absolvió disponiendo su inmediata libertad.

La lista que sigue, aunque extensa y tortuosa es necesaria. Uno de los argumentos esgrimidos por la administración de Alfonsín para justificar el Punto Final y la Obediencia Debida se refiere a que llevaron a cabo, en efecto, el Juicio a las Juntas: "Alfonsín —dicen— encarceló a los comandantes". Esto es absolutamene cierto. Como también es cierto que ningún gobierno dejó en libertad a tantos criminales como el de Alfonsín. Lo que sigue es un detalle, caso por caso, de los represores "perdonados" por el gobierno radical. Para confeccionar la lista se han tomado diversas publicaciones, entre ellas el *Nunca Más*, periódicos de la época y el web del Grupo Fahrenheit.

Quedaron en libertad gracias a la Ley de Obediencia Debida:

Mayor José Roberto Abba. Procesado por delitos cometidos en la provincia de Tucumán, en el marco del Terrorismo de Estado.

Oficial Héctor Jorge Abelleira. Procesado por su participación en tres privaciones ilegales de la libertad y en tres tormentos como integrante del CCD "Delegación de la Policía Federal en Viedma".

Capitán de corbeta Jorge Eduardo Acosta. La Justicia lo procesó por 82 delitos cometidos como jefe de Inteligencia del GT 3.3.2. Entre ellos: desaparición de la familia Tarnopolsky, tortura de los detenidos-desaparecidos Nilda Noemí Actis Goretta, Lisandro Cubas, Carlos Alberto García y Ricardo Coquet. También fue responsable de los secuestros de los familiares de detenidos-desaparecidos en la iglesia Santa Cruz de diciembre de

1978 y de las monjas francesas Alice Domon y Renee Duquet. Integrante del COPECE (Central de Informaciones sobre la Represión). En 1981 viajó a Sudáfrica donde se desempeñó como asesor en la lucha contrainsurgente. Actuó durante la represión bajo los seudónimos de "Tigre", "Santiago" y "Aníbal".

Comisario Mayor Omar Aguilera. Responsable del secuestro y tortura de Hermes Accatoli, Julio Álvarez, Zulema Arizu Barabaschi, Clemente Bedis, Samuel Berton, Avelino Cisneros Hadad, Julián Flores, Roberto Gil, Dully Girard y Olga Juárez de un total de veinte víctimas.

Teniente Coronel Leandro Aguirre.

Inspector general Roberto Heriberto Albornoz. Tristemente famoso desde la década de los sesenta como torturador. Estaba procesado porque siendo subjefe de la policía de Tucumán fue torturador en el CCD "Jefatura de Tucumán"; participó en secuestros, en atentados con explosivos contra los domicilios de las familias de los presos políticos y también en los asesinatos de la familia Lea Place y del abogado y militante radical Angel Pisarello.

Teniente Carlos María Alemán Urquiza. Procesado por el secuestro de una persona de apellido Leyes.

Agente Fernando Alberto Almirón.

General de Brigada Adán José Alonso. Procesado por cinco privaciones ilegales de la libertad como jefe del Área 480 (partido de Tres de Febrero, provincia de Buenos Aires).

Capitán Gustavo Alsina. Procesado por su participación en 31 homicidios cometidos cuando se desempeñaba en la Unidad Penitenciaria número 1 de Córdoba, entre ellos el de René Mourkazel, quien murió estaqueado por orden suya en el patio de la Unidad. Participó en las torturas a los prisioneros de la Unidad Penitenciaria.

Policía de Santa Fe Carlos Ulpiano Altamirano. Integrante del CCD "Jefatura de Policía de Rosario".

Teniente Coronel Adolfo Ernesto Álvarez.

Coronel Aldo Mario Álvarez. Responsable, como jefe de inteligencia del Estado Mayor del V Cuerpo de Ejército, de la detención-desaparición y muerte de Darío Rossi, Alicia Pifarré, Susana Mujica, Jorge Asenjo, Miguel Pincheira, Pablo Fornazari y Javier Seminario Ramos entre otros 12 homicidios. La Justicia lo procesó por su participación en 59 privaciones ilegales de la libertad, 41 tormentos y 2 lesiones graves. Por la función que desempeñó fue informado diariamente acerca de las detenciones que se practicaban dentro de la Zona de Seguridad número 5. Participaba en las reuniones donde se decidía el destino de los detenidos-desaparecidos.

Teniente coronel Juan Amelong. Responsable de la detención-desaparición de Raquel Negro (embarazada) y de su hijo así como del secuestro y torturas a Adriana Arce. Jefe de Operaciones (secuestros) y torturador del destacamento de Inteligencia 121 (Rosario). Se desempeñó en los CCD "Granadero Baigorria", "Quinta de Funes" y "Fábrica Militar Ovidio Lagos".

Coronel César Anadón. Procesado por los delitos cometidos como jefe del destacamento de Inteligencia 141 y jefe del CCD "La Perla". Está en actividad.

Mayor Alfio Annino. Procesado por una privación ilegal de la libertad, un tormento y un homicidio.

Mayor José Anselmo Appelhans. Procesado por su responsabilidad en los traslados de detenidos desde la U 1 de Paraná.

Capitán Jorge Humberto Appiani.

Cabo primero Juan Carlos Arena.

Oficial Luis Francisco Armocida.

Teniente Coronel Antonio Arrechea. Procesado por su participación en delitos cometidos como jefe de Zona Sur, en la represión en la provincia de Tucumán. Fue nexo entre el Destacamento de Inteligencia 142 y el CCD "Jefatura de Policía de Tucumán".

Roberto Hugo Aspitía. Procesado por los delitos cometidos en el CCD "D 2 Córdoba".

Teniente de fragata Alfredo Ignacio Astiz. Torturó entre otros a Carlos Lordkipanidse, Lázaro Gladstein, Carlos García, Amalia Larralde y a los familiares de detenidos-desaparecidos secuestrados en la iglesia de Santa Cruz. Estaba procesado por 18 delitos cometidos como oficial de Operaciones del GT 3.3.2. Algunos de sus apodos eran "Cuervo", "Ángel", "Rubio" y "Gonzalo" y su sosías Alberto Escudero. Fue quien se infiltró en el grupo de familiares de desaparecidos que se reunía en la iglesia de Santa Cruz, que en diciembre de 1977 fue secuestrado y que aún se encuentra desaparecido; entre ellos está la fundadora de Madres de Plaza de Mayo Azucena Villaflor. Participó en el "traslado" de las monjas francesas Alice Domon y Leonnie Duquet que continúan desaparecidas. Antes de que se le aplicara la ley de Obediencia Debida, eludió por prescripción la condena judicial por el secuestro de Dagmar Hagelin a quien hirió por la espalda e introdujo luego en el baúl de un automóvil.

Coronel José Roberto Astorga. Procesado por el secuestro de una persona de apellido Montoya.

Ayudante primero de Prefectura Naval Juan Antonio Azic. Procesado por cuatro delitos cometidos en su actuación como oficial de Inteligencia del GT 3.3.2. Torturador entre otros de Carlos Lordkipanidse, del hijo de éste de veinte días de edad, de Víctor Fatala y Lázaro Gladstein. Actuó bajo los siguientes seudónimos: "Claudio", "Fredy" y "Piraña". Está en actividad.

Ramón Oscar Balcaza.

Teniente Coronel Carlos Alberto Barbot. Procesado por los delitos cometidos durante su actuación como Jefe del Regimiento número 8 de Infantería "General O'Higgins" y, como tal, responsable del Área 531.

Contraalmirante Humberto José Barbuzzi. Procesado por su responsabilidad en la represión ilegal durante su desempeño al frente de la Secretaría General Naval (desde enero de 1976 hasta noviembre de 1977); por haber sido Jefe de Operaciones Navales del Estado Mayor General Naval y Jefe de la Fuerza de Tareas número 3, (desde enero hasta diciembre de 1980) y haberse desempeñado como Jefe del Comando Naval (desde diciembre de 1977 hasta enero de 1979). La Corte Suprema de Justicia lo desprocesó, el 29 de marzo de 1988, en aplicación de la ley de obediencia debida.

Subteniente Barreiro.

Mayor Ernesto Barreiro. Jefe de torturadores de "La Perla". Participó en asesinatos y secuestros y en la operación de encubrimiento montada ante la Cruz Roja Internacional; en aquella oportunidad le comentó a los detenidos que (aquí (los prisioneros) están vivos, pero para el resto del mundo están muertos". Actuó bajo los siguientes seudónimos: "Hernández", "Rubio", "Gringo" y "Nabo". Desencadenó los episodios golpistas de Semana Santa en abril de 1987.

Sargento Barrera. Fue integrante del campo de concentración de "La Perla".

Comisario Víctor David Becerra. Procesado por los delitos cometidos como jefe de Informaciones y torturador del CCD "Jefatura de Policía de San Luis". Participó en las torturas a Mirtha Gladys Rosales Vergés, Alfonso, Olivera, Correa, Chacón, Alcaraz, Garraza, Montoya y Ledesma y en el homicidio de Graciela Fiocchetti.

Lucas Gumersindo Belich. Procesado por los delitos cometidos como integrante del CCD "Pozo de Quilmes".

Laureano Bengolea. Procesado por su actuación en el CCD "D 2 Córdoba".

Capitán José Tadeo Betoli.

Coronel Norberto A. Bianco. Procesado por dos privaciones ilegales de la libertad como jefe del CCD "Hospital Campo de Mayo".

Agente Rosa Susana Bidinosa. Procesada por su actuación en la zona de seguridad 2.

General de brigada Reynaldo Benito Bignone. Procesado como responsable de siete privaciones ilegítimas de la libertad, entre ellas las de los soldados conscriptos Daniel García y Luis Steimberg, y tres tormentos. Fue el jefe del Área 480 y de los CCD "Campo de Mayo" y "Colegio Militar". Fue, además, el último presidente de facto de la dictadura militar.

Oficial de Policía de la provincia de Buenos Aires Gustavo Boccalaro. La Justicia lo procesó por una privación ilegal de la libertad, un tormento y un homicidio, cometidos durante su actuación en el CCD "Delegación de la Policía Federal en Viedma".

Subinspector de la Policía de San Luis Celso Borzalino. Procesado por los tormentos aplicados a Rosales, Vergés y Ponce de Fernández.

Comisario Juan Carlos Borzolino. Procesado por torturador del CCD "Delegación de la Policía Federal en San Luis". Entre sus víctimas se encontró Mirtha Gladis Rosales.

Teniente Coronel Antonio Bossio. Procesado por delitos cometidos en

San Nicolás, provincia de Buenos Aires.

Mayor Juan Mario Bruzzone. Procesado por cuatro privaciones ilegales de la libertad, cuatro tormentos y seis homicidios.

Sargento ayudante José Buceta.

Comisario Ramón Bustos. Responsable del CCD "Brigada de Investigaciones de San Justo", donde estuvieron secuestrados entre el 1 y el 21 de septiembre de 1977 Jorge Antonio Catanese y Narciso Agüero. Se encontraba procesado por la detención-desaparición de Agüero entre otros.

Comisario mayor Lucio Caballero. Procesado por torturador del CCD "Brigada de Investigaciones de Resistencia", Chaco.

Agente Roque Agustín Caballero.

Oficial Juan Facundo Cabrera. Procesado por delitos cometidos en La Rioja.

Comisario Luis Cadierno. Procesado por una privación ilegal de la libertad, un tormento y un homicidio.

Oficial de la Policía de San Luis Luis María Calderón. Procesado por participar en los secuestros de Olivera y Correa y por actuar como torturador en el CCD "Jefatura de San Luis".

Oficial de la Policía Federal Daniel Calegari. Actuó en Mendoza. Participó en los asesinatos de Francisco Urondo, Héctor Brizuela, Alberto Molina y Marta Agüero. Estaba imputado en el secuestro de Zárate.

Oficial Víctor Daniel Camargo. Procesado por torturar a Montoya.

Coronel Juan Carlos Camblor. Procesado por quince privaciones ilegítimas de la libertad y un homicidio, cometidos mientras fue jefe del Área de Seguridad 410 (partidos de Escobar, Tigre y General Pacheco, provincia de Buenos Aires).

Suboficial Juan Carlos Camicha.

Coronel Rodolfo Aníbal Campos. Procesado por su actuación como subjefe de la policía de Buenos Aires en decenas de delitos.

Coronel Pedro Canevaro. La Cámara Federal de Rosario lo había excluido del beneficio de la ley de Obediencia Debida, por los delitos cometidos como Jefe de un Área dependiente de la Zona 2. La Corte Suprema de Justicia lo desprocesó, en aplicación de la ley de Obediencia Debida.

Integrante del Ejército Jorge Eduardo Cano.

Miguel Ángel Capobianco.

Sargento Antonio Héctor Caravante.

Agente Hugo Roberto Caravante.

Teniente Eduardo Daniel Cardozo. Procesado por haber participado en los secuestros de Escamez, Garay y Gonil.

Capitán de corbeta Carlos Raúl Carell. Cumplía prisión preventiva por la comisión de cinco delitos cometidos durante su actuación como oficial de Inteligencia del GT 3.3.2, entre ellos, la aplicación de torturas a los prisioneros. Actuó bajo los seudónimos de "Palanca" y "Juan".

Coronel José Segundo Dante Caridi. Procesado por un homicidio cometido mientras era jefe del Área 440 (Partido de San Fernando, provincia de Buenos Aires). Además fue jefe de la Agrupación de Artillería de Defensa 601, con asiento en Mar del Plata, donde funcionó un CCD. Responsable de la muerte a consecuencia de torturas del conscripto Mario Daniel Palacio, de 18 años, ocurrida el 24 de abril de 1983 mientras cumplía el servicio militar obligatorio en la Escuela de Artillería "Eduardo Lonardi" de la que Caridi era director. Ocupó la jefatura del Ejército durante la presidencia de Alfonsín.

Suboficial Miguel Ángel Carranzana.

Suboficial segundo de Prefectura Jorge Carrió. Procesado por los delitos que cometió como integrante del Arsenal Naval Zárate.

General de Brigada Abel Teodoro Catuzzi. Fue procesado por la comisión de 48 delitos cometidos mientras actuó como Jefe de la Subzona 51. Por ocupar este cargo, entre febrero de 1977 y septiembre de 1979, fue responsable de los CCD "Base Naval de Puerto Belgrano" y la "Escuelita de Bahía Blanca". También se desempeñó como Jefe de la Zona 5, entre septiembre y diciembre de 1979, por lo que tuvo bajo su control el accionar represivo ilegal en las provincias de Neuquén, Río Negro, Chubut y Santa Cruz y en los partidos bonaerenses de Adolfo Alsina, Guaminí, Coronel Suárez, Saavedra, Puán, Tornquist, Coronel Pringles, González Chávez, Coronel Dorrego, Tres Arroyos, Villarino, Bahía Blanca y Patagones. Fue desprocesado por la Corte Suprema de Justicia, el 24 de junio de 1988, por aplicación de la ley de Obediencia Debida.

Comisario General de la Policía del Chaco Wenceslao Ceniquel. Procesado por los delitos cometidos como jefe de los CCD "Jefatura de Policía de Chaco" y "Brigada de Investigaciones de Resistencia", entre ellos la aplicación de torturas a los prisioneros.

Principal de la Policía de La Pampa Néstor Cenizo. Responsable del secuestro y/o tortura de Hermes Accatoli, Julio Álvarez, Zulema Arizu, Barabaschi, Clemente Bedis, Samuel Berton, Avelino Cisneros, Hadad, Dardo Horacio Hernández, Julián Flores, Roberto Gil, Dully Girard y Olga Juárez de un total de veinte víctimas. Por estos delitos, cometidos durante su actuación en el CCD "Comisaría 1 de Santa Rosa", La Pampa, cumplía prisión preventiva rigurosa.

General de Brigada Arturo Gumersindo Centeno. Procesado por los delitos cometidos como Jefe del Área de Seguridad 311, entre enero de 1977 y diciembre de 1978, y como tal responsable de los CCD "La Perla", "Malagueño", "La Ribera", "D-2 de la Policía de Córdoba" y de los que funcionaban en dependencias de la Unidad Penitenciaria 1 de Córdoba y en el Hospital Militar de Córdoba. La Corte Suprema de Justicia lo desprocesó el 11 de mayo de 1988, en aplicación de la ley de obediencia debida.

Subcomisario de la Policía Federal Ubaldo Renato Cerizola. La justicia lo procesó por la aplicación de tormentos a Mirtha Gladys Rosales.

Mayor Carlos María Cerrillos.

Teniente coronel Jorge A. Chanfreu. Procesado por los delitos cometi-

dos como jefe del Área 531 (Comodoro Rivadavia, provincia de Chubut).
Comisario inspector Ricardo Chedro. Procesado por torturador del CCD "Brigada de Resistencia" (Chaco).
Oficial de la Policía de la Provincia del Chaco Emilio Chejolán. Procesado por haber sido integrante del CCD "Brigada de Investigaciones de Resistencia" (Chaco). Participó del traslado de Nora del Valle Giménez.
Carmelo Cirella. Procesado por su participación en los asesinatos de Francisco Urondo, Alberto Molina y Marta Agüero, entre otros.
Oficial Paulino Zenón Cobresic. Procesado por delitos cometidos en La Rioja.
Coronel José Segundo Conde. Procesado por una privación ilegítima de la libertad.
Comisario general Roberto Esteban Constantino. Responsable del secuestro y/o tortura de Hermes Accatoli, Julio Álvarez, Zulema Arizu, Barabaschi, Clemente Bedis, Samuel Berton, Avelino Cisneros, Hadad, Julián Flores, Roberto Gil, Dully Girard y Olga Juárez de un total de veinte víctimas. Todos estos delitos fueron cometidos mientras se desempeñó como jefe de la Unidad Regional 1 de La Pampa.
Capitán Raúl Jorge Corleti.
Capitán Juan Carlos Coronel. Procesado por su participación en el secuestro y robo contra García Tosorato, Mazziteli, Blardone, Scadding y Olivencia. Fue ascendido en 1990.
Coronel Eduardo O. Corrado. Procesado como responsable de un homicidio y siete privaciones ilegales de la libertad como jefe del Área 420 (partido de San Isidro, provincia de Buenos Aires).
Cabo de Policía de provincia de Buenos Aires Norberto Cozzani. La Cámara Federal lo condenó a cuatro años de prisión por haber torturado a Lidia Papaleo de Graiver, Juan e Isidoro Graiver y Cristina Fanjul. Actuó como colaborador directo del general retirado Ramón J. Camps.
Oficial inspector de Policía Federal Hugo Ricardo Cremonte. Secuestrador de Ponce de Fernández.
Coronel Jorge Raúl Crespi. Procesado por 52 delitos cometidos como responsable del CCD "Vesubio" e integrante del Regimiento 3 de Infantería en La Tablada donde se centralizaban las informaciones arrancadas bajo tortura de las subzonas 1 y Capital.
Suboficial Santiago Cruciani. Procesado por su participación en 65 privaciones ilegales de la libertad, 65 torturas y 26 homicidios y dos lesiones graves. Actuó bajo el apodo de "El Tío" y su sosías era "Mario Mancini".
Oficial de la Policía Federal Eduardo Ángel Cruz. Actuó en la represión ilegal como secuestrador en la Fuerza de Tareas Especiales 1. Encubría su identidad bajo los seudónimos de "Eduardo" y "Cramer". Fue el jefe del operativo de secuestro de Alfredo Giorgi. En 1978 se desempeñó como jefe de vigilancia del Banco Nación. Se hallaba prófugo en la causa Giorgi. La Corte Suprema de Justicia lo desprocesó por aplicación de la ley de Obediencia Debida.

Capitán de fragata Luis N. D'Imperio. La Justicia reunió suficientes pruebas para procesarlo por la comisión de veinticinco delitos, entre los que se
incluyeron la aplicación de tormentos a los prisioneros, durante su actuación como jefe del GT 3.3.2. Responsable de los secuestros del
guardiamarina Mario Galli y la familia Villaflor. Actuaba bajo el seudónimo de "Abdala". Está en actividad.

Coronel Rodolfo Lucio Dapeña. Procesado por cuatro privaciones ilegales de la libertad y cuatro torturas.

General de brigada Naldo Miguel Dasso. Jefe del Área 225 (Concordia,
Entre Ríos) y del CCD "Regimiento 6 de Tiradores de Caballería Blinda-
da", que funcionaba en la unidad homónima con asiento en Concordia.
Responsable de las desapariciones del conscripto Jorge Emilio Papetti y de
Julio Alberto Solaga Waigel y encargado de hablar con los familiares que
reclamaban por los desaparecidos.

Coronel Sergio E. Dattellis. Procesado porque se lo encontró responsable de haber participado en nueve homicidios cometidos mientras era subjefe
del Área 420 (partido de San Isidro, provincia de Buenos Aires).

Prefecto del Servicio Penitenciario Federal Gabino Rafael De Carlo. Procesado por una privación ilegal de la libertad y cuatro torturas, cometidas
en la Unidad Penitenciaria Federal número 1 de Neuquén.

Mayor Gabriel De Cesaris. Procesado por delitos cometidos en La Rioja.

Comisario de la Policía Federal Ricardo Norberto De María. Procesado por haber torturado a los prisioneros Mirtha Gladis Rosales, Vergés y
Ponce de Fernández en el CCD "Delegación de la Policía Federal de San
Luis", que se hallaba bajo su responsabilidad por ocupar el cargo de jefe de
la mencionada delegación.

Coronel Rafael Benjamín De Piano. Fue subjefe de la Subzona 53, durante 1976, y jefe de Operaciones del V Cuerpo, a partir de enero de 1977.
Por desempeñarse en el primer cargo, tuvo responsabilidad en el CCD que
funcionó en la Unidad Penal 6 de Rawson. Por ocupar el segundo cargo,
fue el responsable de los secuestros cometidos en la jurisdicción de la Zona
5. Estaba procesado por cuatro privaciones ilegales de la libertad, cuatro
torturas y cuatro homicidios.

Juan Antonio Del Cerro. Cumplía prisión por torturador y secuestrador
de Adriana Marandet, Roxana Giovannoni, Teresa Israel, Carmen Aguiar
de Lapacó, Alejandra Lapacó, Marcelo Butti Arana, Alejandro Aguiar, María
del Carmen Reyes, María Valoy de Guagnini y Rafael Beláustegui entre un
total de sesenta personas, muchas de las cuales continúan desaparecidas.
Bajo el apodo "Colores" secuestró y torturó en y desde los campos de concentración "Club Atlético", "El Banco", "Olimpo" y "ESMA". Entre las
decenas de sus víctimas se encuentra Gilberto Renguel Ponce, a quien secuestró luego de golpearlo salvajemente, a pesar de ser un lisiado, el 7 de
diciembre de 1978 en la estación ferroviaria de Ciudadela. Participó del
secuestro de Gertrudis Hlaczik de Poblete y de su hijita de ocho meses; la
primera fue vista en el "Olimpo", pero al llegar al CCD su hija no estaba

con ella. Decía ser profesor de la Universidad Católica Argentina (UCA) e ingeniero electrónico. Este criminal que poseía documentos falsos a nombre de Del Valle, se ufanaba de haber inventado una picana que no dejaba marcas.

Coronel Roberto Carlos Del Hoyo.

Mayor Hugo Jorge Delme. Procesado por haber participado en 13 homicidios, 30 torturas y 35 privaciones ilegales de la libertad.

Capitán Demarchi.

Comisario Víctor Hugo Dengra. Por una privación ilegal de la libertad se encontraba bajo proceso.

Comisario de policía Ambrosio Di Cocca. Procesado por delitos cometidos en la ciudad de Pergamino, provincia de Buenos Aires.

Teniente de Navío Adolfo Miguel Donda. Torturó con picana eléctrica a Ana María Testa, Víctor Fatala, Carlos Lordkipanidse, Arturo Barros, Lázaro Gladstein, Amalia Larralde, Ángel Strazzeri, Andrea Bello y María Bernst. Cumplía prisión preventiva rigurosa por la comisión de 17 delitos como oficial de Operaciones del GT 332, entre los que se encuentran su participación en secuestros –por ejemplo, el de la diplomática Elena Holmberg, ocurrido en diciembre de 1978 y cuyo cadáver apareció luego en aguas del río Luján–. Actuó bajo los seudónimos de "Palito", "Jerónimo", "Pellegrino", "Ribes", "Libstein" y "Solía". Está en actividad.

Coronel Alberto Durán Sáenz. Fue procesado por su responsabilidad, como jefe del "Vesubio", en los homicidios en simulacro de enfrentamiento de María Bernat, Julián Bernat, Luis De Cristofaro, Daniel Ciuffo, Catalina de Ciuffo, Rodolfo Goldin, Elizabeth Kasserman, Luis Gemetro, Julio Gombini, Esteban Adriani, Luis Fabri, Norberto Martínez y otras cinco personas sin identificar. Responsable además de la detención-desaparición y torturas de Atilio Maradei, Pablo Stasiuk, Gabriel García, Ofelia Cassano, Elena Alfaro, Héctor Germán Oesterheld, Graciela Moreno, Marcelo Guinar y Jorge Farías, de un total de 47 víctimas. Actuó bajo los apodos de "Delta" y "Gama".

Sargento principal Hugo Díaz. Se desempeñó bajo el apodo de "H.B." como torturador entre 1976 y 1979 en los campos de concentración "La Perla" y "La Ribera" en la provincia de Córdoba. Luego de torturar de un modo brutal a Eduardo Tognoli a quien llamaban "Juan", a la tortura comenzaron a llamarla "pegar una juaneada". Asesinó mediante torturas al secuestrado Alejandro Monjeau. Como parte de su "especialización" organizó un curso en el Tercer Cuerpo donde se torturaban entre torturadores y además siguió un curso de "ranger" en los Estados Unidos.

Coronel Lorenzo Equioiz. Fue procesado por dos privaciones ilegales de la libertad.

Prefecto del Servicio Penitenciario Sergio Escandelo.

Sargento principal Espinoza. Procesado por haber actuado como jefe de guardias de "La Perla".

Coronel Jorge Luis Espósito. Fue jefe del Área 410 (partidos de Tigre,

General Pacheco y Escobar, provincia de Buenos Aires), por lo que tuvo responsabilidad en los delitos cometidos durante la represión ilegal en su jurisdicción. La Justicia lo había procesado por una privación ilegal de la libertad.

Capitán de fragata Horacio Pedro Estrada. Antes de ser beneficiado con la ley de obediencia debida, estuvo prófugo de la justicia. Se le imputaron 25 delitos cometidos durante su actuación como jefe del GT 332. Participaba en las torturas. Intervino en la confección de dos pasaportes falsos para Licio Gelli. Actuó bajo el apodo de "Humberto".

Comisario General de Policia de la provincia de Buenos Aires Miguel Etchecolatz. Fue condenado por la Cámara Federal a 23 años de prisión por encontrárselo responsable de 91 tormentos cometidos durante su actuación como director general de Investigaciones de la policía bonaerense; en virtud del cargo que detentaba, fue responsable de 21 CCD que funcionaron en la mencionada provincia, en los que fue visto reiteradamente.

Mayor Enrique Fader.

Agente Ramón Oscar Falcasa.

Teniente Coronel Rubén Fariña. Responsable de la detención-desaparición de Raquel Negro (embarazada) y de su hijo, así como del secuestro y torturas a Adriana Arce. Jefe de Operaciones (secuestros) y torturador del Destacamento de Inteligencia 121 (Rosario) y como tal se desempeñó en los CCD "Granadero Baigorria" (conocido también como "La Calamita"), "Quinta de Funes" y "Fábrica Militar Ovidio Lagos". Sus apodos eran "Sebastián" y "Comandante Pablo".

Mayor Luis Alberto Farías Barrera. Procesado por 10 homicidios, 28 torturas y 35 privaciones ilegales de la libertad.

Prefecto Héctor Antonio Febres. Torturó con picana eléctrica y palazos a Víctor Basterra, María Pilar Imaz de Allende, Ángel Strazzeri, Thelma Jara de Cabezas, Nilda A. Goretta, Oscar Degregorio y a las monjas francesas Alice Domon y Leonie Duquet; participó en el traslado de las dos últimas, que continúan desaparecidas. Estuvo a cargo del operativo en el que se regresó a la ESMA a un grupo de prisioneros que habían sido llevados a un CCD que funcionaba en una isla del Tigre, para ocultarlos de la visita de la Comisión Interamericana de Derechos Humanos de la OEA. Cumplía prisión preventiva rigurosa por un total de 23 delitos cometidos durante su actuación como oficial de Inteligencia del GT 3.3.2; era responsable de los partos de las prisioneras; en una oportunidad, en marzo de 1978, le hizo escribir una carta a sus padres a Alicia Elena Alfonsín de Cabandie, quien continúa desaparecida, antes de separarla de su bebé recién nacido. Actuó en la represión bajo los siguientes apodos: "Daniel", "Selva", "Orlando" y "Gordo". En la actualidad, fue destinado a Concordia, provincia de Entre Ríos, donde el pueblo y el Concejo de Deliberantes lo declararon persona no grata.

Comisario general de la Policía Federal Oscar Fenochio. Procesado por los secuestros de Cirella, Ponce de Sgatoni, Seydel, Blanco Fernández y Doll de Castorino, realizados cuando era jefe de la Delegación de la Policía Federal en Mendoza.

Comisario Faustino Fereondo.

Policía de Santa Fe Julio Héctor Fermoselle. Se encontraba procesado por delitos en el CCD "Jefatura de Policía de Rosario".

Subcomisario Armando Osvaldo Fernández. Participó en los asesinatos de Francisco Urondo, Héctor Brizuela, Alberto Molina y Marta Agüero. También fue imputado por el secuestro de Seydel.

Faustino Fernández.

Coronel Miguel Ángel Fernández Gez. Procesado por los delitos cometidos como jefe del Área 333, cuya jurisdicción comprendía la provincia de San Luis, por lo que fue responsable de los CCD "Delegación de la Policía Federal en San Luis" y "Jefatura de San Luis", como así también del accionar delictivo del personal de las Fuerzas Armadas y de Seguridad, en la mencionada provincia. Entre estos delitos se encuentran los secuestros de Rosales, Vergés, Olivera, Alfonso, Chacón, Agüero, Fernández, Alcaraz, Garraza, Leyes, Pérez y Ledesma y el homicidio de Graciela Fiocchetti.

Coronel Rodolfo C. Feroglio. Desde abril de 1976 hasta enero de 1977, fue el Jefe del Área 430, cuya jurisdicción comprendía el partido bonaerense de San Martín. Es decir, que los delitos cometidos, en el mencionado partido, por personal civil y militar, en el marco del Terrorismo de Estado, estuvieron bajo su control. Estaba procesado por cinco privaciones ilegales de la libertad.

Oficial del Ejército Rubén Ferreti.

Comisario Inspector Pedro A. Ferrioli. Procesado por los delitos cometidos mientras integró el CCD "Brigada de Investigaciones de La Plata".

Coronel Enrique Carlos Ferro. Responsable de tormentos con picana eléctrica y golpes aplicados a Guillermo Pages Larraya, Cristina Magdalena Carreño Araya, Santiago Villanueva, Mario Osvaldo Romero, Daniel Toscano y Victoria Claudia Poblete (de 8 meses de edad), quienes continúan detenidos-desaparecidos, y de la tortura y violación de Nora Bernal. Estaba procesado por 111 delitos, cometidos como jefe de "El Banco", "Olimpo" y "Club Atlético". Decidía el destino de los prisioneros. Actuó bajo el apodo de "El Francés".

Coronel Raúl Fierro. Procesado por haber cometido numerosos delitos durante su actuación como jefe de Inteligencia de III Cuerpo de Ejército, entre ellos, haber torturado a prisioneros en "La Perla" y "La Ribera". En este último CCD torturó al padre Weeks y a cinco seminaristas, entre otros. Está en actividad.

Comisario inspector Roberto O. Fiorucci. Responsable del secuestro y tortura de veinte personas, entre los que se encuentran Hermes Accatoli, Julio Álvarez, Zulema Arizu, Barabaschi, Clemente Bedis, Samuel Berton, Avelino Cisneros, Hadad, Julián Flores, Roberto Gil, Dully Girard y Olga Juárez. Por estos delitos, cometidos como jefe de Informaciones en la Unidad Regional 1 de La Pampa, se hallaba en prisión preventiva rigurosa.

Mayor Horacio J. Fleurquin. Procesado por una privación ilegal de la libertad.

Sargento primero Calixto Luis Flores.

Suboficial José Luis Forcheto. Procesado una por privación ilegal de la libertad.

Comisario de la Policía Federal Vicente Antonio Forchetti. Procesado por seis privaciones ilegales de la libertad y tres torturas como jefe de la Delegación de la Policía Federal en Viedma y como tal, responsable del CCD que allí funcionaba. Actuó en secuestros y traslados de prisioneros, entre ellos el de Chironi en diciembre de 1976.

Osvaldo Forese. Secuestrador y homicida de los ex legisladores uruguayos Zelmar Michelini, Héctor Gutiérrez Ruíz, William Whitelaw y Rosario Barredo de Schroeder. Secuestrador y torturador del CCD "Automotores Orletti"; entre sus víctimas se cuentan Enrique Rodríguez Larreta (h), Sergio López Burgos, Sara Méndez Lompodio y Margarita Michelini. Se hallaba prófugo y acusado de cometer 34 delitos. Actuó bajo los apodos de "Paqui" y "El Oso Paqui" y el sosías de "Roberto Villa Hinojosa".

Mayor Claudio Alberto Franco. Procesado por su participación en los secuestros de Rosales, Chacón, Agüero y Ledesma y en el homicidio de Graciela Fiocchetti y por haber torturado a prisioneros en el CCD "Jefatura de Policía de San Luis".

Comisario Domingo Manuel Fritz. Procesado por una privación ilegal de la libertad.

Gendarme Carlos Alberto Gamberale.

Coronel Héctor Humberto Gamen. Cumplía prisión preventiva por gravísimos delitos entre los que se encuentra el secuestro, estaqueamiento, aplicación de picana eléctrica en la vagina y dientes y quemaduras de cigarrillos, entre otros a Alicia Aurora Barrenat de Martínez. Responsable como subjefe de Subzona 11 de los homicidios en simulacro de enfrentamiento de María Bernat, Julián Bernat, Luis De Cristófaro, Daniel Ciuffo, Catalina de Ciuffo, Rodolfo Goldín, Elizabeth Kasserman, Luis Gemetro, Julio Gombini, Esteban Adrián, Luis Fabri, Norberto Martínez y otras seis personas sin identificar. Responsable además de la detención-desaparición y torturas de 34 personas, entre las que se encuentran Atilio Maradei, Pablo Stasiuk, Gabriel García, Ofelia Cassano, Elena Alfaro, Héctor Germán Oesterheld, Graciela Moreno, Marcelo Guinar y Jorge Farías.

Inspector General Ramón Andrés Gandola. Procesado por su actuación como subjefe de la Policía de Chaco y el subjefe del CCD "Jefatura de Policía de Chaco".

Comisario Julio César Garachio. Procesado por la desaparición de Patricia Huchansky y Carlos Simón quienes fueron vistos en el CCD "Comisaría 5 de La Plata", del cual era responsable.

Comisario de Policía de Santiago del Estero Miguel Garbi Medina. Torturador del CCD "Brigada de Investigaciones de Resistencia" (Chaco).

Brigadier Mayor Juan A. García. Procesado por cuatro delitos cometidos mientras fue el responsable del campo de concentración "Mansión Seré".

General de División Osvaldo José García. Procesado por nueve privaciones ilegales de la libertad. Durante 1976 fue el Jefe del Área 450, que abarcaba el partido bonaerense de Vicente López, por lo que fue el responsable de los CCD "COT I Martínez" y del que funcionó en la Comisaría d e Villa Martelli. A partir de enero de 1978 fue el Jefe del Área 480, cuya jurisdicción comprendía el partido de Tres de Febrero, provincia de Buenos Aires. Fue desprocesado por la Corte Suprema de Justicia, el 23 de junio de 1988, por aplicación de la ley de Obediencia Debida.

Contralmirante Manuel Jacinto García Tallada. Procesado por los delitos cometidos mientras actuó como Jefe del Estado Mayor del Comando de Operaciones Navales y como Jefe de Operaciones del Estado Mayor General Naval, cargo este último que ocupó desde junio hasta diciembre de 1977 y en virtud del cual fue, paralelamente, Jefe de la Fuerzas de Tareas 3. Fue desprocesado el 29 de marzo de 1988, por la Corte Suprema de Justicia, en aplicación de la ley de Obediencia Debida.

Comisario General Eduardo Gargano. Se desempeñó como Jefe de la Dirección General de Seguridad de la Policía de la provincia de Buenos Aires, de quien dependía el CCD "Pozo de Banfield".

Cabo de la policía Juan Amador Garro. Actuó desde el CCD "Jefatura de Policía de San Luis". Participó de los secuestros de Vergés, Olivera, Alfonso y Aguirre.

Coronel Julián Gazari Barroso. Actuó como Jefe de un Área dependiente de la Zona 2. Se hallaba procesado por los delitos cometidos en tal cargo.

Subcomisario Oscar Francisco Genicelli.

Coronel Miguel R. Gentil.

Comisario General Néstor Fernando Gené. Procesado por su actuación en la represión ilegal como jefe de la Dirección General de Seguridad de la Jefatura de la Policía bonaerense. Como tal tuvo responsabilidad en los siguientes CCD: "Pozo de Quilmes", "Banco", "Comisaría de Villa Martelli", "Brigada de Investigaciones de San Nicolás", "Comisaría 4 de Mar del Plata", "Arana", "Comisaría 5 de La Plata", "Comisaría 8 de La Plata", "Comisaría 3 de Morón", "Brigada de Investigaciones de La Plata", "Destacamento en Batán, Mar del Plata", "Sheraton", "Guardia de Infantería de Policía de Buenos Aires, en La Plata", "COT I Martínez", "Comisaría de Tigre", "Comisaría de Zárate", "Pozo de Banfield", "Brigada de Investigaciones de Las Flores", "Puesto Vasco" o "Subcomisaría de Don Bosco" y "Brigada de Investigaciones de San Justo".

Prefecto Juan Carlos Gerardi. Procesado por una privación ilegal de la libertad cometida durante su actuación en la Prefectura Naval en el Tigre.

Policía de Santa Fe Héctor Gianola. Integrante del CCD "Jefatura de Policía de Rosario".

Pedro Godoy. Se hallaba prófugo de la justicia que lo requería para que compareciese por diez delitos cometidos en los CCD "Club Atlético", "El Banco" y "Olimpo". Encargado del registro de traslados de prisioneros.

Actuó bajo el apodo de "Calculín".

Subinspector Oscar Francisco Gontero. Procesado por haber sido integrante del CCD "D 2 Córdoba".

Coronel Alberto González. Procesado por dos privaciones ilegales de la libertad.

Coronel Constantino Francisco González.

Policía de Santa Fe Daniel González.

Cabo Enrique González.

Comisario de la Policía Federal Jorge Ramón González. Procesado por tres tormentos.

Capitán José Carlos González. Jefe del grupo secuestrador de las personas que eran llevadas a "La Perla". Integró el Comando Libertadores de América. Actuó bajo los apodos de "Juan XXIII", "Monseñor" e "Ingeniero Quiroga".

Brigadier Juan Carlos González.

Comisario mayor Juan Manuel González. Procesado por su actuación en la represión ilegal como jefe de Inteligencia del CCD "Pozo de Banfield", en el que estuvieron secuestradas, entre otras personas que continúan desaparecidas, Cristina Lucía Marrocco (quien aborta a raíz de las torturas padecidas), María Asunción Artigas de Moyano (quien dio luz una niña), y Verónica Leticia y su esposo, Alfredo Moyano.

Capitán Marcelo Eduardo González. Responsable del secuestro de Vergés, como integrante del CCD "Jefatura de Policía de San Luis".

Comisario Oscar A. González. Procesado por una privación ilegal de la libertad.

Comisario General Rodolfo González Conti. Procesado por los delitos cometidos durante su actuación –desde enero de 1977– como jefe de la Dirección de Seguridad de la Jefatura de la Policía de la provincia de Buenos Aires. Por desempeñarse en este cargo tuvo responsabilidad en los siguientes CCD: "Pozo de Quilmes", "Banco", "Comisaría de Villa Martelli", "Brigada de Investigaciones de San Nicolás", "Comisaría 4 de Mar del Plata", "Arana", "Comisaría 5 de La Plata", "Comisaría 8 de La Plata", "Comisaría 3 de Morón", "Brigada de Investigaciones de La Plata", "Destacamento en Batán Mar del Plata", "Sheraton", "Guardia de Infantería de Policía de Buenos Aires, en La Plata", "COT I Martínez", "Comisaría de Tigre", "Comisaría de Zárate", "Pozo de Banfield", "Brigada de Investigaciones de Las Flores", "Puesto Vasco" o "Subcomisaría de Don Bosco" y "Brigada de Investigaciones de San Justo".

Mayor Arturo Félix González Naya. Responsable del CCD "Jefatura de Policía de Tucumán" cuando se desempeñaba como jefe del Departamento de Investigaciones de dicha policía.

Teniente Coronel Enrique Hernán González Roule.

General de División Eugenio Guañabens Perelló. Por su actuación como Jefe del Área 470, que comprendía el partido de General Sarmiento, provincia de Buenos Aires, se encontraba procesado en la causa del Comando de Institutos Militares, ya que no se había beneficiado con la ley de Obediencia Debida, cuando ésta se dictó. La justicia lo había procesado por doce privaciones ilegales de la libertad, un homicidio y un tormento. Fue exculpado por la Corte Suprema de Justicia, el 23 de marzo de 1988, por la ley de Obediencia Debida.

Coronel Oscar Pascual Guerrieri. Responsable de la detención-desaparición de Raquel Negro (embarazada) y de su hijo, así como de los numerosos delitos cometidos en los CCD "Granadero Baigorria" (conocido como "La Calamita") y "Quinta de Funes". Su apodo era "Jorge Roca".

Héctor Hugo Guggia.

Raúl Antonio Guglielminetti. Procesado por delitos posteriores al terrorismo de Estado. Por su actuación durante la dictadura cumplía prisión por imputársele 24 delitos vinculados a la causa del I Cuerpo. Actuó en los CCD "El Banco", "Olimpo", "Superintendencia de Seguridad Federal" y "Garage Azopardo", desarrollando tareas de inteligencia y convirtiendo en dinero los bienes robados por los grupos operativos durante los secuestros. Encubría su identidad bajo el apodo de "mayor Guastavino". Cabe recodar que actuó en los servicios de inteligencia del gobierno constitucional durante los primeros años de la democracia.

Oficial Oscar Guillén Rosello. Fue procesado por torturador.

Subcomisario de Policía de San Luis Oscar Antonio Guzmán. Secuestrador de Olivera y Montoya.

Policía de Santa Fe Carlos Gómez. Se encontraba procesado por numerosos delitos por los cuales se lo amnistió, quedando procesado sólo por el de violación.

Miguel Ángel Gómez. Procesado por haber sido integrante del CCD "D 2 Córdoba".

Teniente Coronel Mario Alberto Gómez Arena. Procesado por su participación en 9 homicidios, 36 torturas y 40 privaciones ilegales de la libertad.

Coronel Jorge H. Haddad. Imputado en dos privaciones ilegales de la libertad.

General de división Albano Eduardo Harguindeguy. Ministro del Interior entre marzo de 1976 y marzo de 1981; como tal, responsable mediato sobre los CCD que funcionaron en las delegaciones de la Policía Federal en el interior del país, entre ellas las de Azul, Neuquén, San Luis, Posadas y Corrientes; también sobre los CCD "Garage Azopardo", "Superintendencia de Seguridad Federal", "Club Atlético" y "Olimpo". Diariamente recibía un parte sobre los operativos y secuestros realizados. Estaba imputado en la causa de la Zona de Seguridad 4, por una privación ilegal de la libertad.

Cabo primero Tránsito Roque Heredia.

Coronel Américo Herrera. Fue jefe del Área 440 (partido de San Fernando, provincia de Buenos Aires), por lo que tuvo responsabilidad en el accionar delictivo del personal civil, militar y de seguridad en la jurisdicción del área mencionada. La Justicia lo procesó por un homicidio.

Sargento primero Hugo Herrera Procesado por su actuación en "La Perla" como torturador y subjefe del grupo de secuestradores. Actuó bajo los apodos de "Ferrero", "Tarta" y "Quequeque". Está en actividad.

Sargento José Herrera.

Policía de Santa Fe Ramón Telmo Ibarra.

Coronel Héctor Iglesias. Se desempeñó como jefe del Área 420 (partido de San Isidro, provincia de Buenos Aires), por lo que fue responsable de los delitos cometidos, durante el terrorismo de Estado, en la jurisdicción que estaba bajo su control. La Justicia lo había procesado por un homicidio y en seis privaciones ilegales de la libertad.

Comisario Ernesto Jaig. Procesado por haber sido secuestrador del CCD "Jefatura de Policía de Jujuy".

Coronel Ricardo Jaureguiberry. Procesado por una privación ilegal de la libertad. Fue el jefe del Área 410 (partidos de Pacheco, Tigre y Escobar, provincia de Buenos Aires).

Miguel Kearney. Cumplía prisión preventiva por haber sido integrante del CCD "Arana".

Comodoro Mario Laporta. Procesado por los delitos cometidos como jefe de la Policía de Mendoza y, como tal, responsable de los CCD : "Comisaría 7 de Godoy Cruz", "D-2 Informaciones " y "Comisaría 25 de Guaymallén".

Coronel Jorge Alcides Larrategui. Procesado por delitos cometidos como jefe del Área 233 y responsable de los CCD "Brigada de Investigaciones de Resistencia" y "Alcaldía de Resistencia" (Chaco). Fue torturador del CCD "Jefatura de Policía de Chaco".

Carlos Eduardo Ledesma. Procesado por su participación en los asesinatos de Francisco Urondo, Héctor Brizuela, Alberto Molina y Marta Agüero, entre otros.

Oficial Jorge Linares. Procesado por su participación en los asesinatos de Francisco Urondo, Héctor Brizuela, Alberto Molina y Marta Agüero, entre otros.

Teniente Coronel Enrique Loaldi. Procesado por los secuestros de Rosales y Alfonso, por el asesinato de Graciela Fiocchetti y por haber sido torturador del CCD "Delegación de la Policía Federal de San Luis".

Oficial Loccisano. La Justicia lo había procesado por los delitos cometidos en la represión ilegal en Tucumán.

Oficial de Policía de Santa Fe José Lofiego. Procesado por haber sido jefe de torturadores en el CCD "Jefatura de Policía de Rosario". Integró el grupo "Los Pumas", cuerpo de policía creado para actuar en la represión ilegal. Actuó bajo el apodo de "El Ciego".

Coronel Carlos Alberto Lucena. Procesado por haber sido subjefe del Área 331 (Córdoba capital) y de los CCD que allí funcionaron, así como de los traslados a "La Perla".

Oficial Omar Lucero. Procesado por los secuestros de Olivera, Alfonso y

Correa y por torturar a los prisioneros en el CCD "Jefatura de Policía de San Luis".

Ricardo Luján. Procesado por haber sido torturador y secuestrador de "La Perla". Participó en el asesinato de Marcos Osatinsky. Actuó bajo el apodo de "Yanqui".

Sargento Marcelo Luna.

Coronel Franco Luque. Procesado por la comisión de 47 delitos como subjefe del "Vesubio". En estado de ebriedad, violaba a las prisioneras. Actuó bajo el apodo de "El Judío".

José Arnoldo López. Procesado por haber asesinado a Jorge Cazorla y haber sido secuestrador y torturador en "La Perla". Se dedicaba también a la venta de bienes robados a las víctimas. Utilizaba el apodo de "Chuby".

Civil adscripto Enrique Alfredo Maffei. Torturó prisioneros en "La Perla" en cumplimiento de sus funciones como personal civil de inteligencia. También tuvo responsabilidad en la obtención de información mediante la tortura en el CCD "La Ribera".

Suboficial del Ejército (RE) Magaldi. Procesado por secuestrador y torturador de "La Perla"; entre los delitos que cometió se encuentra haber torturado en setiembre de 1976 al padre Weeks y a cinco seminaristas. Actuó bajo el apodo de "El Cura".

Oficial Gavino Malader. Procesado por haber sido jefe operativo, es decir, responsable del grupo que efectuaba los secuestros, y torturador en el CCD "Jefatura de Policía de Chaco".

General Jorge Pedro Malagamba. Procesado por su actuación en la represión ilegal como subjefe del Área 314. Coresponsable del asesinato del obispo riojano Enrique Angelelli en el Chamical (La Rioja) en agosto de 1978, y de los asesinatos de los sacerdotes Gabriel Longueville y Carlos Murias, ocurridos en el mismo lugar en julio de 1976.

Capitán Carlos Luis Malatto. Procesado por las torturas que le aplicó a Moroy y Guilbert.

Suboficial Héctor Omar Maldonado. Procesado por una privación ilegal de la libertad.

Comisario Santiago A. Mansilla. Estaba inculpado en una privación ilegal de la libertad cometida mientras fue responsable del CCD "Comisaría de Zárate".

Sargento primero Luis Manzanelli. Procesado por su participación como torturador y secuestrador en "La Perla". Actuó bajo el apodo de "Luis". Está en actividad.

Oficial Marche. Procesado por delitos cometidos en la provincia de Tucumán.

Policía de Santa Fe Mario Marcote. Procesado por haber sido torturador en el CCD "Jefatura de Policía de Santa Fe". Actuó bajo los apodos de "El Cura" y "Kuriaqui".

Coronel Miguel A. Martellotte. Procesado por once privaciones ilegales de la libertad. Fue jefe del Área 470 (partido de General Sarmiento, provincia de Buenos Aires).

Capitán Aldo Martínez Segón. Procesado por delitos cometidos en la Zona de Seguridad 2 (provincias de Formosa, Chaco, Santa Fe, Misiones, Corrientes y Entre Ríos).

Teniente Coronel Gustavo Martínez Zuviría.

Subinspector José Mario Mazaferro.

Coronel José Mazzeo. Procesado por once privaciones ilegales de la libertad. Fue jefe del Área 470 (partido de General Sarmiento, provincia de Buenos Aires).

General de Brigada Vicente Meli. Procesado por su actuación como jefe del Estado Mayor de la IV Brigada de Infantería Aerotransportada, de la que dependía el Área de Seguridad 311 y los campos de concentración que allí funcionaron.

Comisario de la Policía de Neuquén Héctor Mendoza. Procesado por siete privaciones ilegales de la libertad y seis torturas.

Comisario Juan Meneghini. Procesado por una privación ilegal de la libertad.

Comisario inspector Alejandro Menichini. Procesado por los delitos cometidos mientras fue el responsable del CCD "Brigada de San Justo".

Coronel Juan Bautista Menvielle. Procesado por la responsabilidad que tuvo, como jefe del Área 332, en los secuestros y tormentos de García Tosorato, Mazzitelli, Cámpora, Moroy, Camus, Guilbert, Lerouc, Garay, Bonil, Blardone, Scadding, Olivencia, Escamez, Ávila, Rodríguez, Corre a Bravo, Olivares, Flores, Ibarbe, Lidio García, C. Otarola, Sánchez y Andino.

Comisario inspector Samuel Miara. Se hallaba prófugo de la justicia que lo requería para que declarase por su participación en la represión ilegal. Entre otros delitos, se le imputa haber sido oficial del grupo que trasladaba a prisioneros que aún permanecen desaparecidos de los CCD "El Banco y "Club Atlético". Torturó con picana eléctrica a Irma Nesich, que continúa desaparecida. Violaba a las prisioneras. Actuó bajo los apodos de "Cobani" y "Turco González". Antes de beneficiarse con la ley de Obediencia Debida, era requerido por la justicia, por los secuestros de los mellizos Gustavo y Martín Rosetti Ross, cuya madre continúa detenida-desaparecida. Fue extraditado desde Asunción del Paraguay y cumplió su condena en Argentina.

Coronel Enrique P. Michelini. Actuó como jefe del Área 430 (partido de Gral. San Martín, Buenos Aires). Se hallaba procesado por su participación en un homicidio.

Capital Dardo Migno. Fue procesado por el secuestro de Guidone; participó en los asesinatos de Francisco Urondo, Héctor Brizuela, Alberto Molina y Marta Agüero.

Comandante Máximo Milark. Se hallaba inculpado en dos privaciones ilegítimas de la libertad ocurridas durante su actuación como interventor del sindicato y de la fábrica Lozadur, donde fueron secuestrados varios obreros.

Teniente coronel Guillermo Antonio Minicucci. Responsable de la detención-desaparición y torturas de Luis Guagnini, Alfredo Giorgi, León Gajnaj y del secuestro y torturas de Daniel Retamar (menor), Susana Caride, Graciela Trotta, Cristina Carreño Araya, Enrique Ghezán, Nora Bernal, Guillermo Moller, Norma Letto, Santiago Villanueva, entre otros. Fue jefe de los CCD "El Banco" y "Olimpo". Se encontraba bajo prisión preventiva por la comisión de 105 delitos cuando fue amnistiado. Actuó bajo el apodo de "Rolando".

Comisario general Ramón Miza.

Teniente Coronel Antonio F. Molinari. Como jefe de Operaciones, es decir, responsable de los secuestros del Área 410 (partidos de Escobar, Tigre y General Pacheco de la provincia de Buenos Aires), estaba inculpado en 15 privaciones ilegales de la libertad y un homicidio.

Capitán Enrique Monez Ruiz. Procesado por su participación en 31 homicidios, entre ellos los de Mourkazel, Bauducco y Vaca Narvaja, cometidos en la Unidad Penitenciaria 1 de Córdoba. Está en actividad.

Comisario Germán Montenegro. Procesado por una privación ilegal de la libertad.

Contralmirante Oscar Antonio Montes. Cuando se dictó la ley de Obediencia Debida no fue beneficiado con ella y siguió procesado por lo delitos cometidos como Jefe de Operaciones del Estado Mayor General Naval y como tal Jefe de la Fuerzas de Tareas 3, desde enero de 1976 hasta junio de 1977. Fue desprocesado por un fallo de la Corte Suprema de Justicia, el 29 de marzo de 1988, en aplicación de la ley de obediencia debida. Desprocesado por la Corte Suprema de Justicia.

Coronel Juan Carlos Moreno. Procesado por los secuestros de Rosales, Vergés, Olivera, Alfonso, Correa, Agüero y Montoya.

Agente de la Policía de Tucumán Moris. Imputado por la Asociación de Abogados de la Provincia de Tucumán como partícipe de la represión ilegal en la provincia de Tucumán. Impune por la ley de "Punto final".

Hugo Mario Moyano.

Oficial Luis Angel Moyano. Se encontraba inculpado en una privación ilegal de la libertad.

Comisario General de Policía de Santiago del Estero Azar Mussa. Procesado por haber sido torturador del CCD "Brigada de Investigaciones de Resistencia", Provincia del Chaco.

Comisario Fernando Polonio Muñoz. Fue el responsable del CCD "Comisaría 5 de La Plata". Se hallaba procesado delitos allí cometidos.

Comisario José Namán García. Como jefe del CCD "Unidad Penitenciaria de Mendoza" se hallaba procesado por su responsabilidad en los asesinatos de Francisco Urondo, Héctor Brizuela, Alberto Molina y Marta Agüero.

Oficial de la Policía de Santa Fe Lucio César Nast. Procesado por haber participado en homicidios y secuestros; entre ellos un simulacro de enfrentamiento de tres personas asesinadas en el CCD "Jefatura de Policía de Rosario".

Actuó bajo los apodos de "Ronco" y "Nicolás Lucio".

Agente Jorge Félix Natel. Procesado por los secuestros de Olivera, Alfonso y Correa.

Miembro retirado de la Fuerza Aérea Roberto Paulino Nicolini. Estaba imputado en una privación ilegítima de la libertad. Actuó como jefe de vigilancia de la fábrica Dálmine Siderca. Participó en secuestros de personal de dicha empresa.

Juan Carlos Nieto. Procesado por integrar el personal del CCD "D 2 Córdoba".

Coronel Gerardo Juan Núñez. Fue jefe del Área 470 (partido de General Sarmiento, provincia de Buenos Aires). Se hallaba imputado en una privación ilegal de la libertad.

Oficial del Servicio Penitenciario Federal Leonardo Núñez. Procesado por 13 privaciones ilegales de la libertad y dos tormentos. Actuó como enlace entre la Cárcel de Villa Floresta y el CCD "La Escuelita de Bahía Blanca". Ocultó su identidad bajo los seudónimos de "Mono" y "Negro Nuñez".

Suboficial Oscar Ramón Obaid.

General de brigada Edmundo René Ojeda. Procesado por una privación ilegítima de la libertad ocurrida cuando era subcomandante del Comando de Institutos Militares, donde funcionaba el CCD "Campo de Mayo". Por desempeñarse en este cargo, a partir de enero de 1979, tuvo responsabilidad en todo el accionar delictivo del personal civil, militar y de seguridad, en la jurisdicción de la mencionada zona.

General de brigada Enrique Braulio Olea. Fue el responsable directo del CCD "Escuelita de Neuquén". Se hallaba procesado por su participación en 6 homicidios, 16 privaciones ilegales de la libertad y 16 torturas.

Teniente Jorge Antonio Oliver. Procesado por los secuestros de Moroy, Lerouc y Guilbert.

Comisario Mayor de la policía de Chaco Heraldo Olivera. Procesado por los delitos cometidos en Resistencia.

Cabo Luis Alberto Orozco. Procesado por las torturas que sufrieron Mirtha Gladys Rosales, Vergés, Olivera y Correa, en el CCD "Jefatura de Policía de San Luis".

Sargento ayudante Julio Francisco Oviedo. Procesado por cuatro privaciones ilegales de la libertad y cinco torturas como integrante del CCD "Escuelita de Neuquén".

Oficial Juan Agustín Oyarzábal. Procesado por los asesinatos de Francisco Urondo, Héctor Brizuela, Alberto Molina y Marta Agüero.

Sargento primero Oreste Valentín Padován. Procesado por haber sido torturador y secuestrador de "La Perla" y "La Ribera". Actuó bajo el apodo de "Gino".

Principal de la Policía Federal Santos Tomás Palma. Procesado por su participación en los secuestros de Vergés y Ponce de Fernández.

Mayor Arturo Ricardo Palmieri. Procesado por nueve delitos.

Suboficial Julio Raúl Paredes.

Comodoro Alcides Paris Francisca. Procesado por los delitos cometidos como jefe de la Policía de Mendoza y, como tal, responsable de los CCD "Comisaría 7 de Godoy Cruz", "D-2 Mendoza" y "Comisaría 25 de Guaymallén". Entre estos delitos se encuentra el secuestro de Santa María Calderón.

Comisario Hugo I. Pascarelli. Como jefe del Área 460, estaba procesado por dos privaciones ilegales de la libertad.

Teniente primero Luis Alberto Pateta.

Juan Pereyra. Procesado por haber torturado a prisioneros en "La Perla". Participó también de atentados terroristas. Actuó bajo los apodos de "Negro" e "Hijo de la Tía".

Comisario inspector Rodolfo Arnaldo Pereyra. Procesado por el secuestro de García Tosorato.

Comisario de la Policía de Santa Fe Juan Calixto Perizotti. Procesado por haber sido responsable de los traslados de personas, que aún continúan desaparecidas, efectuados desde el CCD "Guardia de Infantería Reforzada de Santa Fe".

Teniente de navío Antonio Pernías. Torturó con picana eléctrica y quemaduras de cigarrillo —entre otros— a Carlos García, Graciela Daleo, Ricardo Coquet y María Milia de Pirles, a quienes además les hizo un simulacro de fusilamiento. Se hallaba en prisión preventiva rigurosa acusado de haber cometido 22 delitos, durante su actuación como oficial de inteligencia del GT 3.3.2. Responsable de las desapariciones de las monjas francesas Alice Domon y Leonie Duquet y de los familiares de desaparecidos secuestrados en la iglesia Santa Cruz en diciembre de 1977 (a quienes además torturó). Responsable también del homicidio de los curas palotinos Pedro Duffau, Salvador Barbeito, Alfredo P. Kelly, Alfredo Leaden y José Barbeti. Sus apodos eran "Rata", "Trueno" y "Martín" y tenía documentos falsos a nombre de "Antonio Gaimar".

Capitán Carlos Estaban Plá. Procesado por los secuestros de Rosales, Vergés, Olivera, Alfonso, Correa, Chacón, Agüero, Garraza, Leyes, Pérez, Montoya y Ledesma; torturó personalmente a Mirtha Gladis Rosales y es además el responsable del asesinato de Graciela Fiocchetti. Todos estos delitos fueron cometidos mientras era subjefe de la policía de la provincia de San Luis y subjefe del CCD que funcionaba en la jefatura de esa policía.

Coronel José Luis Porchetto.

Policía de Santa Fe Diego Portillo.

Coronel Ramón Posse. Procesado por tres privaciones ilegales de la libertad cometidas mientras actuó en el CCD "Campo de Mayo".

Coronel Alcides Edgardo Pozzi.

Coronel Roque Carlos Alberto Presti. Responsable de los homicidios de Dardo Manuel Cabo y Norberto Pirles (quienes estaban detenidos a disposición del Poder Ejecutivo Nacional), Ángel Giorgadis y Horacio Rapaport (detenidos en La Plata, asesinados luego de torturarlos simulando un suicidio), Victorio y Ana María Perdighe y dos N.N. (en simulacro de enfrentamiento). Responsable además del secuestro, desaparición y/o torturas de 44 víctimas, entre ellas María I. Corvalán de Suárez Nelson (quien se encontraba embarazada y dio a luz en el campo de concentración "La Cacha"), todos delitos cometidos como jefe del Área 113 y jefe de los CCD que allí funcionaron.

Sargento Enrique Ángel Pérez. Por su participación en 31 homicidios cometidos en la Unidad Penitenciaria número 1 de Córdoba, se hallaba procesado. Entre sus víctimas se encuentran Mourkazel, Bauducco y Vaca Narvaja.

Oficial principal de la Policía de San Luis Juan Carlos Pérez. Procesado por haber participado en las torturas que sufrió Mirtha Gladys Rosales, en el CCD "Jefatura de Policía de San Luis" y en los secuestros de Alfonso y Correa.

Coronel Osvaldo Pérez Bataglia. Como jefe del Área 314 se hallaba procesado por los delitos allí cometidos. Co-responsable del asesinato del obispo riojano monseñor Enrique Angelelli en el Chamical, en agosto de 1976, y de los asesinatos de los sacerdotes Gabriel Longueville y Carlos Murias ocurridos en el mismo lugar, en julio de 1976.

Teniente Jorge Horacio Páez. Procesado por torturar a Guilbert. Fue jefe del CCD "Campo Los Andes" de Mendoza.

Teniente Coronel Osvaldo Bernardino Páez. Procesado por su responsabilidad en 12 homicidios entre ellos los de Darío Rossi, Alicia Pifarre, Susana Mujica, Jorge Asenjo, Miguel Pincheira, Pablo Fornazari y Javier Seminario Ramos . Además, la Justicia había encontrado pruebas suficientes para inculparlo por 59 privaciones ilegales de la libertad y 41 torturas.

Comisario Rubén Oscar Páez. Tuvo bajo su control directo el CCD "Brigada de Investigaciones de La Plata" . Estaba procesado por diversos delitos allí cometidos, entre ellos el secuestro de Daniel Omar Martiricorena.

Alcalde mayor Servicio Penitenciario Entre Ríos Eduardo Washington Queirolo.

Coronel Osvaldo Quiroga. Procesado por su participación en 31 homicidios, entre ellos los de Mourkazel, Bauducco y Vaca Narvaja en la Unidad Penitenciaria nro. 1 de Córdoba. Fue jefe de Operaciones Especiales de "La Perla" y, como tal, participó de secuestros.

Comisario de Policía de la provincia de Buenos Aires José Antonio Raffo.

Subcomisario Carlos Roberto Reinhardt. Responsable de los secuestros y torturas a C. Accatoli, J. Álvarez, Z. Arizu, Barabaschi, C. Bedis, S. Berton, A. Cisneros, Hadad, J. Flores, R. Gil, D. Girard de Villarreal, O. Juárez, Lenne, Larrañaga, A. Martínez, G. Nansen, J. Roma, C. Sampron, N. Sanders de Trucchi y H. Solecio, cometidos en la provincia de La Pampa.

Coronel Oscar Lorenzo Reinhold. Procesado por su participación en 9 homicidios, 40 privaciones ilegales de la libertad y 36 torturas.

Comisario General Juan Carlos Reinoso. Procesado por los delitos cometidos en Tucumán.

Subcomisario de Policía de La Pampa Athos Reta. Responsable de los secuestros y torturas a C. Accatoli, J. Álvarez, Z. Arizu, Barabaschi, C. Bedis, S. Berton, A. Cisneros, Hadad, J. Flores, R. Gil, D. Girar de Villarreal, O. Juárez, Lenne, Larrañaga, A. Martínez, G. Nansen, J. Roma, C. Sampron, N. Sanders de Trucchi y H. Solecio, todos cometidos en la provincia de La Pampa.

Oficial ayudante Carlos Hermenegildo Ricarte. Procesado por los secuestros de Rosales, Alfonso, Agüero, Garraza y Montoya. Fue torturador del CCD "Jefatura de Policía de San Luis".

Coronel Ovidio Pablo Richieri. Procesado por nueve privaciones ilegítimas de la libertad ocurridas mientras fue jefe del Área 430, cuya jurisdicción comprendía el partido bonaerense de San Martín. Cumple una condena de seis años de prisión por sus delitos cometidos como jefe de la Policía de la provincia de Buenos Aires.

Vicealmirante Máximo Rivero Kelly. Procesado por los delitos cometidos como jefe de la Base Almirante Zar de Trelew y de la Fuerza de Tareas 7 que operaba en la zona norte de la provincia de Chubut.

Comisario José Hilario Rodríguez. Procesado por los secuestros de Mazzitelli y Cámpora.

Subcomisario Julio César Rodríguez.

Coronel Lilo Noé Rodríguez. Procesado por una privación ilegal de la libertad cometida mientras era jefe del Área 450, cuya jurisdicción abarcaba el partido de Vicente López, provincia de Buenos Aires. Por ocupar este cargo tuvo bajo control el accionar represivo ilegal de las fuerzas de seguridad y militares, en el mencionado partido bonaerense.

Comisario inspector Francisco José Rodríguez Valiente.

Oficial de la Policía Federal Carlos Augusto Rolón. Torturador y secuestrador. Se hallaba prófugo de la justicia que lo reclamaba para que compareciese por 18 delitos cometidos durante su actuación en los CCD "Club Atlético", "El Banco" y "Olimpo", entre ellos, haber torturado a Jorge Toscano y a Nora Bernal, esta última, como consecuencia de las torturas, sufrió hemorragias agravadas por un parto reciente. Actuó bajo los apodos de "Soler" y "Capitán Echeverría".

Comisario principal Américo Pedro Romano. Procesado por haber sido torturador del CCD "D-2 Córdoba". Actuó bajo el apodo de "El Gringo".

Jorge Romero. Procesado por su participación en "La Perla", donde integró el grupo de secuestradores. Actuó bajo el apodo de "Palito".

Principal Oscar Guillermo Rosello. Procesado por el secuestro de Ponce de Fernández.

Capitán Ricardo Alfredo Rossi. Procesado por las torturas que les aplicó a Rosales, Vergés y Garraza, en el CCD "Jefatura de Policía de San Luis".

Eduardo Alfredo Ruffo. Responsable de la detención-desaparición de Graciela Rutilo Artes (a quien arrebató su niña de un año, Carla Rutilo) y de los secuestros y torturas a A. Cadenas, R. Candia, N. Dean Bermúdez,

L. Duarte, C. Gayoso, A. Gatti y otras 26 víctimas desde el CCD "Automotores Orletti" o "El Jardín". Actualmente detenido por el secuestro de Guillermo Patricio Kelly.

Oficial Ángel Sabino. Se hallaba procesado por torturador.

Coronel Saint Amant. Responsable de la detención y vejaciones sufridas por Víctor Martínez. Amenazó reiteradamente al obispo Carlos Ponce de León poco antes de su muerte en un supuesto accidente automovilístico; a raíz de este hecho, el prelado fue internado, quedando virtualmente secuestrado; a su médico de confianza se le impidió verlo tras el presunto accidente. Estaba procesado por los delitos cometidos en San Nicolás, provincia de Buenos Aires, donde fue jefe del Área 132.

General de brigada Oscar Alfredo Saint Jean. Procesado por la comisión de 33 delitos. Fue jefe de la Subzona 12, que abarcaba el centro y el oeste de la provincia de Buenos Aires.

Policía de Santa Fe Oscar Ramón Salazar.

Comisario General Eleuterio Saldívar.

Policía de Santa Fe Oscar Ramón Salomón.

Comisario General de la Policía de Mendoza Pedro Antonio Dante Sánchez Camargo. Procesado por los secuestros y tormentos sufridos por Escamez, Raboy, Sabatini, Torres, Rosario Alberto, Rosales, Bayrat, Ronceli, Campos, Alcaraz, Vera, Castro de Domínguez, N. A. Gutiérrez, Espeche de Vega, Talquenca, Rossi, Moyano Salvador, Jaimilis, Zárate, Granic y De Marinis. Fue jefe del CCD "D-2 Mendoza".

Policía de Santa Fe Hugo Diógenes Sandoz. Procesado por haber sido torturador del CCD "Jefatura de Policía de Santa Fe".

General Juan Bautista Sasiaiñ. Comandante de la IV Brigada Aerotransportada. Fue procesado con prisión preventiva en 1987.

Brigadier Julio César Santuccione. Procesado por su responsabilidad, como jefe de la Policía de Mendoza, en el funcionamiento de los CCD "Comisaría 7 de Godoy Cruz", "D-2 Mendoza" y "Comisaría 25 de Guaymallén" -que dependían de él- y en los secuestros de Talquenca, Rossi, Zingaretti, Suárez, Granic, De Marinis, Villegas, Sabatini, Seydel, Gutiérrez, Torres, Campos, Vera, Raboy, Moretti, Zárate, Olivera, Bravo, Espeche y Moyano.

Oficial Ángel Miguel Savino. Procesado por el secuestro de Correa.

Policía de Santa Fe Roberto Scardino.

Capitán Raúl Enrique Scheller. Se encontraba en prisión preventiva rigurosa por diez delitos cometidos durante su actuación como oficial de Inteligencia del GT 3. 3. 2. Torturó a detenidos, fue responsable de la desaparición de las monjas francesas Alice Domon y Leonie Duquet y tenía una lista con el destino de las mujeres embarazadas y con el de sus hijos. Actuó con los apodos de "Pingüino", "Miranda" y "Mariano".

Suboficial de Policía Federal Julio Simón. Conocido por "Turco Julián", se encontraba prófugo de la justicia que lo reclamaba para que compareciese por 58 delitos cometidos durante su actuación en los CCD "Club

Atlético", "El Banco" y "Olimpo", donde torturó a los detenidos. También participó de secuestros, entre ellos, el del lisiado Gilberto Ponce en la estación Ciudadela, el 7 de diciembre de 1978. Profundamente antisemita. El mismo aplicó durante toda una tarde 220 volts en la cabeza a la secuestrada Julia Zabala Rodríguez, antes de que l a trasladara. En algunas oportunidades actuaba bajo los efectos de drogas. En 1985 el CELS pidió su captura por el homicidio en 1977 de Mario Lerner, cuando apareció en Uruguayana (Brasil) involucrado en un asesinato. En esa época revistaba como personal de Policía Federal, en la delegación de Paso de Los Libres (Corrientes).

Coronel Idelfonso Sola. Procesado por una privación ilegal de la libertad. Fue director de la cárcel de Campo de Mayo.

Comisario Marcelo Arturo Sosa. Procesado por el secuestro de Agüero.

Teniente primero Ervino Spada.

Mayor Ernesto Spagnoli Olive.

Comisario General Nicolas Reinaldo Spinelli. Procesado por los delitos cometidos en jurisdicción de la Cámara Federal de Mendoza; entre ellos se encuentra su participación en los asesinatos de Francisco Urondo, Héctor Brizuela, Alberto Molina y Marta Agüero.

Coronel Eduardo A. Spósito. Fue jefe del Área 410 y, como tal, responsable del CCD "Comisaría de Tigre". Se encontraba procesado por cuatro privaciones ilegales de la libertad.

Suboficial Federico Steimbach.

Capitán Eduardo F. Stigliano. Procesado por una privación ilegal de la libertad.

Capitán médico Jorge Guillermo Streich. Procesado por su responsabilidad en 26 homicidios, 65 privaciones ilegales de la libertad y 65 torturas.

Teniente Coronel Conrado Strommer. Procesado por los delitos cometidos en jurisdicción de la Zona 3.

Coronel Luis Faustino Suárez. Procesado por los secuestros de Reta Camacho, Ozán, Berón, Ríos y Francisco Tritiana, delitos cometidos como jefe de inteligencia del departamento San Rafael de la Policía de Mendoza.

Abelardo Francisco Suárez Díaz. Procesado por los delitos cometidos en la provincia de La Rioja.

Miguel Ángel Sáenz Valiente. Procesado por delitos cometidos en la provincia de La Rioja.

Comisario Inspector de Policía de la provincia de Buenos Aires Rubén Joaquín Sánchez. Procesado por delitos cometidos durante su actuación como Director de Informaciones del Área Metropolitana de la policía bonaerense y por su responsabilidad en los CCD "COT I Martínez" y "Pozo de Banfield"; en este último estuvo a cargo de la sección Inteligencia.

Coronel Reynaldo Tabernero. Procesado por los delitos cometidos mientras fue Subjefe de la Policía de la provincia de Buenos Aires, durante 1977. Por ocupar este cargo tuvo conocimientos e influencia decisiva en el funcionamiento de los siguientes CCD : "Pozo de Quilmes", "Banco" , "Comisaría de Villa Martelli", "Brigada de Investigaciones de San Nicolás", "Comisaría 4 de Mar del Plata", "Arana", "Comisaría 5 de La Plata", "Comisaría 8 de La Plata", "Comisaría 3 de Morón", "Brigada de Investigaciones de La Plata", "Destacamento en Batán, Mar del Plata", "Sheraton", "Guardia de Infantería de Policía de Buenos Aires, en La Plata", "COT I Martínez", "Comisaría de Tigre", "Comisaría de Zárate", "Pozo de Banfield", "Brigada de Investigaciones de Las Flores", "Puesto Vasco" o "Subcomisaría de Don Bosco" y "Brigada de Investigaciones de San Justo".

Suboficial Manuel Antonio Terragno. Procesado por los delitos cometidos como director de la Unidad Penitenciaria de Gualeguaychú, provincia de Entre Ríos.

Comisario General Carlos Thomas. Subjefe de la policía de la provincia de Chaco. Se encontraba procesado al momento de ser amnistiado. Torturó personalmente a Nora Giménez del Valle de Valladares en presencia de su hijo en el CCD "Brigada de Resistencia".

Coronel José M. Tissi Baña. Procesado por un homicidio. Fue jefe del Área 430, que comprendía el partido de San Martín, provincia de Buenos Aires. Actualmente se desempeña como Asesor Presidencial en temas militares.

Teniente primero Antonio Torre González. Procesado por la Cámara Federal de Resistencia (Chaco), por delitos cometidos en su jurisdicción.

Teniente primero Norberto Tozzo. Procesado por la Cámara Federal de Resistencia por delitos cometidos en su jurisdicción.

Comisario inspector de Policía de la provincia de Buenos Aires Bruno Trevisán. Procesado por delitos cometidos en el CCD "Pozo de Quilmes".

Coronel Guillermo Trotz. Procesado por los delitos cometidos mientras fue Subjefe de la Policía bonaerense, desde abril hasta noviembre de 1976. Por desempeñarse en este cargo, tuvo poder decisorio en el accionar delictivo del personal de la fuerza de seguridad a la que pertenecía, como así también en el funcionamiento de los CCD que de ella dependían.

Capitán José Tófalo. Conocido también por el apodo de "Favaloro". Se encontraba procesado como torturador en "La Perla".

Coronel Juan Manuel Valentino.

Blanca Vanucci de Quiroga. Procesada por el delito de encubrimiento del secuestro de Mirta Gladis Rosales, delito cometido mientras se desempeñaba como directora de la Cárcel de Mujeres de San Luis.

Sargento primero Vega. Procesado por haber sido torturador de "La Perla".

Suboficial Carlos Alberto Vega. También conocido como "El Tío", "Marcelo" o "Vergara"; era uno de los torturadores estables del CCD "La Perla".

Agente Jorge Hugo Velázquez. Miembro de la policía de San Luis; torturador de Mirtha Gladis Rosales, Vergés, Olivera, Alfonso, Correa y Agüero en el CCD "Jefatura de Policía de San Luis".

Teniente Coronel Horacio Verdaguer.
Comisario general de Policía de la provincia de Buenos Aires Ernesto Verdún. Procesado por delitos cometidos durante su desempeño como Jefe de la Dirección General de Investigaciones de la Jefatura de la policía bonaerense. Tuvo conocimiento y responsabilidad en el accionar delictivo del personal de la policía de la provincia de Buenos Aires y del funcionamiento de los CCD que de ella dependían.
Sargento de la Policía de Santa Fe Ramón Vergara. Procesado por haber sido secuestrador del CCD "Jefatura de Policía de Rosario". Pertenecía a las brigadas creadas para la represión ilegal.
Capitán Héctor Vergés. Bajo los apodos de "Gastón" y "Vargas" comandó la sección 3 (secuestros, traslados y exterminio de detenidos) del CCD "La Perla". Habilitó también el CCD "La Ribera". Dirigía personalmente los fusilamientos y recorría otros CCD para intercambio de prisioneros. Amasó una fortuna personal con los robos a los secuestrados y con extorsiones a sus familiares, entre estos últimos el padre de Patricia Astelarra.
Capitán Eduardo Daniel Vic. Procesado por el secuestro de Camus.
Mayor Hugo Augusto Vidarte.
Teniente Coronel Jorge Rafael Videla (hijo). Fue procesado por una privación ilegal de la libertad.
Capitán de fragata Jorge Raúl Vildoza. Antes de que la Justicia lo beneficiara con la ley de obediencia debida, se encontraba prófugo de la justicia que lo reclamaba para que declarase por 67 delitos cometidos como jefe del GT 3.3.2. Actuó bajo el apodo de "Gastón". Ex-agregado militar en Gran Bretaña.
Policía de Santa Fe Julio Alberto Villalba.
Teniente primero Carlos Enrique Villanueva. Integrante de "La Perla" durante los años 1978 y 1979. Actuó bajo el apodo de "Gato".
Comisario Edgardo Eberto Villegas Lucero. Participó en los asesinatos de Francisco Urondo, Héctor Brizuela, Alberto Molina y Marta Agüero y en el secuestro de Seydel.
Comisario de la Policía Federal Vizconti. Procesado por torturar a Mirtha Gladys Rosales en el CCD "Delegación de la Policía Federal de San Luis".
Coronel Guillermo Alfredo Voguet. Procesado por el secuestro de Escamez.
Capitán de corbeta Francis Williams Whamond. Torturó entre otros a María Imaz de Allende, Carlos García, Silvia Labayru, Graciela Daleo, Lisandro Cubas, María Milia de Pirles y Andrés Castillo con picana eléctrica, quemaduras de cigarrillo y golpes como jefe de guardias del CCD "ESMA". Torturaba bajo los apodos de "Pablo" y "Duque". Cumplía preventiva rigurosa cuando fue amnistiado.
Comisario mayor de Policía de la provincia de Buenos Aires Juan Miguel Wolk. Procesado por los delitos cometidos durante su actuación como jefe de los CCD "Pozo de Banfield" y "COT I Martínez".
Coronel Llamil Yapur. Procesado por los delitos cometidos como subjefe de zona 33 y de los CCD que allí funcionaron.

Adolfo Yáñez. Procesado por su actuación en "La Perla" y en "La Ribera", participó en operaciones represivas especiales, es decir, secuestros y atentados. Actuó bajo el apodo de "Pelado".

Oficial de la Policía de Entre Ríos Carlos Horacio Zapata. Procesado por haber sido torturador del CCD "Brigada de Investigaciones de Diamante" (provincia de Entre Ríos).

Teniente Coronel Carlos Patricio Zapata. Fue presidente del Consejo de Guerra de Paraná, Entre Ríos.

MÉDICOS

Médico de Policía de la provincia de Buenos Aires Jorge Antonio Bergés. Participaba directamente en las torturas, como en el caso de Jacobo Timerman, a quien le sostuvo la lengua para que no se ahogara mientras lo torturaban. Era responsable de los partos de las secuestradas embarazadas, entre las que se encuentra Silvia Isabel Valenzi, que continúa desaparecida. Había sido condenado por la Cámara Federal a seis años de prisión por ser autor de cuatro aplicaciones de tormentos.

Coronel Norberto A. Bianco. Procesado por dos privaciones ilegales de la libertad como jefe del CCD "Hospital Campo de Mayo".

Capitán médico Carlos Octavio Capdevila. Como médico participó de las sesiones de tortura evaluando la capacidad de resistencia física de las víctimas. Entre ellas se encuentran Víctor Fatala, Susana Barros, Víctor Basterra y Ana María Martí. Cumplía prisión preventiva por la comisión de ocho delitos, entre los que se encontraba la atención de prisioneras embarazadas las que continúan desaparecidas. Responsable del secuestro y desaparición del obrero Néstor Enrique Ardetti, en agosto de 1979. Actuó bajo el apodo de "Tomy" y formó parte del grupo que realizaba los secuestros.

Coronel médico Julio Ricardo Estévez. Procesado por haber cometido cuatro delitos siendo jefe del CCD "Hospital Posadas", entre ellos, su participación en el secuestro de Gladis Cuervo el 25 de noviembre de 1976. Legajos de CONADEP 1333/1537.

Médico de la Policía de San Luis Vicente Ernesto Moreno Recalde. Procesado por los secuestros de Vergés y Correa como jefe de Criminalística de la Policía de San Luis.

Capitán médico Jorge Guillermo Streich. Procesado por su responsabilidad en 26 homicidios, 65 privaciones ilegales de la libertad y 65 torturas.

CONEJITOS

El experimento de obediencia de Milgram fue llevado dos veces a la ficción: la primera en un telefilme de los años setenta titulado "The Tenth Level" ("El Décimo Nivel"), donde el papel de Stanley Milgram fue interpretado por William Shatner, el recordado protagonista de "Star Treck" (Viaje a las Estrellas). La segunda, en la brillante "I comme Icare" ("I como Ícaro"), en 1979, dirigida por Henri Verneuil, donde Yves Montand personifica al Procurador Henri Volney, dispuesto a investigar el asesinato de un presidente hasta que el Sol le queme las alas.

El experimento de obediencia en la vida real se llevó a cabo decenas de veces en la Universidad de Yale. Stanley Milgram, psicólogo social, quiso demostrar, con métodos científicos, que los alemanes eran diferentes. Esa hipótesis, "los alemanes son diferentes", fue utilizada por diversos historiadores (como, por ejemplo, William L. Shirer) para explicar el plan de destrucción sistemática de los judíos por el Tercer Reich. El plan fue bastante más allá del determinio de un loco: hicieron falta miles de personas dispuestas a hacer el trabajo sucio. Milgram se propuso probar la tesis de Shirer mediante la siguiente hipótesis: los alemanes tienen un problema de personalidad básica que lo explica todo, y ese "defecto" es un alto grado de predisposición para obedecer a la autoridad sin ningún cuestionamiento, más allá de lo atroces que sean las órdenes que dé la autoridad.

Así, Milgram desarrolló un método sistemático de medir la obediencia, que primero experimentó en New Haven y tenía como fin último ir a Alemania para probarlo con los alemanes. Pero Milgram nunca viajó a Alemania: su primera conclusión fue que también los norteamericanos son personas obedientes: no ciegamente obedientes, pero sí obedientes. "Encontré tanta obediencia que no vi la necesidad de llevar el experimento a Alemania", le dijo Milgram a Philip Meyer, el gurú del "periodismo de precisión" (*N. del A.*: Que propone aplicar técnicas de investigación de las ciencias sociales en el periodismo) profesor en Chapell Hill, Carolina del Norte. Milgram aprendió de Solomon Asch, uno de sus viejos maestros en psicología experimental, a plantear situaciones "ficticias" para evaluar la conducta humana; situaciones absolutamente teatrales, con libreto y diálogo ensayado donde todo es falso menos una sola persona: el sujeto del experimento, que no sabe de la existencia de éste y cree que todo es real. Anotó Meyer que "Milgram finalmente tuvo que cambiar muchas partes del guión sólo para que la gente deje de obedecer. Estaban obedeciendo tanto que el experimento no estaba funcionando, era como tratar de medir la temperatura de un horno con un termómetro de freezer".

Milgram publicó un aviso en el diario pidiendo voluntarios para un experimento educativo: el trabajo era sólo por una hora y se pagarían 4,50 dólares. El voluntario llegó a una vieja casa de piedra en High Street con una placa al costado de la enorme puerta que advertía "The Yale Interaction Laboratory". Alguien que dijo llamarse Jack Williams recibió al voluntario, explicándole que él era el Profesor. Dentro de un cuarto similar a un estudio de radio al que llevaron al voluntario había otra persona: un cincuentón con cara de irlandés, una especie de contador, con algo de sobrepeso y con aspecto amable e inofensivo. Esta persona parecía nerviosa, y jugaba con el borde de su sombrero. El profesor le pidió al voluntario que se sentara al lado del irlandés. En un segundo volvió Williams, el profesor, y le dio un cheque por 4,50 dólares al voluntario y otro al irlandés.

–El experimento trata sobre el aprendizaje –señaló Williams a ambos–. La ciencia no sabe mucho acerca de las condiciones en que las personas aprenden y este experimento es para averiguar más sobre lo que llamamos "refuerzos negativos". El refuerzo negativo, en este caso, es una descarga eléctrica...

En ese momento el voluntario advirtió que, sobre la mesa, había un libro titulado *El proceso Enseñar-Aprender*, y supuso que tendría algo que ver con el experimento. El profesor Williams tomó dos trozos de papel, los puso dentro de un sombrero y los mezcló. Luego ofreció el revés del sombrero como si fuera un mago: el contador irlandés sacó primero un papel, lo miró y dijo: "alumno". El voluntario sacó el otro, que decía: "Maestro".

Nunca sabrá que los dos papelitos que quedaron en el interior del sombrero también decían "Maestro". Luego el profesor le hizo una seña al "alumno":

—Pase por aquí y tome asiento, por favor... Deje el saco en el respaldo de la silla... eso es, y arremánguese la camisa. Bien. Ahora lo que tengo que hacer es atar sus brazos para evitar que haga movimientos excesivos durante el experimento. Perfecto, gracias. Este electrodo está conectado a un generador de descarga que está en la habitación de al lado. Y esta crema —dijo el profesor, apretando un tubo de plástico del que salía una especie de dentífrico blanco que le puso en el brazo— es para que tengamos un buen contacto y no se le produzcan ampollas o quemaduras. ¿Tienen alguna pregunta?

El "Maestro" no dijo nada. Pero el "alumno" sí:

—Creo que le tendría que contar que hace dos años estuve en el Hospital de Veteranos... y me encontraron una afección cardíaca. Nada serio, pero como me van a dar estos shocks... quería saber qué tan fuertes o tan peligrosos son...

El Profesor Williams negó con la cabeza:

—Oh, no... —le dijo— aunque sean dolorosos, no son peligrosos. ¿Alguna otra cosa?

Williams, entonces, explicó el test al "Maestro":

—Usted debe leerle a su alumno una serie de pares de palabras: chica azul, lindo día, cuello ancho. Cuando termina la lista usted pasa a leerle sólo la primera palabra de cada par, y después le lee una lista *múltiple choice* de cuatro palabras que incluye la correspondiente al par. El alumno debe decirle la respuesta correcta. Si acierta, no pasa nada y usted sigue con la siguiente. Si se equivoca, usted aprieta un botón que zumba y le da una descarga eléctrica. Comienza con 15 voltios y aumenta la cantidad de voltios de a quince por cada respuesta incorrecta. Para que usted sepa bien lo que está haciendo permítame un momento su brazo.

El profesor le dio entonces al "Maestro" una descarga de 45 voltios con una especie de lapicera. Duele. Luego le mostró un tablero donde se señalaban los niveles de descarga: "Descarga Leve", a la izquierda, pasando por "Descarga Intensa" hasta "Peligro: descarga severa". Luego de la última advertencia seguían otros dos botones de 435 y 450 voltios, señalados por tres inquietantes equis. El objeto, claro, era encontrar el nivel de descarga en el cual el "Maestro" se animaba a desobedecer al profesor, negándose a apretar el botón.

Antes de realizar por primera vez el experimento, Milgram lo testeó con catorce prominentes psicólogos de Yale, preguntándoles:

—De cien personas en la situación del "Maestro", ¿en qué punto de la escala de 15 a 450 voltios pararían?

El cálculo más alto que escuchó fue que, de cien personas, sólo tres llegarían al último botón.

El libreto del "alumno" estaba así planteado: a los 75 voltios comenzaba a quejarse con un gruñido, a los 125 voltios decía "ey, esto duele mucho", a los 180 voltios se desesperaba diciendo "no soporto el dolor, no haga eso", a los 195 se quejaba de sus problemas cardíacos, a los 285 daba un grito agonizante y se negaba a contestar y a los 315 voltios hacía un silencio estremecedor.

Los primeros experimentos fueron realizados con alumnos de la Universidad de Yale, que cubrieron su rol de "Maestros" desconociendo que se trataba de una trampa: el 65 por ciento de las personas, varones norteamericanos entre 20 y 50 años, apretaron obedientemente los botones hasta los 450 voltios, creyendo que en verdad estaban dando descargas eléctricas al inocente "alumno". En los experimentos posteriores, ni uno sólo de los "Maestros" desobedeció las órdenes antes de alcanzar los trescientos voltios.

"Tenía la sensación de que muy pocas personas seguirían una vez superados los doscientos voltios –le dijo Milgram a Meyer– si es que alguna lo hacía. Yo pensé que ése sería el límite de obediencia que veríamos en el laboratorio." Durante los años en que puso en marcha su experimento y dio a conocer los resultados, Milgram fue muy criticado: se lo acusó de someter a las personas a una gran presión y tensión emocional en su egoísta búsqueda de conocimiento.

Milgram explicó que había una diferencia fundamental entre su ingenuo "Maestro" y el "alumno" sentado en esa especie de silla eléctrica: el ingenuo voluntario podía irse en cualquier momento. Podía decir que no.

FERIADO NACIONAL

El Punto Final no fue suficiente. La Obediencia Debida tampoco. La intromisión del subyacente poder militar en el poder civil aumentó en forma geométrica en aquellos días. Los militares comenzaron, primero, golpeando la puerta con discreción, y al poco tiempo ya exigían la amnistía a los gritos.

–Buscan un feriado, eso eso –me dijo Osvaldo Soriano en 1987, cuando recién comenzaron la escaramuzas militares–. Están buscando la reivindicación de todo, quieren un día rojo en el almanaque, que sé yo, el 24 de marzo, por ejemplo, y que ese día todos canten alguna marcha militar en la escuela, aplaudiendo a la dictadura. Hasta que no tengan eso no van a parar.

Osvaldo decía eso mientras masticaba un cigarro sin encender que se deshacía en hilachas. El médico le había prohibido fumar, y el Gordo estaba desesperado: una noche me confesó, desconsolado, que estaba tan nervioso que llegó a patear a un chico en la calle, y que casi le pegó una trompada al dentista. Ansioso pero lúcido, Soriano tenía razón: los militares avanzaban sobre terreno blando y permisivo.

El 18 de enero estalló una nueva crisis militar cuando Aldo Rico, triunfador de la pulseada de Semana Santa, abandonó su arresto domiciliario y se acuarteló en el Regimiento 4 de Infantería de Monte Caseros. Allí logró reunir unos doscientos carapintadas que lo apoyaban. Entretanto, un grupo de oficiales, suboficiales de la Fuerza Aérea y civiles armados, tomó el Aeroparque en nombre de Rico, a quien designaron Comandante en Jefe del Ejército.

Rico anunció en conferencia de prensa que nada lo haría rendirse y pronunció allí su famosa frase, superadora de Descartes, sobre el ejercicio de la duda:

—La duda —dijo Rico— es una jactancia de los intelectuales.

El alzamiento fue sofocado por las "tropas leales" del general Caridi, y los rebeldes se rindieron sin disparar un tiro.

El 1 de diciembre del mismo año carapintadas del Ejército junto a miembros de la Agrupación Albatros de la Prefectura Naval iniciaron una tercera sublevación bajo el mando del coronel Mohammed Seineldín. Los rebeldes se amotinaron en la guarnición de Villa Martelli, donde resistieron durante cuatro días con el auxilio del Regimiento 5 de la ciudad de Mercedes. En ambas rebeliones el discurso carapintada exigió "respeto a la dignidad del Ejército, aumentos salariales, ascenso de Seineldín a general y la finalización de la "persecución a los carapintadas". Nuevamente el alzamiento fue controlado por las "tropas leales".

El 23 de enero de 1989, el intento de copamiento del Regimiento 3 de Infantería de La Tablada sorprendió al país: desde las primeras horas de la mañana, cuando los móviles radiales comenzaron a informar sobre la presencia de mujeres en el grupo que intentaba flanquear las puertas del cuartel, se supo que no se trataba de carapintadas sino de un grupo de civiles. A lo largo del día pudo confirmarse que eran integrantes del Movimiento Todos por la Patria (MTP), bajo las órdenes del ex dirigente del PRT-ERP Enrique Gorriarán Merlo. El MTP había tenido una creciente actividad política desde los primeros años del retorno a la democracia, presentando un rostro democrático y pluralista. Su revista *Entre Todos*, dirigida por Quito Burgos, fue una muestra cabal de esa tendencia, donde se publicaron columnas de la mayor parte de los dirigentes progresistas y del movimiento por los derechos humanos. Los miembros del grupo fundador del MTP habían pertenecido al PRT-ERP y pasaron toda la dictadura o la mayor parte de ésta como presos políticos, o exiliados. A esa generación se sumó en 1984 la adhesión de militantes jóvenes sin ninguna experiencia política. Dos de los dirigentes de reconocida trayectoria dentro y fuera del MTP fueron el abogado Jorge Baños y el frayle Antonio Puigjané. El primero realizó, en el año anterior a La Tablada, diversas denuncias contra los carapintadas, Seineldín y su relación con el entonces precandidato a la presidencia Carlos Menem. La Tablada fue un acto sorpresivo y, finalmente, sangriento, de efectos devastadores para el MTP y con un negativo correlato político si se lo analiza desde la relación entre el poder civil y el militar. El argumento esgrimido por los mismos protagonistas durante su defensa en el juicio por el copamiento se centró en que habían acudido al cuartel a "frenar el avance de los sectores fascistas", basándose en información que ellos consideraron cierta respecto de un plan golpista que los carapintada tramaban allí. El MTP recibía información de diversas fuentes entre las cuales no debe descartarse el propio gobierno radical, con el que mantuvieron una fluida relación: María Magdalena Nosiglia, hermana de Enrique –entonces ministro del Interior– militó en el ERP-22 de Agosto y fue asesinada por el Ejército en 1977. Oscar "Pato" Ciarlotti, quien fue su esposo, fue preso político de la dictadura hasta su liberación en 1984, y luego fue nombrado funcionario del Ministerio de Salud y Acción Social. Francisco "Pancho" Provenzano, uno de los líderes del MTP asesinado en La Tablada, provenía de una vieja familia radical. No hay pruebas suficientes que avalen que el intento de copamiento de La Tablada fue, en verdad, una operación de infiltración del Ejército aunque, sin embargo, muchos sostuvieron esta hipótesis, que fue publicada por el autor de este libro, entonces director de *Página/12* el día 24 de enero de 1989, en un recuadro de tapa. Otros afirmaron que, como en los setenta, la idea de "dar un golpe para parar el golpe", ya aplicada sin éxito en Monte Chingolo por el mismo ERP, vivió su trágica *remake*. De uno u otro modo, es evidente que el propio Ejército estuvo al tanto de que el MTP realizaría la acción y las fuerzas que revistaban dentro del Regimiento 3 de Infantería los estaban esperando. Lo que sucedió adentro fue atroz, como también lo fue el juicio posterior, cuestionado a fines de diciembre de1997 por la Comisión Interamericana de Derechos Humanos de la OEA (CIDH). El Ejército usó para reprimir cañones de gran potencia, bombas de fósforo y blindados, y hubo fusilamientos y ejecuciones sumarias sobre militantes que ya se habían rendido.

Los que sobrevivieron tuvieron que soportar torturas ya en el mismo cuartel como más tarde en las dependencias policiales. Veamos algunos ejemplos:

» Pablo Martín Ramos fue asesinado después de rendirse, hecho que puede constatarse en una foto publicada por *Diario Popular* del 24 de marzo de 1989.

» Iván Ruiz y José Alejandro Díaz desaparecieron cuando saltaban por una ventana para escapar de un incendio. Fueron detenidos por personal militar, aunque el Ejército sostiene que escaparon. Aún hoy se encuentran desaparecidos.

» Francisco Javier Provenzano se contó entre las personas que se rindieron dentro del cuartel. Fue torturado y su cadáver apareció carbonizado. Uno de sus hermanos, médico, pudo reconocerlo gracias a la ausencia de una vértebra en su cuerpo.

» Carlos Samojedny, quien se rindió sin estar herido, fue separado de la fila de detenidos, y hasta hoy se encuentra desaparecido.

» Roberto Sánchez, miembro del grupo que tomó la guardia, fue aplastado por un tanque después de muerto.

» En un 70 por ciento de las autopsias pudo comprobarse estallido de cráneo con pérdida de masa encefálica, lo que prueba que fueron rematados desde corta distancia.

» Berta Calvo fue rematada luego de rendirse.

» Los trece detenidos dentro del cuartel fueron torturados allí mismo y en la Superintendencia de Seguridad Federal. Fueron encapuchados y fue así como los vio el presidente Alfonsín cuando recorrió el cuartel al mediodía del 24 de enero.

» Los cinco detenidos a treinta cuadras del cuartel fueron torturados, y hubo un simulacro de fusilamiento de Juan Carlos Abella y tortura de submarino seco de Juan Manuel Burgos.

» A catorce años de los sucesos aún quedan cinco cuerpos sin reconocer, quemados con lanzallamas.

La Tablada dejó un saldo de 39 muertos y tres desaparecidos: 28 muertos y tres desaparecidos pertenecían al Movimiento y 11 fallecidos eran miembros del Ejército y la policía. 3.600 efectivos con la ayuda de blindados participaron de la acción represiva.

A partir de los hechos de La Tablada el gobierno de Alfonsín decidió incorporar a las Fuerzas Armadas al gabinete nacional, creando el llamado Consejo de Seguridad, donde los Jefes de cada Estado Mayor se unirían al Consejo de Ministros frente a hechos que conmovieran la seguridad interior.

BARRANCA ABAJO

"Cuando asumí el gobierno de México, el país estaba al borde del abismo. Ahora hemos dado un paso al frente."

Miguel de la Madrid Hurtado,
Presidente de México 1981-1986

"Los precios no tienen porqué subir. Cuando termine febrero, el dólar se va a tranquilizar."

Juan Vital Sourrouille, ministro de
Economía, enero de 1989

"La década del noventa es el momento en que Argentina comienza a caminar desnuda hacia la intemperie."

Tulio Halperín Donghi

Según la definición más usual, la inflación es "el crecimiento continuo y generalizado de los precios de los bienes y servicios existentes en una economía". Como sucede con todas las definiciones, ésta es incompleta. Hay quienes sostienen que la inflación es "el movimiento persistente al alza del nivel general de precios o la disminución del poder adquisitivo del dinero".

La "hiperinflación", un fenómeno que llegó a los titulares en la Alemania prenazi y en la Argentina de Alfonsín (y también, con menos prensa, en otros sitios del Tercer Mundo) es, según Philip Cagan "una inflación muy elevada, que sobrepase el 50 por ciento mensual".

Es justamente en la inflación –regular o *extra large*– donde pueden observarse con mayor nitidez los vínculos que unen a la Economía y la Psicología. Esta opinión (que espantará a los economistas tradicionales, que aún hoy sostienen que la Psicología no es una ciencia) parte de una idea todavía más exagerada: la Economía es una subciencia de la Psicología, y ambas son ciencias derivadas de la Publicidad que es, verdaderamente, la ciencia del siglo XX. (Desarrollaremos esta provocación más adelante o, tal vez, en otro libro). Sería parcial y demasiado neoconservador adjudicarle a la masa de ciudadanos la única responsabilidad en la formación de los precios o las alteraciones del mercado: en épocas de concentración monopólica privada de la macroeconomía y en mercados financieros tan pequeños y marginales como el argentino, las alteraciones deliberadas del ritmo económico obedecen mucho más a intereses espurios que a la inseguridad de las abuelitas a la hora de depositar sus ahorros. La Economía se encuentra con la Psicología cuando se quiebra la confianza; allí una de las ideas básicas del capitalismo (la moneda) se derrumba. El público deja de creer en esa nota de crédito hecha en papel. El vínculo entre "creer" y "crédito" no es sólo etimológico: al caerse, lo que se derrumba es el futuro, o para llamarlo en términos de política económica, las "expectativas". Es obvio: cuando el Eugenio C se convierte en el Titanic nadie quiere quedarse a formar parte de la orquesta. La pérdida de confianza en el goteo capitalista crea un vendaval de inseguridad: el público corre a acaparar mercaderías en previsión por futuros aumentos (que se generan por el acaparamiento, en una profecía autocumplida), y las relaciones en la Economía comienzan a funcionar sin precio, como sucedió en aquel 1989 o, para hablar en lenguaje de entonces, a "precio abierto": ciertas mercaderías se cobraban en el momento justo de la posesión, y no en el de su venta (citemos el caso de algunos insumos industriales como, por ejemplo, el papel prensa). En la opinión de diversos autores, pero básicamente siguiendo a Tulio Halperín Donghi, la hiperinflación del año 1989 marcó el final de un período en la historia argentina que había comenzado en la sociedad peronista, cuarenta años antes. 1989 marcó la agonía de la sociedad peronista: fue el producto de la sospecha de que el Estado había perdido la capacidad para evitar la catástrofe. El período de

Alfonsín mostró que el caos del conflicto sociopolítico expresado, por ejemplo, veinte años antes durante el Cordobazo, no podía seguir resolviéndose en el marco de las viejas relaciones.

Sostiene Halperín que "desde los años cuarenta y hasta 1976 el Estado había sido el terreno de batalla y botín de los diversos sectores sociales; lugar que lo condenaba a una situación de debilidad que generaba en los actores sociales un parasitismo más agresivo y era, a la vez, causa de la hiperinflación. En los años ochenta el Estado deja de vincularse a las clases populares como productores y comienza a relacionarse con ellas como pobres, en una nueva prueba de lo que ha denominado democracia enferma". En un interesante trabajo titulado "La Hiperinflación en Argentina: prehistoria de los años Noventa", Cecilia Levit (U.N. San Martín) y Ricardo Ortiz (UBA, FLACSO) sostuvieron que, como resultado de lo mencionado arriba, "el sector público perdía legitimidad y eficacia, quedando en los años ochenta el control de las principales variables macroeconómicas sometido al juego de presiones entre los acreedores externos y los operadores financieros". Hasta aquel momento, como señalaron Levit y Ortiz, era impensable la convivencia de las políticas de ajuste estructural y la democracia. Pero esto pudo implementarse "debido a que tanto los conglomerados locales y transnacionales como los acreedores externos pasaron a concentrar no sólo los resortes del poder económico sino también, a partir de la debilidad estructural y política del resto de los actores sociales, el poder político. (...) En dicho contexto, los acreedores externos presionaban para que la Argentina cumpliera con sus compromisos (el pago de intereses adeudados y el proceso de reformas estructurales) mientras que las fracciones más concentradas del capital interno presionaban al Estado para que éste continuara realizando las ingentes transferencias de recursos que se habían concentrado durante el período posterior al golpe militar (...) Así, sólo realizando un severo ajuste interno (que el radicalismo no pudo realizar) se podía reanudar el pago a los acreedores".

Como ya señalamos, según Cagan la hiperinflación existe a partir de un alza de precios por encima del 50 por ciento mensual (superior al 600 por ciento anual). Para Dornbush y Foisher puede hablarse de hiperinflación cuando el aumento ronda el 1.000 por ciento anual, "en términos no cuantitativos, esto implica la desaparición de la moneda como unidad de reserva y de cuenta". Salama y Valier hablan de la hiperinflación como "inflación rampante". Horacio Basualdo, por su parte, definió aquel fenómeno de 1989 como "el momento de decantación y consolidación de tendencias esbozadas en años anteriores que llevan a la quiebra del Estado". "Se considera

–escribió Basualdo– que lo que entra en crisis en 1989 es el Estado que impulsó la dictadura, ligado a la valorización financiera y la fuga de capitales. El Estado ya no puede, mediante las exacciones a los asalariados, seguir pagando la deuda externa y subsidiando los programas de capitalización y, al mismo tiempo, continuar subsidiando al sistema financiero, enfrentar los intereses de la deuda externa, mantener los sobreprecios a sus proveedores y sostener los subsidios de la promoción industrial (...) El conflicto, entonces, enfrenta a la dos fracciones del poder económico más concentrado en la Argentina: la banca acreedora, que desde abril no cobraba intereses de la deuda y los grupos económicos locales beneficiados por las transferencias realizadas desde el Estado. Sin embargo, los sectores dominantes, con la ayuda de no pocos intelectuales y formadores de opinión pública, logran instalar la percepción de la crisis como la del Estado distribucionista (a la vez, intervencionista y propietario) ligado a la industrialización, y el sistema político convalida esta visión: el Estado, al no poder enfrentar las múltiples demandas que lo acosan, deviene en productor de la crisis social".

En el trabajo ya citado, Levit y Ortiz observaron la evolución del Producto Bruto Interno durante el período de referencia: considerando 1950 como año base, el PBI registró un crecimiento del orden del 152 por ciento hasta 1990, lo que equivale a un incremento del 2,3 por ciento anual acumulativo. Así, mientras que en 1950 y 1974 el PBI creció un 150 por ciento, en 1990 el producto tenía los mismos valores que en 1976. Dicho de otro modo: el mayor crecimiento económico se produjo entre 1950 y 1975 y con el golpe del '76 comenzó una década y media de estancamiento. En 1989 el Estado se sostuvo sobre un conjunto de mecanismos instaurados por la dictadura: valorización financiera, apertura económica, promoción industrial y subsidios al sector privado.

Esto limitó al mercado interno y creó nuevos problemas fiscales, sin resolver cómo iban a financiarse. Señalaron Levit y Ortiz que en el período 1981-1989 los acreedores externos percibieron un 4,3 por ciento del PBI anual, en tanto que las transferencias al capital concentrado local a través de subsidios y promociones fueron el 9, 7 por ciento del PBI.

En 1989, para colmo, el clima se pasó a la oposición: el año comenzó con un verano muy seco lo que provocó que bajaran los niveles de los diques que abastecían de energía eléctrica a las grandes ciudades. Fue aquel el año de los cortes de luz: el gobierno difundió avisos sobre los cortes programados y la vida cotidiana sufrió molestas alteraciones junto a una sola gran ventaja: acortaron el horario de la televisión. En ese marco comenzó la campaña electoral, y se fijó la fecha de los comicios para el día 14 de mayo.

En febrero el dólar se disparó "sin motivo aparente".

Sourrouille trató de contener la estampida, pero no tuvo éxito: el público se agolpó frente a las casas de cambio para comprar dólares. Eduardo César Angeloz, el candidato radical, pidió entonces la cabeza del ministro de Economía, que por supuesto desmintió los rumores el viernes 30 de marzo. Al día siguiente, Sourrouille renunció, aprovechando la ventaja del fin de semana, con los mercados cerrados. Las decisiones posteriores de Alfonsín en materia de reemplazantes fueron catastróficas: primero designó a su amigo Juan Carlos Pugliese, y Enrique García Vázquez ocupó la presidencia del Banco Central. El dólar ya estaba a 50 australes. Pugliese decidió hacer un "mix" cambiario con 50 por ciento de las exportaciones e importaciones por el dólar financiero. Logró que el dólar siguiera en alza. El BCRA continuó aceleradamente perdiendo reservas; las importaciones posteriores al 8 de febrero estaban impagas y sumaban 600 millones de dólares, a lo que se agregó un atraso con los bancos que representaba un año de intereses: 2.200 millones de dólares. Como consecuencia del jubileo de títulos para hacer bajar el dólar la Tesorería se endeudó a una tasa del 120 por ciento anual, y el BCRA le dio a la maquinita impresora en el orden de los 5.000 millones (de pesos, dólares no podían hacer) de emisión mensual. El déficit a marzo del BCRA debido a los encajes bancarios fue de 45.000 millones, sólo de intereses, y pudo pagar una tercera parte. El gobierno balbuceó que todo era parte del "efecto Menem", que todavía no había ganado. Pugliese adoptó el plan B: un férreo esquema de control de cambios disfrazado de "liberación y flotación del tipo cambiario". Y el dólar se liberó y flotó. Pugliese, en cambio, no pudo flotar sino que salió volando, y fue reemplazado por Jesús Rodríguez.

Realmente, nadie puede decir que Alfonsín no haya sido un presidente creativo. El incremento de los precios en mayo estaba entre el 100 y el 200 por ciento, y el desempleo crecía a un ritmo del 10 por ciento semanal. El gobierno llamó entonces a Roberto Alemann y Adalbert Krieger Vasena para colaborar en la emergencia: ambos habían salido, y no volverían a casa.

Síganme
No los Voy a Defraudar

"Cuando manyés que a tu lao
se prueban la ropa
que vas a dejar..."

Enrique Santos Discépolo, *Yira, yira* (1930)

"Iniciamos el programa sentados a una mesa y con una silla vacía a
modo de símbolo (N. del A.: Angeloz había ido al debate en Tiempo
Nuevo, y Menem no):
—Es una lástima, Doña Rosa se quedó sin opción —dije al público. Angeloz,
por su parte, se mostró bastante molesto. Luego de hablar extensamente sobre
su oponente calificó su ausencia de "clara actitud autoritaria". En el primer
corte recibí una llamada telefónica: era Carlos Menem.
—Me gusta cómo está saliendo el programa, Bernardo, pero hágame el
favor de decirle al Pocho que hable con la silla vacía, yo voy a ir el martes
que viene, cuando sea Presidente."

Bernardo Neustadt, en su web
"Sesenta años de periodismo"

El lunes 15 de mayo de 1989 amaneció otro país. Con la fórmula Menem-
Duhalde, el justicialismo se impuso a la candidatura de Angeloz-Casella

por 7.956.628 votos (el 47,51 por ciento del padrón) contra 5.433.369 votos. En Diputados el justicialismo obtuvo 122 escaños contra 93 de los radicales (sobre 254 totales) y 21 senadores contra 14 del radicalismo (sobre un total de 46).

El jueves 18 se reunieron Eduardo Bauzá, José Luis Manzano y Eduardo Menem con "Coti" Nosiglia, Carlos Becerra (Secretario General de la Presidencia) y el diputado Leopoldo Moreau, con la idea de consensuar algunas medidas económicas de transición y acordar la fecha de traspaso del poder. Según relató Gabriela Cerrutti en *El Jefe*, "Menem aguardaba en el local de Callao. Tirado en una cama, deprimido, se sentía harto de las presiones a su alrededor y convencido de que Alfonsín estaba dispuesto a abandonar el gobierno de un momento a otro, cuando él y su equipo aún no estaban preparados.

"–No tenemos nada, entienden, no tenemos plan, no tenemos nada. No podemos asumir. Y nos quieren tirar el gobierno por la cabeza.

"Juan Bautista Yofre y Luis Barrionuevo lo miraban sin hablar. De pronto Menem se paró de un salto:

"–Alberto, preparame todo. Me voy un mes al Caribe. Estoy agotado. O me voy o largo todo. Que se arreglen ellos. El quilombo es de ellos.

"Barrionuevo comenzó a tartamudear hasta que logró gritarle lo que estaba pensando.

"–Vos estás loco. Vos sos un hijo de puta. No te vas a ningún lado. No te podés ir a ningún lado. Yo no te lo voy a permitir".

En aquellos días Menem mantuvo una serie de entrevistas con Néstor Rapanelli y Carlos García Martínez, del grupo Bunge & Born. Manzano y Bauzá, por su lado, operaron para entregar a Domingo Cavallo el ministerio de Economía. El resto de la "familia" presionó para lograr nombramientos: los Yoma pretendían un lugar en Economía, otro en la Cancillería y Zulema se proponía como ministro de Acción Social, seguramente hipnotizada por el fantasma de Evita. El 25 de mayo Menem almorzó en la Casa de Gobierno de La Rioja con un grupo bastante heterogéneo, pero que sintetizaba las corrientes que se habían unido para llenar de nafta el tanque del "menemóvil" durante la campaña: Mario Montoto y Gustavo Gemelli, de los Montoneros, monseñor Emilio Ogñenovich, Obispo de Mercedes, Julio Mera Figueroa (luego ministro del Interior), sus secretarios Daniel Isa y Mario Caserta (este último detenido durante su gestión en el marco del Narcogate) y el vicegobernador de Santa Fe, Antonio "Trucha" Vanrell, que acaparó la atención de los comensales: Menem lo escuchó mientras comentaba que la situación en el Gran Rosario era insostenible, que ya no llegaban cajas del Plan Alimentario Nacional (PAN) y que la hiperinflación y la desocupación hacían estragos. Los carapintada y la policía provincial, entretanto, activaban en los barrios marginales. Las villas de Rosario eran en aquel momento –y aún continúan siéndolo– la cuarta ciudad del país, en número de habitantes.

El 29 de mayo comenzaron los saqueos en el cordón industrial de Buenos Aires, Rosario y Tucumán. Durante un día entero la policía santafecina contempló los saqueos sin mover un dedo para evitarlos. Alfonsín envió a Rosario dos mil gendarmes y mil efectivos de la Prefectura. En Buenos Aires los comerciantes se armaron para defenderse.

Transcurrida una semana de desmanes, el saldo fue de quince muertos.

Menem recordó a Vanrell días más tarde, cuando escuchó la voz de Margarita Ronco diciéndole que le iba a pasar con el presidente Alfonsín. Cerrutti transcribió aquel diálogo:

"–Presidente... –dijo Alfonsín– este es un asunto de Estado y quiero participarlo. La situación es grave y según nuestras informaciones puede empeorar. Acabo de firmar el decreto declarando el estado de sitio. Necesito su apoyo.

"–Claro que sí –le dijo Menem– Señor Presidente, claro que lo apoyamos. Además yo ya había hablado con su ministro sobre la situación en Rosario y le había pedido...

"–No es sólo Santa Fe. Es para todo el país. La situación es crítica. Doctor, yo creo que es urgente que nos encontremos.

"Menem se recostó sobre el sillón y separó el auricular de su oreja mientras sonreía mirando a Ramón Hernández.

"–Pero claro... por supuesto.

"–¿Cuándo, doctor?

"–Yo estoy volviendo a Buenos Aires el jueves... o el viernes.

"–Doctor, hoy es lunes. Estamos en un estallido social.

"Menem volvió a sonreír.

"–No, claro, si a usted le parece... puedo intentar estar allí el miércoles. Mi secretario la llama a Margarita y combinan, no se preocupe.

"Colgó y golpeó con su mano sobre la mesa. Estaba feliz.

"–Y bueno, a veces tengo intuición. ¿Iban a llamar o no?"

El 31 de mayo Alfonsín y Menem se encontraron en la quinta de Olivos; allí Alfonsín le comentó que tenía preparado un decreto para indultar a los militares que todavía no habían sido condenados, a excepción del general Guillermo "Pajarito" Suárez Mason: eso suponía que sólo este último y los ex comandantes seguirían presos en la cárcel militar de Magdalena.

Menem expresó su preocupación por los carapintada detenidos; le dijo a Alfonsín que había que indultarlos también. En aquella reunión ambos acordaron que sería Rodolfo Terragno el delegado personal de Alfonsín para negociar la transición, y coincidieron en nombrar a Domingo Cavallo como Presidente del Banco Central "para poder llegar a diciembre sin problemas", aunque el proyecto nunca llegó a concretarse.

El lunes 5 de junio Menem recibió a Terragno. Joaquín Morales Solá reprodujo aquel encuentro:

"—Carlos, debemos hablar de una entrega anticipada del poder. Es obvio que las condiciones no permiten esperar hasta que se cumpla el plazo constitucional –dijo Terragno.

"—No, no. La fecha de entrega es el 10 de diciembre y a eso me atengo yo. Si debe ser antes, que lo decida Alfonsín por las suyas –respondió Menem, con evidentes muestras de mal humor.

"—Por favor, no me digas eso a mí. No te estoy haciendo un reportaje. Se trata de que tengamos un diálogo realista. Vos sabés que así no llegamos.

"—¿Qué fecha están manejando ustedes, entonces? –preguntó, molesto.

"—El martes 1 de agosto o el jueves 17. ¿Qué te parece a vos?

"—Me gusta más el 17 porque es el día de San Martín. Faltan casi dos meses y medio. Antes no puedo asumir. Si no pueden llegar es asunto de ustedes".

Al escuchar el relato de la reunión de boca de Terragno, Alfonsín sólo alcanzó a decir:

—¿Por qué no en julio? Necesitamos ganar tiempo.

El deterioro de la situación era cada vez mayor: la inflación se desbocó y ya pasaba la barrera del cien por ciento, había desabastecimiento y se multiplicaba el fantasma de un nuevo estallido social. El sábado 10 de junio Guido Di Tella, designado vice ministro de Economía (nunca llegó a asumir como tal, y luego fue nombrado Canciller) fue víctima de un ataque de incontinencia verbal y comentó en la radio los futuros lineamientos de la política económica de Roig en el denominado Plan BB (Bunge & Born): "El tipo de cambio será recontraalto, habrá una nueva moneda, se aplicará un fuerte ajuste de tarifas y se cumplirá cabalmente con la promesa del salariazo". Según Morales Solá, el domingo 11 Alfonsín se reunió con Pugliese, Terragno, Jaroslavsky, Casella, Nosiglia y Becerra y les dijo: "Menem no desmintió las declaraciones de Di Tella ni paró ninguna de las declaraciones políticas que piden la renuncia del gobierno. Ubaldini quiere hacer una marcha en mi contra y anda anunciando escarmientos. Lo que esta gente está buscando es que los argentinos salgan a la calle y nos saquen a empujones del gobierno. Yo no puedo permitir que eso suceda. Si en mi decisión de eludir la renuncia había un objetivo personal, éste ha dejado de existir. Hablé con Víctor Martínez y lo convencí: ambos vamos a renunciar. Es una decisión, y no una propuesta. Mañana mismo lo anuncio por radio y televisión".

Al mediodía del lunes Terragno aterrizó en La Rioja, comunicándole a Menem la decisión irreversible de Alfonsín. Menem le pidió que postergara el anuncio veinticuatro horas. Pero ya era tarde.

Ese sábado Menem viajó a Buenos Aires como invitado especial de una comida multitudinaria en la estancia La Celia, de Alejandro Granados, organizada por Jorge Antonio y Alberto Samid: había más de tres mil comensales. Señaló Cerruti que "la extraña alianza formada por montoneros, carapintadas, masseristas, los Yoma y Jorge Antonio llegaba a reclamar su cuota de poder". Aquel día el "Tata" Yofre fue designado a cargo de la SIDE, mientras Carlos Cañón (del lobby masserista) fue puesto a cargo de la Central Nacional de Inteligencia (CNI), una especie de SIDE paralela; Mario Caserta ocuparía la Secretaría de Recursos Hídricos (cuando nunca en su vida había probado el agua) e Ibrahim al Ibrahim fue puesto al frente de la Aduana. Uno de los anfitriones, el matarife Julio Samid, no logró aquel día su preciado sillón en la Junta Nacional de Carnes: Menem le pidió tiempo para pensarlo.

El presidente Alfonsín envió su renuncia al Parlamento el 30 de junio y transfirió el ejercicio del Ejecutivo a Menem el 8 de julio: veintidós días antes de lo acordado.

La situación económica era insostenible; pocos días después de la asunción de Menem murió el empresario Miguel Roig, flamante ministro de Economía. El dólar había llegado a los 650 australes, las tarifas aumentaron un 350 por ciento en promedio y la devaluación era del 170 por ciento. Durante el velatorio de Roig su reemplazante, Néstor Rapanelli, fue presentado a la prensa por el vocero Humberto Toledo (otro B&B). Veinticuatro horas más tarde *Página/12* publicó que Rapanelli era investigado por la justicia venezolana debido a sus actividades irregulares en una empresa de exportación de cereales en Caracas.

En paralelo a la crisis, otra escena comenzó a armarse: la del lavado de dinero en la Argentina. En el Informe sobre Lavado de Dinero presentado al Congreso de los Estados Unidos por los diputados Elisa Carrió y Gustavo Gutiérrez en el año 2002 se relató el nacimiento de este proceso en el marco del Plan B&B: "El grupo económico Bunge & Born –dice el Informe– presidido por Octavio Caraballo estaba estrechamente vinculado con el banquero Raúl Moneta, titular del Banco República S.A., y también con Heriberto Ricardo Handley, presidente del Citicorp en América Latina. Caraballo, Moneta y Handley habían sido compañeros de estudios en el Colegio San Jorge. Néstor Rapanelli, vicepresidente ejecutivo del grupo B&B fue designado ministro de Economía y, al poco de asumir, procesado en Venezuela por fraude al Estado y contrabando. El juez Guillermo La Riva López pidió su captura internacional al detectar que la firma Gramoven (Grandes Molinos de Venezuela), del grupo B&B, importaba trigo de baja calidad a Bunge Corporation a precios mucho más altos que el internacional valiéndose del dólar preferencial que le daba el estado venezolano. La relación de Moneta y Handley con Rapanelli les permitió que Javier González Fraga y Alberto Petracchi, ambos directores del República, fueran designados respectivamente Presidente y Director del Banco Central de la República Argentina (BCRA). González Fraga había sido director del Banco República y de Federalia S.A. (empresas de Moneta) y Petracchi era una persona de su entorno íntimo (socios en la Estancia Los Gatos S.A., La Tortuguense S.A., síndico de Corporación Los Andes S.A., Maypa S.A., Federalia S.A., Monfina S.A., sociedades de Moneta, y apoderado de Mora de Luna S.A., sociedad utilizada por Moneta y Menem en operaciones ilegales). González Fraga autorizó a que el Banco de Crédito y Comercio Internacional (BCCI) instalara una filial en la Argentina y luego que construyera el Hotel Hyatt con capitalización de deuda externa (de una inversión total de 37,5 millones de dólares sólo ocho fueron inversión genuina, y el resto se pagó con títulos de la deuda pública que el BCCI compró al 20 por ciento del valor reconocido por el BCRA. El narcolavador Gaith Pharaon intervenía como socio financiero del BCCI, del cual era su principal accionista. El BCCI fue intervenido por el BCRA mucho tiempo después que fuera intervenido en el resto del mundo al descubrirse que lavaba dinero proveniente del narcotráfico y de la venta ilegal de armas, y los operadores del BCRA detectaron que hacía operaciones de lavado de dinero otorgando créditos a pérdida a sus clientes: Alpargatas, Massuh, la privatizada empresa pública Petroquímica General Mosconi y las empresas de Jorge Antonio Chividian, un empresario vinculado a Menem. Las empresas de Jorge Antonio que operaban con el BCCI eran Antonio Pesquera S.A. y Estrella de Mar S.A., asistidas profusamente por el BCCI aunque nunca cancelaron sus deudas. La empresa Estrella de Mar estuvo involucrada en la Operación Langostino, uno de los mayores secuestros de droga realizados en el país.

En el BCCI también tenían cuenta los traficantes Monzer Al Kassar y Rahaman El Assir, cuñado de Adnan Kasoghi, quienes participaron del tráfico de armas durante la presidencia de Menem. Jonathan Wilner, asesor del Subcomité de Terrorismo, Narcóticos y Operaciones Internacionales del Senado de los Estados Unidos, uno de los expertos que analizó la documentación secuestrada al BCCI dijo que "hay dos hechos comprobados: la relación de Al Kassar con el BCCI y la venta de aviones Mirage-Dagger a la Fuerza Aérea argentina por valor de diez millones de dólares". Pharaon colaboró financieramente con la campaña presidencial de Carlos Menem, según afirmó Martin Andersen, del equipo del senador Alan Cranston, al Comité de Relaciones Exteriores del Senado de los EE.UU.".

Una investigación del diario *La Nación* avanzó sobre lo que podría denominarse la "prehistoria" del BCCI: su nacimiento durante la gestión de Alfonsín. Lo que fue denominado por el semanario *Time* como "la mayor corporación criminal de la historia moderna" nació en verdad cuando la administración de Alfonsín le otorgó a Pharaon la residencia argentina: en el mismo momento el BCCI comenzó a ser investigado por una comisión especial del Senado norteamericano. Un informe del BCRA citado por *La Nación* señaló que el directivo de Alpargatas, Rodolfo Clutterbuck, también ejecutivo del Banco Francés y vicepresidente del Central, en 1982 fue una de las llaves para que Pharaon trajera dinero árabe a la Argentina. Esto fue desmentido por Alan Clutterbuck, su hijo, aunque en la investigación por lavado de dinero hecha por la jueza María Romilda "Chuchi" Servini de Cubría consta que fue Clutterbuck quien puso en contacto a Pharaon con los Gotelli, entonces propietarios del desaparecido Banco de Italia, gracias a lo cual Pharaon compró la participación del Italia en Finamérica, y abrió el BCCI en la calle Reconquista 579. Al frente de Finamérica estaba Carlos Alberto Carballo, asistente de Erman González en los ministerios de Economía y Defensa y años más tarde procesado por contrabando de armas a Croacia. (Nuestros respetos a la Corte Suprema, que después lo desprocesó.) El 16 de octubre de 1988, cinco meses después de inaugurarse el BCCI –consignó *La Nación*– Clutterbuck fue secuestrado por un grupo comando. El continuador de algunos negocios del BCCI en la Argentina fue el Banco General de Negocios de los Rohm, que canalizó dinero del contrabando de armas y las coimas del negociado IBM-Banco Nación.

La gestión de Rapanelli como segundo ministro de Economía de Menem fue poco feliz: la inflación llegó al poco tiempo al 50 por ciento mensual, y al 70 por ciento en enero de 1990, pero ya en aquel momento era otro el ministro de Economía: Antonio Erman González (amigo de Menem, definido por el entonces ministro Dromi como un "contador sin visión política"). El dólar rozó los 1.450 australes y las tasas estaban al 60 por ciento mensual: Erman lanzó un plan de liberación cambiaria y de precios, junto con un aumento salarial que terminó fagocitado por la propia inflación. Con el dólar a 1.950 australes y tasas del 3.000 por ciento anual (600 por ciento mensual) Erman reconoció que "hemos vuelto a entrar en la híper" y desmintió que la Argentina fuera a dolarizar su economía. En el mismo mes de enero de 1990 el ministro González anunció su Plan Bónex, expropiando los fondos de particulares colocados en plazos fijos y cambiando el dinero depositado por Bónex 89 (la suma total es de unos 4.000 millones de dólares) que los ahorristas aceptaron a regañadientes.

La Corte Suprema produjo entonces uno de sus primeros milagros de la era menemista, al evaluar el denominado "Caso Peralta": se trató de varios ahorristas, Peralta entre ellos, que efectuaron un plazo fijo a siete días, con vencimiento el 3 de enero de 1990. Pero ya para ese día el Poder Ejecutivo había firmado el decreto de necesidad y urgencia 36/90, por el que los ahorristas recibieron papelitos. El juez de Primera Instancia falló contra Peralta, pero la Cámara en lo Cotencioso Administrativo le dio la razón y el caso llegó a la Corte de los Milagros para quien "la restricción del uso del derecho de propiedad" no significaba una violación a éste.

EL PODER
DESNUDO

El gobierno de Menem llevó adelante la mayor transformación estructural del país después de la Argentina del primer período peronista 1945-1955. Éste no es, claro, un juicio de valor: Menem se animó a realizar lo que ni siquiera las dictaduras militares habían intentado. Horacio Verbitsky bautizó "desguace del Estado" al proceso iniciado en 1990 por el que se enajenaron a precio vil la mayor parte de las empresas públicas, sin que esto representara ni siquiera una mejor posición del país respecto de los acreedores externos: a mediano y largo plazo la deuda siguió su crecimiento geométrico sin conmoverse. El plan de "transformación" de la economía argentina no fue menos deliberado que el plan de represión indiscriminada montado por los militares (cuando se dividió en zonas, regiones y subzonas la "represión operativa", como se describió en capítulos anteriores): hubo una lógica enmarcando el proceso, y se cumplieron cada uno de los pasos previstos para llegar al objetivo final. La gran ausente de la enferma democracia argentina fue la Justicia: para maquillar la impunidad de las transformaciones fue necesario que el aparato judicial estuviera atado de pies y manos y que se mostrara ante los potenciales inversores externos e internos un estado de "seguridad jurídica" tal que transformó al país en una especie de "zona liberada". En los años siguientes la ley fue manipulada hasta los límites de la vergüenza ajena, la conciencia de la mayor parte de los jueces federales se tranquilizó con sobresueldos del Poder Ejecutivo a través de los gastos reservados de la SIDE, con la aquiescencia y muchas veces la manifiesta complicidad del radicalismo, la segunda fuerza política del país hasta la caída de Fernando de la Rúa. No fue Menem, claro, el "inventor" de la falta de Justicia en la Argentina: como hemos visto a lo largo de este libro y en el tomo I de *Argentinos*, el "estado de excepción", la doble moral judicial, las sucesivas amnistías y la cultura de la "viveza criolla" abonaron durante décadas una generalizada sensación de impunidad. Pero los años de Menem incorporaron a la cultura nacional un elemento nuevo: la obscenidad, la violenta exhibición de fuerza frente a los más débiles. En el marco de la más espantosa mediocridad partidaria que la Argentina recuerde, la política se transformó en una tendencia animal hacia el poder. Una vez olfateado el poder desnudo sólo importó llegar a él, sin preguntarse cómo. La política saltó de la mesa de negociaciones consensuadas a la selva darwiniana donde triunfó el más fuerte. El grado de tolerancia social ante la corrupción subió como nunca antes: el "roban, pero hacen" comenzó justificando la inmoralidad ajena y el "voto cuota" expresó la miseria propia. Importantes sectores de la clase media se transformaron en una especie de "nuevos ricos", y exageraron las inseguras costumbres de los recién llegados: ostentación, obscena exhibición de bienes, crueldad gratuita, absoluto desinterés y hasta cierto desprecio por los excluidos, devenidos en una especie de espejo del futuro del que ellos habían escapado. Los que hasta mediados de los ochenta fueron "obreros" que exigían su parte de un Estado de bienestar ahora eran solamente "pobres", expulsados de por vida de la economía, condenados a las cajas PAN, o a los magros subsidios temporales de desempleo. Ésa fue la moral mundial de los noventa, en la que Menem representó sólo un tornillo del engranaje. Aquel fue, también, el secreto del "milagro chileno": antes y después hubo extrema pobreza, lo que cambió fue que en determinado momento los chilenos dejaron de mirarla, de tomarla en cuenta. Los pobres, durante los noventa, desaparecieron. Es probable que la metáfora reconozca algún origen en las dictaduras militares (aquella frase de Videla sobre los desaparecidos: "No están, no son, han desaparecido"), sólo que en los noventa desaparecieron de la Economía.

La modificación del número de integrantes de la Corte Suprema fue el primero de aquellos pasos en dirección al país donde cualquier cosa iba a ser posible.

LA CORTE DE
LOS MILAGROS

El primer antecedente del proyecto de modificación del número de jueces de las Corte surgió durante la presidencia de Alfonsín, cuando se pretendió aumentar de cinco a siete la cantidad de ministros de la Corte Suprema. Alfonsín acuñó también la idea del "per saltum", por la que el Tribunal podía saltear instancias y fallar sobre causas de "gravedad institucional" que estaban radicadas en tribunales inferiores. Escribió Horacio Verbitsky en su interesante investigación *Hacer la Corte*, que "el peronismo triunfante en los comicios del 6 de septiembre de 1987 contraofertó que el número de jueces de la Corte se elevara a nueve, lo cual facilitaría las cosas en su vasto mapa de facciones internas. Como nadie tenía un poder absoluto, se estableció que cada partido propondría al Poder Ejecutivo aún radical, dos jueces, que contarían con el acuerdo del Senado de mayoría peronista. Todo debía pactarse en una situación de equilibrio de fuerzas contrapuestas. Belluscio anunció que renunciaría, porque esta negociación política le producía asco. Con recato, sus cuatro colegas también se opusieron, mientras en publicaciones jurídicas proliferaban objeciones. Ricardo Levene escribió que siete jueces tardarían más que cinco y que mediante el *per saltum* las decisiones de la Corte podrían estar influidas por las necesidades políticas del momento.

"Al comenzar la competencia electoral por la presidencia –dice Verbitsky– el proyecto se desactivó. En vez de pactar dos y dos, el candidato Carlos Menem prefería designar cuatro propios más adelante. La negociación política que asqueaba a Belluscio sería reemplazada por el rigor de la fuerza."

Luego de la asunción de Menem, Granillo Ocampo (Secretario Legal y Técnico), Eduardo Bauzá (ministro del Interior), Carlos Vladimiro Corach (subsecretario) y José Luis Manzano (jefe del bloque de Diputados) formaron el Grupo de Tareas Judicial decidido a remover a la Corte Suprema. En aquel tiempo Bauzá , citado por Verbitsky, afirmó: "Existe voluntad política de homogeneizar la Corte con el Poder Ejecutivo. El designado ministro de Educación y Cultura Antonio Salonia sugirió para Justicia a Oyhanarte. Menem lo consultó con Petracchi y obtuvo las mejores referencias (...) Con su incorporación al gobierno quedaron delineados los bandos: sólo Petracchi y Oyhanarte estaban por la inducción de vacantes: Granillo, Bauzá, César Arias, Manzano, el Hermano Eduardo, Corach y Dromi apoyaban la ampliación". A las operaciones del GTJ (Grupo de Tareas Judiciales) se sumó el azar: el 25 de julio la abogada Mirta Schvartzman cayó en ropa interior desde la ventana de un hotel de París habiendo dejado una carta que comenzaba diciendo: "Augusto, tú me rebajaste". El "Augusto" de referencia era Augusto Belluscio, profesor titular de Derecho de Familia en la Universidad de Buenos Aires y teórico del matrimonio monogámico como ideal ético y jurídico. La vergüenza fue tal que Belluscio comunicó extraoficialmente su renuncia a la Corte. Alfonsín le pidió que no lo hiciera y Alicia Saadi difundió cartas íntimas de su amante suicida que la SIDE se encargó de circular y fotocopiar. La Comisión de Juicio Político, por once votos contra diez, decidió acusar a Belluscio aunque la Cámara, al no contar con el voto de los radicales y compañía no alcanzó a los dos tercios necesarios para realizar el juicio. La orden de Alfonsín, citada por Verbitsky, fue "no entregar a Belluscio para que el gobierno no sume otro voto en la Corte". Como se ve, un debate jurídico de alto vuelo. O de caída oportuna. Finalmente, el Senado aprobó la ampliación de la Corte y el debate se empantanó en las Comisiones de Justicia y Asuntos Constitucionales de la Cámara de Diputados, donde los votos estaban parejos. El jueves 29 de marzo –según se describió en *Hacer la Corte*–el peronismo no consiguió quórum en su primer intento. José Luis Manzano dijo que "Menem necesita la ampliación de la Corte Suprema, y parece que hay compañeros que se olvidaron de este hecho". El vicepresidente, Augusto Alasino, explicó que "la ampliación es necesaria para agilizar la tarea del Poder Ejecutivo, perdón, del Poder Judicial". Con distintas excusas, la mayoría de los miembros del supuestamente disidente Grupo de los Ocho (Chacho Álvarez, Franco Caviglia, Juan Pablo Cafiero, José Carlos Ramos, Germán Abdala) accedieron a facilitarle al menemismo el tratamiento del proyecto, con la excepción de Luis Brunati, que se retiró del recinto.

El menemismo contó también en la ocasión con el voto del "intransigente" Oscar Alende, de 83 años.

AL VUELO

"–Se privatizó ENTEL, ¿qué beneficios tendremos?

"–Tendremos teléfonos, porque hasta ahora teníamos aparatos pero no podíamos comunicarnos.

"–La privatización ¿es un instrumento en sí mismo?

"–Es un instrumento, porque nosotros no somos rematadores del Estado. Significa que pasamos bienes del sector público al privado: para dinamizar la producción. Para que Doña Rosa no soporte más un Estado ineficiente y para disminuir el déficit fiscal.

"–No es seria su respuesta. No veo que pueda achicarse el déficit si con lo de ENTEL el Estado recibirá 214 millones de dólares pero se hará cargo de un pasivo de 1.700 millones.

"–Son 214 millones, más otros 380 millones, en 6 meses. Pero además nos pagarán 5.028 millones de dólares en títulos de la deuda externa. (...)

"–¿El primer pliego de ENTEL costó 10 millones de dólares que se pagaron a un estudio privado?

"–No sé, ése es el tema de las consultoras.

"–Usted es el ministro de Obras y Servicios Públicos. Debe saber: es su deber.

"–Bueno, en la única privatización que hicimos erogaciones por cuestiones técnicas –por su complejidad– fue en ENTEL, pero no recuerdo cuánto fue el monto.

"–¿Le parece que diez millones de dólares es una cifra para olvidar?

"–Bueno, está bien. No se enoje. Lo que pasa es que acá había que preparar las cosas al modelo de los inversores extranjeros. Además... ¿qué son diez millones de dólares? (...)
"–Cuando se haga la concesión de los ferrocarriles ¿habrá trenes para todos y a 500 kilómetros por hora, como dijo el Presidente?
"–No. Habrá trenes que correrán a doscientos kilómetros por hora, en un plazo de dos años. Se lo garantizo."

Roberto Dromi entrevistado por Cristina Castello
en la revista *Gente* del 6 de julio de 1990.

En octubre de 1989 el entonces ministro de Economía Néstor Rapanelli le prometió al Fondo Monetario la inmediata privatización de ENTEL y de Aerolíneas, que se transformarían en un *leading case* (caso testigo) para la oleada de privatizaciones posteriores. En diciembre del mismo año Aerolíneas se transformó en una sociedad anónima con participación estatal minoritaria. Ése fue el primer paso para la venta posterior, merced a un proyecto ideado por Roberto Dromi y el entonces subsecretario Rodolfo Barra, hijo del Comisario Inspector Antonio Barra, presidente del Centro de Oficiales Retirados de la Policía Federal y autor formal del proyecto por el que López Rega fue ascendido de Sargento a Comisario General. Barra hijo, miembro cooperador del Opus Dei, no sólo fue viceministro de Obras Públicas: luego ocupó idéntica posición en el Ministerio del Interior durante la gestión de Granillo Ocampo, y más tarde integró la Corte Suprema. También fue subgerente de la sección Legales de la constructora SADE, del Grupo Pérez Companc, y uno de los votos disidentes contra la sanción de la ley de divorcio, en 1987. Transformada en Aerolíneas Argentinas Sociedad del Estado (AASE), el proceso privatizador se puso en marcha. Según la diputada Alicia Castro en su alegato a favor del juicio político a la Corte Suprema: "El pliego de condiciones tomaba como base la valuación hecha durante la gestión radical, con lo que el 85 por ciento de la empresa sólo equivalía a 433 millones de dólares, incluyendo el paquete de la operadora turística OPTAR, una participación en la empresa Buenos Aires Catering, el Centro de Instrucción de Vuelo con simuladores en los que se capacitaba a pilotos de toda América, el centro de cómputos, los talleres, los hangares y los inmuebles en la Argentina y en el mundo". En aquel momento Aerolíneas operaba el 66 por ciento del tráfico de cabotaje, el 45 por ciento del sudamericano y el 38 por ciento del europeo. Tanto la marca como las rutas –incluyendo el vuelo transpolar– se transfirieron sin cargo al oferente. Menem, Dromi y Barra decidieron solicitar por Aerolíneas 220 millones de dólares en efectivo y 213 millones en títulos de la deuda externa, siendo ésta la primera vez que fue aceptado aquel mecanismo de capitalizar papelitos. Como se citó más arriba en el caso de ENTEL, también en Aerolíneas Dromi decidió que consultores extranjeros revisaran la tasación, violando la ley 23.696 que obligaba a que la tasación fuese realizada por organismos públicos nacionales. La deuda externa de Aerolíneas fue asumida por el Estado, y AASE entregada a los nuevos dueños libre de todo pasivo. Señaló Castro en su discurso de referencia que todo esto fue advertido en su momento por los gremios integrantes de la Unión Nacional de Trabajadores Aeronáuticos: "Denunciamos –dijo– que el valor de las aeronaves, motores y repuestos superaba los ochocientos millones de dólares. Para la valuación de la flota se habían tomado como base los valores de libros que como ya estaban amortizados, por ejemplo, adjudicaban a un Boeing 757 el precio de 1,57 dólar cuando el valor de reventa en el mercado de usado era de dos millones". También se dispuso en los pliegos que los trabajadores retendrían el diez por ciento de las acciones a través del Programa de Propiedad Participada, y el Estado un cinco por ciento de las acciones, aunque casi no existían resguardos para que este capital accionario se conservara intangible.

El debate parlamentario fue operado por Dromi y Manzano, tomando incluso en cuenta la hora de cierre de los diarios, para que su divulgación fuera parcial. En *Robo para la Corona*, Horacio Verbitsky precisó que "a las cámaras volvieron al recinto a medianoche, para un aburrido debate en el cúal Dromi no concedía interrupciones y que terminó a las 4.20 de la madrugada en medio de un escándalo, en apariencia concertado, cuando el radical Jesús Rodríguez gritó:

"–¡Dromi miente! –y el subsecretario de Transportes Eduardo Ceballos le respondió:

"–¡Calláte, chanta!

"Al terminar la sesión, Manzano cruzó hasta el único bar abierto en Callao y Rivadavia. Alicia Castro y Alicia Regidor se acercaron con el borrador del primer panfleto que estaba preparando la UNTA contra la venta de Aerolíneas Argentinas.

"–Yo le oí decir que usted manejaba a los gremios aeronáuticos. Sepa que no es cierto. Nosotros no estamos peleando por nuestra fuente de trabajo sino por el patrimonio de la Nación –lo increpó la *stewardess* Castro, de larga cabellera rojiza y ojos verdes encendidos de furia militante–. Manzano revisó los papeles que le tendían, miró de arriba abajo a su interlocutora y con frialdad replicó:

"–Aerolíneas sin ustedes valdría mucho más.

"Las delegadas de los aeronavegantes se alejaron y Manzano masculló una imprecación:

"–Estas conchudas se van a acordar de nosotros cuando vengan las minas de American y las echemos a la calle.

"–Mi viejo es peruca y estuvo en cana. Vos no vas a hablar así de las compañeras –lo interrumpió desde la mesa de al lado un técnico de vuelo.

"–No lo tomés así, hermano –se disculpó Manzano, quien comenzó a temer que el incidente terminara a golpes. Para evitarlo, no tuvo más remedio que liarse en una discusión que no se limitó al caso de Aerolíneas Argentinas. Los fuegos de artificio verbales de Manzano parecían allí menos brillantes que en el recinto. Como de costumbre, utilizó a los Alsogaray para disimular su responsabilidad en la política del gobierno, y se atribuyó intentos fallidos para alejarlos de Menem. Cuando ya eran las siete de la mañana espetó:

"–A María Julia la quisimos voltear mil veces, pero no pudimos porque tiene buenas patas y el turco se la coge.

"Los estupefactos sindicalistas no quisieron oír más explicaciones de ese tenor y se levantaron de la mesa".

Después de diversos cambios en los pliegos de condiciones, sólo un oferente quedó en pie: Iberia junto a sus socios argentinos, encabezados por Enrique Menotti Pescarmona, en aquel momento propietario de Austral Líneas Aéreas, manejada por la sociedad Cielos del Sur, lo que suponía la unión de dos empresas para la creación de un monopolio aéreo. Iberia fue la fundadora y propietaria del 18,28 por ciento de Amadeus, el sistema informático de reserva de pasajes líder en el mundo y, por otro lado, junto a Gate Gurmet –una de las empresas líderes en el sector de *catering* aéreo– es propietaria de Iberwiss, una empresa que produce casi once millones de bandejas de comida al año. Participó, a la vez, del negocio de los *tours* con operadores como Viva Tours y Tiempo Libre, y en el transporte con CACESA. A nivel mundial, se encuentra asociada con American Airlines y British Airways en "oneworld". La composición de sus accionistas es la siguiente:

Sociedad Estatal de Participaciones Industriales (SEPI)	53,84%
British Airways	9,00%
American Airlines	1,00%
Caja Madrid	10,00%
BBVA	7,3%
Logista	6,7%
El Corte Inglés	3,00%
Ahorro Corporación	3,00%
Empleados	6,14%

Luego de una intensa negociación entre el Gobierno, Iberia y sus socios, Menem ordenó a los equipos técnicos a cargo del ingeniero Guaragna que la propuesta del consorcio fuera aprobada. El 21 de noviembre de 1990 el gobierno autorizó la creación de una sociedad de capital mínimo (se constituyó con el mínimo legal de 12.000 pesos) llamada ARSA (Aerolíneas Argentinas S.A.) compró la   Unidad Operativa AASE lo que le permitía al consorcio abstraerse de las obligaciones del pliego licitatorio. El contrato de transferencia autorizó a los españoles a endeudarse y cargar ese pasivo a ARSA. Aerolíneas carecía de deudas, había sido valuada en 636 millones de dólares y arrojaba una ganancia de 90 millones de dólares anuales lo que significaba una ganancia neta sobre la facturación del orden del 5,6 por ciento. El consorcio Iberia-Austral pagó 260 millones en efectivo y 1.610 millones en papelitos de la deuda pública.

Un informe confidencial del banco First Boston que circuló en la época ofreció participación a inversores en el consorcio liderado por Iberia en el "que no hacía falta poner plata": el mensaje estaba dirigido a los bancos a los que les proponían el canje de sus papelitos de la deuda externa argentina por acciones preferidas de la nueva empresa.

El 4 de julio de 1990 el diputado Moisés Fontenla, del Grupo de los Ocho, presentó un recurso de amparo ante el juez federal del fuero Cotencioso Administrativo Oscar Garzón Funes para evitar la venta de la empresa, "advirtiendo la imposibilidad de transformar Aerolíneas Argentinas Sociedad del Estado en una sociedad anónima particular con participación minoritaria del Estado, con facultades especiales y derecho a veto". El diputado del PJ basó su pedido en un dictamen del Inspector General de Justicia Alberto González Arzac que sostuvo que se estaba conformando más una "sociedad irregular, que una sociedad anónima". Dromi contestó de inmediato solicitando el rechazo del amparo. Una hora más tarde el ministro se presentó directamente ante la Corte Suprema pidiendo la avocación del cuerpo para resolver la causa. Lo insólito es que no había aún sentencia de primera instancia, y por lo tanto ningún tribunal de alzada. Con lo que tampoco podía haber recurso extraordinario.

Pero lo extraordinario sucedió: Dromi presentó su informe a las nueve de la mañana del día 12 de julio. A las 10.09 hs (una hora y nueve minutos después) el mismo Dromi se presentó en la Corte Suprema para pedir el "per saltum". A las 12.08 del mismo día la Corte le pidió los autos de la causa al juez Garzón Funes, que aún no se había expedido. "Yo recibí el pedido y decidí que les iba a remitir el expediente pero con mi sentencia –recordó el juez Garzón Funes ante Miguel Bonasso, en *Página/12*–. Redacté el fallo esa misma noche. Siete carillas en total haciendo lugar al amparo requerido por Fontenla. A las ocho de la mañana del 13 de julio, cuando llegué a mi oficina, ya me estaba esperando un empleado de la Corte para llevarse las actuaciones. Le dije que se fuera, que ya iban para allá. Quería que estuviera todo legalmente registrado, en el libro y con todos los sellos. Ellos estaban apurados porque ese viernes 13 era el último día laboral antes de dos semanas de feria. Mientras tanto, a las once de la mañana el comité privatizador del ministerio de Obras y Servicios Públicos de Dromi precalificaba la oferta de Iberia-Cielos del Sur. A las 12:38 el expediente ingresaba a la Corte Suprema, con la sentencia puesta y se le agregó, sin acumular, el pedido de avocación [*N. del A.*: Aplicación del per saltum] presentado con anterioridad. A las cuatro de la tarde (fuera del horario tribunalicio) Dromi, asesorado por Barra, que era juez y parte, presentó un escrito titulado 'Apela', sin mencionar que interponía un recurso extraordinario. Al margen de lo que la ley establece, lo presentaba directamente ante la Corte y no ante el juez que había dictado la sentencia. (...) Horas más tarde, la Corte resolvió 'suspender los efectos de la sentencia del señor juez de primera instancia'. A las ocho de la noche del mismo día Dromi anunció que Iberia había sido calificada. Recién el 6 de septiembre de 1990 la Corte dictó su sentencia confirmando que la entrega de la empresa se basaba en 'extremas razones de gravedad institucional'."

Votaron por el *per saltum* Ricardo Levene, Mariano Cavagna Martínez, Enrique Petracchi y Rodolfo Barra; a favor de la mayoría pero con matices votaron Julio Nazareno y Eduardo Moliné O'Connor, y el único voto en disidencia fue el de Carlos Fayt. El juez Belluscio no votó. En su fallo, Fayt recordó lo obvio, que había quedado aplastado por lo extraordinario: que la Corte según la ley 4.055 sólo podía intervenir en asuntos previamente resueltos por una Cámara Nacional de Apelaciones, que la misma Corte desechó el *per saltum* en la causa de Margarita Belén y que dicha figura jurídica aún no había sido aprobada por el Congreso.

Iberia fue, durante el año 1990, una de las empresas españolas más deficitarias: durante el primer año sólo entregó al gobierno argentino una carta de crédito de un banco español, aunque el resto del compromiso *cash* (130 millones) y de títulos de la deuda (1.610 millones) ya estaba vencido. Tampoco se invirtieron los 680 millones prometidos en la primera etapa del Plan Quinquenal de Inversiones. Recién en mayo de 1991 el consorcio Iberia-Cielos del Sur le entregó al Estado 840 millones en Bonos de la deuda externa. En junio de 1991, el entonces ministro Cavallo informó que ARSA se comprometió a pagar 300 millones de los restantes 770 millones de títulos de la deuda pública y el saldo, unos 470 millones, quedó sujeto a una verificación que debía realizar la Secretaría de Transportes ya que Iberia reclamó créditos al Estado por un monto de 150 millones argumentando diferencias de inventario y pasajes volados. El primer balance de ARSA dejó en evidencia que su acreedor principal era Iberia. Dicho de otro modo, Aerolíneas se compró a sí misma: el dinero aportado era "externo" a la empresa pero se garantizaba con los activos de Aerolíneas. El balance de marras arrojó otra sorpresa: la aparición del famoso rubro "Gastos asociados con la compra", por 67 millones de dólares. Fue, en tiempos de la modernidad española, el eufemismo elegido para mencionar la "coima". El proyecto de Iberia era entonces transformarse en la gran empresa de aeronavegación latinoamericana: adquirió el 45 por ciento de VIASA, la línea venezolana (que quebró), el 35 por ciento de LADECO, empresa chilena (que vendió luego a Lan Chile) y expresó sus deseos de quedarse en un futuro con la totalidad de Pluna uruguaya y LAP paraguaya. También poseía las empresas europeas AVIANCO, VIVA Y BINTER.

El Estado español, a través de SEPI e Iberia vendió los principales activos de la empresa: el edificio de Perú y Rivadavia, las sucursales nacionales y extranjeras y los simuladores de vuelo ubicados en Puerto Madero. La flota comercial, que a la fecha de transferencia constaba de 28 aparatos propios y uno alquilado, sólo era de diez aviones en 1995. Aerolíneas se deshizo también del transporte de la carga de cabotaje a favor de Jet Paq y entregó su sector de informática a la compañía española INDRA. La dotación de cinco mil trabajadores fue reducida a la mitad y muchos de los mecánicos de aeronaves despedidos fueron luego contratados en el exterior por Iberia. En 1998, con un aporte de 25 millones de dólares, American Airlines se incorporó a la sociedad de Aerolíneas Argentinas en un 8,5 por ciento y en un 10 por ciento a la de INTERINVEST. Parte del directorio de la empresa quedó conformado por Terence Todman (ex embajador de los Estados Unidos en la Argentina), A. Menehem (primo del presidente Menem), Manuel Morán Caser, Mario Sruber, David Cush (de American Airlines), entre otros. Aunque mejoraron la flota modernizándola parcialmente, los norteamericanos entregaron a Lan Chile el transporte de carga internacional, vendieron la participación en Buenos Aires Catering y cambiaron el sistema de reservas de pasajes por otro creado en Estados Unidos llamado SABRE, lo que aportó a la matriz de American importantes ingresos, garantizándoles el cobro de 1,5 dólares por pasaje vendido. Aerolíneas pagó entonces a SABRE una cifra próxima a los treinta millones de dólares al año. A julio del año 2000 la deuda de Aerolíneas –que, recordemos, nueve años antes fue comprada sin pasivo– era de 874 millones de dólares. El 31 de enero de ese año Pedro Ferreras, presidente de la SEPI, le comunicó al gobierno argentino la decisión española de no aportar más dinero si el Estado argentino no lo hacía también. El 12 de junio la SEPI presentó su "Plan Director", que preveía una capitalización de la empresa en 650 millones de dólares "que debería ser aportada por todos los accionistas de la compañía", entre ellos el Estado y los trabajadores, a los que se les propuso un programa de jubilaciones y de retiro voluntario junto a una reducción salarial del 20 por ciento. El 10 de noviembre el gobierno español autorizó la ampliación de capital de Aerolíneas Argentinas: el Estado argentino mantuvo su 5,4 por ciento, pero la participación de los trabajadores se redujo del 10 por ciento al 2,6 por ciento. El 24 de abril de 2001 el presidente de la SEPI confirmó que el Plan Director tenía previsto el despido de 1.315 empleados. APTA (la Asociación de Técnicos de Mantenimiento) y la AAA (Sindicato de Azafatas) se opusieron al plan. A finales de mayo ningún miembro del personal había cobrado su salario y la posición española era pagar recién cuando el Estado argentino aportara los 32 millones de dólares que le correspondían por su parte en la capitalización.

El 13 de junio los empleados de Aerolíneas cruzaron un Boeing 747 en la pista principal del aeropuerto de Ezeiza, bloqueando también las carreteras de acceso y las zonas de embarque. Cinco días más tarde Aerolíneas canceló varios vuelos nacionales al no poder pagar las deudas atrasadas con la empresa que le alquilaba los aviones ni el combustible para los trayectos. La lucha planteada por los trabajadores de Aerolíneas trascendió cada día más a las primeras planas y se transformó en un tema nacional que luego alcanzó también su correlato en España, y amenazó con perjudicar a otras inversiones españolas en la Argentina. Finalmente la SEPI adjudicó Aerolíneas Argentinas al grupo Air Comet, conformado por el grupo turístico Marsans y las líneas Spanair y Air Plus.

Y PÉGUELE
FUERTE

Dromi mostró su calidad de polifuncionario: no sólo se dedicó a desmantelar ENTEL y Aerolíneas, sino que también firmó tres decretos que destruyeron el sistema centralizado de energía. Según el relato del ex Subsecretario de Combustibles de la Nación y presidente de la Fundación Arturo Illia, contador Gustavo Calleja, el "sistema centralizado dependía de la Secretaría de Energía (a cargo, en aquel momento, de Julio César Aráoz) y de él se desprendían dos grandes subsistemas, uno eléctrico y otro de combustibles con una importante empresa de combustibles (Yacimientos Petrolíferos Fiscales, YPF), una empresa gasífera y otra de carbón. Del otro lado estaba –sigue Calleja– Agua y Energía Eléctrica, una especie de YPF de la energía eléctrica y el riego; Hidronor, una empresa creada por Onganía para hacer negociados con El Chocón; y SEGBA, que se creó en la época de Frondizi para cuidar los negocios de la CADE, la CHADE y la Ítalo, que en aquellos años se estaban cayendo".

La pérdida de YPF no obedeció a mala administración por parte del Estado, sino a una situación contable: el Estado se apropiaba de sus ingresos a través del impuesto a los combustibles. YPF debería haber recibido un promedio de 50 dólares por metro cúbico de petróleo contra un costo de 110. El gobierno sustraía del ingreso genuino de YPF unos 1.800 millones de dólares al año. Según Calleja, "los decretos de Menem licitaron 240 áreas secundarias que se distribuyeron entre los amigos del presidente". El gobierno abrió las adjudicaciones anunciando un ingreso mínimo de 1.000

millones de dólares y sólo pudieron reunir 160. "Después de este éxito vamos a integrar la OPEP [*N. del A.*: Organización de Países Exportadores de Petróleo]", dijo Menem. Las áreas centrales se entregaron a uniones transitorias de empresas (UTE) sin participación estatal, evadiendo la Ley de Reforma del Estado que señalaba que dichas empresas debían ser de capital mixto, y violaron también la Ley de Hidrocarburos en cuanto a la acumulación de áreas: la ley dice, para favorecer la competencia, que no pueden acumularse más de cinco permisos de explotación.

Actualmente, ocho empresas que tienen de quince a veinte áreas cada una, producen el 80 por ciento del crudo y del gas del país, conformando un oligopolio de manual. Si se respetara la ley sin modificarle una coma, todos los permisos petroleros resultarían absolutamente nulos.

La ley que vendió Gas del Estado fue la número 24.076, más conocida en los medios políticos como la *ley del Diputrucho*: el 26 de marzo de 1992 la Cámara de Diputados discutió la ley de privatización de Gas del Estado, en una sesión que venía de un cuarto intermedio. El PJ propuso una moción de cierre de la lista de oradores y la bancada radical, presidida entonces por Fernando de la Rúa, abandonó el recinto. Alberto Pierri era el presidente de la Cámara. El menemismo necesitaba reunir 130 diputados para poder dar quórum: si lo hacían, la ley podía votarse sin ningún debate, simplemente a "mano alzada". A las cuatro y media de la tarde el tablero electrónico marcó 130 y se votó en general. Recordó Armando Vidal en *Clarín*, en una nota titulada "A diez años del diputrucho" que "en ese momento, desde el palco de periodistas, se identificó a un extraño en una banca. Los cronistas corrieron por escaleras y pasillos hasta ubicar en la otra punta a un anciano asustado a la salida del recinto. A la pregunta de *Clarín* de si era diputado confesó que no. A la pregunta de por qué estaba en una banca contestó que lo habían sentado allí por hallarse descompuesto. Ese hombre que mentía era Juan Abraham Kenan, asesor de Julio Manuel Samid, el hermano de Alberto Samid". Juan Kenan, sin embargo, no fue el único intruso: había cinco más, todos colaboradores o asesores de diputados menemistas, que se dieron a la fuga: el riojano Carlos Romero, empleado de Felipe Solá, fue despedido por éste debido a su conducta; el mendocino Nicolás Becerra desmintió categóricamente a Vidal haber formado parte de la operación; el porteño Eduardo Varela Cid y el fueguino Carlos Manfredotti. El presidente de la bancada de puertas abiertas era Jorge Matzkin. El ministro de Economía era Domingo Cavallo y José Estenssoro el presidente de YPF que pugnó por privatizar Gas del Estado. La Cámara nunca sancionó a Samid y a finales de 1994 la Justicia lo condenó a algunos meses de prisión en suspenso, al igual que a Kenan.

Gas del Estado fue tasada por Petrobrás, que proyectó montar una compañía similar, en 25.000 millones de dólares, y vendida por el gobierno argentino en 2.500 millones. Ninguno de los gasoductos construidos por la empresa privatizada fueron para el mercado interno. Actualmente, del total de la producción de gas, el 50 por ciento sale al exterior, lo que bajó violentamente las reservas de gas en la Argentina, que eran de 34 años a consumo constante, y ahora son de 18.

EL CLUB
DEL PEAJE

Según el testimonio de varios legisladores –entre ellos, el diputado nacional Alberto Natale– las concesiones de autopistas fueron repartidas a dedo en la Cámara Argentina de la Construcción. Allí se fundó el denominado "Club del Peaje", que decidió eliminar cualquier tipo de competencia entre las empresas participantes. Uno de los miembros del Club, pero con el carné vencido, Guillermo Laura, conocido como el "inventor de las autopistas en Argentina", coincidió con Natale al publicar en un libro en el que relató su experiencia como constructor y lobbysta que siendo ministro de Obras Públicas "Dromi cobró siete millones de dólares por favorecer a determinadas empresas que se quedaron con la concesión de la rutas por peaje y que Raúl Costamagna, secretario de Obras Públicas durante el segundo gobierno de Menem, cobró una coima de 200 millones por renegociar los contratos hasta el año 2006". Laura fue, durante la dictadura militar, el autor del proyecto de las autopistas 25 de mayo y Perito Moreno construidas durante la gestión del brigadier Cacciatore como intendente municipal. Su padre, Lauro Olimpio Laura, fue el proyectista de los principales accesos urbanos de la Argentina y jefe de Inspectores de Vialidad Nacional cuando se construyó la avenida General Paz en 1937. El propio Laura (hijo) fue presidente de Autopistas del Sol mientras estuvo ligado a Francisco Macri, y dejó su cargo en 1996. En ese mismo año presentó a Menem su "Proyecto 10" (diez mil kilómetros de autopistas pagados con 10 centavos de recargo en los combustibles), y el ministerio de Economía pidió que el proyecto se suspendiera por sugerencia del Fondo Monetario.

Según denunció un año más tarde Laura, la Cámara de la Construcción y la Cámara de Concesionarios Viales gastó cuatro millones y medio de dólares en lobbys y prensa paga para frenar el Plan. Rodolfo Perales, de la Cámara de Concesionarios Viales, y Eduardo Baglietto, titular de la Cámara Argentina de la Construcción y directivo de Techint, fueron, según Laura, quienes le llevaron la valija a Dromi con los "aportes" de Pérez Companc, Techint, Roggio y DYCASA para garantizarse las concesiones de las rutas 2, 3 y 205 en septiembre de 1990.

Las tarifas iniciales de los peajes fijadas por Dromi fueron tan escandalosamente altas que a los pocos meses el mismo gobierno las redujo a menos de la mitad mediante el decreto 527/91. En diez años las empresas concesionarias cobraron 3.500 millones de dólares por cortar el pasto y hacer el bacheo de nueve mil kilómetros de rutas que ya existían. Señala Laura que el costo fue de 37.500 dólares por kilómetro y por año, mientras en Estados Unidos cuesta cinco mil dólares por kilómetro y por año. En su balance de 1995 Servicios Viales S.A. (empresa del Grupo Macri) confesó una ganancia del 102 por ciento anual. Los concesionarios cobraron en subsidios adicionales durante el mismo período unos 800 millones de dólares. A Macri, por ejemplo, se le pagaron 58.705.7658 dólares adicionales, cuando en verdad adeudaba al Estado 17.397.228 dólares. En el caso de SEMACAR S.A. (integrada por DYCASA S.A. y PERALES-AGUIAR S.A.) se pagaron 34.002.674 dólares cuando adeudaban al Estado 4.355.652 dólares.

Hasta el año 2001 los usuarios pagaron, además del peaje, 48 centavos de dólar por litro de nafta (ocho veces más que los seis centavos que se cobran en los Estados Unidos por disponer de 70.000 kilómetros de autopistas libres de peajes y seis millones de kilómetros de caminos pavimentados gratuitos). Si analizamos el impuesto al combustible, éste es 800 por ciento más caro que en los Estados Unidos. Tomando como fuente a la Dirección Nacional de Vialidad se reproducen las ganancias de las empresas concesionarias, año a año:

AÑO	GANANCIA (en dólares)
1991	87.489.949
1992	175.821.981
1993	216.507.565
1994	255.831.314
1995	258.638.784
1996	287.590.644
1997	327.671.370
1998	366.775.627
1999	342.367.505
2000	291.459.767

EL AMIGO
AMERICANO

Enron es a la historia argentina del siglo XX, lo que la Casa Baring fue a la crónica del siglo XIX (*véase* tomo I de *Argentinos*); aunque, justo es reconocerlo, los tiempos cambiaron: el préstamo que inauguró la triste historia de la deuda externa argentina bajo el gobierno de González Rivadavia no fue solamente el negocio personal de algunos funcionarios sino la aplicación práctica de una convicción que señalaba que el país debía crecer bajo la sombra de Inglaterra, que su progreso estaba ligado a la división de roles y que Argentina debía cumplir a pie juntillas su destino de granja mundial. Enron, en cambio, fue un ejemplo de la aplicación de la teoría del canciller menemista Guido Di Tella sobre las "relaciones carnales" con los Estados Unidos, y también una de las claves del vínculo entre el presidente Menem y la familia Bush, alianza que fructificó en negociados y privatizaciones irregulares y que sujetó al Estado a negocios turbios de particulares.

El azar quiso, para colmo, que los números coincidieran: la página *Satirewire.com* publicó en el año 2002 una fotografía de la selección de fútbol de Argentina para el Mundial '78, alterando con un fotomontaje el rostro de uno de los jugadores, y poniendo en su lugar al presidente de Enron. El epígrafe de la ilustración afirmaba: "Equipo de Argentina Campeón: el monto global de los quebrantos coincide: 150.000 millones de dólares es la deuda externa argentina y 150.000 millones es el estimado del quebranto de Enron".

La compañía norteamericana Enron se formó en julio de 1985, a partir de la fusión de InterNorth (una compañía de gas natural de Omaha, Nebraska) con Houston Natural Gas: así nació una firma inter e intraestatal con un gasoducto de gas natural de 37.000 millas. En 1989 Enron comenzó a comercializar gas natural como commodity y se convirtió en poco tiempo en el mayor comercializador de gas natural de Estados Unidos y Gran Bretaña. El Día de los Inocentes del año 2000 sus acciones alcanzaron la cotización récord de 84,87 dólares, convirtiendo a Enron en la séptima empresa más valiosa de los Estados Unidos. Pero la tranquila felicidad duró poco: el 15 de agosto de 2001 Sherron Watkins, uno de sus empleados, envió una carta al presidente de la compañía, Kenneth Lay, previniéndolo acerca de una serie de irregularidades contables que podían poner en peligro a la empresa. El escándalo, a tono con la época, nació en realidad de uno de los foros del buscador *Yahoo*: allí un empleado de Enron reveló información sobre el estado financiero de la firma. Enron, también en sintonía con la época del Gran Hermano, se enteró de inmediato debido a que instrumentó un sistema de vigilancia electrónica sobre su personal. El empleado confidente fue despedido, aunque ya era tarde. A los pocos días el *Wall Street Journal* publicó que la "prestigiosa" auditora Arthur Andersen había destruido miles de e-mails de empleados e inversores denunciando la quiebra potencial de Enron y la maniobra de fraude de su dirección. Esta insólita actitud de Arthur Andersen, junto a conductas ilegales posteriores, pusieron por primera vez en primera plana la pregunta de quién audita a los auditores. Al mismo tiempo, un grupo de abogados inició una querella a Enron por intento de fraude contable y destrucción de pruebas. Entre octubre y noviembre del mismo año Arthur Andersen destruyó miles de documentos relacionados con las auditorías realizadas a Enron. A comienzos de noviembre Andersen recibió una cédula para comparecer ante la Comisión de Seguridad y de Comercio. El 8 de noviembre Enron, que hasta aquel momento hacía gala de sus crecientes ingresos, declaró una pérdida de 586 millones de dólares.

El día 26 las acciones de Enron cotizaron a 4,01 dólares. A comienzos del año siguiente el Departamento de Justicia de los Estados Unidos comenzó una investigación criminal sobre Enron. El 10 de enero la Casa Blanca confirmó que el presidente de Enron hizo lobby político para evitar el colapso de su empresa, y Andersen reconoció que "algunos de sus empleados" destruyeron "algunos documentos" de Enron. La prensa publicó entonces que el actual Procurador General John Ashcroft recibió fondos de Enron para su campaña como senador. La investigación parlamentaria en el marco de la quiebra de Enron dejó al descubierto los vínculos de la familia Bush y miembros de su gobierno con la empresa. La Casa Blanca reconoció que, antes de la quiebra, directivos de Enron mantuvieron seis reuniones con el vicepresidente Dick Cheney, responsable de la legislación del mercado desregulado de energía.

También hubo diversas comunicaciones entre Lay (presidente de Enron) y Paul O'Neill (Secretario del Tesoro) y el subsecretario de Finanzas Internas, Peter Fisher, recibió presiones de Enron y del ex Secretario del Tesoro de Clinton, Robert Rubin, actualmente directivo del Citigroup. Tres funcionarios de George W. Bush pasaron directamente de su sillón de Enron a la Casa Blanca: el consejero económico Larry Lindsey, el representante comercial Bob Zoellick y el secretario de la Marina, Thomas White. Este último tiene acciones y opciones de Enron por cien millones de dólares. Karl Rove (Consejero Superior de Bush), el secretario Donald Rumsfeld, su adjunto William Winkenwerder, el secretario adjunto del Tesoro Mark Weinberger, la subsecretario de Economía Kathleen Cooper, el subsecretario de Educación, Eugene Hickock, el Jefe Financiero del Departamento de Energía, Bruce Carnes y los embajadores de Estados Unidos en Rusia, Irlanda y los Emiratos Árabes son accionistas de la empresa.

El ya mencionado Kenneth Lay, fundador y jefe de la compañía, es amigo personal de George Bush (*Father*) y recaudó fondos para su campaña presidencial de 1992. También hizo donaciones para las dos campañas de George W. (*Sun*) en la gobernación de Texas. Hasta su quiebra, la Enron figuró en el número catorce de la lista de donantes al Partido Republicano. Tanta generosidad tuvo sus frutos: en 1993 la Enron trató de obtener un contrato en Kuwait para reconstruir el complejo energético de 400 megavatios Shuaiba Norte, que había sido destruido por las tropas norteamericanas en la Guerra del Golfo de 1991. Su competidor, que por otro lado ofreció un precio mucho más conveniente, era la firma alemana Deutsche Babcock. El ya ex presidente Bush viajó a Kuwait en 1993 acompañado de sus dos hijos Marvin y Neil, y el ex secretario de Estado James Baker. Finalmente, según publicó en su oportunidad el *New Yorker*, el primer ministro kuwaití intercedió personalmente en favor de Enron.

Según su informe anual de 1996, Enron opera plantas de energía en Gran Bretaña, Alemania, China, Guatemala, Turquía, Paquistán, Italia, Indonesia, República Dominicana, Filipinas, Argentina, Bolivia y Brasil. También está cerrando inversiones en Rusia, Polonia y Mozambique, y explorando oportunidades de inversión en Yemen, Omán, Vietnam y

Thailandia. Ha adquirido depósitos de gas en Qatar proyectando expandirse desde allí a Israel, Jordania y la India, y también vende gas propano en Puerto Rico.

Algunos de estos contratos, según el *New York Times*, fueron gestionados con la ayuda de la CIA, que "asesoró a la empresa sobre los *risk assessment* (riesgos) y las estrategias de los posibles competidores". La agencia central de inteligencia norteamericana se diversificó en el nuevo siglo: desaparecida la "amenaza" comunista parte de su mano de obra desocupada se dedicó a la inteligencia económica: en 1995 las CIA, en su informe al Congreso, reconoció que gracias a su asistencia las corporaciones norteamericanas obtuvieron contratos por 30.000 millones en el extranjero.

Un Nene
de Papá

El primer intento de desembarco de Enron en la Argentina sucedió durante la presidencia de Alfonsín y la puerta del entonces ministro de Obras Públicas Rodolfo Terragno, fue la primera que los norteamericanos golpearon, aunque sin resultados favorables. Las presiones de Enron y el clan Bush a Terragno fueron tema de portada de la revista estadounidense *Mother Jones* en su edición de marzo-abril de 2000, con el título "No llores por Bush, Argentina", ampliando una información que ya había publicado *The Nation* en 1994. Finalmente, el propio Terragno decidió contar la historia de primera mano en *La Nación* el 18 de enero de 2002, bajo el título "George Bush, Enron y yo: crónica de un negocio frustrado". "Enron no estaba instalada en la Argentina – escribió Terragno–. La representaba Dante La Gatta, un boliviano itinerante que pasaba gran parte de su tiempo en Buenos Aires. El 1 de febrero de 1988, La Gatta me presentó una 'propuesta energética argentina integrada', firmada por él como 'vicepresidente senior' de Enron International Inc. y T.A. Jelson, 'vicepresidente de Desarrollo Comercial' de Brown&Root Engineering&Construction International. El grupo procuraba proveerse de gas natural líquido en la Argentina, a fin de abastecer a otros mercados. (...) Pero las condiciones eran inaceptables. Enron exigía:

1. Que durante veinte años le vendiéramos todo el gas natural necesario para procesar y exportar hidrocarburos líquidos.

2. Que, durante esos veinte años, le compráramos todo el gas residual.

"Y, lo más grave, durante el curso de las negociaciones, La Gatta puso una condición *sine qua non*: Enron no podía pagar un precio superior al 'doméstico'. (...) Enron quería ser beneficiaria del mismo subsidio que recibía Gas del Estado y pagar, de ese modo, 28 centavos de dólar por millón de BTU (unidades térmicas británicas). El precio del gas en Estados Unidos era en ese momento de 1,82 dólares por millón de BTU. De haber accedido yo al pedido, Enron se habría asegurado 6.570 millones de metros cúbicos de gas por año (18 millones multiplicados por 365 días) al 15,39 por ciento del precio internacional. Dicho de otro modo, yo habría vendido por 1 lo que valía 6,50.

"Eso no era todo. Según la propuesta, Enron financiaría la inversión mediante "capitalización de deuda argentina" y "recurriendo a un modelo que ha sido aplicado con éxito en otros proyectos comerciales internacionales", el cual se "basa en las ganancias proyectadas de la nueva empresa comercial". Todo esto debía realizarse por adjudicación directa. Se requería que, por acto del príncipe, Enron y asociadas recibieran 6.570 millones de metros cúbicos de gas por año a un precio por el cual no se podía, en el mercado internacional, comprar más de 1.314 millones de metros cúbicos. Esto debía hacerse mediante un contrato a veinte años, por el cual el Estado argentino debía aceptar que la inversión se hiciera mediante papeles de la deuda y capitalización de futuras ganancias. Durante semanas recibí el acoso de La Gatta. El embajador norteamericano también me visitó, en más de una oportunidad, para dar su aval al proyecto. Era Theodore E. Gildred, un empresario de California cuyo principal antecedente era haber fundado The Lomas Santa Fe Group, una inmobiliaria que se dedica a construir y vender countries (...) Cuando llegué a la conclusión negativa, le anticipé a La Gatta que la propuesta no sería aprobada. En los días siguientes la prensa comenzó a publicar versiones cuyo origen era fácil imaginar. Se decía que el ministro de Obras y Servicios Públicos tenía '¡cajoneada!' una inversión de 800 millones de dólares. El representante de Enron se dedicó, por otra parte, a despertar el entusiasmo de más de un gobierno provincial. (...) En el caso de Salta, el objetivo fue alcanzado: el entonces diputado Roberto Romero denunció que yo había hecho abortar un proyecto de interés nacional. (...) [antes del 8 de noviembre de 1988] la secretaria me comunicó por el interno que llamaba 'el hijo del vicepresidente de los Estados Unidos' (...)

"–Hola.

"–Ministro, es un placer. Soy el hijo del vicepresidente y lo llamo desde Washington.

"–Ah, me alegro de oírlo. ¿En qué puedo servirle?

"–Acabo de llegar con mi padre de un viaje de campaña y lo molesto porque sé que usted tiene sobre su escritorio un proyecto de Enron.

"–Así es.

"–OK, usted y sus asesores evaluarán el proyecto. Yo sólo quiero decirle que, en mi opinión, sería muy beneficioso para su país. Creo que, además, fortalecería los vínculos entre la Argentina y los Estados Unidos.

"–Le agradezco su interés, señor Bush. No dude que, si a mi juicio el proyecto fuera beneficioso para mi país, lo aprobaría.

"–Muchas gracias, ministro.

"–Por nada, hasta pronto."

El "hijo" era George W. El proyecto resucitó en 1990 y Carlos Menem lo declaró de interés nacional por decreto 92, firmado el 11 de enero de aquel año. El negocio aprobado por Menem fue una *joint-venture* entre Enron y Westfield, una socia local creada en 1988 con diez dólares de capital y dirigida por los hermanos Guillermo y Alejandro Shaw. La empresa presentó una propuesta de inversión de 800 millones. Guillermo Shaw forma parte de una lista bastante exclusiva: es uno de los pocos empresarios argentinos denunciados por prácticas corruptas ante la justicia norteamericana a partir de una demanda por dos millones de dólares presentada en 1987 por el ex vicepresidente de EE.UU. Spiro Agnew contra la empresa argentina Alicanto, cuya casa matriz Aydin Corporation se vio involucrada en un escándalo con la venta de radares a la Fuerza Aérea argentina en 1982. A partir de la firma del convenio con Enron la Fiscalía Nacional de Investigaciones Administrativas promovió una investigación contra el secretario Técnico y Legal de la Presidencia, Raúl Granillo Ocampo y el ministro Dromi. Al poco tiempo, Menem disolvió el organismo fiscalizador. También Enron sentó bases en la Argentina a través de Azurix, una subsidiaria que controlaba los servicios de provisión de agua y cloacas en cinco de las seis subregiones de la provincia de Buenos Aires: en julio de 1999, a menos de un mes de haberse privatizado el servicio, Azurix recategorizó a una parte de su clientela, aplicándole aumentos de tarifas superiores al ciento por ciento. Finalmente la empresa, a cargo del ex funcionario menemista Mario Guadagna, tuvo que recalcular todas las facturas enviadas a los clientes. En marzo de 2000 la empresa se negó a pagar 500 millones de dólares en impuestos que las provincias argentinas exigían a la firma Transportadora Gas del Sur, de la que Enron controla el 35 por ciento de las acciones, y amenazó con pedir la intervención del Centro Internacional de Arreglos de diferencias relativas a las inversiones. En pleno escándalo periodístico sobre el narcolavado George Bush padre llegó a Buenos Aires para reunirse con su amigo Carlos Menem, y se hospedó en la Quinta Presidencial de Olivos. En paralelo, un "oportuno" grupo de inversores texanos encabezados por Tom Hicks compró gran parte de las acciones del CEI de Moneta, apoderado entonces de la mayor parte de los medios de comunicación de la Argentina. Hicks fue, a la vez, el principal financista de la campaña de George W. Por su parte otro de los hermanos Bush, Jeb, gobernador del Estado de Florida, nombró como subsecretario de Asuntos Latinoamericanos a Patricio Lombardi, "un argentino que hasta ese momento se desempeñaba en los Estados Unidos como funcionario de la SIDE". En 1998 Bush presionó a Menem para que concediera una licencia de juego a la empresa Mirage Casino, que luego donó 449.000 dólares a la campaña de George W.

LAS CUENTAS AZULES

"En la Argentina de los últimos quince años se pueden advertir a través de modelos de inversión, funcionamiento y caída de bancos, comisión de hechos ilícitos vinculados a sobornos, tráfico de armas, y narcotráfico, una metodología común a través de bancos, la mayoría fantasmas o no reconocidos por sus titulares constituidos en otros países, básicamente Uruguay, Panamá e Islas del Caribe por donde circulaba el dinero oculto. En virtud de ello fue indispensable analizar no sólo modelos de capitalización de deuda, sino también los movimientos bancarios legales y aquellos movimientos que, realizándose en el país, aparecían contablemente registrados en otros países. En la jerga bancaria se llaman 'las cuentas azules'."

Del Informe Preliminar sobre Lavado de Dinero en la Argentina
presentado ante el Congreso el 10 de agosto de 2001.

En la economía mundial de los noventa, los países deudores están bajo libertad condicional: los organismos acreedores controlan las políticas internas imponiendo su criterio, y los propios Estados emiten bonos de la deuda con inciertas promesas de pagos futuros. El valor de esos bonos no está fijado, como sostenía ingenuamente Adam Smith en *La Riqueza de las Naciones*, por la mano invisible que guía a la economía (se refería a las leyes de oferta y demanda), sino por la discrecionalidad administrativa y los mercados oligopólicos o monopólicos. Para decirlo de otro modo: papeles que valen 30 en la vida real, son aceptados con el valor de cien, si se trata de comprar empresas estatales o de cancelar deudas con el mismo Estado que los emitió. Así, los famosos "fondos de inversión" le pagan con promesas al prometedor. La enajenación del patrimonio público, entonces, resulta una consecuencia directa del estado de endeudamiento: ningún Estado endeudado vende para aumentar sus ingresos y disminuir su deuda sino que lo hace cumpliendo una especie de "condena accesoria" a la deuda principal. Vende porque cayó en su propia trampa. En ese contexto dado, es inevitable que las privatizaciones resulten operaciones de rapiña. Nadie pagaría por una empresa lo que vale si el vendedor acepta sólo un poco de dinero para guardar las formas y muchas figuritas para completar el "precio".

En los últimos cincuenta años, para colmo, la economía mundial descubrió miles de millones de dólares en ingresos extras: el lavado de dinero. El mundo no tiene problemas de dinero, sino de exceso de éste. El desarrollo del narcotráfico y el aumento generalizado de la corrupción administrativa genera miles de millones de "dinero negro" al año. Ese flujo de dinero negro tiene dos caminos:

1. Mantenerse en el circuito ilegal, para comprar más drogas, o armas, o para pagar "comisiones".

2. Blanquearse al costo que sea para ingresar al circuito productivo y generar más dinero, pero ya legalizado.

Esta segunda opción es la que provoca que las empresas "pantalla" de los lavadores puedan certificar grandes pérdidas en sus balances. No importa cuánto pierdan; perder es, en todo caso, un modo de ganar. Los lavadores pueden comprar a diez un producto que vale realmente uno; tampoco les importa: si la operación es "blanca" y queda autorizada por los organismos de control, no han pagado nueve pesos de más, sino que han "blanqueado" nueve pesos. Han ganado nueve pesos legales de diez pesos negros que tenían.

Nada de esto fue un invento de la modernidad: la mafia de Chicago vendió alcohol durante la prohibición (en negro) y también explotó cabarets (en blanco); la de Nueva York extorsionaba o traficaba (obviamente en negro) pero montó empresas de recolección de residuos o grandes constructoras (en blanco).

Inversiones de ese tipo, sumadas a los denominados "capitales golondrina", conformaron la mayor parte de las "inversiones extranjeras" del período. "Los fondos de inversión negociaron con papeles devaluados en un porcentaje superior al 70 por ciento, que fueron reconocidos por el Estado al cien por ciento de su valor, y a través de los cuales se permitió tomar el control de empresas con dificultades financieras, que a la vez estaban endeudadas con el mismo Estado." El párrafo anterior, como la mayor parte de los datos volcados en este capítulo, pertenecen al "Informe Preliminar sobre el Lavado de Dinero en la Argentina", presentado por la diputada Elisa Carrió el 10 de agosto de 2001 ante el Congreso. El informe fue elaborado por la Comisión Especial Investigadora Sobre Hechos Ilícitos Vinculados con el Lavado de Dinero de la Honorable Cámara de Diputados de la Nación, sobre la base de información propia, de prensa y la aportada por el Departamento de Estado y el Congreso de los Estados Unidos. Los legisladores Carrió, Gustavo Gutiérrez, Graciela Ocaña y José Vitar fueron los firmantes del Informe.

OTRA EPOPEYA: LA DEL GAUCHO JUAN NAVARRO

"Si compran a boca e'jarro,
pregunten por Juan Navarro"
Copla anónima de la literatura
gauchesca.

"Yo soy Prudencio Navarro,
el cuarteador de Barracas
Cuando ve mi overo un carro
compadreando
se le atraca."

Tango de 1941,
letra y música de Enrique Cadícamo.

La influencia cultural del Citibank en la tradición del robo de guante blanco es innegable: el período de referencia no sólo muestra el rol pedagógico protagónico desempeñado por John Reed desde la Madre Patria (Estados Unidos, claro) o el febril desempeño de sus *partners* locales como Handley y Raúl Moneta (nacido en La Banda, Santiago del Estero, donde adquirió renombre como "el banquero de la banda"). Un plan de intercambio estudiantil bancario determinó que el uruguayo Juan Navarro ingresara

al Citibank en el año 1980, en la sucursal Buenos Aires. El CCO del Banco
en Nueva York era, en esos años, Peter Schuring, y desde 1983 fue Dennis
Martin. La cabeza local del Banco fue más tarde Richard Handley, cuya
estrecha relación con el CCO John Reed resultó básica para el ascenso
meteórico de Navarro. Navarro fue nombrado presidente del Citicorp Capital Investors (CCI), un sector del Citi dedicado a los programas de capitalización de deuda externa. La clave del negocio ya ha sido relatada: papelitos que valían 30 y el Estado tomaba a 100. Entre julio de 1987 y el
mismo mes de 1991 Juan Navarro, al volante del CCI, compró participa-
ciones totales o parciales de: Juncadella, Prosegur, Movicom, Alto Paraná,
Celulosa Argentina, Celulosa Puerto Piray, Frigorífico Río Platense y Hotel Llao Llao. Juncadella, empresa asociada a Alfredo Yabrán en OCASA,
vendió a Navarro el 48 por ciento de la empresa junto a su participación
total en Prosegur. Años después, curiosamente, Amadeo Juncadella recompró
su 48 por ciento vendido. Movicom fue otro de los buenos negocios enca-
rados por Navarro. El más ruinoso fue Celulosa, cuya compra se realizó a
través de un empresario rosarino amigo de Carlos Menem, Carlos Sergi,
también miembro desde 1988 de la empresa alemana Siemens (que "triunfó" en la licitación de los DNI). Con el 20 por ciento de las acciones Sergi
se convirtió en el mayor accionista individual de Celulosa y logró el control
de la compañía. Celulosa tenía una enorme deuda con el Banco Nacional
de Desarrollo (BANADE), y Navarro comenzó a aplicar su famoso "debt
to equity", cambiando papelitos por acciones. A la vez, los pagos de intereses por los préstamos adjudicados a las empresas fueron considerados como
un gasto, deduciéndolos de ese modo del impuesto a las ganancias. La evasión impositiva de ese impuesto llegó en el período de referencia a 200
millones de dólares al año.

El citado Pre Informe del Congreso reseñó en uno de sus capítulos dedicado a los niños una sencilla explicación de cómo operó el Exxel:

"El Grupo Navarro, a la hora de comprar una empresa, tomó en cuenta
dos elementos:

1) que inversores externos le aporten capital

2) que algún banco le adelantara una parte del precio de compra a través de un crédito a corto plazo, también llamado crédito-puente.

"En general la mezcla de deuda y capital utilizada fue del cincuenta y
cincuenta. Una vez con la compañía en su poder, el Exxel emitía bonos a
nombre de la empresa por una cantidad sustancial (o sea, niños: la híper
endeudó) e hipotecó todos sus bienes como garantía de pago del bono.
Con el dinero obtenido por la venta de bono, el Exxel canceló el crédito

puente adelantado por el banco para la compra. Mediante el flujo de fondos de la misma empresa se pagaban los intereses del bono y las comisiones y honorarios cobrados por el banco que organizó la suscripción del papelito y del crédito puente.

"–¿Quién puso entonces la plata, niños?

"–Nadie.

"La respuesta correcta sería: la empresa se compró con su propio dinero."

Esta teoría fue probada en la práctica por el Exxel comprando empresas con muy bajo endeudamiento y activos físicos considerables (para tener algo que hipotecar), dándole lo mismo que vendieran chips o rabanitos. Fargo, por ejemplo, era un empresa líder con ventas anuales por 120 millones de dólares y una ganancia del 9 por ciento anual (10,2 millones de dólares) antes de que cambiara de manos. Tenía un pasivo de 34 millones contra activos de 74 millones de dólares. Un año más tarde, sufrido el "efecto Exxel", su pasivo fue de 145 millones de dólares; el bono emitido por Fargo no ofrecía garantías reales debido a que la emisión de los papelitos superaba sus activos hipotecables, pero la tasa de interés del 13,25 por ciento que se ofertó sedujo a los llamados "inversionistas de riesgo" en lo que se conoce como "junk bonds", el mercado de los bonos basura de los Estados Unidos.

El papelito se colocó en 1998 con todo éxito, y fue sobresuscripto cinco veces: se recibieron ofertas por más de 500 millones de dólares. El 65 por ciento de la compañía fue comprado por inversores de riesgo estadounidenses. La calificadora de riesgo Moody's aplazó a los bonos B-1 de Fargo, colocándolos dos escalones por debajo de la incobrable deuda externa argentina. La práctica del Exxel de inflar pasivos para justificar activos fue su *modus operandi*: a causa del alto endeudamiento Fargo, rentable hasta 1998, comenzó a ser deficitaria. En Fargo, Navarro repitió la experiencia de supermercados Norte, que creció sin endeudamiento mientras estuvo en manos de la familia Guil. Cuando Navarro lo compró por 400 millones de dólares, Norte vendía unos 1.000 millones por año. Al 31 de diciembre de 1997, a un año de la venta, la deuda de Norte se multiplicó por ocho, y ascendía a 225 millones de dólares de los cuales 220 millones correspondían a la emisión de un papelito en los mercados internacionales.

LA CHICA DEL RIACHUELO

"En mil días el Riachuelo estará limpio."

María Julia Alsogaray, 4 de enero de 1993.

*"En 1995 vamos a ir al Riachuelo a pasear en barco,
a tomar mate, a bañarnos y a pescar."*

Carlos Menem, el mismo día.

*"Si me preguntan por qué tengo un Mercedes Benz, contesto: porque mi
madre tuvo uno cuando yo tenía 16 años, sólo que nunca aprendió a
manejar y mi padre se lo vendió. ¿Por qué tengo chofer? Porque lo tuve
siempre, a la facultad me llevaba un Cadillac."*

María Julia Alsogaray a la revista *Para Ti*.

La ingeniera María Julia Alsogaray nació un 8 de octubre de 1943, y
asistió al colegio Jesús María y las Esclavas del Sagrado Corazón, en Buenos
Aires. Fue diputada en los setenta, embajadora argentina en Uruguay durante la dictadura militar y más tarde nombrada por Menem y Dromi como
interventora de ENTEL, donde contó con el apoyo de su asesor Ricardo

Fox y su abogado Mariano Grondona (hijo). La deuda de la empresa de teléfonos al asumir María Julia era de 380 millones, y al concluir su gestión fue de 860 millones de dólares.

Durante su intervención se dictó el decreto 62/90, aprobándose el Pliego de Bases y Condiciones para la privatización de ENTEL. Alsogaray fue procesada por el juez federal Jorge Urso por administración fraudulenta durante ese período, al haber autorizado un pago indebido de nueve millones de dólares a uno de los proveedores de la ex ENTEL, Pecom-Nec, dos de cuyos funcionarios también fueron procesados: Julio Otero y Alberto Pistorio. Pecom-Nec, de acuerdo a la investigación judicial, cobró a principios de 1991 diez millones de dólares cuando sólo le correspondía un millón por las deudas que la ex ENTEL tenía con esa firma. La empresa devolvió en 1996 la "suma extra" a instancias de una demanda promovida por la propia Alsogaray cuando el escándalo se conoció en la prensa, y la plata recorrió un sinuoso camino: salió del Uruguay, pasó por las Islas Caimán y fue depositada en la sucursal Nueva York del Banco de la Nación Argentina. Un peritaje judicial incorporado al expediente concluyó que los pagos totales de la ex ENTEL a Pecom-Nec fueron de casi 230 millones de dólares, en tanto que la deuda de la ex empresa estatal era de poco más de 190 millones más intereses. Según declaró María Julia en la causa, "no estuvo al tanto ni era su deber controlar, por ejemplo, un pago irregular".

Otra denuncia judicial sobre la gestión de María Julia en ENTEL está vinculada a la cesión de un predio de 240 hectáreas en el Talar de Pacheco, en el que se levantaba la antena y planta transmisora de LRA Radio Nacional, a Telecom y Telefónica. El valor del predio ascendía a unos cien millones de dólares, no estaba incluido en los pliegos licitatorios y en dichos terrenos las dos telefónicas planeaban lotear un *country*. Una oportuna denuncia del gremio FOECYT impidió que la cesión se hiciera efectiva, aunque la investigación judicial sobre irregularidades continúa.

Luego de su exitosa gestión privatizadora, la ingeniera fue nombrada como Secretaria de Recursos Naturales y Desarrollo Sustentable. En ese carácter firmó con el Banco Interamericano de Desarrollo (BID) un préstamo de 250 millones de dólares destinado a "reducir la contaminación industrial, mejorar la gestión ambiental y controlar inundaciones en la cuenca hídrica Matanza-Riachuelo". A través de María Julia, el Estado argentino se comprometía a "construir obras de importancia, tales como estaciones de bombeo y diques, en nueve áreas prioritarias a lo largo de los ríos Riachuelo y Matanza, a fin de controlar inundaciones y mejorar el drenaje (...) se rehabilitarán y mejorarán las zonas turísticas del barrio de La Boca, se restaurará el Transbordador, el viejo puente de La Boca, se harán mejoras en Barracas, Isla Maciel, la estación Puente Alsina, la zona de Puente La Noria y Villa Diamante".

Como se puede observar, el plan se completó en su totalidad y hoy puede verse invertido en el Riachuelo cada peso de aquellos 250 millones prestados.

Después de vegetar nueve años en el juzgado federal del Dr. Galeano (atareado en perseguir sospechosos con turbante) los fiscales Mullen y Barbaccia motorizaron la causa por enriquecimiento ilícito contra María Julia Alsogaray, junto a una denuncia paralela por "insolvencia fraudulenta" por haberle donado propiedades a su hijo *Little* Álvaro mientras estaba inhabilitada para hacerlo, pues pesaba sobre ella un embargo judicial por tres millones de pesos. La Cámara Federal confirmó el procesamiento de María Julia al considerar que el juez demostró "un objetivo y apreciable incremento del patrimonio de la imputada sin que mediasen suficientes razones para su justificación": María Julia pasó de tener bienes declarados por 300.000 dólares a 2.500.000 dólares entre 1989 y 1997, cuando ejerció como interventora de ENTEL, SOMISA y secretaria de Recursos Naturales. María Julia argumentó haber recibido una "donación como anticipo de herencia" de su padre por 800.000 pesos (el reflejo de la situación económica del pobre capitán ingeniero no permite sostener que contara con ese dinero, ya que el patrimonio neto de sus declaraciones juradas de 1993 y 1994 dio negativo, y su endeudamiento duró hasta 1998. ¿Y si hacemos una vaquita?).

Respecto de un sospechoso contrato de medio millón de dólares con Astilleros Alianza, la Justicia opinó que "las constancias incorporadas a la causa no sólo llevan a sostener la falsedad del convenio, sino de cada uno de los asientos contables que en orden al alegado pago se efectuaran en la contabilidad de esa empresa". Respecto de otros sospechosos pagos de Estibajes Norte (en retribución a su servicio de hombrear bolsas en el puerto) sostuvo la Justicia que "en la declaración jurada de bienes de 1993 incluyó la percepción de 100.000 pesos como pagos, pero no sólo desconoció su existencia ante el Juez, sino que no hay ningún vínculo entre la imputada y la empresa"; sobre su argumento de haber recibido 650.000 pesos en Fondos Reservados, "se ha verificado que la secretaría de Recursos Naturales no percibía ese tipo de asignación"; sobre las ganancias de medio millón de dólares de la empresa PINCAR S.A., "Excepto en 1995, cuando dice que tomó ese dinero, la firma familiar se limita a mover menos de 70.000 pesos anuales, y esa suma se mantuvo contante en fecha posterior".

En 1998, mientras dos graves incendios forestales consumieron miles de hectáreas en la Patagonia, la ingeniera participó de la Quinta Conferencia sobre Cambio Climático en Alemania.

En el año 2000 el juez Gustavo Literas llevó adelante una investigación por la venta del Hotel Llao-Llao: según la Auditoría General de la Nación, el Estado perdió casi tres millones de dólares con la operación inmobiliaria. Por un decreto presidencial, los fondos debían invertirse en la preservación de parques nacionales y para sanear la cuenca del Lago Nahuel Huapi. En el mismo año María Julia fue denunciada por la Oficina Anticorrupción por el pago de millonarios sobreprecios en la ejecución del Programa de Desarrollo Institucional Ambiental (PRODIA), y acompañó documentación probatoria de sobreprecios de hasta el 6.000 por ciento para la Cuarta Conferencia de Cambio Climático.

Sobre los gastos del programa PRODIA vale la pena entrar en algunos detalles: María Julia contrató como "Coordinador de Proyectos" al ingeniero Santiago Bignoli, quien remodeló el *petit hotel* donde vive la ex funcionaria en Junín 1435. Según la fiscalía, "lo contrató como si fuera Le Corbusier". La polifuncionaria autorizó luego el pago de sobreprecios en un 300 por ciento por encima de los valores del mercado. La Oficina Anticorrupción integró en su dictamen una pericia realizada por la Comisión Nacional de Monumentos Históricos donde, para colmo, se alega que "la obra, además, era de mala calidad". La AGN hizo las verificaciones comparando los precios pagados por María Julia con los precios publicados por el número 409 de la revista *Vivienda* de agosto de 1996, época de la remodelación a cargo del "Maestro" Bignoli, y arrojó algunos de los siguientes resultados: por el metro cuadrado de revestimiento, que valía 5,80 pesos se pagaron 49 pesos, por los vidrios translúcidos que valían 9,79 pesos se pagaron 43 pesos, la mano de obra para la construcción, presupuestada en el mercado a 22.313 pesos fue pagada 99.100 pesos. El argumento de María Julia fue tan endeble como en los casos anteriores: dijo que "los precios para las obras públicas nunca son los mismos que para las privadas".

El delito de enriquecimiento ilícito tiene una pena que va desde los dos a los seis años de prisión, una multa del cincuenta por ciento del valor del enriquecimiento (estimado en este caso por los fiscales en dos y medio millones de dólares), inhabilitación absoluta y perpetua y decomiso de sus bienes en caso de ser condenada.

SUENA EL
TELÉFONO

El decreto 2232 de 1990 aprobó la firma de los contratos de transferencia con TELECOM Argentina y Telefónica de Argentina para el traspaso de bienes y acciones de ENTEL. Telefónica (TASA) estaba controlada por COINTEL (Compañía de Inversiones Telefónicas S.A.), un consorcio de empresas entre las que figura Telefónica de España, fundada en 1924, cuyo presidente del Directorio es José Luis Martín de Bustamante. TASA, en la división del monopolio, se adjudicó la zona sur de la llamada Red Telefónica Nacional. Las empresas se formaron así: 60 por ciento COINTEL, 10 por ciento Empleados de ENTEL y 30 por ciento Puesto a oferta pública. COINTEL estaba integrada por: 60 por ciento Grupo Inversor, 20 por ciento Citibank, 10 por ciento Telefónica y 10 por ciento Techint.

El porcentaje ofrecido a la venta pública de acciones estaba formado por 3.536.000.000 de acciones de valor nominal de Telefónica y 2.598.000.000 de acciones de valor nominal de Telecom. Los "bancos colocadores" de las acciones fueron:

» Banco Río (representando un consorcio integrado por Citibank, Banco Río local, Merril Lynch y Banco Río Sucursal New York).

» Banco Tornquist/Del Sud (constituido por Banco Tornquist/Del Sud, Bear Stearns, Credit Lyonnais y Tornquist/Del Sud Internacional)

» Banco Roberts (Banco Roberts, Samuel Montagu, Morgan Stanley)

» Banco de Galicia (J. P. Morgan y Banco de Galicia)

Del total del 30 por ciento puesto a subasta el 22,5 fue asignado al "sector mayorista" y el 7,5 al sector minorista. Entre los "colocadores del sector minorista" de las acciones de Telecom, se repitieron varios nombres de los accionistas de Telefónica, con la curiosa aparición de Eduardo Emilio Massera, que realizó una inversión superior al millón de dólares.

Las comunicaciones de los bancos hacia los inversores dieron cuenta expresa de que "éste es un negocio rentable, ya que fueron adquiridas [las empresas públicas] MUY BARATAS. [*N. del A.*: En mayúsculas en el original.] El negocio de las telecomunicaciones en el mundo es muy rentable. Cabe destacar que en este caso en particular, las tarifas de Argentina son altas en relación a otras partes del mundo". Como si con eso no alcanzara, el gobierno dictó una serie de medidas generosas para el mercado de capitales: eliminación de diversos impuestos a la transacción de títulos privados, eliminación del impuesto a las ganancias por compra y venta de acciones y eliminación de cualquier control serio sobre la inversión extranjera. A esta altura de la situación se impone desarrollar en detalle la historia del denominado Citicorp Equity Investments, más conocido por su nombre de pila: CEI o, para decirlo de otro modo, el más poderoso e intrincado *holding* de medios de comunicación electrónicos y gráficos que, más adelante, sería puesto al servicio de la reelección de Menem.

El CEI fue conformado por el Citibank para capitalizar en un comienzo sus créditos contra la Argentina, transfiriendo títulos de deuda a cambio de activos de las empresas privatizadas. El director en nombre del Citibank en el CEI fue Richard Handley, y los gerentes por él designados Gilberto Zabala y Marcelo Gowland. En 1992 el CEI, lanzado a la caza de capitales, vendió una parte de sus acciones al Grupo Moneta. Ambos crearon el Banco República en la Argentina con su respectiva *off shore*, el denominado Federal Bank en Bahamas, con cuentas y "corresponsalías" en el Citibank de New York. Moneta y Handley se conocieron en el reformatorio, y allí sellaron una amistad que duró muchos años. Fue precisamente Raúl Moneta el guía turístico que llevó al CEI de gira por la sinuosa administración menemista. Las primeras "inversiones" del CEI fueron: Telefónica, Altos Hornos Zapla, Transportadora Gas del Sur, Celulosa Argentina, Celulosa Alto Paraná, Puerto Piraí, Hotel Llao Llao y Frigorífico Rioplatense. En aquel comienzo la idea de diversificarse en medios de comunicación era todavía un sueño incumplido. La agenda de Moneta estaba llena de teléfonos influyentes: el CEI tuvo también sus socios políticos más allá del jefe, entre otros, el teórico-práctico Roberto Dromi y Alberto Petracchi.

El 30 de enero de 1997 el presidente Menem firmó el decreto número 92, aprobando la Estructura General de Tarifas del Servicio Básico Telefónico, familiarmente llamado "rebalanceo telefónico": implicó aumentar increíblemente las tarifas urbanas, compensándolas con una reducción de las tarifas interurbanas e internacionales; como se sabe, uno habla mucho más a Nueva Delhi o Pergamino que a Lanús. Los usuarios telefónicos fueron "rebalanceados" con aumentos de hasta el 57 por ciento en el costo del minuto de comunicación y del 41 por ciento en el valor del abono. Pero a nadie le preocupó demasiado, ya que las llamadas a Mauritania y Alaska se abarataron hasta en un 70 por ciento, y el discado directo con Quemú-Quemú y Londres (Catamarca) se redujo en un 83 por ciento. El escándalo fue mayúsculo: el Ejecutivo fue acusado de defender los intereses de las telefónicas y distintos tribunales decidieron acoger acciones de amparo con medidas cautelares en primera y segunda instancia (por ejemplo la Cámara Federal de Mendoza y las Salas III y V de la Cámara en lo Cotencioso Administrativo).

Pero, sobre la hora, el 7 de mayo de 1998, un nuevo milagro se produjo: la Corte *ad hoc* dictó sentencia en el caso PRODELCO contra el Poder Ejecutivo con el voto de la mayoría, validando el decreto 92/97. Para que no quedara ninguna duda, el vértigo laboral de la Corte los llevó a fallar, en el mismo día, en otros dos casos similares: "Defensor del Pueblo de la Nación contra el Poder Ejecutivo" y "Telefónica de Argentina S.A. contra el Poder Ejecutivo".

La demanda de PRODELCO, tomada como caso testigo, fue promovida por la diputada Cristina Zucardi en su carácter de usuaria junto a la Asociación de Protección al Consumidor (PRODELCO), basándose en: irracionalidad de las nuevas tarifas, transgresión del pliego de bases de la privatización, violación de la Ley de Convertibilidad (que prohibía toda actualización tarifaria), etcétera. La cadena de milagros de la Corte, en verdad, comenzó antes y nunca se interrumpió: el 27 de febrero de 1997, a horas de la firma del decreto presidencial, la Corte avaló la aplicación del artículo 39 de la ley 19.798, sancionada en 1972, por el que se eximía de gravámenes por la utilización del uso del suelo o del espacio aéreo para la prestación del servicio público de telecomunicaciones. Varias comunas quisieron cobrarle impuestos a Telefónica y Telecom por el uso del suelo, subsuelo y espacio aéreo de la vía pública municipal (Santa Fe, por ejemplo), y las empresas decidieron no pagar nada, trasladando el pago de esos impuestos a la tarifa que sería pagada por los usuarios. La CNT (Comisión Nacional de Telecomunicaciones, el organismo estatal de apoyo moral a la privatización también llamado, aunque equívocamente, de "control") dictó la Resolución 2222/94 dando la razón a las empresas. Finalmente el milagro sucedió y por cinco votos contra cuatro abstenciones la Corte resolvió el planteo a favor de las telefónicas en la causa "Telefónica de Argentina contra Municipalidad de General Pico". Los vínculos financieros irregulares entre Telefónica y Moneta no sólo fueron constatados por la Comisión Investigadora de Diputados, sino también por la gerencia de inspección del Banco Central cuando comprobó, en 1998, que Telefónica había realizado depósitos en el Banco República en concepto de "pago de honorarios" por estudios referidos a Telecomunicaciones en América, Programa de Propiedad Participada y rebalanceo de las tarifas telefónicas. Los inspectores del BCRA advirtieron en su informe que el "Banco no tenía ni capacidad técnica ni operativa para realizarlos, ni infraestructura ni justificación para ello", y que Moneta a duras penas había terminado la instrucción primaria, y con bajas calificaciones. El monto de dinero transferido fue de seis millones de dólares.

Una investigación de Antonio Rubio y Manuel Cerdán publicada por el diario español *El Mundo*, afirma que "Telefónica Argentina pagó durante 1997 y 1998, bajo la presidencia de Juan Villalonga, al menos 870 millones de pesetas (algo así como seis millones de dólares) a sociedades de su accionista Raúl Moneta, financiero argentino procesado por diversos delitos económicos. Moneta exigió dichos pagos a Telefónica para compensar las comisiones pagadas por él a jueces y políticos para conseguir el llamado "rebalanceo telefónico"(...) Moneta era entonces accionista de Telefónica Argentina a través de la sociedad CEI y participaba en un *holding* de empresas controladas por el grupo bancario norteamericano Citibank (...) Las gestiones de Moneta y el lobby menemista consiguieron una sentencia favorable sobre el rebalanceo de las tarifas por parte de la Corte Suprema (...)Telefónica canalizó el dinero a través de las cuentas del Banco República, la entidad financiera de Moneta. Para justificar los pagos se recurrió a un sistema similar al del PSOE: pagar fuertes sumas de dinero por informes que nunca se realizaron". Como muestra del soborno, bastan dos botones:

1. El 19 de noviembre de 1997 mediante la orden PSO16040, Telefónica de Argentina depositó en el Federal Bank 3.000.001 dólares; una semana antes se había dictado el decreto facultando al Secretario de Comunicaciones para que resolviera sobre el otorgamiento del Servicio Básico Telefónico a las sociedades licenciatarias, y sobre la prórroga del período en exclusividad.

2. El 27 de enero del mismo año, mediante la PSO15671 se depositaron 1.045.474 dólares; en la misma semana la Corte dictó diversos fallos que favorecieron económicamente a las empresas.

La Sindicatura General del Estado, mediante un informe que llevó la firma de su titular, el Dr. Rafael Bielsa, evaluó las irregularidades cometidas en la transferencia de las licencias de radiodifusión realizadas en 1998 a cargo del COMFER que violó, entre otras cosas, la legislación antimonopolio.

El Informe Preliminar del COMFER elevado a la Sindicatura presenta un capítulo titulado "Hallazgos" en el que manifestó:

"En lo tocante al origen de los fondos, caben citarse los siguientes ejemplos que surgen del Expediente 4463-COMFER/98:

1) Los aportes irrevocables efectuados el día 23/7/98 por ATLÁNTIDA COMUNICACIONES [*N. del A.*: mayúsculas en el original] y Federico José Zorraquín a la CIA SANTA FE S.A. por 25.000.000 dólares en tanto, en la misma fecha, conforme surge del acta de directorio de la citada sociedad, se realizan compras de acciones de otras empresas por 73.306.134 dólares. Al respecto, cabe consignar que CIA SANTA FE S.A. se constituyó en fecha 2/7/98 con un capital inicial de 12.000 dólares.

2) En fecha 23/7/98, EDITORIAL ATLÁNTIDA S.A. y ATLÁNTIDA COMUNICACIONES S.A. realizaron aportes irrevocables por 13.135.924 dólares a la CIA INVERSORA DEL INTERIOR S.A., en tanto en la misma fecha se adquirieron acciones de otras firmas por 33.413.402 dólares. Esta empresa se constituyó el día 2/7/98 con un capital inicial de 12.000 dólares.

3) El día 23/3/98 las firmas SYRUP TRADE S.A.; SOUTHEL EQUITY CORPORATION y TELEFÓNICA INTERNACIONAL DE ESPAÑA efectúan un aumento de capital de ATLÁNTIDA COMUNICACIONES por un valor de 216.070.570 dólares. Esta firma recibe otro aporte de capital de fecha 23/7/98 por 60.000.000 dólares por parte de TELEFÓNICA MEDIA ARGENTINA S.A., SOUTHEL EQUITY CORPORATION Y AMBIT S.A."

Durante todo el proceso de operaciones y entrada y salida de socios, los aportes irrevocables representaron unos 400 millones de dólares entre marzo y diciembre de 1998.

El mismo expediente del COMFER vuelca un informe de ATLÁNTIDA COMUNICACIONES S.A. sobre la conformación accionaria de la empresa: un 40 por ciento de AMBIT S.A. (Hammel Corp, Caldwell Trading Corp, Mabel Vigil de Zorraquín, etcétera); un 30 por ciento de SOUTHEL EQUITY CORPORATION (CEI Citicorp Holdings S.A.) y un 30 por ciento de TELEFÓNICA MEDIA DE ARGENTINA S.A. (Telefónica Internacional S.A.).

El CEI Citicorp Holdings S.A. y Telefónica Internacional S.A. son titulares, cada una, del 20 por ciento de las acciones de Torneos y Competencias S.A., sociedad que, a su vez, posee como accionista controlante a TELEARTE S.A., titular de la licencia de Canal 9 de la ciudad de Buenos Aires. Citicorp Holding S.A. y Telefónica Internacional S.A. son propietarias indirectas cada una del 30 por ciento de Atlántida Comunicaciones S.A, sociedad que, a su vez, es propietaria del 97,07 por ciento del capital de Editorial Atlántida S.A. firma que, además, es propietaria indirecta del 70 por ciento de las acciones de Televisión Federal S.A., titular de la licencia de Canal 11. El sastre nunca los encontró para cobrarles.

En el Anexo de la documentación aportada por el COMFER a la Sindicatura se destacaron operaciones realizadas por empresas "en comisión" o con dudosa capacidad de compra:

1) Editorial Atlántida S.A. compró "en comisión" el paquete accionario de Televisora Santafesina S.A. y Rader S.A., el 23 de julio de 1998. La primera operación fue por 36 millones de dólares y la segunda por 53 millones, y ambas fueron realizadas el mismo día que salieron de shopping. Aquel día los Vigil estaban optimistas, ya que veinte días antes –el 30 de junio– declararon en su balance una pérdida por diez millones de dólares, y una pérdida acumulada por ejercicios anteriores de 9.600.000 dólares. Pero su suerte cambió de un día para el otro: el mismo balance muestra un aporte de 75 millones de dólares pero no dice quieénes fueron los aportantes. Cuando se hace caridad, no todo el mundo quiere aparecer.

Visto en perspectiva, entre 1994 y 1996 el CEI desarrolló una estrategia de adquisición de empresas privatizadas y un plan piloto de su futura expansión en medios: asociarse con su eventual competidor, el Grupo *Clarín*, integrando la sociedad de Multicanal. Durante los dos primeros años de este período la propiedad de Multicanal se dividió en un 70 por ciento de *Clarín* y un 30 por ciento del CEI. El deterioro económico de *Clarín* lo llevó posteriormente, a mantener la mayoría pero con una menor cantidad de acciones. Multicanal quedó conformado así: *Clarín* 51 por ciento, CEI 22,5 por ciento y Telefónica de España 26,5 por ciento. A finales del período, entre 1996 y 1997, el CEI se desprendió de todas sus empresas "laterales" para concentrarse en medios. Vendió Papel Inversora, Alto Paraná, Tringer, Frigorífico Río Platense, COINELEC S.A., EDELAP, CIESA/Transportadora de Gas del Sur, SODIGAS PAMPEANA S.A., SODIGAS DEL SUR S.A., Celulosa Puerto Piray y el Hotel Llao Llao, y adquirió el

10 por ciento de EDERSA S.A., empresa de servicios eléctricos de Entre Ríos. Desde aquel momento comenzó la que podría llamarse la segunda etapa en la corta, alegre y divertida existencia del proyecto CEI. Cuando fue definitivamente "a por los medios", el CEI compró:

 » El 33,28 por ciento de Cablevisión S.A.
 » El 50 por ciento de FINTELCO S.A.
 » El 50 por ciento de Video Cable Comunicaciones S.A. (VCC)
 » El 50 por ciento de United International Holding Argentina S.A.
 » El 16,67 por ciento de Torneos y Competencias S.A.
 » El 9,84 por ciento de Prime Argentina S.A.
 » El 7,87 por ciento de Telered Imagen S.A.
 » El 9,84 por ciento de Televisión Satelital Codificada.
 » El 9,84 por ciento de Telearte S.A. (Canal 9)
 » El 50 por ciento de Advance Telecomunicaciones S.A.

Las ventas de todas sus empresas en el período anterior le reportaron al CEI un ingreso de 60 millones de dólares en 1996 y 380 millones en 1997, contabilizando un total de 440 millones de dólares.

Pero las compras que hicieron en los años inmediatamente posteriores se elevaron a 1.080.000.000 de dólares (mil ochenta millones), una nueva muestra de que, durante la estabilidad, todos los argentinos pudimos volcarnos al ahorro.

Según señalan Aveles, Forcinito y Shorrs en *El oligopolio económico argentino frente a la liberalización del mercado*, un trabajo publicado por FLACSO y la Universidad de Quilmes en abril de 2001, la composición del CEI en julio de 1998 era la siguiente:

 » Grupo República 39,6 por ciento.
 » Hicks, Muse, Tate and Furst (un grupo económico de Texas, el Estado de Bush) 32,7 por ciento.
 » CITIBANK 23 por ciento.
 » Pequeños accionistas de la Bolsa y abuelitas con ahorros 4,7 por ciento.

UNO A UNO

"Hacia 1997 la deuda externa comenzará a reducirse, y hacia fin de siglo será insignificante."

Domingo Cavallo, 1993.

"Un peso es igual a un dólar, pero sólo dentro de la Argentina. Afuera, un peso es papel pintado."

Rodolfo Terragno, 1994.

En 1991 la Argentina comenzó a vivir el espejismo de la estabilidad cambiaria: el Plan de Estabilidad estableció una paridad fija entre el peso y el dólar y redujo la inflación. Cavallo levantó las restricciones a las importaciones y obligó de hecho a las empresas argentinas a competir en calidad y precio con los productos extranjeros. Un objetivo paralelo del Plan fue reducir drásticamente la enorme evasión impositiva, parte de la cultura nacional: el gobierno multiplicó las medidas de control pero sin modificar la estructura de los impuestos, que en general castigaron a las clases menos acomodadas en calidad de impuestos al consumo, como el clásico IVA. Cavallo decidió no gravar, por ejemplo, la venta de acciones, mantuvo los subsidios a las empresas privatizadas y recién en una etapa posterior decidió aplicar un tibio "impuesto a la riqueza", bastante menor que los tributos europeos o norteamericanos. Por otro lado las contribuciones municipales o provinciales continuaron con su histórico anacronismo, y las diferencias entre la valuación fiscal y real de los inmuebles aún se mantienen. Aún sin implementar impuestos progresivos debe reconocerse a la gestión de Cavallo el mérito de incorporar el concepto de "impuesto" en la cultura argentina de fin de siglo, por increíble que parezca. Otro cambio fundamental impuesto por Cavallo refiere al ritmo del Parlamento: recién en 1991 el Congreso de la Nación comenzó a tratar –y aprobar– el Presupuesto, antes de gastarlo, un hecho sin precedentes en una Argentina que primero gastaba sin control y luego aprobaba, post facto, las erogaciones. En un artículo titulado "Auge y caída de la Argentina", publicado por la revista *Forbes Global* en abril de 2001, el profesor de Economía Aplicada de la Universidad de John Hopkins, Steve H. Hanke, recordó que "Argentina ya había probado casi todos los remedios tradicionales contra la hiperinflación, y todos le habían fallado. A mediados de 1990, Kurt Schuler y yo –escribió Hanke– produjimos un anteproyecto con la solución: Banco Central o Caja de Conversión: la situación de Argentina llamaba a un régimen de caja de conversión ortodoxa que pusiera al Banco Central en una "camisa de fuerza". Menem adoptó la idea en 1990. Para llevar el proyecto a cabo, movió a su ministro de Relaciones Exteriores, Domingo Cavallo, al ministerio de Economía. Cavallo y su equipo pronto hicieron un borrador de la ley de convertibilidad y el 1 de abril de 1991 se le puso al Banco Central una camisa de fuerza. El truco funcionó; la inflación anual que era de 1.345 por ciento en 1990 cayó como una piedra. Las barreras de comercio se redujeron sustancialmente y en 1993 YPF, la compañía petrolera nacional, fue privatizada en la más grande oferta pública de la historia de la Bolsa de New York: 3.000 millones de dólares". Diversos economistas coinciden en que el luego denominado Plan Cavallo fue la mejor manera de salir de la híper, aunque los críticos señalan que aquel camino, aunque exitoso, no podía mantenerse en el tiempo. En verdad, las salidas teóricas de un estado de hiperinflación coinciden en todos los casos en restringir los medios de pago: la masa de circulante, que durante la inflación crece sin cesar, queda de ese modo sujeta a una cantidad determinada, lo que impide el financiamiento monetario del déficit fiscal (esto es, seguir dándole a la maquinita para llenar un barril sin fondo). La teoría supone, como en efecto sucedió, que una vez restringidos los medios de pago, la inflación comienza a ceder. "En 1991 Cavallo se hizo cargo de la situación y eligió el remedio más efectivo –escribió Rodolfo Terragno– convertibilidad, con cambio fijo y garantía legal. Ningún otro podía producir cambios más rápidos y seguros. Ninguno tenía, tampoco, efectos colaterales más indeseables. El cambio fijo (en un mundo de cambios móviles) cierra mercados externos a los productos nacionales, inunda el mercado interno de mercadería importada, provoca quiebras y destruye empleo. ¿Estuvo mal elegido el remedio? No. Estuvo mal administrarlo durante más tiempo que el razonable. (...) En un contrapunto grotesco, Menem y Cavallo discutieron quién era el padre de la convertibilidad, mientras los opositores se cuidaban de no hacer críticas a la criatura. Era como si el mundo no hubiese tenido patrón oro. O como si nunca país alguno hubiera adoptado un *currency board*. Se ignoraba que la Argentina había tenido, décadas atrás, peso convertible y cambio fijo."

Durante la primera gestión de Cavallo, entre 1991 y 1996, se logró controlar el déficit fiscal gracias a los recursos extras provenientes de las privatizaciones y el boom del crédito, junto al aumento del IVA del 13 al 18 por ciento. Pero el problema del déficit renació en 1994, durante la denominada *crisis del Tequila*, junto a la rebaja de los aportes patronales y el lanzamiento de la jubilación privada. El rojo en el presupuesto al renunciar Cavallo fue de seis mil millones de dólares. Durante toda la década de los noventa el déficit se financió con mayor endeudamiento externo: entre 1991 y el año 2001 la deuda pública creció de 80.869 a 154.951 millones, en la siguiente proyección:

Año	Millones de dólares	% del PBI
1991	80.869	46,4
1994	83.783	32,5
1996	108.899	40
2000	140.055	49,1
2001	154.951	54,7

El crecimiento total de la deuda durante ese período fue del 123 por ciento.

Otra de las modificaciones de importancia respecto de la deuda operadas por Cavallo fue la de entregar la "administración" de la misma a un comité de bancos acreedores, liderado por el CITIBANK e integrado por: J. P. Morgan, Banque Nationale de París, Royal Bank of Canadá, Bank of New York, Credit Lyonnais, PCL y el Chemical Investment Bank LTD. Los ingresos por la privatizaciones a las arcas del Estado argentino –vistos en la época como una especie de panacea que reduciría el monto de la deuda– fueron de, aproximadamente, 25.000 millones de dólares, pero el Estado, paralelamente (para poder vender a las empresas libres de pasivos) debió asumir deudas por 60.000 millones de la misma moneda. Como se explicó antes, dichos fondos fueron utilizados para financiar el déficit creciente (al entregar el gobierno, Menem "legó" a De la Rúa un déficit fiscal de 11.000 millones).

Durante el período de referencia los intereses subieron aproximadamente 2 puntos del PBI, lo que equivale a unos 6.000 millones anuales. El atroz incremento de la deuda también estuvo provocado por:

1. La implementación de subsidios de desempleo (Planes Trabajar) y el aumento de la asistencia social frente al desequilibrio provocado por el plan económico: unos 5.500 millones de crédito internacional sólo en los primeros años del uno a uno.

2. La creación de las AFJP, que llevó al Estado a dejar de percibir fondos por 22.000 millones de dólares.

3. La rebaja de aportes patronales (en la equívoca convicción de que, de ese modo, se reanimaría el empleo) en 1994 y 1998, lo que redujo en más de 20.000 millones el ingreso del Estado.

Al año 2000, de los 72.000 millones de recaudación interna, el pago de los "servicios de la deuda" se llevó 15.000 millones.

A la ya mencionada jubilación privada "voluntaria" se sumó, durante la gestión de Cavallo, una serie de privatizaciones amparadas en la Ley de Reforma del Estado: ENTEL, YPF, Ferrocarriles Argentinos, SOMISA, SEGBA, Gas del Estado, Subterráneos de Buenos Aires, Fábrica de Aviones de Córdoba, puertos, canales de televisión y estaciones de radio, Obras Sanitarias, Caja Nacional de Ahorro y Seguro, se desmontaron (a partir de presiones del gobierno norteamericano) las instalaciones donde se construía el misil Cóndor en Falda del Carmen (Córdoba), también se vendieron las centrales hidroeléctricas de Hidronor El Chocón-Cerro Colorado, las centrales nucleares de Atucha I y II y Embalse, la Casa de la Moneda, el Polo Petroquímico de Bahía Blanca, el Correo, los aeropuertos, la Fabrica Militar de Aviones de Río Tercero y la mayoría de las empresas de servicios eléctricos, telefónicos, de agua corriente y gas regionales y provinciales, junto a la tercerización de gran parte de los servicios administrativos de los municipios y gobernaciones, incluida también la gestión de cobro de impuestos atrasados y el pago de salarios de nómina en gran parte de los organismos públicos, junto al cobro de multas de tránsito en los municipios y la privatización de rutas y caminos.

LA CASUALIDAD
PERMANENTE

"Estos hechos han formado parte de una especie de...
casualidad permanente."

Carlos Menem, 1998.

"A la gente no le preocupa la corrupción.
Lo que pasa es que el tema ganó la calle."

Raúl Granillo Ocampo a Cristina Castello,
en revista *Gente* de junio de 1990.

"En mi país nunca hubo corrupción gubernamental.
Si acaso algunos funcionarios fueron corruptos,
pero eso puede suceder en cualquier parte."

Carlos Menem, en declaraciones a *The Miami Herald*.

La estabilidad de los primeros años del plan y la generalización del
llamado "voto cuota" (basado en el miedo a que un retorno inflaciona-
rio complicara la situación de cientos de miles de deudores) abonaron
el terreno para que la administración de Carlos Menem intentara forzar

la Constitución para lograr un segundo gobierno consecutivo, algo hasta entonces prohibido por nuestra Ley Fundamental. En 1993 Raúl Alfonsín (que se había convertido, según las encuestas, en uno de los líderes menos populares del país) firmó con Menem el denominado Pacto de Olivos, por el que se convocó a una Convención Nacional Constituyente en Santa Fe con el objetivo de reformar la Constitución y obtener la posibilidad de la reelección presidencial.

Como en los balcones de las *Felices Pascuas*, Alfonsín volvió a salvarnos, sin que nadie se lo pidiera: el radicalismo "vendió" el Pacto como un freno contra el "autoritarismo menemista" mientras, en verdad, terminó tendiéndole a Menem un puente de plata hacia un nuevo período. En agosto de 1994 los convencionales discutieron en Santa Fe un modelo de Constitución tan interesante en lo teórico como irreal en la vida: a nueve años de su aprobación, nunca se concretó el artículo que garantiza la posibilidad de someter un proyecto de ley a consulta popular (artículo 40), y ni mencionar los apartados 41 y 42 que "contemplan el derecho de todos a gozar de un ambiente sano y de ser respetados como consumidores". Aún queda por completarse la autonomía de la ciudad de Buenos Aires (artículo 129) por ahora sólo política y en transición, y tampoco se tuvieron en cuenta los incisos 22 a 24 del artículo 75 sobre derechos humanos y la inclusión de la figura del primer ministro (exagerada por Alfonsín como una garantía de control y equilibrio contra los excesos de un país presidencialista) quedó devaluada en el rol de un "jefe de gabinete" que sólo se ha limitado a pasar en limpio la agenda del presidente. Algo, sin embargo, se cumplió a rajatablas: la reelección de Menem, que en mayo de 1995 logró una amplia victoria que lo eximió de necesitar el *ballotage*.

La fórmula Carlos Menem-Carlos Ruckauf obtuvo el 51 por ciento de los votos (7.818.036 sufragios), contra 5.074.515 del Frente País Solidario (FREPASO, con la fórmula Bordón-Carlos "Chacho" Álvarez). El radicalismo ocupó el tercer lugar en la elección con la candidatura de Massacessi: 2.914.241 votos.

La aparición del FREPASO en el panorama político local podría interpretarse como el principal antecedente de lo que, más tarde, sería el fiasco de la Alianza llegando al gobierno nacional. Aquella noche de mayo de 1995 el reelecto presidente Menem festejó con champagne en el programa televisivo de Bernardo Neustadt, en el que pronunció una sentencia lapidaria que era, a la vez, su interpretación sincera del comicio: "Ésta fue una elección que le ganamos a los medios", dijo Menem.

Menem llegó a la reelección cercado por denuncias periodísticas sobre hechos de corrupción en su gobierno: la mayoría de éstas eran verdaderas, y en mucho casos el propio periodismo aportó las pruebas para acreditarlas pero, aunque dichas denuncias tuvieron en algunos casos su correlato político con el alejamiento de los funcionarios cuestionados, se estrellaron en el laberinto de los tribunales, donde la administración justicialista estableció un aceitado sistema de control de los jueces federales: doce de los catorce magistrados cobraban "sobresueldos" pagados con gastos reservados de la SIDE y varios de ellos aterrizaron en su sillón gracias a los oficios del entonces ministro del Interior Carlos Corach (todo ello sin volver a insistir en la Corte de los Milagros).

El 16 de mayo –la elección fue el día 15– muy pocos habitantes reconocían haber votado a Menem: el "voto-cuota", aunque efectivo, era vergonzante y estaba mal visto en términos sociales por la clase media. Esa paradoja fue captada por el FREPASO, que creció al amparo de los medios de comunicación, sin la tradicional estructura de los partidos argentinos, y con un discurso basado fundamentalmente en la lucha contra la corrupción.

Reproducimos a continuación una lista somera de los más sonados casos de corrupción durante el gobierno de Menem:

» Colaboración financiera de Gaith Pharaon, dueño del BCCI, en la campaña presidencial de Menem.

» Millonaria y sobrevaluada compra de juguetes para el Día del Niño por parte del vicegobernador de Santa Fe Vanrell.

» Compra "digitada" y sobrevaluada de guardapolvos por el entonces ministro de Acción Social Eduardo Bauzá.

» Venta de leche adulterada en un plan social por parte de Miguel Ángel Vicco, secretario personal de Menem.

» Detención en España del sirio Monzer Al Kassar, traficante de armas vinculado con el lavado de dinero del narcotráfico. Al Kassar tenía pasaporte argentino y contactos con el entorno presidencial.

» El embajador Terence Todman, de Estados Unidos, elevó al gobierno argentino una carta de queja por los intentos de soborno a las empresas de su país, citando el caso concreto de la empresa Swift y un pedido de coima de Emir Yoma, cuñado del presidente, que fue alejado formalmente del gobierno, aunque continuó como lobbysta externo de la Casa Rosada.

» Amira Yoma, otra cuñada presidencial, fue denunciada como integrante de una red de lavado de narcodólares. Debió renunciar a su cargo como secretaria de Audiencias del Presidente. Su esposo, Ibrahim al Ibrahim, uno de los directivos de la Aduana de Ezeiza, participaba de la red, y permanece prófugo.

» IBM le vendió al Banco Nación su Proyecto Centenario, de informatización de la entidad, a un precio sobrevaluado. Años más tarde varios funcionarios cercanos al ministro Cavallo fueron encarcelados. El monto del contrato fue de 250 millones de dólares, de los cuales 30 millones se pagaron a una "firma subcontratista" que sólo existía en los sellos y fueron depositados en distintas cuentas suizas.

» La estudiante María Soledad Morales apareció muerta y desfigurada en los alrededores de la ciudad de Catamarca. El asesinato involucró a integrantes del denominado Clan Saadi, que gobernaba la provincia.

» Una explosión destruyó la embajada de Israel en Buenos Aires, con el saldo de treinta muertos. La investigación del atentado recayó en la Corte Suprema de Justicia, que nunca arribó a ningún resultado convincente.

» Renunció el intendente Carlos Grosso acusado de diversos hechos de corrupción por el Concejo Deliberante. Idéntico camino siguió el entonces ministro del Interior, José Luis Manzano. La investigación *Robo para la Corona*, de Horacio Verbitsky, que relata su historia, se convirtió en el libro más vendido del momento.

» El presidente de la Cámara de Diputados, Alberto Pierri, fue acusado de tráfico de influencias.

» Denuncias contra Matilde Menéndez por diversos ilícitos en el PAMI. Fue señalada como una de las "recaudadoras" para la caja del PJ en Capital Federal. Renunció a su cargo.

» Escándalo de los frigoríficos del ex diputado Samid.

» Estalló una bomba en la sede de la AMIA, dejando un saldo de 86 muertos y más de un centenar de heridos. La SIDE entorpeció y trató de digitar una investigación judicial a cargo del Dr. Galeano, que nunca llegó a ningún resultado. Hubo quienes interpretaron que la llamada "pista siria" (que podía resultar perjudicial debido a sus vínculos oficiales) fue dejada de lado ex profeso. El curso de la investigación dio con una banda de robos de autos y desarmaderos manejada por la policía. Se sospecha que el supuesto "coche-bomba" Traffic nunca existió y fue "plantado".

» Apareció sin vida el cuerpo del soldado conscripto Omar Carrasco, que fue sometido a vejámenes por sus superiores. Un subteniente y dos suboficiales fueron condenados por el homicidio, y el "caso Carrasco" determinó la desaparición del servicio militar obligatorio.

» Carlos Menem Junior murió al caer un helicóptero en el que viajaba desde Rosario junto al automovilista Silvio Oltra. Su madre, la ex esposa del presidente, Zulema Yoma, denunció que Junior fue asesinado. Años después el ya ex presidente Menem admitió vagamente esa posibilidad.

» Escándalo de la denominada "Aduana Paralela".

» Fraude al Estado por 150 millones de dólares de la "Mafia del Oro".

» "Escuela shopping", aprobación de "excepciones" al Código Urbano y nombramiento de "ñoquis" por parte del Concejo Deliberante. El presidente del cuerpo legislativo se fugó al exterior.

» Alderete acusado de liderar una asociación ilícita dentro del PAMI. Tuvo veinte causas judiciales en su contra y fue el primer funcionario menemista detenido.

» Denuncia contra Menem por liderar la asociación ilícita que vendió armas a Ecuador y a Croacia en 1991 y 1995.

» Muertes dudosas en la causa "Armas": el marino retirado Horacio Estrada, el general de Brigada Juan Andreoli, la explosión de la Fábrica Militar de Río Tercero (con un saldo de siete víctimas fatales), el "suicidio" de Lourdes Di Natale, ex secretaria de Emir Yoma.

» El gobierno de la Ciudad determinó, a comienzos de 1996, que sus adquisiciones estaban sobrevaluadas en un promedio superior al 30 por ciento, lo que significaba un gasto extra de alrededor de 1.000 millones de dólares al año.

» Menem creó en 1997 la Oficina Nacional de Ética Pública, obligando a los funcionarios a dar a conocer su patrimonio. Pero el propio presidente "olvidó" consignar en su declaración jurada una cuenta suiza con 600.000 dólares que recién confesó tener en el año 2001, y que le vale actualmente una investigación judicial por enriquecimiento ilícito.

EL PAÍS
EN BLANCO

"La impunidad no es la absolución. El proceso no hace el crimen, y el verdadero castigo del criminal no consiste en sufrir la pena sino en merecerla; no es la pena material la que constituye la sanción, sino la sentencia. Es la sentencia la que destruye al culpable, no la efusión de su sangre por un medio u otro."

Juan Bautista Alberdi, *El Crimen de la Guerra.*

A doce años y algunos meses de aquella "tapa en blanco" de *Página/12* (que se reproduce en las láminas de este tomo) debo reconocer que sigo pensando lo mismo: la memoria de un país no puede quedar en blanco por decreto. Mi modo de decirlo, aquella mañana de diciembre de 1990, en la tapa del diario que fundé tres años antes, fue con una hoja en blanco: incluso en aquella superficie, en apariencia vacía, podían advertirse pequeñas manchas, hilitos del papel, raspaduras de la imprenta, recuerdos que se colaban en el vacío.

Menem y su ministro de Educación y Justicia, Antonio Salonia, firmaron el decreto 2741 por el que se indultó a Jorge Rafael Videla, Emilio Eduardo Massera, Orlando Ramón Agosti, Roberto Eduardo Viola y Armando Lambruschini "pretendiendo crear las condiciones y el escenario para la reconciliación, el mutuo perdón y la unión nacional (...) con humildad,

partiendo del reconocimiento de errores propios y de aciertos del adversario". El indulto de Menem cerró el círculo de la impunidad en la Argentina, que comenzó a trazarse cuatro años antes, con la Ley de Punto Final de
Alfonsín; la estrategia de reconciliación sin justicia resultó estéril e impuso
sobre el futuro del país la hipoteca más pesada: la ausencia del Estado de
derecho.

Los decretos 1002, 1003, 1004 y 1005 del 7 de octubre de 1989 y
2741, 2742 y 2743 del 30 de diciembre de 1990 intentaron reglamentar la
Ley del Olvido.

Los primeros alcanzaron alrededor de trescientas personas con procesos
abiertos y comprendieron cuatro distintas situaciones:

1. Todos los altos jefes militares procesados que no fueron beneficiados
con las leyes de Punto Final y Obediencia Debida, a excepción de Carlos
Guillermo "Pajarito" Suárez Mason, extraditado a los Estados Unidos, que
se incluyó en una norma posterior.

2. Un número de ciudadanos acusados de "subversión" que estaban prófugos, detenidos, excarcelados o condenados (Según Emilio F. Mignone,
"por error y desprolijidad, esta lista incluyó a varios sobreseídos, muertos y
"desaparecidos").

3. Todo el personal militar, de prefectura naval y de inteligencia que
intervino en las rebeliones de Semana Santa y Monte Caseros en 1987 y
Villa Martelli en 1988.

4. Los ex miembros de la Junta Militar teniente general Leopoldo
Fortunato Galtieri, almirante Jorge Isaac Anaya y brigadier general Basilio
Lami Dozo, condenados por sus responsabilidades militares en la guerra de
Malvinas.

Los decretos de diciembre de 1990 comprendieron a:

1. Videla, Massera, Agosti, Viola y Lambruschini, Juan Ramón Alberto
Camps y Ovidio Pablo Riccheri (ex jefes de policía de la provincia de Buenos Aires), todos con condena ratificada por la Cámara Federal de la Capital.

2. Mario Eduardo Firmenich, jefe de los Montoneros, condenado por la
justicia civil de un gobierno constitucional luego de haber sido extraditado
desde Brasil.

3. Norma Kennedy, Duilio Brunello, José Alfredo Martínez de Hoz y
Carlos Suárez Mason.

El ya mencionado decreto 1002/89 abarcó causas muy sonadas, como
la del Primer Cuerpo de Ejército, la ESMA, el Comando de Institutos Mi-

litares de Campo de Mayo, el secuestro del ex diputado nacional Mario Abel Amaya, la causa 23.175 de la Cámara Federal de Resistencia donde estaban acusados de violación calificada los coroneles Zucconi y Larrateguy, la masacre de Margarita Belén, las causas de Galtieri en Rosario, 135 causas contra Luciano Benjamín Menéndez (incluyendo seis casos por secuestro de niños), etcétera.

Recordó Salvador María Lozada en su trabajo *De López Rega a Menem: los derechos humanos y la impunidad en la Argentina*, que "en el verano de 1998, por primera vez con cierta precisión, se tuvo una medida del perfil económico delictivo de la dictadura militar: el juez español Baltasar Garzón –explicablemente tan denostado por el presidente Menem y el ministro Di Tella, y temido increíblemente por otros– requirió información a la fiscal suiza Carla da Ponte, y ésta le proporcionó los nombres de los militares argentinos que tenían cuentas en el imaginario paraíso helvético: Alfredo Astiz, Antonio Bussi, Jorge Acosta, Roberto Roualdes, Carlos Alberto Verga, Adolfo Arduino". Una nota de Alberto Amato publicada en *Clarín* el 1 de febrero de 1998 reveló que la "represión ilegal fue también un gran negocio", el botín de la ESMA era cuantioso y había en Suiza 70 millones de dólares producto de la acción represiva ilegal. El "botín de guerra" se formó con las propiedades de los secuestrados, y los miembros del Grupo de Tareas 3.3.2 llegaron a montar una inmobiliaria para la refacción y venta de los inmuebles de los desaparecidos. Algunas de aquellas operaciones de transferencia de divisas se concretaron a través de DAFOREL, empresa que resultó clave en otro escándalo: el del tráfico de armas a Ecuador y Croacia.

Toda muerte es injusta. La muerte es injusta por definición. Si los números sirven para representar alguna cosa más que cantidades en sí, los números que siguen darán una muestra exacta del alcance de la represión: lo que para los militares –y también para varios grupos guerrilleros– fue una "guerra", o una "guerra popular prolongada" fue, en verdad, la aplicación del terrorismo de Estado sobre la población civil desarmada. De acuerdo a la respuesta que dio la propia Junta Militar a la Comisión Interamericana de Derechos Humanos de la OEA en 1979, entre 1976 y 1979 hubo 1.153 actos terroristas. Esta cifra incluye secuestros, atentados con muertos y/o heridos y actividades de propaganda guerrillera. Según otro informe de la Junta Militar aparecido en el diario *La Nación* el 8 de mayo de 1980, la cantidad de miembros de seguridad asesinados por la guerrilla fueron:

» Ejército: 117 muertos.

» Marina: 11 muertos.

» Fuerza Aérea: 7 muertos.

» Gendarmería: 7 muertos.

»Policía: 339 muertos.

» Guardiacárceles: 4 muertos.

» Prefectura: 7 muertos.

» Total: 492 muertos (de los cuales 142 eran oficiales, 179 suboficiales y 171 soldados o agentes).

De acuerdo al jefe de la División Relaciones del Ejército del Comando del Tercer Cuerpo, teniente coronel Andrés Rebecchi, cuyas declaraciones fueron publicadas por *Clarín* el 18 de abril de 1980, las cifras varían un poco:

» Ejército: 117 muertos.

» Marina: 50 muertos.

» Fuerza Aérea: 30 muertos.

» Gendarmería: 10 muertos.

» Policía: 332 muertos.

» Guardiacárceles: 0

» Prefectura: 0

Según la Directiva del Comandante en Jefe del Ejército Número 404/ 75, EMGE, firmada por el coronel Carlos Alberto Martínez, Subjefe EMGE a cargo de la Jefatura, "en octubre de 1975 el ERP tenía en Tucumán entre 120 y 160 hombres". En el denominado Operativo Independencia se sucedieron en la zona de operaciones alrededor de 500 oficiales del Ejército.

Recuérdese que la cifra de desaparecidos manejada por la CONADEP excedió las 12.000 personas, y que los organismos de derechos humanos piden la aparición con vida de 30.000.

En el año 2001 el juez federal Gabriel Cavallo declaró la nulidad de las leyes de Obediencia Debida y Punto Final para un caso en el que se investiga la apropiación de una hija de desaparecidos. La resolución de Cavallo tuvo doscientas carillas, y en ellas planteó la "nulidad insanable e inconstitucionalidad" de las leyes. Al hacerlo, ordenó la declaración indagatoria de Julio "Turco" Simón y Juan Antonio "Colores" Del Cerro, ambos acusados por la desaparición de los padres de Claudia Poblete y por la apropiación de la menor, que fue criada por una familia de militares. La resolución de Cavallo se encuentra al cierre de la edición de este libro en la Corte Suprema, a la espera de un nuevo Milagro.

EL MISTERIOSO
SEÑOR YABRÁN

"El poder es tener impunidad. Ser poderoso es ser impune,
un hombre al que no le llega nada."

Alfredo Enrique Nallib Yabrán

En la década de 1920 Nallib Yabrán llegó desde Yabrud, Siria, a Larroque, Entre Ríos, a unos cuarenta kilómetros de Gualeguaychú. Yabrud está a la misma distancia de Damasco, en el límite del valle de Bekaa, que pertenece al Líbano (pero ya lleva años de ocupación por parte de tropas sirias) y allí se concentra la mayor producción mundial de opio, materia prima para la elaboración de la heroína. A principios de siglo Yabrud no sumaba más de veinte mil habitantes, entre los que se contaban las familias de Al Kassar, Tfeli y Menehem (cuyos miembros sufrieron, como tantos otros, la modificación de su apellido por los funcionarios de Migraciones, rebautizándolos como Menem). Alfredo fue el más pequeño de los hijos varones de Nallib; lo llamaban "Quico" y nació el 1 de noviembre de 1944. Comenzó trabajando como ayudante de pala en una panadería local, y al poco tiempo emigró a Buenos Aires, incorporándose a la empresa Burroughs como vendedor y reparador de máquinas de oficina. En calidad de proveedor hizo su primer contacto con YPF donde conoció a quien luego sería secretario

general del gremio de los petroleros, Diego Ibáñez. De allí también –
según consignan Christian Sanz y Franco Caviglia en su libro *La larga
sombra de Yabrán*– heredó dos amigos que lo acompañaron años después en
el directorio de algunas de sus empresas: Barassi y Chinkies. A mediados de
1975 Yabrán y su mujer, Cristina Pérez, aparecieron como dueños mayori-
tarios de Organización Clearing Argentino (OCASA), una empresa surgi-
da de la transportadora de caudales Juncadella. Yabrán comenzó desde
OCASA a pelearle mercado al correo estatal, monopólico hasta entonces.

La "historia oficial" de OCASA, relatada por el mismo Yabrán, señala
que "Amadeo Juncadella me ofreció el 50 por ciento de OCASA, como
nosotros éramos eficientes y el correo un desastre, empezamos a tentar a la
gente con nuevos servicios". La versión relatada por Caviglia y Sanz difiere:
"Yabrán habría hecho una fortuna en Florencia, Italia, donde fundó una
empresa en sociedad con Muhammar Khadafi, presidente de Libia. Khadafi
acababa de sellar un acuerdo con López Rega, y estaba asociado con la
Logia P-DUE en la fabricación y venta de armamentos". Juncadella y
OCASA, de hecho, formaron parte de un *holding* que creció asombrosa-
mente durante la dictadura militar: a comienzos de la década de los ochenta contaban con ocho filiales en Brasil (Minaseorte S.A. y Prosegur), sucursales en Paraguay (Prosegur Paraguay S.A.), Chile (Prosegur Compañía de
Seguridad S.A.), Uruguay (Transportadora de Caudales Juncadella-Musso
S.A.), Estados Unidos (Prosegur Incorporated), España y Lugano (Suiza).
Según los periodistas Alberto Ferrari y Alberto Ronzoni, el origen de OCASA
se basó en la estrategia de Juncadella de crear una empresa dedicada a forzar
y ganar nuevas licitaciones de los bancos Nación y Provincia durante la
dictadura militar. En la licitación del Banco Provincia de 1976, por ejemplo, se presentaron dos "competidores": Juncadella y OCASA, que carecía
de camiones propios y tuvo que pintar los transportes grises de Juncadella
de negro y amarillo. Ya en 1979 Yabrán era el principal permisionario de
ENCOTEL. Al año siguiente ENCOTEL modificó la Ley Postal, autorizando a las empresas privadas a transportar correspondencia. Los autores
del proyecto fueron Rodolfo Balbín (sobrino del extinto líder radical y
delegado de Yabrán en la Asociación de Permisionarios de ENCOTEL) y
Pablo Rodríguez de la Torre (vinculado a OCASA). No sólo Balbín formó
parte del directorio de OCASA, también lo hicieron, en forma rotativa,
diversos militares: los generales Antonio Vaquero, Naldo Dasso, Alberto
Bocalandro y el coronel Carlos Alberto Zone. Gracias a las gestiones de
Vaquero (de fluidas relaciones con Videla y Viola), Yabrán logró que OCASA
fuera la única empresa autorizada para trabajar en el Aeroparque.

Entre 1982 y 1985 el ex intendente Cacciatore dirigió Xpress, una subsidiaria de OCASA que fue dada de baja por ENCOTEL debido a una serie de irregularidades. El coronel Zone fue el último administrador militar de ENCOTEL: renovó por diez años las licencias de OCA y OCASA y luego de su renuncia volvió a su sillón de OCA. Yabrán fundó en aquellos años Lanolec (taxis aéreos), Yabito (empresa agrícolo-ganadera) y Bridees (empresa de seguridad, cuyo nombre significaría Brigada de la Escuela de Mecánica de la Armada, como se verá más adelante por el tenor de sus miembros).

En 1996 el nombre de Alfredo Yabrán, que hasta entonces se ufanó de "no haber sido fotografiado ni por los servicios de inteligencia", saltó a la luz pública: el entonces ministro de Economía Domingo Cavallo denunció la existencia de mafias en el gobierno y mencionó a Yabrán como jefe de la banda.

Hasta entonces los choques de Yabrán con el periodismo fueron desgraciadamente "accidentales" para los periodistas. Yabrán vivía en una residencia de 16.000 metros cuadrados que perteneció a los dueños de Águila-Saint, situada en la calle Pueyrredón del barrio de Acassuso, y valuada en unos ocho millones de dólares. La mansión está resguardada por almenas y torres con cabinas de vidrios blindados y vigilada por un grupo de treinta hombres que la recorren a toda hora. El 13 de octubre de 1991 la guardia ahuyentó al periodista Gustavo González, de la revista *Noticias*, disparándole un balazo que pasó casi rozando su cabeza. Florencia Álvarez, del diario *La Prensa*, recibió un tiro calibre 38 en el muslo cuando, en Larroque, insistió en entrevistar a uno de los hermanos de Yabrán. El reportero gráfico de *Noticias*, José Luis Cabezas, logró obtener fotos del misterioso señor Yabrán mientras observaba, en Pinamar, su propio show de fuegos artificiales en la playa. Caviglia y Sanz sostienen, en el libro citado, que Yabrán acostumbraba a utilizar falsas identidades en sus movimientos, transacciones comerciales e inspecciones a sus propias empresas.

Hay quienes creen que, como Al Kassar, también usaba pasaportes con otra identidad. Cualquiera de estas hipótesis serviría para explicar su aversión a que se conociera su verdadera imagen. El diputado mendocino Raúl Vicchi declaró en aquellos años que "Yabrán estaba vinculado al tráfico de heroína y la producción de drogas del Valle de Bekaa", otro motivo más que suficiente para resguardar su identidad.

Una agencia de seguridad "privada" nacida del Batallón 601 al finalizar la dictadura militar, INFORSEC, luego cooptada por la SIDE, emitió diversos informes sobre Yabrán en los que se lo acusó abiertamente de lavar dinero proveniente del tráfico de drogas: "El objetivo principal del Grupo Yabrán es negar todo el contrabando que se encuentra en los depósitos de LADE (...) Se trata de mercaderías no amparadas por documentación aduanera, bultos canguro, equipajes no acompañados, etcétera. Las empresas entran a la pista de Ezeiza para obtener la correspondencia pre y post aérea de ENCOTEL, y están siendo investigadas por la Policía Federal por sus vínculos con el tráfico de drogas". En 1992 las oficinas de dicha agencia, INFORSEC, fueron voladas con un artefacto explosivo.

El Grupo Yabrán estaba formado por: OCASA, YABITO, BOSQUEMAR (emprendimientos turísticos en Pinamar), AYLMER (inmobiliaria), LANOLEC (taxis aéreos), OCA (correo privado), ANDREANI (correo privado), SKYCAB (correo privado), Juncadella (transportadora de caudales), Transbank (transportadora de caudales), Villalonga-Furlong (transporte de cargas), INTERCARGO (servicio de rampas), INTERBAIRES (free-shops), EDCADASSA (depósitos fiscales), ORGAMER (empresa de seguridad), BRIDEES (empresa de seguridad), Servicios Quality Control (empresa de seguridad), TECNIPOL (empresa de seguridad), DHL (correo privado), Ciccone Calcográfica (confección de pasaportes, cheques, cédulas y registros de portación de armas), PROSEGUR (empresa de seguridad y transporte de caudales).

También se atribuyeron a Yabrán las empresas SERVEMAR, COMPRAR, Asistencia de Vehículos Comerciales, ZAPRAM S.A., ZAPRAM SRL, ZAPRAM Technical, SHELTER, OCUPAR, Transportes Vidal y UDES.

Pocas horas después de la primera denuncia de Cavallo, el presidente Menem dijo desconocer "a las mafias que denuncia el ministro", mientras subía a un jet de LANOLEC. Zulema Yoma, su ex esposa, dijo que "me da asco que Menem ande tratando de tapar las amistades que tiene con Yabrán". En nuevas declaraciones, Menem consideró a Yabrán "un empresario más". Carlos Corach, entonces ministro del Interior, indemnizó a INTERCARGO por 44 millones de dólares debido a un rompimiento de contrato por parte del Estado, aunque –según opinaron diversos juristas– sólo le correspondían cuatro millones por dicha indemnización. Erman González nunca desmintió sus relaciones con Yabrán, y admitió que, siendo ministro de Defensa, lo recibió en su despacho en distintas oportunidades. También Erman ayudó a Yabrán destrabándole el cobro de una deuda con el Estado, y el "humilde cartero" le facilitó el dinero para comprar un departamento en la calle Larrea al 1.300 de la Capital Federal. Otro de los estrechos vínculos de Yabrán en el gobierno menemista fue Hugo Franco, titular de la Dirección Nacional de Migraciones y, junto a Corach, uno de los impulsores de la privatización de la confección de los DNI, subasta que finalmente ganó el grupo Siemens cuando Yabrán se encontraba en caída libre. El entonces secretario general de la Presidencia, Alberto Kohan, dijo a la prensa que "investigar a Yabrán era una locura", y el ex embajador en el Vaticano Esteban Caselli, mano derecha de Ruckauf, solicitó por escrito a la Fuerza Aérea por "expreso pedido del Presidente" que LANOLEC pudiera instalar un hangar privado en el aeroparque. Según Cavallo, Caselli fue un personaje clave en el contrabando de oro y armas, y estuvo estrechamente vinculado al "cartero". Los vínculos de Yabrán se extendieron también a Roberto Dromi (quien benefició a Villalonga Furlong en su relación con ENCOTEL en 1990), César Jaroslavsky, Raúl Granillo Ocampo, Elías Jassan, Horacio Massacessi, el ex juez federal Carlos Branca, Fernando de la Rúa (que fue apoderado de OCA), Carlos Grosso, el ex intendente de Pinamar Blas Altieri, el comisario Juan Pellachi, los jueces Canicoba Corral, Jorge Urso y María Romilda "Chuchi" Servini de Cubría, monseñor Marcelo Martorell (brazo derecho del cardenal Primatesta), Lorenzo Miguel, José Luis Manzano, Diego Ibáñez, los brigadieres Ernesto Crespo y Raúl Juliá y siguen las firmas.

En enero de 1992 Erman González se reunió en Washington con el secretario de Estado adjunto para América Latina, Bernard Aronson, para gestionar un crédito por 300 millones con el que el gobierno argentino financiaría los despidos en el área de Defensa en el marco de las privatizaciones. Pero el gobierno de la Madre Patria incluyó en la agenda un tema imprevisto: querían que la Argentina desregulara y desmonopolizara los depósitos fiscales y el servicio de rampa en Ezeiza. En el primer caso, empresas norteamericanas como Federal Express intentaron quedarse con parte del negocio. En el segundo, la administración Bush quería que el control del narcotráfico tuviera varios ojos y no sólo dos. La DEA no fue ajena a esta pretensión. El 23 de noviembre de 1994, cuando la Ley de Correos obtuvo media sanción del Senado con un proyecto de los legisladores Eduardo Vaca y Juan Carlos Romero (quienes argumentaron que el sistema compuesto por EDCADASSA, INTERCARGO e INTERBAIRES era el mejor posible), Cavallo amenazó: "La Argentina es Estados Unidos o la Argentina es Colombia. Si es Colombia, yo me voy".

Juan Carlos Romero es hijo de Roberto Romero, sospechado por la DEA como narcotraficante y señalado en un informe oficial del organismo como "el vínculo más poderoso de la Argentina con la mafia ítalo-norteamericana".

El mismo día en que Cavallo fue interpelado por el Congreso por el caso Yabrán el presidente Menem firmó el decreto 374/95 entregando la explotación de la AM y FM de Radio Municipal al grupo Auditas S.A. integrado, entre otros, por Gerardo Daniel Hadad, Viviana Zocco de Hadad, Marcelo Tinelli, Oscar Salvi y Raúl Fernández. Los vínculos de Hadad con Yabrán fueron públicos y denunciados por diversas publicaciones.

Según Sanz y Caviglia, Yabrán "había conformado, desde los años '70, un pequeño ejército privado en base a ex represores que habían servido en campos de concentración, básicamente en la ESMA. El grupo que custodiaba la casa de Yabrán en Acasusso estaba compuesto por turnos de cuatro hombres armados con escopetas automáticas High Standard calibre 12/70, y la custodia exterior estaba encargada a la Unidad Regional de Vicente López merced a obvias "propinas" de Don Alfredo. En la calle Yabrán se manejaba junto a tres camionetas Toyota 4x4 modelo Land Cruisser. Su custodia personal estaba a cargo de Claudio Pitana, alias "Fafá" (el mago, porque hacía desaparecer personas), un suboficial exonerado de la policía que participó del Grupo de Tareas de la ESMA y que formó luego parte de la "SIDE paralela" junto a Guglielminetti, en el gobierno de Alfonsín. También participaban del dispositivo personal Gregorio Ríos, Roberto Archuvi y otros involucrados en el asesinato de José Luis Cabezas. El "segundo círculo" de Yabrán estaba a cargo de su jefe de Inteligencia, el capitán de fragata Adolfo Miguel Donda Tiguel, alias "Jerónimo", o "Palito", ex jefe de inteligencia en la Escuela de Mecánica beneficiado por la ley de Obediencia Debida. Donda Tiguel fue director suplente de ZAPRAM S.A. y socio gerente de TECNIPOL. Donda fue secundado por Francisco Schembri, de quien dependieron dos grupos operativos: Ala 1 y Ala 2. Formaron parte de los grupos:

» Víctor Hugo Dante Dinamarca, alcalde mayor del Servicio Penitenciario Federal, actuó en el campo de concentración "El Vesubio". Accionista de Sky Cab.

» Carlos Orlando Generoso, suboficial del SPF, ex miembro de la ESMA, socio gerente de ZAPRAM.

» Juan Carlos Cociña, suboficial del SPF, represor de "El Vesubio", vicepresidente de ZAPRAM.

» Marcelo Claudio Carmona, suboficial del SPF, miembro de BRIDEES.

» Héctor Francisco y Domingo Osvaldo Montoya, hermanos, uno suboficial y otro prefecto Mayor del SPF, presidente de BRIDEES.

» Jorge Carlos Radice, teniente de fragata, ex oficial de Logística en la ESMA.

» Juan Carlos Fotea, ex cabo de la policía federal, exonerado. Trabajó en el Grupo Alem de la SIDE.

» Jorge "Tigre" Acosta, ex torturador de la ESMA. Vinculado a ORGAMER.

» Salvador María Grandoglio, comisario de la policía federal, encargado de la documentación personal del grupo.

Y una treintena de ex militares y miembros de fuerzas de seguridad procesados, amparados luego en las leyes de Punto Final y Obediencia Debida.

En el capítulo 5 de su libro *Auge y caída de la Alianza*, Rodolfo Terragno describió la relación entre Yabrán y Navarro, el titular del también misterioso grupo Exxel, del que ya hemos hablado. "Chacho Álvarez –sostuvo Terragno– se enteró del traspaso de las empresas de Yabrán al Exxel por comentarios de Manuel Rocha, el encargado de negocios de la embajada de Estados Unidos en Buenos Aires. Un motivo para sospechar del Exxel era su sede: las islas Caimán, Chacho me instó a no sospechar en demasía – escribió Terragno–. 'No puede ser que los yanquis no vean lo que vos ves. Si Exxel fuera un peligro, no le iban a dar certificado de buena conducta' (...) Mi posición fue ésta:

"–No estamos frente a una operación supervisada por Washington.

"–Exxel, que tiene apenas cinco años, no ha adquirido acciones fuera de la Argentina.

"–Los fondos de inversión se prestan para operaciones triangulares.

"–Todman (que estaba vinculado a Exxel) y Cheek (que asesoraba a Ciccone Calcográfica) son diplomáticos jubilados y no representan al gobierno de los Estados Unidos."

Lo que Terragno sugería, en verdad, no ha tenido respuesta hasta ahora: si dentro de los accionistas del Exxel no estaba el mismo Yabrán. Lo que aún hoy –cuando el grupo financiero pasó de facturar 4.000 millones al año a tener 15 empresas de las cuales 5 están en terapia intensiva– sigue siendo una pregunta molesta.

Alfredo Yabrán se suicidó (o fue ¿suicidado?) en pleno escándalo, el 19 de mayo de 1998.

LA Re-Re

Según los informes oficiales del Instituto Nacional de Estadísticas y Censo (INDEC), "la economía argentina comenzó a sufrir una fase recesiva desde mediados del 1999, una caída del PBI del 3 por ciento en pesos constantes (respecto del mismo período del año anterior), la inversión interna bruta fija cayó un 11,7 por ciento y las importaciones de bienes y servicios disminuyeron un 12 por ciento. La economía argentina –prosigue el INDEC– que venía creciendo en la primera mitad de 1998 a un ritmo del 6,5 por ciento anual, se desaceleró primero y entró en recesión luego. En el primer trimestre de 1999 la oferta y la demanda global cayeron 4,1 por ciento, en mayo de 1999 la tasa de desocupación ascendió a 14,5 por ciento (15,6 por ciento en el Gran Buenos Aires)". Un informe del ministerio de Justicia y Derechos Humanos señaló que la cantidad de hechos delictuosos aumentó de 560.240 en 1990 a 1.062.241 en 1999. En términos globales, podría afirmarse que, al finalizar el segundo período de Menem, el 25 por ciento de la población se situaba debajo del umbral de pobreza. Los efectos electorales de esta tendencia económica comenzaron a sufrirse en el oficialismo en las elecciones legislativas de octubre de 1997 en las que la naciente Alianza entre el radicalismo y el FREPASO se impuso con el 45,7 por ciento de los votos al 36,2 por ciento del Partido Justicialista. Por otro lado, los índices de popularidad de Menem descendieron en caída libre. Según una muestra del Centro de Estudios para la Nueva Mayoría, ésta fue su evolución:

1989	65%
1992	44%
1994	41%
1996	19%
1998	15,8% (primer semestre)

Fue precisamente en el marco del peor panorama posible cuando Carlos Menem decidió plantear la denominada re-reelección. El primer acto partidario en el que la idea fue expuesta de forma desembozada se realizó en Córdoba, bajo la consigna "Menem 1999", y allí el presidente afirmó: "Nada ni nadie nos va a parar ni a evitar que consigamos los objetivos que nos hemos trazado". Los ultramenemistas se encolumnaron detrás del "Jefe" y presentaron diversos reclamos judiciales ante la Corte, cuya mayoría automática estaba dispuesta a realizar un nuevo milagro. La "arquitectura" jurídica de la idea había sido pergeñada por Rodolfo Barra y era, simplemente, una interpretación más que antojadiza de la cláusula constitucional sobre la reelección, llamada "cláusula transitoria 9": la Constitución reformada sostenía que el mandamiento del presidente en ejercicio al momento de sancionarse la reforma sería considerado primer mandato cuatrienal. Barra, sin embargo, leyó en esas mismas palabras que el período presidencial iniciado en 1995 sería considerado primero, y no segundo. Esto es, que el "counter" constitucional ponía todo a cero y había que barajar y contar de nuevo. ¿Creativo, no?

Jorge Blanco Villegas, titular de la Unión Industrial Argentina (UIA) no tuvo la misma dislexia jurídica que Barra aunque también aprobaba la re-reelección "si un clamor popular la impusiera a través de un plebiscito que permitiera volver a reformar la Constitución".

La hipótesis de una nueva modificación de la Ley Fundamental era tan improbable que se reflejó negativamente en las tendencias del público. La encuestadora Marketing del Plata registró en aquellos días que un 55 por ciento de la gente creía que Menem no podría imponer su criterio de re-reelección. El enfrentamiento entre Menem y Duhalde, hasta entonces sugerido a regañadientes, se hizo por primera vez explícito: Duhalde se opuso a cualquier modificación que le hiciera perder su turno de acceder a la presidencia como candidato del PJ.

"Menem 1999: la Fuerza del Destino", titularon los ultramenemistas a esta película que muy pocos querían ver. Durante las vacaciones de julio, fecha de visitas masivas de público del interior a la Capital, cientos de chicas vestidas con buzos blancos con la inscripción Menem 99 en pecho y espalda obsequiaron a los turistas billetes menemtruchos de 10 pesos cuya leyenda afirmaba: "Diez años de estabilidad. Muestra de capacidad". Las adolescentes que pugnaron por la re-reelección callejera cobraron cinco pesos, una hamburguesa y un vaso de gaseosa por día de las arcas de Gostanián. Era, después de todo, plata del pueblo que volvía al pueblo.

Finalmente, el viernes 17 de julio, durante una tarde de pesca en Corrientes, Menem anunció a sus colaboradores más cercanos (Carlos Corach, ministro del Interior, Jorge Rodríguez, jefe de gabinete, Hermano Eduardo, senador y Eduardo Bauzá, senador consorte) que re-renunciaba a la carrera. La re-renuncia se hizo pública el día 21 cuando Menem sostuvo que renunciaba "para preservar la unidad del partido (no para acatar a la Constitución, faltaba más), exhortando a sus partidarios a "cesar en toda acción tendiente a tal fin" (violar la Constitución).

Dos escándalos por corrupción despidieron el segundo gobierno de Menem: las exenciones impositivas a los medios del CEI (que impulsaban una, dos y más re-reelecciones) y la virtual quiebra del Banco de La Rioja.

Respecto del primero, conocido mediante un dictamen de la Oficina Anticorrupción cuando ya Menem era ex presidente, Horacio Verbitsky escribió en *Página/12* que "los multimedios de comunicación más poderosos del país recibieron beneficios ilegales concedidos en forma discrecional". El dictamen firmado por el Director de Investigaciones de la Oficina, Manuel Garrido y por el investigador José Ipohorski Lenkiewicz y citado por Verbitsky en la nota de referencia, "denunció por administración fraudulenta de fondos públicos y negociaciones incompatibles con la función pública a los ex interventores del Comité Federal de Radiodifusión (COMFER) entre 1993 y 1999, León Guinsburg, Ana Lucía Tezón y José Aiello. La demanda estima provisoriamente un perjuicio al fisco en unos 200 millones de pesos. Otros cálculos lo elevan a mil millones". El "leading case" sobre el que el COMFER basó una serie de exenciones impositivas a los canales fue la solicitud de Telefé a raíz del incendio de sus instalaciones el 18 de septiembre de 1992. La emisora estaba entonces manejada por el amigo presidencial Constancio Vigil y por el abogado presidencial (y de Yabrán) Carlos Fontán Balestra. El beneficio se concedió en 1993 a pesar de que Telefé contaba con los correspondientes seguros y adeudaba once millones por impuestos al COMFER. Pero el Comité decidió favorecerlo señalando que el canal, "a través del satélite, llegaba a gran parte del territorio nacional, incluyendo zonas de fomento y de frontera". Verbitsky sostuvo que el COMFER, "a través de la Resolución 393, declaró zona de fomento a todo el territorio de la Nación, con excepción de las ciudades que superen 200.000 habitantes (...) y, cuando se tratara de un operador de cable, ni siquiera se aplicaría esa restricción demográfica". Así, el 22 de diciembre de 1994 el gobierno concedió una exención del 40 por ciento del gravamen para Cablevisión durante 1995 y del 50 por ciento para 1996. Cablevisión fue vendido a TCI Communications en abril de 1995, a 286 millones de dólares. Otras empresas del mismo grupo (titulares de la licencia de Canal 2, Radio América, FM Aspen y Radio del Plata) obtuvieron exenciones que fueron desde el 70 al 100 por ciento desde junio de 1994 hasta marzo de 1999. Telefé pidió otra exención para compra de inmuebles y equipamiento por 38 millones, y se le concedió una exención del 35 por ciento hasta marzo de 1999 y del 45 por ciento hasta marzo de 2001. En marzo de 1998 el CEI Citicorp y Telefónica Internacional se incorporaron a la sociedad. VCC recibió exenciones entre 1993 y 1997, aunque la Sindicatura General (SIGEN) detectó que las facturas presentadas por VCC por una presunta "modernización del servicio" fueron, en realidad, por "compras de elementos de consumo". Durante 1996 VCC compró más de treinta cables del interior. Canal 9 solicitó y obtuvo exenciones desde el 50 hasta el 75 por ciento, y en 1997 entró como socio controlante la empresa australiana Prime Televisión Ltd. Supercanal, del Grupo Vila-Manzano-Mas Canosa, obtuvo exenciones del 100 por ciento. En 1999 el ING Bank Securities le otorgó un crédito por 90 millones para comprar cables del interior, y Multicanal y Artear, ambas del grupo *Clarín*, obtuvieron exenciones entre el 40 y el 50 por ciento, por 38 millones entre las dos empresas.

El caso del Banco de La Rioja no fue el primero que sacudió el mercado en los diez años de menemismo: el Banco Mayo de Rubén Beraja, el Banco República de Raúl Moneta y el Banco de Crédito Provincial (BCP) de Francisco Trusso quebraron escandalosamente, perjudicaron a miles de ahorristas y eran, en todos los casos, de empresarios muy cercanos al gobierno. En el caso de La Rioja, Elías Sahad, un viejo amigo del presidente, otorgó créditos blandos por 70 millones de dólares a sus propias empresas y las de sus conocidos, entre ellos el propio presidente, a quien conoció en 1976 mientras trabajaba en la Funeraria Rojas, propiedad de su padre y Menem. Cuando Carlos Saúl se instaló en el gobierno, Elías Sahad compró el 70 por ciento del quebrado Banco de la Rioja, con una deuda de 300 millones. Rápidamente el banco recobró su vitalidad financiera gracias a los aportes de fondos del gobierno nacional. Pero con el correr del tiempo el Banco Central comenzó a advertir en sus resoluciones secretas que la entidad estaba al borde del colapso financiero. Ante la inminencia de la quiebra, Sahad vació la institución: entregó préstamos por 70 millones a una tasa del 2 o 3 por ciento mientras que las tasas de mercado oscilaban entre el 26 y el 46 por ciento. Las constructoras Maciel y Río Manso, que levantaron la casa de Menem en Anillaco, recibieron dos millones de dólares (Río Manso, además, participó de la construcción de la famosa pista de Anillaco), la Inmobiliaria Valle de Anillaco, propietaria de cientos de hectáreas a las que el presidente llama "mi chacrita" también fue favorecida por el banco, al igual que la curtiembre Yoma S.A.

El desencanto frente a Menem abonó el terreno propicio para el discurso electoral de una alianza que nació contra natura: aunque tanto el radical conservador Fernando de la Rúa como el progre-peronista Chacho Álvarez se abrazaron para la foto asegurando que dicha unión era "programática" y no circunstancial, el agua que corría bajo el puente mostraba lo contrario. El FREPASO, un partido que creció desde arriba hacia abajo, impulsado por los medios de comunicación y la calidad mediática de algunos de sus candidatos, necesitaba de la estructura tradicional del radicalismo para poder asentarse en una elección nacional y salir triunfante de ella. Era, en un punto, la unión del agua y el aceite: tarde o temprano la gota de aceite terminaría aislada (cooptada) y la tranquilidad del agua la haría diluirse. Para colmo, el candidato radical era la expresión cero del carisma: algo así como hacer el amor con un semáforo. Por oposición, su contraparte, Álvarez, encarnó al porteño canchero pero confiable, y el verdadero "cerebro en las sombras" que había construido aquel endeble puente electoral. Los infaltables "image-makers" decidieron hacer una virtud de la necesidad: de la Rúa comenzó atacando con una frase que quedó para la efímera posteridad del ridículo: "Dicen que soy aburrido...".

La necesidad de creer en algo era tan grande que una fórmula tan endeble logró constituirse en la solución para la mayoría, y en la única esperanza de un país devastado: a la hora de depositar el voto, nadie analizó las posibilidades de la Alianza de cumplir con las promesas electorales ("promover el pleno empleo, reducción de la pobreza, estimulación de la construcción de viviendas, protección al tercer sector, nuevo sistema de formación docente, plan analfabetismo cero, plan de recuperación del PAMI, inserción de las economías regionales, garantía de transparencia, política de lucha contra el delito, etcétera, etcétera") sino que la mayoría decidió optar por lo que sonaba como la opción más "seria" (aburrida) a la "fiesta menemista": así, en la jornada del 24 de octubre de 1999, los argentinos se levantaron dispuestos a construir otro país.

La Alianza por el Trabajo, la Justicia y la Educación obtuvo el 48,5 por ciento de los votos (9.039.892 sufragios) contra el 38,09 por ciento de la

Alianza Concertación Justicialista por el Cambio y la UceDe, que llevaron la fórmula Eduardo Duhalde-Ramón Ortega (7.100.678 sufragios). El tercer puesto fue ocupado por la Alianza Acción por la República y la UceDe Santa Fe, con la fórmula Domingo Cavallo-Caro Figueroa, que obtuvo 1.881.417 votos.

El 10 de diciembre de 1999 comenzaron los 740 días del tumultuoso gobierno de Fernando de la Rúa.

DICEN QUE SOY
ABURRIDO

"La recesión ya terminó."

José Luis Machinea, ministro de Economía,
5 de enero de 2000.

"Estamos sacando al país del borde del abismo."

Fernando de la Rúa,
9 de enero de 2000.

De la Rúa asumió la presidencia el 10 de diciembre de 1999. Siete días más tarde la represión policial ordenada por el gobierno a una marcha que cortó el tránsito en el puente que une las ciudades de Resistencia y Corrientes, provocó dos muertos. Once días después el Congreso aprobó el presupuesto del año 2000 con un recorte de 1.400 millones de dólares y convirtió en ley el denominado "impuestazo", extendiendo el IVA y aumentando las contribuciones de ganancias y bienes personales.

El comienzo del nuevo siglo estuvo marcado por las denuncias de corrupción hacia un gobierno que hizo de la ética pública su principal bandera electoral: uno de los escándalos, el de las coimas en el Senado, provocó la renuncia del vicepresidente; el otro, en el PAMI, el alejamiento de la ministro de Desarrollo Social, Graciela Fernández Meijide, con el agregado de que Chacho Álvarez y ella eran, a la vez, los dos principales referentes políticos del Frepaso y gestores de la Alianza.

El caso de las coimas en el Senado no fue nuevo en la política argentina: desde la reinstauración de la democracia el cuerpo legislativo en pleno hizo un uso discrecional de su propio presupuesto (la Biblioteca del Congreso, por ejemplo, tiene la misma cantidad de empleados que las empresas Ford o Cargill) y se mostró proclive a "acordar" con diversos lobbys la aprobación de determinadas leyes sectoriales. Muchas veces las "contribuciones" fueron sólo un "robo para la corona" y otras fueron a parar a los bolsillos de los jefes de bloque o los legisladores que impulsaron determinadas iniciativas. La corrupción legislativa alcanzó también al periodismo acreditado en el Palacio del Congreso: en muchas oportunidades los periodistas "especializados" fueron comprados por algunos legisladores a cambio de pasajes que diputados o senadores recibían gratuitamente para trasladarse a sus provincias de origen. Nada de lo dicho, claro, puede tomarse como una generalización absoluta: hubo excepciones, y numerosas, a la endémica corrupción legislativa, pero, a vistas de la opinión pública, quedaron sepultadas por la burocrática abulia de la mayoría: legisladores que sólo asistían los días de sesión, asesores que se multiplicaron, militantes rentados que encontraron allí su calor de incubadora. La persistente existencia de las listas sábana fue, y sigue siendo, la mejor garantía de la clase política para transformarse en una corporación inexpugnable: bajo las sábanas del sufragio se pagaron –y se pagan aún hoy– con cargos públicos los favores de campaña, y se cuelan políticos desconocidos dispuestos al abordaje del Congreso. De modo que nadie podía extrañarse demasiado cuando el 29 de marzo de 2000 el sindicalista Hugo Moyano denunció que el entonces ministro de Trabajo, Alberto Flamarique, se había jactado de "tener una BANELCO" para lograr el voto de los senadores del PJ a favor de la reforma laboral impulsada por la Alianza. Lo asombroso fue que la acusación hizo blanco en el centro de un gobierno que se había anunciado como aburrido, honesto y fiel cumplidor de las leyes. El 12 de abril, en efecto, el Congreso aprobó la reforma laboral. Y el 25 de junio, en la tapa del diario *La Nación*, el columnista Joaquín Morales Solá afirmó con todas las letras que habían existido "favores personales" a los senadores peronistas para que dicha ley fuese aprobada. Dos semanas después el senador Antonio Cafiero presentó ante el cuerpo una cuestión de privilegio, solicitando que se investigara la existencia de coimas. A la hora de poner las manos en el fuego, Cafiero se mostró selectivo: dijo que sólo lo haría por sus compañeros de bancada Jorge Villaverde y Héctor Maya. El 9 de agosto el presidente De la Rúa ratificó su confianza a los senadores del PJ y dijo que la versión periodística era "absurda". El 15 de agosto Morales Solá insistió con la información, ampliándola: escribió que varios miembros del gobierno estuvieron al tanto del soborno, al menos dos meses antes de que se produjera, y el jefe de gabinete, Rodolfo Terragno, confirmó que sabía del tema. En paralelo, un texto anónimo dando detalles sobre la "transferencia" comenzó a circular por el Congreso, y el vicepresidente Chacho Álvarez lo leyó a los jefes de bloque. Terragno aclaró que estaba enterado porque se lo había dicho Cafiero. A partir de entonces, el escándalo mutó al juego del teléfono descompuesto: Duhalde dijo que estaba al tanto porque le había contado Ramón Ortega. El 19 de agosto la Oficina Anticorrupción comienza una investigación de oficio, y Álvarez le reclamó a Cafiero y a Villaverde (el de las manos quemadas) que revelaran los detalles. El senador frepasista Del Piero dijo al día siguiente que "si alguien tiene pruebas, debe presentarse a la justicia". Del otro lado del teléfono, los senadores del PJ le pidieron a Álvarez que dijera lo que sabía de las coimas. El 22 de agosto Flamarique irrumpió en el Senado (sin su BANELCO) y desafió a los legisladores a que le "digan en la cara" si conocían la existencia de "transacciones horrorosas". Nadie sabía nada. En la noche del 24 de agosto se reunieron a comer De la Rúa, Chacho Álvarez y Antoñito, hijo presidencial. El 26 de agosto el senador por el PJ, Ricardo Branda, le dijo a la revista *Noticias* que en el menemismo muchos favores se pagaban entregando la titularidad de los Registros de Automotores. Pidieron su expulsión de la banca. El diario *La Nación* publicó que el senador Ortega devolvió un sobre marrón con 70.000 dólares, sin especificar dónde lo había encontrado. Distintos senadores desfilaron declarando ante el juez federal Liporaci, que no tenía nada que envidiarles: su hija recibía una pensión graciable desde los 15 años, su esposa trabajaba en el Senado y él mismo declaró bajo juramento haber pagado 610.000 dólares por una casa cuya valuación fiscal (siempre notablemente más baja que la tasación de mercado) era de 663.000. El "senador arrepentido" Emilio Cantarero hizo honor a su apellido tarareando ante un periodista de *La Nación* que había sido sobornado. Más tarde lo negó. El 31 de agosto el diario *Clarín* afirmó que, ante el juez Liporaci, Cafiero acusó a los senadores Ángel Pardo (Corrientes) Ramón Ortega (Tucumán) y Eduardo Bauzá (Mendoza). Cafiero lo negó y Ortega presentó, en conferencia de prensa, una carta del propio Cafiero en la que le decía que nunca lo había acusado, sino que dijo que él le había dicho a Duhalde, que luego le dijo a otro que no recuerda. El 1 de septiembre el juez Liporaci sostuvo que "hay indicios firmes de sobornos en el Senado". El día 2 dijo que "realmente hubo sobornos". A las siete de la mañana del 3 de septiembre De la Rúa desayunó con Carlos Menem, y combinaron que el ex titular de la SIDE Hugo Anzorreguy sería el enlace del gobierno con el juez Liporaci, sin aclarar para qué necesitaban enlazarlo.

El 6 de septiembre Liporaci denunció amenazas contra una de sus hijas. Dos días después se apartó de la causa "por razones de salud", y el expediente cayó en el pozo negro judicial de Juan José Galeano, de donde emergió en los primeros días de diciembre.

A menos de diez meses de gobierno, el 6 de octubre a las ocho de la mañana, el vicepresidente Carlos Chacho Álvarez llamó desde su casa en Palermo al presidente informándole sobre su "decisión irrevocable" de presentar la renuncia. El último intento del gobierno para evitar la renuncia de Álvarez fue el alejamiento de Alberto Flamarique, recién nombrado secretario general de la presidencia. El otro cuestionado por Chacho, el senador mendocino José Genoud, no sería apartado por la tropa propia: de hacerlo su lugar en el Senado iba a ser ocupado por Antonio Cafiero, como vicepresidente del cuerpo. "Si no renunciaba, tenía que pactar", dijo Álvarez años después, desaparecido de la política partidaria, al presentar su libro *Sin excusas*. "Creo que hubiera sido necesaria una construcción más lenta –sostuvo Chacho, refiriéndose a la Alianza– y experimentar primero en gobiernos municipales o provinciales." Aquel día de octubre, al hacer pública su renuncia, aseguró: "Parece paradójico y a la vez resulta cada vez más chocante: cuánto más avanzan la pobreza, la desocupación, el escepticismo y la apatía, desde no pocos lugares se responde con dinero negro y compra venta de leyes, más pragmatismo y más protagonismo para quienes operan en la política como si fuera un gran negocio para pocos (...) Esta situación debe enfrentarse con una enorme cuota de coraje y decisión. O se está con lo viejo, que debe morir, o se lucha por lo nuevo, que esta crisis debe ayudar a alumbrar".

El 30 de diciembre, último día hábil antes de entrar a la feria judicial de enero, Liporaci declaró la "falta de mérito" para todos los imputados en la causa.

ES ELLA

La nota fue tapa de *Veintitrés* (el semanario fundado por el autor de este libro cuando Día D fue censurado en la televisión abierta por primera vez) y llevó la firma de Guillermo Alfieri. El título era "Jaque a la Dama", y la "bajada" dio cuenta exacta de la situación de la ministro en aquellos días iniciales del gobierno de la Alianza: "Está peleada con medio gabinete. Su gestión recibe críticas constantes, incluso desde el Frepaso. Desconfía de Chacho Álvarez. En el peor momento político de Graciela Fernández Meijide se conoce un nuevo escándalo que la involucra: el PAMI benefició en forma irregular a una institución que dirige su hermana, Juana Castagnola quien es, además, esposa de uno de los tres interventores que colocó la Alianza".

La denuncia se refería al Hogar Terapéutico Florida II, recategorizado por la nueva intervención del PAMI desde el 23 de febrero, lo que le permitió incrementar su facturación en un 25 por ciento. La recategorización se concretó contrariando un dictamen de funcionarios del mismo PAMI que evaluaron que la institución no alcanzaba el puntaje requerido. El trámite tuvo tratamiento inusualmente veloz, preferencial y la solicitud fue escrita de puño y letra por la hermana de Meijide. La reacción de la ministro fue del todo extemporánea: fustigó al periodismo, negó todo y defendió a su cuñado interventor: "Desde ya –le dijo a *Clarín*– ni yo ni Tonietto presionamos, ni siquiera insinuamos (...) El presidente me llamó para darme todo su apoyo".

A fines de agosto del mismo año el juez federal Gabriel Cavallo convirtió al ex interventor del PAMI Ángel Tonietto en el primer funcionario de la Alianza procesado. Los cargos fueron "negociaciones incompatibles con la función pública y tentativa de fraude al Estado". Tonietto ya había dejado su puesto del PAMI en abril, en medio del escándalo. El juez Cavallo dispuso un embargo de 30.000 pesos sobre los bienes de Tonietto y procesó por los mismos delitos al ex subinterventor de Prestaciones Sociales del PAMI, José Amorín, a quien le trabó embargo por 20.000 pesos. Como ambos delitos eran excarcelables, ninguno de los dos fue a prisión.

En marzo del año siguiente, entre diferencias de criterio cada vez más marcadas con el radicalismo, Fernández Meijide se retiró del gobierno. Su salida coincidió con la del ministro de Economía Machinea, el 2 de marzo de 2001, quien fue reemplazado por Ricardo López Murphy: la asunción de Murphy y la cercanía al gobierno de economistas de la Fundación de Investigaciones Económicas Latinoamericanas (FIEL) hizo prever un alineamiento estricto con el Fondo y la prosecución de nuevas políticas de ajuste; los rumores aventuraban nuevos recortes de entre 1.500 y 2.000 millones de pesos en el presupuesto nacional. La última cifra fue la más exacta: el día 16 López Murphy anunció un recorte de 1.962 millones para el presupuesto del 2001 y 2.485 millones para el de 2002, y de 360 millones a las universidades públicas. El recorte arrastró las renuncias del ministro de Educación, Hugo Juri, el de Interior, Federico Storani, el de Desarrollo Social, Marcos Makón y el secretario general de la Presidencia, Ricardo Mitre. Fue la estampida del Frepaso saliendo de la Alianza. Al día siguiente López Murphy fue aclamado en la Bolsa de Comercio: el paquete de Murphy se completaba con una reducción del 30 por ciento del personal estatal, una profundización de la reforma laboral y nuevas privatizaciones: AFJP Nación, Casa de la Moneda y Lotería Nacional.

El 20 de marzo quien renunció fue López Murphy.

Nueve días más tarde Domingo Cavallo volvió al ministerio de Economía: el Congreso, contrariando la Constitución, le otorgó "superpoderes". Cavallo anunció un nuevo impuestazo, la reducción del IVA del 21 por ciento al 10,5 por ciento pero su generalización (al transporte, la televisión por cable, los espectáculos artísticos y deportivos y la venta de diarios y revistas), y sostuvo que llevaría a cero el déficit público. El 11 de julio Alfonsín y la UCR expresaron su seria disconformidad con las nuevas medidas económicas. El 14 de julio Alfonsín y la UCR expresaron su apoyo a las medidas económicas [*N. del A.*: no es una errata]. Con la aprobación de la Ley de Déficit Cero, Cavallo recortó el 13 por ciento de los salarios, jubilaciones y pensiones de más de 500 pesos. El 9 de agosto la Corte Suprema de Justicia resolvió no aplicar al Poder Judicial los recortes previstos por la Ley.

El 29 de agosto el Congreso sancionó la Ley 25.466 de Intangibilidad de los Depósitos. Su artículo 2 (que integrará en el futuro alguna Antología del Humor) señalaba: "El Estado nacional en ningún caso podrá alterar las condiciones pactadas entre los depositantes y la entidad financiera, esto significa la prohibición de canjearlos por títulos de la deuda pública nacional u otros activos del Estado, ni prorrogar el pago de los mismos, ni alterar las tasas pactadas, ni la moneda de origen, ni reestructurar los vencimientos, los que operarán en las fechas establecidas entre las partes". A los pocos meses el gobierno, punto por punto, hizo todo lo contrario.

La estrella de las elecciones legislativas del 14 de octubre de 2001 fue el "voto bronca": el número de abstenciones se incrementó del 18,4 al 26,3 por ciento, lo que representó que alrededor de 2.500.000 ciudadanos no acudieron a la votación. Los votos en blanco y anulados sumaron el 22 por ciento del total, mientras que en 1999 dicha proporción había sido del 6,6 por ciento. De modo que alrededor de 4.000.000 de personas, cuatro veces más que en las elecciones anteriores, eligieron no pronunciarse por nadie: cuatro de cada diez ciudadanos.

Sobre un padrón electoral de 25 millones votó el 74 por ciento (18.500.000 personas), no concurrieron 6.500.000 (26 por ciento) y hubo 14.500.000 votos positivos (58 por ciento). Los votos negativos fueron:
» En blanco: 1.512.920 (8,2 por ciento)
» Impugnados: 146.267 (0,8 por ciento)
» Total: 4.017.478 (21,9 por ciento)
» Ausentismo: 6.500.000
» Total: 10.558.255 (42 por ciento)

Las elecciones fueron ganadas por el peronismo, que de ese modo se posicionó con aspiraciones para los comicios nacionales de 2003. Pero, sin embargo, el caudal de votos del PJ fue inferior al de elecciones precedentes: 1999: 6.110.637 votos; 2000: 4.920.144 votos.

De modo que lo que podía interpretarse como un triunfo fue, en verdad, una derrota estruendosa de la Alianza.

A comienzos de noviembre el gobierno, presionado cada vez más por las calificadoras de riesgo, lanzó un nuevo paquete de medidas económicas anunciando una nueva estatización de las deudas privadas.

El 18 de noviembre, mientras el "riesgo país" pasó la barrera de los 3.000 puntos, fracasó la realización del Censo Nacional: muchos ciudadanos se negaron a censarse y los gremios docentes boicotearon la realización del censo en protesta por la situación social.

Carlos Menem, que había sido detenido en una quinta de Don Torcuato por su participación en el contrabando de armas a Ecuador y Croacia, quedó en libertad. También en aquellas semanas quedó sin efecto la prisión preventiva de Emir Yoma, Erman González y Martín Balza.

La estrepitosa caída de la economía se expresaba a fines de noviembre en la tapa de los diarios: Argentina tenía, cada día, dos mil nuevos pobres (esto es, familias que tienen menos de 480 pesos al mes para vivir). Los pobres sumaron 14.000.000 en la Argentina de 2001: en el último año 730.000 personas cruzaron la línea de pobreza. El 40 por ciento de los habitantes – según un relevamiento de la consultora Equis– vive en condiciones de subpobreza. Más de la mitad de los asalariados de todo el país ganan menos de 500 pesos al mes, y más de cuatro millones están desocupados o subocupados. En la Capital Federal y el Gran Buenos Aires viven 4,5 millones de pobres y, de éstos, el 60 por ciento provienen de la clase media.

En este contexto social, el gobierno de De la Rúa dio a conocer algunos adelantos del presupuesto 2002: mantendría la baja de los salarios y jubilaciones, y se estudiaba suprimir los aguinaldos. En esos días la Cámara de Diputados, presidida por el radical Rafael Pascual, aprobó 550 proyectos en una sola sesión, entre otros:

» Declaración de la casa de Arturo Illia en Cruz del Eje como monumento histórico nacional.

» Acuerdo de cooperación en materia de pesca con Marruecos.

» Ley de Mecenazgo, que permite a personas físicas o empresas desgravar hasta el 5 por ciento del impuesto a las ganancias a favor de un proyecto cultural.

» Acuerdo sobre sanidad animal con Croacia.

» Fundación de la Organización Iberoamericana de la Juventud.

» Se obliga a las empresas de turismo a detallar por escrito lo que vende al cliente.

» Declaran a la ciudad de Río Grande como Capital de la Pesca Deportiva de la Trucha.

» Declaración de Ushuaia como Capital Nacional de la Escultura en Nieve.

» Declaración de interés histórico-artístico nacional al mural "Ejercicio Plástico".

» Declaración del año 2002 como Año de la Soberanía Nacional.

El 1 de diciembre se dieron a conocer nuevas medidas económicas: fue el nacimiento del "corralito", esto es la confiscación de bienes privados por parte de los bancos, con la anuencia del gobierno.

EL
CORRALERO

"Tá muy malo el corralero,
y allá en el potrero, como viejo está."

Texto y música de Sergio Sauvalle.

En conferencia de prensa, el ministro Cavallo anunció el 1 de diciembre:

1. No se podrán retirar más de 250 pesos o dólares en efectivo, por semana, de las cuentas bancarias. La restricción será levantada en 90 días.

2. Las extracciones se realizarán en pesos o dólares y los bancos no podrán cobrar comisión.

3. No habrá restricción a los movimientos de fondos entre cuentas bancarias.

4. Se prohiben las transferencias al exterior.

En plena corrida bancaria, los beneficiarios de las medidas resultaron obviamente los bancos y los grandes inversores de Bolsa, ya que –ante la falta de efectivo– el manejo con bonos se hizo imprescindible en algunas operaciones, y éstos subieron su valor gracias a la mayor demanda. También resultaron beneficiadas las empresas de servicios, que de este modo tuvieron garantizado el cobro a través del débito automático apenas el titular de la cuenta cobraba su salario. El gobierno de la Madre Patria comunicó dos días después desde Washington su respaldo a las nuevas medidas, y el 5 de diciembre el Fondo planteó el dilema que hasta entonces muy pocos se atrevieron a expresar: ¿devaluación o dolarización? Desde entonces la presión del Fondo se hizo cada vez más fuerte: el organismo anunció que no concedería a la Argentina un préstamo de 1.264 millones de dólares ya previsto para diciembre, porque el país "no cumplió con las metas establecidas". Un imprevisto viaje de Cavallo a Washington no logró destrabar la cuestión. El jueves 13 los saqueos comenzaron en la ciudad de Rosario (la misma ciudad en la que se iniciaron los saqueos de 1989, durante la agonía de Alfonsín). La central obrera llamó ese día a una huelga general contra las restricciones bancarias. Al día siguiente Argentina canceló obligaciones por 700 millones evitando, de ese modo, la suspensión de pagos. El Fondo insistió en que el gobierno debía presentar un presupuesto 2002 "creíble". En varias ciudades del país hubo asaltos a supermercados protagonizados por gente que pedía comida. Ese fin de semana trascendió a través de la prensa que los senadores cobraban 10.000 pesos de salario más beneficios mensuales y que, durante la presidencia provisional de Carlos Ruckauf, se autorizó que el Estado "se haga cargo de la totalidad de los gastos por cobertura de seguros de los vehículos particulares de los senadores". En los fundamentos de la medida, Ruckauf aseguró que de ese modo " se facilitará la actividad legislativa". El sueldo promedio de un senador quedó así comprendido por:

» 1.928 pesos en concepto de dieta.

» 4.498,90 pesos por gastos de representación.

» 1.200 pesos adicionales por "combustible y buen mantenimiento de vehículos automotores del Senado".

» 3.000 pesos producto del canje de 20 pasajes aéreos por mes.

Cada senador disponía, además, de once empleados transitorios entre los que podían distribuir 8.956 módulos. Cada módulo se cotizaba en 3,36 pesos. De modo que la suma a repartir discrecionalmente por senador era de más de 31.000 pesos.

El martes 18 de diciembre continuaron los asaltos a supermercados en varios puntos del país. Hubo enfrentamientos violentos en Capital, San Isidro, Munro, El Palomar, Ciudadela, Ramos Mejía, Morón, Moreno, Lanús y La Tablada y también en Entre Ríos, San Juan, Santiago del Estero y Mendoza. Al día siguiente centenares de personas se lanzaron al saqueo de tiendas y supermercados, en medio de enfrentamientos que produjeron cuatro muertes. De la Rúa consultó con los altos mandos del Ejército y decretó el estado de sitio en las primeras horas de la noche, extendiéndolo durante un mes. Esa misma noche, la del 20 de diciembre, la cadena nacional de radio y televisión difundió un discurso grabado por el presidente a la tarde; fue el discurso de un autista: el presidente le dijo a la gente que "debemos oír el reclamo popular. Si no asumimos todos los dirigentes, con grandeza y claridad, las responsabilidades, los efectos pueden ser peores. (...) No estoy acá porque me aferre a un cargo, sino porque es mi deber (...) Soy yo como presidente quien puede llamar a esa unidad, he ofrecido al justicialismo que participe en un gobierno de unidad nacional. (...) Vamos por una política productiva, por un cambio de acuerdo con lo que necesita la gente". Aquel fue su último discurso como presidente.

Quienes caminaron esa noche hacia la Plaza de Mayo desde los lugares más distantes de la Capital pudieron observar que cuando la gente camina hacia la Historia no va por la vereda. Hacia la Historia se camina por el medio de la calle. Y ahí estaban, miles de personas anónimas, sin banderas, con sus familias, con los hijos de la mano o montados sobre los hombros, caminando por el medio de la calle hacia la Plaza. Caminaron con un alegre nerviosismo, felices de desconocer el futuro pero decididos a darle la espalda al poder de turno. Esto era lo que venían a decir: "¡Que se vayan todos!".

Cerca de la noche se conoció la renuncia de Cavallo. Frente al domicilio del ministro, en Libertador esquina Ocampo del Barrio Parque, varios cientos de personas hacían barullo con sus cacerolas. El "que se vayan todos" no tenía un destinatario en particular: alcanzaba a De la Rúa, Menem, Duhalde, Ruckauf, la Corte Suprema, los gremialistas... A la una menos diez de la madrugada la policía comenzó a disparar balas de goma y gases lacrimógenos en la Plaza: el público se desbandó. Al rato, nuevos racimos de gente volvieron a entrar al círculo de Mayo, caminando con las ollas en la mano, cantando el Himno. Al mediodía dos camiones hidrantes enfilaron contra la multitud, y luego la policía montada les pasó por encima. Llegado ese punto, los manifestantes comenzaron a apedrear a las fuerzas de seguridad.

Pasadas las tres de la tarde la represión fue brutal. En los alrededores de la Plaza hubo siete muertos y más de cien heridos. A las 18.47 hs De la Rúa abandonó la presidencia: había gobernado dos años y diez días.

Según relataron al día siguiente José Natanson y Felipe Yapur en *Página/12*, el presidente le preguntó a Leonardo Aiello cómo iban a hacer para llegar a Olivos.

—Presidente, todavía tenemos el helicóptero —le dijo Aiello.

De la Rúa estaba colorado y exhausto. Un testigo aseguró al diario que había llorado.

—¿Ya sacaste todo del baño? ¿Te fijaste que no quedara nada? —le preguntó el presidente a Ana, su secretaria. Y después subió al helicóptero que lo llevó a la Quinta.

—No nos echó el Fondo ni el PJ. Nos echó la clase media —alcanzaron a escuchar los periodistas que decía uno de sus asesores.

EN BÚSQUEDA DEL YO

"Las preguntas más importantes que pueden plantearse acerca de cualquier esfera de la sociedad son: ¿qué tipos de mujeres y hombres tiende a crear? ¿Qué estilos personales de vida inculca y fortalece?"

C. Wright Mills, *Política y Pueblo*

"En Tandil le pregunté a un estudiante comunista de Bahía Blanca si había tenido alguna vez un momento de duda. Me respondió:
—Sí, en una ocasión."

Witold Gombrowicz, *Diario Argentino*

"¿Por qué se querrá que seamos de distinta manera a la que somos? ¿Por qué alegrarnos artificialmente si somos tristes? ¿Por qué hemos de imitar la displicencia decadente de un francesito? Somos apáticos o apasionados."

Raúl Scalabrini Ortiz, *El hombre que está solo y espera.*

Apáticos o apasionados: los argentinos somos, básicamente, exagerados. La realidad no nos alcanza; preferimos la imaginación que resulta, claro, el mejor método de fuga. Es siempre difícil saber dónde estamos, porque es aún más arduo saber si estuvimos alguna vez. El argentino siempre está – parafraseando a Ortega– por delante de sí mismo: somos promesa en estado latente, nunca acto. Ser acto –estar de manera completa, ser de manera completa– nos expondría al fracaso. Quizá por eso preferimos criticar el juego ajeno antes que jugar el propio.

Teatrales y exagerados, porque "el que no llora no mama"; gritones, porque tememos que no nos vean; inseguros, porque en este país impune y discrecional nada se adquiere del todo.

¿Seremos, también, personas leves? Para Marco Denevi (1922-1998) los argentinos tenemos la mentalidad de los huéspedes de hotel: un pasajero "nunca se mete con los otros", "y si los administradores administran mal, si los administradores roban y hacen asientos falsos en los libros de contabilidad, es asunto del dueño del hotel, no de los pasajeros... a quienes en otro sitio los está esperando su futura casa propia, ahora en construcción". En esa casa, la que nunca terminamos de construir, volcamos nuestros deseos más secretos, aquello que queremos ser pero, finalmente, nunca somos. Heredamos el motor del deseo de los inmigrantes, que también nos dejaron el miedo al ridículo, el pavoroso temor del criollo a ser "sobrado" por el que venía. Por eso rendimos culto a la apariencia, valoramos el tener sobre el ser, compramos el auto antes que la casa, exigimos que nos llamen "doctor" y tememos que nuestra presencia no se note.

En el último capítulo del primer tomo de esta obra señalábamos el asombro de Witold Gombrowicz, escritor polaco, ante el pasmoso aburrimiento de las fiestas argentinas: sucede que los argentinos no podemos darnos el lujo de perder el control. ¿Qué nos pasaría si la máscara se corre? ¿Cómo hacernos cargo, a la mañana siguiente, de aquellas palabras que nunca hubiéramos querido pronunciar? No nos disponemos a "ser", de manera completa, porque "ser" nos expone, hace trizas la trampa, nos muestra tal cual somos. Al ser, el deseo se arrodilla ante la realidad. Mafud sostiene que tal vez por todo esto el argentino no bebe. El porteño no quiere perder el control. La bebida que nos identifica es el café, que nos mantiene despiertos y en estado de alerta durante la conversación. Los brasileños tienen la cachaça, los rusos la vodka, los chilenos el pisco, los mexicanos el tequila, los italianos el vino y los anglosajones el whisky. ¿Y cuál es la bebida de los argentinos? ¿Cuál su exceso?

Y otra vez Ortega formulando la pregunta justa: "¿Es el argentino un buen amador? ¿Sabe enajenarse?". Nadie puede amar sin entregarse al otro, sin salirse de sí mismo. ¿Puede el argentino abandonar su máscara, desprotegerse, descansar en el regazo de una mujer o en los brazos de un hombre? No se puede amar sin ser, nadie podría amar a una persona entera sin estar entero para poder sentir. En la estupenda *Psicología de la viveza criolla*, el sociólogo Julio Mafud refiere que "en la literatura gauchesca casi no se hablaba del amor. Se habla de la rebeldía, de la libertad, del caballo, de la injusticia (...) Los momentos en los que surge el amor no es tanto un fenómeno pasional, sino una rebelión frente al atropello de la autoridad. A casi todos los héroes gauchos de la literatura se les trata de usurpar la mujer. En *Martín Fierro* el gaucho se lamenta porque la autoridad destruyó a su familia. En Cruz, su rebelión alcanza también al viejo comandante por haberle birlado la mujer. Juan Moreyra inicia su vida de perseguido porque Don Francisco quería alzarse con su mujer. El amor o el querer no era para el gaucho el eje de su vida. (...) El gaucho veía casi siempre en el amor un ancla que lo amarraba al pueblo, a la ciudad o a la estada, que era justamente lo que más despreciaba o temía. El amor avasallante era visto más como una desgracia o una fatalidad, que como una liberación". Dice Rodolfo Senet en *Psicología gauchesca en el Martín Fierro*: "para el gaucho la pasión amorosa era una desgracia digna de inspirar lástima o, sencillamente, una chifladura despreciable". Dice Estanislao del Campo en *Fausto*: "[el amor] es una fatalidad que a todas partes le sigue", y aclara "yo por hembras no me pierdo".

El amor siempre estuvo vinculado al culto al coraje o al machismo. El primer caso se dio en la cultura de la pampa, y en la ciudad se sacralizó el culto a la potencia sexual. "El argentino –vuelve Mafud– casi nunca quiere exteriorizar su enamoramiento, el amor exige en todos los casos blandura y sensibilidad." El argentino no dice "estoy enamorado", dice "estoy metido", esto es un estado anímico que no quiere ni desea. Al decir de Ortega: "el argentino es un ser admirablemente dotado que no se entrega a nada".

Pero –dirá nuestro argentino "ideal" en su defensa– ¿cómo entregarse definitivamente a algo en un país donde nada es seguro?

La preocupación del argentino por su posición social enfrenta ese dilema: el lugar ocupado por nuestro argentino siempre se halla en peligro por el apetito de otros hacía él, y la audacia con que intentan arrebatarlo. Escribió Ortega y Gasset: "Cualquier individuo puede, sin demencia, aspirar a cualquier puesto, porque la sociedad no se ha habituado a exigir competencia". ¿Qué competencia podría exigirse en este país de monopolios legales, de leyes convenientes, de amnistías y estados de excepción? En su libro *La envidia entre nosotros*, Alberto Sarramone sostiene que "si lo normal es vivir enmarcado en normas, tanto como lo regular es estar sujeto a reglas, los argentinos en el promedio de nuestra vida histórica total hemos preferido la anormalidad y la irregularidad. (...) En la Argentina ser regular, desde la escuela primaria, es una forma de descalificación, mientras que en la mayor parte del mundo es estar enmarcado en reglas. En USA pedí información sobre una persona:

—*He is a regular person* —se me contestó, con gesto admirativo.

"Por un momento titubeé con lo que me estaban diciendo. Entre nosotros alguien puede ser calificado como gauchito, gauchazo, flor de tipo, un pingo bárbaro, y padecer de una o varias irregularidades"

La inseguridad en uno es simétrica a la sensación de inseguridad en el otro. De allí nuestra imposibilidad de admirar sin rencor, de halagar evitando que la hiel de la envidia se filtre en el elogio, lo que bien podría llamarse "síndrome del Sí, pero... ". Sarramone cita algunos ejemplos de la vida cotidiana:

›› Es inteligentísimo, sí, pero muy raro...

›› Habrá que ver cómo consiguió lo que tiene...

›› Se rompió para tener plata, pero de qué le sirve si sigue siendo un bruto...

›› Sí, pero con una mina así terminás cornudo...

›› De qué le vale ser inteligente, si no tiene un peso...

›› Lo que natura non da, Salamanca non presta...

›› No sé a quién salió, con los padres que tiene...

›› A mí, tanta honestidad no me convence...

El abismo entre los puntos de vista sobre lo propio y lo ajeno constituyó una de las heridas más antiguas de nuestra identidad. Escribió Arturo Jauretche en *Los profetas del odio y de la yapa*: "La incomprensión de lo nuestro preexistente como hecho cultural o, mejor dicho, el entenderlo como hecho anticultural, nos llevó al siguiente dilema: todo hecho propio, por serlo, era bárbaro, y todo hecho ajeno, importado, por serlo, era civilizado". Carlos Mastrorilli, citado por Jauretche, publicó en 1967 en la revista *Jauja*: "En esa mentalidad hay un cierto mesianismo al revés y una irrefrenable vocación por la ideología. Por el mesianismo invertido, la mentalidad colonial cree que todo lo autóctono es negativo y todo lo ajeno, positivo. Por el ideologismo prefiere manejar la abstracción y no la concreta realidad circunstanciada. Su idea no es realizar un país sino fabricarlo, conforme a planos y planes, y son éstos los que se tienen en cuenta y no el país al que sustituyen y derogan porque como es, es obstáculo". Jauretche de nuevo: "Sarmiento y Alberdi querían cambiar al pueblo. No educarlo, sino liquidar la vieja estirpe criolla y rellenar el gran espacio vacío con sajones".

Pero la vida real se divirtió con ellos: los ingleses instalados en Argentina se agauchaban, y también los polacos, y los alemanes, y los italianos.

Aquello terminó abonando la delirante "Teoría de los Climas" de Montesquieu, reformulada por David Hume que afirmó en *Essay of National Character*, en 1748: "Hay alguna razón para pensar que todas las naciones que viven más allá de los círculos polares o entre los trópicos han sido siempre invencibles y los más cercanos a los trópicos han estado sometidos a monarcas, casi sin excepción". No vale la pena perder espacio en rebatirlo. ¿Cuál era, entonces, la influencia del paisaje sobre el estado de ánimo del alma nacional? ¿Influía sobre la conducta el –citando a Halperín Donghi– "gran desierto argentino"? ¿El gaucho se escapaba de la ley o cabalgaba hipnotizado por el infinito de la pampa? ¿Los indios no querían trabajar por su "naturaleza caída" o porque eran expoliados por los españoles? Somos, los argentinos, el resultado de un país joven que pasó por una infancia violenta. Nuestros ojos guardan, todavía, el miedo al saqueo, la genuflexión de las clases dirigentes, la traición a la vuelta de la esquina, la vital necesidad de creer en algo que no sabemos de qué se trata. ¿Habremos sido verdaderamente argentinos alguna vez? ¿Nos habremos permitido fracasar por nuestros propios medios? ¿Cuando nos tomaremos en serio a nosotros mismos?

BIBLIOGRAFÍA

Andersen, Martin, *Dossier secreto: el mito de la guerra sucia*, Planeta, 1993.

Anguita, Eduardo y Martín Caparrós, *La Voluntad*, Grupo Editorial Norma, 1998.

Arenas Luque, Fermín, *Efemérides Argentinas*, editado por el Concejo Deliberante de la Ciudad de Buenos Aires, 1960.

Balve, Beba, Miguel Murmis y otros, *Lucha de calles, lucha de clases*, Ediciones La Rosa Blindada, 1973.

Bares, Enrique, *Scalabrini Ortiz:el hombre que estuvo solo*, Peña Lillo Editor, 1961.

Base de Datos Políticos de las Américas. Georgetown University, en http://www. georgetown. edu/pdba

Bernetti, Jorge, *El peronismo de la victoria*, Legasa, 1983.

Blaustein, Eduardo y Martín Zubieta, *Decíamos ayer: la prensa argentina bajo el Proceso*, Colihue, 1998.

Blixen, Samuel, *Conversaciones con Enrique Gorriarán Merlo*, Contrapunto, 1988.

Burdman, Julio, *Los Porteños en las urnas*, 1916-1927, Centro de Estudios Unión Para la Nueva Mayoría, 1998.

Capalbo, Daniel y Pandolfo, Gabriel, *Todo tiene precio*, Planeta, 1992.

Cardozo, Kirschbaum, Van der Kooy, *Malvinas:la trama secreta*, Sudamericana-Planeta, 1983.

Castro, Fidel, *La Historia me absolverá*, Ediciones del Pensamiento Nacional, 1993.

Cerrutti, Gabriela, *El jefe*, Planeta, 1993.

D'Andrea Mohr, José Luis, *La memoria debida*, Colihue, 1999.

de la Torre,Lisandro, *Cartas íntimas*, Futuro, 1959.

de Santis, Daniel , *A vencer o morir, PRT-ERP*, Documentos, tomos I y II, EUDEBA, 2000.

del Mazo, Gabriel y Roberto Etchepareborda, *La segunda presidencia de Yrigoyen*, CEAL, 1984.

Delleis, Mónica, Ricardo de Titto y Diego L. Arguindeguy, *El libro de los presidentes argentinos del siglo xx*, Aguilar, 2000.

Domany, Fabián y Olivera, Martín, *Los Alsogaray*, Aguilar, 1989.

Etchepareborda, Ortiz y Orona, *La crisis del 1930*, CEAL, 1983.

Fayt, Carlos, *La naturaleza del peronismo*, Viracocha Editores, 1967.

Ferla, Salvador, *La historia argentina con drama y humor*, Peña Lillo Editor, 1974.

Fernández Alvariño, Próspero Germán, *Zeta Argentina: el crimen del siglo*, e/a, 1973.

Folleto "La Revolución del 6 de septiembre de 1930", Buenos Aires, 1931.

Fuchs, Jaime, *Los trusts yanquis contra la Argentina*, Editorial Fundamentos, 1951.

Gálvez, Manuel, *Vida de Hipólito Yrigoyen, el hombre del misterio*, El elefante blanco, 1999.

Gambini, Hugo, *El 17 de octubre de 1945*, Brújula, 1969.

..........................., *Historia del peronismo*, Planeta, 1999.

García, Miguel P., *La Nueva Argentina*, Editorial Acteon, 1947.

García Lupo, Rogelio, *Contra la ocupación extranjera*, Editorial Sudestada, 1968.

García Molina, Fernando y Carlos A. Mayo, *Archivo del General Uriburu*, CEAL, 1986.

Gilbert, Isidoro, *El oro de Moscú*, Planeta, 1994.

Gillespie, Richard, *Los Montoneros, Soldados de Perón*, Grijalbo, 1982 y 1987.

Giussani, Pablo, *Montoneros: la soberbia armada*, Sudamericana-Planeta, 1984.

Gombrowicz, Witold, *Diario Argentino*, Adriana Hidalgo, 2001.

..........................., *Peregrinaciones argentinas*, Alianza Tres, 1984.

..........................., *Cartas a un amigo argentino*, EMECE, 1999.

González Jansen, Ignacio *La Triple A*, Contrapunto, 1986.

González Trejo, Horacio, *Argentina: tiempo de violencia*, Carlos Pérez Editor, 1969.

Goñi, Uki, *Perón y los alemanes*, Sudamericana, 1998.

Gorbato, Viviana, *Montoneros, ¿soldados de Menem, soldados de Duhalde?*, Sudamericana, 1999.

Granovsky, Martín, *Misión Cumplida*, Planeta, 1992.

Halperín Donghi, Tulio, *La Argentina en el callejón*, Ariel Editores, 1995.

..........................., *Una nación para el desierto argentino*, CEAL, 1992.

Hernández Arregui, Juan José, *¿Qué es el ser nacional?*, Plus Ultra, 1973.

Imaz, José Luis, *Los que mandan*, EUDEBA, 1964.

Jackish, Carlota, "Los refugiados alemanes en la Argentina", *Todo es Historia*, año XXI, número 244, octubre de 1987.

Jauretche, Arturo, *Escritos Inéditos*, Corregidor, 2002.

..........................., *Los profetas del odio*, Ediciones Trafac, 1957 y Peña Lillo, 1967.

..........................., *Manual de Zonceras Argentinas*, Peña Lillo.

..........................., *El retorno al coloniaje*, Ediciones del Mar Dulce, 1969.

Lannot, Jorge O., Adriana Amantea y Eduardo Sguiglia, *Agustín Tosco, conducta de un dirigente obrero*, CEAL, 1984.

Lanusse, Alejandro Agustín, *Mi testimonio*, Laserre, 1977.

Luna, Félix,, *Yrigoyen*, 1954.

.... *Alvear*, Libros Argentinos, 1958.

.... *Diálogos con Frondizi*, Planeta, 1962.

Mafud, Julio, *Los argentinos y el status*, Editorial Americalee, 1969.

Marotta, Sebastián, *El movimiento sindical argentino*, Ediciones Lacio, 1961, tomos I, II y III.

Martínez Estrada, Ezequiel, *Radiografía de la Pampa*, Losada, 1942.

Massera, Emilio E., *El camino a la democracia*, El Cid Editor, 1979.

Moffatt, Alfredo, *Estrategias para sobrevivir en Buenos Aires*, Jorge Álvarez, 1967.

Morales Solá, Joaquín, *Asalto a la ilusión*, Planeta, 1990.

Mosconi, Enrique, *La batalla del petróleo*, Ediciones Problemas Nacionales, 1957.

Newton, Ronald C., "¿Patria? ¿Cuál Patria? Ítalo y germano-argentinos en la era de la renovación nacional fascista", CEMLA, año 7, número 22, Buenos Aires, diciembre de 1992.

.... *El cuarto lado del triángulo*, Buenos Aires, Sudamericana 1995.

Ollier, María Matilde, *La creencia y la pasión*, Editorial Ariel-Espasa Calpe, 1998.

Page, Joseph A., *Perón* (Primera y Segunda Parte), Javier Vergara Editor, 1984.

Panettieri, José, *Devaluaciones de la moneda*, Centro Editor de América Latina, 1983.

Parcero, Daniel, Marcelo Helfgot y Diego Dulce, *La Argentina exiliada*, CEAL, 1985.

Pavón Pereyra, Enrique, *Coloquios con Perón*, Editores Internacionales Técnicos Reunidos, 1973.

Peicovich, Esteban, Torcuato de Luna Tena y Luis Calvo, *Yo Juan Domingo Perón* (Relato autobiográfico), Sudamericana-Planeta, 1976.

Pomer, León, *Argentina:historia de negocios lícitos e ilícitos*, tomos I y II, CEAL, 1993.

Potash, Robert A., *El Ejército y la Política en la Argentina, de Yrigoyen a Perón*, Sudamericana, 1971.

.... *El Ejército y la Política en Argentina, de Perón a Frondizi*, Sudamericana, 1981.

.... *El Ejército y la política en la Argentina, 1928-1945*, Buenos Aires, Sudamericana, 1994.

.... *Perón y el GOU*, Sudamericana, 1984.

Pozzi, Pablo y Schneider, Alejandro, *Los setentistas*, EUDEBA, 2000.

Prado Salmon, Gary, *¿Cómo capturé al Che?*, Ediciones B, 1987.

Proyecto Testimonio DAIA, Buenos Aires, Planeta, 1998. Etnicidad, ideología y política migratoria por Beatriz Gurevich.

Raab, Enrique, *Cuba: vida cotidiana y Revolución*, Ediciones de la Flor, 1974.

Rapoport, Mario, *¿Aliados o neutrales? La Argentina frente a la segunda guerra mundial*, Buenos Aires, EUDEBA, 1988.

Rottemberg, Abrasha, *Historia confidencial*, Sudamericana, 1999.

Rouquié, Alain, *Poder Militar y sociedad política en la Argentina hasta 1943*, Buenos Aires, Emecé, 1987.

Ruiz, Jorge E., *Dólar libre 1960-1989, día por día*, Editorial Jorge Ruiz, 1990.

Santoro, Daniel, *Venta de armas: hombres del gobierno*, Planeta, 1998.

Sarramone, Alberto, *La envidia entre nosotros*, Biblos Azul, 1996.

Scalabrini Ortiz, Raúl, *Historia de los ferrocarriles argentinos*, Plus Ultra, 1971.

..........................., *El Hombre que está sólo y espera*, Glazer Editor, 1931.

Sebrelli, Juan José, *El vacilar de las cosas*, Sudamericana, 1994.

..........................., *Buenos Aires: vida cotidiana y alienación*, Ediciones Siglo XX, 1965.

..........................., *Las señales de la memoria*, Sudamericana, 1987.

Selser, Gregorio, *Perón:el regreso y la muerte*, Biblioteca de Marcha, 1974.

Silberstein, Enrique, *Los ministros de Economía*, CEAL, 1970.

Terragno, Rodolfo, *Los 400 días de Perón*, Ediciones de la Flor, 1974.

Trímboli, Javier, *La izquierda en la Argentina, conversaciones con Altamirano, Caparrós y otros*, Ediciones Manantial, 1998.

Revista *Todo es Historia*. Colección completa de la revista.

Uriarte, Claudio, *Almirante Cero*, Planeta, 1991.

Varela Cid, Eduardo (comp.), *Los sofistas y la prensa canalla*, El Cid Editores, 1984.

Verbitsky, Horacio, Ezeiza, *Contrapunto*, 1986.

..........................., *Robo para la corona*, Planeta, 1991.

..........................., *Hacer la Corte*, Planeta, 1993.

Vitale, Luis, *Historia de la deuda externa latinoamericana y entretelones del endeudamiento argentino*, Sudamericana-Planeta, 1986.

Walger, Sylvina, *Pizza con champán*, Espasa Calpe, 1994

Wornat, Olga, *Menem: la vida privada*, Planeta, 1999.

Wright, Ione S. y Lisa M. Nekhom, *Diccionario Histórico Argentino*, EMECE, 1978.

Zlotogwiazda, Marcelo, *La mafia del oro*, Planeta, 1997.

ÍNDICE DE LOS
PRINCIPALES
NOMBRES CITADOS